Schumacher
Wirtschaftsrechnen mit Excel 2013

# kiehl DIGITAL

**Freischaltcode für Ihre digitalen Zusatzinhalte:**

CCKYIDRIUNZOMZGJZAGHEW

Schumacher, Wirtschaftsrechnen mit Excel 2013

## Ihr digitaler Mehrwert

Dieses Buch enthält zusätzlich folgende Inhalte, die Ihnen in Kiehl DIGITAL unter http://digital.kiehl.de zur Verfügung stehen

- Buch als PDF
- Zusatz-Downloads

So einfach geht's:

1. Rufen Sie die Seite http://go.kiehl.de/freischaltcode auf oder scannen Sie den QR-Code.
2. Geben Sie Ihren Freischaltcode in Großbuchstaben ein und folgen Sie dem Anmeldedialog.
3. Fertig.

# Wirtschaftsrechnen mit Excel 2013

Von
Bernt Schumacher

6., aktualisierte Auflage

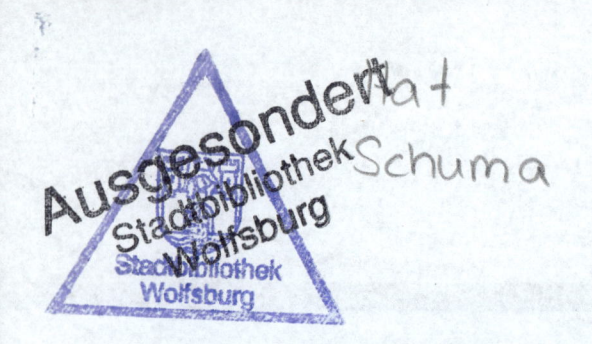

ISBN 978-3-470-53966-9 · 6., aktualisierte Auflage 2017

© NWB Verlag GmbH & Co. KG, Herne 2002
www.kiehl.de

**Kiehl ist eine Marke des NWB Verlags**

Alle Rechte vorbehalten.
Das Werk und seine Teile sind urheberrechtlich geschützt. Jede Nutzung in anderen als den gesetzlich zugelassenen Fällen bedarf der vorherigen schriftlichen Einwilligung des Verlages. Hinweis zu § 52a UrhG: Weder das Werk noch seine Teile dürfen ohne eine solche Einwilligung eingescannt und in ein Netzwerk eingestellt werden. Dies gilt auch für Intranets von Schulen und sonstigen Bildungseinrichtungen.

Satz: SATZ-ART Prepress & Publishing GmbH, Bochum
Druck: medienHaus Plump GmbH, Rheinbreitbach

# Vorwort

Nicht umsonst ist EXCEL das weltweit meist genutzte Tabellenkalkulationsprogramm: Immer wenn es um die Aufbereitung von Zahlen und ihre adäquate Darstellung in Form von Tabellen und Diagrammen geht, ist das Programm ein nützlicher Helfer. Solange keine spezielle Branchensoftware zum Einsatz kommt, können mithilfe von EXCEL eine Reihe von betrieblichen Aufgabenstellungen erfolgreich und komfortabel gelöst werden.

Die Spannweite reicht dabei von der Erstellung von Formularen über das traditionelle kaufmännische Rechnen, der Nutzung für die Kosten- und Leistungsrechnung und der Finanzmathematik bis hin zur betrieblichen Statistik und Teilgebieten der Buchführung.

Darüber hinaus ist der Austausch der Daten genauso gewährleistet mit dem Textverarbeitungsprogramm WORD wie mit der Datenbanksoftware ACCESS. Ja, selbst die Veröffentlichung von EXCEL-Dateien als Web-Seite ist möglich.

Die Möglichkeiten und die Bedeutung von EXCEL in der Betriebspraxis hat Konsequenzen für den Unterricht: Problemstellungen aus der Wirtschaftslehre und aus dem Rechnungswesen können so anders, umfassender, effizienter und meist eleganter gelöst werden. Wie, das zeigt dieses vorliegende Buch. Es kann sowohl unterrichtsbegleitend während der gesamten Ausbildung als auch zum Selbststudium genutzt werden. Dabei wird inhaltlich das Hauptaugenmerk nicht auf die Darstellung des Programms mit seiner Vielfalt von Funktionen, sondern auf seine praktische Anwendung für das Wirtschaftsrechnen gelegt.

Und so gliedert sich das Buch auch grob in die Kapitel:

- Einführung in EXCEL
- Grundkurs: Kaufmännisches Rechnen
- Kosten- und Leistungsrechnung in der Industrie
- Kosten- und Leistungsrechnung im Handel
- Betriebliche Statistik
- Buchführung

Jede Lerneinheit ist kurz gefasst und folgt in seinem Aufbau dem Schema:

- Erklärung des Sachverhalts
- Situationsaufgabe – Praktisches Beispiel
- Musterlösungen in Form von Zahlen und Formeln (Rechenweg) – jeweils als Screenshot

Je nach Vorkenntnissen des Lesers können die einzelnen Abschnitte des Buches kontinuierlich bearbeitet oder aber gezielt ausgewählt werden, um nur spezifische Wissenslücken zu füllen.

Der ausführliche Aufgabenteil mit Lösungen am Schluss des Buches dient der Übung. Mit dem Freischaltcode steht Ihnen zusätzlich ein Onlinetraining zur Verfügung. Viel Spaß dabei.

Die vorliegende 6. Auflage des Buches wurde den aktuellen wirtschaftlichen Daten und Microsoft EXCEL 2013 angepasst.

*Bernt Schumacher*
Hamburg, im November 2016

## Feedbackhinweis

Kein Produkt ist so gut, dass es nicht noch verbessert werden könnte. Ihre Meinung ist uns wichtig.
Was gefällt Ihnen gut? Was können wir in Ihren Augen verbessern? Bitte schreiben Sie einfach eine E-Mail an:
**feedback@kiehl.de**

# Benutzungshinweise

## Diese Symbole erleichtern Ihnen die Arbeit mit diesem Buch:

**TIPP**

Hier finden Sie nützliche Hinweise zum Thema.

**MERKE**

Das X macht auf wichtige Merksätze oder Definitionen aufmerksam.

**ACHTUNG**

Das Ausrufezeichen steht für Beachtenswertes, wie z. B. Fehler, die immer wieder vorkommen, typische Stolpersteine oder wichtige Ausnahmen.

**INFO**

Hier erhalten Sie nützliche Zusatz- und Hintergrundinformationen zum Thema.

**RECHTSGRUNDLAGEN**

Das Paragrafenzeichen verweist auf rechtliche Grundlagen, wie z. B. Gesetzestexte.

**MEDIEN**

Das Maus-Symbol weist Sie auf andere Medien hin. Sie finden hier Hinweise z. B. auf Download-Möglichkeiten von Zusatzmaterialien, auf Audio-Medien oder auf die Website von Kiehl.

Aus Gründen der Praktikabilität und besseren Lesbarkeit wird darauf verzichtet, jeweils männliche und weibliche Personenbezeichnungen zu verwenden. So können z. B. Mitarbeiter, Arbeitnehmer, Vorgesetzte grundsätzlich sowohl männliche als auch weibliche Personen sein.

# INHALTSVERZEICHNIS

Vorwort   5
Benutzungshinweise   7

## A. Einführung in EXCEL   15
1. **Das Arbeitsblatt**   15
2. **Die Multifunktionsleiste**   16
3. **Aufbau EXCEL-Tabelle**   17
4. **Texte, Werte, Formeln**   19
5. **Operatoren**   20
   - 5.1 Arithmetische Operatoren   20
   - 5.2 Vergleichsoperatoren   21
   - 5.3 Bezugsoperatoren   22
6. **Funktionen**   23
7. **Funktionsassistent**   24
8. **Fehler und Formate**   26
9. **Tipps**   27
   - 9.1 Dateneingabe und Handling   27
   - 9.2 Automatisierte Eingaben   28
10. **Bezüge**   30
    - 10.1 Einfache Bezüge   30
    - 10.2 Relative Bezüge   31
    - 10.3 Absolute Bezüge   32
11. **Suchen und Ersetzen**   33
12. **Diagramme**   34
13. **Excel-Tabelle als Webseite**   36

## B. Grundkurs: Kaufmännisches Rechnen   37
1. **Dreisatzrechnung**   37
   - 1.1 Gerades und ungerades Verhältnis   37
   - 1.2 Zusammengesetzter Dreisatz   39
   - 1.3 Kettensatz   40
2. **Währungsrechnen**   42
3. **Durchschnittsrechnen**   44
   - 3.1 Einfacher Durchschnitt   44
   - 3.2 Gewogener Durchschnitt   46
4. **Verteilungsrechnen**   48
   - 4.1 Gewinnverteilung GbR-Gesellschaft   48
   - 4.2 Gewinnverteilung OHG   50
   - 4.3 Gewinnverteilung KG   52

# INHALTSVERZEICHNIS

- **5. Prozentrechnen** .......... 54
  - 5.1 Prozentwert, Prozentsatz und Grundwert .......... 54
  - 5.2 Vermehrter und verminderter Grundwert .......... 56
- **6. Zinsrechnen** .......... 58
  - 6.1 Ermittlung der Zinstage .......... 58
  - 6.2 Zinsen, Kapital, Zinssatz und Zeit .......... 60
  - 6.3 Summarische Zinsrechnung .......... 62
- **7. Kontokorrentrechnung** .......... 64
- **8. Wertpapierrechnen** .......... 66
- **9. Handelskalkulation** .......... 68
  - 9.1 Angebotsvergleich .......... 68
  - 9.2 Vorwärtskalkulation .......... 70
  - 9.3 Rückwärtskalkulation .......... 73
  - 9.4 Differenzkalkulation .......... 75

## C. Kosten- und Leistungsrechnung in der Industrie .......... 77

- **1. Divisionskalkulation** .......... 77
  - 1.1 Einstufige Divisionskalkulation .......... 77
  - 1.2 Mehrstufige Divisionskalkulation .......... 79
- **2. Äquivalenzziffernkalkulation** .......... 81
  - 2.1 Einstufige Äquivalenzziffernkalkulation .......... 81
  - 2.2 Mehrstufige Äquivalenzziffernkalkulation .......... 83
- **3. Kuppelkalkulation** .......... 85
  - 3.1 Restwertmethode .......... 85
  - 3.2 Verteilungsrechnung .......... 87
- **4. Betriebsabrechnungsbogen** .......... 88
- **5. Innerbetriebliche Leistungsverrechnung** .......... 91
  - 5.1 Kostenartenverfahren .......... 91
  - 5.2 Kostenstellenausgleichsverfahren .......... 92
  - 5.3 Kostenstellenumlageverfahren .......... 94
- **6. Differenzierte Zuschlagskalkulation** .......... 96
  - 6.1 Ermittlung der Selbstkosten .......... 96
  - 6.2 Kalkulierte Angebotspreise .......... 98
- **7. Maschinenstundensatzrechnung** .......... 99
  - 7.1 Summarische Maschinenstundensatzrechnung .......... 99
  - 7.2 Kalkulation mit Maschinenstundensätzen .......... 102
  - 7.3 Differenzierte Maschinenstundensatzrechnung .......... 104
- **8. Kosten** .......... 106
  - 8.1 Beschäftigungsbezogene Kosten .......... 106
  - 8.2 Verfahrensvergleich .......... 109
- **9. Deckungsbeitragsrechnung** .......... 111

## 10. Produktionsprogrammplanung ... 114
- 10.1 Keine Kapazitätsbeschränkungen ... 114
- 10.2 Engpässe ... 116

## 11. Fixkostendeckungsrechnung ... 118

# D. Kosten- und Leistungsrechnung im Handel ... 121

## 1. Deckungsbeitragsrechnung ... 121
- 1.1 Kostenträgerzeitrechnung ... 121
- 1.2 Kostenträgerstückrechnung ... 122
- 1.3 Preisuntergrenzen ... 124
- 1.4 Kurzfristige Erfolgsrechnung ... 126

## 2. Fixkostendeckungsrechnung ... 128
- 2.1 Sortimentsgestaltung ... 128
- 2.2 Sortimentsentscheidung ... 130

## 3. Sortimentspolitik ... 132
- 3.1 ABC-Analyse ... 132
- 3.2 Optimales Sortiment ... 134

# E. Betriebliche Statistik ... 137

## 1. Häufigkeitsverteilungen ... 137
- 1.1 Tabellen ... 137
- 1.2 Klassierte Daten ... 140

## 2. Diagramme ... 142
- 2.1 Säulendiagramme ... 142
- 2.2 Kreis- und Tortendiagramme ... 144
- 2.3 Linien- und Kurvendiagramme ... 146

## 3. Statistische Maßzahlen ... 148
- 3.1 Arithmetisches Mittel ... 148
- 3.2 Modus und Median ... 150
- 3.3 Variationsbreite und mittlere lineare Abweichung ... 152
- 3.4 Varianz und Standardabweichung ... 154

## 4. Verhältniszahlen ... 156
- 4.1 Gliederungszahlen ... 156
- 4.2 Beziehungszahlen ... 157
- 4.3 Indexzahlen ... 159

# F. Buchführung ... 161

## 1. Personalwirtschaft ... 161
- 1.1 Lohn- und Gehaltsberechnungen ... 161
- 1.2 Vermögenswirksame Leistungen ... 163

# INHALTSVERZEICHNIS

| | | |
|---|---|---:|
| 2. | **Anlagenwirtschaft** | 165 |
| | 2.1 Lineare Abschreibungen | 165 |
| | 2.2 Degressive Abschreibungen | 168 |
| | 2.3 Abschreibungen nach Leistungseinheiten | 170 |
| 3. | **Materialwirtschaft** | 172 |
| | 3.1 Lagerkennziffern | 172 |
| | 3.2 Bewertung des Vorratsvermögens | 174 |
| 4. | **Finanzwirtschaft** | 176 |
| 5. | **Einnahmen-Überschuss-Rechnung** | 178 |
| 6. | **Betriebsübersicht** | 180 |
| | 6.1 Saldenbilanz I | 180 |
| | 6.2 Saldenbilanz II | 182 |
| | 6.3 Schlussbilanz und GuV-Rechnung | 184 |
| 7. | **Auswertung des Jahresabschlusses** | 186 |
| | 7.1 Rentabilitäts- und Produktivitäts-Kennziffern | 186 |
| | 7.2 Liquiditäts-Kennziffern | 189 |

## Übungsteil (Aufgaben und Fälle) 193

| | | |
|---|---|---:|
| 1. | **Kaufmännisches Rechnen** | 193 |
| | 1.1 Dreisatzrechnung | 193 |
| | 1.2 Währungsrechnen | 193 |
| | 1.3 Durchschnittsrechnen | 195 |
| | 1.4 Verteilungsrechnen | 197 |
| | 1.5 Prozentrechnen | 198 |
| | 1.6 Zinsrechnen | 200 |
| | 1.7 Wertpapierrechnen | 203 |
| | 1.8 Handelskalkulation | 203 |
| 2. | **Kostenrechnung in der Industrie** | 208 |
| | 2.1. Divisionskalkulation | 208 |
| | 2.2 Äquivalenzziffernkalkulation | 208 |
| | 2.3 Kuppelkalkulation | 210 |
| | 2.4 Betriebsabrechnungsbogen | 211 |
| | 2.5 Innerbetriebliche Leistungsverrechnung | 212 |
| | 2.6 Differenzierte Zuschlagskalkulation | 214 |
| | 2.7 Maschinenstundensatzrechnung | 216 |
| | 2.8 Kosten | 220 |
| | 2.9 Deckungsbeitragsrechnung | 222 |
| | 2.10 Produktionsprogrammplanung | 222 |
| | 2.11 Fixkostendeckungsrechnung | 224 |
| 3. | **Kostenrechnung im Handel** | 225 |
| | 3.1 Deckungsbeitragsrechnung | 225 |
| | 3.2 Fixkostendeckungsrechnung | 228 |
| | 3.3 Sortimentspolitik | 230 |

| | | | |
|---|---|---|---|
| 4. | **Betriebliche Statistik** | | 232 |
| | 4.1 Häufigkeitsverteilung | | 232 |
| | 4.2 Diagramme | | 233 |
| | 4.3 Statistische Maßzahlen | | 236 |
| | 4.4 Verhältniszahlen | | 239 |
| 5. | **Buchführung** | | 241 |
| | 5.1 Personalwirtschaft | | 241 |
| | 5.2 Anlagenwirtschaft | | 242 |
| | 5.3 Materialwirtschaft | | 243 |
| | 5.4 Finanzwirtschaft | | 244 |
| | 5.5 Einnahmen-Überschuss-Rechnung | | 245 |
| | 5.6 Betriebsübersicht | | 246 |
| | 5.7 Auswertung des Jahresabschlusses | | 249 |

**Lösungen** 251

**Stichwortverzeichnis** 319

# A. Einführung in EXCEL
## 1. Das Arbeitsblatt
Nach dem Start von EXCEL 2013 erscheint eine Übersicht mit mehreren Vorlagen.

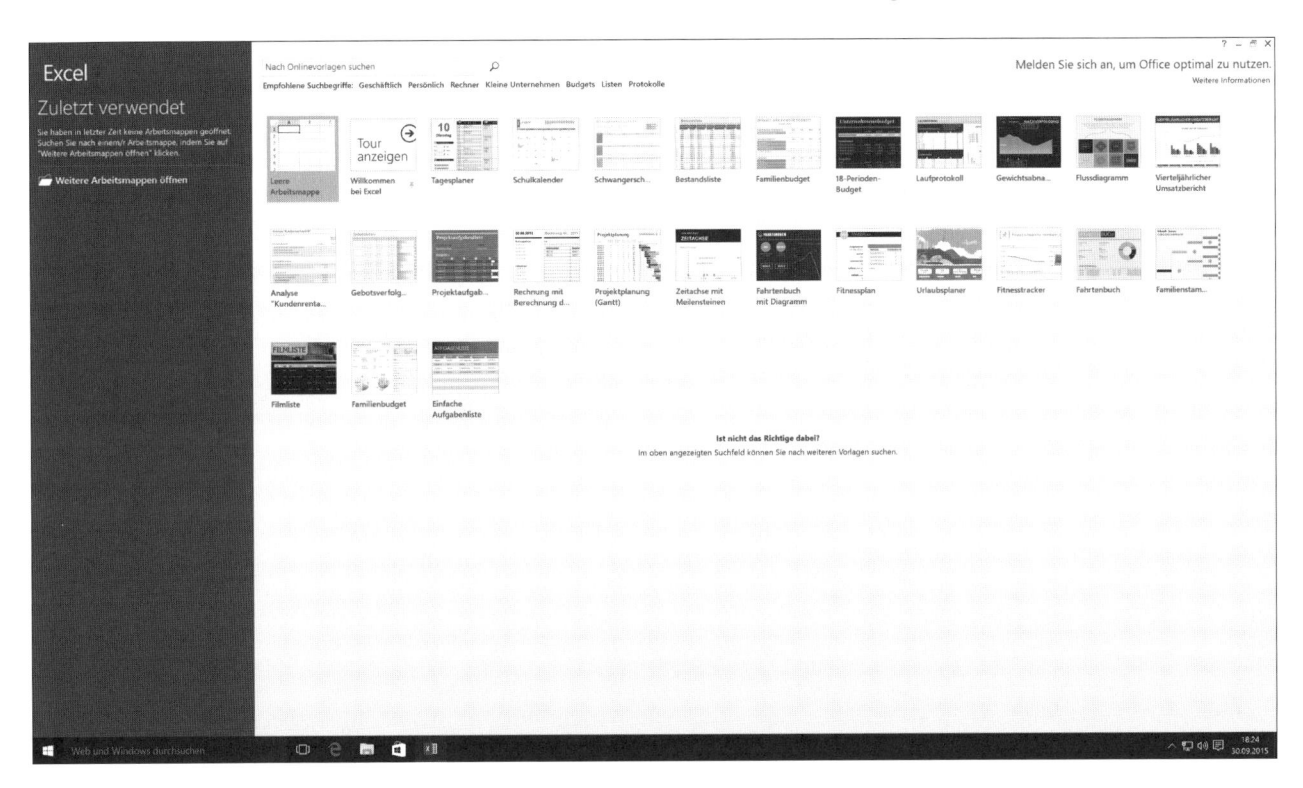

Die leere Arbeitsmappe hat das folgende Aussehen:

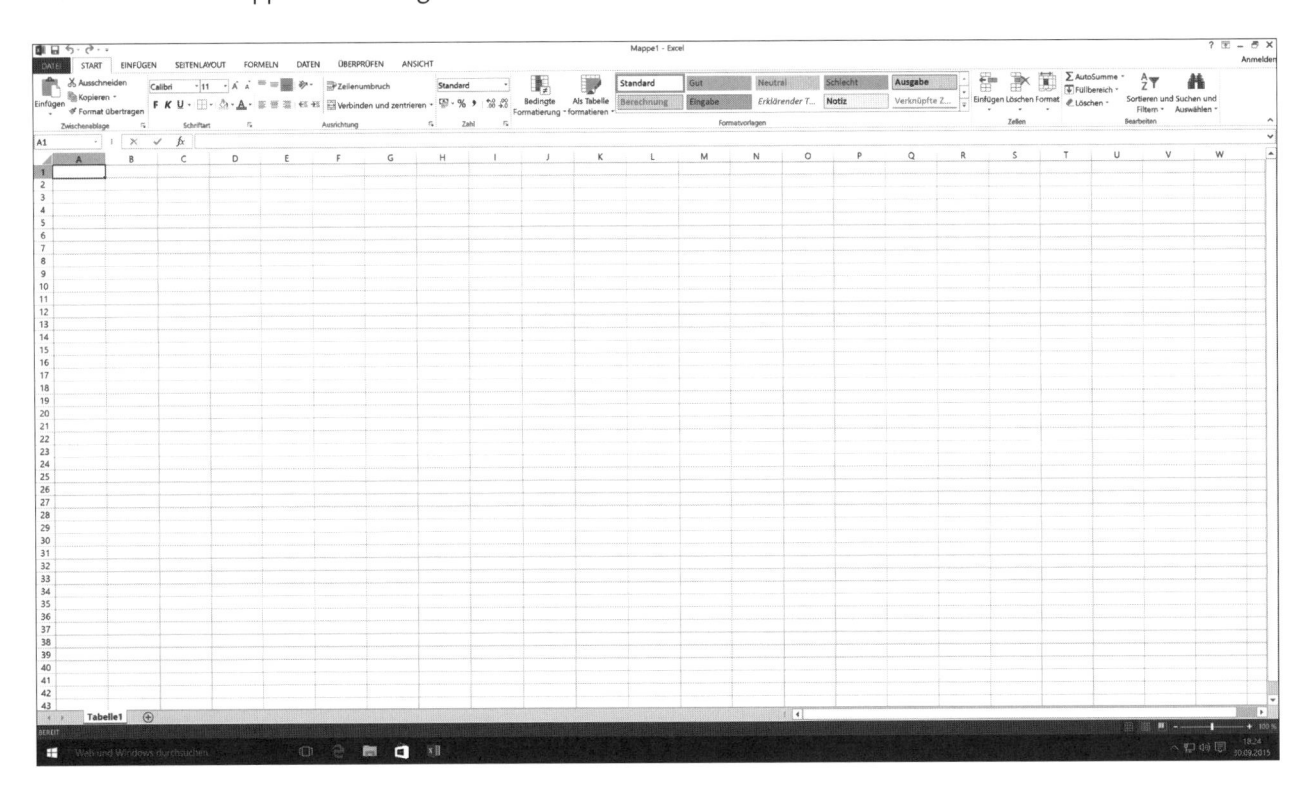

## 2. Die Multifunktionsleiste

Kernstück von EXCEL 2013 ist die Multifunktionsleiste in der das Wesentliche übersichtlich zur Verfügung steht. Die Multifunktionsleiste besteht aus drei grundlegenden Komponenten:

- **Registerkarten:** Am oberen Rand befinden sich sieben Registerkarten. Auf jeder werden Hauptaufgaben dargestellt, die Sie in Excel ausführen.
- **Gruppen:** Jede Registerkarte enthält Gruppen, die verwandte Elemente zusammenfassen.
- **Befehle:** Ein Befehl ist eine Schaltfläche, ein Feld zur Eingabe von Informationen oder ein Menü.

Je nachdem ob die Registerkarte Start, Einfügen, Seitenlayout, Formeln, Daten, Überprüfen oder Ansicht gewählt wird, ändert sich das Erscheinungsbild wie folgende Beispiele zeigen:

Start

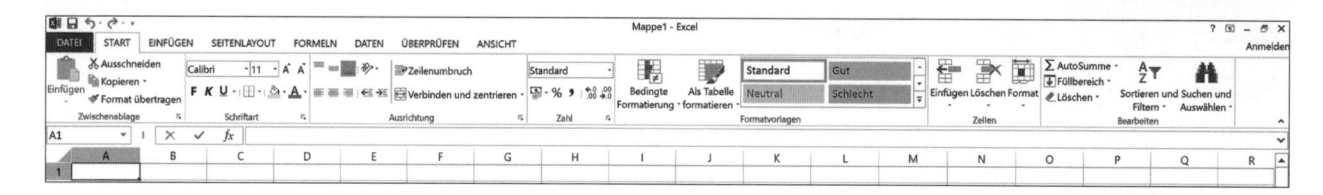

Einfügen

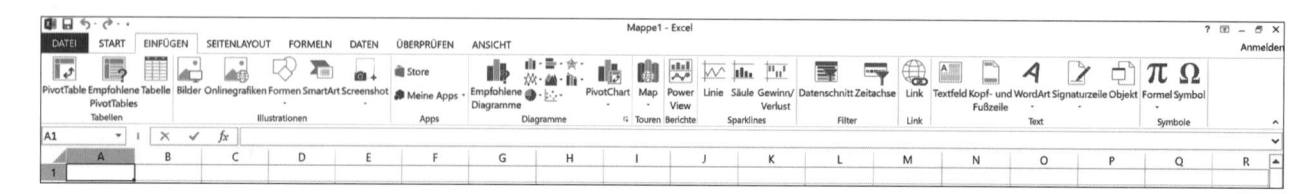

Seitenlayout

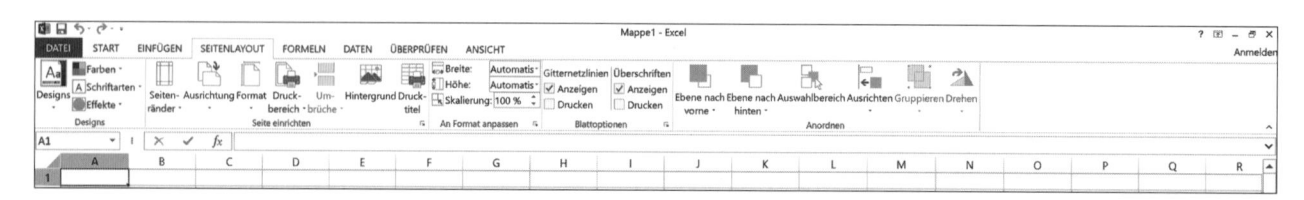

Formeln

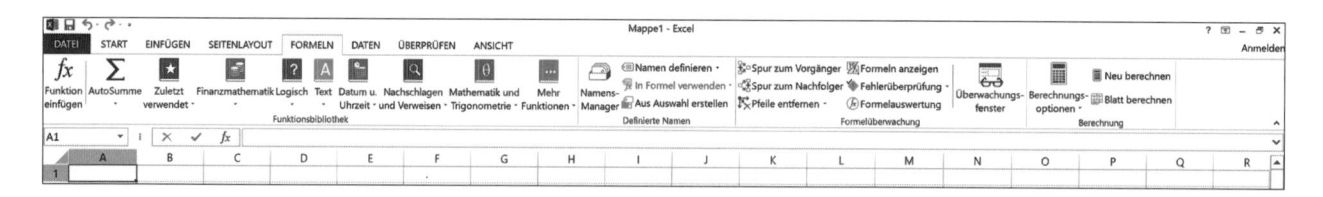

Daten

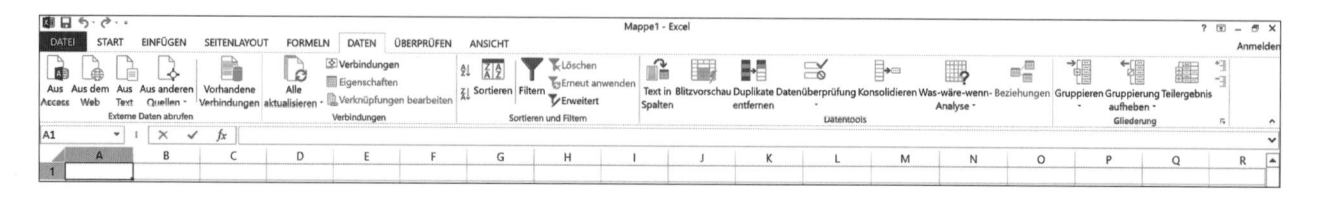

Überprüfen

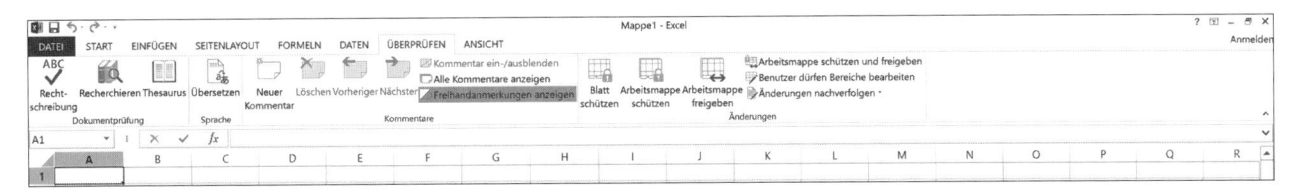

Ansicht

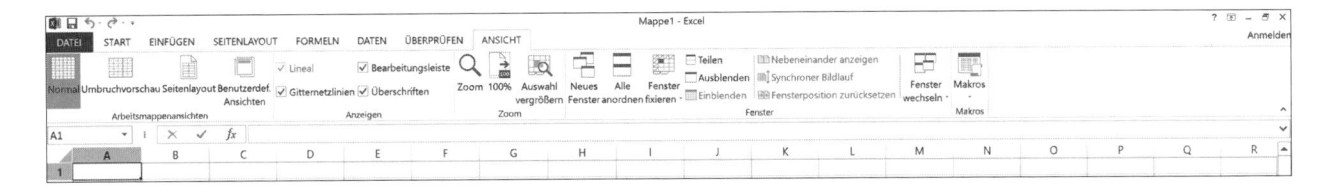

## 3. Aufbau EXCEL-Tabelle

Der Kopfbereich wird von der Schaltfläche Office, den Registerkarten, den Befehlsgruppen und Befehlen eingenommen. Dazu kommt die individuell gestaltbare Schnellstartleiste (Schaltfläche Office – Excel Optionen).

Die eigentliche Tabelle besteht aus senkrechten Spalten und waagerechten Zeilen. Die Spalten haben als Kennzeichnung einen oder zwei Buchstaben; die Zeilen haben Zahlen als Kennung. Es existieren $2^{20}$ Zeilen (1.048.576) und $2^{14}$ Spalten (16.384).

Durch Anklicken oder Markieren mit der Maus lassen sich die Felder aktivieren, d. h. für Texte, Zahlen und Formeln aufnahmefähig machen.

Über den Spaltenbezeichnungen befinden sich die Anzeige des aktiven Feldes, z. B. B6, und die Icons zum Abbrechen der Aktion, zum Eingeben von Werten und zur Formelbearbeitung. Neben dem Gleichheitszeichen befindet sich die durch Mausklick aktivierbare Bearbeitungszeile.

Die Zeilenhöhe und die Spaltenbreiten lassen sich auch mittels Maus verändern: nachdem sich der Mauszeiger beim Erreichen der Trennlinien (Spalte oder Zeile) in ein Kreuz verwandelt hat und die linke Maustaste gedrückt, gehalten und gezogen („Ziehen") wird. Die Veränderungen sind auch über Start – Format (Gruppe Zellen) – Zeilenhöhe/Spaltenbreite zu erreichen.

Das Markieren von mehreren Feldern geschieht durch das Drücken der linken Maustaste und das „Ziehen" der Maus über die gewünschten Bereiche.

Mit dem Anfasser (Festhalten mit linker Maustaste) werden horizontal oder vertikal Erweiterungen vorgenommen oder der Zelleninhalt in die entsprechenden Felder kopiert.

Mittels der horizontalen und vertikalen Bildlaufleiste wird bei mangelnder Monitorgröße innerhalb der Tabelle navigiert.

Mit den Registerlaufpfeilen können verschiedene Tabellen angewählt werden, mit der rechten Maustaste erscheint eine Tabellenblatt-Übersicht.

Die Namen der Tabellenblätter im Blattregister können Sie folgendermaßen verändern: entweder durch Doppelklick mit der Maus und Eingabe des gewünschten Namens oder Klick mit der rechten Maustaste und dem Folgen des Menüs.

A. **Einführung in EXCEL** | 3. Aufbau EXCEL-Tabelle

Das Speichern einer Tabelle wird durch folgende Schritte vorgenommen: Office – Speichern oder Speichern unter – Auswahl der Speicheroptionen – Eingabe eines Dateinamens oder durch Betätigen der Funktionstaste F12 und Eingabe des Dateinamens.

## Aufbau Menü

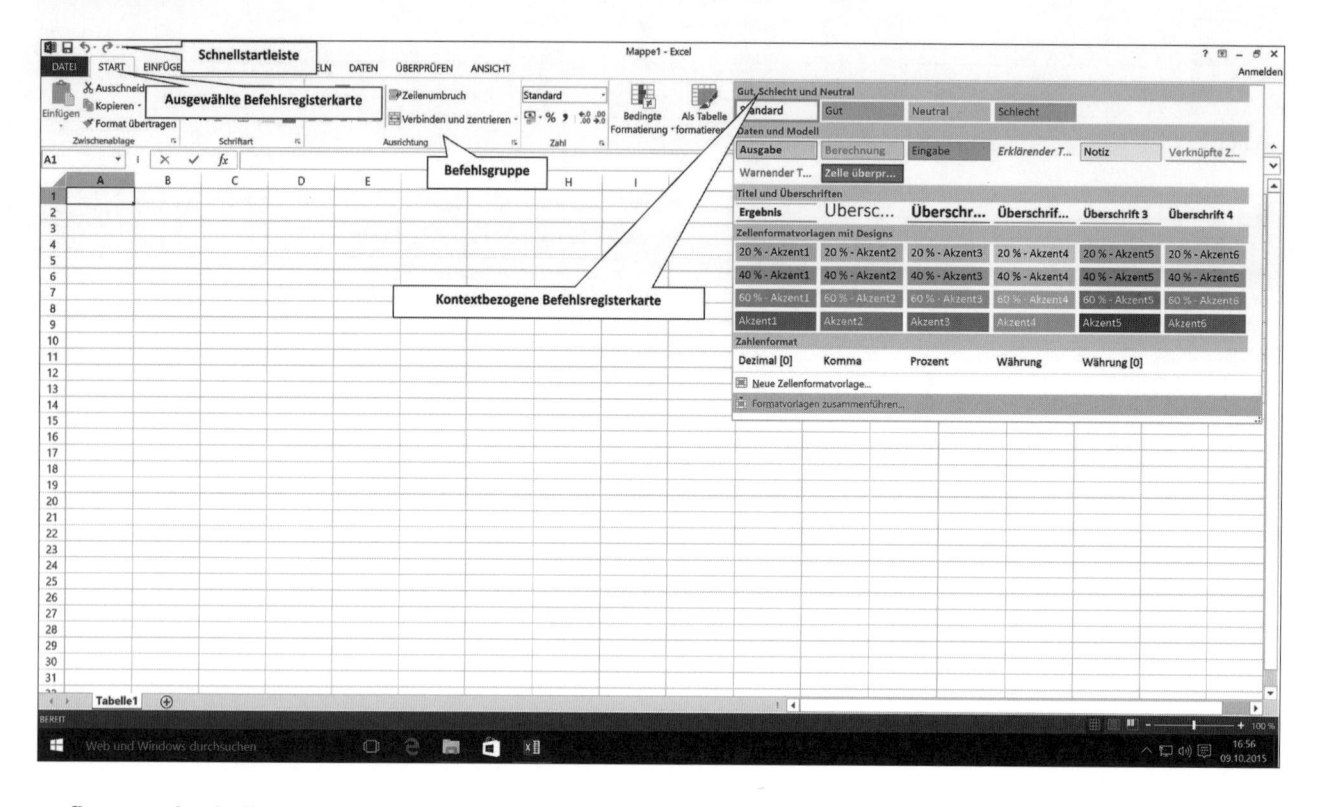

## Aufbau Excel-Tabelle

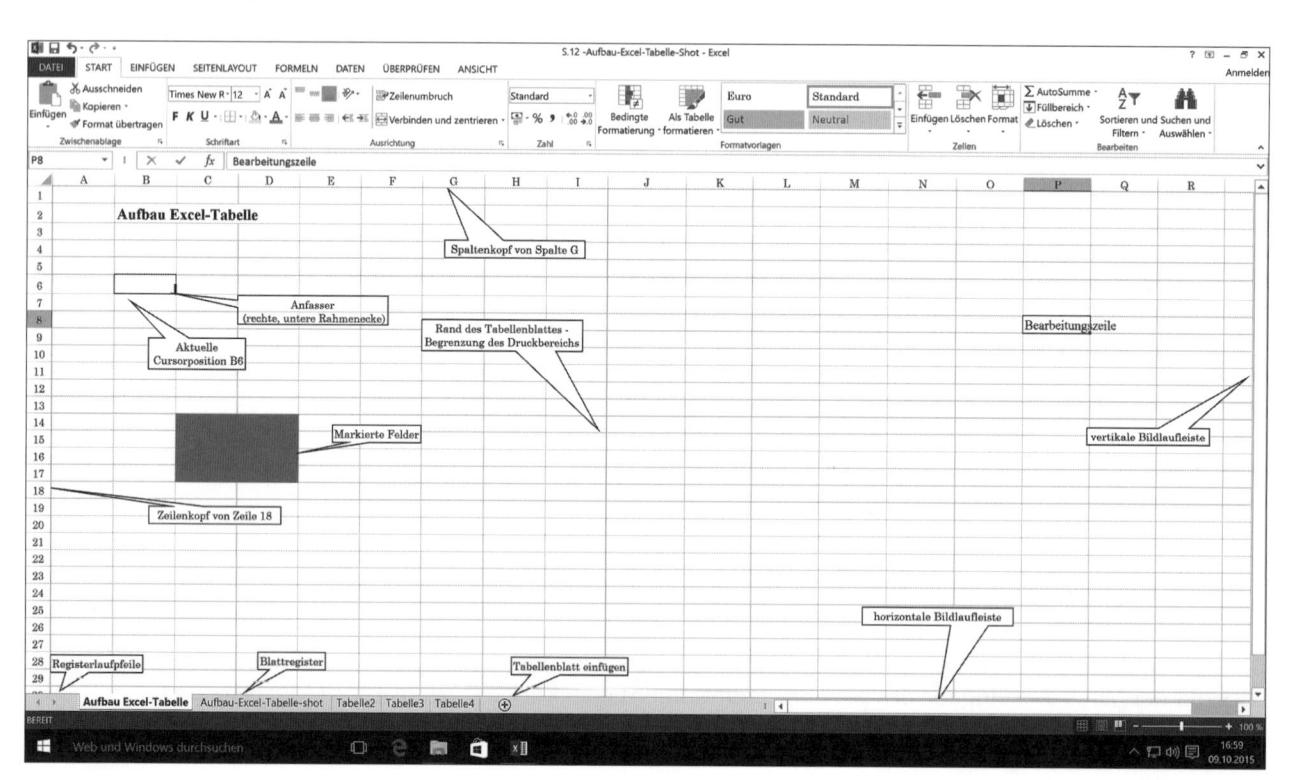

## 4. Texte, Werte, Formeln

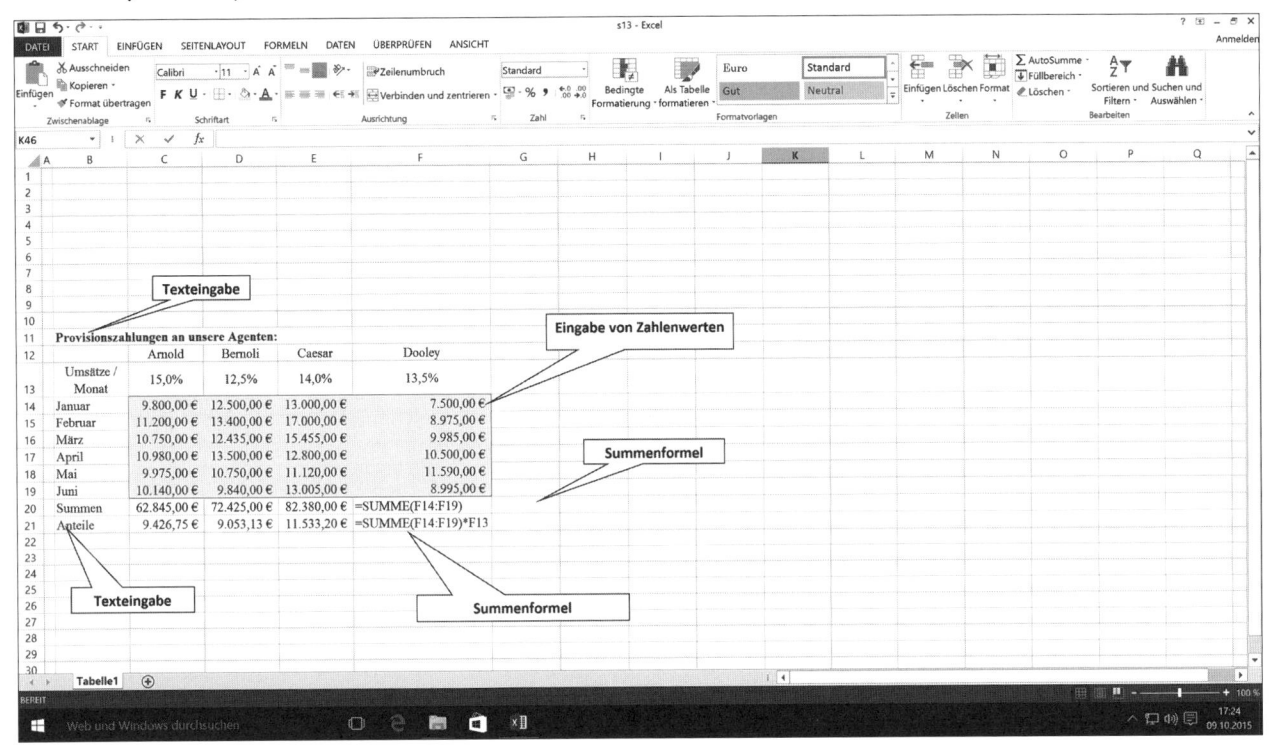

*[Screenshot einer Excel-Tabelle mit folgendem Inhalt:]*

**Provisionszahlungen an unsere Agenten:**

| | Arnold | Bernoli | Caesar | Dooley |
|---|---|---|---|---|
| Umsätze / Monat | 15,0% | 12,5% | 14,0% | 13,5% |
| Januar | 9.800,00 € | 12.500,00 € | 13.000,00 € | 7.500,00 € |
| Februar | 11.200,00 € | 13.400,00 € | 17.000,00 € | 8.975,00 € |
| März | 10.750,00 € | 12.435,00 € | 15.455,00 € | 9.985,00 € |
| April | 10.980,00 € | 13.500,00 € | 12.800,00 € | 10.500,00 € |
| Mai | 9.975,00 € | 10.750,00 € | 11.120,00 € | 11.590,00 € |
| Juni | 10.140,00 € | 9.840,00 € | 13.005,00 € | 8.995,00 € |
| Summen | 62.845,00 € | 72.425,00 € | 82.380,00 € | =SUMME(F14:F19) |
| Anteile | 9.426,75 € | 9.053,13 € | 11.533,20 € | =SUMME(F14:F19)*F13 |

Beschriftungen im Bild: *Texteingabe*, *Eingabe von Zahlenwerten*, *Summenformel*

Nach Aktivierung der gewünschten Zelle können Sie entsprechende Texte, Werte und Formeln eingeben. Die Umsätze tragen Sie ebenfalls nach Aktivierung der jeweiligen Zellen ein.

Die Gesamtumsätze des ersten Halbjahres für Arnold errechnen Sie, indem Sie die Zelle C20 aktivieren und ein Gleichheitszeichen gefolgt von „Summe (C14:C19)" eingeben und mit der Returntaste bestätigen. Das Ergebnis (62.845 €) wird angezeigt. In Zelle C21 wird der 15 %-Anteil von Arnold errechnet, indem der Wert von Zelle C20 mit dem Wert der Zelle C13 multipliziert wird (=C20*C13).

Im Übrigen lassen sich mit EXCEL unter anderem folgende Operationen vornehmen:

# 5. Operatoren

## 5.1 Arithmetische Operatoren

Mit Operatoren legen Sie fest, auf welche Art und Weise Werte aus angegebenen Zellen miteinander verknüpft werden sollen.

Sie ermitteln also in einer Zelle einen Wert aus zwei anderen Ausdrücken. Zu den wichtigsten Operatoren gehören die vier Grundrechenarten und das Potenzieren. Arithmetische Operatoren werden immer auf Zahlen angewendet und liefern auch ihr Ergebnis als Zahl.

| Operator | Werte | | Beispiel | Berechnung | Ergebnis | Bedeutung |
|---|---|---|---|---|---|---|
| + | 8 | 5 | =C9+D9 | =8+5 | 13 | Addition (Pluszeichen): Die beiden Ausdrücke werden zusammengezählt. |
| - | 8 | 5 | =C9-D9 | =8-5 | 3 | Subtraktion (Minuszeichen): Der rechte Ausdruck wird vom linken abgezogen. |
| * | 9 | 4 | =C9*D9 | =9*4 | 36 | Multiplikation (Sternchen): Die beiden Ausdrücke werden malgenommen. |
| / | 9 | 4 | =C9/D9 | =9/4 | 2,25 | Division (Schrägstrich): Der erste Ausdruck wird durch den zweiten geteilt. |
| ^ | 7 | 3 | =C9^D9 | =343 | 343 | Potenzierung (Caret-Zeichen): Der erste Ausdruck wird so oft mit sich selbst multipliziert, wie der zweite Ausdruck angibt. |

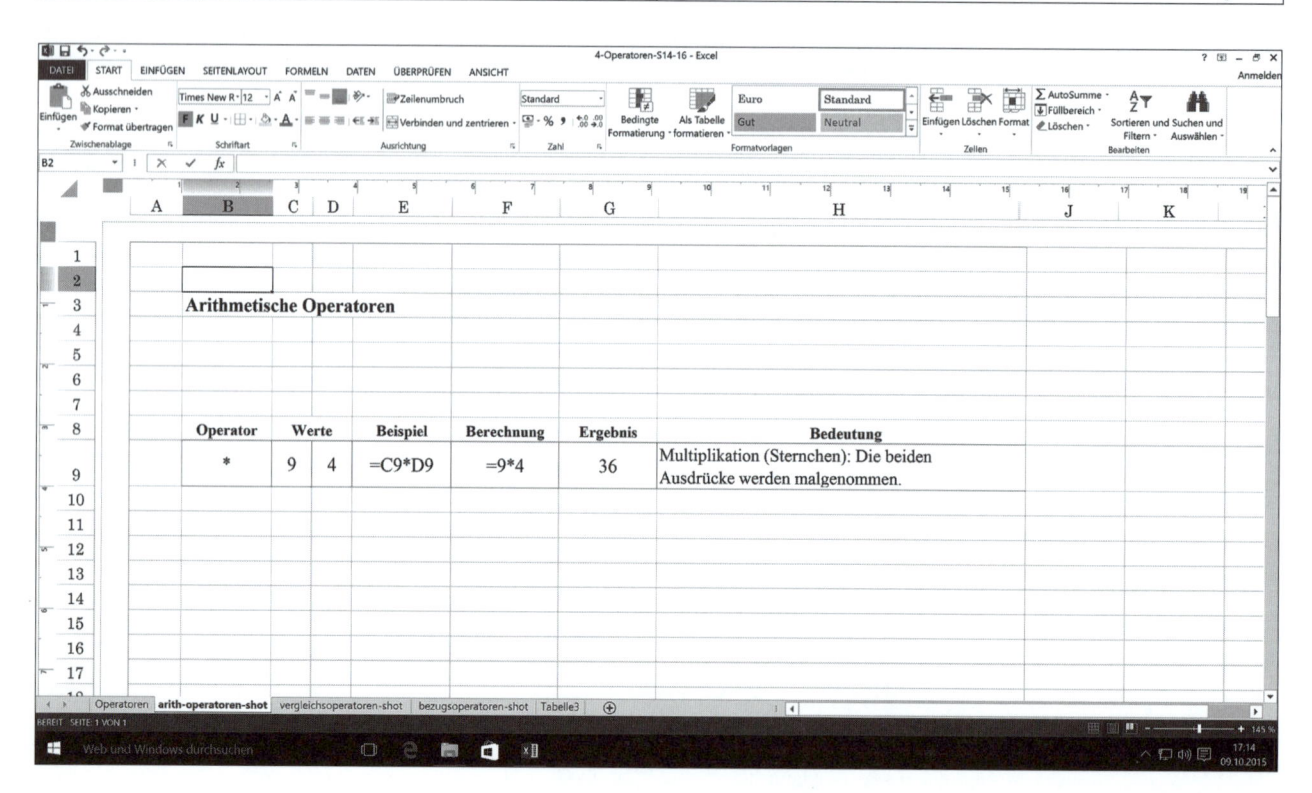

## 5.2 Vergleichsoperatoren

Werden zwei Ausdrücke miteinander verglichen, ist das Ergebnis ein logischer Wert, entweder „WAHR" oder „FALSCH". Diese Ausdrücke müssen nicht immer Zahlen sein, es können auch Texte sein.

| Operator | Werte | | Beispiel | Berechnung | Ergebnis | Bedeutung |
|---|---|---|---|---|---|---|
| = | 5 | 5 | =5=5 | =C7=D7 | WAHR | Wahr, wenn beide Ausdrücke gleich sind. |
| = | 8 | 5 | =8=5 | =C7=D7 | FALSCH | Falsch, wenn beide Ausdrücke ungleich sind. |
| > | 8 | 5 | =8>5 | =C7>D7 | WAHR | Wahr, wenn der erste Ausdruck größer ist als der zweite. |
| > | 5 | 8 | =5>8 | =C7>D7 | FALSCH | Falsch, wenn der erste Ausdruck nicht größer ist als der zweite. |
| >= | 9 | 4 | =9>=4 | =C8>=D8 | WAHR | Wahr, der erste Ausdruck ist größer als der zweite Ausdruck bzw. gleich groß. |
| <= | 4 | 9 | =4<=9 | =C9<=D9 | WAHR | Wahr, der erste Ausdruck ist kleiner als der zweite Ausdruck bzw. gleich groß. |
| <> | 9 | 4 | =9<>4 | =C10<>D10 | WAHR | Wahr, weil beide Ausdrücke verschieden sind. |
| <> | 9 | 9 | =9<>9 | =C11<>D11 | FALSCH | Falsch, weil beide Ausdrücke nicht verschieden sind. |

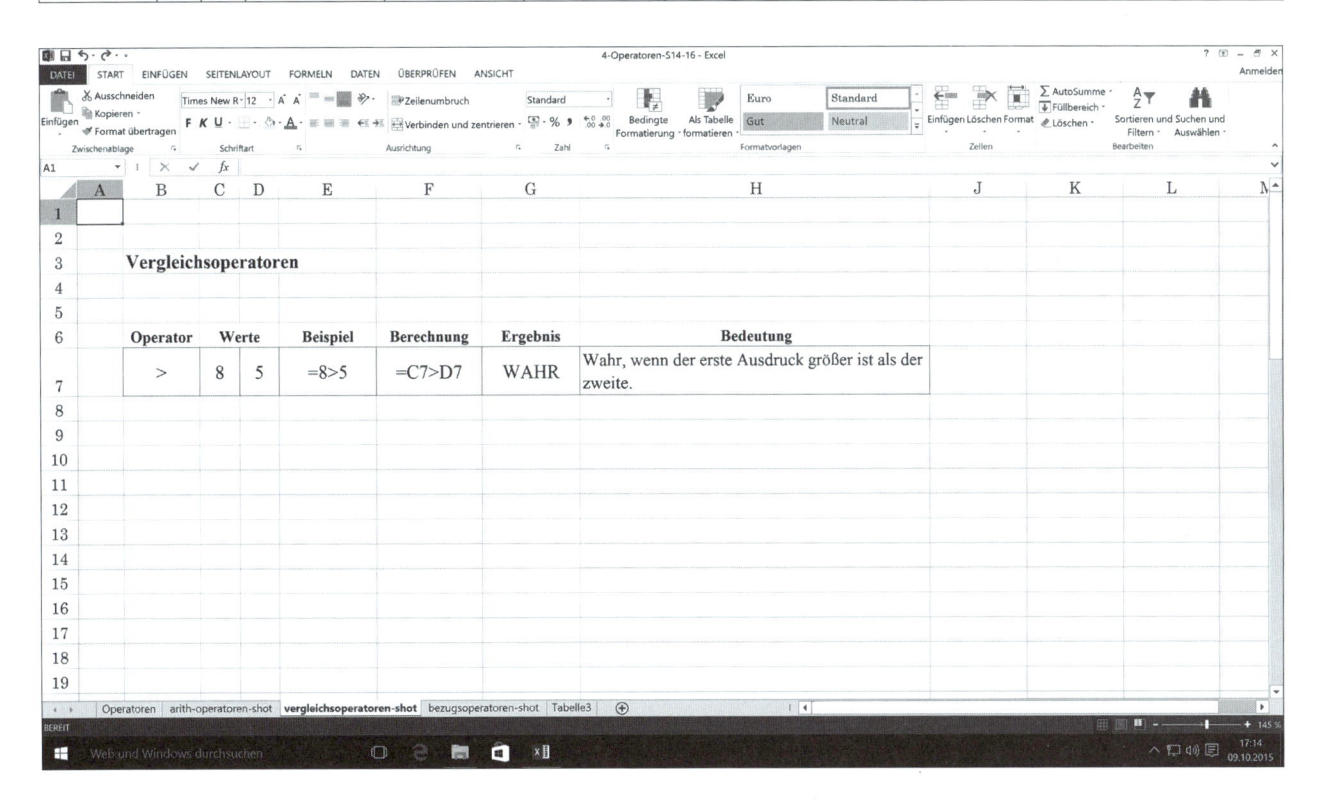

## 5.3 Bezugsoperatoren

Sie dienen der Verknüpfung von Zellbereichen zur Durchführung von Berechnungen.

| Operator | Werte | | Beispiele | Bedeutung |
|---|---|---|---|---|
| : | B5 | B8 | Bereich von B5:B8 | Bereichsoperator, der einen Bezug auf alle Zellen erstellt, die zwischen den zwei angegebenen Bezügen liegen, einschließlich der zwei Bezugszellen. |
| ; | B5 D5 | B8 D8 | =Summe(B5:B8;D5:D8) | Vereinigungsoperator, der mehrere Bezüge zu einem Bezug zusammenfasst. |

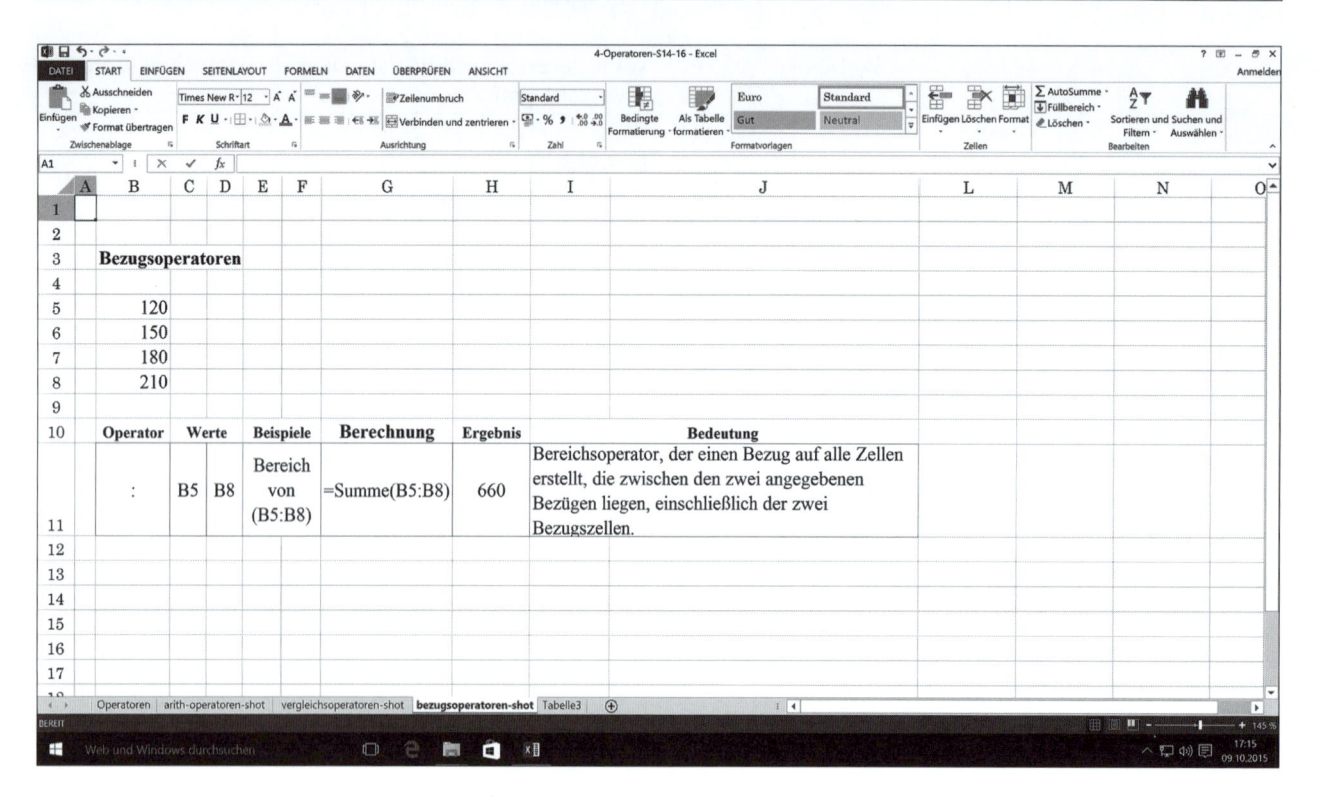

|  | A | B | C | D | E | F | G | H |
|---|---|---|---|---|---|---|---|---|
| 1 | | | | | | | | |
| 2 | | | | | | | | |
| 3 | | **Bezugsoperatoren** | | | | | | |
| 4 | | | | | | | | |
| 5 | | 120 | | | | | | |
| 6 | | 150 | | | | | | |
| 7 | | 180 | | | | | | |
| 8 | | 210 | | | | | | |
| 9 | | | | | | | | |
| 10 | | Operator | Werte | | Beispiele | Berechnung | Ergebnis | Bedeutung |
| 11 | | : | B5 | B8 | Bereich von (B5:B8) | =Summe(B5:B8) | 660 | Bereichsoperator, der einen Bezug auf alle Zellen erstellt, die zwischen den zwei angegebenen Bezügen liegen, einschließlich der zwei Bezugszellen. |

# 6. Funktionen

Funktionen sind festgelegte Formeln, die Berechnungen unter Verwendung bestimmter Werte (Argumente) und bestimmter Reihenfolge oder Struktur vornehmen. Sie dienen dazu, einfache oder auch komplexe Berechnungen durchzuführen, z. B. eine Zahl in einer bestimmten Zelle nach festgelegten Kriterien zu runden.

Eine Funktion beginnt immer mit einem Gleichheitszeichen gefolgt von dem Funktionsnamen. Im nachfolgenden Klammerausdruck befinden sich die durch Semikolon getrennten Argumente der Funktion.

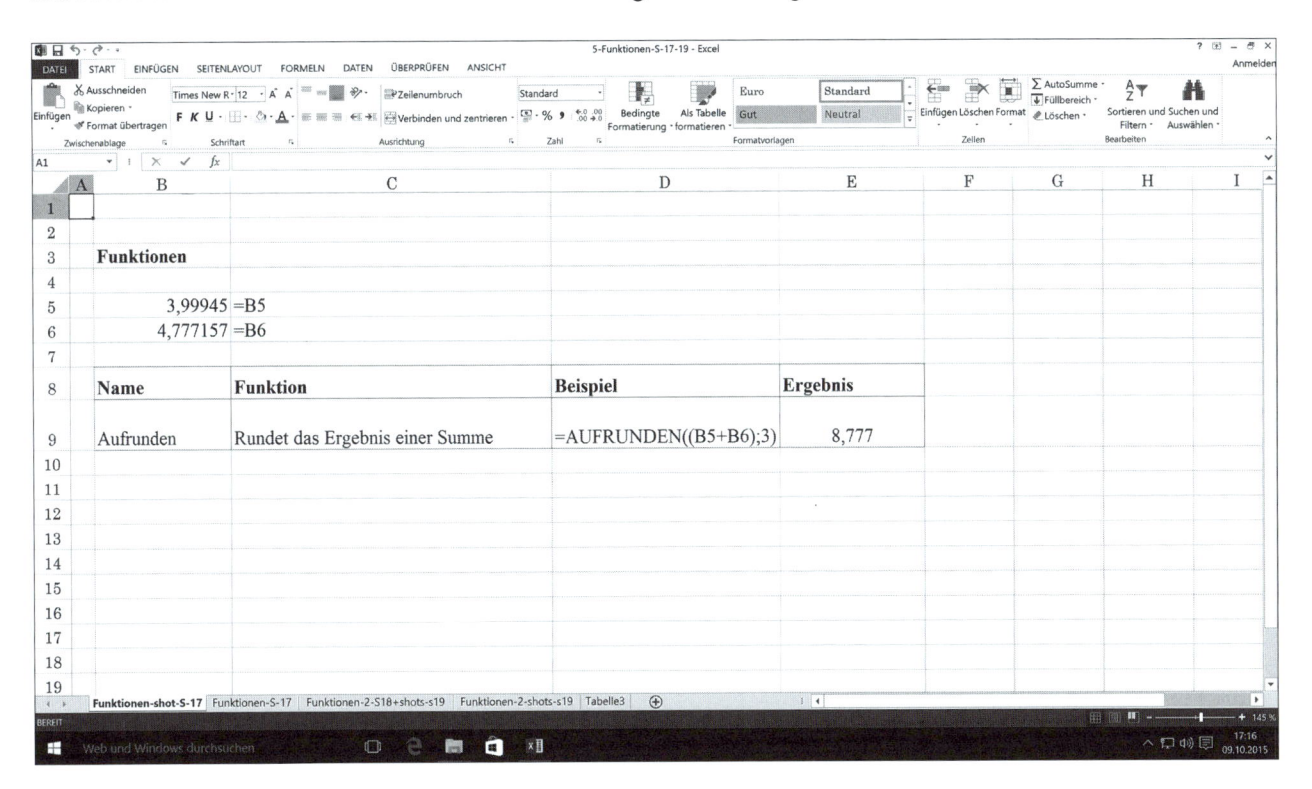

| Name | Funktion | Beispiel | Ergebnis |
|---|---|---|---|
| Heute() | Gibt das aktuelle Datum in einer Zelle an. Formatierung im Datumsformat (Auswahl) | =Heute() | 17.12.2016 |
| Jetzt() | Datumsangabe mit Uhrzeit | =Jetzt() | 17.12.2016 18:25 |
| Datum() | Eingabe eines Datums | =DATUM(2017;1;5) | 5. Januar 2017 |
| Abrunden | Rundet auf eine Dezimalstelle ab | =ABRUNDEN(3,22;1) | 3,2 |
| Aufrunden | Rundet auf eine Dezimalstelle auf | =AUFRUNDEN(3,22;1) | 3,3 |
| Aufrunden | Rundet das Ergebnis einer Summe | =AUFRUNDEN((B5+B6);3) | 8,777 |
| Ganzzahl | Rundet auf nächstkleinere ganze Zahl ab | =Ganzzahl(8,9) | 8 |
| Ganzzahl minus | Rundet auf nächstkleinere Zahl ab | =Ganzzahl(-8,9) | -9 |

A. Einführung in EXCEL | 7. Funktionsassistent

## 7. Funktionsassistent

EXCEL errechnet z. B. den Mittelwert der Argumente, wenn folgende Formeleingabe vorgenommen wird: =Mittelwert(C10:C15). Es wird also der Mittelwert aller Werte von C10 bis C15 ermittelt.

Die entsprechenden Formeln für den kleinsten und größten Wert lauten:

=MIN(C10:C15)
und
=MAX(C10:C15)

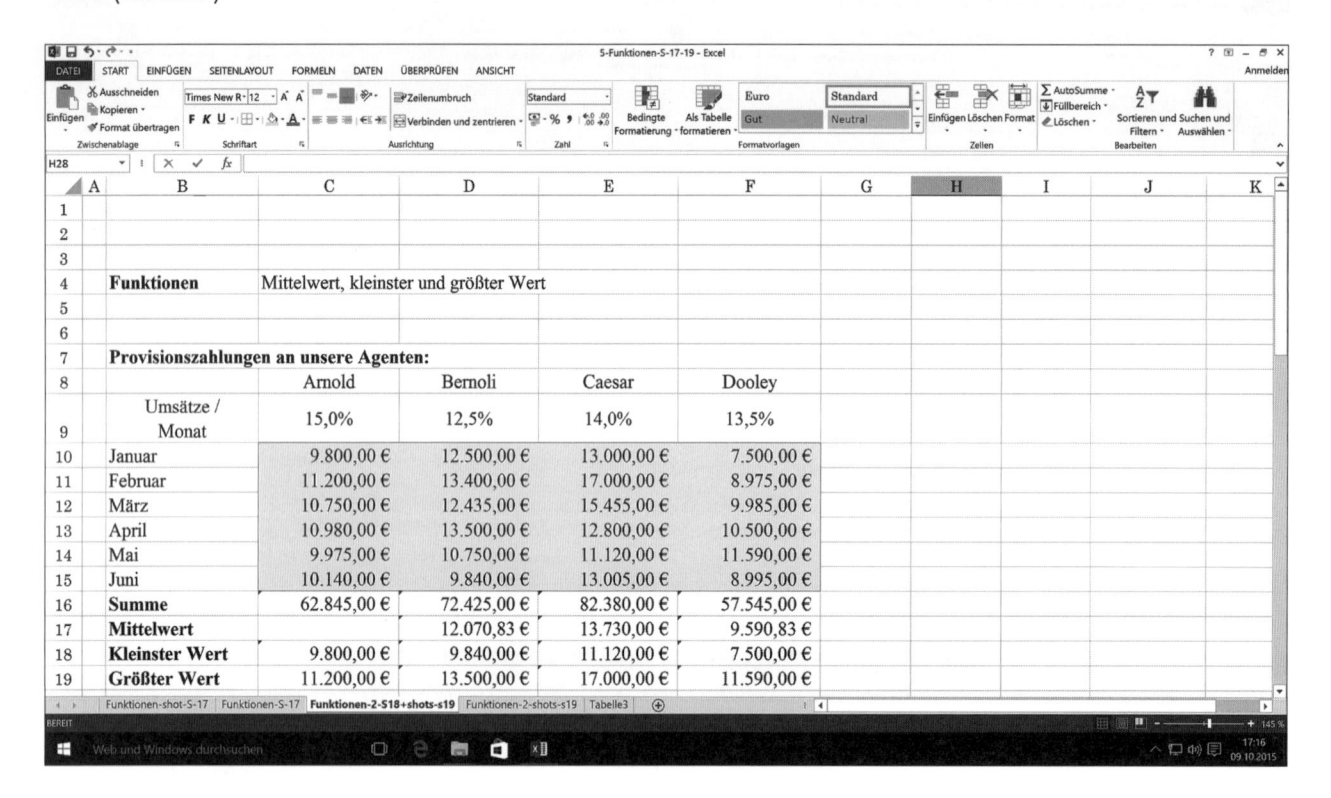

| | A | B | C | D | E | F |
|---|---|---|---|---|---|---|
| 4 | | **Funktionen** | Mittelwert, kleinster und größter Wert | | | |
| 7 | | **Provisionszahlungen an unsere Agenten:** | | | | |
| 8 | | | Arnold | Bernoli | Caesar | Dooley |
| 9 | | Umsätze / Monat | 15,0% | 12,5% | 14,0% | 13,5% |
| 10 | | Januar | 9.800,00 € | 12.500,00 € | 13.000,00 € | 7.500,00 € |
| 11 | | Februar | 11.200,00 € | 13.400,00 € | 17.000,00 € | 8.975,00 € |
| 12 | | März | 10.750,00 € | 12.435,00 € | 15.455,00 € | 9.985,00 € |
| 13 | | April | 10.980,00 € | 13.500,00 € | 12.800,00 € | 10.500,00 € |
| 14 | | Mai | 9.975,00 € | 10.750,00 € | 11.120,00 € | 11.590,00 € |
| 15 | | Juni | 10.140,00 € | 9.840,00 € | 13.005,00 € | 8.995,00 € |
| 16 | | **Summe** | 62.845,00 € | 72.425,00 € | 82.380,00 € | 57.545,00 € |
| 17 | | **Mittelwert** | | 12.070,83 € | 13.730,00 € | 9.590,83 € |
| 18 | | **Kleinster Wert** | 9.800,00 € | 9.840,00 € | 11.120,00 € | 7.500,00 € |
| 19 | | **Größter Wert** | 11.200,00 € | 13.500,00 € | 17.000,00 € | 11.590,00 € |

Anstelle der Formeleingabe hätte man sich auch des vorhandenen Formelschatzes von EXCEL bedienen können. Er enthält Hunderte von Formeln u. a. aus den Bereichen Finanzmathematik sowie Statistik und kann mithilfe von „Formeln" – „Funktion einfügen" – „Funktionsargumente" – aktiviert werden, wie die Abbildungen auf der nächsten Seite zeigen:

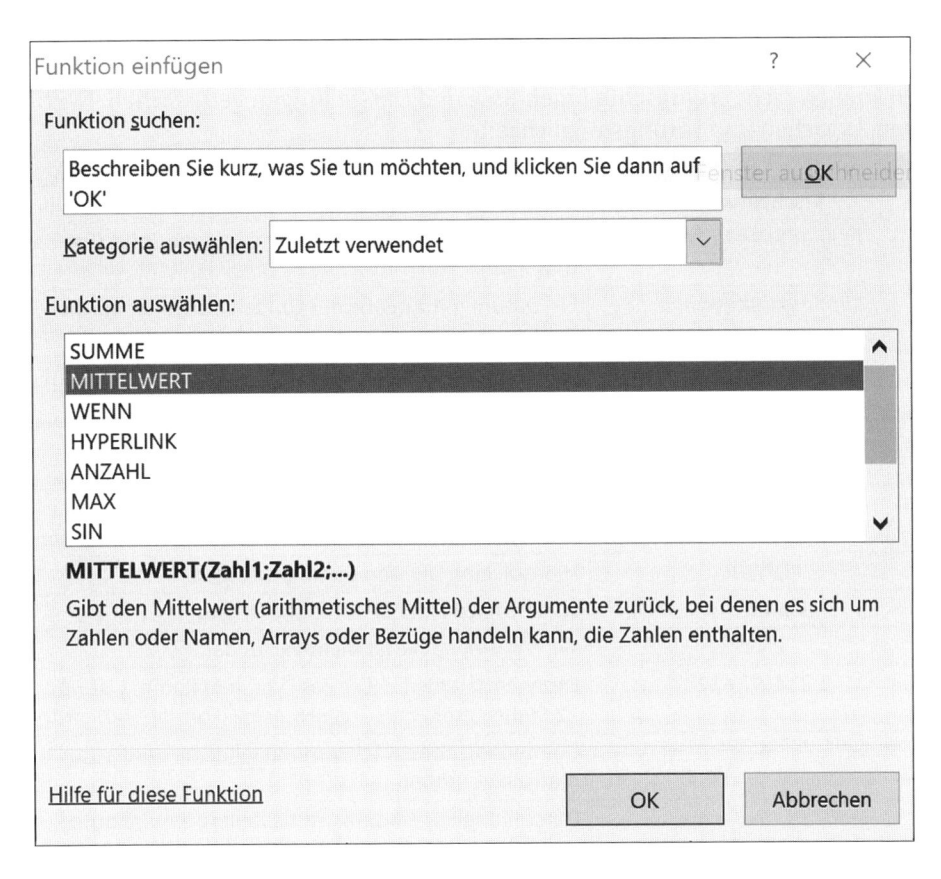

## Funktion einfügen

**Funktion suchen:**

Beschreiben Sie kurz, was Sie tun möchten, und klicken Sie dann auf 'OK'  →  OK

**Kategorie auswählen:** Zuletzt verwendet

**Funktion auswählen:**

- SUMME
- **MITTELWERT**
- WENN
- HYPERLINK
- ANZAHL
- MAX
- SIN

**MITTELWERT(Zahl1;Zahl2;...)**
Gibt den Mittelwert (arithmetisches Mittel) der Argumente zurück, bei denen es sich um Zahlen oder Namen, Arrays oder Bezüge handeln kann, die Zahlen enthalten.

Hilfe für diese Funktion OK Abbrechen

---

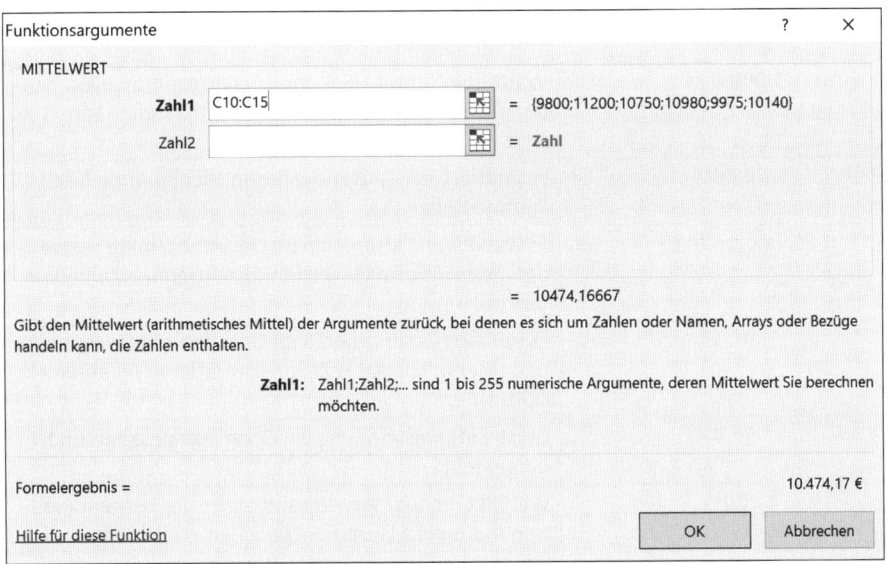

## Funktionsargumente

**MITTELWERT**

Zahl1: C10:C15    = {9800;11200;10750;10980;9975;10140}
Zahl2:            = Zahl

= 10474,16667

Gibt den Mittelwert (arithmetisches Mittel) der Argumente zurück, bei denen es sich um Zahlen oder Namen, Arrays oder Bezüge handeln kann, die Zahlen enthalten.

Zahl1: Zahl1;Zahl2;... sind 1 bis 255 numerische Argumente, deren Mittelwert Sie berechnen möchten.

Formelergebnis = 10.474,17 €

Hilfe für diese Funktion OK Abbrechen

## 8. Fehler und Formate

Fehlerhafte Formeln und Eingaben können nicht erwünschte Ergebnisse und Darstellungen verursachen. Nachstehend einige Erscheinungsformen, Ursachen und Lösungsmöglichkeiten.

| Eingabe | Erscheinung | Ursache |
|---|---|---|
| 123456,4569999900000 | ################ | Tritt auf, wenn ein Wert breiter ist als die Zelle. (Format Zahl) |
| 15.4.13 15:31 PM | ################ | Ein Datum mit Angabe der Uhrzeit ist breiter als die Zelle. |
| =400·-Registerblatt | #NAME? | Wird angezeigt, wenn Excel Text in einer Formel nicht erkennt. |
| -Rabatt | #NAME? | Fehlerangabe, da Excel nach Minuszeichen eine Rechenoperation erwartet. |
| =B6/400 | #BEZUG! | Anzeige, wenn in einer Formel z. B. Zahlen durch Buchstaben aus anderen Zellen geteilt werden sollen. |
| =400/0 | #DIV/0! | Hier soll eine Division durch 0 erfolgen. |
| =C100/C11 | #BEZUG! | Ein Bezug zu einer Zelle ist ungültig. |
| =C100/NK100 | #NV | Wert in einer Zelle ist nicht verfügbar. |
| 123456789123456 | 1,23457E+12 | Exponentialangabe: Die Zahl vor dem Komma ist um 12 Stellen größer als ausgewiesen. (Format Standard) |
| 5,5 | 6 | Darstellung ohne Nachkommastellen, es wird automatisch gerundet. |
| 5,4 | 5 | Darstellung ohne Nachkommastellen, es wird automatisch gerundet. |
| 500,5 | 500,50 | Darstellung mit zwei Nachkommastellen. |
| 500 | 500,00 € | Währungsformat € mit zwei Nachkommastellen. |
| $1.000 | 1.000,00 € | Währungsformat US $ ohne Nachkommastellen wurde in €-Format mit zwei Nachkommastellen formatiert |
| 20000 | 20.000 | Formatiert mit Tausender-Trennzeichen ohne Nachkommastellen. |
| 1.1.2013 | 1. Januar 2013 | Es wurden unterschiedliche Datumsformate verwendet. (Menü: Format – Zellen formatieren – Zahlen – Datum) |
| 01.01.2013 | Jan. 13 | Es wurden unterschiedliche Datumsformate verwendet. (Menü: Format – Zellen formatieren – Zahlen – Datum) |
| 5 * 4 | 5 * 4 | Diese Eingabe wird von Excel als Text gesehen und dargestellt. |
| =5*4 | 20 | Wenn gerechnet werden soll, so ist die Rechenoperation mit einem Gleichheitszeichen einzuleiten. |
| - 5 - 4 | -9 | Werden Zahleneingaben mit einem Rechenoperator begonnen, so wird Excel auch ohne Gleichheitszeichen rechnen. |
| -5 + 4 | -1 | Werden Zahleneingaben mit einem Rechenoperator begonnen, so wird Excel auch ohne Gleichheitszeichen rechnen. |
| 123,456789*123,456789 | 15.241,5788 | Excel rechnet mit allen angegebenen Nachkommastellen. |
| 123,46*123,46 | 15.241,5788 | Die zu multiplizierenden Faktoren zeigen nur zwei Nachkommastellen an, Excel rechnet trotzdem mit allen Nachkommastellen. |
| 123,46*123,46 | 15.242,3716 | Soll Excel mit nur zwei Nachkommastellen rechnen, bitte über Datei – Optionen – Erweitert – Beim Berechnen dieser Arbeitsmappe – Genauigkeit wie angezeigt festlegen. |

# 9. Tipps

## 9.1 Dateneingabe und Handling

Um Text und Zahlen effizient einzugeben und anzeigen zu lassen, können Sie verschiedene Formatierungsfeatures verwenden. Mit dem Menüpunkt Format – Zellen formatieren und weiteren Untermenüs können Sie Zahlen mit einem bestimmten Format versehen, Schriftarten und Schriftformen bestimmen, Ausrichtungen in Zellen vornehmen und grafische Gestaltungselemente verwenden.

| | |
|---|---|
| Ausrichtung in Zellen | Die Positionierung von Zelleingaben wird mit „Start – Ausrichtung" – z. B. oben oder zentriert vorgenommen. Es kann auch die Registerkarte Ausrichtung eingesetzt werden. |
| Bedingte Formatierung | Sollen Felder bei Übereinstimmung mit bestimmten Werten hervorgehoben werden, so bietet sich „Start – Formatvorlagen – Bedingte Formatierung – Anwählen der Kriterien" an. |
| Dateneingabe in mehreren Tabellenblättern gleichzeitig | Aktivieren Sie bei gedrückter Strg-Taste die gewünschten Tabellenblätter und nehmen Sie die Eingaben vor. |
| Druck des Dokuments auf einer Seite | „Datei – Drucken – Seitenansicht – Seite einrichten – Anpassen auf 1 Seite" wählen |
| Drucken von Gitternetzlinien | Klicken Sie „Seitenlayout – Blattoptionen (Gruppe) – Gitternetzlinien – Drucken". |
| Drucken von Zeilen- und Spaltenangaben | Klicken Sie „Seitenlayout – Blattoptionen (Gruppe) – Überschriften – Drucken – Zeilen- und Spaltenüberschriften". |
| Einfügen von Zeichen, Texten, Farben | Aktivieren Sie „Einfügen" und wählen Sie dann entsprechend Illustrationen, Diagramme oder Text. Farben erzielen Sie über „Start – Schriftart". |
| Eingabe von Brüchen, z. B. 1/4 | Vor der Eingabe des Bruches bitte über „Start – Zahl – Bruch" die entsprechende Kategorie „Bruch – Typ" die gewünschte Darstellungsform wählen. |
| Formeln als Texteingabe | Vor die Formel wird ein Hochkomma gesetzt, z. B. '=Summe(C19+C20) |
| Genauigkeit wie angezeigt | Soll Excel nur mit den Werten rechnen, die angezeigt werden, so ist diese Funktion mit „Office – Excel Optionen – Erweitert – Beim Berechnen dieser Arbeitsmappe – Genauigkeit" wie angezeigt festzulegen. |
| Horizontale und vertikale Zentrierung in Zellen | Wählen Sie „Start – Ausrichtung – Zentriert/Zentriert ausrichten". |
| Kopf- und Fußzeilen anlegen | Wählen Sie „Seitenlayout – Seite einrichten – Kopf/Fußzeilen", z. B. Seitenzahl und Verfasser, Datum etc. |
| Kopieren von Zellinhalten | Mit dem Anfasser nach verändertem Mauszeiger in die entsprechende Nachbarzelle ziehen, Kopien in entfernt liegende Zellen benötigen die Strg-Taste, nicht den Anfasser. |
| Mehrere Zeilen in einer Zelle | Der erforderliche Zeilenumbruch wird mit gedrückter Alt-Taste und Return vorgenommen. Danach die Zeilenhöhe gegebenenfalls anpassen. |
| Schutz von Zellen | „Überprüfen – Änderungen – Blatt schützen (mit/ohne Passwort) – Optionen" wählen. |
| Schwarz-Weiß-Druck | Um die Übersichtlichkeit einer Tabelle zu erhöhen, sind farbige Markierungen und Felder angenehm. Soll trotzdem schwarz-weiß ausgedruckt werden, wählen Sie: „Seitenlayout – Seite einrichten – Blatt – Schwarzweißdruck". |
| Seitenumbruchvorschau | Vor dem Drucken sollte eine Überprüfung des Layouts und der Seitenzahl mit „Datei – Drucken – Seitenansicht" vorgenommen werden. |
| Suchfunktion | Über den Menüpunkt „Start – Bearbeiten – Suchen – Eingabe des Suchbegriffs" können bestimmte Werte und Ausdrücke aufgefunden werden. |
| Individuelle Symbolleisten verändern | Wählen Sie „Datei – Optionen – Menüband anpassen". |
| Umschalten zur Formelanzeige und zurück | Wählen Sie „Formeln – Formeln anzeigen (Gruppe: Formelüberwachung)". |
| Verknüpfung zwischen Formeln und Felderinhalten | „Anklicken des Formelfeldes". Danach „Formelüberwachung – Spur zum Vorgänger" bzw. Spur zum Nachfolger, wenn die Formel weiterverarbeitet wurde. |
| Zeilenumbruch in Zellen | Soll eine Zelleingabe umbrochen dargestellt werden, so wird ein Zeilenumbruch mit „Start – Ausrichtung – Ausrichtung – Zeilenumbruch" vorgenommen. |
| Zentrieren von Inhalten über mehrere Zellen (Zellen verbinden) | Die gewünschten Zellen markieren und „Ausrichtung – Verbinden und Zentrieren" anklicken. |

A. Einführung in EXCEL | 9. Tipps

| | A | B | C | D | E |
|---|---|---|---|---|---|
| 1 | | | | | |
| 2 | | | | | |
| 3 | | **Tipps: Dateneingabe und Handling** | | | |
| 4 | | | | | |
| 5 | | | | | |
| 6 | | **Ausrichtung in Zellen** | | | |
| 7 | | **Links/Unten** | Links | Normale unformatierte Eingabe | |
| 8 | | **Rechts** | Rechts | Start - Ausrichtung - Ausrichtung - Horizontal - rechts | |
| 9 | | **Oben** | Oben | Start - Ausrichtung - Ausrichtung - Vertikal - oben | |
| 10 | | **Zentriert** | Zentriert | Start - Ausrichtung - Ausrichtung - Vertikal/Horizontal - zentriert | |
| 11 | | **Zeilenumbruch** | Wenn mehrere Zeilen in einer Zelle erscheinen sollen | Start - Ausrichtung - Ausrichtung - Zeilenumbruch | |
| 12 | | **Blocksatz** | Blocksatz ist die vertikale und horizontale Ausrichtung und Anpassen nach rechts/links | Start - Ausrichutn Ausrichtung - horizontal und vertikal Blocksatz | |
| 13 | | **Zentriert über mehrere Zellen (horizontal)** | Zellen über C12 bis D12 verbunden | Start - Ausrichtung - Verbinden und zentrieren (vorher markieren) | |
| 14 | | **Zentriert über mehrere Zellen (vertikal)** | Zentriert über mehrere Zellen (vertikal) | Start - Ausrichtung - Verbinden und zentrieren (vorher markieren) | |
| 15 | | | | | |
| 16 | | | | | |
| 17 | | **Werte gedreht 15°** | Werte gedreht 15° | Start - Ausrichtung - Ausrichtung - Orientierung (° einstellen) | |
| 18 | | | | | |
| 19 | | | | | |

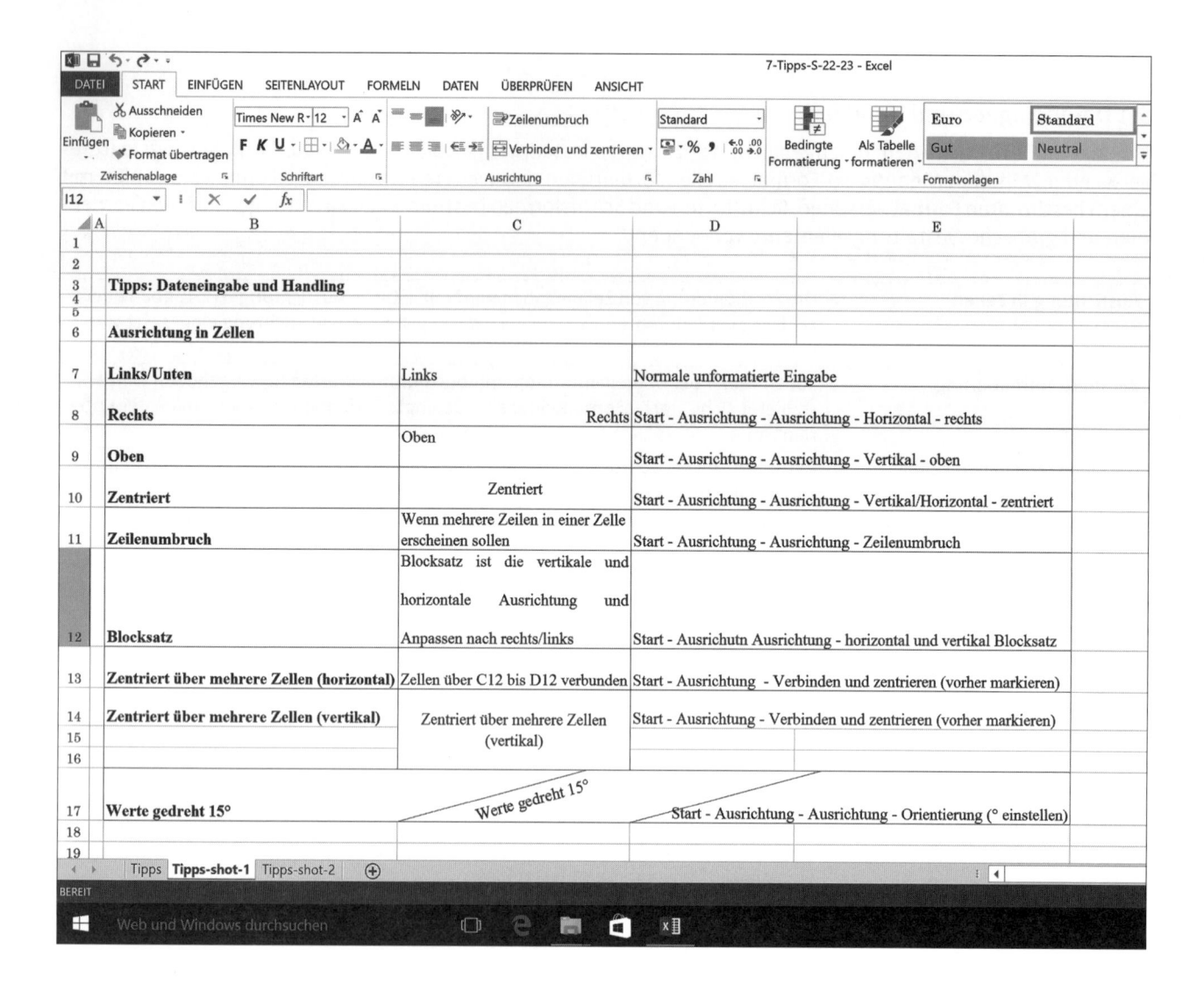

## 9.2 Automatisierte Eingaben

Sollen vorgegebene, standardisierte Reihen in Spalten bzw. Zeilen eingegeben werden, so erspart das automatische Ausfüllen eine Menge Schreibarbeit. Wollen Sie z. B. die Wochentage eines Monats mit dem jeweiligen Datum versehen, so reicht es, einen Tag und ein Datum einzugeben und dann die jeweilige Zelle anzufassen und bis zum gewünschten Bereich zu ziehen.

Über die Menüpunkte Gruppe „Bearbeiten – Füllbereich" können Sie weitere Optionen der Autoeingabe wählen.

## Tipps: Automatisierte Eingaben

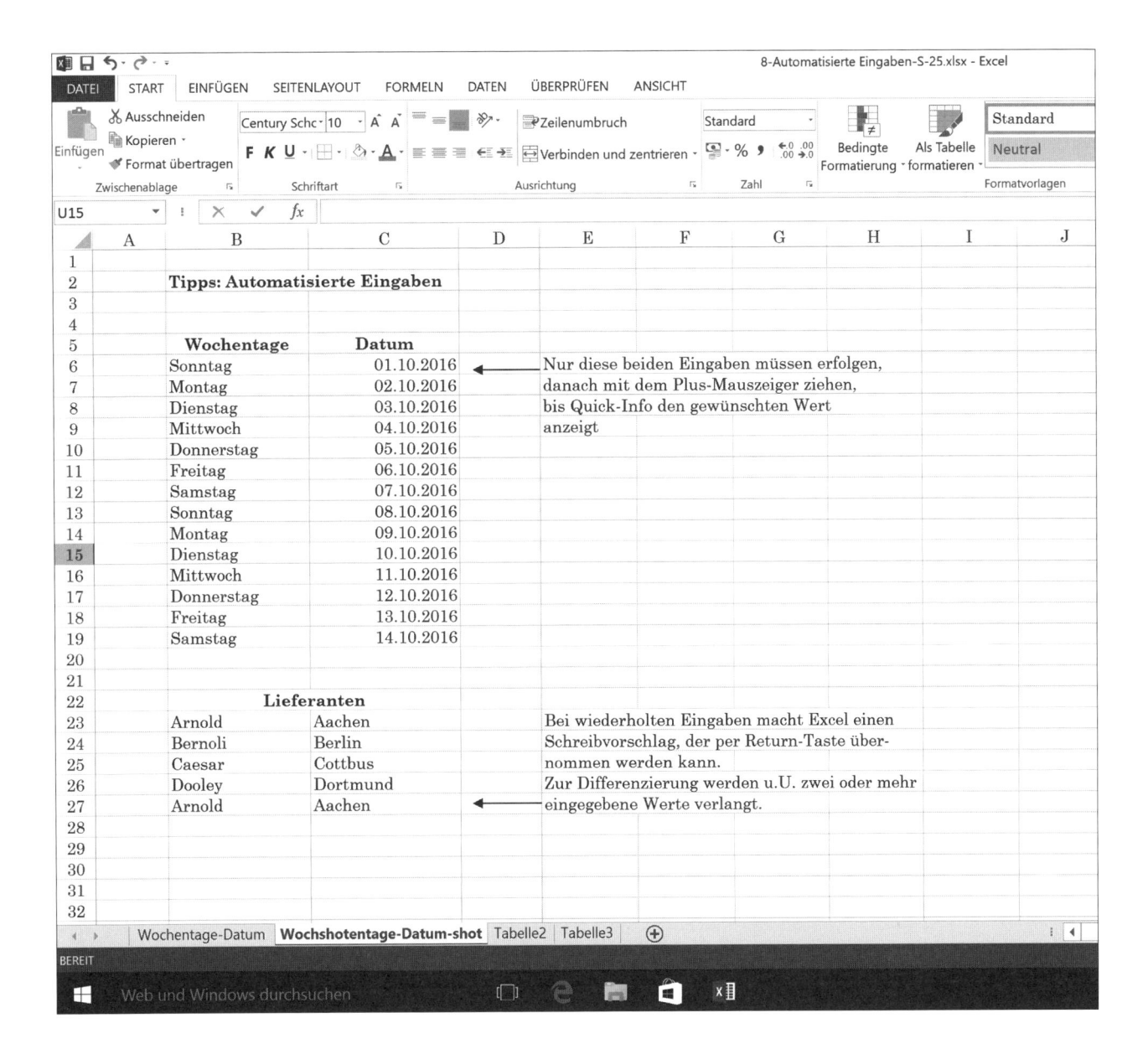

| | Wochentage | Datum | |
|---|---|---|---|
| | Sonntag | 01.10.2016 | ← Nur diese beiden Eingaben müssen erfolgen, |
| | Montag | 02.10.2016 | danach mit dem Plus-Mauszeiger ziehen, |
| | Dienstag | 03.10.2016 | bis Quick-Info den gewünschten Wert |
| | Mittwoch | 04.10.2016 | anzeigt |
| | Donnerstag | 05.10.2016 | |
| | Freitag | 06.10.2016 | |
| | Samstag | 07.10.2016 | |
| | Sonntag | 08.10.2016 | |
| | Montag | 09.10.2016 | |
| | Dienstag | 10.10.2016 | |
| | Mittwoch | 11.10.2016 | |
| | Donnerstag | 12.10.2016 | |
| | Freitag | 13.10.2016 | |
| | Samstag | 14.10.2016 | |

| | Lieferanten | | |
|---|---|---|---|
| | Arnold | Aachen | Bei wiederholten Eingaben macht Excel einen |
| | Bernoli | Berlin | Schreibvorschlag, der per Return-Taste über- |
| | Caesar | Cottbus | nommen werden kann. |
| | Dooley | Dortmund | Zur Differenzierung werden u.U. zwei oder mehr |
| | Arnold | Aachen | ← eingegebene Werte verlangt. |

## 10. Bezüge

### 10.1 Einfache Bezüge

Mit einem Bezug wird einer Zelle in EXCEL mitgeteilt, in welcher Zelle bzw. in welchen Zellen sich die auch in einer Formel zu verwendenden Daten oder Werte befinden.

Damit können Sie Daten aus verschieden Zellen, Arbeitsblättern und Dateien in einer einzigen Zelle verbinden. Bezüge auf Zellen in verschiedenen Orten werden auch als Verknüpfungen bezeichnet.

Wenn Sie in einem einfachen Fall einen Bezug in einer Zelle herstellen wollen, so geben Sie ein Gleichheitszeichen gefolgt von dem Buchstaben der Spalte und der Zahl der Zeile ein, z. B. Wert in der Zelle B10 = B8*B9.

Im Übrigen sind folgende einfache Bezüge möglich:

| Erstellen eines Bezugs auf: | Bezug |
|---|---|
| Die Zelle in Spalte A und Zeile 10 | =A10 |
| Den Zellbereich in Spalte A zwischen den Zeilen 10 und 20 | =A10:A20 |
| Den Zellbereich, der sich in Zeile 15 über die Spalten B bis E erstreckt | =B15:E15 |
| Alle Zellen in Zeile 5 | =5:5 |
| Alle Zellen in den Zeilen 5 bis 10 | =5:10 |
| Alle Zellen in Spalte H | =H:H |
| Alle Zellen in den Spalten H bis J | =H:J |
| Den Zellbereich in den Spalten A bis E und den Zeilen 10 bis 20 | =A10:E20 |
| Den Zellbereich B1:B10 im Arbeitsblatt Deckungsbeitrag | =(Deckungsbeitrag!B1:B10) |

## 10.2 Relative Bezüge

Werden Formeln nach rechts, links, oben oder unten kopiert, so wird auch der jeweilige Bezug in den Formeln der Zelle geändert.

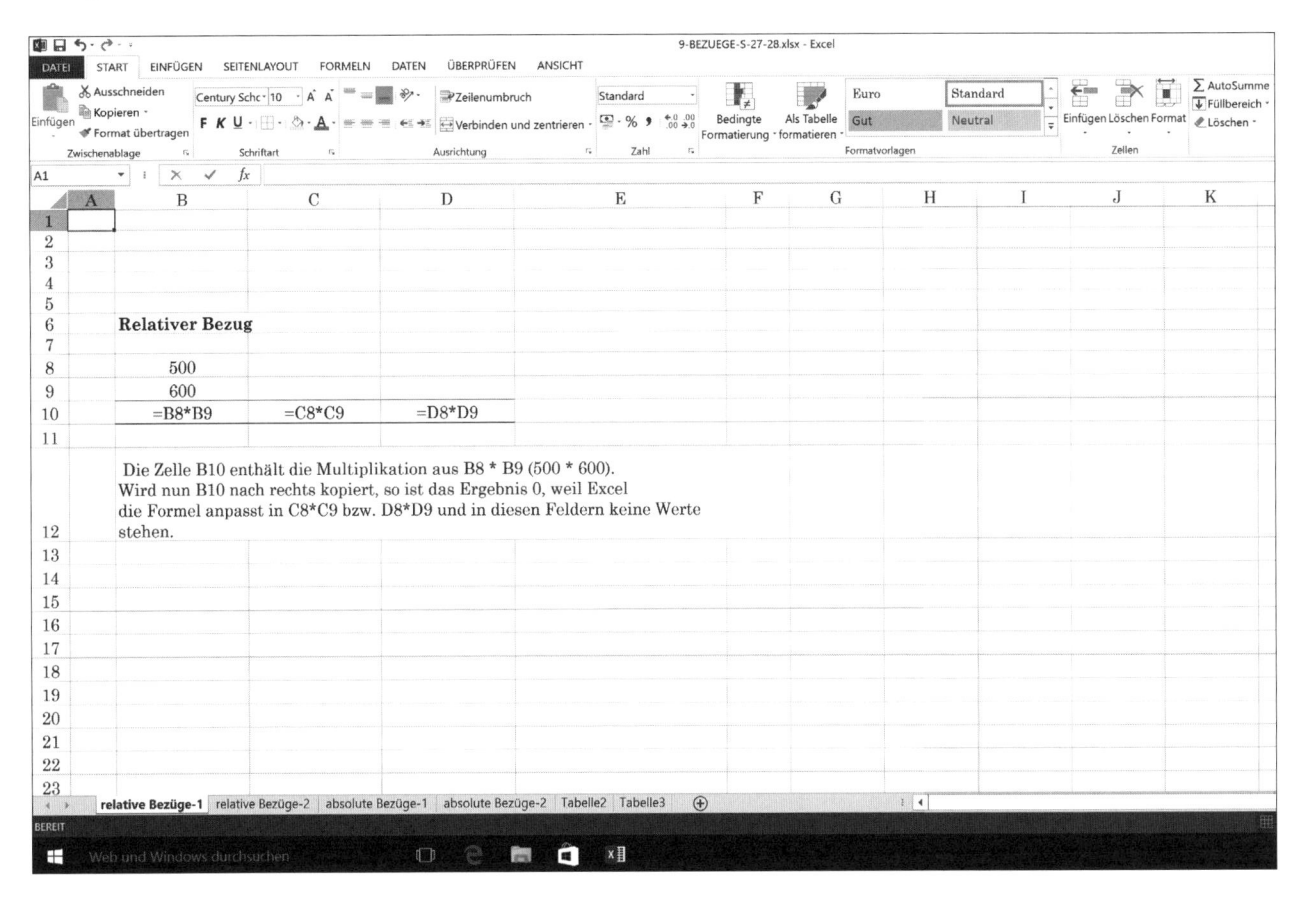

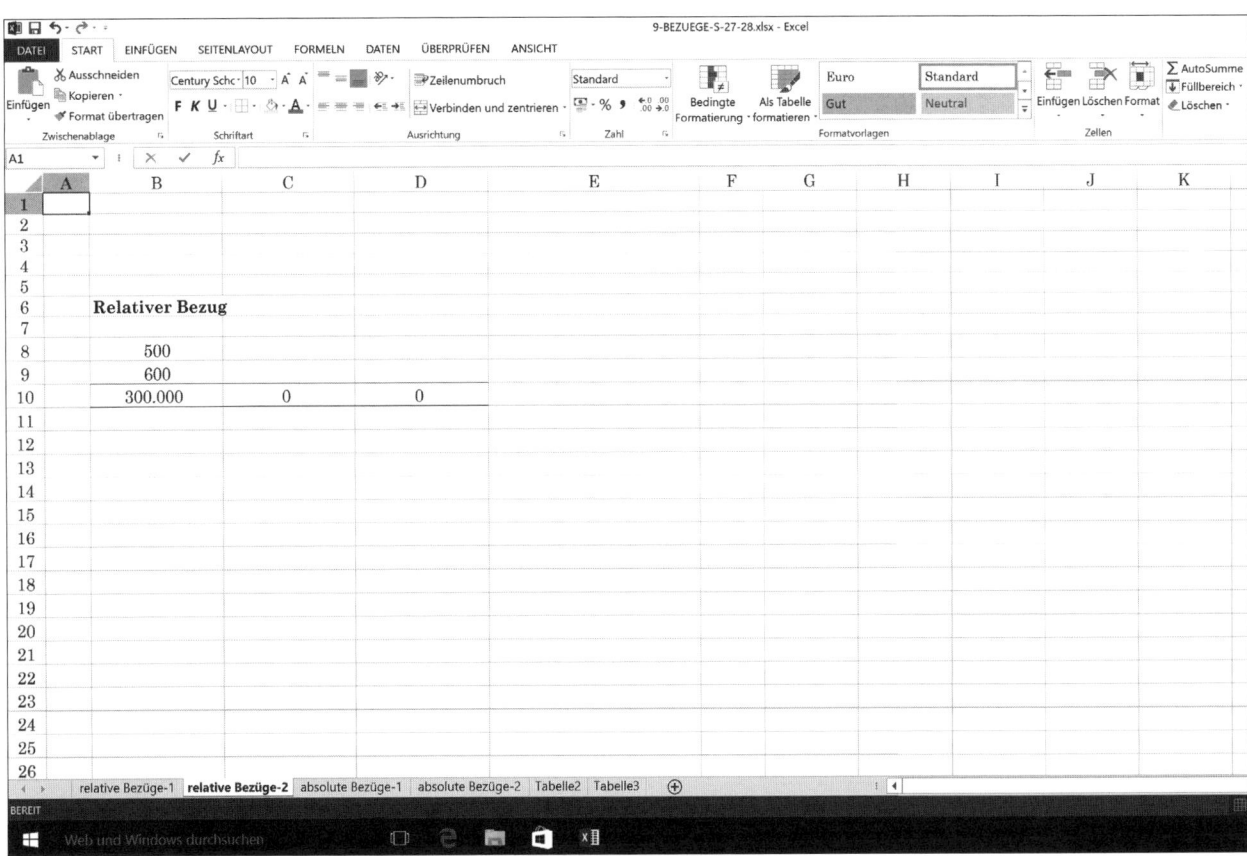

|   | A | B | C | D |
|---|---|---|---|---|
| 6 |   | **Relativer Bezug** | | |
| 7 |   | | | |
| 8 |   | 500 | | |
| 9 |   | 600 | | |
| 10 |   | =B8*B9 | =C8*C9 | =D8*D9 |

Die Zelle B10 enthält die Multiplikation aus B8 * B9 (500 * 600). Wird nun B10 nach rechts kopiert, so ist das Ergebnis 0, weil Excel die Formel anpasst in C8*C9 bzw. D8*D9 und in diesen Feldern keine Werte stehen.

|   | A | B | C | D |
|---|---|---|---|---|
| 6 |   | **Relativer Bezug** | | |
| 7 |   | | | |
| 8 |   | 500 | | |
| 9 |   | 600 | | |
| 10 |   | 300.000 | 0 | 0 |

A. Einführung in EXCEL | 10. Bezüge

## 10.3 Absolute Bezüge

Ein absoluter Zellbezug bezieht sich immer auf eine bestimmte Zellposition, z. B. B16. Bei einem Kopiervorgang der Zellwerte wird der absolute Bezug nicht angepasst. Der Bezug wird abhängig vom Ziel des Kopiervorgangs geändert. Standardmäßig verwendet EXCEL relative Bezüge. Sie werden durch das Setzen des Zeichens „$" in absolute umgewandelt.

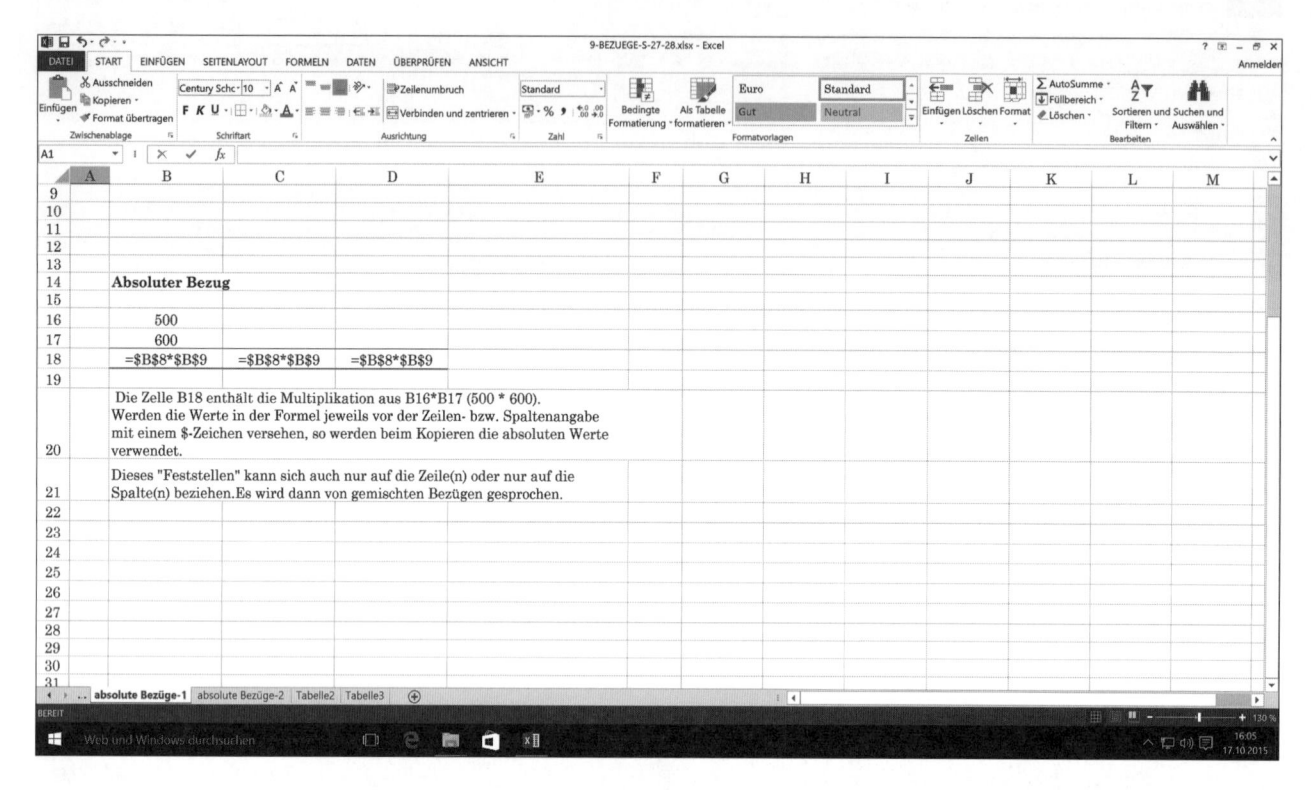

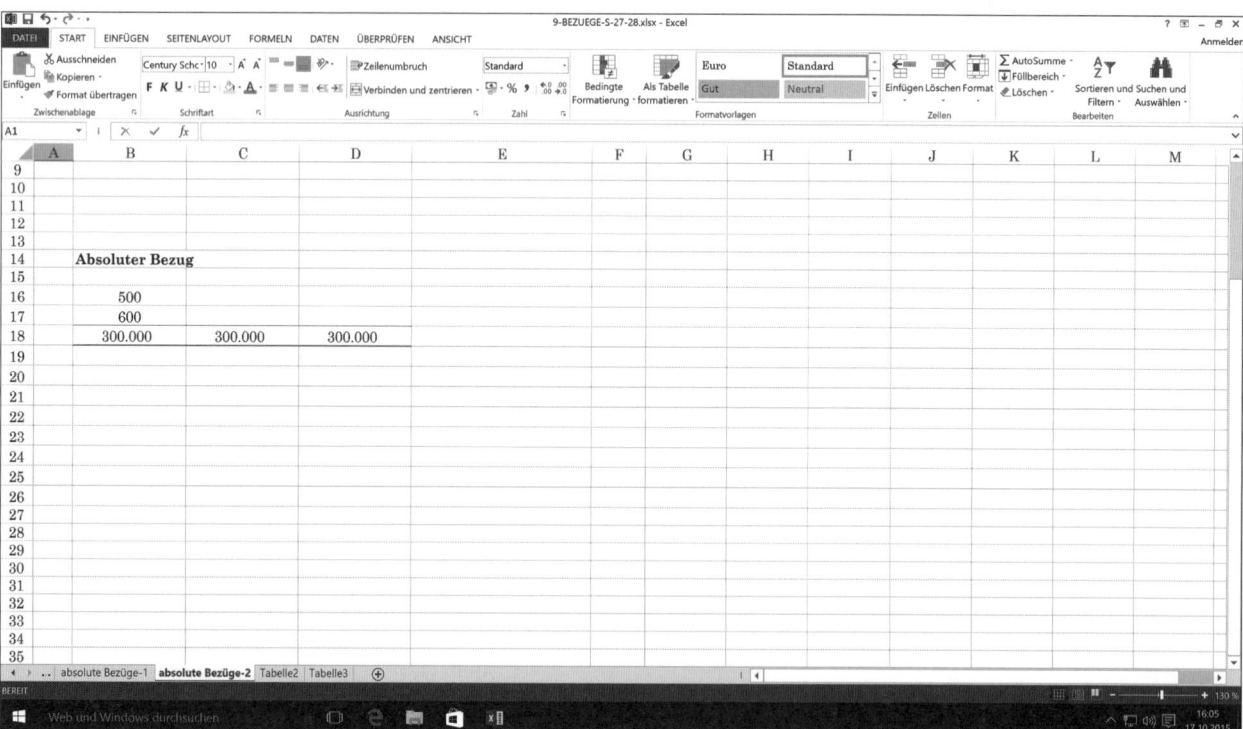

| | A | B | C | D |
|---|---|---|---|---|
| 14 | | Absoluter Bezug | | |
| 16 | | 500 | | |
| 17 | | 600 | | |
| 18 | | =$B$8*$B$9 | =$B$8*$B$9 | =$B$8*$B$9 |

Die Zelle B18 enthält die Multiplikation aus B16*B17 (500 * 600). Werden die Werte in der Formel jeweils vor der Zeilen- bzw. Spaltenangabe mit einem $-Zeichen versehen, so werden beim Kopieren die absoluten Werte verwendet.

Dieses "Feststellen" kann sich auch nur auf die Zeile(n) oder nur auf die Spalte(n) beziehen. Es wird dann von gemischten Bezügen gesprochen.

| | A | B | C | D |
|---|---|---|---|---|
| 14 | | Absoluter Bezug | | |
| 16 | | 500 | | |
| 17 | | 600 | | |
| 18 | | 300.000 | 300.000 | 300.000 |

## 11. Suchen und Ersetzen

EXCEL nimmt dem Benutzer viel Arbeit ab. Sollen bestimmte Textpassagen oder Zahlen in einem oder mehreren Tabellenblättern aufgespürt und gegebenenfalls ersetzt werden, so kann unter „Start" in der Gruppe „Bearbeiten" „Suchen und Auswählen" der Befehl „Ersetzen" ausgewählt werden.

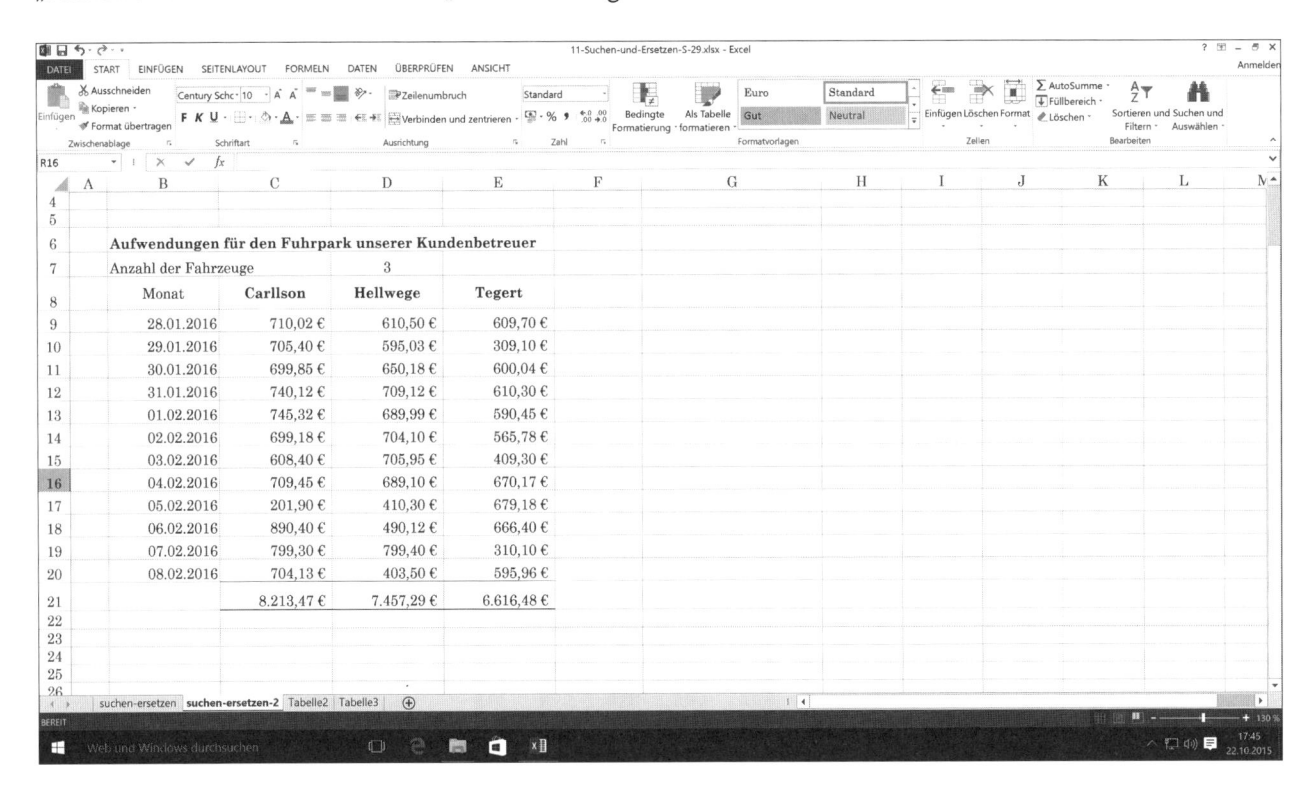

In diesem Fall soll das Jahr 2016 durch 2017 ersetzt werden. EXCEL springt nun in jede Zelle mit der Angabe 2016. Durch Anklicken von Ersetzen bzw. Alle ersetzen wird die Jahreszahl 2016 durch 2017 überschrieben.

Selbstverständlich können auch bestimmte Formate, wie z. B. Währungen oder Nationalitätenkennzeichen gesucht und gegebenenfalls ersetzt werden.

## 12. Diagramme

Beim Erstellen von Diagrammen sollte sorgfältig darauf geachtet werden, dass die Anordnung der Daten, Überschriften und Kategorien diagrammdarstellungsfreundlich eingegeben werden.

Beliebt sind Säulen-, Balken-, Linien-, Kreis- und Oberflächendiagramme.

Um ein Diagramm zu erstellen, müssen immer die entsprechenden Zellen der Tabelle markiert werden. Im nächsten Schritt wird das Menü „Einfügen" gewählt. Es öffnet sich eine neue Leiste. Die neue Benutzeroberfläche von EXCEL 2013 erlaubt mit ihren zahlreichen Icons ein schnelles und problemloses Navigieren. Für unsere Tabelle bietet sich ein Säulendiagramm an:

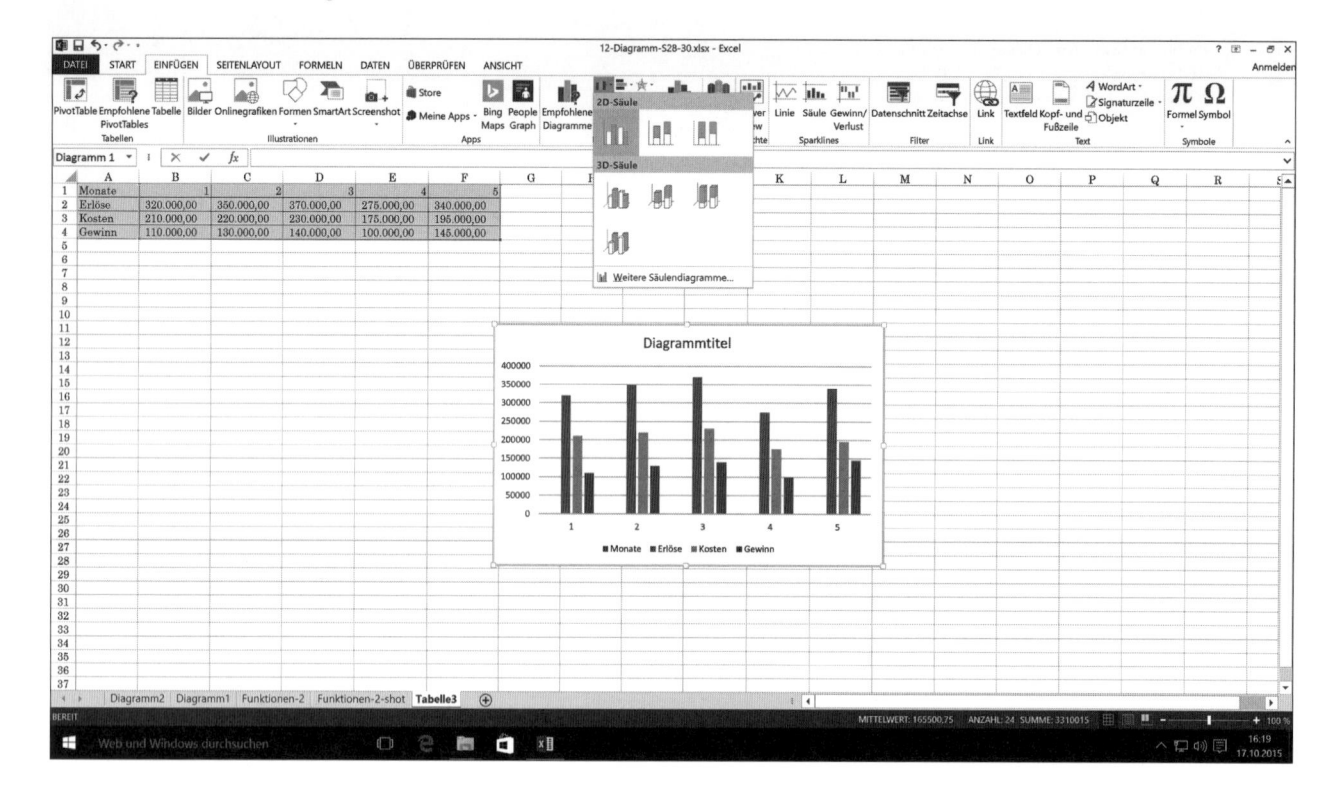

Eins der vier 3D-Säulendiagramme wird durch Anklicken ausgewählt. Es zeigt sich sofort die fast fertige grafische Darstellung:

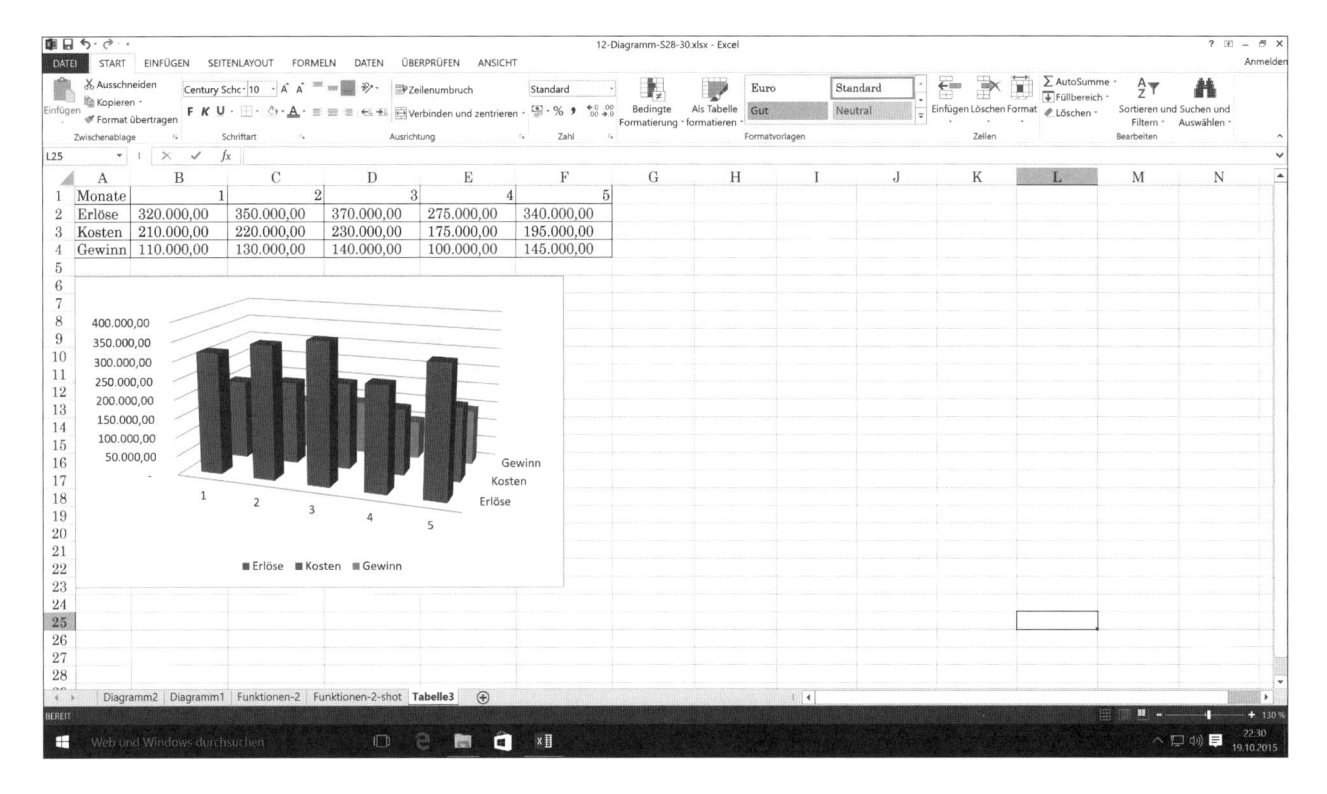

Das Layout des Diagramms kann selbstverständlich individuell gewählt werden. Hier bieten sich zahlreiche Variationen an.

Eine Änderung des Diagrammtyps ist durch bloßes Klicken in der Leiste zu bewerkstelligen:

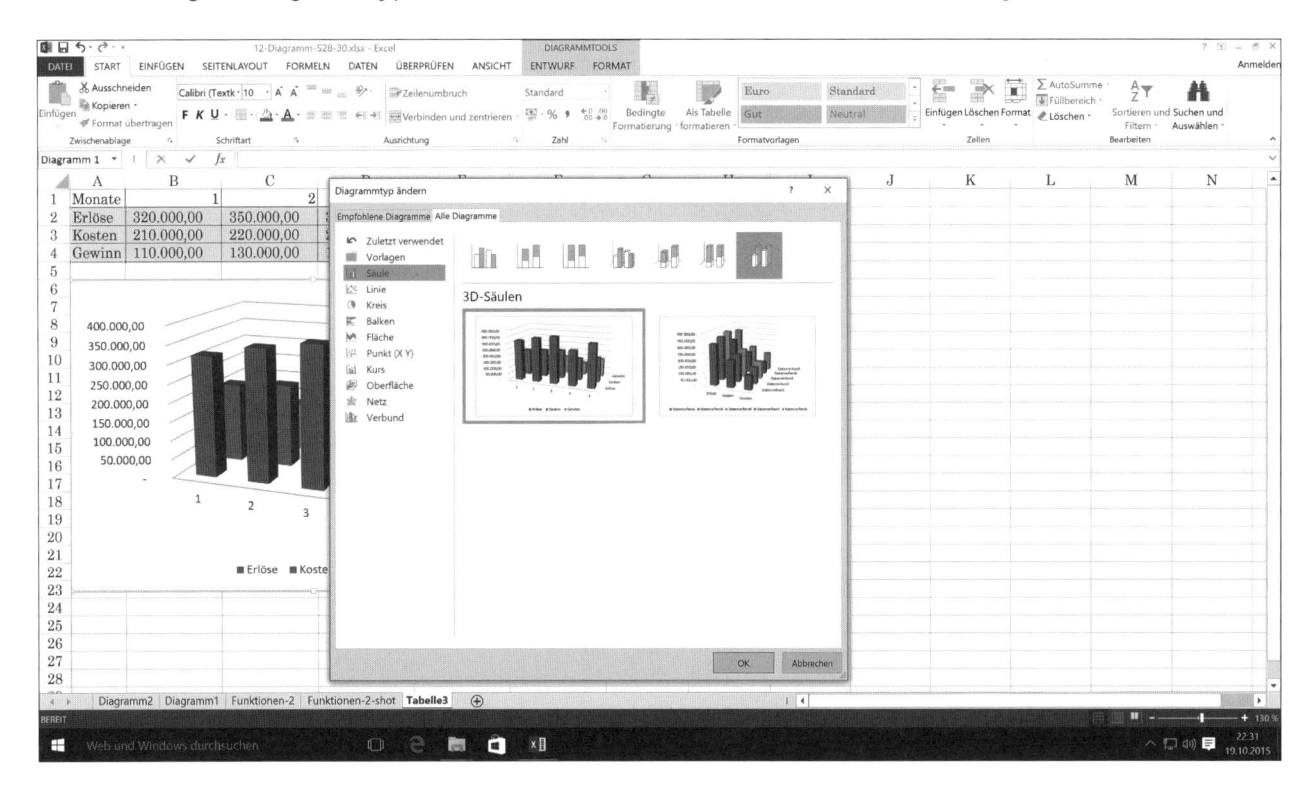

## 13. Excel-Tabelle als Webseite

Um eine Excel-Tabelle im Web als Seite zu veröffentlichen, speichern Sie die Seite in Excel im Web-Format ab. Office anklicken und folgende Unterpunkte wählen:

„Speichern unter – andere Formate – Dateityp: Einzelnes Webarchiv (*.mht; *.mhtml) – Speichern".

Überprüfen Sie die Darstellung, indem Sie sich die Seite mit Ihrem Explorer anzeigen lassen. Anschließend müssen Sie diese Seite dann noch in Ihre Web-Site integrieren und ein Upload auf Ihren Web-Server vornehmen.

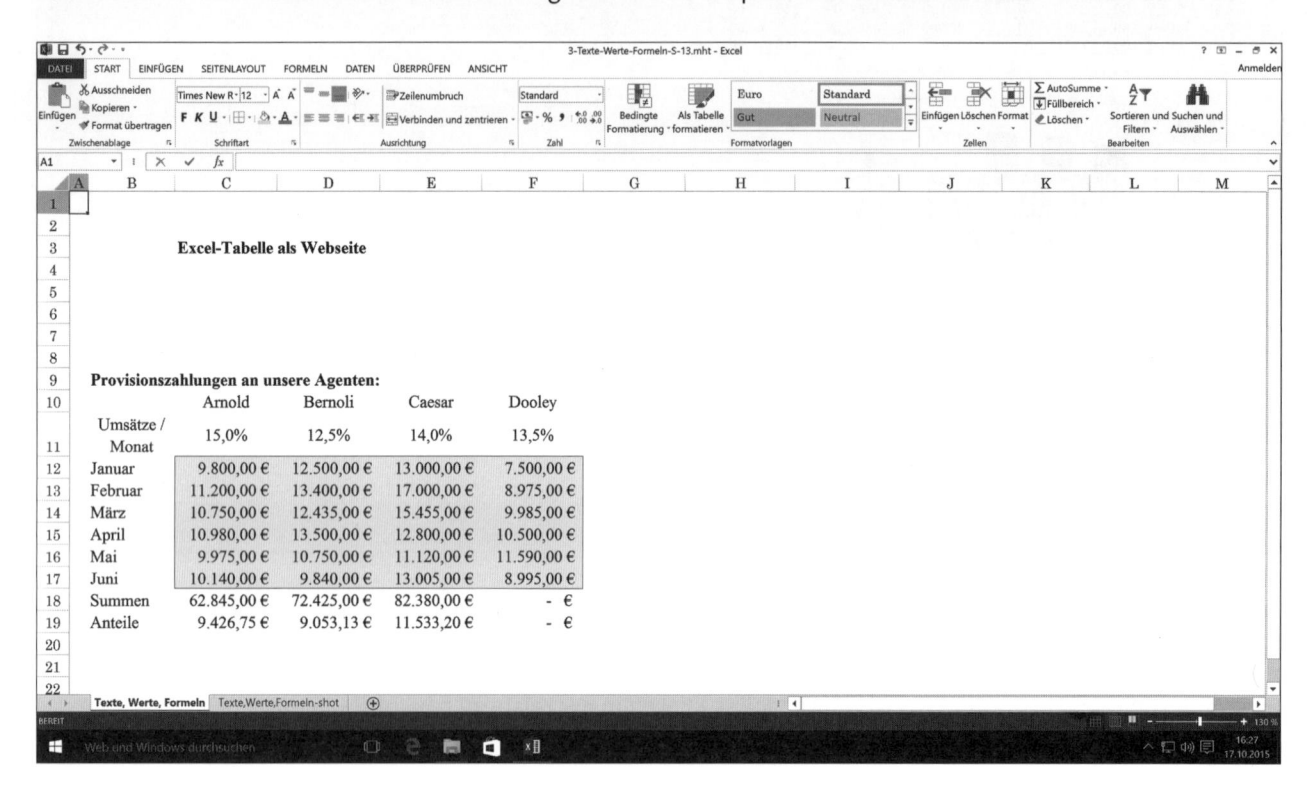

# B. Grundkurs: Kaufmännisches Rechnen
## 1. Dreisatzrechnung
### 1.1 Gerades und ungerades Verhältnis

Die Dreisatzrechnung ist ein beliebtes Rechenverfahren, um kaufmännische Aufgabenstellungen zu lösen. Der Dreisatz heißt Dreisatz, weil in drei Rechenschritten die Aufgabe gelöst wird, und zwar mithilfe des

- **Bedingungssatzes**. Er ist der Ausgangspunkt der Berechnung. Hier stehen die beiden bekannten Größen, um die dritte unbekannte Größe zu ermitteln.
- **Umrechnungssatzes**. In diesem zweiten Schritt wird immer auf 1 Einheit geschlossen. Beim Dreisatz mit geradem Verhältnis steht hier stets ein Bruch.
- **Lösungssatzes**. In der dritten Zeile des Dreisatzes wird die Lösung ermittelt, in dem der Umrechnungssatz um die gesuchte Größe – beim geraden Verhältnis – erweitert oder – beim ungeraden Verhältnis – gekürzt wird.

Um zum richtigen Ergebnis zu gelangen, muss aber grundsätzlich erkannt werden, ob es sich bei dem Dreisatz um ein gerades oder ungerades Verhältnis handelt.

**Dreisatz mit geradem Verhältnis**
Immer, wenn eine der folgenden Aussagen getroffen werden kann, handelt es sich um einen Dreisatz mit geradem Verhältnis:

> **MERKE**
>
> **Je mehr – desto mehr**
>
> oder
>
> **Je weniger – desto weniger**

> **Beispiel**
>
> Je mehr von einem Artikel gekauft wird, desto mehr Geld ist zu bezahlen.
>
> Je kleiner das Büro flächenmäßig ist, desto weniger Auslegware wird benötigt.

**Dreisatz mit ungeradem Verhältnis**
Immer, wenn eine der folgenden Aussagen getroffen werden kann, handelt es sich um einen Dreisatz mit ungeradem Verhältnis:

> **MERKE**
>
> **Je mehr – desto weniger**
>
> oder
>
> **Je weniger – desto mehr**

Ein ungerades Verhältnis liegt meist dann vor, wenn die **Zeit** eine Rolle spielt, so beispielsweise bei solchen Aufgaben, wo mehr oder weniger Arbeitskräfte zum Einsatz kommen, um eine bestimmte Arbeit in einer bestimmten Zeitspanne zu erledigen:

- Je mehr Arbeitskräfte zur Reinigung des Gebäudes eingesetzt werden, desto weniger Zeit wird benötigt.

### MERKE

Bei der Dreisatzrechnung mit ungeradem Verhältnis steht der Bruch immer im Lösungssatz und niemals im Umrechnungssatz.

Sollten in einer Aufgabenstellung mehrere Dreisätze zu lösen sein, dann sollte mithilfe eines zusammengesetzten Dreisatzes (= Vielsatz) in einem einzigen Gleichungssystem vorgegangen werden.

**Situationsaufgabe**
Ein deutscher Im- und Exporteur möchte eine Niederlassung in Süd-Schweden in der Nähe von Malmö errichten. Unmittelbar vor der neuen Öresund-Brücke, glaubt er den richtigen Standort gefunden zu haben. Das 12.000 qm große Grundstück kostet – ohne Gebäude – 1.800.000 SEK.

Zur Sanierung eines Nebengebäudes auf dem Grundstück benötigen 8 Handwerker, die sich im Team gegenseitig ergänzen und vertreten können, 220 Arbeitsstunden. Um den Geschäftsbetrieb früher aufnehmen zu können, müssten zusätzliche Handwerker eingesetzt werden.

a) Wie teuer wäre ein Grundstück von 18.000 qm bei gleichem qm-Preis?
b) Wie lange dauert das Bauvorhaben, wenn drei zusätzliche Allround-Handwerker eingesetzt werden?

|    | A       | B | C                   | D         | E            | F | G | H |
|----|---------|---|---------------------|-----------|--------------|---|---|---|
| 1  |         |   |                     |           |              |   |   |   |
| 2  |         |   | **Gerades Verhältnis** |        |              |   |   |   |
| 3  |         |   |                     |           |              |   |   |   |
| 4  | Schritt |   |                     | **qm**    | **Kosten**   |   |   |   |
| 5  | 1       |   | Grundstück          | 12.000,00 | 1.800.000,00 |   |   |   |
| 6  | 2       |   |                     | 1,00      | 150,00       |   |   |   |
| 7  | 3       |   |                     | 18.000,00 | 2.700.000,00 |   |   |   |
| 8  |         |   |                     |           |              |   |   |   |
| 9  |         |   |                     |           |              |   |   |   |
| 10 |         |   |                     |           |              |   |   |   |
| 11 |         |   |                     |           |              |   |   |   |
| 12 |         |   | **Ungerades Verhältnis** |     |              |   |   |   |
| 13 |         |   |                     |           |              |   |   |   |
| 14 | Schritt |   |                     | **Anzahl**| **Stunden**  |   |   |   |
| 15 | 1       |   | Handwerker          | 8         | 220          |   |   |   |
| 16 | 2       |   |                     | 1         | 1.760        |   |   |   |
| 17 | 3       |   |                     | 11        | 160          |   |   |   |
| 18 |         |   |                     |           |              |   |   |   |
| 19 |         |   |                     |           |              |   |   |   |

|   | A | B | C | D | E | F | G |
|---|---|---|---|---|---|---|---|
| 1 |   |   |   |   |   |   |   |
| 2 |   |   | **Gerades Verhältnis** |   |   |   |   |
| 3 |   |   |   |   |   |   |   |
| 4 | **Schritt** |   |   | **qm** | **Kosten** |   |   |
| 5 | 1 |   | Grundstück | 12000 | 1800000 |   |   |
| 6 | 2 |   |   | 1 | =E5/D5 |   |   |
| 7 | 3 |   |   | 18000 | =E6*D7 |   |   |
| 8 |   |   |   |   |   |   |   |
| 9 |   |   |   |   |   |   |   |
| 10 |   |   |   |   |   |   |   |
| 11 |   |   |   |   |   |   |   |
| 12 |   |   | **Ungerades Verhältnis** |   |   |   |   |
| 13 |   |   |   |   |   |   |   |
| 14 | **Schritt** |   |   | **Anzahl** | **Stunden** |   |   |
| 15 | 1 |   | Handwerker | 8 | 220 |   |   |
| 16 | 2 |   |   | 1 | =E15*D15 |   |   |
| 17 | 3 |   |   | 11 | =E16/D17 |   |   |
| 18 |   |   |   |   |   |   |   |
| 19 |   |   |   |   |   |   |   |

## 1.2 Zusammengesetzter Dreisatz

Beim zusammengesetzten Dreisatz – auch Vielsatz genannt – handelt es sich um nichts anderes als um mehrere Dreisätze, die sich auf einen Sachverhalt beziehen. Statt das Problem in zwei oder mehreren Teilaufgaben aufzuspalten, wird die Lösung in einem zusammengesetzten Dreisatz angestrebt.

Zunächst wird der erste Teildreisatz vom Bedingungs- über den Umrechnungs- bis zum Lösungssatz formuliert. Der Lösungssatz des ersten Teildreisatzes ist identisch mit dem Bedingungssatz des zweiten Teildreisatzes. Dieser wird dann auf die bekannte Art gelöst:

- Gleichartig bezeichnete Größen stehen untereinander.
- Die gesuchte Größe steht stets rechts am Ende des Fragesatzes.

Im zusammengesetzten Dreisatz können mehrere Dreisätze mit geradem und/oder ungeradem Verhältnis enthalten sein.

Sollte der zusammengesetzte Dreisatz über mehr als zwei Teildreisätze gehen, so ist zu überlegen, wenn es sich um gerade Verhältnisse handelt, ob nicht besser der Kettensatz zur Lösung herangezogen wird.

**Situationsaufgabe**
Ein Angebot zur Sanierung eines Bürohauses geht von den folgenden Daten aus: 9 Handwerker, die täglich 8 Stunden arbeiten, würden den Auftrag in 20 Tagen schaffen.

Wie viele Stunden müssten 12 Handwerker täglich arbeiten, wenn der Auftrag in 16 Tagen geschafft werden soll?

**Vielsatz**

| | Anzahl | Tage | Stunden |
|---|---|---|---|
| Handwerker | 9 | 20 | 8,0 |
| | 1 | 20 | 72,0 |
| | 12 | 20 | 6,0 |
| | 12 | 1 | 120,0 |
| | 12 | 16 | 7,5 |

**Vielsatz**

| | Anzahl | Tage | Stunden |
|---|---|---|---|
| Handwerker | 9 | 20 | 8 |
| | 1 | 20 | =C6*E6 |
| | 12 | 20 | =E7/C8 |
| | 12 | 1 | =E8*D8 |
| | 12 | 16 | =E9/D10 |

## 1.3 Kettensatz

Der einfache Kettensatz ist nichts anderes als ein einfacher **Dreisatz mit geradem Verhältnis**. Und der Kettensatz mit mehreren Gliedern ist im Grunde ein zusammengesetzter Dreisatz, der auch nur bei einem geraden Verhältnis funktioniert. Besonders eignet sich der Kettensatz bei mehreren Währungsumrechnungen innerhalb einer Aufgabe. Er ist formal so aufgebaut:

▶ Die Kette enthält mehrere Glieder (Reihen).
▶ Begonnen wird mit der gefragten Größe. Es ist das spätere x vor dem Bruchstrich.
▶ Gegenüber ist die entsprechend bekannte gleichwertige Größe.
▶ Die nächste Reihe beginnt mit derselben Einheit (wie z. B. €, km, kg) wie die letzte geendet hat.
▶ Jede weitere Reihe ist wiederum genauso aufgebaut.
▶ Die Kette endet mit derselben Einheit, nach der ganz am Anfang gefragt wurde.

Die Schreibweise für den Lösungssatz ist folgendermaßen:

*Alle Werte, die links in der Kette stehen, erscheinen unter dem Bruchstrich und alle Werte, die in der Kette rechts stehen, kommen auf den Bruchstrich.*

Drei-, Viel- und Kettensatz sind beliebte Verfahren, um kaufmännische Rechnungen zu lösen, auch solche des Prozent- und Währungsrechnens. Von Fall zu Fall muss entschieden werden, welche der angesprochenen Rechenverfahren sich am besten zur Lösung der betreffenden Aufgabe eignen.

**Situationsaufgabe**

Einem Außenhändler liegt ein Gegenangebot für seinen neuen skandinavischen Standort vor. Er überlegt deshalb, ob er nicht in die Nähe von Kopenhagen zieht, und zwar direkt zum Flughafen. Der Kaufpreis soll 3.300.000 DKK betragen – Kurs 1 € = 7,465 DKK bzw. 8,375 SEK. In Schweden könnte er für 3.600.000 SEK kaufen.

a) Wie hoch ist das dänische Angebot in SEK?
b) Welches Angebot ist günstiger?

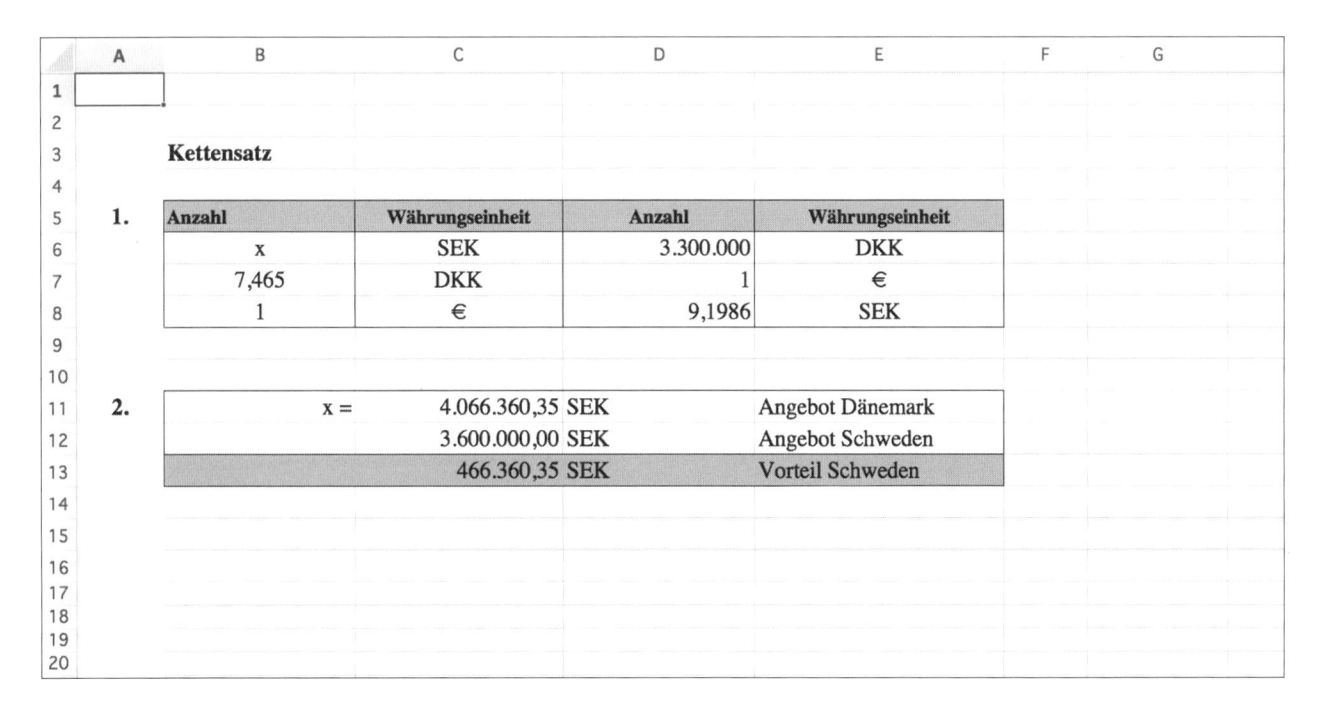

**Kettensatz**

| | Anzahl | Währungseinheit | Anzahl | Währungseinheit |
|---|---|---|---|---|
| 1. | x | SEK | 3.300.000 | DKK |
| | 7,465 | DKK | 1 | € |
| | 1 | € | 9,1986 | SEK |

| | | | |
|---|---|---|---|
| 2. | x = 4.066.360,35 | SEK | Angebot Dänemark |
| | 3.600.000,00 | SEK | Angebot Schweden |
| | 466.360,35 | SEK | Vorteil Schweden |

**Kettensatz**

| | Anzahl | Währungseinheit | Anzahl | Währungseinheit |
|---|---|---|---|---|
| 1. | x | SEK | 3300000 | DKK |
| | 7,465 | DKK | 1 | € |
| | 1 | € | 9,1986 | SEK |

| | | | |
|---|---|---|---|
| 2. | x = =D6*D8/B7*B8 | SEK | Angebot Dänemark |
| | 3600000 | SEK | Angebot Schweden |
| | =C11-C12 | SEK | Vorteil Schweden |

## 2. Währungsrechnen

Reisen ins Ausland werden aus verschiedenen Gründen vorgenommen: Geschäftsleute besuchen Lieferanten oder Kunden, es werden Familienmitglieder besucht oder es wird ein noch nicht bekanntes Land erkundet. Mit der Einführung von Kredit- und EC-Karten ist der Reisende zwar nicht mehr in so starkem Maße auf Auslandsbargeld angewiesen. Ganz ohne wird es jedoch nicht gehen; es sei denn er bewegt sich im Euro-Land.

Für eine Fahrt nach Chicago und Toronto z. B. müssen entweder im Herkunftsland oder aber in den USA bzw. in Kanada Dollars und Pence eingetauscht werden.

Währungsäquivalenzfragen entstehen ebenfalls, wenn importiert oder exportiert wird und nicht in der jeweiligen Inlandswährung fakturiert wird.

Bei den Umrechnungen gilt das gerade Dreisatzverhältnis: Je mehr € wir eintauschen wollen, desto mehr $ werden wir erhalten.

Mithilfe von Formeln können Währungen so umgerechnet werden:

$$\text{Inlandswährung (€)} = \frac{\text{Auslandswährung}}{\text{Kurs}}$$

$$\text{Auslandswährung} = \text{Inlandswährung (€)} \cdot \text{Kurs}$$

### Situationsaufgabe

Es wird zwischen den Kursen für Urlauber, Geschäftsreisende einerseits und dem Referenzkurs für Banken unterschieden, ebenso zwischen Ankauf und Verkauf. Da US-$ gekauft werden sollen, müssen wir mit einem Kurs von 1,3598 (Dollarankauf) zufrieden sein. Für den Kanadadollar gilt ein Kurs von 1,4764. Das heißt, für 1 € gibt es 1,3598 US-$ bzw. 1,4764 Kanadische $.

Fürs Erste sollen im Inland je 500 € in Dollar (USD, CAD) eingetauscht werden. Die Frage lautet also, wie viel $ erhält der Reisende jeweils für 500 €? Entscheidend dabei ist das Kursverhältnis von € zu $.

## Währungsrechnen

| | A | B | C | D | E | F | G | H |
|---|---|---|---|---|---|---|---|---|
| 4 | Der Kurs lautet: | | 1,00 € | entspricht | $1,0604 | USA | | |
| 5 | bzw. | | 1,00 € | entspricht | $1,3564 | Kanada | | |
| 6 | | | | | | | | |
| 7 | Wie viel $ erhalten wir für jeweils 500 €? | | | | | | | |
| 8 | Es besteht ein gerades Verhältnis, d.h. je mehr € desto mehr $. | | | | | | | |
| 9 | | | | | | | | |
| 10 | Inlandswährung | | | Auslandswährung | | | | |
| 11 | Kurs USD | | 1,00 € | = | $1,0604 | USA | 500 € | = | $530,20 |
| 12 | Kurs CAD | | 1,00 € | = | $1,3564 | Kanada | 500 € | = | $678,20 |

## Währungsrechnen

| | A | B | C | D | E | F | G | H |
|---|---|---|---|---|---|---|---|---|
| 4 | Der Kurs lautet: | | 1 | entspricht | 1,0604 | USA | | |
| 5 | bzw. | | 1 | entspricht | 1,3564 | Kanada | | |
| 6 | | | | | | | | |
| 7 | Wie viel $ erhalten wir für jeweils 500 €? | | | | | | | |
| 8 | Es besteht ein gerades Verhältnis, d.h. je mehr € desto mehr $. | | | | | | | |
| 9 | | | | | | | | |
| 10 | Inlandswährung | | | Auslandswährung | | | | |
| 11 | Kurs USD | | 1 | = | =E4 | USA | 500 | =C11 | =F11*D11 |
| 12 | Kurs CAD | | 1 | =C11 | =E5 | Kanada | =F11 | =G11 | =F12*D12 |

## 3. Durchschnittsrechnen
### 3.1 Einfacher Durchschnitt

Eine Vielzahl von kaufmännischen Aufgabenstellungen betreffen das Durchschnittsrechnen, so die Ermittlung des durchschnittlichen Lagerbestandes oder die Bewertung des Lagerbestandes nach Durchschnittspreisen. Aber nicht nur auf diesem betriebswirtschaftlichen Gebiet, sondern ebenso für die Kosten- und Leistungsrechnung und für die betriebliche Statistik braucht man die Rechenverfahren des einfachen und gewogenen Durchschnitts.

Der einfache Durchschnitt wird nach folgender Formel ermittelt:

$$\text{Einfacher Durchschnitt} = \frac{\text{Summe der Werte}}{\text{Anzahl der Werte}}$$

Mit EXCEL kann dagegen der einfache Durchschnitt am besten so berechnet werden:

Im Menü „Formeln – Funktion einfügen – Kategorie: Statistik" ist die Funktion „Mittelwert" zu wählen, denn der Mittelwert einer Reihe ist nichts anderes als der einfache Durchschnitt.

**Situationsaufgabe**
Ein Großhändler hat die folgenden Monatsendbestände eines Sortiments lt. Lagerdatei:

| Monat | Artikel A | Artikel B | Artikel C |
|---|---|---|---|
| Januar | 12.200 | 3.457 | 8.765 |
| Februar | 13.400 | 6.784 | 8.666 |
| März | 15.005 | 6.788 | 5.678 |
| April | 16.666 | 5.678 | 5.456 |
| Mai | 17.096 | 5.437 | 8.976 |
| Juni | 16.780 | 7.888 | 7.775 |
| Juli | 11.290 | 3.467 | 8.765 |
| August | 12.453 | 6.759 | 9.986 |
| September | 14.567 | 5.690 | 6.655 |
| Oktober | 14.567 | 4.999 | 3.442 |
| November | 16.596 | 4.557 | 5.675 |
| Dezember | 15.696 | 3.980 | 7.653 |

Berechnen Sie die durchschnittlichen Monatsbestände für die drei Artikel.

| | A | B | C | D |
|---|---|---|---|---|
| 1 | Monat | Artikel A | Artikel B | Artikel C |
| 2 | Januar | 12.200 | 3.457 | 8.765 |
| 3 | Februar | 13.400 | 6.784 | 8.666 |
| 4 | März | 15.005 | 6.788 | 5.678 |
| 5 | April | 16.666 | 5.678 | 5.456 |
| 6 | Mai | 17.096 | 5.437 | 8.976 |
| 7 | Juni | 16.780 | 7.888 | 7.775 |
| 8 | Juli | 11.290 | 3.467 | 8.765 |
| 9 | August | 12.453 | 6.759 | 9.986 |
| 10 | September | 14.567 | 5.690 | 6.655 |
| 11 | Oktober | 14.567 | 4.999 | 3.442 |
| 12 | November | 16.596 | 4.557 | 5.675 |
| 13 | Dezember | 15.696 | 3.980 | 7.653 |
| 14 | Summe | 176.316 | 65.484 | 87.492 |
| 15 | Durchschnitt | 14.693 | 5.457 | 7.291 |

| | A | B | C | D |
|---|---|---|---|---|
| 1 | Monat | Artikel A | Artikel B | Artikel C |
| 2 | Januar | 12.200 | 3.457 | 8.765 |
| 3 | Februar | 13.400 | 6.784 | 8.666 |
| 4 | März | 15.005 | 6.788 | 5.678 |
| 5 | April | 16.666 | 5.678 | 5.456 |
| 6 | Mai | 17.096 | 5.437 | 8.976 |
| 7 | Juni | 16.780 | 7.888 | 7.775 |
| 8 | Juli | 11.290 | 3.467 | 8.765 |
| 9 | August | 12.453 | 6.759 | 9.986 |
| 10 | September | 14.567 | 5.690 | 6.655 |
| 11 | Oktober | 14.567 | 4.999 | 3.442 |
| 12 | November | 16.596 | 4.557 | 5.675 |
| 13 | Dezember | 15.696 | 3.980 | 7.653 |
| 14 | Summe | =SUMME(B2:B13) | =SUMME(C2:C13) | =SUMME(D2:D13) |
| 15 | Durchschnitt | =MITTELWERT(B2:B13) | =MITTELWERT(C2:C13) | =MITTELWERT(D2:D13) |

**Funktionsargumente**

MITTELWERT

Zahl1 D2:D13 = {8765;8666;5678;5456;8976;7775;8765;9...
Zahl2 = Zahl

= 7291

Gibt den Mittelwert (arithmetisches Mittel) der Argumente zurück, bei denen es sich um Zahlen oder Namen, Arrays oder Bezüge handeln kann, die Zahlen enthalten.

**Zahl1:** Zahl1;Zahl2;... sind 1 bis 255 numerische Argumente, deren Mittelwert Sie berechnen möchten.

Formelergebnis = 7.291

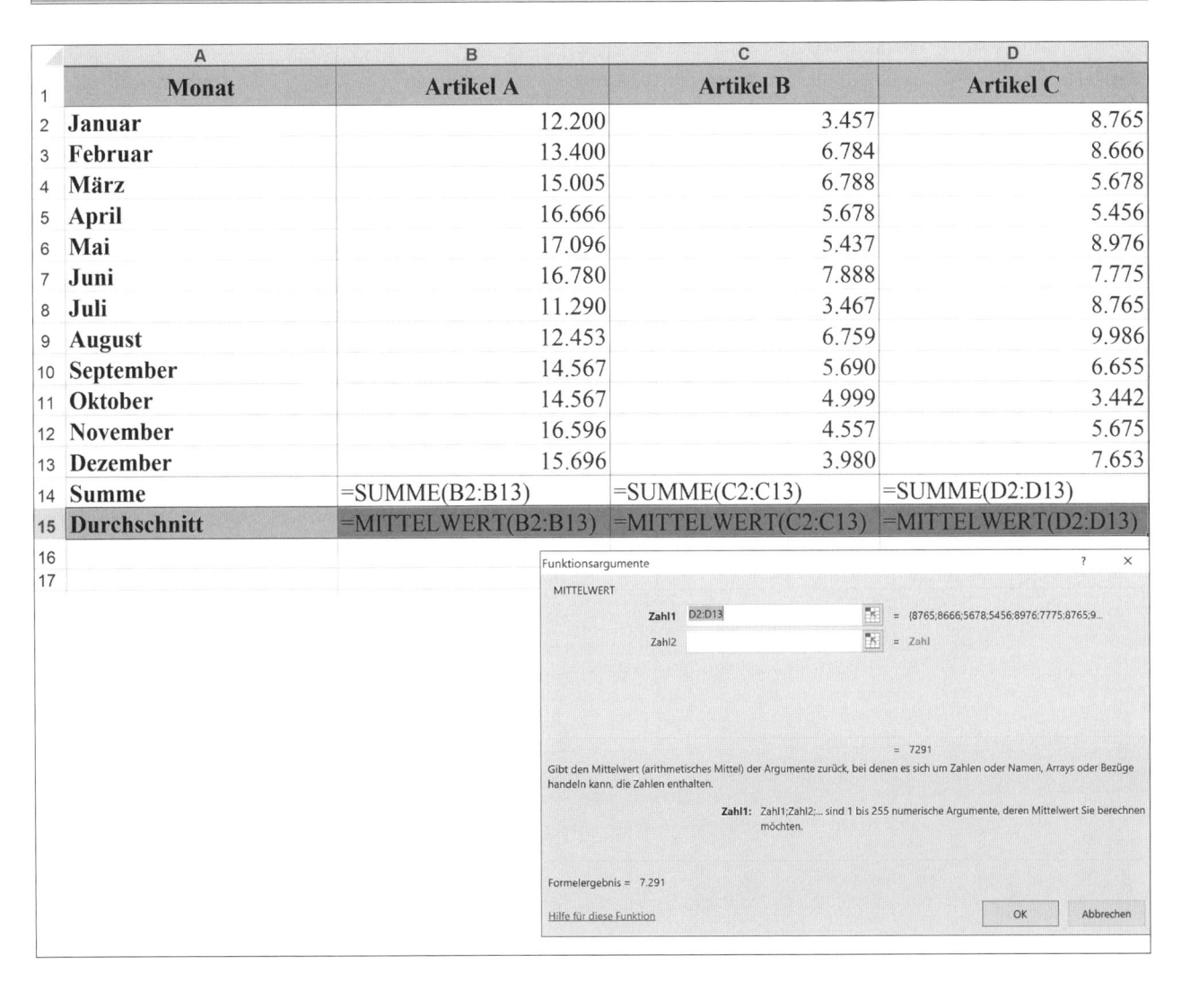

Hilfe für diese Funktion     OK     Abbrechen

## 3.2 Gewogener Durchschnitt

Beim gewogenen Durchschnitt wird immer ein Wert mit einem anderen gewichtet – d. h. multipliziert –, um zunächst einen Gesamtwert zu ermitteln, also z. B.:

> Preis pro Mengeneinheit • Menge = Gesamtwert

Dieser Gesamtwert wird dann anschließend durch die Gesamtmenge dividiert, um den gewogenen Durchschnitt – hier den Durchschnittspreis – zu erhalten.

Allgemein gilt:

$$\text{Gewogener Durchschnitt} = \frac{\text{Summe der Gesamtwerte}}{\text{Summe der Anteile}}$$

Gewogene Durchschnittswerte spielen nicht nur im Zusammenhang mit der Lagerbestandsdatei im kaufmännischen Bereich eine Rolle. Sie sind auf vielen Feldern zu finden, so z. B. in der Kosten- und Leistungsrechnung und in der betrieblichen Statistik.

**Situationsaufgabe**
Die folgende Lagerdatei eines Großhändlers liegt vor:

| Artikel D | Menge | Einzelpreis | Gesamtwert |
|---|---|---|---|
| Anfangsbestand (AB) | 1.000 | 11,00 € | 11.000,00 € |
| Zugang | 500 | 11,50 € | 5.750,00 € |
| Bestand | 1.500 | | |
| Zugang | 800 | 11,80 € | 9.440,00 € |
| Bestand | 2.300 | | |
| Abgang | 1.000 | | |
| Bestand | 1.300 | | |

a) Wie lautet der durchschnittliche Einstandspreis?
b) Wie hoch ist der Wert des Lagerendbestandes?

|   | A | B | C | D | E | F | G | H |
|---|---|---|---|---|---|---|---|---|
| 1 | Artikel D | Menge | Einzelpreis | Gesamtwert | | | | |
| 2 | Anfangsbestand (AB) | 1.000 | 11,00 € | 11.000,00 € | | | | |
| 3 | Zugang | 500 | 11,50 € | 5.750,00 € | | | | |
| 4 | Bestand | 1.500 | | | | | | |
| 5 | Zugang | 800 | 11,80 € | 9.440,00 € | | | | |
| 6 | Bestand | 2.300 | | | | | | |
| 7 | Abgang | 1.000 | | | | | | |
| 8 | Bestand | 1.300 | | | | | | |
| 9 | | | | | | | | |
| 10 | | | | | | | | |
| 11 | Durchschnittlicher Einstandspreis = | | AB + Summe Zugänge in € | | = | 26.190,00 € | = | 11,39 € |
| 12 | | | AB + Summe Zugänge in Stück | | | 2.300 | | |
| 13 | | | | | | | | |
| 14 | | | | | | | | |
| 15 | Wert des Lagerendbestandes = | | Durchschnittlicher Einstandspreis * Lagerendbestand | | | | = | 14.807,00 € |

|   | A | B | C | D | E | F | G | H | I |
|---|---|---|---|---|---|---|---|---|---|
| 1 | Artikel D | Menge | Einzelpreis | Gesamtwert | | | | | |
| 2 | Anfangsbestand (AB) | 1000 | 11 | =B2*C2 | | | | | |
| 3 | Zugang | 500 | 11,5 | =B3*C3 | | | | | |
| 4 | Bestand | 1500 | | | | | | | |
| 5 | Zugang | 800 | 11,8 | =B5*C5 | | | | | |
| 6 | Bestand | 2300 | | | | | | | |
| 7 | Abgang | 1000 | | | | | | | |
| 8 | Bestand | 1300 | | | | | | | |
| 9 | | | | | | | | | |
| 10 | | | | | | | | | |
| 11 | Durchschnittlicher Einstandspreis = | | AB + Summe Zugänge in € | | | =D2+D3+D5 | = | =F11/F12 | |
| 12 | | | AB + Summe Zugänge in Stück | | | =B2+B3+B5 | | | |
| 13 | | | | | | | | | |
| 14 | | | | | | | | | |
| 15 | Wert des Lagerendbestandes = | | Durchschnittlicher Einstandspreis * Lagerendbestand | | | | = | =H11*B8 | |

## 4. Verteilungsrechnen

### 4.1 Gewinnverteilung GbR-Gesellschaft

Die GbR-Gesellschaft – auch BGB-Gesellschaft genannt – als Sonderform der Personengesellschaft ist in der Praxis durchaus üblich, wenn sich Privatpersonen – also keine Kaufleute – als Gesellschafter an einem Unternehmen beteiligen. Bei dieser Rechtsform ist es auch möglich, dass ausschließlich Privatpersonen eine Gesellschaft gründen und betreiben, z. B. Tipp- oder Grundstücksgemeinschaften.

**Beispiel**

Typische GbR-Gesellschaften sind ebenfalls solche, wenn sich Freiberufler – z. B. Rechtsanwälte, Steuerberater und Ärzte – zu einer Sozietät bzw. Gemeinschaftspraxis zusammenschließen. Auch wenn mehrere sonst selbstständige Architekten ein Bauvorhaben gemeinsam betreuen wollen, wenn mehrere Banken als Konsortium an einen Großkunden oder an eine ausländische Regierung einen Kredit vergeben, liegt oft eine GbR-Gesellschaft vor.

Im Gegensatz zu anderen Unternehmungsformen kann die GbR-Gesellschaft auch zu nicht gewerbsmäßigen Zwecken gegründet werden.

Die Verteilung des Gewinns erfolgt meist prozentual oder nach Kapitalanteilen bzw. im Verhältnis zu einer bestimmten Größe.

Allgemein gilt:

$$\text{Gewinnanteil des Gesellschafters} = \frac{\text{Gewinn} \cdot \text{Anteil des Gesellschafters}}{\text{Gesamtanteile}}$$

Häufig ist auch eine Kombination von einer Vorwegvergütung für die Geschäftsführung und/oder einer Kapitalverzinsung und anschließend einer Verteilung nach Kapitalanteilen bzw. nach Köpfen oder im Verhältnis zu einer bestimmten anderen Größe in der Praxis anzutreffen.

Dann gilt für den zu verteilenden Gewinn:

$$\text{Zu verteilender Gewinn} = \text{Gewinn} - \text{Vorwegabzug} - \text{Kapitalverzinsung}$$

**Situationsaufgabe**

In der Anders & Partner GbR ist die Gewinnverteilung gemäß Gesellschaftervertrag wie folgt geregelt:

*„Gewinn- und Verlustbeteiligung, Entnahmen:*
*Den Gesellschaftern steht eine monatliche Vorabvergütung in Höhe von 4.500 € zulasten des Gesamtergebnisses zu. Der verbleibende Rest wird entsprechend der Geschäftsanteile aufgeteilt."*

Es wurde ein Gewinn von 300.000 € erwirtschaftet.

Die Kapitalanteile der Gesellschafter betragen:

Anders    300.000 €
Koch      200.000 €
Runge     100.000 €

Wie viel erhält jeder Gesellschafter vom Gewinn?

|   | A | B | C | D | E | F |
|---|---|---|---|---|---|---|
| 1 | Gesellschafter |  | Anders | Koch | Runge | Summe |
| 2 | Kapitalanteile |  | 300.000,00 € | 200.000,00 € | 100.000,00 € | 600.000,00 € |
| 3 | Vorweg-Abzug pro Monat | 4.500,00 € | 54.000,00 € | 54.000,00 € | 54.000,00 € | 162.000,00 € |
| 4 | Monate | 12 |  |  |  |  |
| 5 | Gewinnanteile |  | 69.000,00 € | 46.000,00 € | 23.000,00 € | 138.000,00 € |
| 6 | Gewinn |  | 123.000,00 € | 100.000,00 € | 77.000,00 € | 300.000,00 € |

|   | A | B | C | D | E | F |
|---|---|---|---|---|---|---|
| 1 | Gesellschafter |  | Anders | Koch | Runge | Summe |
| 2 | Kapitalanteile |  | 300000 | 200000 | 100000 | =SUMME(C2:E2) |
| 3 | Vorweg-Abzug pro Monat | 4500 | =B3*B4 | =B3*B4 | =B3*B4 | =SUMME(C3:E3) |
| 4 | Monate | 12 |  |  |  |  |
| 5 | Gewinnanteile |  | =F5*C2/F2 | =F5*D2/F2 | =F5*E2/F2 | =F6-F3 |
| 6 | Gewinn |  | =C3+C5 | =D3+D5 | =E3+E5 | 300000 |

## 4.2 Gewinnverteilung OHG

Die Rechte und Pflichten der Gesellschafter einer OHG (Offene Handelsgesellschaft) sind im HGB geregelt. Zur Gewinnverteilung ist u. a. ausgeführt:

### RECHTSGRUNDLAGEN

#### § 120 [Gewinn und Verlust]

(1) Am Schlusse jedes Geschäftsjahrs wird aufgrund der Bilanz der Gewinn oder der Verlust des Jahres ermittelt und für jeden Gesellschafter sein Anteil daran berechnet.

(2) Der einem Gesellschafter zukommende Gewinn wird dem Kapitalanteile des Gesellschafters zugeschrieben; der auf einen Gesellschafter anfallende Verlust sowie während des Geschäftsjahrs auf den Kapitalanteil entnommene Geld wird davon abgeschrieben.

#### § 121 [Verteilung von Gewinn und Verlust]

(1) Von dem Jahresgewinn gebührt jedem Gesellschafter zunächst ein Anteil in Höhe von vier von Hundert seines Kapitalanteils. Reicht der Jahresgewinn hierzu nicht aus, so bestimmen sich die Anteile nach einem entsprechend niedrigeren Satze.

(2) Bei der Berechnung des nach Absatz 1 einem Gesellschafter zukommenden Gewinnanteils werden Leistungen, die der Gesellschafter im Laufe des Geschäftsjahres als Einlage gemacht hat, nach dem Verhältnis der seit der Leistung abgelaufenen Zeit berücksichtigt. Hat der Gesellschafter im Laufe des Geschäftsjahrs Geld aus seinem Kapitalanteil entnommen, so werden die entnommenen Beträge nach dem Verhältnis der bis zur Entnahme abgelaufenen Zeit berücksichtigt.

(3) Derjenige Teil des Jahresgewinns, welcher die nach den Absätzen 1 und 2 zu berechnenden Gewinnanteile übersteigt, sowie der Verlust eines Geschäftsjahrs wird unter den Gesellschaftern nach Köpfen verteilt.

---

Ist im Gesellschaftervertrag eine höhere Kapitalverzinsung als nach den entsprechenden Vorschriften des HGB vorgesehen, so wird bei der Berechnung des Gewinnanteils von diesem Prozentsatz ausgegangen.

Werden von Gesellschaftern während des Jahres Einlagen getätigt oder Beträge vom Kapital entnommen, dann sind für diese zeitanteilig Zinsen zu berücksichtigen.

### Situationsaufgabe

Eine OHG erzielt einen Jahresgewinn von 400.000 €. Die Kapitalanteile der drei Gesellschafter betragen:

| | |
|---|---|
| Zippel | 250.000 € |
| Meinicke | 350.000 € |
| Dorin | 550.000 € |

Der Gewinn soll nach den Vorschriften des § 121 HGB verteilt werden. Wie viel erhält jeder Gesellschafter?

| | A | B | C | D | E | F |
|---|---|---|---|---|---|---|
| 1 | **Gesellschafter** | | **Zippel** | **Meinicke** | **Dorin** | **Summe** |
| 2 | **Kapitalanteile** | | 250.000,00 € | 350.000,00 € | 550.000,00 € | 1.150.000,00 € |
| 3 | **Kapitalverzinsung** | 4% | 10.000,00 € | 14.000,00 € | 22.000,00 € | 46.000,00 € |
| 4 | **Gleiche Anteile** | | 118.000,00 € | 118.000,00 € | 118.000,00 € | 354.000,00 € |
| 5 | **Gewinn** | | 128.000,00 € | 132.000,00 € | 140.000,00 € | 400.000,00 € |

| | A | B | C | D | E | F |
|---|---|---|---|---|---|---|
| 1 | **Gesellschafter** | | **Zippel** | **Meinicke** | **Dorin** | **Summe** |
| 2 | **Kapitalanteile** | | 250000 | 350000 | 550000 | =SUMME(C2:E2) |
| 3 | **Kapitalverzinsung** | 0,04 | =C2*B3 | =D2*B3 | =E2*B3 | =SUMME(C3:E3) |
| 4 | **Gleiche Anteile** | | =F4/3 | =F4/3 | =F4/3 | =F5-F3 |
| 5 | **Gewinn** | | =SUMME(C3:C4) | =SUMME(D3:D4) | =SUMME(E3:E4) | 400000 |

## 4.3 Gewinnverteilung KG

Die Rechte und Pflichten der Gesellschafter einer KG (Kommanditgesellschaft) sind im HGB geregelt. Zur Gewinnverteilung ist u. a. ausgeführt:

### RECHTSGRUNDLAGEN

#### § 167 [Gewinn und Verlust]

(1) Die Vorschriften des § 120 über die Berechnung des Gewinns oder Verlustes gelten auch für die Kommanditisten.

(2) Jedoch wird der einem Kommanditisten zukommende Gewinn seinem Kapitalanteil nur so lange zugeschrieben, als dieser den Betrag der bedungenen Einlage nicht erreicht hat.

(3) An dem Verluste nimmt der Kommanditist nur bis zum Betrage seines Kapitalanteils und seiner noch rückständigen Einlage teil.

#### § 168 [Verteilung von Gewinn und Verlust]

(1) Die Anteile der Gesellschafter am Gewinne bestimmen sich, soweit der Gewinn den Betrag von vier von Hundert der Kapitalanteile nicht übersteigt, nach den Vorschriften des § 121 Abs. 1 und 2.

(2) In Ansehung des Gewinns, welcher diesen Betrag übersteigt, sowie in Ansehung des Verlustes gilt, soweit nicht ein andres vereinbart ist, ein den Umständen nach angemessenes Verhältnis der Anteile als bedungen.

---

Wie bei der OHG gilt auch für die KG: Ist im Gesellschaftervertrag eine höhere Kapitalverzinsung als nach den entsprechenden Vorschriften des HGB vorgesehen, so wird bei der Berechnung des Gewinnanteils von diesem Prozentsatz ausgegangen. Und werden von Gesellschaftern während des Jahres Einlagen getätigt oder Beträge vom Kapital entnommen, dann sind für diese zeitanteilig Zinsen zu berücksichtigen.

### Situationsaufgabe

Eine KG weist einen Jahresgewinn von 100.000 €. Die Kapitalanteile der drei Gesellschafter betragen:

Arendt    200.000 €
Bramme    150.000 €
Stertz     50.000 €

Die Komplementäre Arendt und Bramme erhalten vorweg je 25.000 € für die Geschäftsführung. Vom verbleibenden Gewinn bekommt jeder Gesellschafter zunächst 4 % seines Kapitalanteils, der Rest ist vertragsgemäß im Verhältnis 3:3:2 zu verteilen.

Wie viel vom Gewinn erhält jeder Gesellschafter?

| | A | B | C | D | E | F |
|---|---|---|---|---|---|---|
| 1 | Gesellschafter | | Arendt | Bramme | Stertz | Summe |
| 2 | Kapitalanteile | | 200.000,00 € | 150.000,00 € | 50.000,00 € | 400.000,00 € |
| 3 | Vorweg-Abzug | | 25.000,00 € | 25.000,00 € | | 50.000,00 € |
| 4 | Kapitalverzinsung | 4% | 8.000,00 € | 6.000,00 € | 2.000,00 € | 16.000,00 € |
| 5 | Anteile | | 3 | 3 | 2 | 8 |
| 6 | Gewinnanteile | | 12.750,00 € | 12.750,00 € | 8.500,00 € | 34.000,00 € |
| 7 | Gewinn | | 45.750,00 € | 43.750,00 € | 10.500,00 € | 100.000,00 € |

| | A | B | C | D | E | F |
|---|---|---|---|---|---|---|
| 1 | Gesellschafter | | Arendt | Bramme | Stertz | Summe |
| 2 | Kapitalanteile | | 200000 | 150000 | 50000 | =SUMME(C2:E2) |
| 3 | Vorweg-Abzug | | 25000 | 25000 | | =SUMME(C3:E3) |
| 4 | Kapitalverzinsung | 0,04 | =C2*B4 | =D2*B4 | =E2*B4 | =SUMME(C4:E4) |
| 5 | Anteile | | 3 | 3 | 2 | =SUMME(C5:E5) |
| 6 | Gewinnanteile | | =$F$6/$F$5*C5 | =$F$6/$F$5*D5 | =$F$6/$F$5*E5 | =F7-F3-F4 |
| 7 | Gewinn | | =C3+C4+C6 | =D3+D4+D6 | =E3+E4+E6 | 100000 |

# 5. Prozentrechnen

## 5.1 Prozentwert, Prozentsatz und Grundwert

Im Grunde ist die Prozentrechnung nichts anderes als eine angewandte Dreisatzrechnung. Es sind i. d. R. zwei der drei Größen Grundwert, Prozentsatz und Prozentwert bekannt, um die jeweilige dritte unbekannte Größe zu ermitteln.

- Der **Grundwert** entspricht 100 %. Er ist der Ausgangswert. Seine Maßeinheit ist z. B. €, kg oder Liter.
- Der **Prozentsatz** (%) zeigt an, wie viele Teile vergleichsweise auf 100 entfallen.
- Der **Prozentwert** entspricht – wie der Name schon sagt – dem wertmäßigen Betrag des Prozentsatzes. Er hat dieselbe Maßeinheit wie der Grundwert.

Es gelten die Formeln:

$$\text{Prozentwert} = \frac{\text{Grundwert} \cdot \text{Prozentsatz}}{100}$$

$$\text{Prozentsatz} = \frac{\text{Prozentwert} \cdot 100}{\text{Grundwert}}$$

Übrigens: Für die Promillerechnung muss nur statt Prozent Promille und statt 100 die Zahl 1.000 eingesetzt werden.

### Situationsaufgabe

Der Handelsvertreter Hans Sens war bisher für zwei Unternehmen tätig. Die Höhe seiner Provision ist einerseits abhängig von den insgesamt erzielten Umsätzen und andererseits davon, ob er reguläre oder reduzierte Ware verkauft hat. Im Einzelnen sieht das für den vergangenen Monat so aus:

| Hersteller | Netto-Umsatz | Provision |
|---|---|---|
| A | 120.000,00 € | 5,00 % |
|   | 160.000,00 € | 2,50 % |
| B | 80.000,00 € | 6,00 % |

Herr Sens übernimmt nun für ein drittes junges Unternehmen eine Gebietsvertretung. Der Hersteller C garantiert ihm in der Anfangsphase ein Fixum von 3.000 € für seine Bemühungen und seine ausgezeichneten Kundenkontakte, um in den Markt zu kommen.

a) Wie viel € Provision hat Herr Sens vom Hersteller A insgesamt und wie viel vom Hersteller B zu bekommen?

b) Wie hoch war der durchschnittliche Provisionssatz bezogen auf den Gesamtumsatz, den Herr Sens für seine Vertretungen erzielen konnte?

c) Wie viel € Umsatz müsste Herr Sens mit dem Hersteller B tätigen, um auf dieselbe Provision zu kommen, die ihm C umsatzunabhängig zahlt?

## B. Grundkurs: Kaufmännisches Rechnen | 5. Prozentrechnen

|   | A | B | C | D | E |
|---|---|---|---|---|---|
| 3 |   |   | Grundschema |   |   |
| 5 |   |   | Grundwert | Prozentsatz | Prozentwert |
| 9 |   | 1. | Ermittlung des Prozentwertes |   |   |
| 11 |   | Hersteller | Umsatz | Provisionssatz | Provision |
| 12 |   | A | 120.000,00 € | 5,00% | 6.000,00 € |
| 13 |   |   | 160.000,00 € | 2,50% | 4.000,00 € |
| 14 |   | B | 80.000,00 € | 6,00% | 4.800,00 € |
| 15 |   | Gesamt | 360.000,00 € |   | 14.800,00 € |
| 18 |   | 2. | Ermittlung des Prozentsatzes |   |   |
| 20 |   |   | Gesamter Umsatz | Durchschnittlicher Provisionssatz | Gesamte Provision |
| 22 |   |   | 360.000,00 € | 4,11% | 14.800,00 € |
| 25 |   | 3. | Ermittlung des Grundwertes |   |   |
| 27 |   | Hersteller | Umsatz | Provisionssatz | Fixum |
| 28 |   | B | 50.000,00 € | 6,00% | 3.000,00 € |

|   | A | B | C | D | E |
|---|---|---|---|---|---|
| 3 |   |   | Grundschema |   |   |
| 5 |   |   | Grundwert | Prozentsatz | Prozentwert |
| 9 |   | 1. | Ermittlung des Prozentwertes |   |   |
| 11 |   | Hersteller | Umsatz | Provisionssatz | Provision |
| 12 |   | A | 120000 | 0,05 | =C12*D12 |
| 13 |   |   | 160000 | 0,025 | =C13*D13 |
| 14 |   | B | 80000 | 0,06 | =C14*D14 |
| 15 |   | Gesamt | =SUMME(C12:C14) |   | =SUMME(E12:E14) |
| 18 |   | 2. | Ermittlung des Prozentsatzes |   |   |
| 20 |   |   | Gesamter Umsatz | Durchschnittlicher Provisionssatz | Gesamte Provision |
| 22 |   |   | =C15 | =E22/C22 | =E15 |
| 25 |   | 3. | Ermittlung des Grundwertes |   |   |
| 27 |   | Hersteller | Umsatz | Provisionssatz | Fixum |
| 28 |   | B | =E28/D28 | 0,06 | 3000 |

## 5.2 Vermehrter und verminderter Grundwert

Bisher waren meist Aufgaben zu lösen, wo der Grundwert 100 % (Berechnung **von** Hundert) betrug.

$$\text{Grundwert} = \frac{\text{Prozentwert} \cdot 100}{\text{Prozentsatz}}$$

Im kaufmännischen Rechnen haben wir es aber oft mit Fällen zu tun, in denen von einem verminderten oder einem vermehrten Grundwert auszugehen ist. Gerade im Bereich der Kalkulation kommt dieser Aufgabentyp häufig vor.

**Vermehrter Grundwert**

Immer, wenn der Grundwert über 100 % liegt (Berechnung auf Hundert), sprechen wir vom vermehrten Grundwert. Er taucht z. B. dann auf, wenn Brutto-Preise gegeben sind und die Umsatzsteuer (Mehrwertsteuer) herausgerechnet werden soll, um die Netto-Preise zu erfahren.

$$\text{Reiner Grundwert} = \frac{\text{Vermehrter Grundwert} \cdot 100}{100 + \text{Prozentsatz}}$$

**Verminderter Grundwert**

Liegt der Grundwert unter 100 % (Berechnung **im** Hundert), sprechen wir vom verminderten Grundwert. Diese Aufgabenstellung ist z. B. dann anzutreffen, wenn vom Barverkaufspreis ausgehend der Zielverkaufspreis kalkuliert werden soll.

$$\text{Reiner Grundwert} = \frac{\text{Vermehrter Grundwert} \cdot 100}{100 - \text{Prozentsatz}}$$

**Situationsaufgabe**

Am Markt wird der Artikel A für 232 € brutto angeboten. Für das Konkurrenzprodukt B soll der Zielverkaufspreis kalkuliert werden. Die Selbstkosten belaufen sich auf 150 €. Es wird mit einem Gewinnzuschlag von 30 % und mit einem Skontosatz – bei Zahlung innerhalb von 10 Tagen – mit 2 % gerechnet.

a) Wie viel Euro entspricht die auf dem Artikel A liegende 19 %-ige Umsatzsteuer und wie hoch ist der Netto-Verkaufspreis?

b) Kalkulieren Sie den Zielverkaufspreis von Artikel B unter Berücksichtigung des folgenden Schemas:

|   | | | |
|---|---|---|---|
|   | Selbstkosten | 100 % | |
| + | Gewinn | 30 % | |
| = | Barverkaufspreis | 130 % | 98 % |
| + | Kundenskonto | | 2 % |
| = | **Zielverkaufspreis** | | **100 %** |

|   | A | B | C | D | E | F | G | H | I |
|---|---|---|---|---|---|---|---|---|---|
| 1 |   |   |   |   |   |   |   |   |   |
| 2 |   | **Vermehrter Grundwert** |   |   |   |   |   |   |   |
| 3 |   |   |   |   |   |   |   |   |   |
| 4 |   |   |   | **Artikel A** |   |   |   |   |   |
| 5 |   | **Brutto-Verkaufspreis** | 119% |   | 238,00 € |   |   |   |   |
| 6 | - | **Umsatzsteuer** | 19% |   | 38,00 € |   |   |   |   |
| 7 | = | **Netto-Verkaufspreis** | 100% |   | 200,00 € |   |   |   |   |
| 8 |   |   |   |   |   |   |   |   |   |
| 9 |   |   |   |   |   |   |   |   |   |
| 10 |   | **Verminderter Grundwert** |   |   |   |   |   |   |   |
| 11 |   |   |   |   |   |   |   |   |   |
| 12 | **Kalkulation** |   |   | **Artikel B** |   |   |   |   |   |
| 13 |   | **Selbstkosten** | 100% |   | 150,00 € |   |   |   |   |
| 14 | + | **Gewinn** | 30% |   | 45,00 € |   |   |   |   |
| 15 | = | **Barverkaufspreis** | 130% | 98% | 195,00 € |   |   |   |   |
| 16 | + | **Kundenskonto** |   | 2% | 3,98 € |   |   |   |   |
| 17 | = | **Zielverkaufspreis** |   | 100% | 198,98 € |   |   |   |   |
| 18 |   |   |   |   |   |   |   |   |   |

|   | A | B | C | D | E | F | G |
|---|---|---|---|---|---|---|---|
| 1 |   |   |   |   |   |   |   |
| 2 |   | **Vermehrter Grundwert** |   |   |   |   |   |
| 3 |   |   |   |   |   |   |   |
| 4 |   |   |   |   | **Artikel A** |   |   |
| 5 |   | **Brutto-Verkaufspreis** | 1,19 |   | 238 |   |   |
| 6 | - | **Umsatzsteuer** | 0,19 |   | =E5/C5*C6 |   |   |
| 7 | = | **Netto-Verkaufspreis** | 1 |   | =E5/C5 |   |   |
| 8 |   |   |   |   |   |   |   |
| 9 |   |   |   |   |   |   |   |
| 10 |   | **Verminderter Grundwert** |   |   |   |   |   |
| 11 |   |   |   |   |   |   |   |
| 12 | **Kalkulation** |   |   |   | **Artikel B** |   |   |
| 13 |   | **Selbstkosten** | 1 |   | 150 |   |   |
| 14 | + | **Gewinn** | 0,3 |   | =E13*C14 |   |   |
| 15 | = | **Barverkaufspreis** | 1,3 | 0,98 | =SUMME(E13:E14) |   |   |
| 16 | + | **Kundenskonto** |   | 0,02 | =E15*D16/D15 |   |   |
| 17 | = | **Zielverkaufspreis** |   | 1 | =SUMME(E15:E16) |   |   |
| 18 |   |   |   |   |   |   |   |
| 19 |   |   |   |   |   |   |   |

## 6. Zinsrechnen
### 6.1 Ermittlung der Zinstage

Die Zinsrechnung ist im Grunde nichts anderes als eine Prozentrechnung, die um den Faktor Zeit erweitert wurde.

$$\text{Prozentwert} = \frac{\text{Grundwert} \cdot \text{Prozentsatz}}{100}$$

$$\text{Jahreszinsen} = \frac{\text{Kapital} \cdot \text{Zinssatz} \cdot \text{Jahre}}{100}$$

$$\text{Monatszinsen} = \frac{\text{Kapital} \cdot \text{Zinssatz} \cdot \text{Monate}}{100 \cdot 12}$$

Das Zinsjahr hat 360 Tage.

$$\text{Tageszinsen} = \frac{\text{Kapital} \cdot \text{Zinssatz} \cdot \text{Zinstage}}{100 \cdot 360}$$

In der Praxis werden die Zinstage entweder kalendermäßig taggenau (EURO-Zinsmethode) oder nach der kaufmännischen Methode pauschal mit 30 Tagen für jeden Monat angesetzt (30/360).

### MERKE

Bei der kaufmännischen Methode ist zu beachten:

- Der 31. Tag eines Monats wird nicht berücksichtigt.
- Der Februar wird mit 30 Zinstagen gerechnet mit der Ausnahme, dass wenn der Zeitraum genau am Monatsende endet, 28 bzw. 29 Tage angesetzt werden.
- Der erste Kalendertag des Zeitraums wird nicht mitgezählt, der letzte wird berücksichtigt.

Zurzeit werden beide Methoden zur Berechnung der Zinstage in der Praxis verwandt. Es scheint aber so, dass sich die EURO-Zinsmethode langsam durchsetzt.

Die Berechnung der Zinstage erfolgt mithilfe von „Formeln – Funktionen einfügen – Datum und Uhrzeit – Tage E360".

**Situationsaufgabe**
Ein kurzfristiger Kredit, dessen Laufzeit am 15.02. beginnt, endet am 28.02.

Wie viele Zinstage sind bei 30/360 Tagen für diese Laufzeit anzusetzen?

|   | A | B | C | D | E | F |
|---|---|---|---|---|---|---|
| 1 |   |   |   |   |   |   |
| 2 | **Berechnung der Zinstage** |   |   |   |   |   |
| 3 |   |   |   |   |   |   |
| 4 | **Beginn der Laufzeit des Kredits** | 15. Feb |   |   |   |   |
| 5 | **Ende der Laufzeit des Kredits** | 28. Feb |   |   |   |   |
| 6 | **Zinstage** | 13 |   |   |   |   |

|   | A | B | C |
|---|---|---|---|
| 1 |   |   |   |
| 2 | Berechnung der Zinstage |   |   |
| 3 |   |   |   |
| 4 | Beginn der Laufzeit des Kredits | 15. Feb |   |
| 5 | Ende der Laufzeit des Kredits | 28. Feb |   |
| 6 | Zinstage | =TAGE360(B4;B5;WAHR) |   |

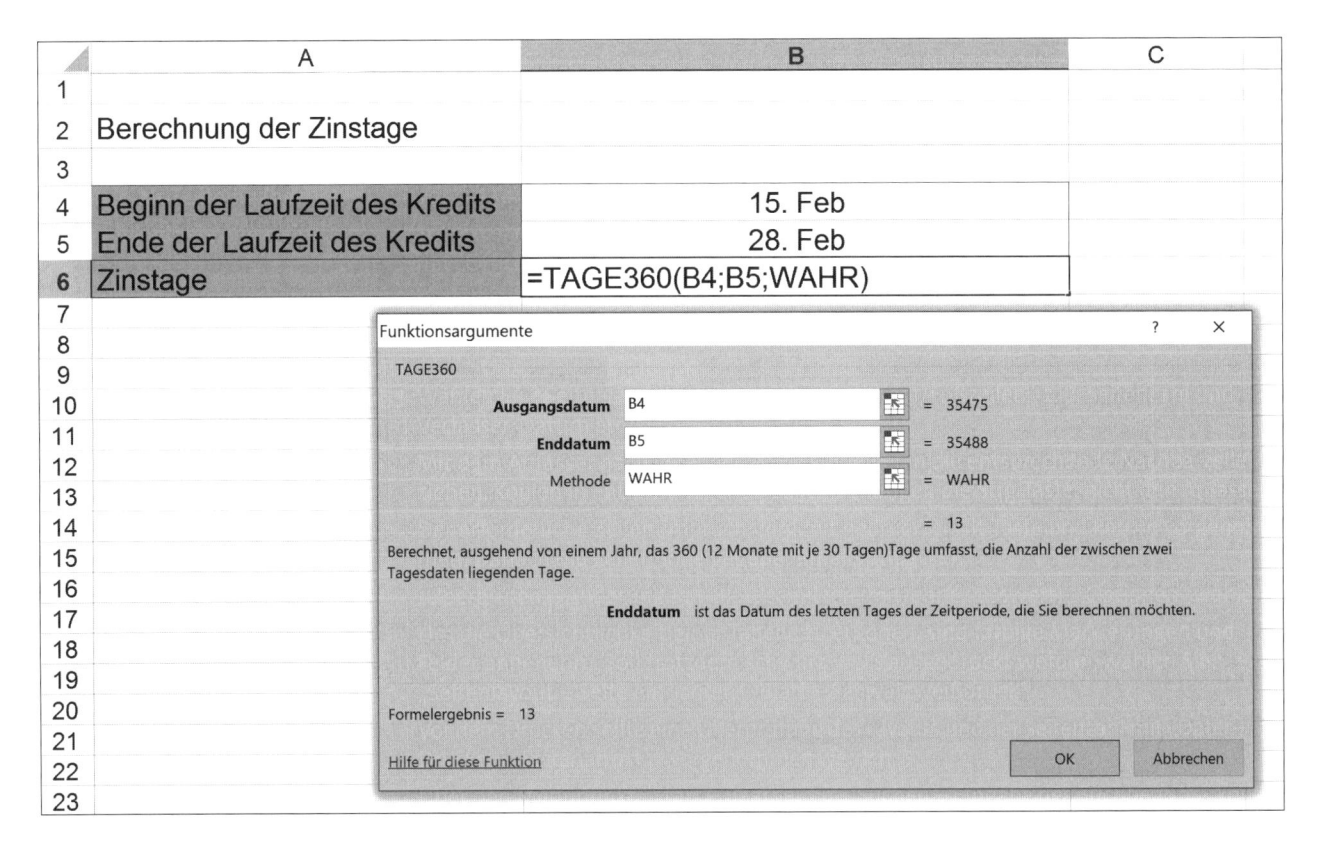

**Funktionsargumente**

TAGE360

- **Ausgangsdatum**: B4 = 35475
- **Enddatum**: B5 = 35488
- **Methode**: WAHR = WAHR

= 13

Berechnet, ausgehend von einem Jahr, das 360 (12 Monate mit je 30 Tagen)Tage umfasst, die Anzahl der zwischen zwei Tagesdaten liegenden Tage.

**Enddatum** ist das Datum des letzten Tages der Zeitperiode, die Sie berechnen möchten.

Formelergebnis = 13

Hilfe für diese Funktion

## 6.2 Zinsen, Kapital, Zinssatz und Zeit

Nicht immer wird in der Aufgabenstellung nach den Zinsen gefragt. Es kann durchaus vorkommen, dass das Kapital, die Zeit oder der Zinssatz berechnet werden soll. In diesen Fällen muss nur die allgemeine Tageszinsformel entsprechend umgestellt werden.

$$\text{Tageszinsen} = \frac{\text{Kapital} \cdot \text{Zinssatz} \cdot \text{Zinstage}}{100 \cdot 360}$$

$$\text{Kapital} = \frac{\text{Zinsen} \cdot 100 \cdot 360}{\text{Zinstage} \cdot \text{Zinssatz}}$$

$$\text{Zinssatz} = \frac{\text{Zinsen} \cdot 100 \cdot 360}{\text{Kapital} \cdot \text{Zinstage}}$$

$$\text{Zinstage} = \frac{\text{Zinsen} \cdot 100 \cdot 360}{\text{Kapital} \cdot \text{Zinssatz}}$$

Für eine einfache Zinsberechnung auch über mehrere Perioden genügen die arithmetischen Operatoren von EXCEL. Aber EXCEL wäre nicht EXCEL, wenn nicht eine Reihe von Zinsformeln in dem Untermenü „Funktion einfügen" des Menüs „Formel" zu finden wären. Sie erleichtern die komplexen Berechnungen der Finanzmathematik und Investitionsrechnung erheblich.

**Situationsaufgabe**

Es liegt die folgende unvollständige Tabelle vor:

Ermittlung der Zinsen

| Kapital | Zinssatz | Tage | Zinsen |
| --- | --- | --- | --- |
| 12.500,00 € | 9 % | 60 | |

Ermittlung des Kapitals

| Kapital | Zinssatz | Tage | Zinsen |
| --- | --- | --- | --- |
| | 10 % | 90 | 20,00 € |

Ermittlung des Zinssatzes

| Kapital | Zinssatz | Tage | Zinsen |
| --- | --- | --- | --- |
| 10.000,00 € | | 45 | 100,00 € |

Ermittlung der Zinstage

| Kapital | Zinssatz | Tage | Zinsen |
| --- | --- | --- | --- |
| 20.000,00 € | 9 % | | 150,00 € |

Ermitteln Sie die fehlenden Größen in der Tabelle. Zinstage pro Jahr = 360

## Spreadsheet 1 (Werte)

|   | A | B | C | D |
|---|---|---|---|---|
| 2 | Zinstage pro Jahr | | 360 | |
| 6 | **Ermittlung der Zinsen** | | | |
| 8 | Kapital | Zinssatz | Tage | Zinsen |
| 9 | 12.500,00 € | 9% | 60 | 187,50 € |
| 13 | **Ermittlung des Kapitals** | | | |
| 15 | Kapital | Zinssatz | Tage | Zinsen |
| 16 | 800,00 € | 10% | 90 | 20,00 € |
| 20 | **Ermittlung des Zinssatzes** | | | |
| 22 | Kapital | Zinssatz | Tage | Zinsen |
| 23 | 10.000,00 € | 8% | 45 | 100,00 € |
| 27 | **Ermittlung der Zinstage** | | | |
| 29 | Kapital | Zinssatz | Tage | Zinsen |
| 30 | 20.000,00 € | 9% | 30 | 150,00 € |

## Spreadsheet 2 (Formeln)

|   | A | B | C | D |
|---|---|---|---|---|
| 2 | Zinstage pro Jahr | | 360 | |
| 6 | **Ermittlung der Zinsen** | | | |
| 8 | Kapital | Zinssatz | Tage | Zinsen |
| 9 | 12500 | 0,09 | 60 | =(A9*B9*C9)/C2 |
| 13 | **Ermittlung des Kapitals** | | | |
| 15 | Kapital | Zinssatz | Tage | Zinsen |
| 16 | =(D16*C2)/(C16*B16) | 0,1 | 90 | 20 |
| 20 | **Ermittlung des Zinssatzes** | | | |
| 22 | Kapital | Zinssatz | Tage | Zinsen |
| 23 | 10000 | =(D23*C2)/(A23*C23) | 45 | 100 |
| 27 | **Ermittlung der Zinstage** | | | |
| 29 | Kapital | Zinssatz | Tage | Zinsen |
| 30 | 20000 | 0,09 | =(D30*C2)/(A30*B30) | 150 |

## 6.3 Summarische Zinsrechnung

Die allgemeine Tageszinsformel wird in der Regel für kaufmännische Belange in folgender Weise umgestellt:

$$\text{Tageszinsen} = \frac{\text{Kapital} \cdot \text{Zinssatz} \cdot \text{Zinstage}}{100 \cdot 360}$$

$$\text{Zinszahl} = \frac{\text{Kapital} \cdot \text{Zinstage}}{100}$$

$$\text{Zinsteiler} = \frac{360}{\text{Zinssatz}}$$

$$\text{Tageszinsen} = \frac{\text{Zinszahl}}{\text{Zinsteiler}}$$

Diese kaufmännischen Zinsformeln sollen der Rechenvereinfachung dienen. Sie werden meist dann angewandt, wenn mehrere Kapitalien über einen unterschiedlichen Zeitraum zu einem **gleichen** Zinssatz ausgeliehen werden. Sollten die Zinssätze aber differieren, so ist die summarische Methode ungeeignet.

**Situationsaufgabe**

Ein Unternehmen berechnet 4 % Verzugszinsen für seine Forderungen:

| Forderungen | Tage im Verzug |
|---|---|
| 40.000,00 € | 60 |
| 22.000,00 € | 180 |
| 18.000,00 € | 72 |
| 24.000,00 € | 67 |
| 14.000,00 € | 90 |
| 12.000,00 € | 66 |
| 48.000,00 € | 120 |

Berechnen Sie die gesamten Zinsen mithilfe der kaufmännischen Zinsformel.

|   | A | B | C | D | E | F | G |
|---|---|---|---|---|---|---|---|
| 1 |   |   |   |   |   |   |   |
| 2 | **Forderungen** | **Tage** | **Zinszahl** |   |   |   |   |
| 3 | 40.000,00 € | 60 | 24.000 |   |   |   |   |
| 4 | 22.000,00 € | 180 | 39.600 |   |   |   |   |
| 5 | 18.000,00 € | 72 | 12.960 |   |   |   |   |
| 6 | 24.000,00 € | 67 | 16.080 |   |   |   |   |
| 7 | 14.000,00 € | 90 | 12.600 |   |   |   |   |
| 8 | 12.000,00 € | 66 | 7.920 |   |   |   |   |
| 9 | 48.000,00 € | 120 | 57.600 |   |   |   |   |
| 10 | Summe |   | 170.760 |   |   |   |   |
| 11 |   |   |   |   |   |   |   |
| 12 | **Zinstage im Jahr** | 360 |   |   |   |   |   |
| 13 |   |   |   |   |   |   |   |
| 14 | **Zinssatz** | 4% |   |   |   |   |   |
| 15 |   |   |   |   |   |   |   |
| 16 |   | **Zinsteiler** | 90 |   |   |   |   |
| 17 |   |   |   |   |   |   |   |
| 18 |   |   |   |   |   |   |   |
| 19 |   | **Zinsen** | 1.897,33 € |   |   |   |   |
| 20 |   |   |   |   |   |   |   |

|   | A | B | C | D | E |
|---|---|---|---|---|---|
| 1 |   |   |   |   |   |
| 2 | **Forderungen** | **Tage** | **Zinszahl** |   |   |
| 3 | 40000 | 60 | =A3*B3/100 |   |   |
| 4 | 22000 | 180 | =A4*B4/100 |   |   |
| 5 | 18000 | 72 | =A5*B5/100 |   |   |
| 6 | 24000 | 67 | =A6*B6/100 |   |   |
| 7 | 14000 | 90 | =A7*B7/100 |   |   |
| 8 | 12000 | 66 | =A8*B8/100 |   |   |
| 9 | 48000 | 120 | =A9*B9/100 |   |   |
| 10 | Summe |   | =SUMME(C3:C9) |   |   |
| 11 |   |   |   |   |   |
| 12 | **Zinstage im Jahr** | 360 |   |   |   |
| 13 |   |   |   |   |   |
| 14 | **Zinssatz** | 0,04 |   |   |   |
| 15 |   |   |   |   |   |
| 16 |   | **Zinsteiler** | =B12/(B14*100) |   |   |
| 17 |   |   |   |   |   |
| 18 |   |   |   |   |   |
| 19 |   | **Zinsen** | =C10/C16 |   |   |
| 20 |   |   |   |   |   |

## 7. Kontokorrentrechnung

Kontokorrentrechnen bedeutet, dass auf dem laufenden Geschäftskonto sowohl die zu zahlenden Soll-Zinsen als auch die (Gut-)Haben-Zinsen berechnet und anschließend saldiert werden. Es versteht sich von selbst, dass der Soll-Zinssatz stets höher als der Haben-Zinssatz ist. Neben den zu zahlenden Zinsen muss der Bankkunde u. U. noch mit weiteren Kosten rechnen:

- Kontoführungsgebühren bzw. eine Umsatzprovision
- Überziehungsprovision bei Überziehung des vereinbarten Kreditrahmens
- Kreditprovision für zugesagte, aber nicht in Anspruch genommene Kredite.

Die Kontokorrentrechnung wird mithilfe der kaufmännischen Zinsformeln durchgeführt:

$$\text{Soll-Zinszahl} = \frac{\text{Kontoüberziehung} \cdot \text{Tage}}{100}$$

$$\text{Soll-Zinsteiler} = \frac{360}{\text{Soll-Zinssatz}}$$

$$\text{Soll-Zinsen} = \frac{\text{Soll-Zinszahl}}{\text{Soll-Zinsteiler}}$$

$$\text{Haben-Zinszahl} = \frac{\text{Kontoguthaben} \cdot \text{Tage}}{100}$$

$$\text{Haben-Zinsteiler} = \frac{360}{\text{Haben-Zinssatz}}$$

$$\text{Haben-Zinsen} = \frac{\text{Haben-Zinszahl}}{\text{Haben-Zinsteiler}}$$

Sollte sich während der laufenden Abrechnungsperiode der Zinssatz bzw. die Zinssätze ändern, so muss mit mehreren Zinsteilern gerechnet werden. Soll- und Haben-Zinsen werden miteinander in der Regel zum Ultimo saldiert.

$$\text{Zinssaldo} = \text{Sollzinsen} - \text{Habenzinsen}$$

**Situationsaufgabe**

Im letzten Monat gab es folgende Kontobewegungen:

| Kontonummer | Währung | Auszugsdatum | Letzter Kontoauszug vom | Seite | | Alter Kontostand | |
|---|---|---|---|---|---|---|---|
| 1001107935 | € | 30.09.20.. | 30.08.20.. | 1 | | 46.466,00 € | S |
| Buch.-Tag | Wert | Buchungstext / Verwendungszweck | | | Umsatzbetrag | Saldo | |
| 02.09. | 02.09. | Lastschrift mit Einzugsermächtigung Zinsen und Kontoführung August 20.. | | | 160,00 € | 46.626,00 € | S |
| 09.09. | 09.09. | Gutschrift Rg. 1234/20.. Adam - Bekleidungen | | | 54.200,00 € | 7.574,00 € | H |
| 17.09. | 17.09. | Gutschrift Rg. 12368/20.. Bossi | | | 42.050,00 € | 49.624,00 € | H |
| 20.09. | 20.09. | Lastschrift Rg. W1458/20.. Wilhelmy | | | 53.567,00 € | 3.943,00 € | S |
| 27.09. | 27.09. | Lastschrift Rg. b56790/20.. Brunetty | | | 28.432,00 € | 32.375,00 € | S |
| 30.09. | 30.09. | Lastschrift Rg. 20../67543 Jürgensen | | | 12.050,00 € | 44.425,00 € | S |
| | | | | | Dispolimit 50.000,00 € | Neuer Kontostand 44.425,00 € | S |

Ermitteln Sie die zu zahlenden Zinsen mithilfe von Zinszahl und Zinsteiler für das Kontokorrent-Konto.

| | A | B | C | D | E | F | G | H |
|---|---|---|---|---|---|---|---|---|
| 1 | Fälligkeit | Tage | Umsatz | S/H | Saldo | S/H | Soll-Zinszahl | Haben-Zinszahl |
| 2 | 30. Aug | | | | 46.466,00 € | S | 929 | |
| 3 | 2. Sep | 2 | 160,00 € | S | 46.626,00 € | S | 3.264 | |
| 4 | 9. Sep | 7 | 54.200,00 € | H | 7.574,00 € | H | | 606 |
| 5 | 17. Sep | 8 | 42.050,00 € | H | 49.624,00 € | H | | 1.489 |
| 6 | 20. Sep | 3 | 53.567,00 € | S | 3.943,00 € | S | 276 | |
| 7 | 27. Sep | 7 | 28.432,00 € | S | 32.375,00 € | S | 971 | |
| 8 | 30. Sep | 3 | 12.050,00 € | S | 44.425,00 € | S | | |
| 9 | Summe Zinszahlen | | | | | | 5.440 | 2.095 |
| 10 | Zinstage im Jahr | 360 | Soll-Zinssatz | 12% | Soll-Zinsteiler | S | 30 | |
| 11 | | 360 | Haben-Zinssatz | 1% | Haben-Zinsteiler | H | | 360 |
| 12 | Soll-Zinsen | | | | | S | 181,33 € | |
| 13 | Haben-Zinsen | | | | | H | | 5,82 € |
| 14 | Zu zahlende Zinsen | | | | | S | 175,51 € | |
| 15 | | | | | | | | |

| | A | B | C | D | E | F | G | H |
|---|---|---|---|---|---|---|---|---|
| 1 | Fälligkeit | Tage | Umsatz | S/H | Saldo | S/H | Soll-Zinszahl | Haben-Zinszahl |
| 2 | 37132 | | | | 46466 | S | =E2*B3/100 | |
| 3 | 37135 | =TAGE360(A2;A3) | 160 | S | =E2+C3 | S | =B4*E3/100 | |
| 4 | 37142 | =TAGE360(A3;A4) | 54200 | H | =C4-E3 | H | | =(B5*E4)/100 |
| 5 | 37150 | =TAGE360(A4;A5) | 42050 | H | =E4+C5 | H | | =B6*E5/100 |
| 6 | 37153 | =TAGE360(A5;A6) | 53567 | S | =C6-E5 | S | =B7*E6/100 | |
| 7 | 37160 | =TAGE360(A6;A7) | 28432 | S | =E6+C7 | S | =B8*E7/100 | |
| 8 | 37163 | =TAGE360(A7;A8) | 12050 | S | =E7+C8 | S | | |
| 9 | Summe Zinszahlen | | | | | | =SUMME(G2:G8) | =SUMME(H3:H8) |
| 10 | Zinstage im Jahr | 360 | | Soll-Zinssatz | 0,12 | Soll-Zinsteiler | S | =$B$10/(D10*100) | |
| 11 | | 360 | | Haben-Zinssatz | 0,01 | Haben-Zinsteiler | H | | =$B$10/(D11*100) |
| 12 | Soll-Zinsen | | | | | S | =G9/G10 | |
| 13 | Haben-Zinsen | | | | | H | | =H9/H11 |
| 14 | Zu zahlende Zinsen | | | | | S | =G12-H13 | |
| 15 | | | | | | | | |
| 16 | | | | | | | | |
| 17 | | | | | | | | |
| 18 | | | | | | | | |

## 8. Wertpapierrechnen

Beim Handel mit Aktien ist der Kurs des Wertpapiers entscheidend. Er ist der Preis, zu dem eine Aktie an einer Börse zu einem bestimmten Zeitpunkt gehandelt wird. Bei jedem An- und Verkauf von Aktien fallen Bank-Gebühren an. Sie beziehen sich meist prozentual auf den jeweiligen Kurswert, wobei aber häufig Mindestgebühren für die Transaktion fällig werden.

> Kurswert = Kurs • Anzahl Aktien

> Gebühren = Kurswert • Provisionssatz bzw. Mindestgebühren

Zudem werden von den Kreditinstituten Maklercourtage, Transaktionskosten Börse sowie Spesen für Porto und andere Auslagen in Rechnung gestellt. Eine Gutschrift für die Dividende erfolgt gebührenfrei.

Die sogenannten Depotgebühren fallen nicht beim An- bzw. Verkauf von Aktien, sondern für deren Verwahrung an. Sie werden monatlich, vierteljährlich oder jährlich dem Depot belastet. Ihre Höhe ist von Bank zu Bank unterschiedlich und in der Regel abhängig vom Wert des Depots.

**Situationsaufgabe**
Es sollen 100 XY-Stammaktien zum aktuellen Kurs gehandelt werden:
- Gebühren beim An- und Verkauf je 1 % vom Kurswert
- Mindestbetrag 35,00 € je Transaktion.
- Bei Führung eines Online-Kontos je 0,5 % vom Kurswert
- Mindestbetrag 25,00 € je Transaktion.

| Letzter Kurs: | Veränderung: EUR +1,15 | Volumen: 20.205 Aktien |
|---|---|---|
| **EUR 240,30** | Veränderung: +0,48 % | Marktkap. total (Stamm + Vorzug): EUR 115,39 Mrd. |

a) Wie hoch ist der Gewinn unter Berücksichtigung der Gebühren, wenn 100 Aktien vor Jahren zum Kurs von 30,88 € gekauft und jetzt zum Kurs von 142 € verkauft wurden?

b) Wie hoch ist der Gewinn, wenn ein Online-Konto geführt wurde?

c) Um wie viel Euro wurde der Gewinn durch die geringeren Online-Gebühren erhöht?

|   | A | B | C | D | E | F | G | H | I | J | K | L | M | N |
|---|---|---|---|---|---|---|---|---|---|---|---|---|---|---|
| 1 | 1. | Anzahl |  | Aktien-Kauf |  |  | Einzelpreis | Gesamtpreis |  |  |  |  |  |  |
| 2 |  | 25 |  | XY AG |  |  | 150,70 € | 3.767,50 € |  |  |  |  |  |  |
| 3 |  |  |  | Gühren vom Kurswert | 1,00% |  |  | 37,68 € |  |  |  |  |  |  |
| 4 |  |  |  | Mindestgebühr |  |  | - € |  |  |  |  |  |  |  |
| 5 |  | 25 |  | Anschaffungskosten |  |  |  | 3.805,18 € |  |  |  |  |  |  |
| 6 |  |  |  |  |  |  |  |  |  |  |  |  |  |  |
| 7 |  | Anzahl |  | Aktien-Verkauf |  |  | Einzelpreis | Gesamtpreis |  |  |  |  |  |  |
| 8 |  | 25 |  | XY AG |  |  | 240,30 € | 6.007,50 € |  |  |  |  |  |  |
| 9 |  |  |  | Gühren vom Kurswert | 1,00% |  |  | 60,08 € |  |  |  |  |  |  |
| 10 |  |  |  | Mindestgebühr |  |  | - € |  |  | Gewinn |  |  |  |  |
| 11 |  | 25 |  | Verkaufserlöse |  |  |  | 5.947,42 € |  | 2.142,24 € |  |  |  |  |
| 12 |  |  |  |  |  |  |  |  |  |  |  |  |  |  |
| 13 |  |  |  |  |  |  |  |  |  |  |  |  |  |  |
| 14 |  | Anzahl |  | Aktien-Online-Kauf |  |  | Einzelpreis | Gesamtpreis |  |  |  |  |  |  |
| 15 |  | 25 |  | XY AG |  |  | 150,70 € | 3.767,50 € |  |  |  |  |  |  |
| 16 |  |  |  | Gühren vom Kurswert | 0,50% |  | 18,84 € |  |  |  |  |  |  |  |
| 17 |  |  |  | Mindestgebühr |  |  |  | 50,00 € |  |  |  |  |  |  |
| 18 |  | 25 |  | Anschaffungskosten |  |  |  | 3.817,50 € |  |  |  |  |  |  |
| 19 |  |  |  |  |  |  |  |  |  |  |  |  |  |  |
| 20 |  | Anzahl |  | Aktien-Online-Verkauf |  |  | Einzelpreis | Gesamtpreis |  |  |  |  |  |  |
| 21 |  | 25 |  | XY AG |  |  | 240,30 € | 6.007,50 € |  |  |  |  |  |  |
| 22 |  |  |  | Gühren vom Kurswert | 0,50% |  | 30,04 € |  |  |  |  |  |  |  |
| 23 |  |  |  | Mindestgebühr |  |  |  | 50,00 € |  | Gewinn |  |  |  |  |
| 24 |  | 25 |  | Verkaufserlöse |  |  |  | 5.957,50 € |  | 2.140,00 € |  |  |  |  |
| 25 |  |  |  |  |  |  |  |  |  |  |  |  |  |  |
| 26 | 2. |  |  | Gebühren-Vergleich (Differenz der Gewinne) |  |  |  |  |  | Differenz |  |  |  |  |
| 27 |  |  |  |  |  |  |  |  |  | -2,24 € |  |  |  |  |
| 28 |  |  |  |  |  |  |  |  |  |  |  |  |  |  |

B. Grundkurs: Kaufmännisches Rechnen | 9. Handelskalkulation

|   | A | B | C | D | E | F | G | H | I | J | K | L |
|---|---|---|---|---|---|---|---|---|---|---|---|---|
| 1 | 1. | Anzahl | | Aktien-Kauf | | | Einzelpreis | Gesamtpreis | | | | |
| 2 | | 25 | | XY AG | | | 150,7 | =G2*B2 | | | | |
| 3 | | | | Gühren vom Kurswert | 0,01 | | | =H2*E3 | | | | |
| 4 | | | | Mindestgebühr | | | 0 | | | | | |
| 5 | | =SUMME(B2:B4) | | Anschaffungskosten | | | | =SUMME(H2:H4) | | | | |
| 6 | | | | | | | | | | | | |
| 7 | | Anzahl | | Aktien-Verkauf | | | Einzelpreis | Gesamtpreis | | | | |
| 8 | | 25 | | XY AG | | | 240,3 | =G8*B8 | | | | |
| 9 | | | | Gühren vom Kurswert | 0,01 | | | =H8*E9 | | | | |
| 10 | | | | Mindestgebühr | | | 0 | | | Gewinn | | |
| 11 | | =SUMME(B8:B9) | | Verkaufserlöse | | | | =H8-H9 | | =H11-H5 | | |
| 12 | | | | | | | | | | | | |
| 13 | | | | | | | | | | | | |
| 14 | | Anzahl | | Aktien-Online-Kauf | | | Einzelpreis | Gesamtpreis | | | | |
| 15 | | 25 | | XY AG | | | 150,7 | =G15*B15 | | | | |
| 16 | | | | Gühren vom Kurswert | 0,005 | | =H15*E16 | | | | | |
| 17 | | | | Mindestgebühr | | | | 50 | | | | |
| 18 | | =SUMME(B15:B17) | | Anschaffungskosten | | | | =SUMME(H15:H17) | | | | |
| 19 | | | | | | | | | | | | |
| 20 | | Anzahl | | Aktien-Online-Verkauf | | | Einzelpreis | Gesamtpreis | | | | |
| 21 | | 25 | | XY AG | | | 240,3 | =G21*B21 | | | | |
| 22 | | | | Gühren vom Kurswert | 0,005 | | =H21*E22 | | | | | |
| 23 | | | | Mindestgebühr | | | | 50 | | Gewinn | | |
| 24 | | =SUMME(B21:B22) | | Verkaufserlöse | | | | =H21-H23 | | =H24-H18 | | |
| 25 | | | | | | | | | | | | |
| 26 | 2. | | | Gebühren-Vergleich (Differenz der Gewinne) | | | | | | Differenz | | |
| 27 | | | | | | | | | | =J24-J11 | | |

# 9. Handelskalkulation

## 9.1 Angebotsvergleich

In der Regel ist der Listeneinkaufspreis der Ausgangspunkt der sogenannten Bezugspreiskalkulation. Sollte dieser Preis die Umsatzsteuer enthalten, so muss sie herausgerechnet werden, weil Unternehmen vorsteuerabzugsberechtigt sind, wobei der Bruttowert zurzeit 119 % entspricht.

Das Kalkulationsschema hat folgendes Aussehen:

|   | | |
|---|---|---|
| | Listeneinkaufspreis | Wird der Preisliste des Lieferers entnommen. Achtung: Brutto oder netto |
| - | Rabatt (v. H.) | Ist abhängig von der Verhandlungsposition. |
| = | Zieleinkaufspreis | Erscheint in der Rechnung des Lieferers. |
| - | Skonto (v. H.) | Siehe Rabatt. |
| = | Bareinkaufspreis | Muss entrichtet werden, wenn das Zahlungsziel ausgenützt wird. |
| + | Bezugskosten | Erhöhen den Wert der Waren. |
| | Verpackungskosten | Gehören zu den Bezugskosten. |
| | Transportkosten | Gehören zu den Bezugskosten. |
| | Versicherungskosten | Gehören zu den Bezugskosten. |
| = | **Bezugspreis (Einstandspreis)** | Dieser Preis muss entrichtet werden, wenn die Ware im Lager angekommen ist. |

**Situationsaufgabe**

Im Hotel „Harburger Höhe" hat die Einkäuferin Antje Harms festgestellt, dass die Ausrüstung mit Bestecken zu wünschen übrig lässt. Eine Ersatzbeschaffung für mindestens 120 Personen muss vorgenommen werden. Antje hat sich für folgendes Besteck entschieden:

VIRGINIA, Edelstahl 18/10, gebürstet. 72-teilig für 12 Personen.

Antje hat mehrere Angebote für das Besteck eingeholt und zwei Anbieter ausgewählt.

Die Firma bella cucina bietet bei Abnahme von mindestens 10 Sets einen Preis von 795 € je Set. Sie gewährt Rabatt in Höhe von 7,5 % und Skonto in Höhe von 2,5 % bei Zahlung innerhalb von 10 Tagen. Die Verpackungskosten belaufen sich 12 € und die Transportkosten auf 55 € für die gesamte Bestellung.

Das TST Table-Service-Team hat folgendes Angebot unterbreitet: 798 € je Set, bei einem Rabatt von 10 % und einer Abnahme von mindestens 8 Sets. Skonto wird in Höhe von 1,5 % geboten, wenn die Rechnung innerhalb von 14 Tagen bezahlt wird. Die Bezugskosten belaufen sich auf 7,50 € je Set.

Kalkulieren Sie den Bezugspreis je Anbieter für die Gesamtbestellung.

| | A | B | C | D | E | F | G | H |
|---|---|---|---|---|---|---|---|---|
| 2 | | Angebotsvergleich | | | | | | |
| 3 | | | | | | | | |
| 4 | | Datenfeld: | | | bella cucina | | | TST |
| 5 | | | Anzahl der Sets | | 10,00 | | | 10,00 |
| 6 | | | Listeneinkaufspreis | | 795,00 € | | | 798,00 € |
| 7 | | | Rabatt | (10 Sets) | 7,50% | | (8 Sets) | 10,00% |
| 8 | | | Skonto | | 2,50% | | | 1,50% |
| 9 | | | Transportkosten | | 55,00 € | | | - € |
| 10 | | | Verpackungskosten | | 12,00 € | | | - € |
| 11 | | | sonstige Bezugskosten | | - € | | je Set | 7,50 € |
| 12 | | | | | | | | |
| 13 | | | | | | | | |
| 14 | | Kalkulation: | | | bella cucina | | | TST |
| 15 | | Listeneinkaufspreis | | | 7.950,00 € | | | 7.980,00 € |
| 16 | | ./. Rabatt | | 7,50% | 596,25 € | | 10,00% | 798,00 € |
| 17 | | = Zieleinkaufspreis | | | 7.353,75 € | | | 7.182,00 € |
| 18 | | ./. Skonto | | 2,50% | 183,84 € | | 1,50% | 107,73 € |
| 19 | | = Bareinkaufspreis | | | 7.169,91 € | | | 7.074,27 € |
| 20 | | Transportkosten | | | 55,00 € | | | - € |
| 21 | | Verpackungskosten | | | 12,00 € | | | - € |
| 22 | | Sonstige Bezugskosten | | | - € | | | 75,00 € |
| 23 | | Bezugspreis (Einstandspreis) | | | 7.236,91 € | | | 7.149,27 € |

| | B | C | D | E | F | G | H |
|---|---|---|---|---|---|---|---|
| 1 | | | | | | | |
| 2 | Angebotsvergleich | | | | | | |
| 3 | | | | | | | |
| 4 | Datenfeld: | | | bella cucina | | | TST |
| 5 | | Anzahl der Sets | | 10 | | | =E5 |
| 6 | | Listeneinkaufspreis | | 795 | | | 798 |
| 7 | | Rabatt | (10 Sets) | 0,075 | | (8 Sets) | 0,1 |
| 8 | | Skonto | | 0,025 | | | 0,015 |
| 9 | | Transportkosten | | 55 | | | 0 |
| 10 | | Verpackungskosten | | 12 | | | 0 |
| 11 | | sonstige Bezugskost | | 0 | | je Set | 7,5 |
| 12 | | | | | | | |
| 13 | | | | | | | |
| 14 | Kalkulation | | | bella cucina | | | TST |
| 15 | Listeneinkaufspreis | | | =E6*E5 | | | =H6*H5 |
| 16 | ./. Rabatt | | =E7 | =E15*D16 | | =H7 | =H15*G16 |
| 17 | = Zieleinkaufspreis | | | =E15-E16 | | | =H15-H16 |
| 18 | ./. Skonto | | =E8 | =E17*D18 | | =H8 | =H17*G18 |
| 19 | = Bareinkaufspreis | | | =E17-E18 | | | =H17-H18 |
| 20 | Transportkosten | | | =E9 | | | =H9 |
| 21 | Verpackungskosten | | | =E10 | | | =H10 |
| 22 | Sonstige Bezugskosten | | | =E11 | | | =H11*H5 |
| 23 | Bezugspreis (Einstandspreis) | | | =SUMME(E19:E22) | | | =SUMME(H19:H22) |

## 9.2 Vorwärtskalkulation

Je nachdem, ob der Beschaffungs- oder Absatzmarkt im Blickpunkt steht, ist das Kalkulationsschema für eine Bezugs- oder eine Absatzkalkulation anzuwenden.

Die Absatzkalkulation kann in Form der Vorwärts-, Rückwärts- oder Differenzkalkulation je nach Situation durchgeführt werden. Zweck der Vorwärtskalkulation ist es, den Listenverkaufspreis für ein Erzeugnis bei gegebenem Einstandspreis zu ermitteln. Es gilt das folgende Kalkulationsschema:

|   | |
|---|---|
|   | Einstandspreis (= Bezugspreis) |
| + | Handlungskosten (v. H.) |
| = | Selbstkosten |
| + | Gewinn (v. H.) |
| = | Barverkaufspreis |
| + | Kundenskonto (i. H.) |
| = | Zielverkaufspreis |
| + | Kundenrabatt (i. H.) |
| = | **Listenverkaufspreis (= Netto-Verkaufspreis)** |
| + | Umsatzsteuer (v. H.) |
| = | Brutto-Verkaufspreis |

### MERKE

Die Umsatzsteuer muss bei Verkäufen unter Händlern nicht berücksichtigt werden, da sie für Unternehmen ein durchlaufender Posten ist. Sie ist ausschließlich vom Endverbraucher zu tragen und muss somit nur bei den Einzelhandelskalkulationen zum Ansatz kommen.

---

Unter „Handlungskosten" sind die anteiligen Gemeinkosten zu verstehen. Hierzu zählen u. a. Personal-, Raum-, Werbe-, Energie- und Verwaltungskosten, Abschreibungen, Zinsen, Versicherungsprämien und Provisionen. Häufig wird mit einem Handlungskostensatz kalkuliert. Er ist so definiert:

$$\text{Handlungskostensatz} = \frac{\text{Handlungsgemeinkosten} \cdot 100}{\text{Umsatz zu Einstandspreisen}}$$

Der Umsatz zu Einstandspreisen muss sich nicht unbedingt auf das vergangene Geschäftsjahr beziehen, sondern kürzere bzw. aktuellere Zeiträume könnten hierfür angebrachter sein, um eine zeitnahe Kalkulation zu erhalten. Die Handlungskosten werden dann wie folgt ermittelt:

$$\text{Handlungskosten} = \text{Handlungskostensatz} \cdot \text{Einstandspreis}$$

Solange sich der Handlungskostensatz und die anderen Bestandteile des Kalkulationsschemas – wie Gewinnzuschlag, Skonto, Rabatt – in ihrem Prozentsatz nicht verändert werden, kann mit einem **Kalkulationszuschlag** gearbeitet werden, der ermöglicht, dass sofort vom Einstandspreis auf den Listenverkaufspreis geschlossen werden kann.

$$\text{Kalkulationszuschlag} = \frac{(\text{Listenverkaufspreis} - \text{Einstandspreis}) \cdot 100}{\text{Einstandspreis}}$$

Dieser Kalkulationszuschlag hat dann für alle Erzeugnisse des Sortiments Gültigkeit. Unser Kalkulationsschema würde sich dann so verkürzen:

```
    Einstandspreis
+   Kalkulationszuschlag
=   Listenverkaufspreis
```

Anstatt des Kalkulationszuschlages könnte genauso mit einem Kalkulationsfaktor gearbeitet werden:

$$\text{Kalkulationsfaktor} = \frac{\text{Listenverkaufspreis}}{\text{Einstandspreis}}$$

Daraus ergibt sich:

$$\text{Listenverkaufspreis} = \text{Einstandspreis} \cdot \text{Kalkulationsfaktor}$$

**Situationsaufgabe**
Es liegen die folgenden Daten vor:

Handlungsgemeinkosten  500.000 €
Umsatz zu Einstandspreisen  2.500.000 €

|  | Artikel A | Artikel B | Artikel C |
| --- | --- | --- | --- |
| Einstandspreis | 480 € | 520 € | 640 € |
| Gewinnzuschlag | 30 % | 25 % | 20 % |
| Skonto | 3 % | 3 % | 3 % |
| Rabatt | 25 % | 25 % | 25 % |

a) Wie hoch ist der Handlungskostensatz?
b) Die Netto-Verkaufspreise für die drei Erzeugnisse sind zu kalkulieren.

## B. Grundkurs: Kaufmännisches Rechnen | 9. Handelskalkulation

|   | A | B | C | D | E | F | G | H | I | J | K |
|---|---|---|---|---|---|---|---|---|---|---|---|
| 1 |   |   |   |   |   |   |   |   |   |   |   |
| 2 |   |   |   |   |   |   |   |   |   |   |   |
| 3 |   | Datenfeld |   |   | Artikel A |   |   | Artikel B |   |   | Artikel C |
| 4 |   | Einstandspreis |   |   | 480,00 € |   |   | 520,00 € |   |   | 640,00 € |
| 5 |   | Gewinnzuschlag | 30% |   |   | 25% |   |   | 20% |   |   |
| 6 |   | Kundenskonto | 3% |   |   | 3% |   |   | 3% |   |   |
| 7 |   | Kundenrabatt | 25% |   |   | 25% |   |   | 25% |   |   |
| 8 |   |   |   |   |   |   |   |   |   |   |   |
| 9 |   | Handlungsgemeinkosten |   |   | 500.000,00 € |   |   |   |   |   |   |
| 10 |   | Umsatz zu Einstandspreisen |   |   | 2.500.000,00 € |   |   |   |   |   |   |
| 11 |   |   |   |   |   |   |   |   |   |   |   |
| 12 |   |   |   |   |   |   |   |   |   |   |   |
| 13 | 1. | Handlungskostensatz |   |   | 20% |   |   |   |   |   |   |
| 14 |   |   |   |   |   |   |   |   |   |   |   |
| 15 |   |   |   |   |   |   |   |   |   |   |   |
| 16 | 2. | Vorwärtskalkulation |   |   | Artikel A |   |   | Artikel B |   |   | Artikel C |
| 17 |   | Einstandspreis |   |   | 480,00 € |   |   | 520,00 € |   |   | 640,00 € |
| 18 |   | Handlungskosten | 20% |   | 96,00 € | 20% |   | 104,00 € | 20% |   | 128,00 € |
| 19 |   | Selbstkosten |   |   | 576,00 € |   |   | 624,00 € |   |   | 768,00 € |
| 20 |   | Gewinn | 30% |   | 172,80 € | 25% |   | 156,00 € | 20% |   | 153,60 € |
| 21 |   | Barverkaufspreis |   | 97% | 748,80 € |   | 97% | 780,00 € |   | 97% | 921,60 € |
| 22 |   | Kundenskonto | 3% |   | 23,16 € | 3% |   | 24,12 € | 3% |   | 28,50 € |
| 23 |   | Zielverkaufspreis |   | 75% | 771,96 € |   | 75% | 804,12 € |   | 75% | 950,10 € |
| 24 |   | Kundenrabatt | 25% |   | 257,32 € | 25% |   | 268,04 € | 25% |   | 316,70 € |
| 25 |   | Listenverkaufspreis |   |   | 1.029,28 € |   |   | 1.072,16 € |   |   | 1.266,80 € |

|   | A | B | C | D | E | F | G | H | I | J | K |
|---|---|---|---|---|---|---|---|---|---|---|---|
| 1 |   |   |   |   |   |   |   |   |   |   |   |
| 2 |   |   |   |   |   |   |   |   |   |   |   |
| 3 |   | Datenfeld |   |   | Artikel A |   |   | Artikel B |   |   | Artikel C |
| 4 |   | Einstandspreis |   |   | 480 |   |   | 520 |   |   | 640 |
| 5 |   | Gewinnzuschlag | 0,3 |   |   | 0,25 |   |   | 0,2 |   |   |
| 6 |   | Kundenskonto | 0,03 |   |   | 0,03 |   |   | 0,03 |   |   |
| 7 |   | Kundenrabatt | 0,25 |   |   | 0,25 |   |   | 0,25 |   |   |
| 8 |   |   |   |   |   |   |   |   |   |   |   |
| 9 |   | Handlungsgemeinkosten |   |   | 500000 |   |   |   |   |   |   |
| 10 |   | Umsatz zu Einstandspreisen |   |   | 2500000 |   |   |   |   |   |   |
| 11 |   |   |   |   |   |   |   |   |   |   |   |
| 12 |   |   |   |   |   |   |   |   |   |   |   |
| 13 | 1. | Handlungskostensatz |   |   | =E9/E10 |   |   |   |   |   |   |
| 14 |   |   |   |   |   |   |   |   |   |   |   |
| 15 |   |   |   |   |   |   |   |   |   |   |   |
| 16 | 2. | Vorwärtskalkulation |   |   | Artikel A |   |   | Artikel B |   |   | Artikel C |
| 17 |   | Einstandspreis |   |   | =E4 |   |   | =H4 |   |   | =K4 |
| 18 |   | Handlungskosten | =E13 |   | =E17*C18 | =E13 |   | =H17*F18 | =E13 |   | =K17*I18 |
| 19 |   | Selbstkosten |   |   | =SUMME(E17:E18) |   |   | =SUMME(H17:H18) |   |   | =SUMME(K17:K18) |
| 20 |   | Gewinn | =C5 |   | =E19*C20 | =F5 |   | =H19*F20 | =I5 |   | =K19*I20 |
| 21 |   | Barverkaufspreis |   | 0,97 | =SUMME(E19:E20) |   | 0,97 | =SUMME(H19:H20) |   | 0,97 | =SUMME(K19:K20) |
| 22 |   | Kundenskonto | =C6 |   | =E21/D21*C22 | =F6 |   | =H21/G21*F22 | =I6 |   | =K21/J21*I22 |
| 23 |   | Zielverkaufspreis |   | 0,75 | =SUMME(E21:E22) |   | 0,75 | =SUMME(H21:H22) |   | 0,75 | =SUMME(K21:K22) |
| 24 |   | Kundenrabatt | =C7 |   | =E23/D23*C24 | =F7 |   | =H23/G23*F24 | =I7 |   | =K23/J23*I24 |
| 25 |   | Listenverkaufspreis |   |   | =SUMME(E23:E24) |   |   | =SUMME(H23:H24) |   |   | =SUMME(K23:K24) |

## 9.3 Rückwärtskalkulation

Wenn der Listenverkaufspreis vom Hersteller oder Großhändler festgesetzt wird, muss der Händler mithilfe einer retrograden Kalkulation (= Rückwärtskalkulation) errechnen, welchen Einstandspreis er höchstens akzeptieren kann, um auf seine Kosten zu kommen.

Auch bei der Rückwärtskalkulation muss bedacht werden, dass ein und dieselben Werte – je nach Kalkulationsstufe – für unterschiedliche Prozentsätze als Basis gelten. Das retrograde Kalkulationsschema hat dieses Aussehen:

```
    Listenverkaufspreis (= Nettoverkaufspreis)
  - Kundenrabatt (v. H.)
  = Zielverkaufspreis
  - Kundenskonto (v. H.)
  = Barverkaufspreis
  - Gewinn (a. H.)
  = Selbstkosten
  - Handlungskosten (a. H.)
  = Einstandspreis (= Bezugspreis)
  - Bezugskosten
  = Bareinkaufspreis
  + Lieferskonto (i. H.)
  = Zieleinkaufspreis
  + Lieferrabatt (i. H.)
  = Listeneinkaufspreis
```

Ähnlich wie beim Kalkulationszuschlag kann mithilfe der **Handelsspanne** sofort in einem Abschlag vom Listenverkaufspreis auf den akzeptablen Einstandspreis geschlossen werden. Die Handelsspanne wird auch als **Wiederverkäuferrabatt** bezeichnet.

$$\text{Handelsspanne} = \frac{(\text{Listenverkaufspreis} - \text{Einstandspreis}) \cdot 100}{\text{Listenverkaufpreis}}$$

Die Handelsspanne verkürzt das Kalkulationsschema in dieser Weise:

```
    Listenverkaufspreis
  - Handelsspanne
  = Einstandspreis
```

### Situationsaufgabe
Ein Einzelhändler kalkuliert. Es liegen die folgenden Daten vor:

| Rückwärtskalkulation | Artikel A | | | Artikel B | | | Artikel C | | |
|---|---|---|---|---|---|---|---|---|---|
| Brutto-Verkaufspreis | 119 % | | 1.231,03 € | 119 % | | 1.333,62 € | 119 % | | 1.436,21 € |
| - Umsatzsteuer | 19 % | | | 19 % | | | 19 % | | |
| = Netto-Verkaufspreis | 100 % | 100 % | | 100 % | 100 % | | 100 % | 100 % | |
| - Kundenrabatt | | 10 % | | | 15 % | | | 20 % | |
| = Zielverkaufspreis | 100 % | 90 % | | 100 % | 85 % | | 100 % | 80 % | |
| - Kundenskonto | 3 % | | | 2 % | | | 2 % | | |
| = Barverkaufspreis | 97 % | 125 % | | 98 % | 120 % | | 98 % | 115 % | |
| - Gewinn | | 25 % | | | 20 % | | | 15 % | |
| = Selbstkosten | 170 % | 100 % | | 150 % | 100 % | | 160 % | 100 % | |
| - Handlungskosten | 70 % | | | 50 % | | | 60 % | | |

## B. Grundkurs: Kaufmännisches Rechnen | 9. Handelskalkulation

| Rückwärtskalkulation | Artikel A | | Artikel B | | Artikel C | |
|---|---|---|---|---|---|---|
| = Einstandspreis | 100 % | | 100 % | | 100 % | |
| - Bezugskosten | | 12,00 € | | 14,00 € | | 15,00 € |
| = Bareinkaufspreis | 97 % | | 97 % | | 97 % | |
| + Lieferskonto | 3 % | | 3 % | | 3 % | |
| = Zieleinkaufspreis | 100 % | 90 % | | 90 % | | 90 % |
| + Lieferrabatt | | 10 % | | 10 % | | 10 % |
| = Listeneinkaufspreis | | 100 % | | 100 % | | 100 % |

Wie hoch sind die Listeneinkaufspreise?

| | A | B | C | D | E | F | G | H | I | J | K |
|---|---|---|---|---|---|---|---|---|---|---|---|
| 1 | | | | | | | | | | | |
| 2 | | Rückwärtskalkulation | | | Artikel A | | | Artikel B | | | Artikel C |
| 3 | | Brutto-Verkaufspreis | 119% | | 1.231,03 € | 119% | | 1.333,62 € | 119% | | 1.436,21 € |
| 4 | - | Umsatzsteuer | 19% | | 196,55 € | 19% | | 212,93 € | 19% | | 229,31 € |
| 5 | = | Netto-Verkaufspreis | 100% | 100% | 1.034,48 € | 100% | 100% | 1.120,69 € | 100% | 100% | 1.206,90 € |
| 6 | - | Kundenrabatt | | 10% | 103,45 € | | 15% | 168,10 € | | 20% | 241,38 € |
| 7 | = | Zielverkaufspreis | 100% | 90% | 931,03 € | 100% | 85% | 952,59 € | 100% | 80% | 965,52 € |
| 8 | - | Kundenskonto | 3% | | 27,93 € | 2% | | 19,05 € | 2% | | 19,31 € |
| 9 | = | Barverkaufspreis | 97% | 100% | 903,10 € | 98% | 100% | 933,54 € | 98% | 100% | 946,21 € |
| 10 | - | Gewinn | | 25% | 180,62 € | | 20% | 155,59 € | | 15% | 123,42 € |
| 11 | = | Selbstkosten | 170% | 125% | 722,48 € | 150% | 120% | 777,95 € | 160% | 115% | 822,79 € |
| 12 | - | Handlungskosten | 70% | | 297,49 € | 50% | | 259,32 € | 60% | | 308,55 € |
| 13 | = | Einstandspreis | 100% | | 424,99 € | 100% | | 518,63 € | 100% | | 514,24 € |
| 14 | - | Bezugskosten | | | 12,00 € | | | 14,00 € | | | 15,00 € |
| 15 | = | Bareinkaufspreis | 97% | | 412,99 € | 97% | | 504,63 € | 97% | | 499,24 € |
| 16 | + | Lieferskonto | 3% | | 12,77 € | 3% | | 15,61 € | 3% | | 15,44 € |
| 17 | = | Zieleinkaufspreis | 100% | 90% | 425,76 € | 100% | 90% | 520,24 € | 100% | 90% | 514,68 € |
| 18 | + | Lieferrabatt | | 10% | 47,31 € | | 10% | 57,80 € | | 10% | 57,19 € |
| 19 | = | Listeneinkaufspreis | | 100% | 473,07 € | | 100% | 578,04 € | | 100% | 571,87 € |

| | A | B | C | D | E | F | G | H | I | J | K |
|---|---|---|---|---|---|---|---|---|---|---|---|
| 1 | | | | | | | | | | | |
| 2 | | Rückwärtskalkulation | | | Artikel A | | | Artikel B | | | Artikel C |
| 3 | | Brutto-Verkaufspreis | 1,19 | | 1231,03 | 1,19 | | 1333,62 | 1,19 | | 1436,21 |
| 4 | - | Umsatzsteuer | 0,19 | | =E3/C3*C4 | 0,19 | | =H3/F3*F4 | 0,19 | | =K3/I3*I4 |
| 5 | = | Netto-Verkaufspreis | =C3-C4 | 1 | =E3-E4 | =F3-F4 | 1 | =H3-H4 | =I3-I4 | 1 | =K3-K4 |
| 6 | - | Kundenrabatt | | 0,1 | =E5*D6 | | 0,15 | =H5*G6 | | 0,2 | =K5*J6 |
| 7 | = | Zielverkaufspreis | 1 | =C5-D6 | =E5-E6 | 1 | =G5-G6 | =H5-H6 | 1 | =J5-J6 | =K5-K6 |
| 8 | - | Kundenskonto | 0,03 | | =E7*C8 | 0,02 | | =H7*F8 | 0,02 | | =K7*I8 |
| 9 | = | Barverkaufspreis | =C7-C8 | 1 | =E7-E8 | =F7-F8 | 1 | =H7-H8 | =I7-I8 | 1 | =K7-K8 |
| 10 | - | Gewinn | | 0,25 | =E9/D11*D10 | | 0,2 | =H9/G11*G10 | | 0,15 | =K9/J11*J10 |
| 11 | = | Selbstkosten | =C13+C12 | =D9+D10 | =E9-E10 | =F13+F12 | =G9+G10 | =H9-H10 | =I13+I12 | =J9+J10 | =K9-K10 |
| 12 | - | Handlungskosten | 0,7 | | =E11/C11*C12 | 0,5 | | =H11/F11*F12 | 0,6 | | =K11/I11*I12 |
| 13 | = | Einstandspreis | 1 | | =E11-E12 | 1 | | =H11-H12 | 1 | | =K11-K12 |
| 14 | - | Bezugskosten | | | 12 | | | 14 | | | 15 |
| 15 | = | Bareinkaufspreis | =C17-C16 | | =E13-E14 | =F17-F16 | | =H13-H14 | =I17-I16 | | =K13-K14 |
| 16 | + | Lieferskonto | 0,03 | | =E15/C15*C16 | 0,03 | | =H15/F15*F16 | 0,03 | | =K15/I15*I16 |
| 17 | = | Zieleinkaufspreis | 1 | =D19-D18 | =SUMME(E15:E16) | 1 | =G19-G18 | =SUMME(H15:H16) | 1 | =J19-J18 | =SUMME(K15:K16) |
| 18 | + | Lieferrabatt | | 0,1 | =E17/D17*D18 | | 0,1 | =H17/G17*G18 | | 0,1 | =K17/J17*J18 |
| 19 | = | Listeneinkaufspreis | | 1 | =SUMME(E17:E18) | | 1 | =SUMME(H17:H18) | | 1 | =SUMME(K17:K18) |

## 9.4 Differenzkalkulation

Es ist im Handel durchaus üblich, dass der Händler weder den Einkaufs- noch den Verkaufspreis beeinflussen kann. Ebenso sind die Lieferungs- und Zahlungsbedingungen nicht veränderbar. Ihm bleibt somit nur – mithilfe der **Differenzkalkulation** – zu überprüfen, ob die Gewinnspanne für ein bestimmtes Produkt ausreicht und seinen Vorstellungen entspricht. Das Schema der Differenzkalkulation sieht nicht anders als das der Vorwärtskalkulation aus. Nur in diesem Fall wird vom Listeneinkaufspreis auf die Selbstkosten geschlossen und gleichzeitig vom Listen- auf den Barverkaufspreis, um den Gewinn zu ermitteln, der sich als Differenz ergibt.

|   | Barverkaufspreis |
|---|---|
| - | Selbstkosten |
| = | **Gewinn** |

Mit dem Differenzkalkulationsverfahren kann also der tatsächliche Gewinn und der Gewinnzuschlag errechnet und somit die Frage beantwortet werden, ob sich die Aufnahme eines Artikels ins Sortiment überhaupt lohnt. Um den tatsächlichen Gewinnzuschlag zu ermitteln, muss der Gewinn auf die Selbstkosten bezogen werden:

$$\text{Gewinnzuschlag} = \frac{\text{Gewinn} \cdot 100}{\text{Selbstkosten}}$$

### Situationsaufgabe
Ein Einzelhändler kalkuliert seinen Gewinn. Es liegen die folgenden Daten vor:

| Kalkulationsdaten | Artikel A | | Artikel B | | Artikel C | |
|---|---|---|---|---|---|---|
| Einstandspreis |  | 698,00 € |  | 798,00 € |  | 898,00 € |
| Handlungskosten | 20,00 % |  | 20,00 % |  | 20,00 % |  |
| Selbstkosten |  |  |  |  |  |  |
| Gewinn |  |  |  |  |  |  |
| Barverkaufspreis |  |  |  |  |  |  |
| Kundenskonto | 3,00 % |  | 3,00 % |  | 3,00 % |  |
| Zielverkaufspreis |  |  |  |  |  |  |
| Kundenrabatt | 25,00 % |  | 25,00 % |  | 25,00 % |  |
| Netto-Verkaufspreis |  |  |  |  |  |  |
| Umsatzsteuer | 19,00 % |  | 19,00 % |  | 19,00 % |  |
| Brutto-Verkaufspreis |  | 1.844,50 € |  | 2.049,67 € |  | 2.049,67 € |

Wie hoch sind der prozentuale und der absolute Gewinn?

## B. Grundkurs: Kaufmännisches Rechnen | 9. Handelskalkulation

| | A | B | C | D | E | F | G | H | I | J |
|---|---|---|---|---|---|---|---|---|---|---|
| 1 | | | | | | | | | | |
| 2 | Differenzkalkulation | | | Artikel A | | | Artikel B | | | Artikel C |
| 3 | Einstandspreis | 100% | | 698,00 € | 100% | | 798,00 € | 100% | | 898,00 € |
| 4 | Handlungskosten | 20% | | 139,60 € | 20% | | 159,60 € | 20% | | 179,60 € |
| 5 | Selbstkosten | 120% | 100% | 837,60 € | 120% | 100% | 957,60 € | 120% | 100% | 1.077,60 € |
| 6 | | | | | | | | | | |
| 7 | | | | | | | | | | |
| 8 | Gewinn | | 35% | 290,02 € | | 31% | 295,46 € | | 16% | 175,46 € |
| 9 | | | | | | | | | | |
| 10 | | | | | | | | | | |
| 11 | Barverkaufspreis | 100% | | 1.127,62 € | 97% | | 1.253,06 € | 97% | | 1.253,06 € |
| 12 | Kundenskonto | 3% | | 34,88 € | 3% | | 38,75 € | 3% | | 38,75 € |
| 13 | Zielverkaufspreis | 100% | 75% | 1.162,50 € | 100% | 75% | 1.291,81 € | 100% | 75% | 1.291,81 € |
| 14 | Kundenrabatt | | 25% | 387,50 € | | 25% | 430,60 € | | 25% | 430,60 € |
| 15 | Netto-Verkaufspreis | 100% | 100% | 1.550,00 € | 100% | 100% | 1.722,41 € | 100% | 100% | 1.722,41 € |
| 16 | Umsatzsteuer | 19% | | 294,50 € | 19% | | 327,26 € | 19% | | 327,26 € |
| 17 | Brutto-Verkaufspreis | 119% | | 1.844,50 € | 119% | | 2.049,67 € | 119% | | 2.049,67 € |

| | A | B | C | D | E | F | G | H | I | J |
|---|---|---|---|---|---|---|---|---|---|---|
| 1 | | | | | | | | | | |
| 2 | Differenzkalkulation | | | Artikel A | | | Artikel B | | | Artikel C |
| 3 | Einstandspreis | 1 | | 698 | 1 | | 798 | 1 | | 898 |
| 4 | Handlungskosten | 0,2 | | =D3*B4 | 0,2 | | =G3*E4 | 0,2 | | =J3*20% |
| 5 | Selbstkosten | =B3+B4 | 1 | =SUMME(D3:D4) | =E3+E4 | 1 | =SUMME(G3:G4) | =H3+H4 | 1 | =SUMME(J3:J4) |
| 6 | | | | | | | | | | |
| 7 | | | | | | | | | | |
| 8 | Gewinn | | =D8/D5 | =D11-D5 | | =G8/G5 | =G11-G5 | | =J8/J5 | =J11-J5 |
| 9 | | | | | | | | | | |
| 10 | | | | | | | | | | |
| 11 | Barverkaufspreis | =B13-B12% | | =D13-D12 | =E13-E12 | | =G13-G12 | =H13-H12 | | =J13-J12 |
| 12 | Kundenskonto | 0,03 | | =D13*B12 | 0,03 | | =G13*B12 | 0,03 | | =J13*H12 |
| 13 | Zielverkaufspreis | 1 | =C15-C14 | =D15-D14 | 1 | =F15-F14 | =G15-G14 | 1 | =I15-I14 | =J15-J14 |
| 14 | Kundenrabatt | | 0,25 | =D15*C14 | | 0,25 | =G15*F14 | | 0,25 | =J15*I14 |
| 15 | Netto-Verkaufspreis | =B17-B16 | 1 | =D17-D16 | =E17-E16 | 1 | =G17-G16 | =H17-H16 | 1 | =J17-J16 |
| 16 | Umsatzsteuer | 0,19 | | =D17/B17*B16 | 0,19 | | =G17/E17*E16 | 0,19 | | =J17/H17*H16 |
| 17 | Brutto-Verkaufspreis | 1,19 | | 1844,5 | 1,19 | | 2049,67 | 1,19 | | 2049,67 |

# C. Kosten- und Leistungsrechnung in der Industrie

## 1. Divisionskalkulation

### 1.1 Einstufige Divisionskalkulation

Je nach industriellem Fertigungsverfahren sind unterschiedliche Kalkulationsverfahren zur Ermittlung der Selbstkosten eines Produktes gefordert.

| Fertigungsverfahren | Kalkulationsverfahren |
|---|---|
| Einheitliche Massenfertigung | Divisionskalkulation |
| Sortenfertigung | Äquivalenzziffernkalkulation |
| Kuppelproduktion | Kuppelkalkulation |
| Einzel- und Sortenfertigung (lohnintensiv) | Differenzierte Zuschlagskalkulation |
| Einzel- und Sortenfertigung (kapitalintensiv) | Maschinenstundensatzrechnung |

Für Einproduktunternehmen ist die Divisionskalkulation das einfachste Verfahren zur sachgerechten Ermittlung der Stückkosten. Solange keine Bestandsveränderungen für Halb- und Fertigfabrikate zu berücksichtigen sind, also die Produktions- den Absatzmengen im Abrechnungszeitraum entsprechen, bietet sich die **summarische einstufige Divisionskalkulation** an.

$$\text{Selbstkosten je Stück} = \frac{\text{Gesamtkosten}}{\text{Produktionsmenge}}$$

Anstatt der summarischen einstufigen Divisionskalkulation wäre auch eine **differenzierte Rechnung** möglich. Dann würden nicht die Gesamtkosten durch die Ausbringungsmenge dividiert, sondern die Stückkosten würden für einzelne Kostengruppen ermittelt werden. Am Ergebnis – der Höhe der Selbstkosten je Stück – ändert sich nichts durch die Anwendung der differenzierten Kalkulation. Aber der Vorteil dieses Verfahrens liegt darin, dass es nicht nur für Kalkulationszwecke, sondern auch zur Kontrolle eingesetzt werden kann.

$$\text{Materialkosten je Stück} = \frac{\text{Materialkosten}}{\text{Produktionsmenge}}$$

$$\text{Personalkosten je Stück} = \frac{\text{Personalkosten}}{\text{Produktionsmenge}}$$

$$\text{Sonstige Kosten je Stück} = \frac{\text{Sonstige Kosten}}{\text{Produktionsmenge}}$$

Für die Ermittlung der Selbstkosten je Stück gilt:

|   | |
|---|---|
|   | Materialkosten je Stück |
| + | Personalkosten je Stück |
| + | Sonstige Kosten je Stück |
| = | **Selbstkosten je Stück** |

**Situationsaufgabe**

Ein Unternehmen der Getränkebranche stellt im ersten Jahr seiner Geschäftstätigkeit von einem Soft-Drink 20 Mio. Trinkpäckchen her. Die Gesamtkosten betragen 5.600.000 €; davon Materialkosten: 2.400.000 €, Personalkosten: 1.200.000 € und sonstige Kosten: 2.000.000 €. Ein Lagerbestand ist nicht vorhanden.

a) Wie hoch sind die summarisch berechneten Selbstkosten je Stück?
b) Ermitteln Sie nun mithilfe der differenzierten einstufigen Divisionskalkulation die Selbstkosten je Stück.

## C. Kosten- und Leistungsrechnung in der Industrie | 1. Divisionskalkulation

| | A | B | C | D | E |
|---|---|---|---|---|---|
| 1 | | | | | |
| 2 | | | | | |
| 3 | 1. | Gesamtkosten | Produktionsmenge | | |
| 4 | | 5.600.000,00 € | 20.000.000 | | |
| 5 | | | | | |
| 6 | | | | Selbstkosten je Stück | |
| 7 | | Gesamtkosten | 5.600.000,00 € | | |
| 8 | | Produktionsmenge | 20.000.000 | 0,28 € | |
| 9 | | | | | |
| 10 | | | | | |
| 11 | | | | | |
| 12 | 2. | Materialkosten | Personalkosten | Sonstige Kosten | |
| 13 | | 2.400.000,00 € | 1.200.000,00 € | 2.000.000,00 € | |
| 14 | | | | | |
| 15 | | | | Anteilige | |
| 16 | | | | Selbstkosten je Stück | |
| 17 | | Materialkosten | 2.400.000,00 € | | |
| 18 | | Produktionsmenge | 20.000.000 | 0,12 € | |
| 19 | | | | | |
| 20 | | Personalkosten | 1.200.000,00 € | | |
| 21 | | Produktionsmenge | 20.000.000 | 0,06 € | |
| 22 | | | | | |
| 23 | | Sonstige Kosten | 2.000.000,00 € | | |
| 24 | | Produktionsmenge | 20.000.000 | 0,10 € | |
| 25 | | | | | |
| 26 | | Selbstkosten je Stück | | 0,28 € | |
| 27 | | | | | |

| | A | B | C | D |
|---|---|---|---|---|
| 1 | | | | |
| 2 | | | | |
| 3 | 1. | Gesamtkosten | Produktionsmenge | |
| 4 | | 5600000 | 20000000 | |
| 5 | | | | |
| 6 | | | | Selbstkosten je Stück |
| 7 | | Gesamtkosten | =B4 | |
| 8 | | Produktionsmenge | =C4 | =C7/C8 |
| 9 | | | | |
| 10 | | | | |
| 11 | | | | |
| 12 | 2. | Materialkosten | Personalkosten | Sonstige Kosten |
| 13 | | 2400000 | 1200000 | 2000000 |
| 14 | | | | |
| 15 | | | | Anteilige |
| 16 | | | | Selbstkosten je Stück |
| 17 | | Materialkosten | =B13 | |
| 18 | | Produktionsmenge | =C4 | =C17/C18 |
| 19 | | | | |
| 20 | | Personalkosten | =C13 | |
| 21 | | Produktionsmenge | =C4 | =C20/C21 |
| 22 | | | | |
| 23 | | Sonstige Kosten | =D13 | |
| 24 | | Produktionsmenge | =C4 | =C23/C24 |
| 25 | | | | |
| 26 | | Selbstkosten je Stück | | =SUMME(D18:D25) |
| 27 | | | | |

## 1.2 Mehrstufige Divisionskalkulation

In der mehrstufigen Divisionskalkulation wird die Forderung berücksichtigt, dass die Vertriebskosten und deren anteilige Verwaltungskosten nur für die abgesetzte Menge berechnet werden sollen. Eine möglichst verursachungsgerechte Aufteilung der Verwaltungskosten ist vorzunehmen. Die nicht-vertriebsbezogenen Kosten der Verwaltung haben, wie die Herstellkosten, die Produktions- und nicht die Absatzmenge zur Basis. Die Herstellkosten setzen sich wie folgt zusammen:

Materialkosten + Fertigungskosten = Herstellkosten

$$\text{Herstellkosten je Stück} = \frac{\text{Herstellkosten}}{\text{Produktionsmenge}}$$

$$\text{Verwaltungskosten-Vertriebsbereich je Stück} = \frac{\text{Verwaltungskosten-Vertriebsbereich}}{\text{Produktionsmenge}}$$

$$\text{Verwaltungskosten-Nicht-Vertriebsbereich je Stück} = \frac{\text{Verwaltungskosten-Nicht-Vertriebsbereich}}{\text{Produktionsmenge}}$$

$$\text{Verwaltungskosten je Stück} = \frac{\text{Vertriebskosten}}{\text{Absatzmenge}}$$

Es gilt für die Ermittlung der Selbstkosten je Stück:

|   | |
|---|---|
|   | Herstellkosten je Stück |
| + | Verwaltungskosten-Vertriebsbereich je Stück |
| + | Verwaltungskosten-Nicht-Vertriebsbereich je Stück |
| + | Vertriebskosten je Stück |
| = | **Selbstkosten je Stück** |

Sind Netto-Verkaufspreise zu kalkulieren, so müssen lediglich die Selbstkosten mit einem Gewinnzuschlag belegt werden. Das Kalkulationsschema wird demnach in dieser Weise erweitert:

|   | |
|---|---|
|   | Selbstkosten je Stück |
| + | Gewinnzuschlag |
| = | **Netto-Verkaufspreis** |

### Situationsaufgabe

Ein Unternehmen der Getränkebranche stellt im ersten Jahr seiner Geschäftstätigkeit von einem Energy-Drink 20 Mio. Trinkpäckchen her. Im zweiten Jahr wird die Produktion auf 25 Mio. Stück gesteigert; Mehrbestand am Lager: 1 Mio. Einheiten. Die Kostensituation stellt sich wie folgt dar:

| | |
|---|---|
| Herstellkosten | 5.000.000 € |
| Verwaltungskosten/Vertriebsbereich | 480.000 € |
| Verwaltungskosten/Nicht-Vertriebsbereich | 500.000 € |
| Vertriebskosten | 720.000 € |
| Gesamtkosten | 6.700.000 € |

Ermitteln Sie die Selbstkosten je Stück.

## C. Kosten- und Leistungsrechnung in der Industrie | 1. Divisionskalkulation

| | A | B | C | D | E | F | G | H | I |
|---|---|---|---|---|---|---|---|---|---|
| 1 | | | | | | | | | |
| 2 | Herstellkosten | 5.000.000,00 € | | | | | | | |
| 3 | Verwaltungskosten/Vertriebsbereich | 480.000,00 € | | | | | | | |
| 4 | Verwaltungskosten/Nicht-Vertriebsbereich | 500.000,00 € | | | | | | | |
| 5 | Vertiebskosten | 720.000,00 € | | | | | | | |
| 6 | | | | | | | | | |
| 7 | Produktionsmenge | 25.000.000 | | | | | | | |
| 8 | Absatzmenge | 24.000.000 | | | | | | | |
| 9 | | | | | | | | | |
| 10 | | | | | | | | | |
| 11 | | | Anteilige Selbst- | | | | | | |
| 12 | | | kosten je Stück | | | | | | |
| 13 | Herstellkosten | 5.000.000,00 € | | | | | | | |
| 14 | Produktionsmenge | 25.000.000 | 0,20 € | | | | | | |
| 15 | | | | | | | | | |
| 16 | Verwaltungskosten/Vertriebsbereich | 480.000,00 € | | | | | | | |
| 17 | Absatzmenge | 24.000.000 | 0,02 € | | | | | | |
| 18 | | | | | | | | | |
| 19 | Verwaltungskosten/Nicht-Vertriebsbereich | 500.000,00 € | | | | | | | |
| 20 | Produktionsmenge | 25.000.000 | 0,02 € | | | | | | |
| 21 | | | | | | | | | |
| 22 | Vertriebskosten | 720.000,00 € | | | | | | | |
| 23 | Absatzmenge | 24.000.000 | 0,03 € | | | | | | |
| 24 | | | | | | | | | |
| 25 | Selbstkosten/Stück | | 0,27 € | | | | | | |

| | A | B | C | D | E | F | G |
|---|---|---|---|---|---|---|---|
| 1 | | | | | | | |
| 2 | Herstellkosten | 5000000 | | | | | |
| 3 | Verwaltungskosten/Vertriebsbereich | 480000 | | | | | |
| 4 | Verwaltungskosten/Nicht-Vertriebsbereich | 500000 | | | | | |
| 5 | Vertiebskosten | 720000 | | | | | |
| 6 | | | | | | | |
| 7 | Produktionsmenge | 25000000 | | | | | |
| 8 | Absatzmenge | 24000000 | | | | | |
| 9 | | | | | | | |
| 10 | | | | | | | |
| 11 | | | Anteilige Selbst- | | | | |
| 12 | | | kosten je Stück | | | | |
| 13 | Herstellkosten | =B2 | | | | | |
| 14 | Produktionsmenge | =B7 | =B13/B14 | | | | |
| 15 | | | | | | | |
| 16 | Verwaltungskosten/Vertriebsbereich | =B3 | | | | | |
| 17 | Absatzmenge | =B8 | =B16/B17 | | | | |
| 18 | | | | | | | |
| 19 | Verwaltungskosten/Nicht-Vertriebsbereich | =B4 | | | | | |
| 20 | Produktionsmenge | =B7 | =B19/B20 | | | | |
| 21 | | | | | | | |
| 22 | Vertriebskosten | =B5 | | | | | |
| 23 | Absatzmenge | =B8 | =B22/B23 | | | | |
| 24 | | | | | | | |
| 25 | Selbstkosten/Stück | | =SUMME(C14:C23) | | | | |

# 2. Äquivalenzziffernkalkulation

## 2.1 Einstufige Äquivalenzziffernkalkulation

Die Äquivalenzziffernkalkulation ist zur Ermittlung der Selbstkosten bei artgleichen Erzeugnissen geeignet, deren Ausgangsmaterialien ähnlich sind. Bei der Sortenfertigung stehen die Produkte in einem festen Kostenverhältnis zueinander, welches mithilfe der Äquivalenzziffer ausgedrückt wird. Die Hauptsorte wird üblicherweise mit der Ziffer 1 belegt; die Nebensorten werden im Verhältnis zur Hauptsorte mit Zu- oder Abschlägen definiert. Bei der Äquivalenzziffernkalkulation unterscheiden wir das ein- und das mehrstufige Verfahren. Zunächst das einstufige Verfahren.

Im ersten Schritt werden die Produktionsmengen der artgleichen Erzeugnisse mithilfe der Äquivalenzziffer „gleichnamig" gemacht:

Umrechnungszahl = Produktionsmenge · Äquivalenzziffer

Im zweiten Schritt werden die Stückkosten der Hauptsorte wie folgt bestimmt:

$$\text{Stückkosten der Hauptsorte} = \frac{\text{Selbstkosten aller Sorten}}{\text{Summe der Umrechnungszahlen}}$$

Die Stückkosten der Nebensorten werden so berechnet:

Stückkosten der Nebensorte = Stückkosten der Hauptsorte · Äquivalenzziffer der Nebensorte

Die gesamten Selbstkosten der Sorten ergeben sich folgendermaßen:

Gesamte Selbstkosten der Sorte = Stückkosten der Sorte · Produktionsmenge

Sind Lagerbestandveränderungen bei den unfertigen und fertigen Sorten zu berücksichtigen, so ist die mehrstufige Äquivalenzziffernkalkulation erforderlich. Auch, wenn die jeweiligen Fertigungsmaterialien als Einzelkosten direkt auf die entsprechenden Sorten verrechnet werden sollen, ist so zu verfahren.

Sollten die Äquivalenzziffern nicht in der Lage sein, die Kostenunterschiede der Sorten möglichst verursachungsgerecht zu erfassen, dann muss ebenfalls mehrstufig vorgegangen werden.

**Situationsaufgabe**
Bei Gesamtkosten in Höhe von 23.600.000 € werden im dritten Geschäftsjahr eines Softdrink-Unternehmens sowohl die Produktpalette als auch die Mengen der Sorten erweitert. Die Äquivalenzziffern geben das Kostenverhältnis der drei Sorten untereinander wieder:

| Sorte | Produktionsmenge | ÄZ |
|---|---|---|
| A | 26.000.000 | 1,0 |
| B | 12.000.000 | 0,9 |
| C | 8.000.000 | 1,3 |

Wie hoch sind Stückkosten je Sorte und die gesamten Selbstkosten der Sorten?

| | A | B | C | D | E | F | G | H | I |
|---|---|---|---|---|---|---|---|---|---|
| 1 | Datenfeld | | | | | | | | |
| 2 | | | | | | | | | |
| 3 | Sorte | Produktionsmenge | ÄZ | | | | | | |
| 4 | A | 26.000.000 | 1,0 | | | | | | |
| 5 | B | 12.000.000 | 0,9 | | Gesamtkosten | | | | |
| 6 | C | 8.000.000 | 1,3 | | 23.600.000,00 € | | | | |
| 7 | | | | | | | | | |
| 8 | | | | | | | | | |
| 9 | | | | | | | | | |
| 10 | | | | | | | | | |
| 11 | Sorte | Produktionsmenge | ÄZ | Umrechnungszahl | Selbstkosten | Stückkosten | | | |
| 12 | A | 26.000.000 | 1,0 | 26.000.000 | 13.000.000,00 € | 0,50 € | | | |
| 13 | B | 12.000.000 | 0,9 | 10.800.000 | 5.400.000,00 € | 0,45 € | | | |
| 14 | C | 8.000.000 | 1,3 | 10.400.000 | 5.200.000,00 € | 0,65 € | | | |
| 15 | | | | 47.200.000 | 23.600.000,00 € | | | | |
| 16 | | | | | | | | | |
| 17 | | | | | | | | | |

| | A | B | C | D | E | F | G | H |
|---|---|---|---|---|---|---|---|---|
| 1 | Datenfeld | | | | | | | |
| 2 | | | | | | | | |
| 3 | Sorte | Produktionsmenge | ÄZ | | | | | |
| 4 | A | 26000000 | 1 | | | | | |
| 5 | B | 12000000 | 0,9 | | Gesamtkosten | | | |
| 6 | C | 8000000 | 1,3 | | 23600000 | | | |
| 7 | | | | | | | | |
| 8 | | | | | | | | |
| 9 | | | | | | | | |
| 10 | | | | | | | | |
| 11 | Sorte | Produktionsmenge | ÄZ | Umrechnungszahl | Selbstkosten | Stückkosten | | |
| 12 | A | =B4 | =C4 | =B12*C12 | =E15/D15*D12 | =E12/B12 | | |
| 13 | B | =B5 | =C5 | =B13*C13 | =E15/D15*D13 | =E13/B13 | | |
| 14 | C | =B6 | =C6 | =B14*C14 | =E15/D15*D14 | =E14/B14 | | |
| 15 | | | | =SUMME(D12:D14) | =E6 | | | |
| 16 | | | | | | | | |
| 17 | | | | | | | | |

## 2.2 Mehrstufige Äquivalenzziffernkalkulation

Bei der mehrstufigen Äquivalenzziffernkalkulation werden die Stückkosten der Sorten aufgeteilt, z. B. in Materialstückkosten und sonstige Stückkosten.

> Stückkosten der Sorte = Materialstückkosten + sonstige Stückkosten

Je nach Erfordernis können die Stückkosten weiter differenziert werden, sodass wie folgt vorgegangen werden kann:

> Stückkosten = Materialstückkosten + Fertigungsstückkosten + Verwaltungs/Vertriebsstückkosten

Eine mehrstufige Äquivalenzziffernkalkulation kann aus mehreren Reihen von Äquivalenzziffern bestehen. Möglich wäre, dass für jede Produktionsstufe unterschiedliche Ziffern gelten, die dann jeweils nur Teilergebnisse für die Ermittlung der Stückkosten der Sorten liefern.

Die gesamten Fertigungsstückkosten der Sorten errechnen sich, indem die einzelnen Fertigungsstückkosten der jeweiligen Produktionsstufen addiert werden.

```
    Stückkosten Produktionsstufe 1
+   Stückkosten Produktionsstufe 2
=   Fertigungsstückkosten
```

Nur von einer Minderzahl der Unternehmen werden die Voraussetzungen im Produktionsprozess erfüllt, die für die Anwendung der Äquivalenzziffernkalkulation Bedingung sind. Die Gleichartigkeit der Erzeugnisse ist meist nicht gegeben, sondern häufig werden verschiedenartige Produkte in unterschiedlichen Arbeitsabläufen gefertigt. Und Lagerbestandsveränderungen an Halb- und Fertigfabrikaten im Abrechnungszeitraum sind betriebliche Praxis. Deshalb ist die Zuschlagskalkulation für die Einzel- und Serienfertigung das geeignete Kalkulationsverfahren, das zur Anwendung kommen muss.

Selbst, wenn gleichartige Ausgangsmaterialien für die Sorten genutzt werden, so ist doch das Herstellungsverfahren im Allgemeinen so komplex, dass sich eine Kuppelkalkulation anbietet, weil die Weiterverwertung von Neben- und Abfallprodukten – gerade unter Kostengesichtspunkten – eine betriebswirtschaftliche Notwendigkeit sein kann. Auch hier können Äquivalenzziffern eine Rolle spielen.

### Situationsaufgabe

Für die Materialstückkosten je Sorte gelten aufgrund ihrer Äquivalenzziffern diese Werte:

| Sorte | Produktionsstufe 1 | |
|---|---|---|
|  | ÄZ | Materialstückkosten |
| A | 1,0 | 0,60 € |
| B | 0,8 |  |
| C | 1,2 |  |

Außerdem fallen bei der Herstellung von insgesamt 120.000 Einheiten sonstige Kosten in Höhe von 60.000 € an, die gleichmäßig auf die drei Sorten zu verteilen sind.

a) Ermitteln Sie die Stückkosten je Sorte.
b) Wie hoch sind die gesamten Fertigungsstückkosten der Sorten, wenn die folgenden Daten zugrunde liegen?

## C. Kosten- und Leistungsrechnung in der Industrie | 2. Äquivalenzziffernkalkulation

| Sorte | Produktionsstufe 1 | | Produktionsstufe 1 | |
|---|---|---|---|---|
| | ÄZ | Materialstückkosten | ÄZ | Materialstückkosten |
| A | 1,0 | 0,60 € | 1,0 | 0,60 € |
| B | 0,8 | | 0,8 | |
| C | 1,2 | | 1,2 | |

**Lösung:**

| | A | B | C | D | E | F | G | H | I | J | K |
|---|---|---|---|---|---|---|---|---|---|---|---|
| 1 | | | | | | | | | | | |
| 2 | | | | | | | | | | | |
| 3 | | | | | | | | | | | |
| 4 | | 1. | Sorte | ÄZ | Materialstückkosten | | Sonstige Kosten | | | | |
| 5 | | | A | 1,0 | 0,60 € | | 60.000,00 € | | | | |
| 6 | | | B | 0,8 | | | | | | | |
| 7 | | | C | 1,2 | | | Produktionsmenge | | | | |
| 8 | | | | | | | 120.000 | | | | |
| 9 | | | | | | | | | | | |
| 10 | | | Sorte | ÄZ | Materialstückkosten | Sonstige Stückkosten | Gesamte Stückkosten | | | | |
| 11 | | | A | 1,0 | 0,60 € | 0,50 € | 1,10 € | | | | |
| 12 | | | B | 0,8 | 0,48 € | 0,50 € | 0,98 € | | | | |
| 13 | | | C | 1,2 | 0,72 € | 0,50 € | 1,22 € | | | | |
| 14 | | | | | | | | | | | |
| 15 | | | | | | | | | | | |
| 16 | | | | | | | | | | | |
| 17 | | 2. | Sorte | Produktionsstufe 1 | | Produktionsstufe 2 | | Gesamte | | | |
| 18 | | | | ÄZ | Fertigungsstückkosten | ÄZ | Fertigungsstückkosten | Fertigungsstückkosten | | | |
| 19 | | | A | 1,0 | 0,80 € | 1,0 | 1,20 € | 2,00 € | | | |
| 20 | | | B | 0,8 | | 0,5 | | | | | |
| 21 | | | C | 0,7 | | 1,4 | | | | | |
| 22 | | | | | | | | | | | |
| 23 | | | | | | | | | | | |
| 24 | | | Sorte | Produktionsstufe 1 | | Produktionsstufe 2 | | Gesamte | | | |
| 25 | | | | ÄZ | Fertigungsstückkosten | ÄZ | Fertigungsstückkosten | Fertigungsstückkosten | | | |
| 26 | | | A | 1,0 | 0,80 € | 1,0 | 1,20 € | 2,00 € | | | |
| 27 | | | B | 0,8 | 0,64 € | 0,5 | 0,60 € | 1,24 € | | | |
| 28 | | | C | 0,7 | 0,56 € | 1,4 | 1,68 € | 2,24 € | | | |
| 29 | | | | | | | | | | | |

| | A | B | C | D | E | F | G | H | I |
|---|---|---|---|---|---|---|---|---|---|
| 1 | | | | | | | | | |
| 2 | | | | | | | | | |
| 3 | | | | | | | | | |
| 4 | | 1. | Sorte | ÄZ | Materialstückkosten | | Sonstige Kosten | | |
| 5 | | | A | 1 | 0,6 | | 60000 | | |
| 6 | | | B | 0,8 | | | | | |
| 7 | | | C | 1,2 | | | Produktionsmenge | | |
| 8 | | | | | | | 120000 | | |
| 9 | | | | | | | | | |
| 10 | | | Sorte | ÄZ | Materialstückkosten | Sonstige Stückkosten | Gesamte Stückkosten | | |
| 11 | | | A | =C5 | =D5 | =F5/F8 | =SUMME(D11:E11) | | |
| 12 | | | B | =C6 | =D11*C12 | =F5/F8 | =SUMME(D12:E12) | | |
| 13 | | | C | =C7 | =D11*C13 | =F5/F8 | =SUMME(D13:E13) | | |
| 14 | | | | | | | | | |
| 15 | | | | | | | | | |
| 16 | | | | | | | | | |
| 17 | | 2. | Sorte | Produktionsstufe 1 | | Produktionsstufe 2 | | Gesamte | |
| 18 | | | | ÄZ | Fertigungsstückkosten | ÄZ | Fertigungsstückkosten | Fertigungsstückkosten | |
| 19 | | | A | 1 | 0,8 | 1 | 1,2 | =D19+F19 | |
| 20 | | | B | 0,8 | | 0,5 | | | |
| 21 | | | C | 0,7 | | 1,4 | | | |
| 22 | | | | | | | | | |
| 23 | | | | | | | | | |
| 24 | | | Sorte | Produktionsstufe 1 | | Produktionsstufe 2 | | Gesamte | |
| 25 | | | | ÄZ | Fertigungsstückkosten | ÄZ | Fertigungsstückkosten | Fertigungsstückkosten | |
| 26 | | | A | =C19 | =D19 | =E19 | =F19 | =D26+F26 | |
| 27 | | | B | =C20 | =D26*C27 | =E20 | =F26*E27 | =D27+F27 | |
| 28 | | | C | =C21 | =D26*C28 | =E21 | =F26*E28 | =D28+F28 | |
| 29 | | | | | | | | | |

# 3. Kuppelkalkulation

## 3.1 Restwertmethode

Bei der Kuppelproduktion weist die Fertigungsstruktur für die verbundenen Erzeugnisse bis zum split-off-point (= Trennungspunkt) einen gemeinsamen Fertigungsweg auf. Wenn dann für jedes Kuppelprodukt getrennte Fertigungswege folgen, fallen Weiterverarbeitungskosten an, die separat ermittelt werden können. Bis zum split-off-point fallen für alle Kuppelprodukte gemeinsame Kosten an.

**Gemeinsame Kosten** der Erzeugnisse A+B
- **Weiterverarbeitungskosten** des Erzeugnisses A
- *split-off-point*
- **Weiterverarbeitungskosten** des Erzeugnisses B

Die **Restwertrechnung** geht von der Voraussetzung aus, dass Hauptprodukte und mehrere Nebenerzeugnisse im Kuppelproduktionsprozess anfallen und berücksichtigt die Weiterverarbeitungskosten.

Die Erlöse, die sich aus dem Verkauf der Nebenprodukte – bereinigt um die Weiterverarbeitungskosten für die Nebenerzeugnisse – erzielen lassen, werden von den Gesamtkosten der Kuppelproduktion abgezogen; deswegen wird dieses Verfahren auch **Subtraktionsmethode** genannt.

Die Subtraktionswerte für die Nebenerzeugnisse werden so berechnet:

$$\text{Subtraktionswert} = \text{Produktionsmenge} \cdot (\text{Marktpreis} - \text{Weiterverarbeitungskosten})$$

Die Stückkosten des Haupterzeugnisses sind wie folgt zu berechnen:

$$\text{Stückkosten des Hauptproduktes} = \frac{\text{Gesamtkosten} - \text{Subtraktionswerte der Nebenprodukte}}{\text{Produktionsmenge des Hauptproduktes}}$$

Auf die Berechnung der Stückkosten für die Nebenerzeugnisse wird meist verzichtet. Es findet nur eine Kalkulation des Haupterzeugnisses statt, weil davon ausgegangen wird, dass die Kosten der Nebenerzeugnisse durch deren Erlöse gedeckt werden.

Mit dieser Restwertmethode werden neben rein fertigungsbetrieblichen Faktoren (z. B. Weiterverarbeitungskosten) zwar absatzmarktbezogene Größen (z. B. Verkaufspreise) in der Kostenrechnung berücksichtigt, aber mit einem Systemfehler: Je höher die Erlöse für die Nebenprodukte sind, desto geringer werden die Stückkosten des Hauptproduktes.

**Situationsaufgabe**

Drei Erzeugnisse werden in Kuppelproduktion erstellt, wofür Gesamtkosten in Höhe von 167.800 € anfallen. A ist das Haupterzeugnis, B und C sind die Nebenprodukte, für deren Weiterverarbeitung mit diesen Kosten zu rechnen ist:

| Produkt | Mengen | Marktpreise | Weiterverarbeitungskosten |
|---|---|---|---|
| A | 16.000 ME | 22,00 €/ME | |
| B | 900 ME | 9,00 €/ME | 3,00 €/ME |
| C | 400 ME | 8,00 €/ME | 2,00 €/ME |

Wie hoch sind die Subtraktionswerte und die Stückkosten des Hauptproduktes?

## C. Kosten- und Leistungsrechnung in der Industrie | 3. Kuppelkalkulation

| | A | B | C | D | E | F |
|---|---|---|---|---|---|---|
| 1 | Datenfeld: | | | | | |
| 2 | | | | | | |
| 3 | Produkt | Produktionsmenge | Marktpreis | Weiterverarbeitungskosten | | Gesamtkosten |
| 4 | 1 | 16.000 | 22,00 € | | | 167.800,00 € |
| 5 | 2 | 900 | 9,00 € | 3,00 € | | |
| 6 | 3 | 400 | 8,00 € | 2,00 € | | |
| 7 | | | | | | |
| 8 | | | | | | |
| 9 | | | | | | |
| 10 | Produkt | Produktionsmenge | Marktpreis | Weiterverarbeitungskosten | Subtraktionswert | Stückkosten |
| 11 | 1 | 16.000 | 22,00 € | | | 10,00 € |
| 12 | 2 | 900 | 9,00 € | 3,00 € | 5.400,00 € | |
| 13 | 3 | 400 | 8,00 € | 2,00 € | 2.400,00 € | |
| 14 | | | | | 7.800,00 € | |
| 15 | | | | | | |
| 16 | | | | | | |
| 17 | | | | | | |

| | A | B | C | D | E | F |
|---|---|---|---|---|---|---|
| 1 | | | | | | |
| 2 | | | | | | |
| 3 | Produkt | Produktionsmenge | Marktpreis | Weiterverarbeitungskosten | | Gesamtkosten |
| 4 | 1 | 16000 | 22 | | | 167800 |
| 5 | 2 | 900 | 9 | 3 | | |
| 6 | 3 | 400 | 8 | 2 | | |
| 7 | | | | | | |
| 8 | | | | | | |
| 9 | | | | | | |
| 10 | Produkt | Produktionsmenge | Marktpreis | Weiterverarbeitungskosten | Subtraktionswert | Stückkosten |
| 11 | 1 | =B4 | =C4 | | | = (F4-E14)/B4 |
| 12 | 2 | =B5 | =C5 | =D5 | =B12*(C12-D12) | |
| 13 | 3 | =B6 | =C6 | =D6 | =B13*(C13-D13) | |
| 14 | | | | | =SUMME(E12:E13) | |
| 15 | | | | | | |
| 16 | | | | | | |
| 17 | | | | | | |

## 3.2 Verteilungsrechnung

Solange das Produktionsergebnis einer Kuppelproduktion mehrere Haupterzeugnisse sind, kann eine Kuppelkalkulation mithilfe der **Verteilungsrechnung** durchgeführt werden. Sie lehnt sich an den Verfahren der Äquivalenzziffernkalkulation in der Weise an, dass die Gesamtkosten über Äquivalenzziffern auf die einzelnen Kuppelprodukte verteilt werden.

Als Basis für die Relation der Äquivalenzziffern untereinander können sowohl z. B. die Marktpreise der Erzeugnisse als auch technische Maßstäbe herangezogen werden, denn Kuppelprodukte sind Erzeugnisse, die aufgrund technischer Gegebenheiten zwangsläufig gemeinsam anfallen.

Bei der Bildung von Äquivalenzziffern auf der Grundlage von Marktpreisen muss man sich der damit verbundenen Problematik bewusst sein: Marktpreise enthalten Gewinnzuschläge, die den eigenen Vorstellungen und fremder Unternehmen entgegenkommen. Sie drücken Kostenverhältnisse nur indirekt aus und können sie nur ansatzweise widerspiegeln. Die Konkurrenzsituation am Markt und das Nachfrageverhalten bestimmen – oder beeinflussen zumindest – die Preisgestaltung.

$$\text{Umrechnungszahl} = \text{Produktionsmenge} \cdot \text{Marktpreis}$$

Nachdem die Umrechnungszahl ermittelt wurde, werden die Stückkosten des Erzeugnisses bestimmt:

$$\text{Stückkosten des Produktes} = \frac{\text{Gesamtkosten der Produkte} \cdot \text{Marktpreis des Produktes}}{\text{Summe der Umrechnungszahlen}}$$

Die Gesamtkosten des Erzeugnisses ergeben sich folgendermaßen:

$$\text{Gesamtkosten des Erzeugnisses} = \text{Stückkosten des Erzeugnisses} \cdot \text{Produktionsmenge}$$

Die Kuppelkalkulation mithilfe der **Verteilungsmethode** über Marktpreise kann nur ein erster Ansatz sein. Abgesehen von der Fragwürdigkeit des Preises als Grundlage für die Bildung von Äquivalenzziffern, ist diese Methode für ein Kuppelproduktionsergebnis mit mehreren Haupterzeugnissen nur bedingt geeignet. Das gilt auch, wenn nicht die Marktpreise, sondern technische Maßstäbe das Verhältnis der Äquivalenzziffern untereinander bestimmen, da die zwangsläufige Verbundenheit der Kosten für Kuppelerzeugnisse so nicht aufgelöst werden kann.

### Situationsaufgabe

Für vier Erzeugnisse soll eine Kuppelkalkulation mithilfe der Verteilungsrechnung auf der Grundlage von Marktpreisen durchgeführt werden. Bekannt sind die Gesamtkosten in Höhe von 140.400 € sowie folgende Produktionsmengen und Marktpreise:

| Produkt | Produktionsmengen | Marktpreise |
|---|---|---|
| A | 6.000 ME | 12,00 €/ME |
| B | 9.000 ME | 9,00 €/ME |
| C | 4.000 ME | 8,00 €/ME |
| D | 7.000 ME | 7,00 €/ME |

Wie hoch sind Stückkosten und die Gesamtkosten der einzelnen Erzeugnisse?

C. Kosten- und Leistungsrechnung in der Industrie | 4. Betriebsabrechnungsbogen

| | A | B | C | D | E | F |
|---|---|---|---|---|---|---|
| 2 | | | | | | |
| 3 | | | | | | |
| 4 | Produkt | Produktionsmenge | Marktpreis | | Gesamtkosten | |
| 5 | A | 6.000 | 12,00 € | | 140.400,00 € | |
| 6 | B | 9.000 | 9,00 € | | | |
| 7 | C | 4.000 | 8,00 € | | | |
| 8 | D | 7.000 | 7,00 € | | | |
| 9 | | | | | | |
| 10 | | | | | | |
| 11 | | | | | | |
| 12 | Produkt | Produktionsmenge | Marktpreis | Umrechnungszahl | Gesamtkosten | Stückkosten |
| 13 | A | 6.000 | 12,00 € | 72.000 | 43.200,00 € | 7,20 € |
| 14 | B | 9.000 | 9,00 € | 81.000 | 48.600,00 € | 5,40 € |
| 15 | C | 4.000 | 8,00 € | 32.000 | 19.200,00 € | 4,80 € |
| 16 | D | 7.000 | 7,00 € | 49.000 | 29.400,00 € | 4,20 € |
| 17 | | | | 234.000 | 140.400,00 € | |
| 18 | | | | | | |

| | A | B | C | D | E | F |
|---|---|---|---|---|---|---|
| 2 | | | | | | |
| 3 | | | | | | |
| 4 | Produkt | Produktionsmenge | Marktpreis | | Gesamtkosten | |
| 5 | A | 6000 | 12 | | 140400 | |
| 6 | B | 9000 | 9 | | | |
| 7 | C | 4000 | 8 | | | |
| 8 | D | 7000 | 7 | | | |
| 9 | | | | | | |
| 10 | | | | | | |
| 11 | | | | | | |
| 12 | Produkt | Produktionsmenge | Marktpreis | Umrechnungszahl | Gesamtkosten | Stückkosten |
| 13 | A | =B5 | =C5 | =B13*C13 | =B13*F13 | =E17/D17*C13 |
| 14 | B | =B6 | =C6 | =B14*C14 | =B14*F14 | =E17/D17*C14 |
| 15 | C | =B7 | =C7 | =B15*C15 | =B15*F15 | =E17/D17*C15 |
| 16 | D | =B8 | =C8 | =B16*C16 | =B16*F16 | =E17/D17*C16 |
| 17 | | | | =SUMME(D13:D16) | =E5 | |
| 18 | | | | | | |

## 4. Betriebsabrechnungsbogen

Der Betriebsabrechnungsbogen (= BAB) dient zur Verteilung der Kostenarten auf die Kostenstellen. Die Kostenarten werden in Einzel- und Gemeinkosten unterschieden.

Einzelkosten können den Erzeugnissen (Kostenträgern) direkt zugeordnet werden. Zu den Einzelkosten zählen im Industriebetrieb der Fertigungsmaterialverbrauch und die Fertigungslöhne sowie u. a. die Sondereinzelkosten des Vertriebs.

Die Gemeinkosten (= Nicht-Einzelkosten) können den Kostenträgern nur indirekt zugeordnet werden. Das geschieht mithilfe von möglichst verursachungsgerechten Verteilungsschlüsseln. Das können z. B. folgende sein:

| Gemeinkostenart | Verteilungsgrundlage |
|---|---|
| Personalkosten | Lohn- und Gehaltslisten |
| Treibstoffkosten | Gefahrene km (Fahrtenbuch) m² |
| Miete | (Grundriss) |
| Wasserkosten | m³ (Wasseruhr) |
| Stromkosten | kWh (Stromzähler) |
| Reinigungskosten | m² (Grundriss) |
| Energiekosten | Verbrauchsmesser an den Aggregaten |

Ein BAB hat diese Grundstruktur:

| Kostenart | Kosten | Schlüssel | Kostenstellen | | | |
|---|---|---|---|---|---|---|
| | | | Material | Fertigung | Verwaltung | Vertrieb |
| Einzelkosten:<br>Fertigungsmaterial<br>Fertigungslöhne | X<br>Y | | X | Y | | |
| Summe Einzelkosten | | | | | | |
| Gemeinkosten:<br>Gemeinkosten A<br>Gemeinkosten B | A<br>B | 1:01:01:01<br>2:01:01:01 | a<br>bb | a<br>b | a<br>b | a<br>b |
| Summe Gemeinkosten | | | | | | |

Der einfache BAB kann in der Weise erweitert werden, dass neben den vier Hauptkostenstellen – Material, Fertigung, Verwaltung und Vertrieb – noch Hilfskostenstellen genutzt werden. Das können allgemeine Kostenstellen wie z. B. Fuhrpark oder aber auch Hilfskostenstellen der Fertigung wie z. B. Arbeitsvorbereitung sein.

**Situationsaufgabe**
In einem Industrieunternehmen sind die folgenden Kostenarten auf die Kostenstellen zu verteilen:

| Einzelkosten | Gesamt |
|---|---|
| Fertigungsmaterial | 2.500.000,00 € |
| Fertigungslöhne | 2.250.000,00 € |

| Gemeinkosten | Gesamt | Verteilungsschlüssel | | | |
|---|---|---|---|---|---|
| | | Material | Fertigung | Verwaltung | Vertrieb |
| Hilfslöhne | 150.000,00 € | 8 % | 62 % | Rest | 15 % |
| Hilfsstoffe | 45.000,00 € | | 100 % | | |
| Betriebsstoffe | 180.000,00 € | 10 % | 65 % | 10 % | Rest |
| Abschreibungen | 110.000,00 € | 30 % | 40 % | 10 % | Rest |
| Gehälter | 220.000,00 € | | 15 % | Rest | 10 % |
| Zinsen | 65.000,00 € | 5 % | 60 % | 12 % | Rest |
| Steuern | 90.000,00 € | zu gleichen Teilen auf alle Kostenstellen | | | |
| Mieten | 180.000,00 € | 225 qm | 370 qm | 185 qm | 120 qm |
| Reparaturen | 55.000,00 € | Rest | 54 % | 12 % | 23 % |
| Sonstige Kosten | 190.000,00 € | zu gleichen Teilen auf alle Kostenstellen | | | |

Erstellen Sie einen BAB und ermitteln Sie die Gemeinkosten.

## C. Kosten- und Leistungsrechnung in der Industrie | 4. Betriebsabrechnungsbogen

| | A | B | C | D | E | F |
|---|---|---|---|---|---|---|
| 1 | | | | | | |
| 2 | | Gesamt | Material | Fertigung | Verwaltung | Vertrieb |
| 3 | Einzelkosten | | | | | |
| 4 | Fertigungsmaterial | | 2.500.000,00 | | | |
| 5 | Fertigungslöhne | | | 2.250.000,00 | | |
| 6 | Einzelkosten | | 2.500.000,00 | 2.250.000,00 | | |
| 7 | Gemeinkosten | | | | | |
| 8 | Hilfslöhne | 150.000,00 | 12.000,00 | 93.000,00 | 22.500,00 | 22.500,00 |
| 9 | Hilfsstoffe | 45.000,00 | | 45.000,00 | | |
| 10 | Betriebsstoffe | 180.000,00 | 18.000,00 | 117.000,00 | 18.000,00 | 27.000,00 |
| 11 | Abschreibungen | 110.000,00 | 33.000,00 | 44.000,00 | 11.000,00 | 22.000,00 |
| 12 | Gehälter | 220.000,00 | | 33.000,00 | 165.000,00 | 22.000,00 |
| 13 | Zinsen | 65.000,00 | 3.250,00 | 39.000,00 | 7.800,00 | 14.950,00 |
| 14 | Steuern | 90.000,00 | 22.500,00 | 22.500,00 | 22.500,00 | 22.500,00 |
| 15 | Mieten | 180.000,00 | 45.000,00 | 74.000,00 | 37.000,00 | 24.000,00 |
| 16 | Reparaturen | 55.000,00 | 6.050,00 | 29.700,00 | 6.600,00 | 12.650,00 |
| 17 | Sonstige Kosten | 190.000,00 | 47.500,00 | 47.500,00 | 47.500,00 | 47.500,00 |
| 18 | Summe Gemeinkosten | 1.285.000,00 | 187.300,00 | 544.700,00 | 337.900,00 | 215.100,00 |

| | A | B | C | D | E | F |
|---|---|---|---|---|---|---|
| 1 | | | | | | |
| 2 | | Gesamt | Material | Fertigung | Verwaltung | Vertrieb |
| 3 | Einzelkosten | | | | | |
| 4 | Fertigungsmaterial | | 2500000 | | | |
| 5 | Fertigungslöhne | | | 2250000 | | |
| 6 | Einzelkosten | | =SUMME(C4:C5) | =SUMME(D5) | | |
| 7 | Gemeinkosten | | | | | |
| 8 | Hilfslöhne | 150000 | =B8*8% | =B8*62% | =B8-C8-D8-F8 | =B8*15% |
| 9 | Hilfsstoffe | 45000 | | =B9 | | |
| 10 | Betriebsstoffe | 180000 | =B10*10% | =B10*65% | =B10*10% | =B10-C10-D10-E10 |
| 11 | Abschreibungen | 110000 | =B11*30% | =B11*40% | =B11*10% | =B11-C11-D11-E11 |
| 12 | Gehälter | 220000 | | =B12*15% | =B12-D12-F12 | =B12*10% |
| 13 | Zinsen | 65000 | =B13*5% | =B13*60% | =B13*12% | =B13-C13-D13-E13 |
| 14 | Steuern | 90000 | =B14/4 | =B14/4 | =B14/4 | =B14/4 |
| 15 | Mieten | 180000 | =225*180000/900 | =370*180000/900 | =185*180000/900 | =120*180000/900 |
| 16 | Reparaturen | 55000 | =B16-D16-E16-F16 | =B16*54% | =B16*12% | =B16*23% |
| 17 | Sonstige Kosten | 190000 | =B17/4 | =B17/4 | =B17/4 | =B17/4 |
| 18 | Summe Gemeinkosten | =SUMME(B8:B17) | =SUMME(C8:C17) | =SUMME(D8:D17) | =SUMME(E8:E17) | =SUMME(F8:F17) |

# 5. Innerbetriebliche Leistungsverrechnung

## 5.1 Kostenartenverfahren

Unter den innerbetrieblichen Leistungen sind diejenigen Leistungen zu verstehen, die nicht für den Verkauf bestimmt sind, sondern im eigenen Betrieb verbraucht werden. Zu diesen Eigenleistungen zählen z. B. selbsterstellte Betriebsmittel und Werkzeuge.

Diese innerbetrieblichen Leistungen können – je nach Art und Umfang – in der gleichen Abrechnungsperiode in anderen Kostenstellen verbraucht, auf Lager genommen oder über einen längeren Zeitraum genutzt werden. Wenn es sich z. B. um selbsterstellte Anlagen handelt, müssen sie im Falle einer Mehrperiodennutzung zunächst aktiviert – wie andere Anlagegüter auch – und später abgeschrieben werden. Wenn sie hingegen in der gleichen Periode verbraucht werden, sind ihre Kosten sofort zwischen den Kostenstellen zu verrechnen. Hierzu bedarf es differenzierter Verfahren der innerbetrieblichen Leistungsverrechnung, die einem einseitigen oder wechselseitigen Leistungsaustausch Rechnung tragen.

**Innerbetriebliche Leistungsverrechnung**

**Einseitige**
- Kostenartenverfahren
- Kostenstellenausgleichsverfahren
- Kostenstellenumlageverfahren

**Gegenseitige**
- Verrechnungspreisverfahren
- Mathematisches Verfahren

Eine einseitige Leistungsverrechnung liegt dann vor, wenn zwischen der abgebenden und der empfangenden Kostenstelle keine Rückkopplung besteht. Der Weg der Leistungsverrechnung ist eine Einbahnstraße.

Liegt hingegen ein wechselseitiger Leistungsaustausch zwischen den Kostenstellen vor, so bedarf es, um die Gemeinkosten der Stellen zu ermitteln, der Verfahren der gegenseitigen Leistungsverrechnung.

Das **Kostenartenverfahren** ist nur unter der Voraussetzung anwendbar, dass die innerbetrieblichen Leistungen ausschließlich zwischen Hauptkostenstellen zu verrechnen sind. Bei diesem Verfahren werden die Einzelkosten der abgebenden Stelle zu Gemeinkosten in der empfangenden Kostenstelle.

Das Kostenartenverfahren ist nur dann brauchbar, wenn der innerbetriebliche Gemeinkostenanteil nicht ins Gewicht fällt. Sollte dies jedoch der Fall sein, dann wären falsche Daten für die Zuschlagssätze der Kostenträgerstückrechnung (= Zuschlagskalkulation) die Folge und eine Wirtschaftlichkeitskontrolle wäre nicht möglich.

Eine innerbetriebliche Gemeinkostenverrechnung kann beim Kostenartenverfahren nicht vorgenommen werden.

### Situationsaufgabe

Aufgrund der innerbetrieblichen Leistungsverrechnung ist die Materialstelle mit 16.200 € Einzelkosten zu entlasten, die der Vertriebsstelle zugerechnet werden müssen. Aus der Fertigungsstelle sollen 5.200 € Einzelkosten innerbetrieblich auf den Vertriebsbereich umgelegt werden. Diese Kosten liegen vor:

| Kostenstellen | Material | Fertigung | Verwaltung | Vertrieb |
|---|---|---|---|---|
| Einzelkosten | 160.000,00 € | 450.000,00 € | 97.850,00 € | 57.850,00 € |
| Gemeinkosten | 71.900,00 € | 222.400,00 € | | |

Wie hoch sind die Einzel- und Gemeinkosten nach der innerbetrieblichen Leistungsverrechnung?

| | A | B | C | D | E |
|---|---|---|---|---|---|
| 1 | | | | | |
| 2 | **Kostenstellen** | **Material** | **Fertigung** | **Verwaltung** | **Vertrieb** |
| 3 | Einzelkosten | 160.000,00 € | 450.000,00 € | | |
| 4 | Gemeinkosten | 71.900,00 € | 222.400,00 € | 97.850,00 € | 57.850,00 € |
| 5 | - Entlastung Einzelkosten | 16.200,00 € | 5.200,00 € | | |
| 6 | + Belastung Gemeinkosten | | | | 21.400,00 € |
| 7 | Einzelkosten nach IBL | 143.800,00 € | 444.800,00 € | | |
| 8 | Gemeinkosten nach IBL | 71.900,00 € | 222.400,00 € | 97.850,00 € | 79.250,00 € |

| | A | B | C | D | E |
|---|---|---|---|---|---|
| 1 | | | | | |
| 2 | **Kostenstellen** | **Material** | **Fertigung** | **Verwaltung** | **Vertrieb** |
| 3 | Einzelkosten | 160000 | 450000 | | |
| 4 | Gemeinkosten | 71900 | 222400 | 97850 | 57850 |
| 5 | - Entlastung Einzelkosten | 16200 | 5200 | | |
| 6 | + Belastung Gemeinkosten | | | | =B5+C5 |
| 7 | Einzelkosten nach IBL | =B3-B5 | =C3-C5 | | |
| 8 | Gemeinkosten nach IBL | =B4 | =C4 | =SUMME(D4:D7) | =SUMME(E4:E6) |

## 5.2 Kostenstellenausgleichsverfahren

Der Nachteil des Kostenartenverfahrens, dass eine innerbetriebliche Gemeinkostenverrechnung nicht vorgenommen wird, ist beim **Kostenstellenausgleichsverfahren** nicht gegeben. Bei diesem Verfahren werden zwar auch die Einzelkosten der abgebenden Stellen als Gemeinkosten für die empfangende Stelle verrechnet, aber zusätzlich kann hier die Übertragung der Gemeinkosten innerbetrieblicher Leistungen vorgenommen werden.

Aber auch beim Kostenstellenausgleichsverfahren bleiben die Hilfskostenstellen außer Ansatz. Erfordert die Praxis aber die Einbeziehung dieser Hilfsstellen, so sind für die innerbetriebliche Leistungsverrechnung die Methoden des Kostenstellenumlageverfahrens zu wählen.

## Situationsaufgabe

Die Materialstelle ist mit 16.200 € Einzelkosten und 1.900 € Gemeinkosten zu entlasten, die der Vertriebsstelle zugerechnet werden müssen. Von der Fertigungsstelle sollen 5.200 € Einzelkosten und 2.400 € Gemeinkosten innerbetrieblich auf den Vertriebsbereich verrechnet werden. Der BAB weist dieses Ergebnis aus:

| Kostenstellen | Material | Fertigung | Verwaltung | Vertrieb |
|---|---|---|---|---|
| Einzelkosten | 260.000,00 € | 550.000,00 € | 87.850,00 € | 67.850,00 € |
| Gemeinkosten | 161.900,00 € | 242.400,00 € | | |

Wie hoch sind die Einzel- und Gemeinkosten nach der innerbetrieblichen Leistungsverrechnung?

**Lösung:**

| | A | B | C | D | E |
|---|---|---|---|---|---|
| 1 | | | | | |
| 2 | **Kostenstellen** | **Material** | **Fertigung** | **Verwaltung** | **Vertrieb** |
| 3 | Einzelkosten | 260.000,00 € | 550.000,00 € | | |
| 4 | Gemeinkosten | 161.900,00 € | 242.400,00 € | 87.850,00 € | 67.850,00 € |
| 5 | - Entlastung Einzelkosten | 16.200,00 € | 5.200,00 € | | |
| 6 | - Entlastung Gemeinkosten | 1.900,00 € | 2.400,00 € | | |
| 7 | + Belastung Gemeinkosten | | | | 25.700,00 € |
| 8 | Einzelkosten nach IBL | 243.800,00 € | 544.800,00 € | | |
| 9 | Gemeinkosten nach IBL | 160.000,00 € | 240.000,00 € | 87.850,00 € | 93.550,00 € |

| | A | B | C | D | E |
|---|---|---|---|---|---|
| 1 | | | | | |
| 2 | **Kostenstellen** | **Material** | **Fertigung** | **Verwaltung** | **Vertrieb** |
| 3 | Einzelkosten | 260000 | 550000 | | |
| 4 | Gemeinkosten | 161900 | 242400 | 87850 | 67850 |
| 5 | - Entlastung Einzelkosten | 16200 | 5200 | | |
| 6 | - Entlastung Gemeinkosten | 1900 | 2400 | | |
| 7 | + Belastung Gemeinkosten | | | | =B5+B6+C5+C6 |
| 8 | Einzelkosten nach IBL | =B3-B5 | =C3-C5 | | |
| 9 | Gemeinkosten nach IBL | =B4-B6 | =C4-C6 | =SUMME(D4:D8) | =SUMME(E4:E7) |

## 5.3 Kostenstellenumlageverfahren

Zu den Methoden des **Kostenstellenumlageverfahrens** gehört u. a. das Stufenleitersystem. Bei diesem Verfahren wird unterstellt, dass jede Kostenstelle nur eine Leistungsart produziert.

Das **Stufenleitersystem** (= Treppenverfahren) ist die wohl gebräuchlichste Methode der einseitigen innerbetrieblichen Leistungsverrechnung. Die Kostenstellen sind bei diesem Verfahren in einer bestimmten Reihenfolge zu ordnen: Die Reihe mit derjenigen Kostenstelle beginnt, die ihre Leistungen nur – oder hauptsächlich – an andere abgibt und endet mit derjenigen Stelle, die von vielen Stellen ihre Leistungen empfängt. Innerhalb der Reihe werden dann die Kosten stufenartig auf die nachgelagerten Stellen in eine Richtung umgelegt.

Beim Treppenverfahren liegt der Teufel nicht nur im Detail, sondern im System. Eine andere – ebenso dem innerbetrieblichen Wertefluss folgende – mögliche Reihenfolge der Anordnung der Stellen führt zu anderen Gemeinkosten. Da bei diesem Verfahren die Kosten nur in eine Richtung abgewälzt werden, können die innerhalb der Betriebsabrechnung vor der abrechnenden Stelle platzierten Kostenstellen nicht mit Gemeinkosten belastet werden, obwohl sie innerbetriebliche Leistungen empfangen haben könnten. Diese rechnerisch nicht erfassten Kosten würden dann zwangsläufig nur deswegen auf andere Stellen umgelegt werden, weil sie nachgelagert angeordnet wurden.

Wenn wechselseitige Leistungsbeziehungen zwischen den Kostenstellen vorliegen, greifen somit alle einseitigen Verfahren der innerbetrieblichen Leistungsverrechnung zu kurz. Hier sind dann mathematische Verfahren angebracht. So können z. B. mithilfe einer Matrixrechnung mehrere Größen gleichzeitig verschiedenen Rechenoperationen unterworfen werden – so ist es möglich, dass der gegenseitig abhängige Zusammenhang zwischen den Kosten der miteinander in Leistungsaustausch stehenden Kostenstellen erfasst wird.

**Situationsaufgabe**

Die sekundären Gemeinkosten der Hilfsstelle 1 des Allgemeinen Bereiches sind auf die nachfolgenden Stellen gemäß des Schlüssels 1:2:3, die der Hilfsstelle 2 im Verhältnis 1:4 umzulegen. Die gesamten Gemeinkosten der Arbeitsvorbereitung sind nach Umlage voll der Fertigungshauptstelle zuzuschlagen.

| Kostenstellen | Allgemeiner Bereich | | Fertigungsbereich | |
| --- | --- | --- | --- | --- |
| | Hilfsstelle 1 | Hilfsstelle 2 | Arbeitsvorbereitung | Hauptstelle |
| Gemeinkosten | 15.000,00 € | 16.000,00 € | 52.000,00 € | 325.000,00 € |

Wie hoch sind die Gemeinkosten nach der innerbetrieblichen Leistungsverrechnung in den einzelnen Kostenstellen?

| | A | B | C | D | E |
|---|---|---|---|---|---|
| 1 | Kostenstellen | **Allgemeiner Bereich** | | **Fertigungsbereich** | |
| 2 | | **Hilfsstelle 1** | **Hilfsstelle 2** | Arbeits-vorbereitung | **Hauptstelle** |
| 3 | | | | | |
| 4 | Gemeinkosten | 15.000,00 € | 16.000,00 € | 52.000,00 € | 325.000,00 € |
| 5 | + Umlage Hilfsstelle 1 | | 2.500,00 € | 5.000,00 € | 7.500,00 € |
| 6 | Summe | | 18.500,00 € | 57.000,00 € | 332.500,00 € |
| 7 | + Umlage Hilfsstelle 2 | | | 3.700,00 € | 14.800,00 € |
| 8 | Summe | | | 60.700,00 € | 347.300,00 € |
| 9 | + Umlage Arbeitsvorbereitung | | | | 60.700,00 € |
| 10 | Summe | | | | 408.000,00 € |
| 11 | | | | | |
| 12 | | | | | |
| 13 | | | | | |
| 14 | | | | | |
| 15 | | | | | |
| 16 | | | | | |
| 17 | | | | | |

| | A | B | C | D | E |
|---|---|---|---|---|---|
| 1 | Kostenstellen | **Allgemeiner Bereich** | | **Fertigungsbereich** | |
| 2 | | **Hilfsstelle 1** | **Hilfsstelle 2** | Arbeits-vorbereitung | **Hauptstelle** |
| 3 | | | | | |
| 4 | Gemeinkosten | 15000 | 16000 | 52000 | 325000 |
| 5 | + Umlage Hilfsstelle 1 | | 2500 | 5000 | 7500 |
| 6 | Summe | | =SUMME(C4:C5) | =SUMME(D4:D5) | =SUMME(E4:E5) |
| 7 | + Umlage Hilfsstelle 2 | | | 3700 | 14800 |
| 8 | Summe | | | =SUMME(D6:D7) | =SUMME(E6:E7) |
| 9 | + Umlage Arbeitsvorbereitung | | | | 60700 |
| 10 | Summe | | | | =SUMME(E8:E9) |
| 11 | | | | | |
| 12 | | | | | |
| 13 | | | | | |
| 14 | | | | | |
| 15 | | | | | |
| 16 | | | | | |
| 17 | | | | | |
| 18 | | | | | |
| 19 | | | | | |

# 6. Differenzierte Zuschlagskalkulation

## 6.1 Ermittlung der Selbstkosten

Eine differenzierte Zuschlagskalkulation bietet sich immer dann an, wenn die Selbstkosten und die Angebotspreise für Produkte der Einzel- und Kleinserienfertigung zu kalkulieren sind.

Die Zuschlagssätze für die Gemeinkosten werden mithilfe der Daten aus dem Betriebsabrechnungsbogen ermittelt, und zwar aufgrund folgender Formeln:

$$\text{Materialgemeinkostenzuschlagssatz} = \frac{\text{Materialgemeinkosten} \cdot 100}{\text{Fertigungsmaterial}}$$

$$\text{Fertigungsgemeinkostenzuschlagssatz} = \frac{\text{Fertigungsgemeinkosten} \cdot 100}{\text{Fertigungslöhne}}$$

$$\text{Vertriebsgemeinkostenzuschlagssatz} = \frac{\text{Vertriebsgemeinkosten} \cdot 100}{\text{Herstellkosten der Produktion}}$$

$$\text{Verwaltungsgemeinkostenzuschlagssatz} = \frac{\text{Verwaltungsgemeinkosten} \cdot 100}{\text{Herstellkosten der Produktion}}$$

Für die Ermittlung der Selbstkosten gilt dieses Kalkulationsschema:

```
   Materialeinzelkosten
 + Materialgemeinkosten      = Materialkosten
   Fertigungseinzelkosten
 + Fertigungsgemeinkosten    = Fertigungskosten
                               Herstellkosten
                             + Verwaltungsgemeinkosten
                             + Vertriebsgemeinkosten
                             = Selbstkosten
```

### Situationsaufgabe

Ein Unternehmen der holzverarbeitenden Industrie hat laut Betriebsabrechnungsbogen folgende Kostenstruktur:

|  | Gesamt | Material | Fertigung | Verwaltung | Vertrieb |
|---|---|---|---|---|---|
| **Einzelkosten** | | | | | |
| Fertigungsmaterial | | 2.500.000,00 € | | | |
| Fertigungslöhne | | | 2.250.000,00 € | | |
| **Einzelkosten** | 4.750.000,00 € | 2.500.000,00 € | 2.250.000,00 € | | |
| **Gemeinkosten** | | | | | |
| Hilfslöhne | 150.000,00 € | 12.000,00 € | 93.000,00 € | 22.500,00 € | 22.500,00 € |
| Hilfsstoffe | 45.000,00 € | | 45.000,00 € | | |
| Betriebsstoffe | 180.000,00 € | 18.000,00 € | 117.000,00 € | 18.000,00 € | 27.000,00 € |
| Abschreibungen | 110.000,00 € | 33.000,00 € | 44.000,00 € | 11.000,00 € | 22.000,00 € |
| Gehälter | 220.000,00 € | | 33.000,00 € | 165.000,00 € | 22.000,00 € |
| Zinsen | 65.000,00 € | 3.250,00 € | 39.000,00 € | 7.800,00 € | 14.950,00 € |
| Steuern | 90.000,00 € | 22.500,00 € | 22.500,00 € | 22.500,00 € | 22.500,00 € |
| Mieten | 180.000,00 € | 45.000,00 € | 74.000,00 € | 37.000,00 € | 24.000,00 € |
| Reparaturen | 55.000,00 € | 6.050,00 € | 29.700,00 € | 6.600,00 € | 12.650,00 € |
| Sonstige Kosten | 190.000,00 € | 47.500,00 € | 47.500,00 € | 47.500,00 € | 47.500,00 € |
| **Summe Gemeinkosten** | 1.285.000,00 € | 187.300,00 € | 544.700,00 € | 337.900,00 € | 215.100,00 € |

a) Ermitteln Sie die Gemeinkostenzuschlagssätze.
b) Kalkulieren Sie die Selbstkosten für Produkt 1, 2 und 3. Hierzu ist bekannt:

| Einzelkosten | Produkt 1 | Produkt 2 | Produkt 3 |
|---|---|---|---|
| Fertigungsmaterial | 10,00 € | 20,00 € | 30,00 € |
| Fertigungslöhne | 15,00 € | 25,00 € | 20,00 € |

| | A | B | C | D | E | F | G |
|---|---|---|---|---|---|---|---|
| 1 | | | | | | | |
| 2 | | Kosten | Gesamt | Material | Fertigung | Verwaltung | Vertrieb |
| 3 | | Einzelkosten | 4.750.000,00 € | 2.500.000,00 € | 2.250.000,00 € | | |
| 4 | | Gemeinkosten | 1.285.000,00 € | 187.300,00 € | 544.700,00 € | 337.900,00 € | 215.100,00 € |
| 5 | | | | | | | |
| 6 | | Herstellkosten | | | | | |
| 7 | | 5.482.000,00 € | | | | | |
| 8 | | | | | | | |
| 9 | 1. | | Material-GK-Zuschlag | 7,49% | | | |
| 10 | | | Fertigungs-GK-Zuschlag | 24,21% | | | |
| 11 | | | Verwaltungs-GK-Zuschlag | 6,16% | | | |
| 12 | | | Vertriebs-GK-Zuschlag | 3,92% | | | |
| 13 | | | | | | | |
| 14 | 2. | | Kakulation | Zuschlagssätze | Produkt 1 | Produkt 2 | Produkt 3 |
| 15 | | | Materialeinzelkosten | | 10,00 € | 20,00 € | 30,00 € |
| 16 | | +  | Materialgemeinkosten | 7,49% | 0,75 € | 1,50 € | 2,25 € |
| 17 | | | Materialkosten | | 10,75 € | 21,50 € | 32,25 € |
| 18 | | | Fertigungseinzelkosten | | 15,00 € | 25,00 € | 20,00 € |
| 19 | | + | Fertigungsgemeinkosten | 24,21% | 3,63 € | 6,05 € | 4,84 € |
| 20 | | | Fertigungskosten | | 18,63 € | 31,05 € | 24,84 € |
| 21 | | | Herstellkosten | | 29,38 € | 52,55 € | 57,09 € |
| 22 | | + | Verwaltungsgemeinkosten | 6,16% | 1,81 € | 3,24 € | 3,52 € |
| 23 | | + | Vertriebsgemeinkosten | 3,92% | 1,15 € | 2,06 € | 2,24 € |
| 24 | | | Selbstkosten | | 32,34 € | 57,85 € | 62,85 € |
| 25 | | | | | | | |

| | A | B | C | D | E | F | G |
|---|---|---|---|---|---|---|---|
| 1 | | | | | | | |
| 2 | | Kosten | Gesamt | Material | Fertigung | Verwaltung | Vertrieb |
| 3 | | Einzelkosten | 4750000 | 2500000 | 2250000 | | |
| 4 | | Gemeinkosten | 1285000 | 187300 | 544700 | 337900 | 215100 |
| 5 | | | | | | | |
| 6 | | Herstellkosten | | | | | |
| 7 | | =D3+E3+D4+E4 | | | | | |
| 8 | | | | | | | |
| 9 | 1. | | Material-GK-Zuschlag | =D4/D3 | | | |
| 10 | | | Fertigungs-GK-Zuschlag | =E4/E3 | | | |
| 11 | | | Verwaltungs-GK-Zuschlag | =F4/B7 | | | |
| 12 | | | Vertriebs-GK-Zuschlag | =G4/B7 | | | |
| 13 | | | | | | | |
| 14 | 2. | | Kakulation | Zuschlagssätze | Produkt 1 | Produkt 2 | Produkt 3 |
| 15 | | | Materialeinzelkosten | | 10 | 20 | 30 |
| 16 | | + | Materialgemeinkosten | =D9 | =E15*D16 | =F15*D16 | =G15*D16 |
| 17 | | | Materialkosten | | =SUMME(E15:E16) | =SUMME(F15:F16) | =SUMME(G15:G16) |
| 18 | | | Fertigungseinzelkosten | | 15 | 25 | 20 |
| 19 | | + | Fertigungsgemeinkosten | =D10 | =E18*D19 | =F18*D19 | =G18*D19 |
| 20 | | | Fertigungskosten | | =SUMME(E18:E19) | =SUMME(F18:F19) | =SUMME(G18:G19) |
| 21 | | | Herstellkosten | | =E17+E20 | =F17+F20 | =G17+G20 |
| 22 | | + | Verwaltungsgemeinkosten | =D11 | =E21*D22 | =F21*D22 | =G21*D22 |
| 23 | | + | Vertriebsgemeinkosten | =D12 | =E21*D23 | =F21*D23 | =G21*D23 |
| 24 | | | Selbstkosten | | =SUMME(E21:E23) | =SUMME(F21:F23) | =SUMME(G21:G23) |
| 25 | | | | | | | |

## 6.2 Kalkulierte Angebotspreise

Die differenzierte Zuschlagskalkulation endet nicht bei der Ermittlung der Selbstkosten. Um auf Basis der Selbstkosten den Verkaufspreis zu kalkulieren, müssen folgende Faktoren im Kalkulationsschema berücksichtigt werden:

|   |   |
|---|---|
|   | Selbstkosten |
| + | Gewinn |
| = | Barverkaufspreis |
| + | Kundenskonto |
| = | Zielverkaufspreis |
| + | Kundenrabatt |
| = | Netto-Verkaufspreis |
| + | Umsatzsteuer |
| = | **Brutto-Verkaufspreis** |

Bei der Ermittlung der Angebotspreise muss nur dann die Umsatzsteuer berücksichtigt werden, wenn an den Endverbraucher verkauft werden soll. Das wäre der Fall, wenn das Industrieunternehmen auch als Einzelhändler am Markt auftritt. Sind dagegen die Abnehmer Unternehmen, so reicht der Netto-Verkaufspreis, da die Umsatzsteuer lediglich ein durchlaufender Posten und kein Kostenfaktor für die Unternehmen ist.

Ob es sinnvoll ist, mit einheitlichen Zuschlagssätzen für Gewinn, Skonto und Rabatt zu arbeiten, mag der konkrete Einzelfall entscheiden. Die Höhe der Sätze wird in der Regel durch Daten der Vergangenheit bzw. durch markt- und branchenübliche Faktoren bestimmt.

Es stellt sich generell die Frage, ob die kalkulierten Angebotspreise auch die tatsächlichen sind bzw. sein müssen. Oft spielen „psychologische" (optische) Preise – 19,90 € statt 19,47 € – eine Rolle, häufig werden auch Angebotspreise denen der Konkurrenz angepasst. Das alles sagt aber nicht aus, dass trotzdem so verursachungsgerecht und genau wie möglich kalkuliert werden muss, um die richtigen Planungsdaten für die Entscheidung zu bekommen.

**Situationsaufgabe**
Ein Unternehmen der holzverarbeitenden Industrie kalkuliert die Produkte 1, 2 und 3 mit folgenden Selbstkosten:

|   | Produkt 1 | Produkt 2 | Produkt 3 |
|---|---|---|---|
| **Selbstkosten** | 32,34 € | 57,85 € | 62,85 € |

Das Unternehmen möchte bei der Angebotskalkulation einheitlich einen Gewinnzuschlag von 25 %, Kunden-Skonto von 2 %, Kundenrabatt von 5 % und Umsatzsteuer von 19 % berücksichtigen.

Ein internationales Möbelhaus könnte als Kunde gewonnen werden, wenn die drei Produkte zu den folgenden Netto-Verkaufspreisen verkauft würden:

| Angebot | Produkt 1 | Produkt 2 | Produkt 3 |
|---|---|---|---|
| **Netto-Verkaufspreis** | 45,00 € | 65,00 € | 85,00 € |

a) Kalkulieren Sie die Angebotspreise für die drei Produkte.
b) Wie hoch wäre die Über- bzw. Unterdeckung bei den drei Produkten?

|   | A | B | C | D | E | F | G | H |
|---|---|---|---|---|---|---|---|---|
| 1 |   |   |   |   |   |   |   |   |
| 2 |   | 1. | Angebotskalkulation | Zuschlagssätze | Produkt 1 | Produkt 2 | Produkt 3 |   |
| 3 |   |   | Selbstkosten |   | 32,34 € | 57,85 € | 62,85 € |   |
| 4 |   |   | + Gewinn | 25% | 8,09 € | 14,46 € | 15,71 € |   |
| 5 |   |   | Barverkaufspreis | 98% | 40,43 € | 72,31 € | 78,56 € |   |
| 6 |   |   | + Kundenskonto | 2% | 0,83 € | 1,48 € | 1,60 € |   |
| 7 |   |   | Zielverkaufspreis | 95% | 41,26 € | 73,79 € | 80,16 € |   |
| 8 |   |   | + Kundenrabatt | 5% | 2,17 € | 3,88 € | 4,22 € |   |
| 9 |   |   | Netto-Verkaufspreis |   | 43,43 € | 77,67 € | 84,38 € |   |
| 10 |   |   | + Umsatzsteuer | 19% | 8,25 € | 14,76 € | 16,03 € |   |
| 11 |   |   | Brutto-Verkaufspreis |   | 51,68 € | 92,43 € | 100,41 € |   |
| 12 |   |   |   |   |   |   |   |   |
| 13 |   |   |   |   |   |   |   |   |
| 14 |   | 2. | Netto-Verkaufspreis - | kalkuliert | 43,43 € | 77,67 € | 84,38 € |   |
| 15 |   |   | - Netto-Verkaufspreis - | gefordert | 45,00 € | 65,00 € | 85,00 € |   |
| 16 |   |   | Überdeckung bzw. Unterdeckung (-) |   | 1,57 € | -12,67 € | 0,62 € |   |
| 17 |   |   |   |   |   |   |   |   |
| 18 |   |   |   |   |   |   |   |   |
| 19 |   |   |   |   |   |   |   |   |
| 20 |   |   |   |   |   |   |   |   |

|   | A | B | C | D | E | F | G |
|---|---|---|---|---|---|---|---|
| 1 |   |   |   |   |   |   |   |
| 2 |   | 1. | Angebotskalkulation | Zuschlagssätze | Produkt 1 | Produkt 2 | Produkt 3 |
| 3 |   |   | Selbstkosten |   | 32,34 | 57,85 | 62,85 |
| 4 |   |   | + Gewinn | 0,25 | =E3*D4 | =F3*D4 | =G3*D4 |
| 5 |   |   | Barverkaufspreis | 0,98 | =SUMME(E3:E4) | =SUMME(F3:F4) | =SUMME(G3:G4) |
| 6 |   |   | + Kundenskonto | 0,02 | =E5*D6/D5 | =F5*D6/D5 | =G5*D6/D5 |
| 7 |   |   | Zielverkaufspreis | 0,95 | =SUMME(E5:E6) | =SUMME(F5:F6) | =SUMME(G5:G6) |
| 8 |   |   | + Kundenrabatt | 0,05 | =E7*D8/D7 | =F7*D8/D7 | =G7*D8/D7 |
| 9 |   |   | Netto-Verkaufspreis |   | =SUMME(E7:E8) | =SUMME(F7:F8) | =SUMME(G7:G8) |
| 10 |   |   | + Umsatzsteuer | 0,19 | =E9*D10 | =F9*D10 | =G9*D10 |
| 11 |   |   | Brutto-Verkaufspreis |   | =SUMME(E9:E10) | =SUMME(F9:F10) | =SUMME(G9:G10) |
| 12 |   |   |   |   |   |   |   |
| 13 |   |   |   |   |   |   |   |
| 14 |   | 2. | Netto-Verkaufspreis - | kalkuliert | =E9 | =F9 | =G9 |
| 15 |   |   | - Netto-Verkaufspreis - | gefordert | 45 | 65 | 85 |
| 16 |   |   | Überdeckung bzw. Unterdeckung (-) |   | =E15-E14 | =F15-F14 | =G15-G14 |
| 17 |   |   |   |   |   |   |   |
| 18 |   |   |   |   |   |   |   |
| 19 |   |   |   |   |   |   |   |
| 20 |   |   |   |   |   |   |   |
| 21 |   |   |   |   |   |   |   |
| 22 |   |   |   |   |   |   |   |

# 7. Maschinenstundensatzrechnung

## 7.1 Summarische Maschinenstundensatzrechnung

Die differenzierte Zuschlagskalkulation muss abgeändert und erweitert werden, wenn extrem hohe Werte für den Fertigungsgemeinkostenzuschlag (= FGK-Zuschlag) vorliegen oder wenn aufgrund von fehlenden Fertigungslöhnen keine Zuschlagsbasis für die Fertigungsgemeinkosten vorhanden ist. Dann kann mithilfe der Maschinenstundensatzrechnung die Kalkulation vorgenommen werden. Dazu werden zunächst die Fertigungsgemeinkosten in lohn- und maschinenabhängige Fertigungsgemeinkosten (FGK) aufgeteilt:

| Lohnabhängige FGK | Maschinenabhängige FGK |
|---|---|
| Hilfslöhne | Energiekosten |
| Sozialabgaben | Sonstige Betriebsstoffkosten |
| | Abschreibungen |
| | Zinsen |
| | Reparaturkosten |
| | Wartungskosten |
| | Raumkosten |

Der Maschinenstundensatz errechnet sich wie folgt:

$$\text{Maschinenstundensatz} = \frac{\text{Maschinenabhängige Fertigungsgemeinkosten}}{\text{Maschinenlaufstunden}}$$

Daraus ergibt sich ein Minutensatz von:

$$\text{Minutensatz} = \frac{\text{Maschinenstundensatz}}{60 \text{ Min./Std.}}$$

Für die lohnabhängigen Fertigungsgemeinkosten wird ein Rest-Fertigungsgemeinkosten-Zuschlagssatz nach dieser Formel ermittelt:

$$\text{Rest-Fertigungsgemeinkostenzuschlagssatz} = \frac{\text{Lohnabhängige Fertigungsgemeinkosten} \cdot 100}{\text{Fertigungslöhne}}$$

Liegen keine Fertigungslöhne vor, so entfällt der Rest-Fertigungsgemeinkostenzuschlag.

**Situationsaufgabe**
Die Fertigungsstelle A eines Industriebetriebes hat die folgende Kostenstruktur:

| Kostenarten | Fertigung A |
|---|---|
| **Einzelkosten** | |
| Fertigungslöhne | 80.000,00 € |
| Summe Fertigungseinzelkosten | |
| **Gemeinkosten** | |
| Energiekosten | 24.500,00 € |
| Sonstige Betriebsstoffkosten | 22.500,00 € |
| Hilfslöhne | 14.000,00 € |
| Soziale Abgaben | 2.600,00 € |
| Abschreibungen | 35.100,00 € |
| Zinsen | 12.600,00 € |
| Reparaturkosten | 16.500,00 € |
| Wartungskosten | 9.600,00 € |
| Raumkosten | 14.200,00 € |
| Summe Fertigungsgemeinkosten | |

Die Betriebsmittel wurden 1.500 Stunden genutzt.

a) Wie hoch sind die lohn- und maschinenabhängigen Fertigungsgemeinkosten in der Fertigungsstufe A?
b) Ermitteln Sie den Rest-Fertigungsgemeinkostenzuschlagssatz und den Maschinenstundensatz.
c) Welcher Minutensatz liegt vor und wie lauten die maschinenabhängigen Fertigungsgemeinkosten der drei Produkte, wenn gilt:

|  | Produkt I | Produkt II | Produkt III |
|---|---|---|---|
| Durchlaufzeit | 9 Minuten | 6 Minuten | 4 Minuten |

**Lösung:**

|  | A | B | C | D | E | F | G |
|---|---|---|---|---|---|---|---|
| 1 | | | | | | | |
| 2 | | Kostenarten | | Fertigung A | | | |
| 3 | | Einzelkosten | | | Maschinenlaufstunden | | |
| 4 | | Fertigungslöhne | 80.000,00 € | | 1.500 | | |
| 5 | | Summe Fertigungseinzelkosten | 80.000,00 € | | | | |
| 6 | | | | | | | |
| 7 | 1. | Gemeinkosten | | Lohnabhängige FGK | Maschinenabhängige FGK | | |
| 8 | | Energiekosten | 24.500,00 € | | 24.500,00 € | | |
| 9 | | Sonstige Betriebsstoffkosten | 22.500,00 € | | 22.500,00 € | | |
| 10 | | Hilfslöhne | 14.000,00 € | 14.000,00 € | | | |
| 11 | | Soziale Abgaben | 2.600,00 € | 2.600,00 € | | | |
| 12 | | Abschreibungen | 35.100,00 € | | 35.100,00 € | | |
| 13 | | Zinsen | 12.600,00 € | | 12.600,00 € | | |
| 14 | | Reparaturkosten | 16.500,00 € | | 16.500,00 € | | |
| 15 | | Wartungskosten | 9.600,00 € | | 9.600,00 € | | |
| 16 | | Raumkosten | 14.200,00 € | | 14.200,00 € | | |
| 17 | | Summe FGK | 151.600,00 € | 16.600,00 € | 135.000,00 € | | |
| 18 | | | | | | | |
| 19 | 2. | Rest-FGK-Zuschlag | 20,75% | | | | |
| 20 | | Maschinenstundensatz | 90,00 € | | | | |
| 21 | | Minutensatz | 1,50 € | | | | |
| 22 | | | | | | | |
| 23 | | | Produkt I | Produkt II | Produkt III | | |
| 24 | 3. | Durchlaufzeit in Minuten | 9 | 6 | 4 | | |
| 25 | | Maschinenabhängige FGK | 13,50 € | 9,00 € | 6,00 € | | |
| 26 | | | | | | | |

|  | A | B | C | D | E | F |
|---|---|---|---|---|---|---|
| 1 | | | | | | |
| 2 | | Kostenarten | | Fertigung A | | |
| 3 | | Einzelkosten | | | Maschinenlaufstunden | |
| 4 | | Fertigungslöhne | 80000 | | 1500 | |
| 5 | | Summe Fertigungseinzelkosten | 80000 | | | |
| 6 | | | | | | |
| 7 | 1. | Gemeinkosten | | Lohnabhängige FGK | Maschinenabhängige FGK | |
| 8 | | Energiekosten | 24500 | | =C8 | |
| 9 | | Sonstige Betriebsstoffkosten | 22500 | | =C9 | |
| 10 | | Hilfslöhne | 14000 | =C10 | | |
| 11 | | Soziale Abgaben | 2600 | =C11 | | |
| 12 | | Abschreibungen | 35100 | | =C12 | |
| 13 | | Zinsen | 12600 | | =C13 | |
| 14 | | Reparaturkosten | 16500 | | =C14 | |
| 15 | | Wartungskosten | 9600 | | =C15 | |
| 16 | | Raumkosten | 14200 | | =C16 | |
| 17 | | Summe FGK | =SUMME(C8:C16) | =SUMME(D8:D16) | =SUMME(E8:E16) | |
| 18 | | | | | | |
| 19 | 2. | Rest-FGK-Zuschlag | =D17/C4 | | | |
| 20 | | Maschinenstundensatz | =E17/E4 | | | |
| 21 | | Minutensatz | =C20/60 | | | |
| 22 | | | | | | |
| 23 | | | Produkt I | Produkt II | Produkt III | |
| 24 | 3. | Durchlaufzeit in Minuten | 9 | 6 | 4 | |
| 25 | | Maschinenabhängige FGK | =C24*C21 | =D24*C21 | =C21*E24 | |
| 26 | | | | | | |

## 7.2 Kalkulation mit Maschinenstundensätzen

Bei der Kalkulation für teilautomatische Fertigungsprozesse mit Maschinenstundensätzen wird das Kalkulationsschema in dieser Weise ergänzt:

|   | Materialeinzelkosten | | |
|---|---|---|---|
| + | Materialgemeinkosten | = | Materialkosten |
|   | Fertigungseinzelkosten | | |
| + | Lohnabhängige FGK | | |
| + | Maschinenabhängige FGK | = | Fertigungskosten |
|   | | | Herstellkosten |
|   | | + | Verwaltungsgemeinkosten |
|   | | + | Vertriebsgemeinkosten |
|   | | = | Selbstkosten |

Liegt dagegen ein vollautomatischer Fertigungsprozess vor, entfallen im Kalkulationsschema die Posten Fertigungseinzelkosten und lohnabhängige FGK.

In beiden Fällen ist zu beachten, dass der errechnete Maschinenstundensatz über den Minutensatz in produktbezogene maschinenabhängige FGK zu überführen ist.

Eine weitere Differenzierung der Kalkulation wäre möglich, wenn die Gemeinkostenzuschläge für die einzelnen Produkte unterschiedlich in ihrer Höhe angesetzt würden. Hierzu bedarf es aber eines mehrstufigen BABs, der diesem Gedanken Rechnung trägt. Der Aufbau des Kalkulationsschemas und der Rechenweg würden sich dann jedoch nicht ändern.

Auch, wenn der Maschinenstundensatz über ein differenziertes Verfahren zustande kommt, bleibt das beschriebene Kalkulationsverfahren so bestehen. Lediglich bis zur Ermittlung des Stundensatzes sind einige Besonderheiten zu berücksichtigen.

**Situationsaufgabe**

Ein Industrieunternehmen hat für die Fertigungsstellen A und B sowie für die Kostenträger X, Y, und Z die folgenden Daten ermittelt:

| Kalkulationsdaten | Kostenträger | | |
|---|---|---|---|
| | Produkt X | Produkt Y | Produkt Z |
| Materialeinzelkosten | 2,00 € | 1,50 € | 3,00 € |
| Fertigungseinzelkosten B | 2,20 € | 4,00 € | 1,80 € |
| Durchlaufzeit in Minuten in Fertigung A | 9 | 6 | 4 |
| Durchlaufzeit in Minuten in Fertigung B | 6 | 5 | 7 |
| Minutensatz A | 1,50 € | 1,50 € | 1,50 € |
| Minutensatz B | 1,15 € | 1,15 € | 1,15 € |
| Materialgemeinkosten-Zuschlagssatz | 20,00 % | 20,00 % | 20 % |
| Rest-FGK-Zuschlagssatz | 20,75 % | 20,75 % | 20,75 % |
| Verwaltungsgemeinkosten-Zuschlagssatz | 15,00 % | 15,00 % | 15,00 % |
| Vertriebsgemeinkosten-Zuschlagssatz | 10,00 % | 10,00 % | 10,00 % |

Kalkulieren Sie mithilfe der Maschinenstundensatzrechnung die Selbstkosten für die drei Produkte aufgrund der vorliegenden Daten.

| | A | B | C | D | E | F | G |
|---|---|---|---|---|---|---|---|
| 1 | | | | | | | |
| 2 | Datenfeld | | | Kostenträger | | | |
| 3 | | | Produkt X | Produkt Y | Produkt Z | | |
| 4 | Materialeinzelkosten | | 2,00 € | 1,50 € | 3,00 € | | |
| 5 | Fertigungseinzelkosten B | | 2,20 € | 4,00 € | 1,80 € | | |
| 6 | Durchlaufzeit in Minuten in Fertigung A | | 9 | 6 | 4 | | |
| 7 | Durchlaufzeit in Minuten in Fertigung B | | 6 | 5 | 7 | | |
| 8 | Minutensatz A | | 1,50 € | 1,50 € | 1,50 € | | |
| 9 | Minutensatz B | | 1,15 € | 1,15 € | 1,15 € | | |
| 10 | Materialgemeinkosten-Zuschlagssatz | | 20,00% | 20,00% | 20,00% | | |
| 11 | Rest-FGK-Zuschlag | | 20,75% | 20,75% | 20,75% | | |
| 12 | Verwaltungsgemeinkosten-Zuschlagssatz | | 15,00% | 15,00% | 15,00% | | |
| 13 | Vertriebsgemeinkosten-Zuschlagssatz | | 10,00% | 10,00% | 10,00% | | |
| 14 | | | | | | | |
| 15 | | | | | | | |
| 16 | | | | Kostenträger | | | |
| 17 | Kalkulation | Zuschlagssätze | Produkt X | Produkt Y | Produkt Z | | |
| 18 | Materialeinzelkosten | | 2,00 € | 1,50 € | 3,00 € | | |
| 19 | Materialgemeinkosten | 20,00% | 0,40 € | 0,30 € | 0,60 € | | |
| 20 | Materialkosten | | 2,40 € | 1,80 € | 3,60 € | | |
| 21 | Maschinenabhängige FGK A | | 13,50 € | 9,00 € | 6,00 € | | |
| 22 | Fertigungseinzelkosten B | | 2,20 € | 4,00 € | 1,80 € | | |
| 23 | Lohnabhängige FGK B | 20,75% | 0,46 € | 0,83 € | 0,37 € | | |
| 24 | Maschinenabhängige FGK B | | 6,90 € | 5,75 € | 8,05 € | | |
| 25 | Herstellkosten | | 25,46 € | 21,38 € | 19,82 € | | |
| 26 | Verwaltungsgemeinkosten | 15,00% | 3,82 € | 3,21 € | 2,97 € | | |
| 27 | Vertriebsgemeinkosten | 10,00% | 2,55 € | 2,14 € | 1,98 € | | |
| 28 | Selbstkosten | | 31,83 € | 26,73 € | 24,77 € | | |
| 29 | | | | | | | |

| | A | B | C | D | E |
|---|---|---|---|---|---|
| 1 | | | | | |
| 2 | Datenfeld | | | Kostenträger | |
| 3 | | | Produkt X | Produkt Y | Produkt Z |
| 4 | Materialeinzelkosten | | 2 | 1,5 | 3 |
| 5 | Fertigungseinzelkosten B | | 2,2 | 4 | 1,8 |
| 6 | Durchlaufzeit in Minuten in Fertigung A | | 9 | 6 | 4 |
| 7 | Durchlaufzeit in Minuten in Fertigung B | | 6 | 5 | 7 |
| 8 | Minutensatz A | | 1,5 | 1,5 | 1,5 |
| 9 | Minutensatz B | | 1,15 | 1,15 | 1,15 |
| 10 | Materialgemeinkosten-Zuschlagssatz | | 0,2 | 0,2 | 0,2 |
| 11 | Rest-FGK-Zuschlag | | 0,2075 | 0,2075 | 0,2075 |
| 12 | Verwaltungsgemeinkosten-Zuschlagssatz | | 0,15 | 0,15 | 0,15 |
| 13 | Vertriebsgemeinkosten-Zuschlagssatz | | 0,1 | 0,1 | 0,1 |
| 14 | | | | | |
| 15 | | | | | |
| 16 | | | | Kostenträger | |
| 17 | Kalkulation | Zuschlagssätze | Produkt X | Produkt Y | Produkt Z |
| 18 | Materialeinzelkosten | | =C4 | =D4 | =E4 |
| 19 | Materialgemeinkosten | =C10 | =C18*B19 | =D18*B19 | =E18*B19 |
| 20 | Materialkosten | | =SUMME(C18:C19) | =SUMME(D18:D19) | =SUMME(E18:E19) |
| 21 | Maschinenabhängige FGK A | | =C6*C8 | =D6*D8 | =E6*E8 |
| 22 | Fertigungseinzelkosten B | | =C5 | =D5 | =E5 |
| 23 | Lohnabhängige FGK B | =C11 | =C22*B23 | =D22*B23 | =E22*B23 |
| 24 | Maschinenabhängige FGK B | | =C7*C9 | =D7*D9 | =E7*E9 |
| 25 | Herstellkosten | | =SUMME(C20:C24) | =SUMME(D20:D24) | =SUMME(E20:E24) |
| 26 | Verwaltungsgemeinkosten | =C12 | =C25*B26 | =D25*B26 | =E25*B26 |
| 27 | Vertriebsgemeinkosten | =C13 | =C25*B27 | =D25*B27 | =E25*B27 |
| 28 | Selbstkosten | | =SUMME(C25:C27) | =SUMME(D25:D27) | =SUMME(E25:E27) |
| 29 | | | | | |

## 7.3 Differenzierte Maschinenstundensatzrechnung

Die differenzierte Maschinenstundensatzrechnung arbeitet nicht mit einer pauschalen Zuordnung der maschinenabhängigen Fertigungsgemeinkosten auf die Laufstunden, sondern ermittelt getrennt nach Kostenarten anteilige Sätze. Zu diesen Kostenarten zählen die kalkulatorischen Abschreibungen und Zinsen, die Instandhaltungs-, Raum- und Energiekosten. Im Einzelnen gilt:

$$\text{Kalkulatorische Abschreibungen je Maschinenstunde} = \frac{\text{Wiederbeschaffungswert}}{\text{Nutzungsdauer} \cdot \text{Maschinenlaufzeit}}$$

$$\text{Kalkulatorische Zinsen je Maschinenstunde} = \frac{0{,}5 \text{ Jahre} \cdot \text{Wiederbeschaffungswert} \cdot \text{Zinssatz}}{100 \cdot \text{Maschinenlaufzeit}}$$

$$\text{Instandhaltungskosten je Maschinenstunde} = \frac{\text{Gesamte Instandhaltungskosten}}{\text{Nutzungsdauer} \cdot \text{Maschinenlaufzeit}}$$

$$\text{Raumkosten je Maschinenstunde} = \frac{\text{Raumbedarf} \cdot \text{qm-Satz}}{\text{Maschinenlaufzeit}}$$

$$\text{Energiekosten je Maschinenstunde} = \text{Energiebedarf/Std.} \cdot \text{Kosten je Energieeinheit}$$

$$\text{Werkzeugkosten je Maschinenstunde} = \frac{\text{Werkzeugkosten}}{\text{Maschinenlaufzeit}}$$

Die kalkulatorischen Abschreibungen beziehen den Wiederbeschaffungswert auf die Nutzungsdauer multipliziert mit der Maschinenlaufzeit. Sowohl der Wiederbeschaffungswert als auch die Nutzungsdauer der Maschine müssen geschätzt werden, da beides Zukunftsgrößen sind.

Bei der Berechnung der kalkulatorischen Zinsen je Maschinenstunde wird eine Durchschnittsverzinsung unterstellt, d. h. das Kapital ist hälftig während der gesamten Laufzeit gebunden.

Da sich die Instandhaltungskosten auf die Maschinenlaufzeit während der gesamten Nutzungsdauer beziehen, müssen sie ihrer Höhe nach geschätzt werden. Diese Schätzungen beruhen auf Erfahrungswerten und unterstellen, dass sie für Wartung und Reparaturen in Zukunft ähnlich eintreffen.

Zu den Raumkosten zählen die Kosten für Miete und deren Nebenkosten bzw. die kalkulatorische Miete sowie Beleuchtungs- und Reinigungskosten. Als Energiekosten können die Kosten für den Strom-, Wasser-, Gas- und den fossilen Brennstoffverbrauch angesetzt werden.

Für jedes Aggregat werden die Werkzeugkosten einer Abrechnungsperiode gesondert ermittelt.

## Situationsaufgabe

Für die neueste vollautomatische Maschine C, die für Sonderaufträge eines skandinavischen Großkunden zum Einsatz kommen soll, möchte ein Industrieunternehmen eine differenzierte Maschinenstundensatzrechnung durchführen.

| Maschine C | |
|---|---|
| Maschinenlaufstunden im Jahr | 2.000,00 € |
| Wiederbeschaffungswert | 100.000,00 € |
| Geschätzte Nutzungsdauer in Jahren | 10 |
| Zinssatz | 8 % |
| Durchschnittliche Kapitalgebundenheit in Jahren | 0,50 |
| Erwartete Instandhaltungskosten während der Laufzeit | 18.000,00 € |
| Raumkosten pro qm | 40,00 € |
| Raumbedarf in qm | 25,00 € |
| Energieverbrauch in kWh | 20,00 € |
| Kosten je kWh | 0,11 € |
| Werkzeugkosten | 800,00 € |

a) Kalkulieren Sie die anteiligen Maschinenstundensätze aufgrund der vorliegenden Daten.

b) Wie hoch ist der gesamte Maschinenstundensatz?

**Lösung:**

| | A | B | C | D | E |
|---|---|---|---|---|---|
| 1 | | | | | |
| 2 | | | | | |
| 3 | **Maschine C** | | | | |
| 4 | Maschinenlaufstunden im Jahr | 2.000,00 € | | | |
| 5 | Wiederbeschaffungswert | 100.000,00 € | | | |
| 6 | Geschätzte Nutzungsdauer in Jahren | 10 | | | |
| 7 | Zinssatz | 8% | | | |
| 8 | Durchschnittliche Kapitalgebundenheit in Jahren | 0,50 | | | |
| 9 | Erwartete Instandhaltungskosten während der Laufzeit | 18.000,00 € | | | |
| 10 | Raumkosten pro qm | 40,00 € | | | |
| 11 | Raumbedarf in qm | 25,00 € | | | |
| 12 | Energieverbrauch in kWh | 20,00 € | | | |
| 13 | Kosten je kWh | 0,11 € | | | |
| 14 | Werkzeugkosten | 800,00 € | | | |
| 15 | | | | | |
| 16 | | | | | |
| 17 | Kalkulatorische Abschreibungen je Maschinenstunde | 5,00 € | | | |
| 18 | Kalkulatorische Zinsen je Maschinenstunde | 2,00 € | | | |
| 19 | Instandhaltungskosten je Maschinenstunde | 0,90 € | | | |
| 20 | Raumkosten je Maschinenstunde | 0,50 € | | | |
| 21 | Energiekosten je Maschinenstunde | 2,20 € | | | |
| 22 | Werkzeugkosten je Maschinenstunde | 0,40 € | | | |
| 23 | **Maschinenstundensatz** | 11,00 € | | | |

| | A | B | C | D |
|---|---|---|---|---|
| 1 | | | | |
| 2 | | | | |
| 3 | **Maschine C** | | | |
| 4 | Maschinenlaufstunden im Jahr | 2000 | | |
| 5 | Wiederbeschaffungswert | 100000 | | |
| 6 | Geschätzte Nutzungsdauer in Jahren | 10 | | |
| 7 | Zinssatz | 0,08 | | |
| 8 | Durchschnittliche Kapitalgebundenheit in Jahren | 0,5 | | |
| 9 | Erwartete Instandhaltungskosten während der Laufzeit | 18000 | | |
| 10 | Raumkosten pro qm | 40 | | |
| 11 | Raumbedarf in qm | 25 | | |
| 12 | Energieverbrauch in kWh | 20 | | |
| 13 | Kosten je kWh | 0,11 | | |
| 14 | Werkzeugkosten | 800 | | |
| 15 | | | | |
| 16 | | | | |
| 17 | Kalkulatorische Abschreibungen je Maschinenstunde | =B5/(B6*B4) | | |
| 18 | Kalkulatorische Zinsen je Maschinenstunde | =B8*B5*B7/B4 | | |
| 19 | Instandhaltungskosten je Maschinenstunde | =B9/(B6*B4) | | |
| 20 | Raumkosten je Maschinenstunde | =B10*B11/B4 | | |
| 21 | Energiekosten je Maschinenstunde | =B12*B13 | | |
| 22 | Werkzeugkosten je Maschinenstunde | =B14/B4 | | |
| 23 | Maschinenstundensatz | =SUMME(B17:B22) | | |

## 8. Kosten

### 8.1 Beschäftigungsbezogene Kosten

Kosten werden allgemein als leistungsbezogener Werteverzehr der Produktionsfaktoren definiert. Sie lassen sich nach einer Vielzahl von Kriterien unterteilen. Die Vollkostenrechnung arbeitet vornehmlich mit den verrechnungsbezogenen Kosten. Dabei können Einzelkosten einem Produkt direkt zugeordnet werden, Gemeinkosten nur indirekt.

Fast alle Teilkostenrechnungssysteme ziehen die beschäftigungsbezogenen Kosten in ihre Berechnungen ein, wobei die variablen Kosten, die beschäftigungsmengenabhängig sind, bei der Entscheidungsfindung ausschlaggebend sind. Die fixen Kosten werden meist en bloc herangezogen. Die Fixkostendeckungsrechnung versucht, den Fixkostenblock verursachungsgerecht aufzuteilen.

Im Einzelnen werden die beschäftigungbezogenen Kosten wie folgt definiert:

> Gesamtkosten = Variable Kosten + Fixkosten

Dabei gilt:

> Variable Kosten = Variable Stückkosten • Produktionsmenge

Zu den typischen variablen Kosten zählen z. B. der Materialverbrauch und die Fertigungslöhne.

Die Stückkosten – auch oft als Durchschnittskosten benannt – sind:

$$\text{Stückkosten} = \frac{\text{Gesamtkosten}}{\text{Produktionsmenge}}$$

Werden die variablen Kosten auf die produzierten Einheiten bezogen, dann erhält man die variablen Stückkosten:

$$\text{Variable Stückkosten} = \frac{\text{Variable Kosten}}{\text{Produktionsmenge}}$$

Im Vergleich zu den Stückkosten enthalten die variablen Stückkosten keine fixe Komponente und unterscheiden sich damit in ihrer Höhe um diesen Anteil.

Die Grenzkosten geben den Kostenzuwachs in Geldeinheiten bezogen auf eine zusätzliche Ausbringungsmengeneinheit an:

$$\text{Grenzkosten} = \frac{\text{Kostenzuwachs}}{\text{Produktionsmengenzuwachs}}$$

Sie entsprechen dem Differentialquotienten der linearen Gesamtkostenfunktion.

Bei linearem Kostenverlauf sind die Grenzkosten konstant und identisch mit den variablen Stückkosten:

$$\text{Gesamtkosten} = \text{Variable Stückkosten} \cdot \text{Produktionsmenge} + \text{Fixkosten}$$

Die Fixkosten werden im Allgemeinen gemeinsam als **ein** sogenannter Fixkostenblock in die Berechnungen einbezogen. Sie sind per Definition beschäftigungsmengen**un**abhängig.

Kapazitätserweiterungen haben aber oft zur Folge, dass sich auch die Fixkosten erhöhen, wobei dann ein sprungfixer Kostenverlauf möglich wäre, weil zu dem alten Fixkostenblock für die Erweiterungsinvestitionen häufig neue Fixkosten en bloc hinzu kämen.

**Situationsaufgabe**
Ein Unternehmen rechnet für die Herstellung eines Erzeugnisses mit variablen Stückkosten in Höhe von 2 €. Außerdem fallen Fixkosten in Höhe von 3.000 € an.

Wie hoch sind die variablen Kosten, die Gesamtkosten, die Durchschnittskosten (= Stückkosten) und die Grenzkosten, wenn 100, 200, 300, ... bis 2.000 Stück produziert werden?

## C. Kosten- und Leistungsrechnung in der Industrie | 8. Kosten

| | A | B | C | D | E | F | G |
|---|---|---|---|---|---|---|---|
| 1 | | | | | | | |
| 2 | Stück | Variable Stückkosten | Variable Kosten | Fixkosten | Gesamtkosten | Durchschnitts-kosten | Grenzkosten |
| 3 | 0 | - € | - € | 3.000,00 € | 3.000,00 € | | |
| 4 | 100 | 2,00 € | 200,00 € | 3.000,00 € | 3.200,00 € | 32,00 € | 2,00 € |
| 5 | 200 | 2,00 € | 400,00 € | 3.000,00 € | 3.400,00 € | 17,00 € | 2,00 € |
| 6 | 300 | 2,00 € | 600,00 € | 3.000,00 € | 3.600,00 € | 12,00 € | 2,00 € |
| 7 | 400 | 2,00 € | 800,00 € | 3.000,00 € | 3.800,00 € | 9,50 € | 2,00 € |
| 8 | 500 | 2,00 € | 1.000,00 € | 3.000,00 € | 4.000,00 € | 8,00 € | 2,00 € |
| 9 | 600 | 2,00 € | 1.200,00 € | 3.000,00 € | 4.200,00 € | 7,00 € | 2,00 € |
| 10 | 700 | 2,00 € | 1.400,00 € | 3.000,00 € | 4.400,00 € | 6,29 € | 2,00 € |
| 11 | 800 | 2,00 € | 1.600,00 € | 3.000,00 € | 4.600,00 € | 5,75 € | 2,00 € |
| 12 | 900 | 2,00 € | 1.800,00 € | 3.000,00 € | 4.800,00 € | 5,33 € | 2,00 € |
| 13 | 1000 | 2,00 € | 2.000,00 € | 3.000,00 € | 5.000,00 € | 5,00 € | 2,00 € |
| 14 | 1100 | 2,00 € | 2.200,00 € | 3.000,00 € | 5.200,00 € | 4,73 € | 2,00 € |
| 15 | 1200 | 2,00 € | 2.400,00 € | 3.000,00 € | 5.400,00 € | 4,50 € | 2,00 € |
| 16 | 1300 | 2,00 € | 2.600,00 € | 3.000,00 € | 5.600,00 € | 4,31 € | 2,00 € |
| 17 | 1400 | 2,00 € | 2.800,00 € | 3.000,00 € | 5.800,00 € | 4,14 € | 2,00 € |
| 18 | 1500 | 2,00 € | 3.000,00 € | 3.000,00 € | 6.000,00 € | 4,00 € | 2,00 € |
| 19 | 1600 | 2,00 € | 3.200,00 € | 3.000,00 € | 6.200,00 € | 3,88 € | 2,00 € |
| 20 | 1700 | 2,00 € | 3.400,00 € | 3.000,00 € | 6.400,00 € | 3,76 € | 2,00 € |
| 21 | 1800 | 2,00 € | 3.600,00 € | 3.000,00 € | 6.600,00 € | 3,67 € | 2,00 € |
| 22 | 1900 | 2,00 € | 3.800,00 € | 3.000,00 € | 6.800,00 € | 3,58 € | 2,00 € |
| 23 | 2000 | 2,00 € | 4.000,00 € | 3.000,00 € | 7.000,00 € | 3,50 € | 2,00 € |
| 24 | | | | | | | |

| | A | B | C | D | E | F | G |
|---|---|---|---|---|---|---|---|
| 1 | | | | | | | |
| 2 | Stück | Variable Stückkosten | Variable Kosten | Fixkosten | Gesamtkosten | Durchschnitts-kosten | Grenzkosten |
| 3 | 0 | 0 | =A3*B3 | 3000 | =SUMME(C3:D3) | | |
| 4 | 100 | 2 | =A4*B4 | 3000 | =SUMME(C4:D4) | =E4/A4 | =(E4-E3)/(A4-A3) |
| 5 | 200 | 2 | =A5*B5 | 3000 | =SUMME(C5:D5) | =E5/A5 | =(E5-E4)/(A5-A4) |
| 6 | 300 | 2 | =A6*B6 | 3000 | =SUMME(C6:D6) | =E6/A6 | =(E6-E5)/(A6-A5) |
| 7 | 400 | 2 | =A7*B7 | 3000 | =SUMME(C7:D7) | =E7/A7 | =(E7-E6)/(A7-A6) |
| 8 | 500 | 2 | =A8*B8 | 3000 | =SUMME(C8:D8) | =E8/A8 | =(E8-E7)/(A8-A7) |
| 9 | 600 | 2 | =A9*B9 | 3000 | =SUMME(C9:D9) | =E9/A9 | =(E9-E8)/(A9-A8) |
| 10 | 700 | 2 | =A10*B10 | 3000 | =SUMME(C10:D10) | =E10/A10 | =(E10-E9)/(A10-A9) |
| 11 | 800 | 2 | =A11*B11 | 3000 | =SUMME(C11:D11) | =E11/A11 | =(E11-E10)/(A11-A10) |
| 12 | 900 | 2 | =A12*B12 | 3000 | =SUMME(C12:D12) | =E12/A12 | =(E12-E11)/(A12-A11) |
| 13 | 1000 | 2 | =A13*B13 | 3000 | =SUMME(C13:D13) | =E13/A13 | =(E13-E12)/(A13-A12) |
| 14 | 1100 | 2 | =A14*B14 | 3000 | =SUMME(C14:D14) | =E14/A14 | =(E14-E13)/(A14-A13) |
| 15 | 1200 | 2 | =A15*B15 | 3000 | =SUMME(C15:D15) | =E15/A15 | =(E15-E14)/(A15-A14) |
| 16 | 1300 | 2 | =A16*B16 | 3000 | =SUMME(C16:D16) | =E16/A16 | =(E16-E15)/(A16-A15) |
| 17 | 1400 | 2 | =A17*B17 | 3000 | =SUMME(C17:D17) | =E17/A17 | =(E17-E16)/(A17-A16) |
| 18 | 1500 | 2 | =A18*B18 | 3000 | =SUMME(C18:D18) | =E18/A18 | =(E18-E17)/(A18-A17) |
| 19 | 1600 | 2 | =A19*B19 | 3000 | =SUMME(C19:D19) | =E19/A19 | =(E19-E18)/(A19-A18) |
| 20 | 1700 | 2 | =A20*B20 | 3000 | =SUMME(C20:D20) | =E20/A20 | =(E20-E19)/(A20-A19) |
| 21 | 1800 | 2 | =A21*B21 | 3000 | =SUMME(C21:D21) | =E21/A21 | =(E21-E20)/(A21-A20) |
| 22 | 1900 | 2 | =A22*B22 | 3000 | =SUMME(C22:D22) | =E22/A22 | =(E22-E21)/(A22-A21) |
| 23 | 2000 | 2 | =A23*B23 | 3000 | =SUMME(C23:D23) | =E23/A23 | =(E23-E22)/(A23-A22) |
| 24 | | | | | | | |

## 8.2 Verfahrensvergleich

Investitionsentscheidungen sollten in erster Linie aufgrund von Kostenüberlegungen, ohne jedoch die technische Notwendigkeit zu vernachlässigen, getätigt werden. Dabei spielt die Frage des Verhältnisses der variablen zu den fixen Kosten bei alternativen Produktionsverfahren eine nicht zu unterschätzende Rolle. Ein Verfahrensvergleich kann helfen, die richtige Wahl zu treffen.

Auf die kostentheoretische Diskussion, ob gekrümmte oder gerade – oder sogar sprungfixe – Kostenverläufe bei teil- bzw. vollautomatisierten Anlagen praxisrelevanter sind, soll an dieser Stelle nicht näher eingegangen werden, da die Grundüberlegungen zum Verfahrensvergleich davon nicht zentral berührt werden. Der Einfachheit halber werden deshalb hier lineare Kostenverläufe unterstellt. Dementsprechend lautet die Kostenfunktion:

$$K(x) = K_v + K_f \text{, wobei } K_v = k_v \cdot x$$

$$K(x) = k_v \cdot x + K_f$$

Die Gesamtkosten (K) sind abhängig von der Ausbringungsmenge (x) und setzen sich aus den variablen Kosten (Kv) und den Fixkosten (Kf) zusammen. Die variablen Kosten (Kv) sind wiederum das Produkt aus variablen Stückkosten (kv) und Ausbringungsmenge (x).

Grafisch stellt sich eine lineare Kostenfunktion wie folgt dar:

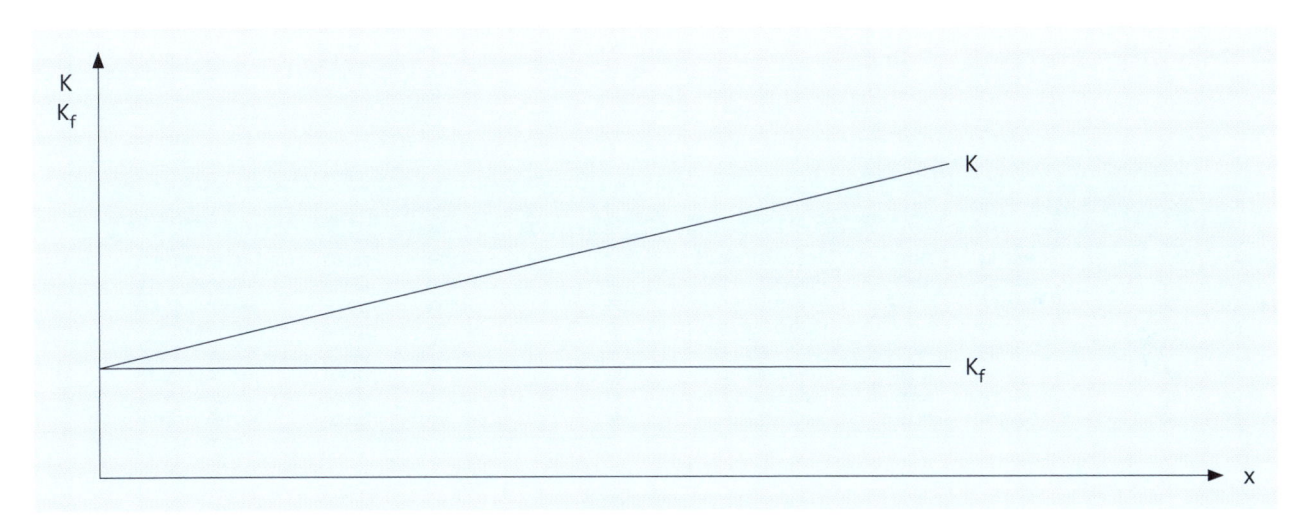

Übrigens: Sogenannte semivariable Kosten müssen bei einem Verfahrensvergleich in ihre fixen und variablen Komponenten aufgeteilt werden. Ein typisches Beispiel für semivariable Kosten sind die Telefonkosten – Grundgebühr (fix) und die Kosten für die Gesprächseinheiten (variabel) –, wo deren Aufteilung relativ einfach ist. Andere semivariable Kosten können jedoch nur mithilfe spezieller Methoden der Kostenauflösung in ihre beiden Bestandteile zerlegt werden.

**Situationsaufgabe**
In einem Industrieunternehmen steht eine Entscheidung an. Zwei neue Produktionsanlagen für Rationalisierungsinvestitionen stehen zur Wahl. Ihre Kostenfunktionen lauten:

$K_1 = 300x + 60.000 \text{ €}$
$K_2 = 150x + 120.000 \text{ €}$

a) Ermitteln Sie, bis zu welcher Menge Verfahren K1 günstiger ist. Erstellen Sie hierzu ein Datenfeld von 0, 100, 200, ..., 700 Stück.
b) Stellen Sie den Sachverhalt in einem Liniendiagramm dar.

## C. Kosten- und Leistungsrechnung in der Industrie | 8. Kosten

| | A | B | C | D | E | F | G | H | I |
|---|---|---|---|---|---|---|---|---|---|
| 1 | | | | | | | | | |
| 2 | | | Verfahren 1 | | | | Verfahren 2 | | |
| 3 | Stück | Variable Stückkosten 1 | Variable Kosten 1 | Fixkosten 1 | Gesamtkosten 1 | Variable Stückkosten 2 | Variable Kosten 2 | Fixkosten 2 | Gesamtkosten 2 |
| 4 | 0 | - € | - € | 60.000,00 € | 60.000,00 € | - € | - € | 120.000,00 € | 120.000,00 € |
| 5 | 100 | 300,00 € | 30.000,00 € | 60.000,00 € | 90.000,00 € | 150,00 € | 15.000,00 € | 120.000,00 € | 135.000,00 € |
| 6 | 200 | 300,00 € | 60.000,00 € | 60.000,00 € | 120.000,00 € | 150,00 € | 30.000,00 € | 120.000,00 € | 150.000,00 € |
| 7 | 300 | 300,00 € | 90.000,00 € | 60.000,00 € | 150.000,00 € | 150,00 € | 45.000,00 € | 120.000,00 € | 165.000,00 € |
| 8 | 400 | 300,00 € | 120.000,00 € | 60.000,00 € | 180.000,00 € | 150,00 € | 60.000,00 € | 120.000,00 € | 180.000,00 € |
| 9 | 500 | 300,00 € | 150.000,00 € | 60.000,00 € | 210.000,00 € | 150,00 € | 75.000,00 € | 120.000,00 € | 195.000,00 € |
| 10 | 600 | 300,00 € | 180.000,00 € | 60.000,00 € | 240.000,00 € | 150,00 € | 90.000,00 € | 120.000,00 € | 210.000,00 € |
| 11 | 700 | 300,00 € | 210.000,00 € | 60.000,00 € | 270.000,00 € | 150,00 € | 105.000,00 € | 120.000,00 € | 225.000,00 € |

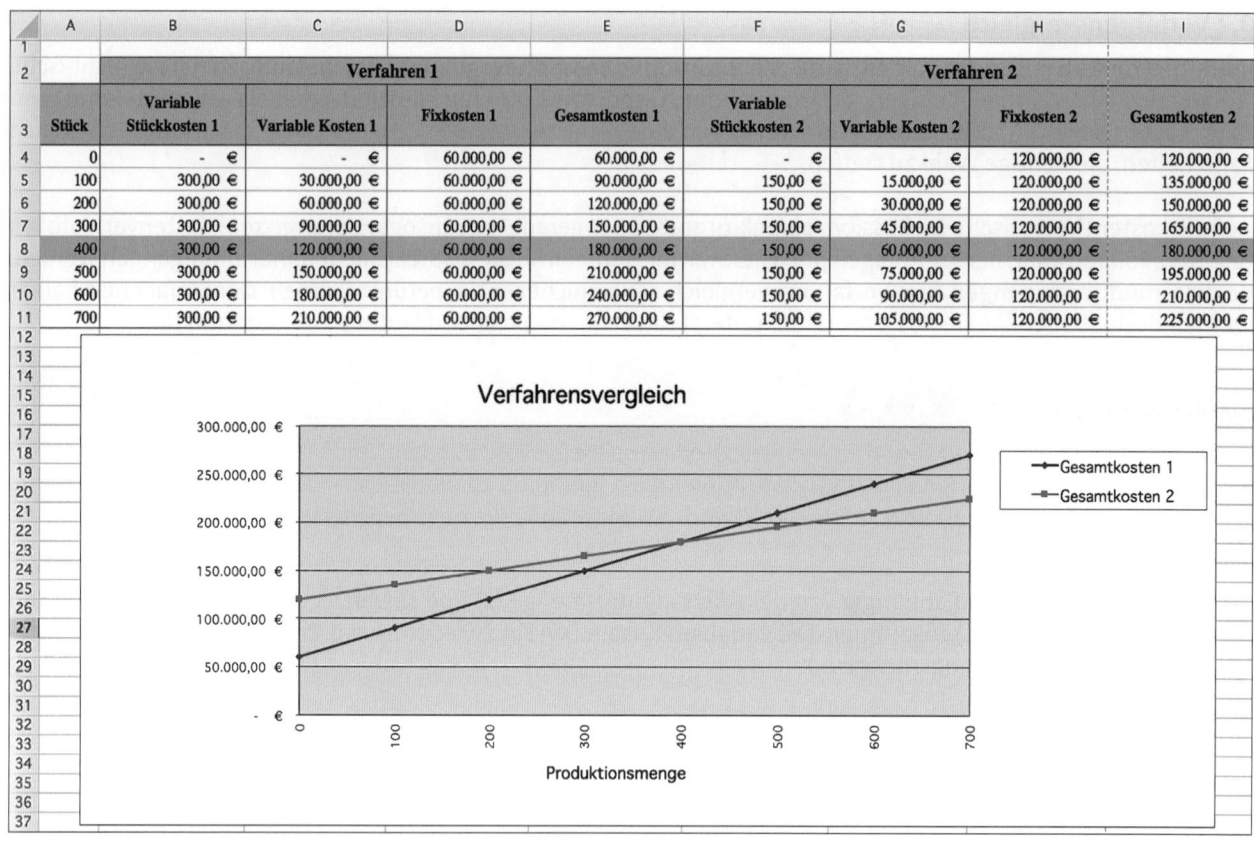

**Verfahrensvergleich**

(Diagramm: Gesamtkosten 1 und Gesamtkosten 2 in Abhängigkeit von der Produktionsmenge 0 bis 700)

| | A | B | C | D | E | F | G | H | I |
|---|---|---|---|---|---|---|---|---|---|
| 1 | | | | | | | | | |
| 2 | | | Verfahren 1 | | | | Verfahren 2 | | |
| 3 | Stück | Variable Stückkosten 1 | Variable Kosten 1 | Fixkosten 1 | Gesamtkosten 1 | Variable Stückkosten 2 | Variable Kosten 2 | Fixkosten 2 | Gesamtkosten 2 |
| 4 | 0 | 0 | =A4*B4 | 60000 | =SUMME(C4:D4) | 0 | =E4*F4 | 120000 | =SUMME(G4:H4) |
| 5 | 100 | 300 | =A5*B5 | 60000 | =SUMME(C5:D5) | 150 | =A5*F5 | 120000 | =SUMME(G5:H5) |
| 6 | 200 | 300 | =A6*B6 | 60000 | =SUMME(C6:D6) | 150 | =A6*F6 | 120000 | =SUMME(G6:H6) |
| 7 | 300 | 300 | =A7*B7 | 60000 | =SUMME(C7:D7) | 150 | =A7*F7 | 120000 | =SUMME(G7:H7) |
| 8 | 400 | 300 | =A8*B8 | 60000 | =SUMME(C8:D8) | 150 | =A8*F8 | 120000 | =SUMME(G8:H8) |
| 9 | 500 | 300 | =A9*B9 | 60000 | =SUMME(C9:D9) | 150 | =A9*F9 | 120000 | =SUMME(G9:H9) |
| 10 | 600 | 300 | =A10*B10 | 60000 | =SUMME(C10:D10) | 150 | =A10*F10 | 120000 | =SUMME(G10:H10) |
| 11 | 700 | 300 | =A11*B11 | 60000 | =SUMME(C11:D11) | 150 | =A11*F11 | 120000 | =SUMME(G11:H11) |

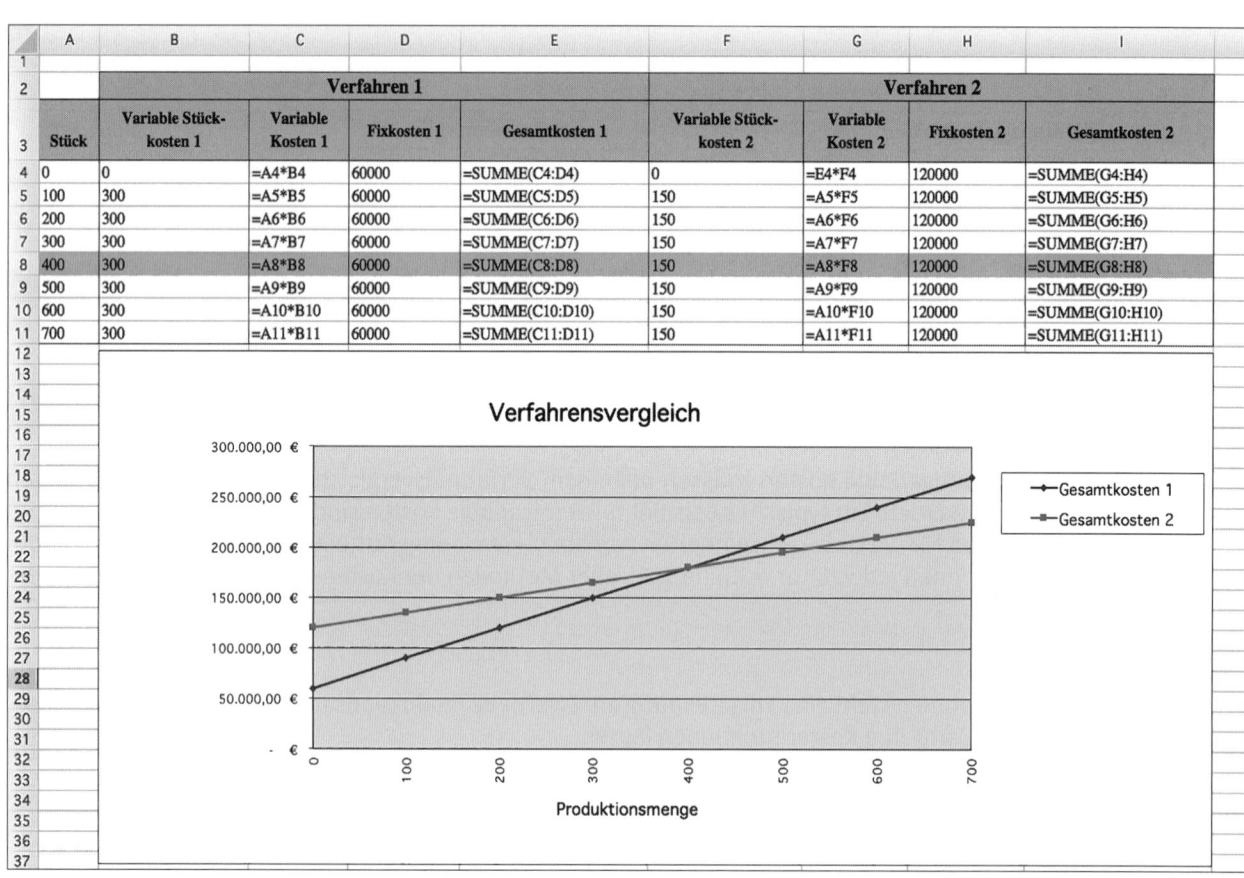

**Verfahrensvergleich**

(Diagramm: Gesamtkosten 1 und Gesamtkosten 2 in Abhängigkeit von der Produktionsmenge 0 bis 700)

## 9. Deckungsbeitragsrechnung

Die Deckungsbeitragsrechnung untersucht einerseits die Kosten und bezieht andererseits die Erlöse in ihre Überlegungen ein. Sie dient damit als Instrument der Kostenkontrolle und ermöglicht eine Produktions- und Absatzprogrammplanung. Es gilt:

$$\text{Erlöse} = \text{Verkaufspreis} \cdot \text{Absatzmenge}$$

$$\text{Gewinn} = \text{Erlös} - \text{Kosten}$$

Weiterhin ist definiert:

$$\text{Deckungsspanne} = \text{Verkaufspreis} - \text{variable Stückkosten}$$

$$\text{Deckungsbeitrag} = \text{Deckungsspanne} \cdot \text{Absatzmenge}$$

Die Deckungsspanne gibt somit Auskunft, wie hoch der Verkaufspreis eines Produktes sein muss, damit seine variablen Stückkosten gedeckt werden. Im Allgemeinen gehören nur Produkte mit einer positiven Deckungsspanne ins Produktionsprogramm bzw. ins Sortiment.

Der Deckungsbeitrag gibt an, wie viel ein Erzeugnis zur Deckung der Fixkosten insgesamt beiträgt.

Erlöse und Deckungsbeitrag unterscheiden sich in Art und Höhe in der Weise, dass die Erlöse um die variablen Kosten bereinigt wurden. Somit gilt:

$$\text{Deckungsbeitrag} = \text{Erlöse} - \text{variable Kosten}$$

Wenn die Erlöse und die Gesamtkosten gleich groß sind, dann ist der Gewinn gleich Null. Anders ausgedrückt: Wenn die Gesamtkostenfunktion die Erlösfunktion schneidet, ist der **Break-even-Point** erreicht. An diesem Punkt sind auch Deckungsbeitrag und Fixkosten gleich groß.

## C. Kosten- und Leistungsrechnung in der Industrie | 9. Deckungsbeitragsrechnung

**Break-even-Point:**
Erlöse = Kosten
bzw.
Deckungsbeitrag = Fixkosten

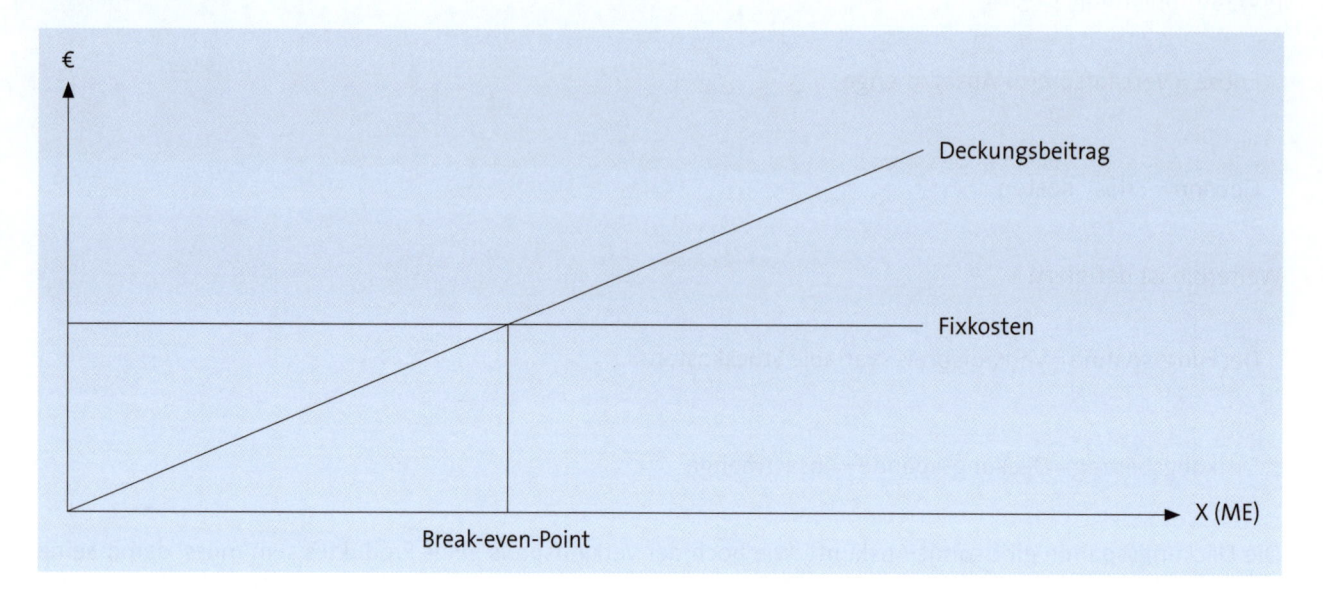

Der Break-even-Point trennt die Gewinn- von der Verlustzone. Die dazugehörige Absatzmenge ($x_{kritisch}$) erhält man durch folgende Rechnung:

$$x_{kritisch} = \frac{Fixkosten}{Deckungsspanne}$$

**Situationsaufgabe**

Ein Einproduktunternehmen sieht sich mit folgender Kostenfunktion konfrontiert: K = 3x + 70.000 €. Der Verkaufspreis für das Erzeugnis beträgt 6,50 €.

a) Erstellen Sie ein Datenfeld von 0, 5.000, 10.000, …, 40.000 Stück. Wie hoch sind die entsprechenden Deckungsbeiträge bei diesen Mengen? Ermitteln Sie den Break-even-Point.

b) Stellen Sie den Sachverhalt in einem Liniendiagramm dar.

| Stück | Verkaufspreis | Variable Stückkosten | Deckungsspanne | Deckungsbeitrag | Fixkosten | Gewinn |
|---|---|---|---|---|---|---|
| 0 | 6,50 € | 3,00 € | 3,50 € | - € | 70.000,00 € | -70.000,00 € |
| 5.000 | 6,50 € | 3,00 € | 3,50 € | 17.500,00 € | 70.000,00 € | -52.500,00 € |
| 10.000 | 6,50 € | 3,00 € | 3,50 € | 35.000,00 € | 70.000,00 € | -35.000,00 € |
| 15.000 | 6,50 € | 3,00 € | 3,50 € | 52.500,00 € | 70.000,00 € | -17.500,00 € |
| 20.000 | 6,50 € | 3,00 € | 3,50 € | 70.000,00 € | 70.000,00 € | - € |
| 25.000 | 6,50 € | 3,00 € | 3,50 € | 87.500,00 € | 70.000,00 € | 17.500,00 € |
| 30.000 | 6,50 € | 3,00 € | 3,50 € | 105.000,00 € | 70.000,00 € | 35.000,00 € |
| 35.000 | 6,50 € | 3,00 € | 3,50 € | 122.500,00 € | 70.000,00 € | 52.500,00 € |
| 40.000 | 6,50 € | 3,00 € | 3,50 € | 140.000,00 € | 70.000,00 € | 70.000,00 € |

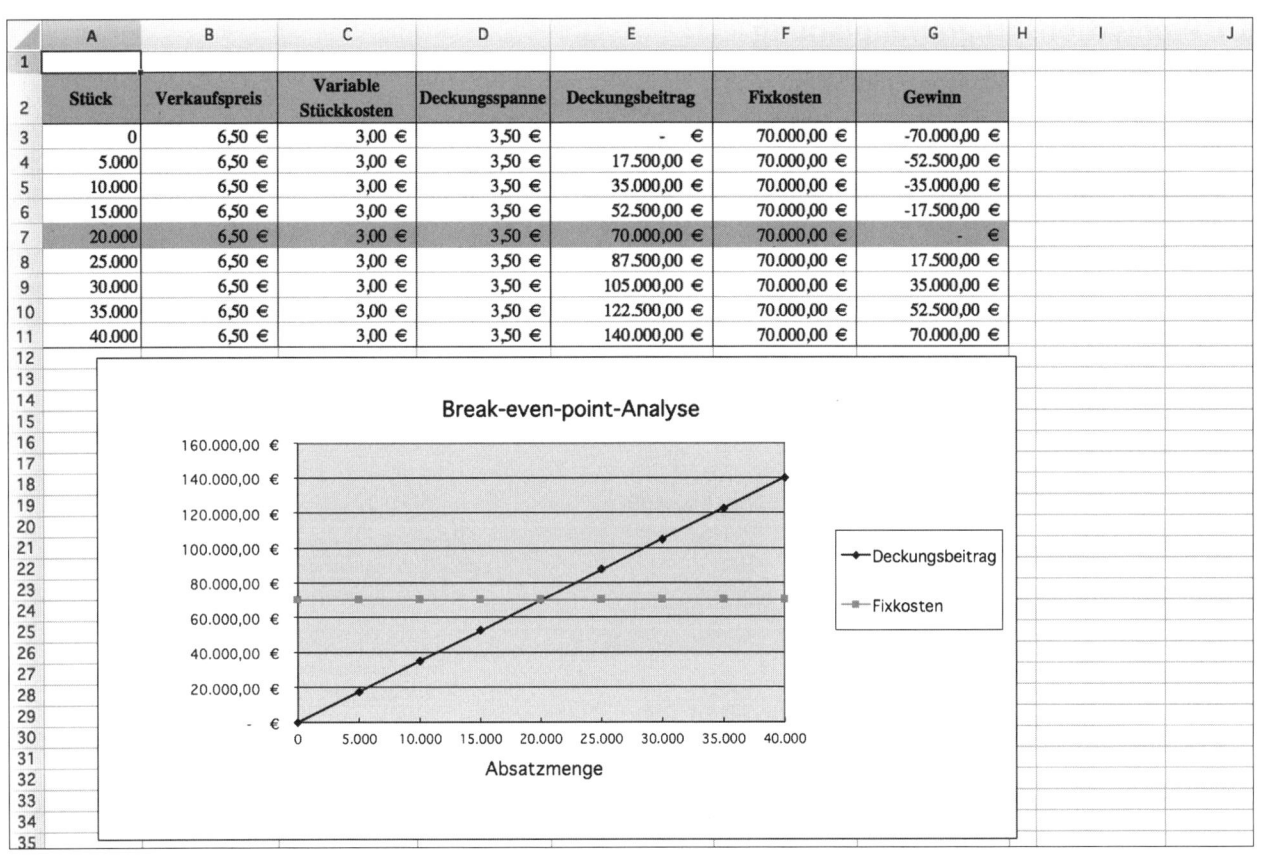

**Break-even-point-Analyse** (Deckungsbeitrag, Fixkosten über Absatzmenge)

| Stück | Verkaufspreis | Variable Stückkosten | Deckungsspanne | Deckungsbeitrag | Fixkosten | Gewinn |
|---|---|---|---|---|---|---|
| 0 | 6,5 | 3 | =B3-C3 | =D3*A3 | 70000 | =E3-F3 |
| 5000 | 6,5 | 3 | =B4-C4 | =D4*A4 | 70000 | =E4-F4 |
| 10000 | 6,5 | 3 | =B5-C5 | =D5*A5 | 70000 | =E5-F5 |
| 15000 | 6,5 | 3 | =B6-C6 | =D6*A6 | 70000 | =E6-F6 |
| 20000 | 6,5 | 3 | =B7-C7 | =D7*A7 | 70000 | =E7-F7 |
| 25000 | 6,5 | 3 | =B8-C8 | =D8*A8 | 70000 | =E8-F8 |
| 30000 | 6,5 | 3 | =B9-C9 | =D9*A9 | 70000 | =E9-F9 |
| 35000 | 6,5 | 3 | =B10-C10 | =D10*A10 | 70000 | =E10-F10 |
| 40000 | 6,5 | 3 | =B11-C11 | =D11*A11 | 70000 | =E11-F11 |

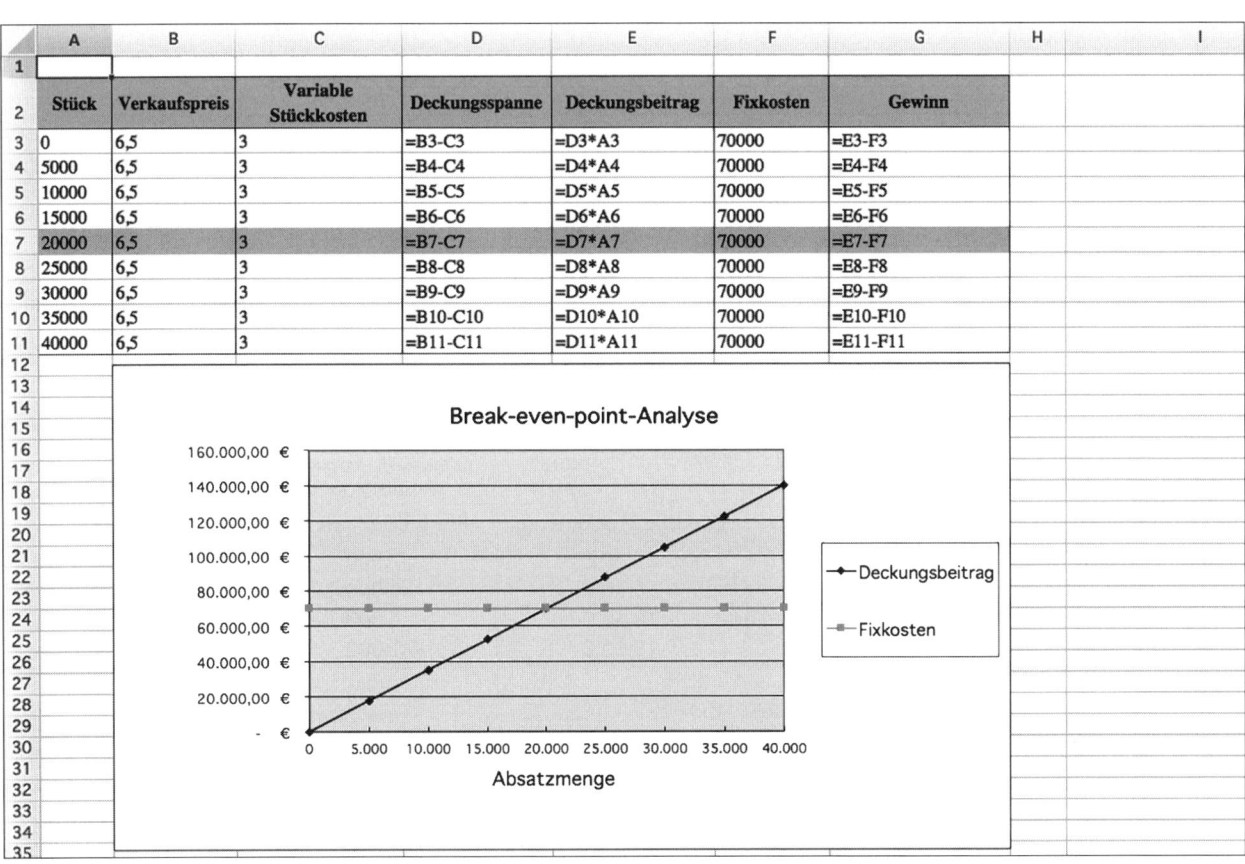

**Break-even-point-Analyse** (Deckungsbeitrag, Fixkosten über Absatzmenge)

## 10. Produktionsprogrammplanung

### 10.1 Keine Kapazitätsbeschränkungen

Die Deckungsbeitragsrechnung als marktorientiertes Kostenrechnungssystem eignet sich besonders in Mehrproduktunternehmen als Steuerinstrument für die Produktions- und Absatzplanung. Sie hilft zu entscheiden, welche Erzeugnisse in welchen Mengen produziert werden sollen, um den höchstmöglichen Gewinn zu erwirtschaften.

Solange keine funktionalen Preis-Mengen-Verflechtungen auf der Absatzseite gegeben sind, ist von konstanten Marktpreisen als Datum für die Programmplanung auszugehen. Und solange keine Kapazitätsbeschränkungen vorliegen, d. h. wenn genügend Arbeitskräfte, Werkstoffe und Betriebsmittel zur Verfügung stehen, kann die Absatzmenge voll produziert werden.

Es gilt:

> Deckungsspanne = Verkaufspreis - variable Stückkosten

> Deckungsbeitrag = Deckungsspanne • Absatzmenge

> Gewinn = Deckungsbeiträge aller Produkte - Fixkosten

Kriterium für die Aufnahme eines Erzeugnisses ins Produktions- und Absatzprogramm ist seine **positive Deckungsspanne**, denn nur sie trägt dazu bei, die Fixkosten zu decken. Bei einem Wert von Null kommen nur die variablen Stückkosten über den Preis herein. Ein Produkt mit dieser Deckungsspanne könnte nur kurzfristig ins Programm aufgenommen werden.

Die positive Deckungsspanne entscheidet zwar, ob das Erzeugnis überhaupt ins Programm aufgenommen wird, aber nur der Deckungsbeitrag gibt Auskunft darüber, wie viel das Produkt insgesamt zur Kostendeckung bzw. zum Gewinn beiträgt. Letztlich ist ein Produkt für das Unternehmen wertvoller, das eine geringere Deckungsspanne und sehr hohe Verkaufszahlen aufweist als umgekehrt.

Produkte mit negativer Deckungsspanne werden in Ausnahmefällen kurzfristig ins Programm aufgenommen, wenn absatzmäßige Verflechtungen bestehen und wenn dadurch der Gewinn nur zeitlich und nicht allzu stark betroffen ist.

**Situationsaufgabe**

Ein Mehrproduktunternehmen sieht sich aufgrund einer detaillierten Absatzmarktuntersuchung und Kostenanalyse der folgenden Kosten- und Erlössituation ausgesetzt:

| Produkt | Marktpreis | Variable Stückkosten | Produktionsmenge | Fixkosten |
|---|---|---|---|---|
| A | 23,50 € | 15,60 € | 7.500 | |
| B | 16,80 € | 10,30 € | 9.000 | |
| C | 15,30 € | 18,40 € | 4.000 | |
| D | 19,45 € | 15,60 € | 7.000 | |
| | | | | 140.400,00 € |

Wie lautet das optimale Produktionsprogramm und wie hoch ist der Gewinn?

| | A | B | C | D | E | F | G | H |
|---|---|---|---|---|---|---|---|---|
| 1 | | | | | | | | |
| 2 | Produkt | Marktpreis | Variable Stückkosten | Produktions-menge | Fixkosten | | | |
| 3 | A | 23,50 € | 15,60 € | 7.500 | | | | |
| 4 | B | 16,80 € | 10,30 € | 9.000 | | | | |
| 5 | C | 15,30 € | 18,40 € | 4.000 | | | | |
| 6 | D | 19,45 € | 15,60 € | 7.000 | | | | |
| 7 | | | | | 140.400,00 € | | | |
| 8 | | | | | | | | |
| 9 | **Ermittlung des Gewinns oder Verlustes** | | | | | | | |
| 10 | | | | | | | | |
| 11 | Produkt | Marktpreis | Variable Stückkosten | Deckungs-spanne | Produktions-menge | Deckungsbeitrag | Fixkosten | Verlust |
| 12 | A | 23,50 € | 15,60 € | 7,90 € | 7.500 | 59.250,00 € | | |
| 13 | B | 16,80 € | 10,30 € | 6,50 € | 9.000 | 58.500,00 € | | |
| 14 | C | 15,30 € | 18,40 € | -3,10 € | 4.000 | -12.400,00 € | | |
| 15 | D | 19,45 € | 15,60 € | 3,85 € | 7.000 | 26.950,00 € | | |
| 16 | | | | | | 132.300,00 € | 140.400,00 € | -8.100,00 € |
| 17 | | | | | | | | |
| 18 | **Optimales Produktions- und Absatzprogramm** | | | | | | | |
| 19 | | | | | | | | |
| 20 | Produkt | Marktpreis | Variable Stückkosten | Deckungs-spanne | Produktions-menge | Deckungsbeitrag | Fixkosten | Gewinn |
| 21 | A | 23,50 € | 15,60 € | 7,90 € | 7.500 | 59.250,00 € | | |
| 22 | B | 16,80 € | 10,30 € | 6,50 € | 9.000 | 58.500,00 € | | |
| 23 | D | 19,45 € | 15,60 € | 3,85 € | 7.000 | 26.950,00 € | | |
| 24 | | | | | | 144.700,00 € | 140.400,00 € | 4.300,00 € |

| | A | B | C | D | E | F | G | H |
|---|---|---|---|---|---|---|---|---|
| 1 | | | | | | | | |
| 2 | Produkt | Marktpreis | Variable Stückkosten | Deckungs-spanne | Produktions-menge | | | |
| 3 | A | 23,5 | 15,6 | | 7500 | | | |
| 4 | B | 16,8 | 10,3 | | 9000 | | | |
| 5 | C | 15,3 | 18,4 | | 4000 | | | |
| 6 | D | 19,45 | 15,6 | | 7000 | | | |
| 7 | | | | | 140400 | | | |
| 8 | | | | | | | | |
| 9 | **Ermittlung des Gewinns oder Verlustes** | | | | | | | |
| 10 | | | | | | | | |
| 11 | Produkt | Marktpreis | Variable Stückkosten | Deckungs-spanne | Produktions-menge | Deckungsbeitrag | Fixkosten | Verlust |
| 12 | A | =B3 | =C3 | =B12-C12 | =D3 | =D12*E12 | | |
| 13 | B | =B4 | =C4 | =B13-C13 | =D4 | =D13*E13 | | |
| 14 | C | =B5 | =C5 | =B14-C14 | =D5 | =D14*E14 | | |
| 15 | D | =B6 | =C6 | =B15-C15 | =D6 | =D15*E15 | | |
| 16 | | | | | | =SUMME(F12:F15) | =E7 | =F16-G16 |
| 17 | | | | | | | | |
| 18 | **Optimales Produktions- und Absatzprogramm** | | | | | | | |
| 19 | | | | | | | | |
| 20 | Produkt | Marktpreis | Variable Stückkosten | Deckungs-spanne | Produktions-menge | Deckungsbeitrag | Fixkosten | Gewinn |
| 21 | A | =B12 | =C12 | =B21-C21 | =E12 | =D21*E21 | | |
| 22 | B | =B13 | =C13 | =B22-C22 | =E13 | =D22*E22 | | |
| 23 | D | =B15 | =C15 | =B23-C23 | =E15 | =D23*E23 | | |
| 24 | | | | | | =SUMME(F21:F23) | =G16 | =F24-G24 |

## 10.2 Engpässe

Liegen Kapazitätsbeschränkungen vor, können nicht alle Erzeugnisse, die abgesetzt werden könnten, produziert werden. Diese Restriktionen können z. B. im Facharbeitermangel oder durch Verknappungen im Rohstoffbereich begründet sein. Die Engpassberechnung geschieht so:

> Benötigte Kapazität = Produktionskoeffizient • Absatzmenge

> Verbrauchte Kapazität = Produktionskoeffizient • Produktionsmenge

Kein Engpass:

> Benötigte Kapazität < Vorhandene Kapazität

Engpass:

> Benötigte Kapazität > Vorhandene Kapazität

Der Produktionskoeffizient gibt an, wie viele Zeiteinheiten pro Mengeneinheit ein Erzeugnis während der Durchlaufzeit benötigt. Er ist die Durchlaufzeit des Produktes in der jeweiligen Fertigungsstufe.

Für die Programmplanung ist unter Engpass-Bedingungen nicht die absolute, sondern die **relative Deckungsspanne** Maß gebend:

$$\text{Relative Deckungsspanne} = \frac{\text{Deckungsspanne}}{\text{Produktionskoeffizient}}$$

Je geringer der Produktionskoeffizient, desto schneller passiert das Produkt die Fertigungsstufe und dementsprechend erhöht sich seine relative Deckungsspanne, deren Höhe die Reihenfolge im Produktionsprogramm bestimmt. Es wird zuerst dasjenige Erzeugnis bis zur Absatzgrenze hergestellt, das die **höchste relative Deckungsspanne im Engpassbereich** aufweist, dann folgt das mit der zweithöchsten usw.

Bei der Programmplanung muss stets darauf geachtet werden, dass noch genügend freie Restkapazitäten im Engpassbereich vorhanden sind, denn ein Kapazitätsausgleich zwischen den verschiedenen Produktionsstufen untereinander ist in der Regel nicht möglich. Für dasjenige gerade noch ins Programm aufgenommene Erzeugnis, wofür aber keine ausreichenden Kapazitäten vorhanden sind, um die volle Absatzmenge herzustellen, gilt für die Produktionsmenge:

$$\text{Produktionsmenge} = \frac{\text{Restkapazität}}{\text{Produktionskoeffizient}}$$

Die Ermittlung des Gewinns muss über die absoluten Deckungsspannen erfolgen, da die relativen nur angeben, wie profitabel ein Produkt bezogen auf seine Durchlaufzeit im Engpassbereich ist.

Sollte mehr als ein Engpass vorliegen, so bedarf es für die Programmplanung anderer Methoden und Entscheidungskriterien. Hier bieten sich u. a. die Verfahren der linearen Optimierung an.

**Situationsaufgabe**
Als Ergebnis der Absatzmarktuntersuchung, der Kostenanalyse und der Zeitaufnahme für die beiden Fertigungsstufen liegen diese Daten zur Programmplanung vor:

| Produkt | Absatzmenge (ME) | Deckungsspanne | Produktionsstufe 1 Produktionskoeffizient (ME/ZE) | Produktionsstufe 2 Produktionskoeffizient (ME/ZE) | Fixkosten |
|---|---|---|---|---|---|
| A | 10.000 | 2,00 € | 4,0 | 6,0 | |
| B | 5.000 | 5,00 € | 5,0 | 3,0 | |
| C | 4.000 | 4,00 € | 0,5 | 2,0 | |
| Vorhandene Kapazität (ZE) | | | 45.000 | 100.000 | 28.400,00 € |

a) Ermitteln Sie, ob eine Engpass-Situation vorliegt.
b) Wie lautet das optimale Produktionsprogramm und wie hoch ist der Gewinn?

| | A | B | C | D | E | F | G | H | I |
|---|---|---|---|---|---|---|---|---|---|
| 1 | | | | | | | | | |
| 2 | | Produktionsstufe 1 | | | Produktionsstufe 2 | | | | |
| 3 | Produkt | Produktions- | Absatz- | Benötigte | Produktions- | Absatz- | Benötigte | | |
| 4 | | koeffizient (ME/ZE) | menge (ME) | Kapazität (ZE) | koeffizient (ME/ZE) | menge (ME) | Kapazität (ZE) | | |
| 5 | A | 4,0 | 10.000 | 40.000 | 6,0 | 10.000 | 60.000 | | |
| 6 | B | 5,0 | 5.000 | 25.000 | 3,0 | 5.000 | 15.000 | | |
| 7 | C | 0,5 | 4.000 | 2.000 | 2,0 | 4.000 | 8.000 | | |
| 8 | | Benötigte Kapazität | | 67.000 | Benötigte Kapazität | | 83.000 | | |
| 9 | | Vorhandene Kapazität | | 45.000 | Vorhandene Kapazität | | 100.000 | | |
| 10 | | Engpass | | -22.000 | Freie Kapazität | | 17.000 | | |
| 11 | | | | | | | | | |
| 12 | Produkt | Deckungsspanne | Produktions- | Relative | Reihenfolge | | | | |
| 13 | | | koeffizient 1 | Deckungsspanne | | | | | |
| 14 | A | 5,00 € | 4,0 | 1,25 € | 2 | | | | |
| 15 | B | 4,00 € | 5,0 | 0,80 € | 3 | | | | |
| 16 | C | 2,00 € | 0,5 | 4,00 € | 1 | | | | |
| 17 | | | | | | | | | |
| 18 | | | | Produktionsstufe 1 | | | | | |
| 19 | Produkt | Produktions- | Produktions- | Benötigte | Rest- | | | | |
| 20 | | koeffizient (ME/ZE) | menge (ME) | Kapazität (ZE) | Kapazität (ZE) | | | | |
| 21 | | | | | 45.000 | | | | |
| 22 | C | 0,5 | 4.000 | 2.000 | 43.000 | | | | |
| 23 | A | 4,0 | 10.000 | 40.000 | 3.000 | | | | |
| 24 | B | 5,0 | 600 | 3.000 | 0 | | | | |
| 25 | | | | | | | | | |
| 26 | Produkt | Deckungsspanne | Absatz- | Deckungsbeitrag | Fixkosten | Gewinn | | | |
| 27 | | | menge (ME) | | | | | | |
| 28 | C | 2,00 € | 4.000 | 8.000,00 € | | | | | |
| 29 | A | 5,00 € | 10.000 | 50.000,00 € | | | | | |
| 30 | B | 4,00 € | 600 | 2.400,00 € | | | | | |
| 31 | | | | 60.400,00 € | 28.400,00 € | 32.000,00 € | | | |
| 32 | | | | | | | | | |

|   | A | B | C | D | E | F | G |
|---|---|---|---|---|---|---|---|
| 1 |   |   |   |   |   |   |   |
| 2 |   | Produktionsstufe 1 | | | Produktionsstufe 2 | | |
| 3 | Produkt | Produktions- | Absatz- | Benötigte | Produktions- | Absatz- | Benötigte |
| 4 |   | koeffizient (ME/ZE) | menge (ME) | Kapazität (ZE) | koeffizient (ME/ZE) | menge (ME) | Kapazität (ZE) |
| 5 | A | 4 | 10000 | =B5*C5 | 6 | =C5 | =E5*F5 |
| 6 | B | 5 | 5000 | =B6*C6 | 3 | =C6 | =E6*F6 |
| 7 | C | 0,5 | 4000 | =B7*C7 | 2 | =C7 | =E7*F7 |
| 8 |   | Benötigte Kapazität |   | =SUMME(D5:D7) | Benötigte Kapazität |   | =SUMME(G5:G7) |
| 9 |   | Vorhandene Kapazität |   | 45000 | Vorhandene Kapazität |   | 100000 |
| 10 |   | Engpass |   | =D9-D8 | Freie Kapazität |   | =G9-G8 |
| 11 |   |   |   |   |   |   |   |
| 12 | Produkt | Deckungsspanne | Produktions- | Relative | Reihenfolge |   |   |
| 13 |   |   | koeffizient 1 | Deckungsspanne |   |   |   |
| 14 | A | 5 | =B5 | =B14/C14 | =RANG(D14;D14:D16) |   |   |
| 15 | B | 4 | =B6 | =B15/C15 | =RANG(D15;D14:D16) |   |   |
| 16 | C | 2 | =B7 | =B16/C16 | =RANG(D16;D14:D16) |   |   |
| 17 |   |   |   |   |   |   |   |
| 18 |   | Produktionsstufe 1 | | | | | |
| 19 | Produkt | Produktions- | Produktions- | Benötigte | Rest- |   |   |
| 20 |   | koeffizient (ME/ZE) | menge (ME) | Kapazität (ZE) | Kapazität (ZE) |   |   |
| 21 |   |   |   |   | =D9 |   |   |
| 22 | C | =B7 | =C7 | =B22*C22 | =E21-D22 |   |   |
| 23 | A | =B5 | =C5 | =B23*C23 | =E22-D23 |   |   |
| 24 | B | =B6 | =E23/B24 | =B24*C24 | =E23-D24 |   |   |
| 25 |   |   |   |   |   |   |   |
| 26 | Produkt | Deckungsspanne | Absatz- | Deckungsbeitrag | Fixkosten | Gewinn |   |
| 27 |   |   | menge (ME) |   |   |   |   |
| 28 | C | =B16 | =C22 | =B28*C28 |   |   |   |
| 29 | A | =B14 | =C23 | =B29*C29 |   |   |   |
| 30 | B | =B15 | =C24 | =B30*C30 |   |   |   |
| 31 |   |   |   | =SUMME(D28:D30) | 28400 | =D31-E31 |   |

## 11. Fixkostendeckungsrechnung

Bei der Deckungsbeitragsrechnung werden die Fixkosten als ein in sich geschlossener Block betrachtet. Diese Sichtweise kann der falsche Blickwinkel sein, wenn es gilt, unternehmerische Entscheidungen zu treffen.

Die Fixkostendeckungsrechnung geht davon aus, dass Fixkosten Einzelkosten hinsichtlich einer bestimmten Bezugsgröße sind. Und je nach dem, welche Bezugsgröße maßgebend ist, können sie so weit wie möglich verrechnet werden.

Zunächst werden aber die variablen Kosten berücksichtigt:

|   | Bruttoerlöse der Produktart |
|---|---|
| - | Variable Vertriebskosten |
| = | Nettoerlöse der Produktart |
| - | Variable Fertigungskosten |
| = | Erzeugnisdeckungsbeitrag |

Anschließend erfolgt die Aufteilung der Fixkosten stufenweise nach dem Verursachungsprinzip.

|   | Erzeugnisdeckungsbeitrag |
|---|---|
| − | Erzeugnisfixkosten |
| = | Rest-Deckungsbeitrag I |
| − | Erzeugnisgruppenfixkosten |
| = | Rest-Deckungsbeitrag II |
| − | Kostenstellenfixkosten |
| = | Rest-Deckungsbeitrag III |
| − | Bereichsfixkosten |
| = | Rest-Deckungsbeitrag IV |
| − | Unternehmensfixkosten |
| = | Umsatzergebnis (Gewinn oder Verlust) |

Die Fixkostendeckungsrechnung löst die Deckungsbeitragsrechnung als Planungs- und Kontrollinstrument nicht ab, sondern dient ihrer Verfeinerung und Ergänzung.

Sie umfasst die Kostenarten-, Kostenstellen- und Kostenträgerrechnung, wobei zu beachten ist, dass die korrekte Erzeugnisgruppen- und Kostenstellenbildung sowie die Abstimmung mit der Produktions- und Absatzprogrammplanung erfolgen muss, damit sie wirkungsvoll in der Praxis eingesetzt werden kann.

Dient die Deckungsbeitragsrechnung besonders der kurzfristigen Programmplanung, liegt die Stärke der Fixkostendeckungsrechnung im langfristigen Bereich.

**Situationsaufgabe**
Die Kostenanalyse eines Mehrproduktunternehmens hat ergeben:

| Produkt | A | B | C | D | E |
|---|---|---|---|---|---|
| Bruttoerlöse der Produktart | 454.000,00 € | 534.000,00 € | 776.000,00 € | 567.000,00 € | 424.000,00 € |
| Variable Vertriebskosten | 23.000,00 € | 33.500,00 € | 145.000,00 € | 56.000,00 € | 29.000,00 € |
| Variable Fertigungskosten | 76.000,00 € | 91.500,00 € | 346.000,00 € | 279.000,00 € | 158.000,00 € |
| Erzeugnisfixkosten | 14.000,00 € | 23.500,00 € | 117.000,00 € | 99.500,00 € | 38.000,00 € |
| Erzeugnisgruppenfixkosten |  | 55.500,00 € | 15.000,00 € | 17.100,00 € | 16.500,00 € |
| Kostenstellenfixkosten |  |  | 245.000,00 € | 28.000,00 € | 13.000,00 € |
| Bereichsfixkosten |  |  |  | 156.000,00 € | 12.900,00 € |
| Unternehmensfixkosten |  |  |  |  | 167.000,00 € |

Führen Sie eine Fixkostendeckungsrechnung unter Verursachungsgesichtspunkten durch.

## C. Kosten- und Leistungsrechnung in der Industrie | 11. Fixkostendeckungsrechnung

| | A | B | C | D | E | F | G |
|---|---|---|---|---|---|---|---|
| 1 | | | | | | | |
| 2 | | Produkt | A | B | C | D | E |
| 3 | | Bruttoerlöse der Produktart | 454.000,00 € | 534.000,00 € | 776.000,00 € | 567.000,00 € | 424.000,00 € |
| 4 | - | Variable Vetriebskosten | 23.000,00 € | 33.500,00 € | 145.000,00 € | 56.000,00 € | 29.000,00 € |
| 5 | | Nettoerlöse der Produktart | 431.000,00 € | 500.500,00 € | 631.000,00 € | 511.000,00 € | 395.000,00 € |
| 6 | - | Variable Fertigungskosten | 76.000,00 € | 91.500,00 € | 346.000,00 € | 279.000,00 € | 158.000,00 € |
| 7 | | Erzeugnisdeckungsbeitrag | 355.000,00 € | 409.000,00 € | 285.000,00 € | 232.000,00 € | 237.000,00 € |
| 8 | - | Erzeugnisfixkosten | 14.000,00 € | 23.500,00 € | 117.000,00 € | 99.500,00 € | 38.000,00 € |
| 9 | | Rest-Deckungsbeitrag I | 341.000,00 € | 385.500,00 € | 168.000,00 € | 132.500,00 € | 199.000,00 € |
| 10 | - | Erzeugnisgruppenfixkosten | | 55.500,00 € | 15.000,00 € | 17.100,00 € | 16.500,00 € |
| 11 | | Rest-Deckungsbeitrag II | | 671.000,00 € | 153.000,00 € | 115.400,00 € | 182.500,00 € |
| 12 | - | Kostenstellenfixkosten | | | 245.000,00 € | 28.000,00 € | 13.000,00 € |
| 13 | | Rest-Deckungsbeitrag III | | | 579.000,00 € | 87.400,00 € | 169.500,00 € |
| 14 | - | Bereichsfixkosten | | | | 156.000,00 € | 12.900,00 € |
| 15 | | Rest-Deckungsbeitrag IV | | | | 510.400,00 € | 156.600,00 € |
| 16 | - | Unternehmensfixkosten | | | | | 167.000,00 € |
| 17 | | Umsatzergebnis | | | | | 500.000,00 € |

| | A | B | C | D | E | F | G |
|---|---|---|---|---|---|---|---|
| 1 | | | | | | | |
| 2 | | Produkt | A | B | C | D | E |
| 3 | | Bruttoerlöse der Produktart | 454000 | 534000 | 776000 | 567000 | 424000 |
| 4 | - | Variable Vetriebskosten | 23000 | 33500 | 145000 | 56000 | 29000 |
| 5 | | Nettoerlöse der Produktart | =C3-C4 | =D3-D4 | =E3-E4 | =F3-F4 | =G3-G4 |
| 6 | - | Variable Fertigungskosten | 76000 | 91500 | 346000 | 279000 | 158000 |
| 7 | | Erzeugnisdeckungsbeitrag | =C5-C6 | =D5-D6 | =E5-E6 | =F5-F6 | =G5-G6 |
| 8 | - | Erzeugnisfixkosten | 14000 | 23500 | 117000 | 99500 | 38000 |
| 9 | | Rest-Deckungsbeitrag I | =C7-C8 | =D7-D8 | =E7-E8 | =F7-F8 | =G7-G8 |
| 10 | - | Erzeugnisgruppenfixkosten | 55500 | | 15000 | 17100 | 16500 |
| 11 | | Rest-Deckungsbeitrag II | | =C9+D9-C10 | =E9-E10 | =F9-F10 | =G9-G10 |
| 12 | - | Kostenstellenfixkosten | | | 245000 | 28000 | 13000 |
| 13 | | Rest-Deckungsbeitrag III | | | =D11+E11-E12 | =F11-F12 | =G11-G12 |
| 14 | - | Bereichsfixkosten | | | | 156000 | 12900 |
| 15 | | Rest-Deckungsbeitrag IV | | | | =E13+F13-F14 | =G13-G14 |
| 16 | - | Unternehmensfixkosten | | | | | 167000 |
| 17 | | Umsatzergebnis | | | | | =F15+G15-G16 |

# D. Kosten- und Leistungsrechnung im Handel
## 1. Deckungsbeitragsrechnung
### 1.1 Kostenträgerzeitrechnung

Zuverlässigere Daten als die Vollkostenrechnung liefert die Deckungsbeitragsrechnung, wenn es um kurzfristige Lösungen im Rahmen der Preis- und Sortimentspolitik geht. Immer dann, wenn Fragen hinsichtlich der Preissenkung oder von Preisuntergrenzen, wenn Fragen der Sortimentsvergrößerung, -verkleinerung und -umgruppierung zu beantworten sind, kann die Deckungsbeitragsrechnung marktorientierte Entscheidungshilfe leisten. So kann relativ schnell und flexibel auf veränderte Marktbedingungen reagiert werden. Da nur der variable Teil der Handlungskosten auf die Kostenträger (= Warengruppen bzw. Artikel) umgelegt wird, sprechen wir von Teilkostenrechnung. Auch in ihr gilt es, die Kostenarten auf die Kostenstellen zu verteilen. Für die Bildung der Stellen bieten sich die Warengruppen geradezu an.

Sind die entsprechenden Kosten mithilfe des BABs ermittelt worden, können wir einen Schritt in Richtung Kostenträgerzeitrechnung weitergehen. Die variablen und fixen Kosten werden hier den Netto-Verkaufserlösen gegenübergestellt. Das geschieht in der Deckungsbeitragsrechnung wie folgt:

| Deckungsbeitragsrechnung im Handel | | Warengruppe I | Warengruppe II | Warengruppe III | Summe |
|---|---|---|---|---|---|
|   | Nettoverkaufserlöse |   |   |   |   |
| - | Einzelkosten (Warenkosten) |   |   |   |   |
| = | Warenrohgewinn |   |   |   |   |
| - | Variable Gemeinkosten |   |   |   |   |
| = | Deckungsbeitrag |   |   |   |   |

|   | Summe der Deckungsbeiträge |   |
|---|---|---|
| - | Fixe Kosten |   |
| = | Betriebserfolg |   |

Nur wenn der Deckungsbeitrag positiv ist, also wenn die variablen Kosten kleiner als die Nettoverkaufserlöse sind, dann liefert eine einzelne Ware oder Warengruppe einen Beitrag zur Deckung der Fixkosten.

Und erst, wenn die Gesamtheit der Deckungsbeiträge aller Waren die Fixkosten übersteigt, wird ein Betriebsgewinn verzeichnet.

**Situationsaufgabe**
In einem Handelsunternehmen liegen die folgenden Daten vor:

| Deckungsbeitragsrechnung im Handel | | Warengruppe I | Warengruppe II | Warengruppe III | Summe |
|---|---|---|---|---|---|
|   | Nettoverkaufserlöse | 250.000 € | 410.000 € | 630.000 € |   |
| - | Einzelkosten (Warenkosten) | 130.000 € | 280.000 € | 460.000 € |   |
| = | Warenrohgewinn |   |   |   |   |
| - | Variable Gemeinkosten | 80.000 € | 140.000 € | 90.000 € |   |
| = | Deckungsbeitrag |   |   |   |   |

|   | Summe der Deckungsbeiträge |   |
|---|---|---|
| - | Fixe Kosten | 100.000 € |
| = | Betriebserfolg |   |

Es soll eine Deckungsbeitragsrechnung für drei Warengruppen durchgeführt werden.

## D. Kosten- und Leistungsrechnung im Handel | 1. Deckungsbeitragsrechnung

| | A | B | C | D | E | F |
|---|---|---|---|---|---|---|
| 1 | | | | | | |
| 2/3 | | | Warengruppe I | Warengruppe II | Warengruppe III | Summe |
| 4 | | Nettoverkaufserlöse | 250.000,00 € | 410.000,00 € | 630.000,00 € | |
| 5 | - | Einzelkosten (Warenkosten) | 130.000,00 € | 280.000,00 € | 460.000,00 € | |
| 6 | = | Warenrohgewinn | 120.000,00 € | 130.000,00 € | 170.000,00 € | |
| 7 | - | Variable Gemeinkosten | 80.000,00 € | 140.000,00 € | 90.000,00 € | |
| 8 | = | Deckungsbeitrag | 40.000,00 € | -10.000,00 € | 80.000,00 € | |
| 9 | | Summe der Deckungsbeiträge | | | | 110.000,00 € |
| 10 | - | Fixe Kosten | | | | 100.000,00 € |
| 11 | = | Betriebserfolg | | | | 10.000,00 € |

| | A | B | C | D | E | F |
|---|---|---|---|---|---|---|
| 1 | | | | | | |
| 2/3 | | | Warengruppe I | Warengruppe II | Warengruppe III | Summe |
| 4 | | Nettoverkaufserlöse | 250000 | 410000 | 630000 | |
| 5 | - | Einzelkosten (Warenkosten) | 130000 | 280000 | 460000 | |
| 6 | = | Warenrohgewinn | =C4-C5 | =D4-D5 | =E4-E5 | |
| 7 | - | Variable Gemeinkosten | 80000 | 140000 | 90000 | |
| 8 | = | Deckungsbeitrag | =C6-C7 | =D6-D7 | =E6-E7 | |
| 9 | | Summe der Deckungsbeiträge | | | | =C8+D8+E8 |
| 10 | - | Fixe Kosten | | | | 100000 |
| 11 | = | Betriebserfolg | | | | =F9-F10 |

### 1.2 Kostenträgerstückrechnung

Wir wissen, dass nur solche Produkte im Angebot sein sollten, die eine positive Deckungsspanne (= Deckungsbeitrag pro Stück) aufweisen. Eine Kostenträgerstückrechnung (= Kalkulation) sieht schematisch dann folgendermaßen aus:

| | | Artikel A | Artikel B | Artikel C |
|---|---|---|---|---|
| | Netto-Verkaufspreis | | | |
| - | Kundenrabatt | | | |
| = | Zielverkaufspreis | | | |
| - | Kundenskonto | | | |
| = | Barverkaufspreis | | | |
| - | Warenkosten | | | |
| = | Warenrohgewinn | | | |
| - | Variable Stückkosten | | | |
| = | Deckungsspanne | | | |

Mithilfe der Deckungsspanne sehen wir, welcher Artikel konkret in welcher Höhe zum Betriebserfolg beiträgt.

Die Deckungsbeitragsrechnung fungiert als Steuerinstrument für eine aktive Preis- und Absatzpolitik. Auch können mit ihrer Hilfe Preisuntergrenzen ermittelt werden.

## Situationsaufgabe

Es liegen die folgenden Daten aus der Kostenrechnung für drei Artikel eines Sortiments vor:

|  |  | Artikel A | Artikel B | Artikel C |
|---|---|---|---|---|
| - | Netto-Verkaufspreis<br>Kundenrabatt 10 % | 125,00 € | 165,00 € | 155,00 € |
| =<br>- | Zielverkaufspreis<br>Kundenskonto 3 % |  |  |  |
| =<br>- | Barverkaufspreis<br>Warenkosten | 45,00 € | 56,00 € | 67,00 € |
| =<br>- | Warenrohgewinn<br>Variable Stückkosten | 35,00 € | 45,00 € | 55,00 € |
| = | Deckungsspanne |  |  |  |

Ermitteln Sie die Deckungsspannen für die Artikel.

**Lösung:**

|  | A | B | C | D | E | F | G | H |
|---|---|---|---|---|---|---|---|---|
| 1 |  |  |  |  |  |  |  |  |
| 2 |  |  |  | Artikel | Artikel | Artikel |  |  |
| 3 |  |  |  | A | B | C |  |  |
| 4 | = | Netto-Verkaufspreis |  | 125,00 € | 165,00 € | 155,00 € |  |  |
| 5 | - | Kundenrabatt | 10% | 12,50 € | 16,50 € | 15,50 € |  |  |
| 6 | = | Zielverkaufspreis |  | 112,50 € | 148,50 € | 139,50 € |  |  |
| 7 | - | Kundenskonto | 3% | 3,38 € | 4,46 € | 4,19 € |  |  |
| 8 | = | Barverkaufspreis |  | 109,12 € | 144,04 € | 135,31 € |  |  |
| 9 | - | Warenkosten |  | 45,00 € | 56,00 € | 67,00 € |  |  |
| 10 | = | Warenrohgewinn |  | 64,12 € | 88,04 € | 68,31 € |  |  |
| 11 | - | Variable Stückkosten |  | 35,00 € | 45,00 € | 55,00 € |  |  |
| 12 | = | Deckungsspanne |  | 29,12 € | 43,04 € | 13,31 € |  |  |
| 13 |  |  |  |  |  |  |  |  |
| 14 |  |  |  |  |  |  |  |  |
| 15 |  |  |  |  |  |  |  |  |

|  | A | B | C | D | E | F | G |
|---|---|---|---|---|---|---|---|
| 1 |  |  |  |  |  |  |  |
| 2 |  |  |  | Artikel | Artikel | Artikel |  |
| 3 |  |  |  | A | B | C |  |
| 4 | = | Netto-Verkaufspreis |  | 125 | 165 | 155 |  |
| 5 | - | Kundenrabatt | 0,1 | =D4*C5 | =E4*C5 | =F4*C5 |  |
| 6 | = | Zielverkaufspreis |  | =D4-D5 | =E4-E5 | =F4-F5 |  |
| 7 | - | Kundenskonto | 0,03 | =D6*C7 | =E6*C7 | =F6*C7 |  |
| 8 | = | Barverkaufspreis |  | =D6-D7 | =E6-E7 | =F6-F7 |  |
| 9 | - | Warenkosten |  | 45 | 56 | 67 |  |
| 10 | = | Warenrohgewinn |  | =D8-D9 | =E8-E9 | =F8-F9 |  |
| 11 | - | Variable Stückkosten |  | 35 | 45 | 55 |  |
| 12 | = | Deckungsspanne |  | =D10-D11 | =E10-E11 | =F10-F11 |  |
| 13 |  |  |  |  |  |  |  |
| 14 |  |  |  |  |  |  |  |
| 15 |  |  |  |  |  |  |  |

D. Kosten- und Leistungsrechnung im Handel | 1. Deckungsbeitragsrechnung

## 1.3 Preisuntergrenzen

Wenn die Deckungsspanne gleich Null gesetzt wird, kann die Preisuntergrenze des jeweiligen Artikels bestimmt werden. Sie gibt an, wie tief ein Angebotspreis für ein Produkt sein darf, damit dieser Artikel wenigstens noch seine variablen Stückkosten über den Preis abdeckt. Aber auch nicht mehr, denn die angefallenen Fixkosten können mit dem Erlös dieser Ware nicht gedeckt werden.

Die Preisuntergrenze wird so errechnet:

|   | Barverkaufspreis |
|---|---|
| − | Deckungsspanne |
| = | Zwischensumme I (neuer Barverkaufspreis) |
| + | Kundenskonto |
| = | Zwischensumme II (neuer Zielverkaufspreis) |
| + | Kundenrabatt |
| = | **Preisuntergrenze (neuer Netto-Verkaufspreis)** |

Der Verkauf eines Artikels an der Preisuntergrenze ist nur kurzfristig sinnvoll. Auf Dauer sollte eine solche aggressive Preispolitik nur betrieben werden, wenn dadurch andere Artikel des Sortiments absatzpolitisch gefördert werden und so insgesamt ein höherer Deckungsbeitrag erzielt wird.

**Situationsaufgabe**
Ein Handelsunternehmen kalkuliert mit Deckungsspannen. Es liegen diese Daten vor:

|   |   | Artikel A |   | Artikel B |   | Artikel C |   |
|---|---|---|---|---|---|---|---|
|   | Netto-Verkaufspreis |   | 98,00 € |   | 149,00 € |   | 198,00 € |
| − | Kundenrabatt | 10 % |   | 15 % |   | 10 % |   |
| = | Zielverkaufspreis |   |   |   |   |   |   |
| − | Kundenskonto | 2 % |   | 2 % |   | 3 % |   |
| = | Barverkaufspreis |   |   |   |   |   |   |
| − | Warenkosten |   | 45,00 € |   | 64,00 € |   | 95,00 € |
| = | Warenrohgewinn |   |   |   |   |   |   |
| − | Variable Stückkosten |   | 35,00 € |   | 48,50 € |   | 68,16 € |
| = | Deckungsspanne |   |   |   |   |   |   |

a) Es soll eine Deckungsbeitragsrechnung als Stückrechnung für drei Artikel aufgrund der vorliegenden Daten durchgeführt werden.

b) Bestimmen Sie die Preisuntergrenzen der Artikel.

## D. Kosten- und Leistungsrechnung im Handel | 1. Deckungsbeitragsrechnung

### Deckungsbeitragsrechnung

| | | | Artikel A | | | Artikel B | | | Artikel C | |
|---|---|---|---|---|---|---|---|---|---|---|
| = | Netto-Verkaufspreis | 100% | | 98,00 € | 100% | | 149,00 € | 100% | | 198,00 € |
| - | Kundenrabatt | 10% | | 9,80 € | 15% | | 22,35 € | 10% | | 19,80 € |
| = | Zielverkaufspreis | 90% | 100% | 88,20 € | 85% | 100% | 126,65 € | 90% | 100% | 178,20 € |
| - | Kundenskonto | | 2% | 1,76 € | | 2% | 2,53 € | | 3% | 5,35 € |
| = | Barverkaufspreis | | 98% | 86,44 € | | 98% | 124,12 € | | 97% | 172,85 € |
| - | Warenkosten | | | 45,00 € | | | 64,00 € | | | 95,00 € |
| = | Warenrohgewinn | | | 41,44 € | | | 60,12 € | | | 77,85 € |
| - | Variable Stückkosten | | | 35,00 € | | | 48,50 € | | | 68,16 € |
| = | Deckungsspanne | | | 6,44 € | | | 11,62 € | | | 9,69 € |

### Ermittlung der Preisuntergrenzen

| | | | | Artikel A | | | Artikel B | | | Artikel C |
|---|---|---|---|---|---|---|---|---|---|---|
| | Barverkauspreis | | | 86,44 € | | | 124,12 € | | | 172,85 € |
| - | Deckungsspanne | | | 6,44 € | | | 11,62 € | | | 9,69 € |
| = | Zwischensumme I | | 98% | 80,00 € | | 98% | 112,50 € | | 97% | 163,16 € |
| + | Kundenskonto | | 2% | 1,63 € | | 2% | 2,30 € | | 3% | 5,05 € |
| = | Zwischensumme II | 90% | 100% | 81,63 € | 85% | 100% | 114,80 € | 90% | 100% | 168,21 € |
| + | Kundenrabatt | 10% | | 9,07 € | 15% | | 20,26 € | 10% | | 18,69 € |
| = | Preisuntergrenze | 100% | | 90,70 € | 100% | | 135,06 € | 100% | | 186,90 € |

---

### Formelansicht

**Deckungsbeitragsrechnung**

**1.**

| | | | | Artikel A | | | Artikel B | | | Artikel C |
|---|---|---|---|---|---|---|---|---|---|---|
| | = | Netto-Verkaufspreis | 1 | | 98 | 1 | | 149 | 1 | | 198 |
| | - | Kundenrabatt | 0,1 | | =F6*D7 | 0,15 | | =I6*G7 | 0,1 | | =L6*J7 |
| | = | Zielverkaufspreis | =D6-D7 | 1 | =F6-F7 | =G6-G7 | 1 | =I6-I7 | =J6-J7 | 1 | =L6-L7 |
| | - | Kundenskonto | | 0,02 | =F8*E9 | | 0,02 | =I8*H9 | | 0,03 | =L8*K9 |
| | = | Barverkaufspreis | | =E8-E9 | =F8-F9 | | =H8-H9 | =I8-I9 | | =K8-K9 | =L8-L9 |
| | - | Warenkosten | | | 45 | | | 64 | | | 95 |
| | = | Warenrohgewinn | | | =F10-F11 | | | =I10-I11 | | | =L10-L11 |
| | - | Variable Stückkosten | | | 35 | | | 48,5 | | | 68,16 |
| | = | Deckungsspanne | | | =F12-F13 | | | =I12-I13 | | | =L12-L13 |

**2. Ermittlung der Preisuntergrenzen**

| | | | | | | | | | | |
|---|---|---|---|---|---|---|---|---|---|---|
| | Barverkauspreis | | | =F10 | | | =I10 | | | 172,85 |
| - | Deckungsspanne | | | =F14 | | | =I14 | | | 9,69 |
| = | Zwischensumme I | | 0,98 | =F18-F19 | | 0,98 | =I18-I19 | | 0,97 | =L18-L19 |
| + | Kundenskonto | | 0,02 | =F20/E20*E21 | | 0,02 | =I20/H20*H21 | | 0,03 | =L20/K20*K21 |
| = | Zwischensumme II | 0,9 | 1 | =F20+F21 | 0,85 | 1 | =I20+I21 | 0,9 | 1 | =L20+L21 |
| + | Kundenrabatt | 0,1 | | =F22/D22*D23 | 0,15 | | =I22/G22*G23 | 0,1 | | =L22/J22*J23 |
| = | Preisuntergrenze | 1 | | =F22+F23 | 1 | | =I22+I23 | 1 | | =L22+L23 |

## 1.4 Kurzfristige Erfolgsrechnung

In der kurzfristigen Erfolgsrechnung (= KER) wird untersucht, wie sich erwartete Absatzänderungen aufgrund von rein preispolitischen oder auch komplexeren Marketing-Maßnahmen auf den Deckungsbeitrag auswirken. Damit fungiert die Deckungsbeitragsrechnung als Steuerinstrument für eine aktive Preis- und Absatzpolitik.

Wir wissen, dass gilt:

> Deckungsbeitrag = Deckungsspanne · Absatzmenge

> Deckungsspanne = Preis - variable Stückkosten

Damit ist klar, dass sowohl eine Erhöhung der Absatzmenge und/oder eine Erhöhung des Verkaufspreises bzw. eine Senkung der variablen Stückkosten zu einer Steigerung des Deckungsbeitrages führt. Dieser Tatbestand eröffnet einen preispolitischen Spielraum für den Händler. Er kann alternativ oder auch im Verbund folgende Strategien verfolgen:

- Über eine Preissenkung eine Absatzsteigerung erzielen, um so den Deckungsbeitrag des betreffenden Artikels zu erhöhen.
- Die Stückkosten der Ware zu senken.

Es kommt immer auf den konkreten Einzelfall an, ob sich eine Absatz- bzw. Umsatzsteigerung zulasten einer Preissenkung auszahlt. Nur wenn sich langfristig eine Erhöhung des Deckungsbeitrages erzielen lässt, sollte diese Strategie verfolgt werden.

**Situationsaufgabe**

Aus einer Absatzmarktuntersuchung ist zu erfahren, dass eine 10 %-ige Preissenkung zu einer 20 %-igen Umsatzsteigerung führen würde. Weiter liegen diese Daten vor:

|  | Artikel A | | | Artikel B | | | Gesamt |
|---|---|---|---|---|---|---|---|
|  | Vorher | Änderung | Nachher | Vorher | Änderung | Nachher | Änderung |
| Preis | 19,80 € | -10 % |  | 49,90 € | -10 % |  |  |
| Variable Stückkosten | 8,50 € |  |  | 38,20 € |  |  |  |
| Deckungsspanne |  |  |  |  |  |  |  |
| Absatzmenge in Stück | 4.500 | 20 % |  | 2.700 | 20 % |  |  |
| Deckungsbeitrag |  |  |  |  |  |  |  |
| Änderung |  |  |  |  |  |  |  |

Wie verändern sich die Deckungsbeiträge beider Artikel aufgrund der preispolitischen Maßnahme?

# D. Kosten- und Leistungsrechnung im Handel | 1. Deckungsbeitragsrechnung

| | A | B | C | D | E | F | G | H | I | J |
|---|---|---|---|---|---|---|---|---|---|---|
| 1 | | | | | | | | | | |
| 2 | | Artikel A | | | | Artikel B | | | | Gesamt |
| 3 | | Vorher | Änderung | | Nachher | Vorher | Änderung | | Nachher | Änderung |
| 4 | Preis | 19,80 € | -10% | -1,98 € | 17,82 € | 49,90 € | -10% | -4,99 € | 44,91 € | |
| 5 | Variable Stückkosten | 6,50 € | | | 6,50 € | 38,20 € | | | 38,20 € | |
| 6 | Deckungsspanne | 13,30 € | | | 11,32 € | 11,70 € | | | 6,71 € | |
| 7 | Absatzmenge in Stück | 4.500 | 20% | 900 | 5.400 | 2.700 | 20% | 540 | 3.240 | |
| 8 | Deckungsbeitrag | 59.850,00 € | | | 61.128,00 € | 31.590,00 € | | | 21.740,40 € | |
| 9 | Änderung | | | | 1.278,00 € | | | | -9.849,60 € | -8.571,60 € |

| | A | B | C | D | E | F | G | H | I | J |
|---|---|---|---|---|---|---|---|---|---|---|
| 1 | | | | | | | | | | |
| 2 | | Artikel A | | | | Artikel B | | | | Gesamt |
| 3 | | Vorher | Änderung | | Nachher | Vorher | Änderung | | Nachher | Änderung |
| 4 | Preis | 19,8 | -0,1 | =B4*C4 | =B4+D4 | 49,9 | -0,1 | =F4*G4 | =F4+H4 | |
| 5 | Variable Stückkosten | 6,5 | | | =B5 | 38,2 | | | =F5 | |
| 6 | Deckungsspanne | =B4-B5 | | | =E4-E5 | =F4-F5 | | | =I4-I5 | |
| 7 | Absatzmenge in Stück | 4500 | 0,2 | =B7*C7 | =B7+D7 | 2700 | 0,2 | =F7*G7 | =F7+H7 | |
| 8 | Deckungsbeitrag | =B6*B7 | | | =E6*E7 | =F6*F7 | | | =I6*I7 | |
| 9 | Änderung | | | | =E8-B8 | | | | =I8-F8 | =E9+I9 |

## 2. Fixkostendeckungsrechnung

### 2.1 Sortimentsgestaltung

Nur solche Artikel sollen im Sortiment ihren Platz haben, die eine positive Deckungsspanne und somit einen positiven Deckungsbeitrag aufweisen. Diese Sortimentsentscheidung muss nun hinsichtlich der Fixkosten näher untersucht werden. Denn um das Betriebsergebnis, Gewinn oder Verlust, zu ermitteln, müssen von den Deckungsbeiträgen aller Artikel noch die Fixkosten subtrahiert werden:

> Betriebsergebnis = Deckungsbeitrag - Fixkosten

Dieser Fixkostenblock soll nun im Rahmen der stufenweisen Fixkostendeckungsrechnung in mehrere Teile aufgeteilt werden. Dem liegt der Gedanke zugrunde, dass manche Fixkosten sowohl einzelnen Artikelgruppen als auch Sortimentsgruppen zugeordnet werden können. Die restlichen – dann noch unverteilten – Unternehmensfixkosten berühren ausschließlich das Gesamtunternehmen.

**Artikelgruppenfixe Kosten:** Teile der Personalkosten, der Miete-, Werbe- und Reisekosten

**Sortimentsgruppenfixe Kosten:** Teile der Personalkosten, der Miete, der Abschreibungen, der allgemeinen Verwaltungskosten, der Betriebskosten

**Unternehmensfixe Kosten:** Restliche Fixkosten, nachdem die artikel- und sortimentsgruppenfixe Kosten verteilt sind

Das Schema der Deckungsbeitragsrechnung wird dementsprechend erweitert:

|   |   | Artikelgruppe I | | | Artikelgruppe II | | |
|---|---|---|---|---|---|---|---|
|   |   | **Artikel A** | **Artikel B** | **Artikel C** | **Artikel X** | **Artikel Y** | **Artikel Z** |
|   | Barverkaufspreis |  |  |  |  |  |  |
| - | Einzelkosten |  |  |  |  |  |  |
| = | Warenrohgewinn |  |  |  |  |  |  |
| - | variable Stückkosten |  |  |  |  |  |  |
| = | Deckungsspanne |  |  |  |  |  |  |
| • | Absatzmenge in Stück |  |  |  |  |  |  |
| = | Rest-Deckungsbeitrag I |  |  |  |  |  |  |
| - | Artikelgruppenfixe Kosten |  |  |  |  |  |  |
| = | Rest-Deckungsbeitrag II |  |  |  |  |  |  |
| - | Unternehmensfixkosten |  |  |  |  |  |  |
| = | Betriebsergebnis |  |  |  |  |  |  |

Mithilfe der stufenweisen Fixkostendeckungsrechnung können Sortimentsentscheidungen besser getroffen werden. Es sollten nur solche Artikelgruppen ins Sortiment gehören, die einen positiven Restdeckungsbeitrag II aufweisen. Wenn weiter nach Sortimentsgruppen differenziert wird, dann dürfen die sortimentsgruppenfixen Kosten nicht diesen Restdeckungsbeitrag II übersteigen. Tun sie es, sollte diese Sortimentsgruppe – unter kostenrechnerischen Gesichtspunkten – aus dem Angebot genommen werden, damit sich das Betriebsergebnis nicht verschlechtert.

## Situationsaufgabe

Es liegen aus der Kostenrechnungsabteilung die folgenden Zahlen vor:

|  |  | Artikelgruppe I | | | Artikelgruppe II | | |
|---|---|---|---|---|---|---|---|
|  |  | Artikel A | Artikel B | Artikel C | Artikel X | Artikel Y | Artikel Z |
|  | Barverkaufspreis | 21,00 € | 22,90 € | 24,50 € | 149,00 € | 175,00 € | 198,00 € |
| - | Einzelkosten | 11,30 € | 9,70 € | 12,80 € | 75,50 € | 85,70 € | 99,95 € |
| = | Warenrohgewinn | | | | | | |
| - | variable Stückkosten | 4,30 € | 6,70 € | 5,70 € | 33,40 € | 49,50 € | 55,80 € |
| = | Deckungsspanne | | | | | | |
| • | Absatzmenge in Stück | 12.500 | 10.800 | 5.600 | 450 | 560 | 370 |
| = | Rest-Deckungsbeitrag I | | | | | | |
| - | Artikelgruppenfixe Kosten | | 113.400,00 € | | | 34.700,00 € | |
| = | Rest-Deckungsbeitrag II | | | | | | |
| - | Unternehmensfixkosten | | | 52.900,00 € | | | |
| = | Betriebsergebnis | | | | | | |

Wie lautet das Betriebsergebnis?

|  | A | B | C | D | E | F | G | H | I |
|---|---|---|---|---|---|---|---|---|---|
| 1 | | | | | | | | | |
| 2 | | | | Artikelgruppe I | | | | Artikelgruppe II | |
| 3 | | | Artikel A | Artikel B | Artikel C | | Artikel X | Artikel Y | Artikel Z |
| 4 | = | Barverkaufspreis | 21,00 € | 22,90 € | 24,50 € | | 149,00 € | 175,00 € | 198,00 € |
| 5 | - | Einzelkosten | 11,30 € | 9,70 € | 12,80 € | | 75,50 € | 85,70 € | 99,95 € |
| 6 | = | Warenrohgewinn | 9,70 € | 13,20 € | 11,70 € | | 73,50 € | 89,30 € | 98,05 € |
| 7 | - | Variable Stückkosten | 4,30 € | 6,70 € | 5,70 € | | 33,40 € | 49,50 € | 55,80 € |
| 8 | = | Deckungsspanne | 5,40 € | 6,50 € | 6,00 € | | 40,10 € | 39,80 € | 42,25 € |
| 9 | * | Absatzmenge | 12.500 | 10.800 | 5.600 | | 450 | 560 | 370 |
| 10 | = | Rest-Deckungsbeitrag I | 67.500,00 € | 70.200,00 € | 33.600,00 € | | 18.045,00 € | 22.288,00 € | 15.632,50 € |
| 11 | - | Artikelgruppenfixe Kosten | | 113.400,00 € | | | | 34.700,00 € | |
| 12 | = | Rest-Deckungsbeitrag II | | 57.900,00 € | | | | 21.265,50 € | |
| 13 | - | Unternehmensfixkosten | | | | 52.900,00 € | | | |
| 14 | = | Betriebsergebnis | | | | 26.265,50 € | | | |

|  | A | B | C | D | E | F | G | H | I |
|---|---|---|---|---|---|---|---|---|---|
| 1 | | | | | | | | | |
| 2 | | | | Artikelgruppe I | | | | Artikelgruppe II | |
| 3 | | | Artikel A | Artikel B | Artikel C | | Artikel X | Artikel Y | Artikel Z |
| 4 | = | Barverkaufspreis | 21 | 22,9 | 24,5 | | 149 | 175 | 198 |
| 5 | - | Einzelkosten | 11,3 | 9,7 | 12,8 | | 75,5 | 85,7 | 99,95 |
| 6 | = | Warenrohgewinn | =C4-C5 | =D4-D5 | =E4-E5 | | =G4-G5 | =H4-H5 | =I4-I5 |
| 7 | - | Variable Stückkosten | 4,3 | 6,7 | 5,7 | | 33,4 | 49,5 | 55,8 |
| 8 | = | Deckungsspanne | =C6-C7 | =D6-D7 | =E6-E7 | | =G6-G7 | =H6-H7 | =I6-I7 |
| 9 | * | Absatzmenge | 12500 | 10800 | 5600 | | 450 | 560 | 370 |
| 10 | = | Rest-Deckungsbeitrag I | =C8*C9 | =D8*D9 | =E8*E9 | | =G8*G9 | =H8*H9 | =I8*I9 |
| 11 | - | Artikelgruppenfixe Kosten | | 113400 | | | | 34700 | |
| 12 | = | Rest-Deckungsbeitrag II | | =C10+D10+E10-D11 | | | | =G10+H10+I10-H11 | |
| 13 | - | Unternehmensfixkosten | | | | 52900 | | | |
| 14 | = | Betriebsergebnis | | | | =D12+H12-F13 | | | |

## 2.2 Sortimentsentscheidung

Wenn Artikelgruppen positive Restdeckungsbeiträge II aufweisen, gehören sie ins Sortiment. Wie fällt die Entscheidung aber aus, wenn z. B. Kostensteigerungen einen negativen Restdeckungsbeitrag II bei einer Artikelgruppe verursachen?

Unter kostenrechnerischen Gesichtspunkten ist die Entscheidung klar:

| Ergebnis | Entscheidung |
| --- | --- |
| Restdeckungsbeitrag I > 0 | Artikel verbleibt in der Artikelgruppe |
| Restdeckungsbeitrag II > 0 | Artikelgruppe verbleibt im Sortiment |
| Restdeckungsbeitrag III > 0 | Sortiment verbleibt im Angebot |

Neben diesen rein kostenrechnerischen Entscheidungen, könnten aber auch absatzpolitische Aspekte eine Rolle spielen, z. B. eine Artikelgruppe mit negativem Restdeckungsbeitrag II dennoch im Sortiment zu belassen.

Um jedoch nicht dauerhaft einen Verlustbringer im Angebot zu haben, empfiehlt es sich, preispolitisch zu reagieren (z. B. durch Preiserhöhungen, um die Deckungsspanne zu verbessern, Absatzmengensteigerung mithilfe von Marketing-Aktivitäten; Preissenkungen, um so den entsprechenden Deckungsbeitrag zu erhöhen).

**Situationsaufgabe**

Aufgrund von Lohnerhöhungen sind die Einzelkosten in der Artikelgruppe II gestiegen. Ansonsten liegen folgende Daten vor:

| | Artikelgruppe I | | | Artikelgruppe II | | |
| --- | --- | --- | --- | --- | --- | --- |
| | Artikel A | Artikel B | Artikel C | Artikel X | Artikel Y | Artikel Z |
| Barverkaufspreis | 21,00 € | 22,90 € | 24,50 € | 149,00 € | 175,00 € | 198,00 € |
| − Einzelkosten | 11,30 € | 9,70 € | 12,80 € | 94,30 € | 109,60 € | 121,20 € |
| = Warenrohgewinn | | | | | | |
| − variable Stückkosten | 4,30 € | 6,70 € | 5,70 € | 33,40 € | 49,50 € | 55,80 € |
| = Deckungsspanne | | | | | | |
| • Absatzmenge in Stück | 12.500 | 10.800 | 5.600 | 450 | 560 | 370 |
| = Rest-Deckungsbeitrag I | | | | | | |
| − Artikelgruppenfixe Kosten | 113.400,00 € | | | 34.700,00 € | | |
| = Rest-Deckungsbeitrag II | | | | | | |
| − Unternehmensfixkosten | 52.900,00 € | | | | | |
| = Betriebsergebnis | | | | | | |

a) Ermitteln Sie das Betriebsergebnis.

b) Wie verändert sich das Ergebnis, wenn die verlustbringende Artikelgruppe aus dem Sortiment genommen wird?

## 1.

| | | | Artikelgruppe I | | | | Artikelgruppe II | | |
|---|---|---|---|---|---|---|---|---|---|
| | | | Artikel A | Artikel B | Artikel C | | Artikel X | Artikel Y | Artikel Z |
| = | Barverkaufspreis | | 21,00 € | 22,90 € | 24,50 € | | 149,00 € | 175,00 € | 198,00 € |
| - | Einzelkosten | | 11,30 € | 9,70 € | 12,80 € | | 94,30 € | 109,60 € | 121,20 € |
| = | Warenrohgewinn | | 9,70 € | 13,20 € | 11,70 € | | 54,70 € | 65,40 € | 76,80 € |
| - | Variable Stückkosten | | 4,30 € | 6,70 € | 5,70 € | | 33,40 € | 49,50 € | 55,80 € |
| = | Deckungsspanne | | 5,40 € | 6,50 € | 6,00 € | | 21,30 € | 15,90 € | 21,00 € |
| * | Absatzmenge | | 12.500 | 10.800 | 5.600 | | 450 | 560 | 370 |
| = | Rest-Deckungsbeitrag I | | 67.500,00 € | 70.200,00 € | 33.600,00 € | | 9.585,00 € | 8.904,00 € | 7.770,00 € |
| - | Artikelgruppenfixe Kosten | | | 113.400,00 € | | | | 34.700,00 € | |
| = | Rest-Deckungsbeitrag II | | | 57.900,00 € | | | | -8.441,00 € | |
| - | Unternehmensfixkosten | | | | | 52.900,00 € | | | |
| = | Betriebsergebnis | | | | | -3.441,00 € | | | |

## 2.

| | | | Artikelgruppe I | | |
|---|---|---|---|---|---|
| | | | Artikel A | Artikel B | Artikel C |
| = | Barverkaufspreis | | 21,00 € | 22,90 € | 24,50 € |
| - | Einzelkosten | | 11,30 € | 9,70 € | 12,80 € |
| = | Warenrohgewinn | | 9,70 € | 13,20 € | 11,70 € |
| - | Variable Stückkosten | | 4,30 € | 6,70 € | 5,70 € |
| = | Deckungsspanne | | 5,40 € | 6,50 € | 6,00 € |
| * | Absatzmenge | | 12.500 | 10.800 | 5.600 |
| = | Rest-Deckungsbeitrag I | | 67.500,00 € | 70.200,00 € | 33.600,00 € |
| - | Artikelgruppenfixe Kosten | | | 113.400,00 € | |
| = | Rest-Deckungsbeitrag II | | | 57.900,00 € | |
| - | Unternehmensfixkosten | | | | 52.900,00 € |
| = | Betriebsergebnis | | | | 5.000,00 € |

## 1.

| | | | Artikelgruppe I | | | | Artikelgruppe II | | |
|---|---|---|---|---|---|---|---|---|---|
| | | | Artikel A | Artikel B | Artikel C | | Artikel X | Artikel Y | Artikel Z |
| = | Barverkaufspreis | | 21 | 22,9 | 24,5 | | 149 | 175 | 198 |
| - | Einzelkosten | | 11,3 | 9,7 | 12,8 | | 94,3 | 109,6 | 121,2 |
| = | Warenrohgewinn | | =D5-D6 | =E5-E6 | =F5-F6 | | =H5-H6 | =I5-I6 | =J5-J6 |
| - | Variable Stückkosten | | 4,3 | 6,7 | 5,7 | | 33,4 | 49,5 | 55,8 |
| = | Deckungsspanne | | =D7-D8 | =E7-E8 | =F7-F8 | | =H7-H8 | =I7-I8 | =J7-J8 |
| * | Absatzmenge | | 12500 | 10800 | 5600 | | 450 | 560 | 370 |
| = | Rest-Deckungsbeitrag I | | =D9*D10 | =E9*E10 | =F9*F10 | | =H9*H10 | =I9*I10 | =J9*J10 |
| - | Artikelgruppenfixe Kosten | | | 113400 | | | | 34700 | |
| = | Rest-Deckungsbeitrag II | | | =D11+E11+F11-E12 | | | | =H11+I11+J11-I12 | |
| - | Unternehmensfixkosten | | | | | 52900 | | | |
| = | Betriebsergebnis | | | | | =E13+I13-G14 | | | |

## 2.

| | | | Artikelgruppe I | | |
|---|---|---|---|---|---|
| | | | Artikel A | Artikel B | Artikel C |
| = | Barverkaufspreis | | 21 | 22,9 | 24,5 |
| - | Einzelkosten | | 11,3 | 9,7 | 12,8 |
| = | Warenrohgewinn | | =D20-D21 | =E20-E21 | =F20-F21 |
| - | Variable Stückkosten | | 4,3 | 6,7 | 5,7 |
| = | Deckungsspanne | | =D22-D23 | =E22-E23 | =F22-F23 |
| * | Absatzmenge | | 12500 | 10800 | 5600 |
| = | Rest-Deckungsbeitrag I | | =D24*D25 | =E24*E25 | =F24*F25 |
| - | Artikelgruppenfixe Kosten | | | 113400 | |
| = | Rest-Deckungsbeitrag II | | | =D26+E26+F26-E27 | |
| - | Unternehmensfixkosten | | | | 52900 |
| = | Betriebsergebnis | | | | =E28-G29 |

## 3. Sortimentspolitik

### 3.1 ABC-Analyse

Die ABC-Analyse gibt Auskunft darüber, welche Produkte welchen prozentualen Anteil an dem gesamten Deckungsbeitrag des Unternehmens liefern. Auf der Grundlage dieser Analyse können – wenn es erforderlich ist – Sortimentsbereinigungen vorgenommen und absatzpolitische Aktivitäten (z. B. Promotion, Preissenkungen) entwickelt werden.

Meist wird mit wenigen Erzeugnissen der Löwenanteil des Erfolges erzielt. Diese Erzeugnisse werden als A-Produkte bezeichnet (sie erbringen ca. 70 % des Deckungsbeitrags). Die B-Produkte ergänzen das Sortiment sinnvoll, da sie einen ungefähr proportionalen Beitrag zum Deckungsbeitrag leisten; sie erhöhen den Beitrag um ca. 25 %, sodass ca. 95 % des Erfolges auf dem Verkauf von den A- und B-Artikeln beruhen. Die Probleme des Sortiments bereiten die C-Produkte. Sie belasten in ihrer Vielzahl die Produktions- und Lagerkapazitäten, tragen aber nur unwesentlich zum Erfolg bei (ca. 5 % des Deckungsbeitrags). Jede kostenrechnerische und betriebswirtschaftliche Argumentationskette läuft letztlich darauf hinaus, diese C-Produkte aus dem Programm zu nehmen und gegebenenfalls durch ertragreichere zu ersetzen.

Ausgangspunkt der ABC-Analyse ist eine Aufstellung aller Produkte mit ihren jeweiligen Deckungsbeiträgen in absteigender Folge. Aus den Deckungsbeiträgen der einzelnen Erzeugnisse werden dann die **kumulierten** (= aufsummierten) **Deckungsbeiträge** und die kumulierten prozentualen Anteile am Gesamtbeitrag ermittelt.

> Kumulierter Deckungsbeitrag XY = Deckungsbeitrag X + Deckungsbeitrag Y

> Kumulierter Deckungsbeitrag XYZ = Deckungsbeitrag XY + Deckungsbeitrag Z

$$\text{Kumulierter prozentualer Anteil am Gesamtdeckungsbeitrag} = \frac{\text{Kumulierter Deckungsbeitrag der Produkte} \cdot 100}{\text{Gesamtdeckungsbeitrag}}$$

**Situationsaufgabe**

In der Kostenrechnungsabteilung eines Handelsunternehmens wurden für alle Artikel des Sortiments die Deckungsbeiträge ermittelt.

| Produkt | Deckungsbeitrag |
|---|---|
| 1 | 6.000,00 € |
| 2 | 29.000,00 € |
| 3 | 45.000,00 € |
| 4 | 125.000,00 € |
| 5 | 56.000,00 € |
| 6 | 14.000,00 € |
| 7 | 1.500,00 € |
| 8 | 1.700,00 € |
| 9 | 1.900,00 € |
| 10 | 22.000,00 € |
| 11 | 5.600,00 € |
| 12 | 2.300,00 € |
| 13 | 25.000,00 € |
| 14 | 26.000,00 € |
| 15 | 2.000,00 € |
| 16 | 30.000,00 € |
| 17 | 95.000,00 € |
| 18 | 12.000,00 € |

Welches sind die A-Produkte, B-Produkte und C-Produkte im Sortiment?

**Lösung:**

| | A | B | C | D | E | F |
|---|---|---|---|---|---|---|
| 1-2 | Produkt | Kumulierter prozentualer Anteil der Produkte am Sortiment | Deckungsbeitrag | Kumulierter Deckungsbeitrag | Kumulierter prozentualer Anteil am Gesamtdeckungsbeitrag | Stellung im Sortiment |
| 3 | 4 | 6% | 125.000,00 € | 125.000,00 € | 25% | |
| 4 | 17 | 11% | 95.000,00 € | 220.000,00 € | 44% | |
| 5 | 5 | 17% | 56.000,00 € | 276.000,00 € | 55% | A |
| 6 | 3 | 22% | 45.000,00 € | 321.000,00 € | 64% | |
| 7 | 16 | 28% | 30.000,00 € | 351.000,00 € | 70% | |
| 8 | 2 | 33% | 29.000,00 € | 380.000,00 € | 76% | |
| 9 | 14 | 39% | 26.000,00 € | 406.000,00 € | 81% | |
| 10 | 13 | 44% | 25.000,00 € | 431.000,00 € | 86% | B |
| 11 | 10 | 50% | 22.000,00 € | 453.000,00 € | 91% | |
| 12 | 6 | 56% | 14.000,00 € | 467.000,00 € | 93% | |
| 13 | 18 | 61% | 12.000,00 € | 479.000,00 € | 96% | |
| 14 | 1 | 67% | 6.000,00 € | 485.000,00 € | 97% | |
| 15 | 11 | 72% | 5.600,00 € | 490.600,00 € | 98% | |
| 16 | 12 | 78% | 2.300,00 € | 492.900,00 € | 99% | |
| 17 | 15 | 83% | 2.000,00 € | 494.900,00 € | 99% | C |
| 18 | 9 | 89% | 1.900,00 € | 496.800,00 € | 99% | |
| 19 | 8 | 94% | 1.700,00 € | 498.500,00 € | 100% | |
| 20 | 7 | 100% | 1.500,00 € | 500.000,00 € | 100% | |
| 21 | Gesamt | | 500.000,00 € | | | |

| | A | B | C | D | E | F |
|---|---|---|---|---|---|---|
| 1-2 | Produkt | Kumulierter prozentualer Anteil der Produkte am Sortiment | Deckungsbeitrag | Kumulierter Deckungsbeitrag | Kumulierter prozentualer Anteil am Gesamtdeckungsbeitrag | Stellung im Sortiment |
| 3 | 4 | 6% | 125.000,00 € | 125.000,00 € | 25% | |
| 4 | 17 | 11% | 95.000,00 € | 220.000,00 € | 44% | |
| 5 | 5 | 17% | 56.000,00 € | 276.000,00 € | 55% | A |
| 6 | 3 | 22% | 45.000,00 € | 321.000,00 € | 64% | |
| 7 | 16 | 28% | 30.000,00 € | 351.000,00 € | 70% | |
| 8 | 2 | 33% | 29.000,00 € | 380.000,00 € | 76% | |
| 9 | 14 | 39% | 26.000,00 € | 406.000,00 € | 81% | |
| 10 | 13 | 44% | 25.000,00 € | | | |
| 11 | 10 | 50% | 22.000,00 € | | | |
| 12 | 6 | 56% | 14.000,00 € | | | |
| 13 | 18 | 61% | 12.000,00 € | | | |
| 14 | 1 | 67% | 6.000,00 € | | | |
| 15 | 11 | 72% | 5.600,00 € | | | |
| 16 | 12 | 78% | 2.300,00 € | | | |
| 17 | 15 | 83% | 2.000,00 € | | | |
| 18 | 9 | 89% | 1.900,00 € | | | |
| 19 | 8 | 94% | 1.700,00 € | | | |
| 20 | 7 | 100% | 1.500,00 € | | | |
| 21 | Gesamt | | 500.000,00 € | | | |

Sortieren – Ebene hinzufügen, Ebene löschen, Ebene kopieren, Optionen…, Daten haben Überschriften

Spalte: Sortieren nach Spalte C — Werte — Nach Größe (aufsteigend)

OK | Abbrechen

## 3.2 Optimales Sortiment

Neben der ABC-Analyse gibt es u. a. eine weitere Methode festzustellen, welche die starken Artikel eines Sortiments sind. Die Deckungsbeiträge II einzelner Artikelgruppen werden auf ihre jeweiligen Umsätze bezogen:

$$\text{Relativer Deckungsbeitrag II} = \frac{\text{Deckungsbeitrag II} \cdot 100}{\text{Umsatz}}$$

Anhand der ermittelten relativen Deckungsbeiträge II wird ersichtlich, wie viel eine Artikelgruppe zum Umsatz beiträgt. Diejenige Artikelgruppe, die den höchsten Prozentsatz aufweist, nimmt den ersten Rang im Sortiment ein, die mit dem zweithöchsten relativen Deckungsbeitrag II den zweiten Rang usw.

Die profitabelste Artikelgruppe sollte durch absatzpolitische Maßnahmen gestärkt werden. Die schwächste Artikelgruppe bedarf aber auch besonderer Aufmerksamkeit. Letztlich muss die Entscheidung fallen: Verbleib im Sortiment ja oder nein? Wenn diese Artikelgruppe zur Abrundung im Sortiment verbleibt, sollte auf jeden Fall durch Kostensenkungen versucht werden, den Deckungsbeitrag zu erhöhen.

**Situationsaufgabe**

Für ein Sortiment liegen folgende Daten vor:

|  | Artikelgruppe I | Artikelgruppe II | Artikelgruppe III | Artikelgruppe IV | Artikelgruppe V |
|---|---|---|---|---|---|
| **Deckungsbeitrag II** | 150.000,00 € | 330.000,00 € | 180.000,00 € | 140.000,00 € | 120.000,00 € |
| **Umsatz der Artikelgruppe** | 660.000,00 € | 975.000,00 € | 610.000,00 € | 990.000,00 € | 530.000,00 € |
| **Relativer Deckungsbeitrag II** |  |  |  |  |  |
| **Rangfolge** |  |  |  |  |  |

Wie lautet die Reihenfolge im Sortiment?

|   | A | B | C | D | E | F |
|---|---|---|---|---|---|---|
| 1 |   |   |   |   |   |   |
| 2 |   | **Artikel-** | **Artikel-** | **Artikel-** | **Artikel-** | **Artikel-** |
| 3 |   | **gruppe I** | **gruppe II** | **gruppe III** | **gruppe IV** | **gruppe V** |
| 4 | **Deckungsbeitrag II** | 150.000,00 € | 330.000,00 € | 180.000,00 € | 140.000,00 € | 120.000,00 € |
| 5 | **Umsatz der Artikelgruppe** | 660.000,00 € | 975.000,00 € | 610.000,00 € | 990.000,00 € | 530.000,00 € |
| 6 | **Relativer Deckungsbeitrag** | 22,73% | 33,85% | 29,51% | 14,14% | 22,64% |
| 7 | **Rangfolge** | 3 | 1 | 2 | 5 | 4 |

|   | A | B | C | D | E | F |
|---|---|---|---|---|---|---|
| 1 |   |   |   |   |   |   |
| 2 |   | **Artikel-** | **Artikel-** | **Artikel-** | **Artikel-** | **Artikel-** |
| 3 |   | **gruppe I** | **gruppe II** | **gruppe III** | **gruppe IV** | **gruppe V** |
| 4 | **Deckungsbeitrag II** | 150.000,00 € | 330.000,00 € | 180.000,00 € | 140.000,00 € | 120.000,00 € |
| 5 | **Umsatz der Artikelgruppe** | 660.000,00 € | 975.000,00 € | 610.000,00 € | 990.000,00 € | 530.000,00 € |
| 6 | **Relativer Deckungsbeitrag** | 22,73% | 33,85% | 29,51% | 14,14% | 22,64% |
| 7 | **Rangfolge** | 3 | (C6;B6:F6) | 2 | 5 | 4 |

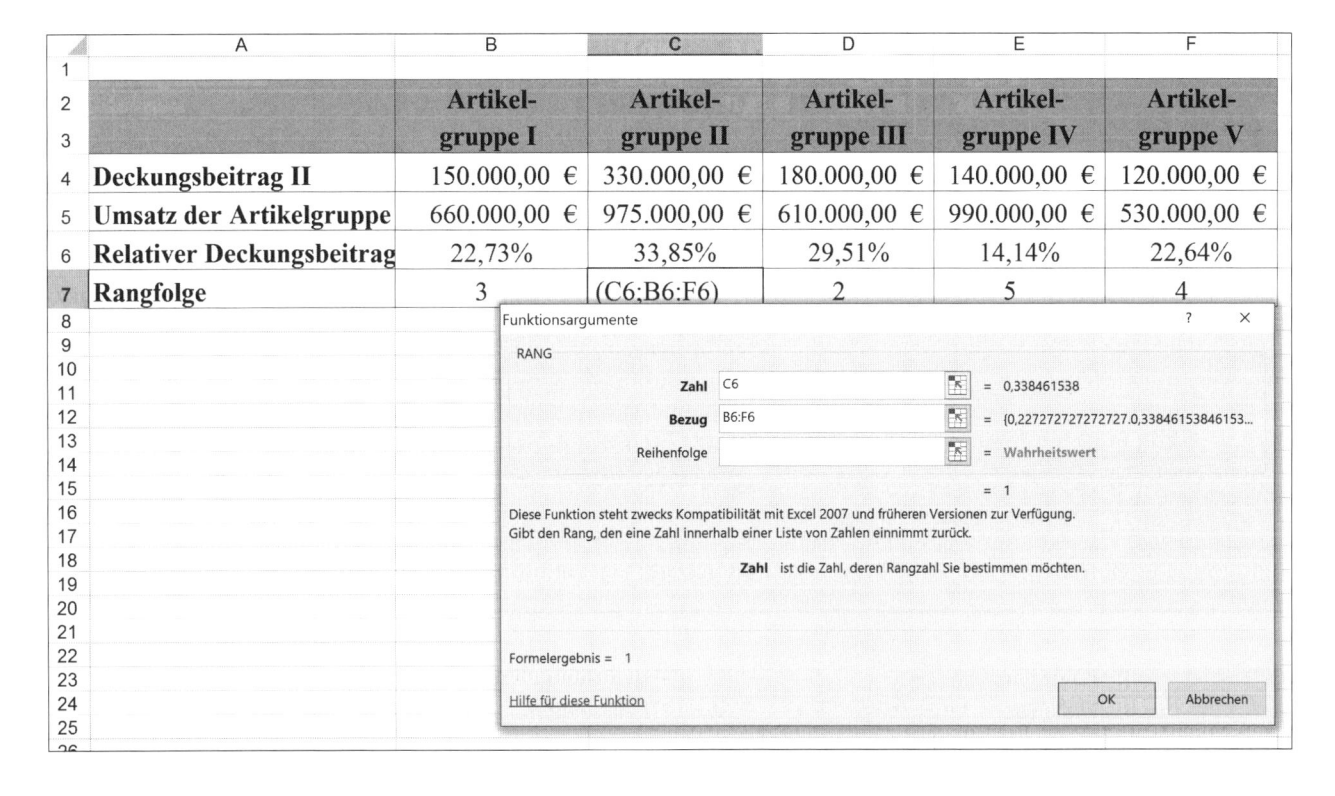

**Funktionsargumente**

RANG

| Zahl | C6 | = 0,338461538 |
| Bezug | B6:F6 | = {0,227272727272727.0,33846153846153... |
| Reihenfolge |   | = Wahrheitswert |

= 1

Diese Funktion steht zwecks Kompatibilität mit Excel 2007 und früheren Versionen zur Verfügung.
Gibt den Rang, den eine Zahl innerhalb einer Liste von Zahlen einnimmt zurück.

**Zahl** ist die Zahl, deren Rangzahl Sie bestimmen möchten.

Formelergebnis = 1

Hilfe für diese Funktion    OK    Abbrechen

# E. Betriebliche Statistik
## 1. Häufigkeitsverteilungen
### 1.1 Tabellen

Ausgangspunkt der statistischen Aufbereitung, wenn kein Sekundärmaterial benutzt wird, ist die sogenannte Urliste, eine ungeordnete Zusammenstellung der erhobenen Datenmenge. Je nach Zielsetzung gilt es, daraus entsprechende Tabellen und Grafiken zu erstellen und Berechnungen durchzuführen, die dann weitaus übersichtlicher sind und mehr Informationen liefern als die Urliste.

Tabellen sind dabei „das" Instrument der statistischen Darstellung. Sie haben im Grunde genommen alle das gleiche Zeilen-Spalten-Outfit: die Matrixform beherrscht damit die Szene. Damit entsprechen sie im Aufbau genau Tabellenkalkulationsblättern.

Obwohl sie sich inhaltlich unterscheiden, sind trotzdem bestimmte sich wiederholende Verfahren der Aufbereitung auszumachen und meist Häufigkeitstabellen das Ergebnis, die durch drei Faktoren charakterisiert werden können:

- Sie beziehen sich immer auf einen oder mehrere **Merkmalsträger** (z. B. Angestellte und Arbeiter) und
- untersuchen ein oder mehrere **Merkmale** (z. B. Gehälter und Löhne)
- hinsichtlich ihrer **Ausprägungen** (z. B. Höhe des Entgeltes).

| Gehaltsliste | | |
|---|---|---|
| Name (= **Merkmalsträger**) | Bruttogehalt (= **Merkmal**) | |
| Walter Ahrens | 2.800,00 € | = jeweils **Merkmalsausprägung** |
| Fritz Behrens | 2.700,00 € | |
| Carsten Meyer | 3.200,00 € | |

Die Anzahl der vorkommenden Ausprägungen je Merkmal werden als absolute Häufigkeiten (= Besetzungszahlen) bezeichnet. Wenn sie auf die Anzahl aller ihrer Ausprägungen bezogen werden, ist das Ergebnis: relative Häufigkeiten.

$$\text{Relative Häufigkeiten} = \frac{\text{Absolute Häufigkeiten}}{\text{Anzahl der Merkmalswerte}}$$

Diese Berechnungsmethode ähnelt der in der Prozentrechnung, wobei hier der Wert 1 dem Grundwert von 100 % entspricht: 0,3 heißt also 30 %. Die relativen Häufigkeiten geben somit den prozentualen Anteil einer Ausprägung an den Merkmalswerten an. Sowohl absolute als auch relative Häufigkeiten können zu kumulierten Häufigkeiten summiert werden.

# E. Betriebliche Statistik | 1. Häufigkeitsverteilungen

**Situationsaufgabe**

Für die Angestellten des Verwaltungsbereiches lagen im letzten Abrechnungszeitraum diese Bruttogehälter, die statistisch aufbereitet werden sollen, vor:

| Höhe der Gehälter bis | Anzahl der Mitarbeiter |
|---|---|
| 3.400,00 € | 16 |
| 3.500,00 € | 35 |
| 3.600,00 € | 36 |
| 3.700,00 € | 44 |
| 3.800,00 € | 53 |
| 3.900,00 € | 36 |
| 4.000,00 € | 54 |
| 4.100,00 € | 32 |
| 4.200,00 € | 25 |
| 4.300,00 € | 20 |
| 4.400,00 € | 18 |
| 4.500,00 € | 17 |
| 4.600,00 € | 15 |
| 4.700,00 € | 14 |
| 4.800,00 € | 13 |
| 4.900,00 € | 12 |
| 5.000,00 € | 10 |

Berechnen Sie die kumulierten absoluten, die relativen und kumulierten relativen Häufigkeiten.

| | A | B | C | D | E |
|---|---|---|---|---|---|
| 1 | | | | | |
| 2 | Gehälter | Absolute Häufigkeit | Kumulierte absolute Häufigkeit | Relative Häufigkeit | Kumulierte relative Häufigkeit |
| 3 | 3.400,00 € | 16 | 16 | 0,04 | 0,04 |
| 4 | 3.500,00 € | 35 | 51 | 0,08 | 0,12 |
| 5 | 3.600,00 € | 36 | 87 | 0,08 | 0,20 |
| 6 | 3.700,00 € | 44 | 131 | 0,10 | 0,30 |
| 7 | 3.800,00 € | 53 | 184 | 0,12 | 0,42 |
| 8 | 3.900,00 € | 36 | 220 | 0,08 | 0,50 |
| 9 | 4.000,00 € | 54 | 274 | 0,12 | 0,62 |
| 10 | 4.100,00 € | 32 | 306 | 0,07 | 0,69 |
| 11 | 4.200,00 € | 25 | 331 | 0,06 | 0,75 |
| 12 | 4.300,00 € | 20 | 351 | 0,04 | 0,79 |
| 13 | 4.400,00 € | 18 | 369 | 0,04 | 0,83 |
| 14 | 4.500,00 € | 17 | 386 | 0,04 | 0,87 |
| 15 | 4.600,00 € | 15 | 401 | 0,03 | 0,90 |
| 16 | 4.700,00 € | 14 | 415 | 0,03 | 0,93 |
| 17 | 4.800,00 € | 13 | 428 | 0,03 | 0,96 |
| 18 | 4.900,00 € | 12 | 440 | 0,03 | 0,99 |
| 19 | 5.000,00 € | 10 | 450 | 0,02 | 1,01 |
| 20 | | | | | |

| | A | B | C | D | E |
|---|---|---|---|---|---|
| 1 | | | | | |
| 2 | Gehälter | Absolute Häufigkeit | Kumulierte absolute Häufigkeit | Relative Häufigkeit | Kumulierte relative Häufigkeit |
| 3 | 3400 | 16 | =B3 | =B3/$C$19 | =D3 |
| 4 | 3500 | 35 | =C3+B4 | =B4/$C$19 | =E3+D4 |
| 5 | 3600 | 36 | =C4+B5 | =B5/$C$19 | =E4+D5 |
| 6 | 3700 | 44 | =C5+B6 | =B6/$C$19 | =E5+D6 |
| 7 | 3800 | 53 | =C6+B7 | =B7/$C$19 | =E6+D7 |
| 8 | 3900 | 36 | =C7+B8 | =B8/$C$19 | =E7+D8 |
| 9 | 4000 | 54 | =C8+B9 | =B9/$C$19 | =E8+D9 |
| 10 | 4100 | 32 | =C9+B10 | =B10/$C$19 | =E9+D10 |
| 11 | 4200 | 25 | =C10+B11 | =B11/$C$19 | =E10+D11 |
| 12 | 4300 | 20 | =C11+B12 | =B12/$C$19 | =E11+D12 |
| 13 | 4400 | 18 | =C12+B13 | =B13/$C$19 | =E12+D13 |
| 14 | 4500 | 17 | =C13+B14 | =B14/$C$19 | =E13+D14 |
| 15 | 4600 | 15 | =C14+B15 | =B15/$C$19 | =E14+D15 |
| 16 | 4700 | 14 | =C15+B16 | =B16/$C$19 | =E15+D16 |
| 17 | 4800 | 13 | =C16+B17 | =B17/$C$19 | =E16+D17 |
| 18 | 4900 | 12 | =C17+B18 | =B18/$C$19 | =E17+D18 |
| 19 | 5000 | 10 | =C18+B19 | =B19/$C$19 | =E18+D19 |
| 20 | | | | | |

## 1.2 Klassierte Daten

Die betriebliche Statistik beschränkt sich meist auf die tabellarische und/oder grafische Aufbereitung der Daten. Im Gegensatz zur mathematischen Statistik wird hier von der deskriptiven Statistik (= beschreibenden Statistik) gesprochen.

Um Statistiken übersichtlicher und vergleichbarer zu gestalten, werden häufig die einzelnen Ausprägungen zu Merkmalsklassen zusammengefasst. Für diese Klassen können wiederum absolute und relative Häufigkeiten und ihre kumulierten Werte berechnet werden. Bei der Konstruktion der Klassen müssen hauptsächlich zwei Fragen geklärt werden:

1. Wie viele Klassen sind zu bilden?
2. Wo sind die Klassengrenzen festzulegen?

Je kleinere Klassen gebildet werden, desto übersichtlicher wird zwar die Tabelle, aber desto geringer ist auch der Informationsgehalt. Und die Grenzen sollten so festgelegt werden, dass die Ausprägungen möglichst dicht um die Klassenmitte zu liegen kommen oder sich in jeder Klasse gleichmäßig verteilen. Die Klassenmitte errechnet sich so:

$$\text{Klassenmitte} = \frac{\text{obere + untere Klassengrenze}}{2}$$

### Situationsaufgabe

Für die klassierten Daten einer Gehaltsliste gilt diese Häufigkeitstabelle:

| Gehälter | Absolute Häufigkeit |
|---|---|
| 3.400,00 € bis 3.699,00 € | 87 |
| 3.700,00 € bis 3.999,00 € | 133 |
| 4.000,00 € bis 4.299,00 € | 111 |
| 4.300,00 € bis 4.599,00 € | 55 |
| 4.600,00 € bis 4.899,00 € | 42 |
| 4.900,00 € bis 5.199,00 € | 22 |

Berechnen Sie die kumulierten absoluten, die relativen und kumulierten relativen Häufigkeiten.

|   | A | B | C | D | E |
|---|---|---|---|---|---|
| 1 |   |   |   |   |   |
| 2 | Gehälter | Absolute Häufigkeit | Kumulierte absolute Häufigkeit | Relative Häufigkeit | Kumulierte relative Häufigkeit |
| 3 | 3.400,00 € |   |   |   |   |
| 4 | bis | 87 | 87 | 0,19 | 0,19 |
| 5 | 3.600,00 € |   |   |   |   |
| 6 | 3.700,00 € |   |   |   |   |
| 7 | bis | 133 | 220 | 0,30 | 0,49 |
| 8 | 3.900,00 € |   |   |   |   |
| 9 | 4.000,00 € |   |   |   |   |
| 10 | bis | 111 | 331 | 0,25 | 0,74 |
| 11 | 4.200,00 € |   |   |   |   |
| 12 | 4.300,00 € |   |   |   |   |
| 13 | bis | 55 | 386 | 0,12 | 0,86 |
| 14 | 4.500,00 € |   |   |   |   |
| 15 | 4.600,00 € |   |   |   |   |
| 16 | bis | 42 | 428 | 0,09 | 0,95 |
| 17 | 4.800,00 € |   |   |   |   |
| 18 | 4.900,00 € |   |   |   |   |
| 19 | bis | 22 | 450 | 0,05 | 1,00 |
| 20 | 5.000,00 € |   |   |   |   |

|   | A | B | C | D | E |
|---|---|---|---|---|---|
| 1 |   |   |   |   |   |
| 2 | Gehälter | Absolute Häufigkeit | Kumulierte absolute Häufigkeit | Relative Häufigkeit | Kumulierte relative Häufigkeit |
| 3 | 3400 |   |   |   |   |
| 4 | bis | 87 | =C3+B4 | =B4/C19 | =E3+D4 |
| 5 | 3600 |   |   |   |   |
| 6 | 3700 |   |   |   |   |
| 7 | bis | 133 | =C4+B7 | =B7/C19 | =E4+D7 |
| 8 | 3900 |   |   |   |   |
| 9 | 4000 |   |   |   |   |
| 10 | bis | 111 | =C7+B10 | =B10/C19 | =E7+D10 |
| 11 | 4200 |   |   |   |   |
| 12 | 4300 |   |   |   |   |
| 13 | bis | 55 | =C10+B13 | =B13/C19 | =E10+D13 |
| 14 | 4500 |   |   |   |   |
| 15 | 4600 |   |   |   |   |
| 16 | bis | 42 | =C13+B16 | =B16/C19 | =E13+D16 |
| 17 | 4800 |   |   |   |   |
| 18 | 4900 |   |   |   |   |
| 19 | bis | 22 | =C16+B19 | =B19/C19 | =E16+D19 |
| 20 | 5000 |   |   |   |   |
| 21 |   |   |   |   |   |

# 2. Diagramme

## 2.1 Säulendiagramme

In dem Bereich der betrieblichen Statistik, in dem die Zahlen der Buchführung und Kostenrechnung ausgewertet werden, wird vornehmlich mit quantitativen diskreten, d. h. mit genau abgegrenzten Daten gearbeitet. Das hat Konsequenzen für die grafischen Darstellungen, denn es besteht ein kausaler Zusammenhang zwischen der Art der tabellarischen Aufbereitung des Materials und der möglichen Form der Abbildung. Dabei spielt außerdem eine Rolle, ob es sich hierbei um klassierte oder nicht-klassierte Werte handelt. Wenn diese Häufigkeitsverteilungen vernachlässigt werden, verfehlen die Diagramme ihren Zweck: Zur Verdeutlichung komplexer statistischer Sachverhalte sinnvolles visuelles Hilfsmittel zu sein.

| Klassierte Daten | Nicht-klassierte Daten | Diagrammtyp |
|---|---|---|
| ✕ | Absolute Häufigkeiten | **Säulendiagramm** Stabdiagramm |
| Absolute Häufigkeiten | ✕ | **Histogramm** Balkendiagramm |
| Relative Häufigkeiten | | **Kreisdiagramm** „Tortendiagramm" |
| Absolute und relative kumulierte Häufigkeiten | | **Summenkurve** |

Für unklassierte absolute Häufigkeiten sollten Stab- oder Säulendiagramme als grafische Darstellungsform gewählt werden. EXCEL macht über seinen Diagramm-Assistenten einen entsprechenden Vorschlag, sodass es quasi automatisch zur adäquaten Abbildung kommt. Außerdem werden innerhalb des entsprechenden Diagrammtyps jeweils verschiedene Untertypen angeboten.

**Situationsaufgabe**
Es liegt die folgende Umsatzstatistik der Fit & Fun Sport vor:

| Umsätze Fit & Fun Sport | | | | |
|---|---|---|---|---|
| **Artikel** | **I. Quartal** | **II. Quartal** | **III. Quartal** | **IV. Quartal** |
| Basketball | 12.000,00 € | 14.500,00 € | 24.000,00 € | 28.000,00 € |
| Fußball | 12.500,00 € | 15.000,00 € | 23.000,00 € | 14.000,00 € |
| Golf | 13.000,00 € | 15.500,00 € | 23.000,00 € | 23.500,00 € |
| Schwimmen | 14.000,00 € | 33.000,00 € | 27.000,00 € | 25.000,00 € |
| Segeln | 12.500,00 € | 14.500,00 € | 28.000,00 € | 11.000,00 € |
| Ski | 15.000,00 € | 11.000,00 € | 22.500,00 € | 29.500,00 € |
| Tennis | 16.000,00 € | 29.500,00 € | 24.000,00 € | 24.000,00 € |
| Volleyball | 18.000,00 € | 21.000,00 € | 25.000,00 € | 28.000,00 € |

Erstellen Sie ein Säulendiagramm aller Quartalsumsätze für alle Artikel.

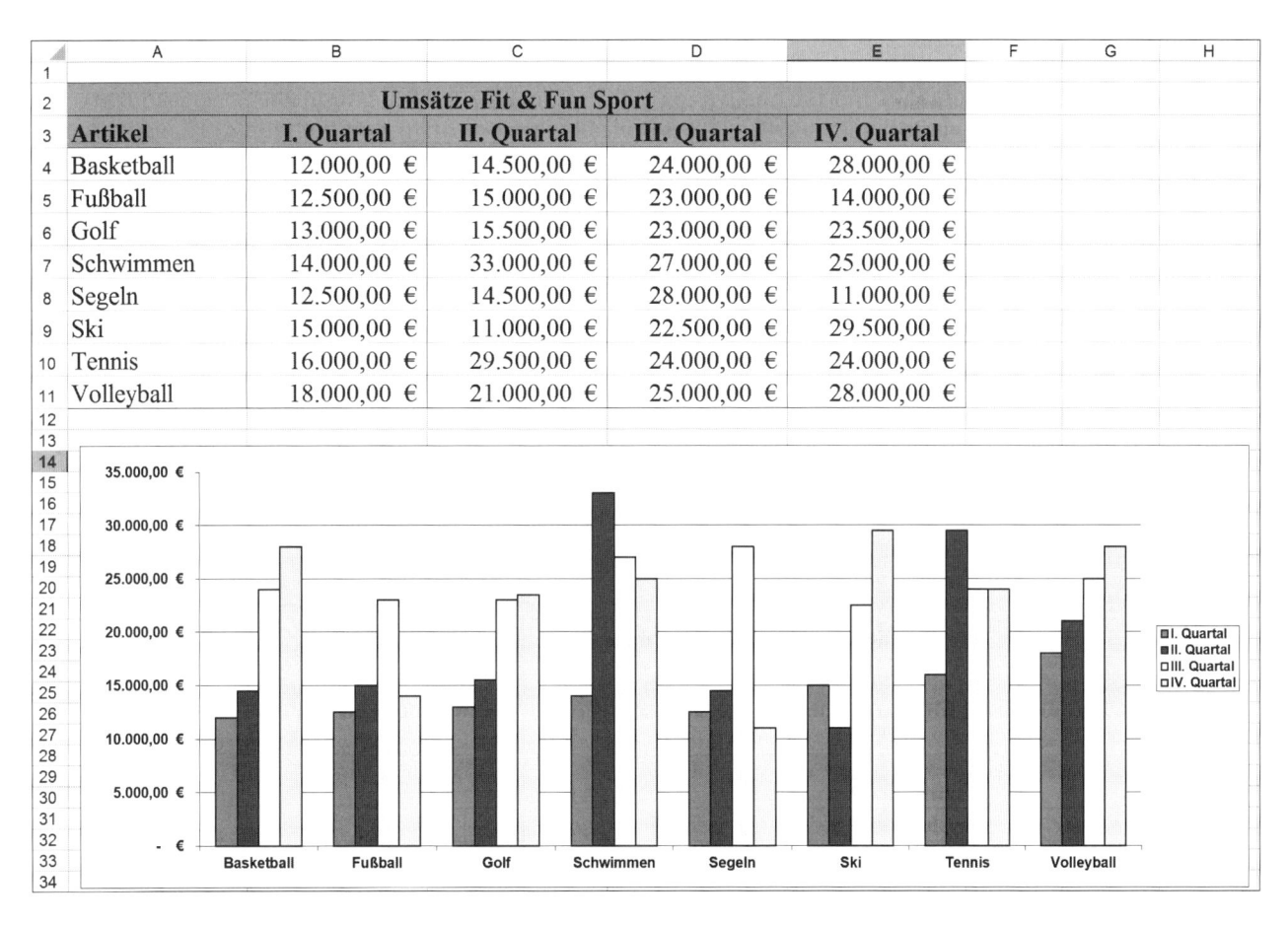

## E. Betriebliche Statistik | 2. Diagramme

| | A | B | C | D | E |
|---|---|---|---|---|---|
| 1 | | | | | |
| 2 | | Umsätze Fit & Fun Sport | | | |
| 3 | **Artikel** | I. Quartal | II. Quartal | III. Quartal | IV. Quartal |
| 4 | Basketball | 12.000,00 € | 14.500,00 € | 24.000,00 € | 28.000,00 € |
| 5 | Fußball | 12.500,00 € | 15.000,00 € | 23.000,00 € | 14.000,00 € |
| 6 | Golf | 13.000,00 € | 15.500,00 € | 23.000,00 € | 23.500,00 € |
| 7 | Schwimmen | 14.000,00 € | 33.000,00 € | 27.000,00 € | 25.000,00 € |
| 8 | Segeln | 12.500,00 € | 14.500,00 € | 28.000,00 € | 11.000,00 € |
| 9 | Ski | 15.000,00 € | 11.000,00 € | 22.500,00 € | 29.500,00 € |
| 10 | Tennis | 16.000,00 € | 29.500,00 € | 24.000,00 € | 24.000,00 € |
| 11 | Volleyball | 18.000,00 € | 21.000,00 € | 25.000,00 € | 28.000,00 € |

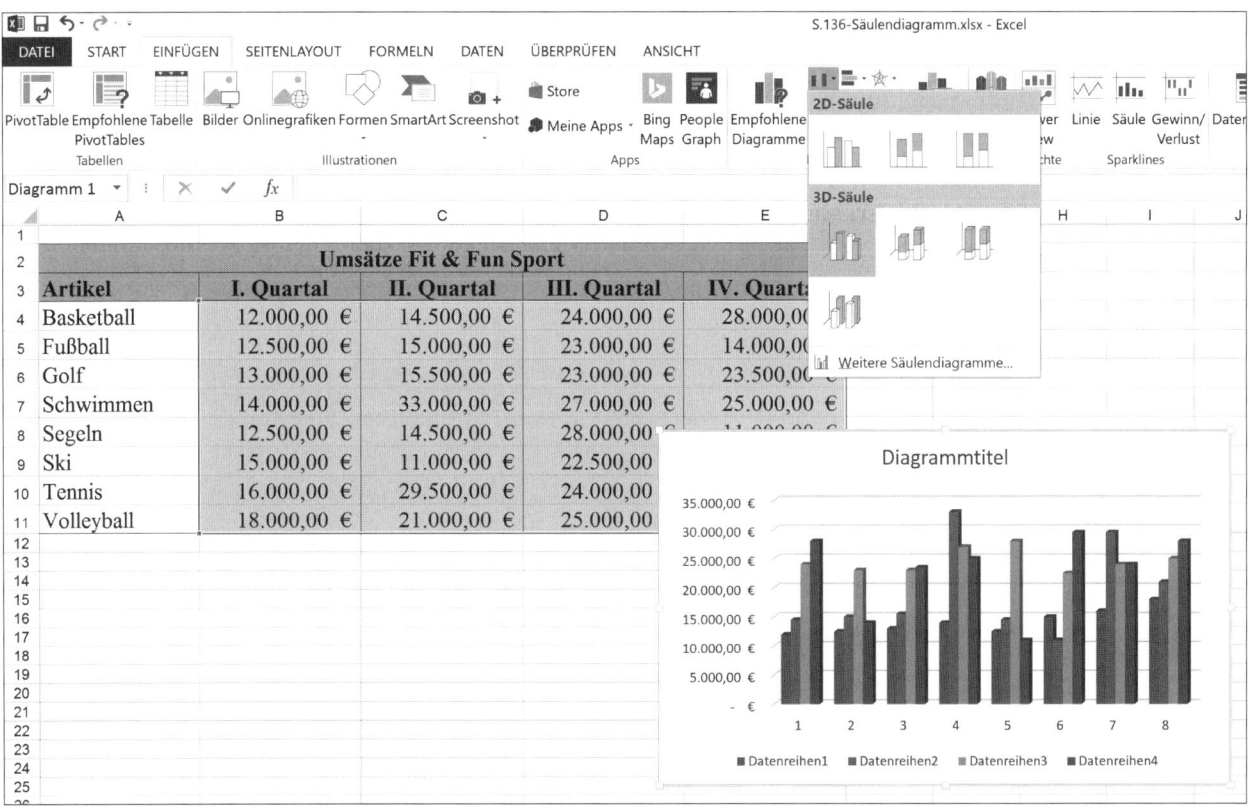

143

## 2.2 Kreis- und Tortendiagramme

Die absoluten Werte in einer Tabelle müssen nicht vorher in relative transformiert werden. EXCEL macht das automatisch bei den grafischen Darstellungen, wenn die entsprechenden Diagrammtypen – hier Kreis- bzw. Tortendiagramm – gewählt werden.

Kreisdiagramme oder sogenannte Tortendiagramme bilden relative Häufigkeiten von klassierten und nicht-klassierten Daten adäquat ab. Damit eignen sie sich vornehmlich, um prozentuale Verteilungen zu veranschaulichen.

Im Unterschied zu den Kreisdiagrammen, die zweidimensional sind, erlauben Tortendiagramme eine 3D-Darstellung. Von Fall zu Fall verdeutlichen diese Abbildungen bestimmte Sachverhalte deutlicher. Besonders dann, wenn dasjenige Tortenstück heraus geschnitten wird, das besonders hervorgehoben werden soll. Ob die einzelnen Tortenstücke benannt und/oder mit einer Legende beschriftet werden, hängt vom Geschmack des Einzelnen ab. EXCEL erlaubt beides. Dieses gilt auch generell für die Art, Größe und Anordnungen der Beschriftungen.

**Situationsaufgabe**
Es liegt die folgende Statistik über die Kostenverteilungen in den einzelnen Standorten der Betriebe eines Unternehmens vor:

| Kosten | Berlin | Hamburg | München | Dresden |
|---|---|---|---|---|
| Abschreibungen | 180.000,00 € | 165.000,00 € | 135.000,00 € | 240.000,00 € |
| Personal | 320.000,00 € | 280.000,00 € | 180.000,00 € | 150.000,00 € |
| Energie | 13.000,00 € | 15.000,00 € | 23.000,00 € | 24.000,00 € |
| Zinsen | 24.000,00 € | 33.000,00 € | 27.000,00 € | 41.000,00 € |
| Mieten | 44.000,00 € | 34.000,00 € | 40.000,00 € | 32.000,00 € |

Wie verteilen sich die Abschreibungen auf die vier Standorte? Stellen Sie den Sachverhalt als Tortendiagramm dar. Heben Sie dabei den prozentualen Anteil der Abschreibungen des Standortes Hamburg hervor.

|   | A | B | C | D | E |
|---|---|---|---|---|---|
| 1 |   |   |   |   |   |
| 2 | **Kosten** | **Berlin** | **Hamburg** | **München** | **Dresden** |
| 3 | Abschreibungen | 180.000,00 € | 165.000,00 € | 135.000,00 € | 240.000,00 € |
| 4 | Personal | 320.000,00 € | 280.000,00 € | 180.000,00 € | 150.000,00 € |
| 5 | Energie | 13.000,00 € | 15.000,00 € | 23.000,00 € | 24.000,00 € |
| 6 | Zinsen | 24.000,00 € | 33.000,00 € | 27.000,00 € | 41.000,00 € |
| 7 | Mieten | 44.000,00 € | 34.000,00 € | 40.000,00 € | 32.000,00 € |

**Abschreibungen**

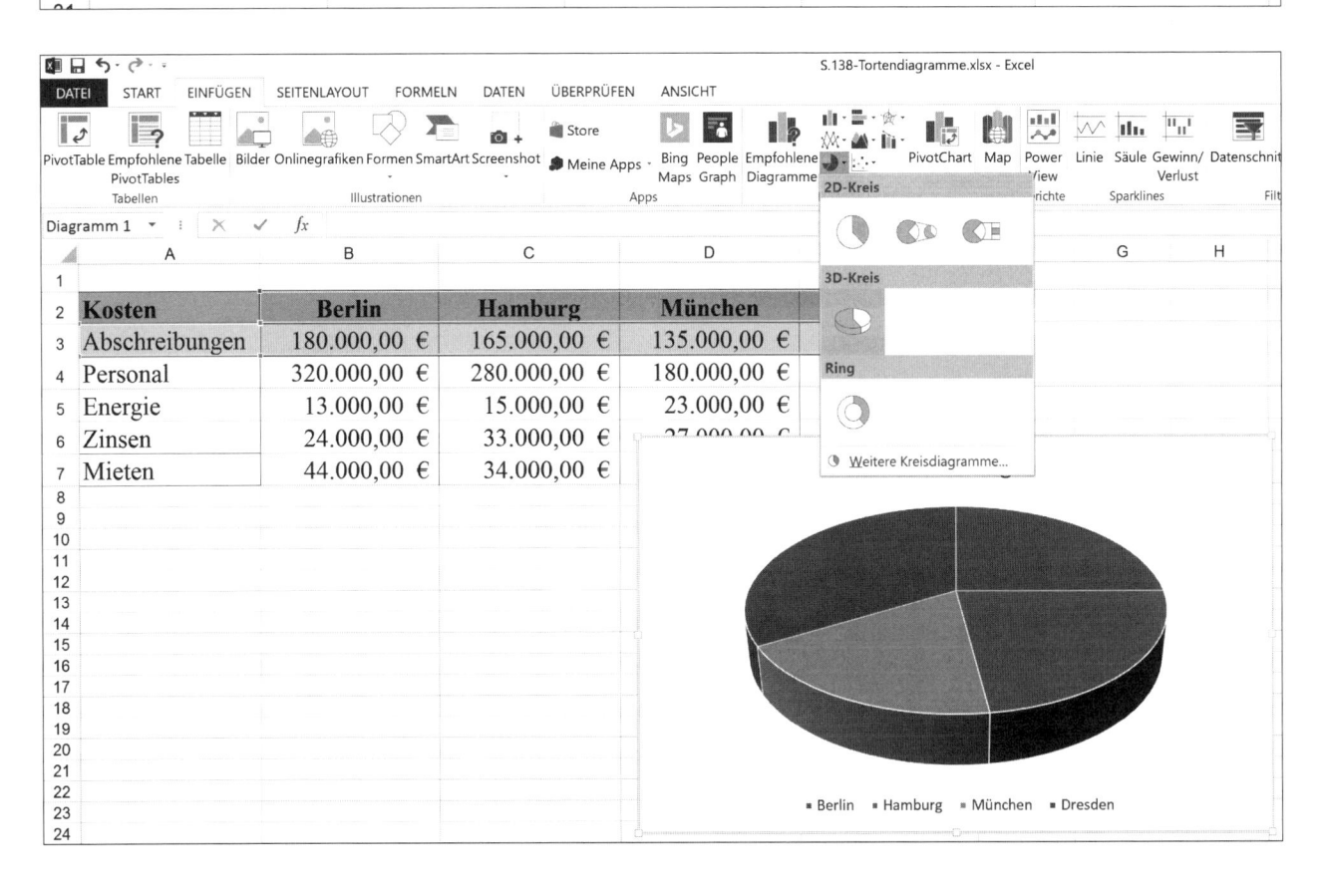

- Berlin 25%
- Hamburg 23%
- München 19%
- Dresden 33%

## 2.3 Linien- und Kurvendiagramme

Kumulierte Werte, ob absolut oder relativ, ob klassiert oder nicht-klassiert, sind am besten durch **Summenkurven** abzubilden. Aber auch **Liniendiagramme** liefern das gewünschte Ergebnis.

Diese Form der grafischen Veranschaulichung wird meist gewählt, wenn betriebliche bzw. wirtschaftliche Daten im Zeitablauf abgebildet werden. Bei der Darstellung des Verlaufs von Aktienkursen sind diese Charts äußerst beliebt. Liniendiagramme bieten sich ebenfalls für die Darstellung von Erlös-, Kosten- und Gewinnentwicklungen über mehrere Perioden an.

Werden in einer grafischen Darstellung Achsenwerte benutzt, die sich um ein Vielfaches in ihrem Wert unterscheiden, also im Extremfall das Zigfache, so kommt es leicht zu undeutlichen Abbildungen. Sollten sich alle Werte weit oberhalb des Nullwertes der Y-Achse bewegen, so kann mit EXCEL die Skalierung entsprechend angepasst werden, um ein aussagekräftigeres Bild zu erhalten.

**Situationsaufgabe**
Ein Unternehmen sieht sich der folgenden Erlös-, Kosten- und Gewinnentwicklung gegenübergestellt:

| Gewinnentwicklung | | | |
|---|---|---|---|
| Jahr | Erlöse | Kosten | Gewinne |
| 1 | 16.000.000,00 € | 10.000.000,00 € | 6.000.000,00 € |
| 2 | 17.000.000,00 € | 11.000.000,00 € | 6.000.000,00 € |
| 3 | 19.500.000,00 € | 12.000.000,00 € | 7.500.000,00 € |
| 4 | 21.000.000,00 € | 13.000.000,00 € | 8.000.000,00 € |
| 5 | 24.000.000,00 € | 16.000.000,00 € | 8.000.000,00 € |
| 6 | 28.000.000,00 € | 19.000.000,00 € | 9.000.000,00 € |
| 7 | 32.000.000,00 € | 21.000.000,00 € | 11.000.000,00 € |
| 8 | 40.000.000,00 € | 28.000.000,00 € | 12.000.000,00 € |

Es soll mithilfe von Liniendiagrammen die Erlös-, Kosten- und Gewinnentwicklung des Unternehmens im Zeitablauf wiedergegeben werden.

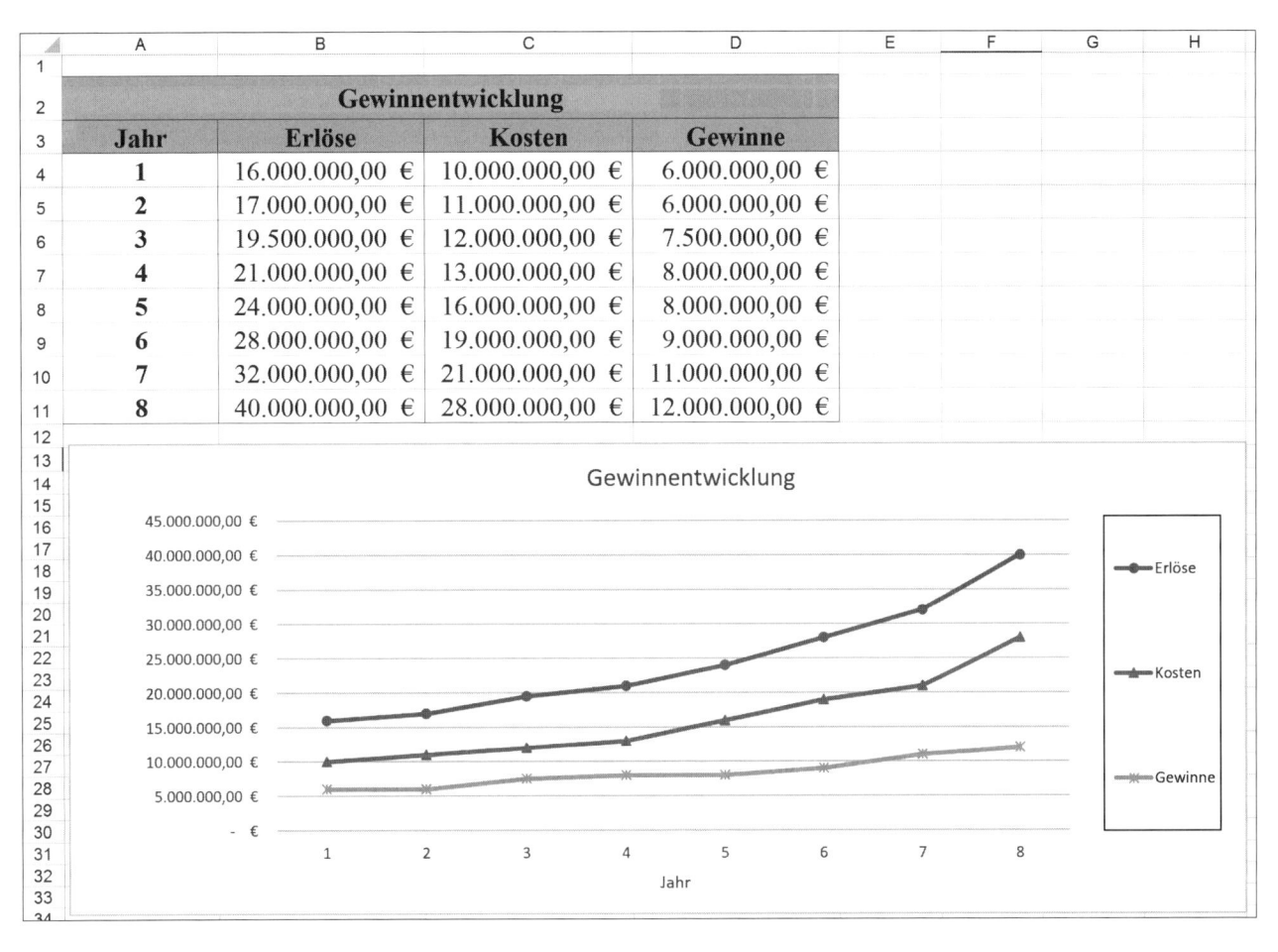

| | A | B | C | D |
|---|---|---|---|---|
| 1 | | | | |
| 2 | | Gewinnentwicklung | | |
| 3 | Jahr | Erlöse | Kosten | Gewinne |
| 4 | 1 | 16.000.000,00 € | 10.000.000,00 € | 6.000.000,00 € |
| 5 | 2 | 17.000.000,00 € | 11.000.000,00 € | 6.000.000,00 € |
| 6 | 3 | 19.500.000,00 € | 12.000.000,00 € | 7.500.000,00 € |
| 7 | 4 | 21.000.000,00 € | 13.000.000,00 € | 8.000.000,00 € |
| 8 | 5 | 24.000.000,00 € | 16.000.000,00 € | 8.000.000,00 € |
| 9 | 6 | 28.000.000,00 € | 19.000.000,00 € | 9.000.000,00 € |
| 10 | 7 | 32.000.000,00 € | 21.000.000,00 € | 11.000.000,00 € |
| 11 | 8 | 40.000.000,00 € | 28.000.000,00 € | 12.000.000,00 € |

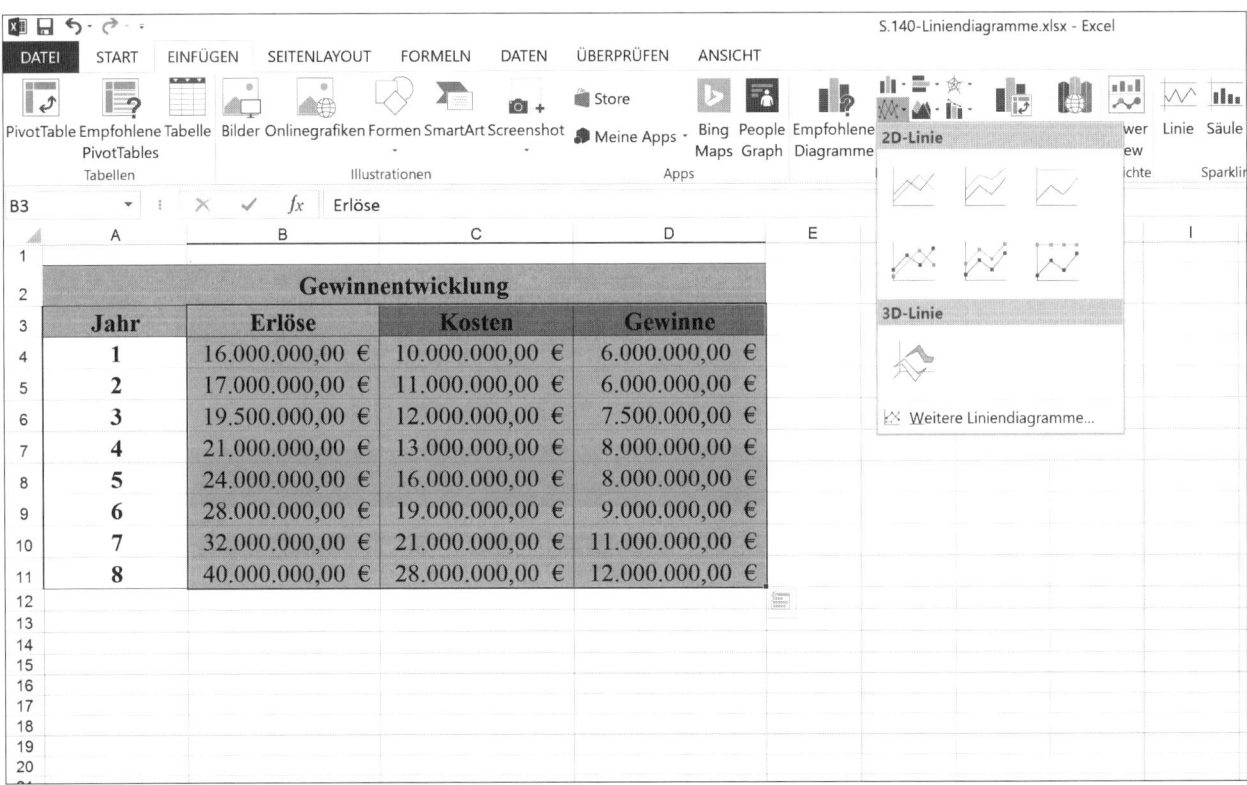

# 3. Statistische Maßzahlen

## 3.1 Arithmetisches Mittel

Beim arithmetischen Mittel wird zwischen dem einfachen und dem gewogenen arithmetischen Mittel (= gewogenem Durchschnitt) unterschieden:

$$\text{Einfaches arithmetisches Mittel} = \frac{\text{Summe der Einzelgrößen}}{\text{Anzahl der Einzelgrößen}}$$

$$\text{Gewogenes arithmetisches Mittel} = \frac{\text{Summe (Einzelgröße} \cdot \text{Häufigkeit)}}{\text{Summe Häufigkeiten}}$$

Oft führt das einfache arithmetische Mittel zu nicht aussagekräftigen Ergebnissen, und zwar immer dann, wenn die Einzelgrößen einer Reihe unterschiedlich häufig vorkommen. Hier muss dann mit dem gewogenen Durchschnitt gerechnet werden.

Aber auch das gewogene arithmetische Mittel kann meist nur einen undifferenzierten Stand der Dinge wiedergeben, obgleich es in der Praxis – so zur Aufbereitung der Kostenrechnung – gern verwandt wird. Der Durchschnittslohn, der Durchschnittspreis oder die Durchschnittskosten sind Werte, die oft erst im Vergleich oder in Bezug zu anderen Größen ihre Brauchbarkeit erlangen.

Bei der Berechnung des einfachen arithmetischen Mittels sollte man sich des Funktionsassistenten von EXCEL – wie im Einführungskapitel dargestellt – bedienen.

**Situationsaufgabe**

Es liegen die folgenden Lohndaten eines Großhandelsbetriebes vor:

| Lohnhöhe | Anzahl der Mitarbeiter |
|---|---|
| 2.400,00 € | 18 |
| 2.500,00 € | 35 |
| 2.600,00 € | 36 |
| 2.700,00 € | 33 |
| 2.800,00 € | 67 |
| 2.900,00 € | 48 |
| 3.000,00 € | 44 |
| 3.100,00 € | 36 |
| 3.200,00 € | 44 |
| 3.300,00 € | 31 |
| 3.400,00 € | 20 |
| 3.500,00 € | 27 |
| 3.600,00 € | 15 |
| 3.700,00 € | 14 |
| 3.800,00 € | 13 |
| 3.900,00 € | 11 |
| 4.000,00 € | 10 |

Wie hoch ist der Durchschnittslohn aller Mitarbeiter?

| | A | B | C |
|---|---|---|---|
| 1 | Lohnhöhe | Anzahl der Mitarbeiter | Lohnkosten |
| 2 | 2.400,00 € | 18 | 43.200,00 € |
| 3 | 2.500,00 € | 35 | 87.500,00 € |
| 4 | 2.600,00 € | 36 | 93.600,00 € |
| 5 | 2.700,00 € | 33 | 89.100,00 € |
| 6 | 2.800,00 € | 67 | 187.600,00 € |
| 7 | 2.900,00 € | 48 | 139.200,00 € |
| 8 | 3.000,00 € | 44 | 132.000,00 € |
| 9 | 3.100,00 € | 36 | 111.600,00 € |
| 10 | 3.200,00 € | 44 | 140.800,00 € |
| 11 | 3.300,00 € | 31 | 102.300,00 € |
| 12 | 3.400,00 € | 20 | 68.000,00 € |
| 13 | 3.500,00 € | 27 | 94.500,00 € |
| 14 | 3.600,00 € | 15 | 54.000,00 € |
| 15 | 3.700,00 € | 14 | 51.800,00 € |
| 16 | 3.800,00 € | 13 | 49.400,00 € |
| 17 | 3.900,00 € | 11 | 42.900,00 € |
| 18 | 4.000,00 € | 10 | 40.000,00 € |
| 19 | **Summe** | 502 | 1.527.500,00 € |
| 20 | **Durchschnitt** | | 3.042,83 € |

| | A | B | C |
|---|---|---|---|
| 1 | Lohnhöhe | Anzahl der Mitarbeiter | Lohnkosten |
| 2 | 2400 | 18 | =A2*B2 |
| 3 | 2500 | 35 | =A3*B3 |
| 4 | 2600 | 36 | =A4*B4 |
| 5 | 2700 | 33 | =A5*B5 |
| 6 | 2800 | 67 | =A6*B6 |
| 7 | 2900 | 48 | =A7*B7 |
| 8 | 3000 | 44 | =A8*B8 |
| 9 | 3100 | 36 | =A9*B9 |
| 10 | 3200 | 44 | =A10*B10 |
| 11 | 3300 | 31 | =A11*B11 |
| 12 | 3400 | 20 | =A12*B12 |
| 13 | 3500 | 27 | =A13*B13 |
| 14 | 3600 | 15 | =A14*B14 |
| 15 | 3700 | 14 | =A15*B15 |
| 16 | 3800 | 13 | =A16*B16 |
| 17 | 3900 | 11 | =A17*B17 |
| 18 | 4000 | 10 | =A18*B18 |
| 19 | **Summe** | =SUMME(B2:B18) | =SUMME(C2:C18) |
| 20 | **Durchschnitt** | | =C19/B19 |

## 3.2 Modus und Median

Der **Modus** (= Modalwert) ist derjenige Wert, der in einer Zahlenreihe am häufigsten vorkommt. Zu seiner Ermittlung bedarf es im Allgemeinen keiner Berechnung. Er kann der Häufigkeitstabelle direkt entnommen werden. Mit seiner Hilfe ist auf sehr einfache Art zu erkennen, welche Situation repräsentativ ist: der übliche $m^2$-Preis für die Anmietung von Gewerberäumen, der marktübliche Zinssatz für Hypothekenkredite oder der aktuelle Heizölpreis, der von der überwiegenden Zahl der Händler gefordert wird.

Im Absatzbereich findet der Modus Verwendung z. B. für den häufigsten Werbeträger. Der häufigste Wert sollte aber nur dann zu Vergleichszwecken herangezogen werden, wenn er sich auf einer genügend großen Zahlenreihe begründet, sodass repräsentative Schlüsse zulässig sind.

Aus einer nicht-klassierten Häufigkeitsverteilung ist der **Median** (= Zentralwert) sofort erkennbar. Für klassierte Daten muss er errechnet werden. Er stellt das Zentrum einer auf- oder absteigend geordneten Zahlenreihe dar. Falls diese Zahlenreihe vor und nach dem Median ziemlich gleichmäßig verläuft, ist seine Aussagekraft höher, als die der arithmetischen Mittelwerte, weil Extremwerte ihn nicht beeinflussen. Er sollte aber vor allem dann verwandt werden, wenn eine Rangskala von Werten überschaubarer zu machen ist, da er sich für die Auswertung von qualitativen Merkmalen besonders eignet, so z. B. in der Marktforschung oder für innerbetriebliche Beurteilungen.

### Beispiel

Typische Beispiele für die Verwendung des Medians sind im Personalbereich auch: die mittlere Altersgruppe, die mittlere Lohngruppe.

Modus und Median können mithilfe einer Funktion in EXCEL aus einer Zahlenreihe bestimmt werden. Übrigens: EXCEL kommt sowohl bei der Berechnung des Medians als auch bei der Berechnung des Modalwertes zum richtigen Ergebnis, auch wenn die Werte nicht in einer aufsteigend geordneten Reihe vorliegen.

### Situationsaufgabe

Es liegen die folgenden Börsenkurse vor:

234,00 €
234,00 €
234,00 €
234,00 €
235,00 €
235,00 €
235,00 €
236,00 €
246,00 €
246,00 €
278,00 €
256,00 €
234,00 €
258,00 €
260,00 €
234,00 €
245,00 €
256,00 €
245,00 €
231,00 €

a) Bringen Sie die Börsenkurse in eine geordnete Reihe und berechnen Sie dann den mittleren Kurs – den Median.
b) Welches ist der häufigste Kurs (der Modalwert)?

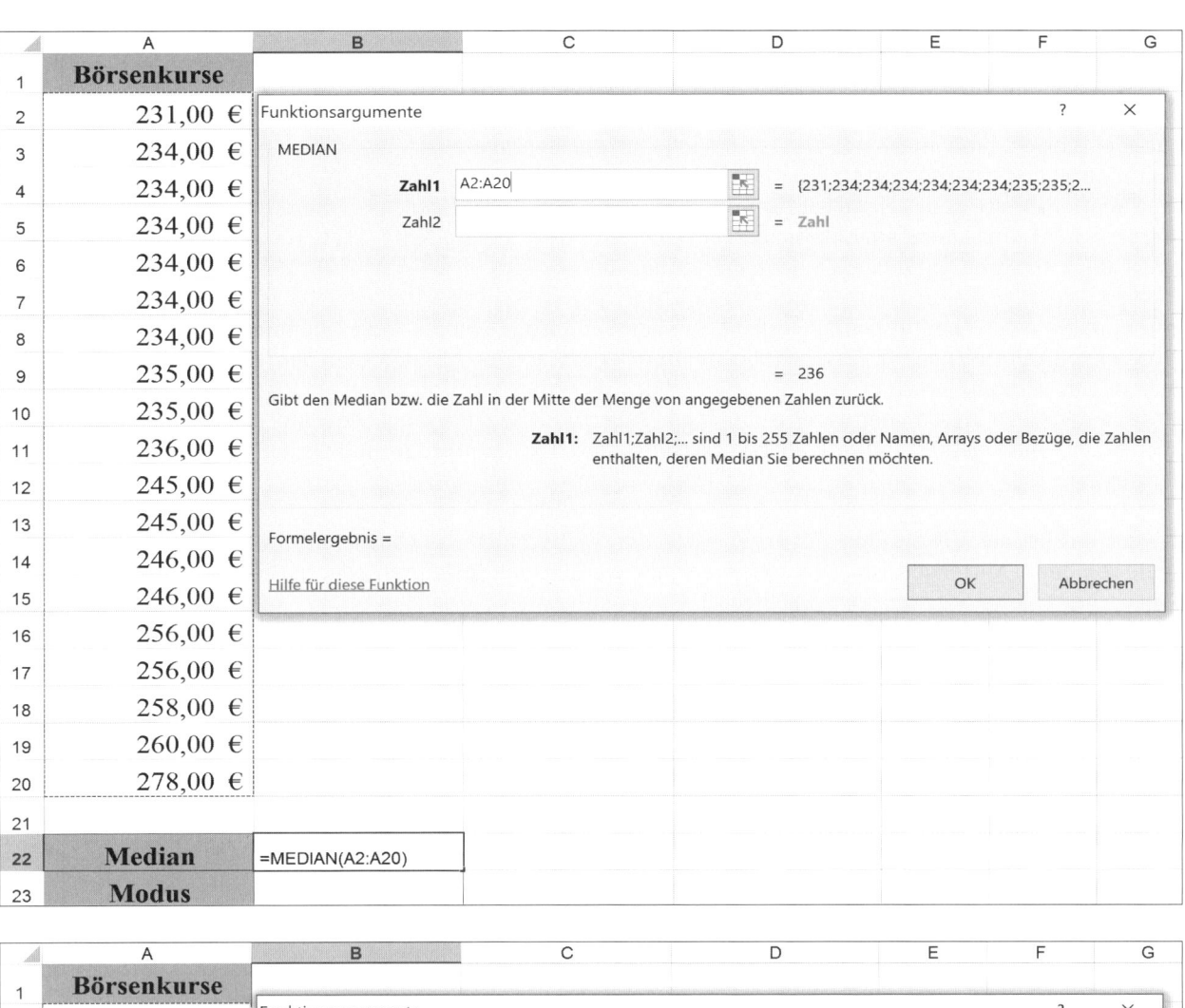

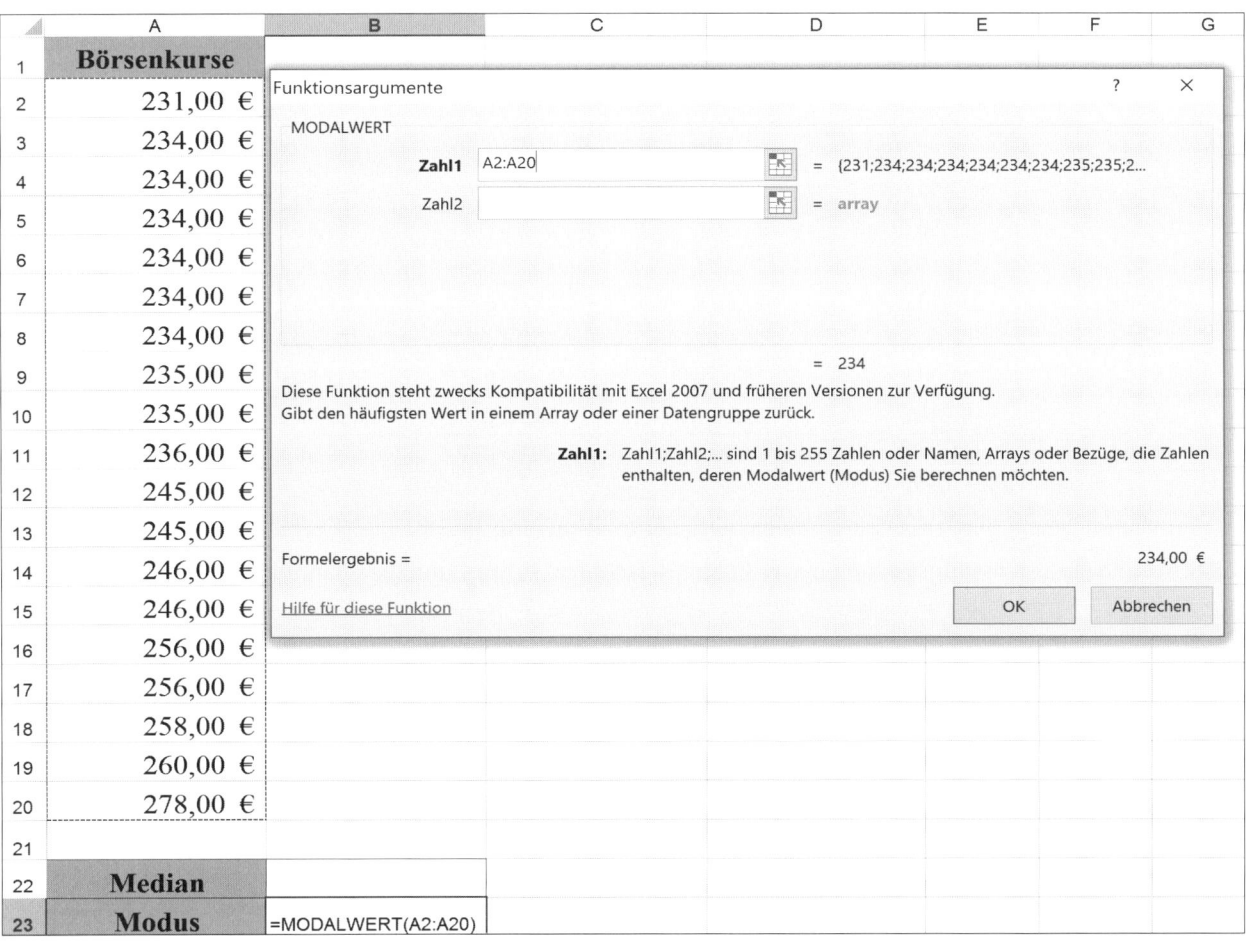

| | A | B | C | D | E | F | G |
|---|---|---|---|---|---|---|---|
| 1 | **Börsenkurse** | | | | | | |
| 2 | 231,00 € | | | | | | |
| 3 | 234,00 € | | | | | | |
| 4 | 234,00 € | | | | | | |
| 5 | 234,00 € | | | | | | |
| 6 | 234,00 € | | | | | | |
| 7 | 234,00 € | | | | | | |
| 8 | 234,00 € | | | | | | |
| 9 | 235,00 € | | | | | | |
| 10 | 235,00 € | | | | | | |
| 11 | 236,00 € | | | | | | |
| 12 | 245,00 € | | | | | | |
| 13 | 245,00 € | | | | | | |
| 14 | 246,00 € | | | | | | |
| 15 | 246,00 € | | | | | | |
| 16 | 256,00 € | | | | | | |
| 17 | 256,00 € | | | | | | |
| 18 | 258,00 € | | | | | | |
| 19 | 260,00 € | | | | | | |
| 20 | 278,00 € | | | | | | |
| 21 | | | | | | | |
| 22 | **Median** | =MEDIAN(A2:A20) | | | | | |
| 23 | **Modus** | | | | | | |

Funktionsargumente — MEDIAN
Zahl1: A2:A20 = {231;234;234;234;234;234;235;235;2...
Zahl2: = Zahl
= 236
Gibt den Median bzw. die Zahl in der Mitte der Menge von angegebenen Zahlen zurück.
Zahl1: Zahl1;Zahl2;... sind 1 bis 255 Zahlen oder Namen, Arrays oder Bezüge, die Zahlen enthalten, deren Median Sie berechnen möchten.
Formelergebnis =

| | A | B | C | D | E | F | G |
|---|---|---|---|---|---|---|---|
| 1 | **Börsenkurse** | | | | | | |
| 2 | 231,00 € | | | | | | |
| 3 | 234,00 € | | | | | | |
| 4 | 234,00 € | | | | | | |
| 5 | 234,00 € | | | | | | |
| 6 | 234,00 € | | | | | | |
| 7 | 234,00 € | | | | | | |
| 8 | 234,00 € | | | | | | |
| 9 | 235,00 € | | | | | | |
| 10 | 235,00 € | | | | | | |
| 11 | 236,00 € | | | | | | |
| 12 | 245,00 € | | | | | | |
| 13 | 245,00 € | | | | | | |
| 14 | 246,00 € | | | | | | |
| 15 | 246,00 € | | | | | | |
| 16 | 256,00 € | | | | | | |
| 17 | 256,00 € | | | | | | |
| 18 | 258,00 € | | | | | | |
| 19 | 260,00 € | | | | | | |
| 20 | 278,00 € | | | | | | |
| 21 | | | | | | | |
| 22 | **Median** | | | | | | |
| 23 | **Modus** | =MODALWERT(A2:A20) | | | | | |

Funktionsargumente — MODALWERT
Zahl1: A2:A20 = {231;234;234;234;234;234;235;235;2...
Zahl2: = array
= 234
Diese Funktion steht zwecks Kompatibilität mit Excel 2007 und früheren Versionen zur Verfügung.
Gibt den häufigsten Wert in einem Array oder einer Datengruppe zurück.
Zahl1: Zahl1;Zahl2;... sind 1 bis 255 Zahlen oder Namen, Arrays oder Bezüge, die Zahlen enthalten, deren Modalwert (Modus) Sie berechnen möchten.
Formelergebnis = 234,00 €

## 3.3 Variationsbreite und mittlere lineare Abweichung

Zur besseren Charakterisierung von Reihen, sind – neben den Mittelwerten – Streuungsmaße von Nöten. Sie geben auf ihre spezifische Art an, wie sich einzelne Daten in der Reihe verteilen und helfen damit festzustellen, wie gut oder schlecht die Mittelwerte die Daten der Reihe repräsentieren.

Die **Variationsbreite** ist das einfachste Streuungsmaß und gibt die Differenz zwischen dem kleinsten und größten Wert einer Merkmalsreihe an. Mit ihr kann ein Überblick über die Breite der Skala verschafft oder ein Vergleich hinsichtlich der Streuung zweier Zahlenreihen angestellt werden.

Immer dann, wenn Niedrigst- und Höchstwerte von Bedeutung sind, hilft die **Spannweite**, den Umfang eines Prozesses zu kennzeichnen (z. B. Gegenüberstellung der extremsten Absatzzahlen der Periode mit dem Ziel, eine Glättung der Produktion zu erreichen; Kenntnis des Jahreshöchst- und Jahresniedrigstkurses beeinflusst den Einstiegszeitpunkt ins Aktienengagement und gibt Aufschluss über die mögliche Marge bei dem Geschäft. Lagerhöchst- und -niedrigstbestände erlauben Rückschlüsse auf den Raumbedarf und die Kapitalbindung von Vorratsvermögen).

Die **mittlere lineare Abweichung** gibt an, wie groß die durchschnittliche Abweichung der einzelnen Zahlen einer Reihe von ihrem Mittelwert ist. Mit ihr kann ersehen werden, wie vorteilhaft oder nachteilig – im Vergleich zum Durchschnitt – eine Situation zu beurteilen ist.

### Beispiel

Sind die durchschnittlichen Beschaffungskosten für eine bestimmte Ware und die mittlere lineare Abweichung von diesen Kosten bekannt, dann kann durch den konkreten Wert des aktuellen Beschaffungspreises festgestellt werden, ob er innerhalb der Toleranzgrenzen liegt und zu akzeptieren ist.

Damit ist dieses Streuungsmaß ein brauchbares Hilfsmittel für die Entscheidungsfindung.

**Situationsaufgabe**
Es liegen die folgenden Anschaffungspreise eines Artikels vor:

| Anschaffungspreise | | | | | |
|---|---|---|---|---|---|
| 24,50 € | 22,50 € | 29,30 € | 29,40 € | 24,50 € | 29,00 € |
| 24,50 € | 22,50 € | 29,30 € | 29,40 € | 24,50 € | 29,20 € |
| 24,50 € | 26,40 € | 29,30 € | 29,40 € | 28,30 € | 29,40 € |
| 24,50 € | 30,00 € | 29,30 € | 31,00 € | 28,40 € | 29,40 € |
| 24,50 € | 31,00 € | 25,80 € | 32,00 € | 31,50 € | 23,60 € |
| 24,50 € | 31,00 € | 26,00 € | 32,00 € | 31,50 € | 23,45 € |
| 24,50 € | 31,00 € | 27,80 € | 31,50 € | 29,40 € | 27,50 € |
| 24,50 € | 31,00 € | 23,40 € | 31,50 € | 29,30 € | 26,00 € |

a) Berechnen Sie die mittlere lineare Abweichung der Anschaffungspreise.
b) Ermitteln Sie den niedrigsten und den höchsten Anschaffungspreis und die Spannweite.

|   | A | B | C | D | E | F | G | H |
|---|---|---|---|---|---|---|---|---|
| 1 | Anschaffungspreise ||||||| |
| 2 | 24,50 € | 22,50 € | 29,30 € | 29,40 € | 24,50 € | 29,00 € | | |
| 3 | 24,50 € | 22,50 € | 29,30 € | 29,40 € | 24,50 € | 29,20 € | | |
| 4 | 24,50 € | 26,40 € | 29,30 € | 29,40 € | 28,30 € | 29,40 € | | |
| 5 | 24,50 € | 30,00 € | 29,30 € | 31,00 € | 28,40 € | 29,40 € | | |
| 6 | 24,50 € | 31,00 € | 25,80 € | 32,00 € | 31,50 € | 23,60 € | | |
| 7 | 24,50 € | 31,00 € | 26,00 € | 32,00 € | 31,50 € | 23,45 € | | |
| 8 | 24,50 € | 31,00 € | 27,80 € | 31,50 € | 29,40 € | 27,50 € | | |
| 9 | 24,50 € | 31,00 € | 23,40 € | 31,50 € | 29,30 € | 26,00 € | | |
| 10 | | | | | | | | |
| 11 | | | | | | | | |
| 12 | Mittlere lineare Abweichung | | | 2,63 € | | | | |
| 13 | | | | | | | | |
| 14 | Kleinster Wert | | | 22,50 € | | | | |
| 15 | Größter Wert | | | 32,00 € | | | | |
| 16 | Spannweite | | | 9,50 € | | | | |
| 17 | | | | | | | | |

|   | A | B | C | D | E | F |
|---|---|---|---|---|---|---|
| 1 | Anschaffungspreise |||||| |
| 2 | 24,5 | 22,5 | 29,3 | 29,4 | 24,5 | 29 |
| 3 | 24,5 | 22,5 | 29,3 | 29,4 | 24,5 | 29,2 |
| 4 | 24,5 | 26,4 | 29,3 | 29,4 | 28,3 | 29,4 |
| 5 | 24,5 | 30 | 29,3 | 31 | 28,4 | 29,4 |
| 6 | 24,5 | 31 | 25,8 | 32 | 31,5 | 23,6 |
| 7 | 24,5 | 31 | 26 | 32 | 31,5 | 23,45 |
| 8 | 24,5 | 31 | 27,8 | 31,5 | 29,4 | 27,5 |
| 9 | 24,5 | 31 | 23,4 | 31,5 | 29,3 | 26 |
| 10 | | | | | | |
| 11 | | | | | | |
| 12 | Mittlere lineare Abweichung | | =MITTELABW(A2:F9) | | | |
| 13 | | | | | | |
| 14 | Kleinster Wert | | =MIN(A2:F9) | | | |
| 15 | Größter Wert | | =MAX(A2:F9) | | | |
| 16 | Spannweite | | =C15-C14 | | | |
| 17 | | | | | | |

## 3.4 Varianz und Standardabweichung

Werden die durchschnittlichen positiven Abweichungen vom arithmetischen Mittel quadriert, ist das Ergebnis die **Varianz**. Bei der Varianz werden also die Streuungsunterschiede deutlicher hervorgehoben. Durch die Quadrierung ändert sich aber auch die Dimension des Merkmals. Um dieses zu vermeiden, wird die Quadratwurzel gezogen. Ihr nichtnegativer Wert ist die **Standardabweichung**.

Varianz und Standardabweichung sind nicht nur *die* Streuungsmaße der induktiven Statistik schlechthin, wenn es um wahrscheinlichkeitstheoretische Grundlagen – wie die Normalverteilung – geht, sondern auch für Methoden der beurteilenden Statistik – wie Regressions- und Korrelationsanalysen. Zur Beurteilung von Qualitätskontrollen im Produktionsbereich oder von Forschungsreihen, bei der Analyse von Umfragen der Marktforschungsabteilung; also meist häufig, wenn Stichproben gezogen wurden, sind ihre Werte notwendig und von Bedeutung.

**Situationsaufgaben**
Es wird eine Stichprobe gezogen, um festzustellen, wie die Abfüllgewichte einer 50-Gramm-Verpackung streuen. Es wurden folgende Gewichte ermittelt:

| Stichprobe Abfüllgewichte in Gramm | | | | |
|---|---|---|---|---|
| 50,01 | 50,00 | 49,99 | 48,79 | 50,02 |
| 50,01 | 50,00 | 49,99 | 48,79 | 50,02 |
| 50,01 | 50,00 | 49,99 | 48,79 | 50,02 |
| 50,01 | 50,00 | 49,99 | 48,79 | 50,02 |
| 50,01 | 50,00 | 49,99 | 48,79 | 50,02 |
| 50,01 | 50,00 | 49,99 | 48,79 | 50,02 |
| 50,01 | 50,00 | 49,99 | 50,00 | 50,02 |
| 50,01 | 50,00 | 49,99 | 50,00 | 50,02 |
| 50,01 | 50,00 | 49,99 | 50,00 | 50,02 |
| 50,01 | 50,00 | 49,99 | 50,00 | 50,02 |
| 49,99 | 50,00 | 50,00 | 51,12 | 49,98 |
| 49,99 | 50,00 | 50,00 | 51,12 | 50,02 |
| 49,99 | 50,00 | 50,02 | 49,98 | 51,12 |
| 49,99 | 50,00 | 50,02 | 49,98 | 50,00 |
| 49,99 | 50,00 | 50,00 | 51,12 | 50,00 |
| 50,00 | 50,00 | 50,00 | 51,12 | 50,00 |
| 50,00 | 50,00 | 50,02 | 49,98 | 50,00 |
| 50,00 | 50,00 | 50,02 | 49,98 | 50,00 |
| 50,00 | 51,12 | 50,01 | 50,00 | 50,00 |
| 50,00 | 51,12 | 49,99 | 50,00 | 50,00 |

a) Berechnen Sie die Varianz.
b) Wie hoch ist die Standardabweichung?

| | A | B | C | D | E |
|---|---|---|---|---|---|
| 1 | | | | | |
| 2 | | Stichprobe Abfüllgewichte in Gramm | | | |
| 3 | 50,01 | 50,00 | 49,99 | 48,79 | 50,02 |
| 4 | 50,01 | 50,00 | 49,99 | 48,79 | 50,02 |
| 5 | 50,01 | 50,00 | 49,99 | 48,79 | 50,02 |
| 6 | 50,01 | 50,00 | 49,99 | 48,79 | 50,02 |
| 7 | 50,01 | 50,00 | 49,99 | 48,79 | 50,02 |
| 8 | 50,01 | 50,00 | 49,99 | 48,79 | 50,02 |
| 9 | 50,01 | 50,00 | 49,99 | 50,00 | 50,02 |
| 10 | 50,01 | 50,00 | 49,99 | 50,00 | 50,02 |
| 11 | 50,01 | 50,00 | 49,99 | 50,00 | 50,02 |
| 12 | 50,01 | 50,00 | 49,99 | 50,00 | 50,02 |
| 13 | 49,99 | 50,00 | 50,00 | 51,12 | 49,98 |
| 14 | 49,99 | 50,00 | 50,00 | 51,12 | 50,02 |
| 15 | 49,99 | 50,00 | 50,02 | 49,98 | 51,12 |
| 16 | 49,99 | 50,00 | 50,02 | 49,98 | 50,00 |
| 17 | 49,99 | 50,00 | 50,00 | 51,12 | 50,00 |
| 18 | 50,00 | 50,00 | 50,00 | 51,12 | 50,00 |
| 19 | 50,00 | 50,00 | 50,02 | 49,98 | 50,00 |
| 20 | 50,00 | 50,00 | 50,02 | 49,98 | 50,00 |
| 21 | 50,00 | 51,12 | 50,01 | 50,00 | 50,00 |
| 22 | 50,00 | 51,12 | 49,99 | 50,00 | 50,00 |
| 23 | | | | | |
| 24 | **Varianz** | | | | 0,177482535 |
| 25 | **Standardabweichung** | | | | 0,421286761 |
| 26 | | | | | |

| | A | B | C | D | E |
|---|---|---|---|---|---|
| 1 | | | | | |
| 2 | | Stichprobe Abfüllgewichte in Gramm | | | |
| 3 | 50,01 | 50 | 49,99 | 48,79 | 50,02 |
| 4 | 50,01 | 50 | 49,99 | 48,79 | 50,02 |
| 5 | 50,01 | 50 | 49,99 | 48,79 | 50,02 |
| 6 | 50,01 | 50 | 49,99 | 48,79 | 50,02 |
| 7 | 50,01 | 50 | 49,99 | 48,79 | 50,02 |
| 8 | 50,01 | 50 | 49,99 | 48,79 | 50,02 |
| 9 | 50,01 | 50 | 49,99 | 50 | 50,02 |
| 10 | 50,01 | 50 | 49,99 | 50 | 50,02 |
| 11 | 50,01 | 50 | 49,99 | 50 | 50,02 |
| 12 | 50,01 | 50 | 49,99 | 50 | 50,02 |
| 13 | 49,99 | 50 | 50 | 51,12 | 49,98 |
| 14 | 49,99 | 50 | 50 | 51,12 | 50,02 |
| 15 | 49,99 | 50 | 50,02 | 49,98 | 51,12 |
| 16 | 49,99 | 50 | 50,02 | 49,98 | 50 |
| 17 | 49,99 | 50 | 50 | 51,12 | 50 |
| 18 | 50 | 50 | 50 | 51,12 | 50 |
| 19 | 50 | 50 | 50,02 | 49,98 | 50 |
| 20 | 50 | 50 | 50,02 | 49,98 | 50 |
| 21 | 50 | 51,12 | 50,01 | 50 | 50 |
| 22 | 50 | 51,12 | 49,99 | 50 | 50 |
| 23 | | | | | |
| 24 | **Varianz** | | =VARIANZ(A3:E22) | | |
| 25 | **Standardabweichung** | | =STABW(A3:E22) | | |
| 26 | | | | | |

# 4. Verhältniszahlen

## 4.1 Gliederungszahlen

Verhältniszahlen verdeutlichen betriebliche Sachverhalte. Denn Verhältniszahlen gliedern statistische Größen, setzen diese Größen mit anderen Werten in Beziehung und zeigen so Entwicklungen auf. Sie entstehen, wenn aus zwei gleichen Merkmalswerten Quotienten gebildet werden. Es wird unterschieden in:

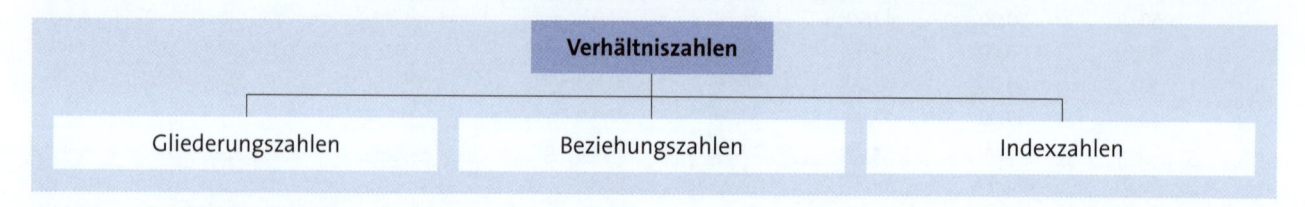

```
                        Verhältniszahlen
          ┌──────────────────┼──────────────────┐
   Gliederungszahlen    Beziehungszahlen     Indexzahlen
```

Bruchzahlen aus gleichartigen Größen, die häufig als Prozentzahlen angegeben werden, sind **Gliederungszahlen**:

$$\text{Gliederungszahl} = \frac{\text{Teilgröße} \cdot 100}{\text{Gesamtgröße}}$$

bzw.

$$\text{Gliederungszahl} = \frac{\text{Teilgröße}}{\text{Gesamtgröße}}$$

Uns sind Gliederungszahlen aus mehreren Bereichen des Rechnungswesens gut bekannt. Wir benutzen sie u. a. bei den Bilanzkennziffern, aber auch bei der Auswertung der Kosten- und Leistungsrechnung.

Werden gleichartige Größen mit verschiedenen Merkmalswerten ins Verhältnis gesetzt – z. B. der Anteil des Fremdkapitals am Eigenkapital –, sprechen wir von **Messzahlen.** Sie unterscheiden sich in ihrer Bedeutung und Berechnung nicht grundsätzlich von Gliederungszahlen. Im Grunde sind sie nichts Weiteres als deren Erweiterung.

$$\text{Messzahl} = \frac{\text{Merkmalswert A} \cdot 100}{\text{Merkmalswert B}}$$

**Situationsaufgabe**
Es liegt die folgende Tabelle aus der Kostenrechnung vor:

|  | Material | Fertigung | Verwaltung | Vertrieb |
|---|---|---|---|---|
| **Gemeinkosten** | | | | |
| **Hilfslöhne** | 12.000,00 € | 93.000,00 € | 22.500,00 € | 12.500,00 € |
| **Hilfsstoffe** | | 45.000,00 € | | |
| **Betriebsstoffe** | 18.000,00 € | 118.000,00 € | 18.000,00 € | 29.000,00 € |
| **Abschreibungen** | 30.000,00 € | 40.000,00 € | 10.000,00 € | 20.000,00 € |
| **Gehälter** | | 33.000,00 € | 155.000,00 € | 22.000,00 € |
| **Zinsen** | 3.250,00 € | 38.500,00 € | 7.850,00 € | 14.950,00 € |
| **Steuern** | 21.500,00 € | 21.500,00 € | 21.500,00 € | 21.500,00 € |
| **Mieten** | 45.000,00 € | 74.000,00 € | 37.000,00 € | 15.000,00 € |
| **Reparaturen** | 6.000,00 € | 29.700,00 € | 6.600,00 € | 12.500,00 € |
| **Sonstige Kosten** | 47.500,00 € | 47.500,00 € | 47.500,00 € | 47.500,00 € |

Ermitteln Sie den Prozentanteil der einzelnen Gemeinkostenarten an den gesamten Gemeinkosten.

| | A | B | C | D | E | F | G |
|---|---|---|---|---|---|---|---|
| 1 | | | | | | | |
| 2 | | Material | Fertigung | Verwaltung | Vertrieb | Gesamt | Prozentualer Anteil |
| 3 | **Gemeinkosten** | | | | | | |
| 4 | Hilfslöhne | 12.000,00 € | 93.000,00 € | 22.500,00 € | 12.500,00 € | 140.000,00 € | 11,25% |
| 5 | Hilfsstoffe | | 45.000,00 € | | | 45.000,00 € | 3,62% |
| 6 | Betriebsstoffe | 18.000,00 € | 118.000,00 € | 18.000,00 € | 29.000,00 € | 183.000,00 € | 14,71% |
| 7 | Abschreibungen | 30.000,00 € | 40.000,00 € | 10.000,00 € | 20.000,00 € | 100.000,00 € | 8,04% |
| 8 | Gehälter | | 33.000,00 € | 155.000,00 € | 22.000,00 € | 210.000,00 € | 16,88% |
| 9 | Zinsen | 3.250,00 € | 38.500,00 € | 7.850,00 € | 14.950,00 € | 64.550,00 € | 5,19% |
| 10 | Steuern | 21.500,00 € | 21.500,00 € | 21.500,00 € | 21.500,00 € | 86.000,00 € | 6,91% |
| 11 | Mieten | 45.000,00 € | 74.000,00 € | 37.000,00 € | 15.000,00 € | 171.000,00 € | 13,74% |
| 12 | Reparaturen | 6.000,00 € | 29.700,00 € | 6.600,00 € | 12.500,00 € | 54.800,00 € | 4,40% |
| 13 | Sonstige Kosten | 47.500,00 € | 47.500,00 € | 47.500,00 € | 47.500,00 € | 190.000,00 € | 15,27% |
| 14 | **Summe Gemeinkosten** | 183.250,00 € | 540.200,00 € | 325.950,00 € | 194.950,00 € | 1.244.350,00 € | 100,01% |

| | A | B | C | D | E | F | G |
|---|---|---|---|---|---|---|---|
| 1 | | | | | | | |
| 2 | | Material | Fertigung | Verwaltung | Vertrieb | Gesamt | Prozentualer Anteil |
| 3 | **Gemeinkosten** | | | | | | |
| 4 | Hilfslöhne | 12000 | 93000 | 22500 | 12500 | =SUMME(B4:E4) | =F4/$F$14 |
| 5 | Hilfsstoffe | | 45000 | | | =SUMME(B5:E5) | =F5/$F$14 |
| 6 | Betriebsstoffe | 18000 | 118000 | 18000 | 29000 | =SUMME(B6:E6) | =F6/$F$14 |
| 7 | Abschreibungen | 30000 | 40000 | 10000 | 20000 | =SUMME(B7:E7) | =F7/$F$14 |
| 8 | Gehälter | | 33000 | 155000 | 22000 | =SUMME(B8:E8) | =F8/$F$14 |
| 9 | Zinsen | 3250 | 38500 | 7850 | 14950 | =SUMME(B9:E9) | =F9/$F$14 |
| 10 | Steuern | 21500 | 21500 | 21500 | 21500 | =SUMME(B10:E10) | =F10/$F$14 |
| 11 | Mieten | 45000 | 74000 | 37000 | 15000 | =SUMME(B11:E11) | =F11/$F$14 |
| 12 | Reparaturen | 6000 | 29700 | 6600 | 12500 | =SUMME(B12:E12) | =F12/$F$14 |
| 13 | Sonstige Kosten | 47500 | 47500 | 47500 | 47500 | =SUMME(B13:E13) | =F13/$F$14 |
| 14 | **Summe Gemeinkosten** | =SUMME(B4:B13) | =SUMME(C4:C13) | =SUMME(D4:D13) | =SUMME(E4:E13) | =SUMME(B14:E14) | =SUMME(G4:G13) |

## 4.2 Beziehungszahlen

Beziehungszahlen sind uns von den betrieblichen Kennziffern bekannt.

### Beispiel

Kennzahlen der Produktivität und der Wirtschaftlichkeit wie Produktivität je Mitarbeiter, Umsatz je Verkaufsfläche, aber auch die Kalkulationszuschläge.

Beziehungszahlen sind also Bruchzahlen bzw. Prozentzahlen, die aus der Verknüpfung von unter schiedlichen wirtschaftlichen Größen ermittelt werden, jedoch in einem sinnvollen Zusammenhang zueinander stehen.

$$\text{Beziehungszahl} = \frac{\text{Merkmalswert A des Merkmals A}}{\text{Merkmalswert A des Merkmals B}}$$

bzw.

$$\text{Beziehungszahl} = \frac{\text{Merkmalswert A des Merkmals A} \cdot 100}{\text{Merkmalswert A des Merkmals B}}$$

## E. Betriebliche Statistik | 4. Verhältniszahlen

Im Gegensatz zu den Gliederungs- und Messzahlen werden bei den Beziehungszahlen *keine* gleichartigen Größen ins Verhältnis gesetzt, sondern verschiedenartige.

**Situationsaufgabe**

Ein Handelsunternehmen hat mehrere Filialen. Folgende Daten liegen vor:

| | Umsatz pro Verkaufsfläche | | | | |
|---|---|---|---|---|---|
| | Filiale 1 | Filiale 2 | Filiale 3 | Filiale 4 | Filiale 5 |
| Umsatz | 2.212.000,00 € | 3.314.500,00 € | 4.424.000,00 € | 3.328.000,00 € | 5.567.000,00 € |
| Verkaufsfläche | 180,00 qm | 150,00 qm | 230,00 qm | 140,00 qm | 350,00 qm |

Ermitteln Sie den Umsatz bezogen auf die Verkaufsfläche.

**Lösung:**

| | A | B | C | D | E | F |
|---|---|---|---|---|---|---|
| 1 | | | | | | |
| 2 | | Umsatz pro Verkaufsfläche | | | | |
| 3 | | Filiale 1 | Filiale 2 | Filiale 3 | Filiale 4 | Filiale 5 |
| 4 | Umsatz | 2.212.000,00 € | 3.314.500,00 € | 4.424.000,00 € | 3.328.000,00 € | 5.567.000,00 € |
| 5 | Verkaufsfläche in qm | 180,00 | 150,00 | 230,00 | 140,00 | 350,00 |
| 6 | Umsatz/qm | 12.288,89 € | 22.096,67 € | 19.234,78 € | 23.771,43 € | 15.905,71 € |

| | A | B | C | D | E | F |
|---|---|---|---|---|---|---|
| 1 | | | | | | |
| 2 | | Umsatz pro Verkaufsfläche | | | | |
| 3 | | Filiale 1 | Filiale 2 | Filiale 3 | Filiale 4 | Filiale 5 |
| 4 | Umsatz | 2212000 | 3314500 | 4424000 | 3328000 | 5567000 |
| 5 | Verkaufsfläche in qm | 180 | 150 | 230 | 140 | 350 |
| 6 | Umsatz/qm | =B4/B5 | =C4/C5 | =D4/D5 | =E4/E5 | =F4/F5 |

## 4.3 Indexzahlen

Indexzahlen geben die Veränderung einer Größe in Bezug auf ein Basisjahr, das gleich 100 gesetzt wird, wieder. Sie sind damit vergangenheitsorientiert und zeitbezogen.

$$\text{Indexzahl} = \frac{\text{Vergleichszahl} \cdot 100}{\text{Basiszahl}}$$

**Beispiel**

Eine der bekanntesten **Indexzahlen** ist der DAX, der Deutsche Aktienindex. Er zeigt an, wie sich die Performance der 30 größten deutschen Aktien im Vergleich zu einem Basisjahr entwickelt hat. Andere bekannte Indizes sind der Index für die Lebenshaltungskosten (der Verbraucherpreise), der Index der industriellen Erzeugerpreise oder Großhandelsverkaufspreise.

Im Gegensatz zu Indexzahlen, die rein vergangenheitsorientiert sind, weisen **Trendberechnungen** in die Zukunft. Möglichst exakt wirtschaftliche Entwicklungen vorauszusehen, ist für Unternehmen von grundsätzlicher und lebenswichtiger Bedeutung. Die marktkonforme Planung des Produktionsprogramms oder die optimale Gestaltung des Sortiments entscheidet letztlich über Erfolg oder Misserfolg und über das Schicksal eines Unternehmens.

Der Trend zeigt nur den typischen Verlauf einer Entwicklung an, solange sich die Grunddaten nicht verändern. Und je umfangreicher das statistische Material und je exakter die Berechnungsmethoden, desto genauer kann dann das Ereignis prognostiziert werden.

**Situationsaufgabe**
Die Kursentwicklung der ersten Handelstage zweier Aktien-Neuemissionen sieht so aus:

| Kursentwicklung | | |
|---|---|---|
| Tag | Kurs Aktie A | Kurs Aktie B |
| 1 | 13,40 € | 16,90 € |
| 2 | 11,70 € | 17,30 € |
| 3 | 12,45 € | 18,00 € |
| 4 | 12,95 € | 19,20 € |
| 5 | 13,20 € | 19,50 € |
| 6 | 13,90 € | 18,00 € |
| 7 | 14,25 € | 20,20 € |
| 8 | 15,10 € | 21,00 € |

Welche Aktie hat die bessere Performance – dargestellt an den indizierten Kursen?

| | A | B | C | D | E | F |
|---|---|---|---|---|---|---|
| 1 | | | | | | |
| 2 | | | Kursentwicklung | | | |
| 3 | Tag | Kurs Aktie A | Kurs Aktie B | Kursindex A | Kursindex B | |
| 4 | 1 | 13,40 € | 16,90 € | 100 | 100 | |
| 5 | 2 | 11,70 € | 17,30 € | 87 | 102 | |
| 6 | 3 | 12,45 € | 18,00 € | 93 | 107 | |
| 7 | 4 | 12,95 € | 19,20 € | 97 | 114 | |
| 8 | 5 | 13,20 € | 19,50 € | 99 | 115 | |
| 9 | 6 | 13,90 € | 18,00 € | 104 | 107 | |
| 10 | 7 | 14,25 € | 20,20 € | 106 | 120 | |
| 11 | 8 | 15,10 € | 21,00 € | 113 | 124 | |

| | A | B | C | D | E | F |
|---|---|---|---|---|---|---|
| 1 | | | | | | |
| 2 | | | Kursentwicklung | | | |
| 3 | Tag | Kurs Aktie A | Kurs Aktie B | Kursindex A | Kursindex B | |
| 4 | 1 | 13,4 | 16,9 | 100 | 100 | |
| 5 | 2 | 11,7 | 17,3 | =B5/$B$4*100 | =C5/$C$4*100 | |
| 6 | 3 | 12,45 | 18 | =B6/$B$4*100 | =C6/$C$4*100 | |
| 7 | 4 | 12,95 | 19,2 | =B7/$B$4*100 | =C7/$C$4*100 | |
| 8 | 5 | 13,2 | 19,5 | =B8/$B$4*100 | =C8/$C$4*100 | |
| 9 | 6 | 13,9 | 18 | =B9/$B$4*100 | =C9/$C$4*100 | |
| 10 | 7 | 14,25 | 20,2 | =B10/$B$4*100 | =C10/$C$4*100 | |
| 11 | 8 | 15,1 | 21 | =B11/$B$4*100 | =C11/$C$4*100 | |

# F. Buchführung
## 1. Personalwirtschaft
### 1.1 Lohn- und Gehaltsberechnungen

Mit der Inanspruchnahme des Produktionsfaktors Arbeit in Unternehmungen entstehen Kosten, die unter dem Begriff Personalkosten zusammengefasst werden können. Ihre Höhe ist von tarifvertraglichen oder einzelvertraglichen Vereinbarungen, durch gesetzliche Bestimmungen oder durch freiwillige Leistungen des Arbeitgebers bestimmt.

Die Personalkosten lassen sich folgendermaßen einteilen:

- Für die geleistete Arbeit erhalten Arbeiter Löhne und Angestellte Gehälter, egal wie die Leistung genannt wird und unter welcher Bezeichnung sie gezahlt werden. Darin jeweils enthalten sind auch z. B. Weihnachts- und Urlaubsgelder, vermögenswirksame Leistungen, Überstundenentgelte und Sachbezüge.
- Freiwillige soziale Leistungen des Arbeitgebers können z. B. Zuschüsse zum Kantinen-Essen, zur Arbeitskleidung und zum Betriebssport umfassen. Auch freiwillige Zuschüsse zu den Fahrtkosten und bei Krankheits-, Geburts- und Todesfällen, sowie Hochzeiten und Jubiläen sind denkbar.
- Zu den gesetzlichen sozialen Aufwendungen gehören die anteiligen Arbeitgeberanteile von der Renten- und Arbeitslosenversicherung, sowie von der Kranken- und Pflegeversicherung. Die Beiträge zur gesetzlichen Unfallversicherung, der sogenannten Berufsgenossenschaft zählen ebenso dazu und werden zu 100 % vom Arbeitgeber getragen.

| Die Sozialversicherungsbeiträge 2017 | | | | |
|---|---|---|---|---|
| Sozialversicherung | Allgemeiner Beitrag | Beitrag Arbeitgeber | Beitrag Arbeitnehmer | Kinderlosen-Zuschlag AN |
| Rentenversicherung[1] | 18,70 % | 9,35 % | 9,35 % | |
| Arbeitslosenversicherung | 3,00 % | 1,50 % | 1,50 % | |
| Krankenversicherung | 14,60 % | 7,30 % | 7,30 % | |
| Zusatzbeitrag GV[2] | 1,10 % | | 1,10 % | |
| Pflegeversicherung[3] | 2,55 % | 1,275 % | 1,275 % | 0,25 % |

Kinderlose Arbeitnehmer, die das 23. Lebensjahr vollendet haben, müssen einen Zuschlag zur gesetzlichen Pflegeversicherung von 0,25 % zahlen.

Die Beiträge zur Deutschen Rentenversicherung und zur Arbeitslosenversicherung werden bis zu den Beitragsbemessungsgrenzen von 6.350 € (West) und 5.700 € (Ost) monatlich; für die gesetzliche Krankenversicherung bis zu 4.350 € erhoben.

Für die Deutsche Rentenversicherung Knappschaft-Bahn-See gelten höhere Beitragsbemessungsgrenzen: 7.850 € (West) und 7.000 € (Ost).

---

[1] In der Knappschaftlichen Rentenversicherung ist der Beitragssatz höher (24,8 %). Hier zahlen die Arbeitgeber 15,45 %, die Arbeitnehmer 7,35 %.

[2] Der Zusatzbeitrag zur gesetzlichen Krankenversicherung ist je nach Krankenkasse unterschiedlich hoch. Der Durchschnittsbeitrag beträgt 1,1 %.

[3] In Sachsen gelten andere Beitragssätze für die Pflegeversicherung: Arbeitnehmer zahlen 1,775 %; Arbeitgeber 0,775 %.

## F. Buchführung | 1. Personalwirtschaft

| Bruttoentgelt | Ist vertraglich vereinbart. |
|---|---|
| - Lohnsteuer | Ist in der Lohnsteuertabelle zu finden. |
| - Kirchensteuer | Beträgt 8 % bzw. 9 %von der Lohnsteuer je nach Bundesland. |
| - Solidaritätszuschlag | Beträgt zurzeit 5,5 % und wird von der Lohnsteuer berechnet. |
| - Rentenversicherung | Berechnungsgrundlage für die Sozialversicherungsbeiträge ist das Bruttoentgelt. |
| - Arbeitslosenversicherung | |
| - Krankenversicherung | |
| - Zahnersatz/Krankengeld | |
| - Pflegeversicherung | |
| = Nettoentgelt | Darüber freut sich der Arbeitnehmer. |

**Situationsaufgabe**

Annabelle Makembi, Angestellte der Firma SOCA GmbH, Produktion von Outdoor-Kleidung aller Art, erhält für ihre Tätigkeit als Produktmanagerin ein Gehalt von 1.850 € brutto. Frau Makembi ist noch keine 23 Jahre alt, ledig, noch kinderlos und römisch-katholisch. Sie zahlt 9 % Kirchensteuer. Für die Lohnsteuer werden monatlich 164,50 € abgezogen.

a) Berechnen Sie den Betrag, der jeweils zum Monatsende auf dem Bankkonto von Frau Makembi eingeht.

b) Ermitteln Sie auch die Höhe der Sozialversicherungsbeiträge insgesamt und den Betrag, den das Finanzamt für Steuern und Solidaritätszuschlag erhält.

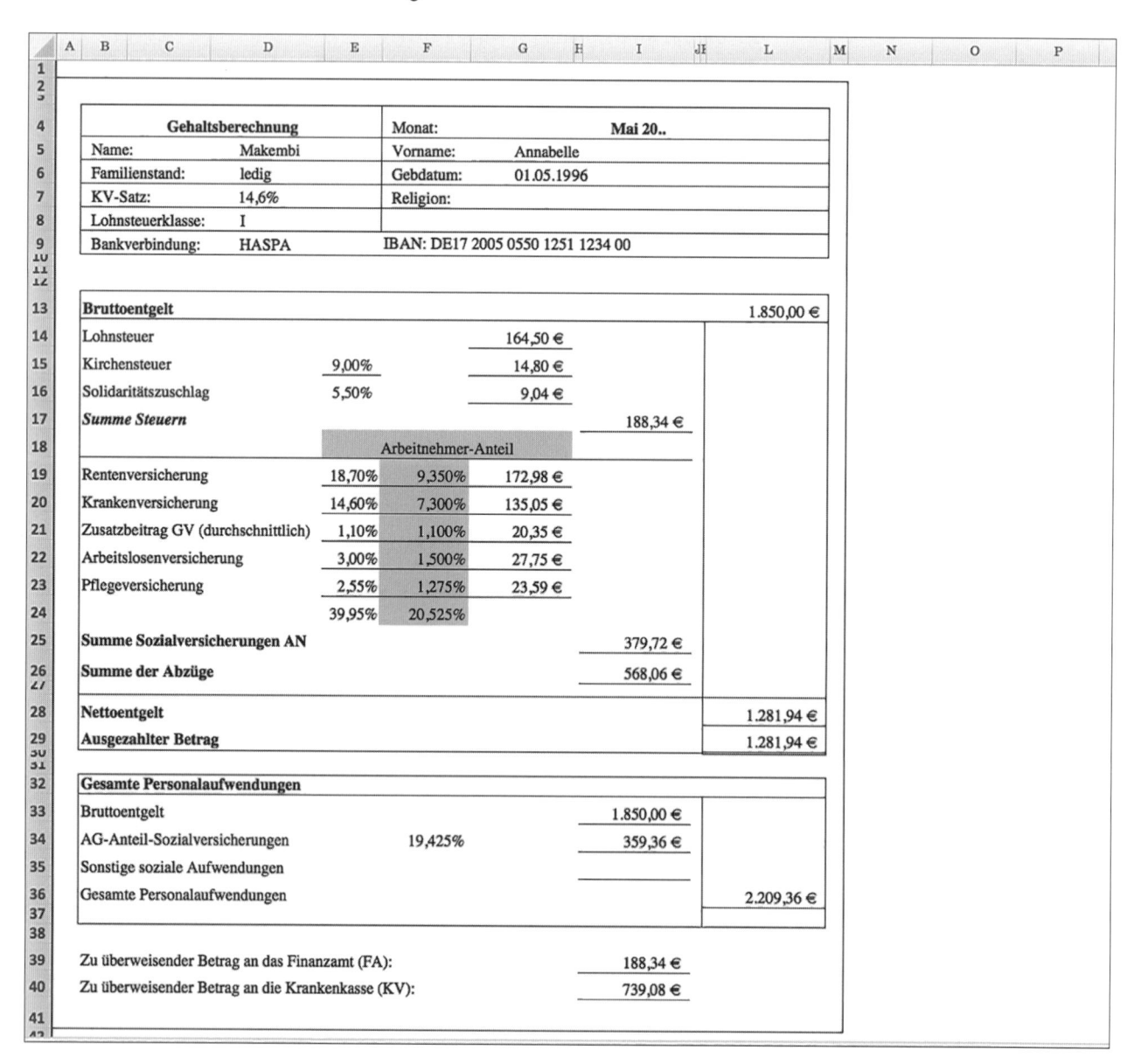

### Gehaltsberechnung

| | | |
|---|---|---|
| Monat: | | Mai 20.. |
| Name: | Makembi | Vorname: Annabelle |
| Familienstand: | ledig | Gebdatum: 01.05.1996 |
| KV-Satz: | 14,6% | Religion: |
| Lohnsteuerklasse: | I | |
| Bankverbindung: | HASPA | IBAN: DE17 2005 0550 1251 1234 00 |

| Position | % | Arbeitnehmer-Anteil | Betrag | Summe |
|---|---|---|---|---|
| **Bruttoentgelt** | | | | 1.850,00 € |
| Lohnsteuer | | | 164,50 € | |
| Kirchensteuer | 9,00% | | 14,80 € | |
| Solidaritätszuschlag | 5,50% | | 9,04 € | |
| **Summe Steuern** | | | | 188,34 € |
| Rentenversicherung | 18,70% | 9,350% | 172,98 € | |
| Krankenversicherung | 14,60% | 7,300% | 135,05 € | |
| Zusatzbeitrag GV (durchschnittlich) | 1,10% | 1,100% | 20,35 € | |
| Arbeitslosenversicherung | 3,00% | 1,500% | 27,75 € | |
| Pflegeversicherung | 2,55% | 1,275% | 23,59 € | |
| | 39,95% | 20,525% | | |
| **Summe Sozialversicherungen AN** | | | | 379,72 € |
| **Summe der Abzüge** | | | | 568,06 € |
| **Nettoentgelt** | | | | 1.281,94 € |
| **Ausgezahlter Betrag** | | | | 1.281,94 € |

### Gesamte Personalaufwendungen

| | | | |
|---|---|---|---|
| Bruttoentgelt | | 1.850,00 € | |
| AG-Anteil-Sozialversicherungen | 19,425% | 359,36 € | |
| Sonstige soziale Aufwendungen | | | |
| Gesamte Personalaufwendungen | | | 2.209,36 € |

| | |
|---|---|
| Zu überweisender Betrag an das Finanzamt (FA): | 188,34 € |
| Zu überweisender Betrag an die Krankenkasse (KV): | 739,08 € |

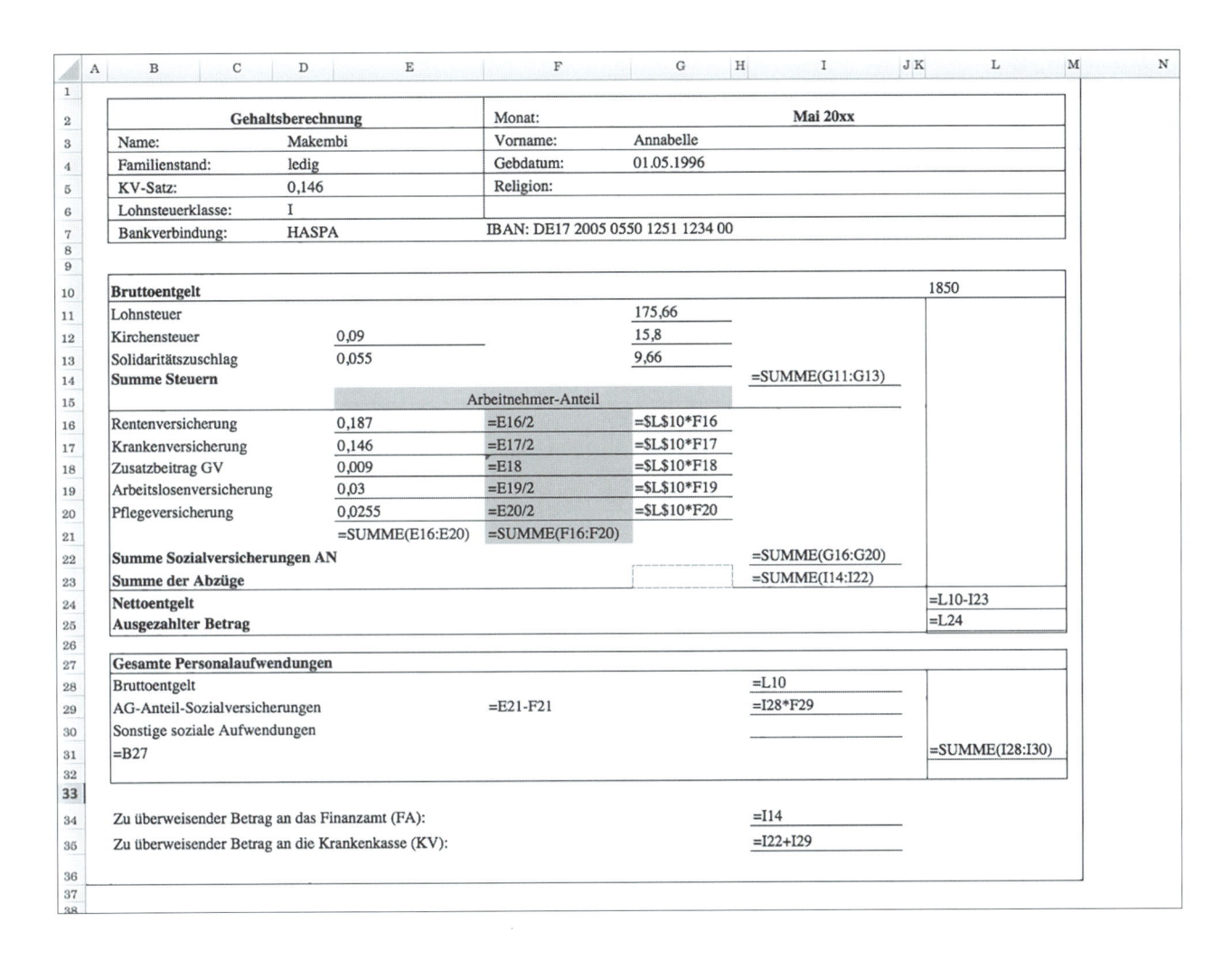

| | A | B | C | D | E | F | G | H | I | J | K | L | M | N |
|---|---|---|---|---|---|---|---|---|---|---|---|---|---|---|
| 1 | | | | | | | | | | | | | | |
| 2 | | | Gehaltsberechnung | | | Monat: | | | | | Mai 20xx | | | |
| 3 | | Name: | | Makembi | | Vorname: | | | Annabelle | | | | | |
| 4 | | Familienstand: | | ledig | | Gebdatum: | | | 01.05.1996 | | | | | |
| 5 | | KV-Satz: | | 0,146 | | Religion: | | | | | | | | |
| 6 | | Lohnsteuerklasse: | | I | | | | | | | | | | |
| 7 | | Bankverbindung: | | HASPA | | IBAN: DE17 2005 0550 1251 1234 00 | | | | | | | | |
| 8 | | | | | | | | | | | | | | |
| 9 | | | | | | | | | | | | | | |
| 10 | | Bruttoentgelt | | | | | | | | | | 1850 | | |
| 11 | | Lohnsteuer | | | | | 175,66 | | | | | | | |
| 12 | | Kirchensteuer | | 0,09 | | | 15,8 | | | | | | | |
| 13 | | Solidaritätszuschlag | | 0,055 | | | 9,66 | | | | | | | |
| 14 | | Summe Steuern | | | | | | | =SUMME(G11:G13) | | | | | |
| 15 | | | | | Arbeitnehmer-Anteil | | | | | | | | | |
| 16 | | Rentenversicherung | | 0,187 | | =E16/2 | =$L$10*F16 | | | | | | | |
| 17 | | Krankenversicherung | | 0,146 | | =E17/2 | =$L$10*F17 | | | | | | | |
| 18 | | Zusatzbeitrag GV | | 0,009 | | =E18 | =$L$10*F18 | | | | | | | |
| 19 | | Arbeitslosenversicherung | | 0,03 | | =E19/2 | =$L$10*F19 | | | | | | | |
| 20 | | Pflegeversicherung | | 0,0255 | | =E20/2 | =$L$10*F20 | | | | | | | |
| 21 | | | | =SUMME(E16:E20) | | =SUMME(F16:F20) | | | | | | | | |
| 22 | | Summe Sozialversicherungen AN | | | | | | | =SUMME(G16:G20) | | | | | |
| 23 | | Summe der Abzüge | | | | | | | =SUMME(I14:I22) | | | | | |
| 24 | | Nettoentgelt | | | | | | | | | | =L10-I23 | | |
| 25 | | Ausgezahlter Betrag | | | | | | | | | | =L24 | | |
| 26 | | | | | | | | | | | | | | |
| 27 | | Gesamte Personalaufwendungen | | | | | | | | | | | | |
| 28 | | Bruttoentgelt | | | | | | | =L10 | | | | | |
| 29 | | AG-Anteil-Sozialversicherungen | | | | =E21-F21 | | | =I28*F29 | | | | | |
| 30 | | Sonstige soziale Aufwendungen | | | | | | | | | | | | |
| 31 | | =B27 | | | | | | | | | | =SUMME(I28:I30) | | |
| 32 | | | | | | | | | | | | | | |
| 33 | | | | | | | | | | | | | | |
| 34 | | Zu überweisender Betrag an das Finanzamt (FA): | | | | | | | =I14 | | | | | |
| 35 | | Zu überweisender Betrag an die Krankenkasse (KV): | | | | | | | =I22+I29 | | | | | |

## 1.2 Vermögenswirksame Leistungen

Werden vermögenswirksame Leistungen vom Arbeitgeber ganz oder teilweise gezahlt (bis maximal 40 €), so ist dieser zusätzliche Betrag sowohl steuer- als auch sozialversicherungspflichtig. Die vermögenswirksamen Leistungen sind Verbindlichkeiten aus Vermögensbildung. Wurden im Laufe des Monats Vorschüsse geleistet, so sind diese bei der Abrechnung am Monatsende zu berücksichtigen.

Eine Lohn- und Gehaltsabrechnung hat dann folgendes Aussehen:

| | Gehaltsabrechnung | |
|---|---|---|
| | Bruttoentgelt | Ist vertraglich vereinbart. |
| + | Vermögenswirksame Leistungen | Können auch weniger als 40 € betragen. |
| = | Steuer- und sozialversicherungspflichtiges Entgelt | Von diesem Betrag werden die Steuern und die Sozialversicherungsbeiträge berechnet. |
| - | Lohnsteuer | Ist in der Lohnsteuertabelle zu finden. |
| - | Kirchensteuer | Beträgt in der Regel 8 % bzw. 9 % von der Lohnsteuer je nach Bundesland. |
| - | Solidaritätszuschlag | Beträgt zur Zeit 5,50 % und wird von der Lohnsteuer berechnet. |
| - | Rentenversicherung | Berechnungsgrundlage für die Sozialversicherungsbeiträge ist das steuer- und sozialversicherungspflichtige Entgelt. |
| - | Arbeitslosenversicherung | |
| - | Krankenversicherung | |
| - | Pflegeversicherung | |
| - | Vermögenswirksame Leistungen | Werden vom Arbeitgeber einbehalten und auf das Anlagekonto des Arbeitnehmers gesondert überwiesen. |
| - | Vorschüsse | Wurden im Laufe des Monats gezahlt und nun ausgeglichen. |
| = | Nettoentgelt | |

## Situationsaufgabe

Frau Makembi hat sich entschlossen, dass ab sofort Vermögen gebildet wird, zumal ihr Arbeitgeber die 40 € vermögenswirksamen Leistungen freiwillig als Zuschuss zahlt.

Berechnen Sie das Nettoentgelt bei einem steuer- und sozialpflichtigen Bruttoentgelt in Höhe von 2.025 € und 214,16 € Lohnsteuer. Frau Makembi ist noch keine 23 Jahre alt, ledig, noch kinderlos und römisch-katholisch.

| Gehaltsberechnung | | Monat: | Mai 20xx |
|---|---|---|---|
| Name: | Makembi | Vorname: | Annabelle |
| Familienstand: | ledig | Gebdatum: | 01.05.1996 |
| KV-Satz: | 14,6% | Religion: | |
| Lohnsteuerklasse: | I | | |
| Bankverbindung: | HASPA | IBAN: DE17 2005 0550 1251 1234 00 | |

| | | | |
|---|---|---|---|
| Bruttoentgelt | | | 2.025,00 € |
| Vermögenswirksame Leistungen | | | 40,00 € |
| **Steuer- und sozialversicherungspflichtiges Entgelt** | | | 2.065,00 € |
| Lohnsteuer | | 214,16 € | |
| Kirchensteuer | 9,00% | 19,27 € | |
| Solidaritätszuschlag | 5,50% | 11,77 € | |
| **Summe Steuern** | | | 245,20 € |
| | | Arbeitnehmer-Anteil | |
| Rentenversicherung | 18,70% | 9,350% | 193,08 € |
| Krankenversicherung | 14,60% | 7,300% | 150,75 € |
| Zusatzbeitrag GV (durchschnittlich) | 1,10% | 1,100% | 22,72 € |
| Arbeitslosenversicherung | 3,00% | 1,500% | 30,98 € |
| Pflegeversicherung | 2,55% | 1,275% | 26,33 € |
| | 39,95% | 20,525% | |
| **Summe Sozialversicherungen AN** | | | 423,86 € |
| **Summe der Abzüge** | | | 669,06 € |
| **Nettoentgelt** | | | 1.395,94 € |
| Vermögenswirksame Leistungen | | | 40,00 € |
| Vorschüsse | | | - € |
| **Ausgezahlter Betrag** | | | 1.355,94 € |

| Gesamte Personalaufwendungen | | | |
|---|---|---|---|
| Bruttoentgelt | | | 2.025,00 € |
| AG-Anteil-Sozialversicherungen | 19,425% | | 393,36 € |
| Sonstige soziale Aufwendungen | | | 40,00 € |
| **Gesamte Personalaufwendungen** | | | 2.458,36 € |

| | |
|---|---|
| Zu überweisender Betrag an das Finanzamt (FA): | 245,20 € |
| Zu überweisender Betrag an die Krankenkasse (KV): | 817,22 € |

| | A | B | C | D | E | F | G | H | I | J | L | M |
|---|---|---|---|---|---|---|---|---|---|---|---|---|
| 1 | | | | | | | | | | | | |
| 2 | | | | | | | | | | | | |
| 3 | | | | | | | | | | | | |
| 4 | | | Gehaltsberechnung | | | Monat: | | | Mai 20xx | | | |
| 5 | | Name: | | Makembi | | Vorname: | Annabelle | | | | | |
| 6 | | Familienstand: | | ledig | | Gebdatum: | 35186 | | | | | |
| 7 | | KV-Satz: | | 0,146 | | Religion: | | | | | | |
| 8 | | Lohnsteuerklasse: | | I | | | | | | | | |
| 9 | | Bankverbindung: | | HASPA | | IBAN: DE17 2005 0550 1251 1234 00 | | | | | | |
| 13 | | Bruttoentgelt | | | | | | | | | 2025 | |
| 14 | | Vermögenswirksame Leistungen | | | | | | | | | 40 | |
| 15 | | Steuer- und sozialversicherungspflichtiges Entgel | | | | | | | | | =SUMME(L13:L14) | |
| 16 | | Lohnsteuer | | | | | 214,16 | | | | | |
| 17 | | Kirchensteuer | | | 0,09 | | 19,27 | | | | | |
| 18 | | Solidaritätszuschlag | | | 0,055 | | 11,77 | | | | | |
| 19 | | Summe Steuern | | | | | | | =SUMME(G16:G18) | | | |
| 20 | | | | | | Arbeitnehmer-Anteil | | | | | | |
| 21 | | Rentenversicherung | | | 0,187 | =E21/2 | =$L$15*F21 | | | | | |
| 22 | | Krankenversicherung | | | 0,146 | =E22/2 | =$L$15*F22 | | | | | |
| 23 | | Zusatzbeitrag GV (durchschittlich) | | | 0,011 | =E23 | =$L$15*F23 | | | | | |
| 24 | | Arbeitslosenversicherung | | | 0,03 | =E24/2 | =$L$15*F24 | | | | | |
| 25 | | Pflegeversicherung | | | 0,0235 | =E25/2 | =$L$15*F25 | | | | | |
| 26 | | | | | =SUMME(E21:E25) | =SUMME(F21:F25) | | | | | | |
| 27 | | Summe Sozialversicherungen AN | | | | | | | =SUMME(G21:G25) | | | |
| 28 | | Summe der Abzüge | | | | | | | =SUMME(I19:I27) | | | |
| 30 | | Nettoentgelt | | | | | | | | | =L15-I28 | |
| 31 | | Vermögenswirksame Leistungen | | | | | | | | | 40 | |
| 32 | | Vorschüsse | | | | | | | | | 0 | |
| 33 | | Ausgezahlter Betrag | | | | | | | | | =L30-L31-L32 | |
| 36 | | Gesamte Personalaufwendungen | | | | | | | | | | |
| 37 | | Bruttoentgelt | | | | | | | =L13 | | | |
| 38 | | AG-Anteil-Sozialversicherungen | | | | =E26-F26 | | | =I37*F38 | | | |
| 39 | | Sonstige soziale Aufwendungen | | | | | | | =L14 | | | |
| 40 | | =B36 | | | | | | | | | =SUMME(I37:I39) | |
| 43 | | Zu überweisender Betrag an das Finanzamt (FA): | | | | | | | =I19 | | | |
| 44 | | Zu überweisender Betrag an die Krankenkasse (KV) | | | | | | | =I27+I38 | | | |

## 2. Anlagenwirtschaft

### 2.1 Lineare Abschreibungen

Der Begriff „Abschreibung" steht für Absetzung für Abnutzung (AfA), Absetzung für außergewöhnliche technische oder wirtschaftliche Abnutzung (AfaA), Absetzung für Substanzverringerung (AfS) und Absetzung für Abnutzung nach Maßgabe der Leistung (Leistungs-AfA).

Die Gründe für die Herabsetzung von Werten des Anlagevermögens sind durch Nutzung des Wirtschaftsgutes, Verwitterung und Rost, Verringerung der Substanz und durch Zeitablauf gegeben. Auch technische Fortschritte und Marktveränderungen tragen zu Werteveränderungen bei.

Ziel jeder Art von Abschreibung ist grundsätzlich die Verteilung der für ein Wirtschaftsgut, z. B. Fuhrpark, entstandenen Aufwendungen auf dessen voraussichtliche Nutzungsdauer. Unterschiede ergeben sich nur hinsichtlich der Höhe der Abschreibungen in den einzelnen Jahren des Abschreibungszeitraumes.

Nach § 7 Abs. 1 EStG sind bei abnutzbaren Anlagegütern, deren Verwendung oder Nutzung sich auf mehr als einem Jahr erstreckt, die Anschaffungskosten (AK) oder die Herstellungskosten (HK) auf die betriebsgewöhnliche Nutzungsdauer (ND) zu verteilen. Diese ist in den detaillierten AfA-Tabellen des Finanzamtes zu finden; so u. a. auch im Internet. Es ist monatsgenau abzuschreiben.

Es wird zwischen den folgenden Abschreibungsverfahren unterschieden:
- Lineare AfA: AfA in gleichen Jahresbeträgen
- Degressive AfA: AfA in fallenden Jahresbeträgen
- Leistungs-AfA: AfA nach Maßgabe der Leistung.

Am Ende der Nutzungsdauer steht ein Erinnerungswert von 1 €, wenn das Wirtschaftsgut im Unternehmen verbleibt. Wenn das Anlagegut später veräußert wird, fallen Erlöse aus dem Abgang von Gegenständen des Anlagevermögens an (Erlöse – Erinnerungswert erhöhen den Gewinn und sind zu versteuern).

Im Überblick:

| Methode | Lineare AfA |
|---|---|
| AfA-Satz | 100/ND |
| AfA-Betrag | AK bzw. HK/ND |
| Anwendungsbereich | Alle abnutzbaren Wirtschaftsgüter |
| Bemessungsgrundlage | AK bzw. HK |
| Methodenänderung | Nicht möglich |

Die Funktion LIA() in EXCEL kann mithilfe des Funktionsassistenten aufgerufen werden. Sie liefert als Ergebnis die Höhe des Abschreibungsbetrages bei linearen Abschreibungen.

**Situationsaufgabe**
Die Textil-Vertriebs GmbH hat sich für eine Boutique im Januar ein neues Regalsystem angeschafft. Die Anschaffungskosten betragen 18.000 €, die betriebsgewöhnliche Nutzungsdauer ist mit 8 Jahren angegeben. Der Restbuchwert nach 8 Jahren beträgt 0 €.

Erstellen Sie einen Abschreibungsplan nach der linearen Methode mit den Spalten Jahr (ND), Anschaffungswert bzw. Restbuchwert, AfA-Satz, AfA-Betrag und Restbuchwert. Nehmen Sie dabei die Funktion LIN() zur Hilfe.

|   | A | B | C | D | E | F |
|---|---|---|---|---|---|---|
| 1 |   |   |   |   |   |   |
| 2 |   | **Datenfeld:** |   |   |   |   |
| 3 |   | Anschaffungskosten |   |   | 18.000,00 € |   |
| 4 |   | Nutzungsdauer in Jahren |   |   | 8 |   |
| 5 |   | AfA-Satz linear |   |   | 12,50% |   |
| 6 |   |   |   |   |   |   |
| 7 |   | **Lineare Abschreibung** |   |   |   |   |
| 8 |   |   |   |   |   |   |
| 9 |   | ND in Jahren | Anschaffungskosten bzw. Restbuchwert | AfA - Satz | AfA - Betrag | Restbuchwert |
| 10 |   | 1 | 18.000,00 € | 12,50% | 2.250,00 € | 15.750,00 € |
| 11 |   | 2 | 15.750,00 € | 12,50% | 2.250,00 € | 13.500,00 € |
| 12 |   | 3 | 13.500,00 € | 12,50% | 2.250,00 € | 11.250,00 € |
| 13 |   | 4 | 11.250,00 € | 12,50% | 2.250,00 € | 9.000,00 € |
| 14 |   | 5 | 9.000,00 € | 12,50% | 2.250,00 € | 6.750,00 € |
| 15 |   | 6 | 6.750,00 € | 12,50% | 2.250,00 € | 4.500,00 € |
| 16 |   | 7 | 4.500,00 € | 12,50% | 2.250,00 € | 2.250,00 € |
| 17 |   | 8 | 2.250,00 € | 12,50% | 2.250,00 € | - € |
| 18 |   |   |   |   |   |   |

|   | A | B | C | D | E | F |
|---|---|---|---|---|---|---|
| 1 |   |   |   |   |   |   |
| 2 |   | **Datenfeld:** |   |   |   |   |
| 3 |   | Anschaffungskosten |   |   | 18000 |   |
| 4 |   | Nutzungsdauer in Jahren |   |   | 8 |   |
| 5 |   | AfA-Satz linear |   |   | =1/E4 |   |
| 6 |   |   |   |   |   |   |
| 7 |   | **Lineare Abschreibung** |   |   |   |   |
| 8 |   |   |   |   |   |   |
| 9 |   | ND in Jahren | Anschaffungskosten bzw. Restbuchwert | AfA - Satz | AfA - Betrag | Restbuchwert |
| 10 |   | 1 | =E3 | 0,125 | =$C$10*D10 | =C10-E10 |
| 11 |   | 2 | =F10 | =$E$5 | =$C$10*D11 | =C11-E11 |
| 12 |   | 3 | =F11 | =$E$5 | =$C$10*D12 | =C12-E12 |
| 13 |   | 4 | =F12 | =$E$5 | =$C$10*D13 | =C13-E13 |
| 14 |   | 5 | =F13 | =$E$5 | =$C$10*D14 | =C14-E14 |
| 15 |   | 6 | =F14 | =$E$5 | =$C$10*D15 | =C15-E15 |
| 16 |   | 7 | =F15 | =$E$5 | =$C$10*D16 | =C16-E16 |
| 17 |   | 8 | =F16 | =$E$5 | =$C$10*D17 | 0 |
| 18 |   |   |   |   |   |   |

## 2.2 Degressive Abschreibungen

Neben der Verteilungsfunktion können Abschreibungen in betriebswirtschaftlicher Hinsicht auch eine Liquiditäts- und Finanzierungsfunktion aufweisen. Das ist bei vorverlagerten Abschreibungen und Ansparabschreibungen der Fall, wenn also die Verteilung der Aufwendungen nicht dem tatsächlichen betriebswirtschaftlichen Nutzungsverlauf entspricht. Der Fiskus gewährt in diesen Fällen praktisch einen zinslosen Kredit. Zur echten Steuerersparnis trägt die Wahl der Abschreibungsmethode bei, wenn überproportionale Teile der Abschreibungen in gewinnstarke Jahre mit hohem Steuersatz verlagert werden können.

Die Veränderung der Abschreibungsmodalitäten durch den Gesetzgeber kann erheblichen Einfluss auf die Volkswirtschaft, Konjunktur und das Wachstum haben. Hohe Abschreibungen können den Gewinn von Unternehmungen zumindest vorübergehend senken, sie wirken konjunktur- und wachstumsstimulierend. Außerdem fördern sie die hohe Qualität des technischen Standards in den Unternehmungen.

Selbstverständlich existieren diverse steuerrechtliche Vorschriften für die Anwendung der einzelnen Verfahren. Für die Kostenrechnung spielen sie keine Rolle.

Im Überblick:

| Methode | Geometrisch-degressive AfA |
| --- | --- |
| AfA-Satz | Maximal 20 % bzw. das Zweifache des linearen Satzes bzw. 25 % |
| AfA-Betrag | AK bzw. HK 20 % bzw. 25 % |
| Anwendungsbereich | Nur bewegliche abnutzbare Wirtschaftsgüter des AV |
| Bemessungsgrundlage | Im ersten Jahr AK bzw. HK, danach Restbuchwert |
| Methodenänderung | Übergang von der degressiven zur linearen Methode möglich |

Im Gegensatz zur linearen Abschreibung bietet EXCEL für die geometrisch-degressive Methode keine Funktion zur Berechnung der Abschreibungsbeträge im Funktionsassistenten an, wohl aber für die arithmetisch-degressive Methode – auch digitale Abschreibung genannt. Hier lautet die entsprechende Funktion: DIA().

**Situationsaufgabe**
Die Casino-Betriebs GmbH veranstaltet Partys und Volksfeste. Sie hat sich zum Jahresanfang eine mobile Raumheizanlage angeschafft. Die Anschaffungskosten betragen 18.000 €, die betriebsgewöhnliche Nutzungsdauer beträgt 9 Jahre.

Erstellen Sie einen Abschreibungsplan nach der geometrisch-degressiven Methode mit den Spalten Jahr, Anschaffungswert bzw. Restbuchwert, AfA-Satz, AfA-Betrag und Restbuchwert. Der Abschreibungssatz beträgt 20 %.

|   | A | B | C | D | E | F |
|---|---|---|---|---|---|---|
| 1 |   |   |   |   |   |   |
| 2 |   | **Datenfeld:** |   |   |   |   |
| 3 |   | Anschaffungskosten |   |   | 18.000,00 € |   |
| 4 |   | Nutzungsdauer in Jahren |   |   | 9 |   |
| 5 |   | AfA-Satz degressiv |   |   | 20% |   |
| 6 |   |   |   |   |   |   |
| 7 |   | **Degressive Methode** |   |   |   |   |
| 8 |   |   |   |   |   |   |
| 9 |   | ND in Jahren | Anschaffungskosten bzw. Restbuchwert | AfA - Satz | AfA - Betrag | Restbuchwert |
| 10 |   | 1 | 18.000 € | 20,00% | 3.600 € | 14.400 € |
| 11 |   | 2 | 14.400 € | 20,00% | 2.880 € | 11.520 € |
| 12 |   | 3 | 11.520 € | 20,00% | 2.304 € | 9.216 € |
| 13 |   | 4 | 9.216 € | 20,00% | 1.843 € | 7.373 € |
| 14 |   | 5 | 7.373 € | 20,00% | 1.475 € | 5.898 € |
| 15 |   | 6 | 5.898 € | 20,00% | 1.180 € | 4.718 € |
| 16 |   | 7 | 4.718 € | 20,00% | 944 € | 3.774 € |
| 17 |   | 8 | 3.774 € | 20,00% | 755 € | 3.019 € |
| 18 |   | 9 | 3.019 € | 20,00% | 604 € | 2.415 € |

|   | A | B | C | D | E | F |
|---|---|---|---|---|---|---|
| 1 |   |   |   |   |   |   |
| 2 |   | **Datenfeld:** |   |   |   |   |
| 3 |   | Anschaffungskosten |   |   | 18000 |   |
| 4 |   | Nutzungsdauer in Jahren |   |   | 9 |   |
| 5 |   | AfA-Satz degressiv |   |   | 0,2 |   |
| 6 |   |   |   |   |   |   |
| 7 |   | **Degressive Methode** |   |   |   |   |
| 8 |   |   |   |   |   |   |
| 9 |   | ND in Jahren | Anschaffungskosten bzw. Restbuchwert | AfA - Satz | AfA - Betrag | Restbuchwert |
| 10 |   | 1 | =E3 | =$E$5 | =C10*D10 | =C10-E10 |
| 11 |   | 2 | =F10 | =$E$5 | =C11*D11 | =C11-E11 |
| 12 |   | 3 | =F11 | =$E$5 | =C12*D12 | =C12-E12 |
| 13 |   | 4 | =F12 | =$E$5 | =C13*D13 | =C13-E13 |
| 14 |   | 5 | =F13 | =$E$5 | =C14*D14 | =C14-E14 |
| 15 |   | 6 | =F14 | =$E$5 | =C15*D15 | =C15-E15 |
| 16 |   | 7 | =F15 | =$E$5 | =C16*D16 | =C16-E16 |
| 17 |   | 8 | =F16 | =$E$5 | =C17*D17 | =C17-E17 |
| 18 |   | 9 | =F17 | =$E$5 | =C18*D18 | =C18-E18 |

## 2.3 Abschreibungen nach Leistungseinheiten

Bei der Leistungs-AfA muss eine ausreichende Genauigkeit für die Bemessung der Leistung gegeben sein. Dabei können Erfahrungen bei der Schätzung der Gesamtleistung helfen, ein Pkw hat eben die Fähigkeit insgesamt 300.000 km zu fahren. Die jährliche Leistungsabgabe kann dann dem Kilometerzähler entnommen werden. Andere Grundlagen für die Messung der Leistung sind z. B. Betriebsdauer in Stunden. Auch die Zahl der Vorgänge bei einer Verpackungsmaschine z. B. kann als Grundlage der Verteilung der Leistung auf die einzelnen Jahre dienen.

Im Überblick:

| Methode | Geometrisch-degressive AfA |
|---|---|
| AfA-Satz | 100 • Jahresleistung/Gesamtleistung |
| AfA-Betrag | AK bzw. HK • Jahresleistung/Gesamtleistung |
| Anwendungsbereich | Nur bewegliche abnutzbare Wirtschaftsgüter des AV |
| Bemessungsgrundlage | AK bzw. HK |
| Methodenänderung | Übergang zur linearen Methode ist möglich, nicht zur degressiven. |

Voraussetzung für die Leistungs-AfA ist, dass eine wirtschaftliche Begründung, das heißt eine erhebliche Schwankung der Leistungsabgabe vorliegt und der Umfang der auf das einzelne Jahr entfallenden Leistung nachgewiesen wird.

**Situationsaufgabe**

Die Casino-Betriebs GmbH veranstaltet Volksfeste und Partys. Sie hat sich zum Jahresanfang eine mobile Raumheizanlage angeschafft. Die Anschaffungskosten betragen 18.000 €, die betriebsgewöhnliche Nutzungsdauer beträgt 9 Jahre (Restbuchwert 0 €).

In den ersten 3 Jahren wird die Anlage 40 Wochen mit je 72 Stunden pro Jahr genutzt, in den folgenden 3 Jahren 36 Wochen mit je 72 Stunden und in den letzten 3 Jahren der Nutzungsdauer 32 Wochen mit je 72 Stunden in der Woche.

Die Gesamtnutzungsmöglichkeiten sind damit ausgeschöpft.

Erstellen Sie einen Abschreibungsplan nach Leistungseinheiten, der die Spalten Jahr, Anschaffungswert bzw. Restbuchwert, Leistungsabgabe, AfA-Satz, AfA-Betrag und Restbuchwert enthält.

|   | A | B | C | D | E | F | G |
|---|---|---|---|---|---|---|---|
| 1 |   | **Datenfeld:** |   |   |   |   |   |
| 2 |   | Anschaffungskosten |   |   |   | 18.000,00 € |   |
| 3 |   | Nutzungsdauer in Jahren |   |   |   | 9 |   |
| 4 |   |   |   |   |   |   |   |
| 5 |   | Leistungsabgabe | | Wochen | Stunden pro Woche | Stunden pro Jahr |   |
| 6 |   |   | 1. - 3 Jahr | 40 | 72 | 2.880 |   |
| 7 |   |   | 4. - 6. Jahr | 36 | 72 | 2.592 |   |
| 8 |   |   | 7. - 9. Jahr | 32 | 72 | 2.304 |   |
| 9 |   | Gesamtleistungsabgabe in Stunden | | | | 23.328 |   |
| 10 |   |   |   |   |   |   |   |
| 11 |   | **Abschreibungen nach Leistungseinheiten** |   |   |   |   |   |
| 12 |   |   |   |   |   |   |   |
| 13 |   | ND in Jahren | Anschaffungskosten bzw. Restbuchwert | Leistungs-abgabe | AfA - Satz | AfA - Betrag | Restbuchwert |
| 14 |   | 1 | 18.000 € | 2.880 | 12,35% | 2.222 € | 15.778 € |
| 15 |   | 2 | 15.778 € | 2.880 | 12,35% | 2.222 € | 13.556 € |
| 16 |   | 3 | 13.556 € | 2.880 | 12,35% | 2.222 € | 11.334 € |
| 17 |   | 4 | 11.334 € | 2.592 | 11,11% | 2.000 € | 9.334 € |
| 18 |   | 5 | 9.334 € | 2.592 | 11,11% | 2.000 € | 7.334 € |
| 19 |   | 6 | 7.334 € | 2.592 | 11,11% | 2.000 € | 5.334 € |
| 20 |   | 7 | 5.334 € | 2.304 | 9,88% | 1.778 € | 3.556 € |
| 21 |   | 8 | 3.556 € | 2.304 | 9,88% | 1.778 € | 1.778 € |
| 22 |   | 9 | 1.778 € | 2.304 | 9,88% | 1.778 € | - € |

|   | A | B | C | D | E | F | G |
|---|---|---|---|---|---|---|---|
| 1 |   | **Datenfeld:** |   |   |   |   |   |
| 2 |   | Anschaffungskosten |   |   |   | 18000 |   |
| 3 |   | Nutzungsdauer |   |   |   | 9 |   |
| 4 |   |   |   |   |   |   |   |
| 5 |   | Leistungsabgabe | | Wochen | Stunden pro Woche | Stunden pro Jahr |   |
| 6 |   |   | 1. - 3 Jahr | 40 | 72 | =D6*E6 |   |
| 7 |   |   | 4. - 6. Jahr | 36 | 72 | =D7*E7 |   |
| 8 |   |   | 7. - 9. Jahr | 32 | 72 | =D8*E8 |   |
| 9 |   | Gesamtleistungsabgabe in Stunden | | | | =SUMME(F6*3)+(F7*3)+(F8*3) |   |
| 10 |   |   |   |   |   |   |   |
| 11 |   | **Abschreibungen nach Leistungseinheiten** |   |   |   |   |   |
| 12 |   |   |   |   |   |   |   |
| 13 |   | ND in Jahren | Anschaffungskosten bzw. Restbuchwert | Leistungs-abgabe | AfA - Satz | AfA - Betrag | Restbuchwert |
| 14 |   | 1 | =F2 | =$F$6 | =1*D14/F9 | =$F$2/$F$9*$F$6 | =C14-F14 |
| 15 |   | 2 | =G14 | =$F$6 | =1*D15/F9 | =$F$2/$F$9*$F$6 | =C15-F15 |
| 16 |   | 3 | =G15 | =$F$6 | =1*D16/F9 | =$F$2/$F$9*$F$6 | =C16-F16 |
| 17 |   | 4 | =G16 | =$F$7 | =1*D17/F9 | =$F$2/$F$9*$F$7 | =C17-F17 |
| 18 |   | 5 | =G17 | =$F$7 | =1*D18/F9 | =$F$2/$F$9*$F$7 | =C18-F18 |
| 19 |   | 6 | =G18 | =$F$7 | =1*D19/F9 | =$F$2/$F$9*$F$7 | =C19-F19 |
| 20 |   | 7 | =G19 | =$F$8 | =1*D20/F9 | =$F$2/$F$9*$F$8 | =C20-F20 |
| 21 |   | 8 | =G20 | =$F$8 | =1*D21/F9 | =$F$2/$F$9*$F$8 | =C21-F21 |
| 22 |   | 9 | =G21 | =$F$8 | =1*D22/F9 | =$F$2/$F$9*$F$8 | =C22-F22 |

# 3. Materialwirtschaft

## 3.1 Lagerkennziffern

Weil sich Beschaffung, Erzeugung und Absatz von Waren weder zeitlich noch mengenmäßig hundertprozentig aufeinander abstimmen lassen, ist Lagerhaltung unverzichtbar. Sie dient u. a. zur Regulierung von Verkehrsstörungen, Lieferschwierigkeiten und Preisschwankungen. Vorteile von Großbestellungen können z. B. Mengenrabatte und Einsparungen bei Verpackungen sein.

Dem Kunden kann eine gewisse Breite und Tiefe des Sortiments garantiert werden. Auch Beschäftigungsschwankungen kann durch Lagerhaltung begegnet werden.

Die eingelagerten Mengen sollen einerseits so groß sein, dass stete Produktions- und Lieferbereitschaft gewährleistet wird. Andererseits dürfen sie aber nicht größer sein, als es die ökonomische Vernunft vorschreibt. Sind die Lagerbestände unnötig groß, so werden dem Unternehmen vermeidbare Kosten entstehen: überflüssige Kapitalbindung, erhöhte Zinsbelastung und allgemein zu hohe Lagerkosten. Sind unnötig viele Waren am Lager, so besteht auch immer ein erhöhtes Risiko durch Brand, Diebstahl, Schwund, Veralten und Preisrückgang.

Sind Lagerbestände zu gering, so sind u. U. teurere Ersatzbestellungen vorzunehmen oder eine Absatz- bzw. Produktionsgefährdung hinzunehmen.

Um die Kostenssituation transparent zu machen, wird mit Lagerkennziffern gearbeitet. Es bieten sich u. a. folgende Kennziffern an:

$$\text{Durchschnittlicher Lagerbestand (Jahresinventur)} = \frac{\text{Jahresanfangsbestand} + \text{Jahresendbestand}}{2}$$

$$\text{Durchschnittlicher Lagerbestand (Monatsinventur)} = \frac{\text{Jahresanfangsbestand} + \text{Summe der Monatsendbestände}}{13}$$

$$\text{Lagerumschlagshäufigkeit} = \frac{\text{Warenabsatz}}{\text{durchschnittlicher Lagerbestand}}$$

$$\text{Durchschnittliche Lagerdauer} = \frac{\text{Jahrestage (360)}}{\text{Lagerumschlagshäufigkeit}}$$

$$\text{Lagerzinssatz} = \frac{\text{Kapitalzinssatz} \cdot \text{durchschnittliche Lagerdauer}}{\text{Jahrestage (360)}}$$

$$\text{Lagerzinsen} = \frac{\text{Durchschnittlicher Lagerbestand} \cdot \text{Einstandspreis pro Stück} \cdot \text{Lagerzinssatz}}{100}$$

**Situationsaufgabe**
Die Freeware Handelsgesellschaft hat für das vergangene Jahr folgende Daten für den Artikel „Shorts fit" erhoben:

| | |
|---|---|
| Jahresanfangsbestand | 1.550 Stück |
| Jahresendbestand | 890 Stück |
| Summe der Monatsinventuren | 11.230 Stück |
| Kapitalzinssatz | 10 % |
| Einstandspreis pro Stück | 5,20 € |
| Warenabsatz | 10.360 Stück |

Ermitteln Sie die folgenden Lagerkennziffern auf 360-Tage-Basis:
a) durchschnittlicher Jahresbestand nach der Jahresinventur
b) durchschnittlicher Jahresbestand nach der Monatsinventur
c) Lagerumschlagshäufigkeit
d) durchschnittliche Lagerdauer
e) Lagerzinssatz
f) Lagerzinsen.

**Lösung:**

| | A | B | C | D | E |
|---|---|---|---|---|---|
| 1 | **Lagerkennziffern** | | | | |
| 2 | | | | | |
| 3 | **Datenfeld:** | | | | |
| 4 | Jahresanfangsbestand | | | 1.550 | Stück |
| 5 | Jahresendbestand | | | 890 | Stück |
| 6 | Summe der Monatsinventuren | | | 11.230 | Stück |
| 7 | Kapitalzinssatz | | | 10% | |
| 8 | Einstandspreis pro Stück | | | 5,20 € | |
| 9 | Warenabsatz | | | 10.360 | Stück |
| 10 | Jahr | | | 360 | Tage |
| 11 | | | | | |
| 12 | **Kennziffern:** | | | | |
| 13 | Durchschnittlicher Lagerbestand Jahresinventur | | | 1.220,00 | Stück |
| 14 | Durchschnittlicher Lagerbestand Monatsinventur | | | 983,08 | Stück |
| 15 | Lagerumschlagshäufigkeit | | | 10,54 | |
| 16 | Durchschnittliche Lagerdauer | | | 34,16 | Tage |
| 17 | Lagerzinssatz | | | 0,95% | |
| 18 | Lagerzinsen | | | 48,56 € | |

| | A | B | C | D | E |
|---|---|---|---|---|---|
| 1 | **Lagerkennziffern** | | | | |
| 2 | | | | | |
| 3 | **Datenfeld:** | | | | |
| 4 | Jahresanfangsbestand | | | 1550 | Stück |
| 5 | Jahresendbestand | | | 890 | Stück |
| 6 | Summe der Monatsinventuren | | | 11230 | Stück |
| 7 | Kapitalzinssatz | | | 0,1 | |
| 8 | Einstandspreis pro Stück | | | 5,2 | |
| 9 | Warenabsatz | | | 10360 | Stück |
| 10 | Jahr | | | 360 | Tage |
| 11 | | | | | |
| 12 | **Kennziffern:** | | | | |
| 13 | Durchschnittlicher Lagerbestand Jahresinventur | | | =(D4+D5)/2 | Stück |
| 14 | Durchschnittlicher Lagerbestand Monatsinventur | | | =(D4+D6)/13 | Stück |
| 15 | Lagerumschlagshäufigkeit | | | =D9/D14 | |
| 16 | Durchschnittliche Lagerdauer | | | =D10/D15 | Tage |
| 17 | Lagerzinssatz | | | =(D7*D16)/D10 | |
| 18 | Lagerzinsen | | | =(D14*D8*D17) | |

## 3.2 Bewertung des Vorratsvermögens

### Einzelbewertung

Anschaffungs-, Tages- oder Wiederbeschaffungskosten sind denkbare Ansätze für eine Einzelbewertung, wenn den Verbrauchsmengen ihre Preise direkt zugeordnet werden können.

Die Bewertung zu Anschaffungspreisen ist ein übliches Verfahren. Es wird der Tageswert am Tag der Lagerentnahme angesetzt.

Der Wiederbeschaffungswert wird herangezogen, wenn von steigenden Preisen ausgegangen werden muss. Aber da sowohl der Zeitpunkt der Beschaffung als auch das Preisgefüge an diesem Tag nur schwer zu schätzen sind, kommt ihm keine allzu große praktische Bedeutung zu.

$$\text{Materialkosten} = \text{Verbrauchsmenge} \cdot \text{Kostenwert}$$

### Durchschnittspreise

Die Schwierigkeit der Bewertung von Vorräten, wenn die Materialkosten auf unterschiedlichen Anschaffungswerten basieren, kann mithilfe von Verrechnungspreisen und durchschnittlichen Anschaffungspreisen bewältigt werden.

$$\text{Durchschnittlicher Anschaffungspreis} = \frac{\text{Anfangsbestand} + \text{Summe für Zugänge in GE}}{\text{Anfangsbestand} + \text{Summe für Zugänge in ME}}$$

### Sammelbewertung

Eine Sammelbewertung des Vorratsvermögens nach der fiktiven Verbrauchsfolge bietet sich für gleichartige Güter, also besonders für Hilfs- und Betriebsstoffe, an. Die gebräuchlichsten und bekanntesten Verfahren sind Lifo und Fifo.

Die Lifo-Methode (Last in – first out) unterstellt, dass die zuletzt angeschafften Güter zuerst verbraucht worden sind und die am Stichtag vorhandenen Vorräte aus den ersten Einkäufen stammen. Da die letzten Preise in die Bewertung eingehen, ergeben sich immer verbrauchsnahe Kosten. Diese Methode ist steuerlich für die Bewertung des Vorratsvermögens zulässig ist, wenn die Art der Lagerhaltung entsprechend ist.

Ganz anders bei der Fifo-Methode (First in – first out): Sie unterstellt, dass der Endbestand aus den letzten Zugängen stammt. Der Verbrauch muss also mit den Preisen des älteren Datums bewertet werden; somit ist sie immer vergangenheitsorientiert.

### Situationsaufgabe

Es liegt die folgende Lagerdatei vor:

| Datum | Vorgang | Menge | Einzelpreis |
|---|---|---|---|
| 01. Jan | Bestand | 10.000 | 21,00 € |
| 03. Jan | Zugang | 700 | 21,50 € |
| 03. Jan | Bestand | | |
| 09. Jan | Zugang | 1.200 | 19,80 € |
| 09. Jan | Bestand | | |
| 12. Jan | Abgang | 10.600 | |
| 12. Jan | Bestand | | |
| 15. Jan | Zugang | 3.400 | 18,50 € |
| 15. Jan | Bestand | | |
| 30. Jan | Zugang | 3.400 | 17,00 € |
| 30. Jan | Bestand | | |

Bewerten Sie nach:

- Durchschnittlichen Anschaffungspreisen
- Lifo
- Fifo

## Lagerdatei

| | A | B | C | D | E |
|---|---|---|---|---|---|
| 1 | Lagerdatei | | | | |
| 3 | Datum | Vorgang | Menge | Einzelpreis | Gesamtwert |
| 4 | 01. Jan | Bestand | 10.000 | 21,00 € | 210.000,00 € |
| 5 | 03. Jan | Zugang | 700 | 21,50 € | 15.050,00 € |
| 6 | 03. Jan | Bestand | 10.700 | | |
| 7 | 09. Jan | Zugang | 1.200 | 19,80 € | 23.760,00 € |
| 8 | 09. Jan | Bestand | 11.900 | | |
| 9 | 12. Jan | Abgang | 10.600 | | |
| 10 | 12. Jan | Bestand | 1.300 | | |
| 11 | 15. Jan | Zugang | 3.400 | 18,50 € | 62.900,00 € |
| 12 | 15. Jan | Bestand | 4.700 | | |
| 13 | 30. Jan | Zugang | 8.100 | 17,00 € | 137.700,00 € |
| 14 | 30. Jan | Bestand | 12.800 | | |
| 15 | | | | | |
| 16 | Datum | Bewertung | Bestand | Preis | Wert Lagerendbestand |
| 17 | 30. Jan | Durchschnittspreise | 12.800 | 19,21 € | 245.888,00 € |
| 18 | | | | | |
| 19 | 30. Jan | Bestand | 12.800 | | |
| 20 | 01. Jan | Bestand | 10.000 | 21,00 € | 210.000,00 € |
| 21 | 01. Jan | Zwischensumme I | 2.800 | | |
| 22 | 09. Jan | Zugang | 1.200 | 19,80 € | 23.760,00 € |
| 23 | 09. Jan | Zwischensumme II | 1.600 | | |
| 24 | 15. Jan | Zugang | 1.600 | 18,50 € | 29.600,00 € |
| 25 | 30. Jan | Lifo | 0 | | 263.360,00 € |
| 26 | | | | | |
| 27 | 30. Jan | Bestand | 12.800 | | |
| 28 | 30. Jan | Zugang | 8.100 | 17,00 € | 137.700,00 € |
| 29 | 30. Jan | Zwischensumme I | 4.700 | | |
| 30 | 15. Jan | Zugang | 3.400 | 18,50 € | 62.900,00 € |
| 31 | 15. Jan | Zwischensumme II | 1.300 | | |
| 32 | 09. Jan | Zugang | 1.200 | 19,80 € | 23.760,00 € |
| 33 | 09. Jan | Zwischensumme III | 100 | | |
| 34 | 03. Jan | Zugang | 100 | 21,50 € | 2.150,00 € |
| 35 | 30. Jan | Fifo | 0 | | 226.510,00 € |

## Lagerdatei (Formelansicht)

| | A | B | C | D | E |
|---|---|---|---|---|---|
| 1 | Lagerdatei | | | | |
| 3 | Datum | Vorgang | Menge | Einzelpreis | Gesamtwert |
| 4 | 35795 | Bestand | 10000 | 21 | =C4*D4 |
| 5 | 35797 | Zugang | 700 | 21,5 | =C5*D5 |
| 6 | 35797 | Bestand | =SUMME(C4:C5) | | |
| 7 | 35803 | Zugang | 1200 | 19,8 | =C7*D7 |
| 8 | 35803 | Bestand | =SUMME(C6:C7) | | |
| 9 | 35806 | Abgang | 10600 | | |
| 10 | 35806 | Bestand | =C8-C9 | | |
| 11 | 35809 | Zugang | 3400 | 18,5 | =C11*D11 |
| 12 | 35809 | Bestand | =SUMME(C10:C11) | | |
| 13 | 35824 | Zugang | =SUMME(C11:C12) | 17 | =C13*D13 |
| 14 | 35824 | Bestand | =SUMME(C12:C13) | | |
| 15 | | | | | |
| 16 | Datum | Bewertung | Bestand | Preis | Wert Lagerendbestand |
| 17 | =A14 | Durchschnittspreise | =C14 | =SUMME(E4+E5+E7+E11+E13)/SUMME(C4+C5+C7+C11+C13) | =C17*D17 |
| 18 | | | | | |
| 19 | 35824 | Bestand | =SUMME(C16:C17) | | |
| 20 | =A4 | Bestand | =C4 | =D4 | =E4 |
| 21 | 35795 | Zwischensumme I | =C19-C20 | | |
| 22 | =A7 | Zugang | =C7 | =D7 | =E7 |
| 23 | 35803 | Zwischensumme II | =C21-C22 | | |
| 24 | =A11 | Zugang | 1600 | =D11 | =C24*D24 |
| 25 | =A14 | Lifo | =C23-C24 | | =E20+E22+E24 |
| 26 | | | | | |
| 27 | 35824 | Bestand | =C14 | | |
| 28 | =A13 | Zugang | =C13 | =D13 | =E13 |
| 29 | 35824 | Zwischensumme I | =C27-C28 | | |
| 30 | =A11 | Zugang | =C11 | =D11 | =E11 |
| 31 | 35809 | Zwischensumme II | =C29-C30 | | |
| 32 | =A8 | Zugang | =C7 | =D7 | =E7 |
| 33 | 35803 | Zwischensumme III | =C31-C32 | | |
| 34 | =A5 | Zugang | 100 | =D5 | =C34*D34 |
| 35 | 35824 | Fifo | =C33-C34 | | =E28+E30+E32+E34 |

## 4. Finanzwirtschaft

Fehlende Liquidität kann der Todesstoß für jedes Unternehmen sein. Eine Möglichkeit, die Liquidität zu erhöhen ist das Factoring.

Die Forderungen des Unternehmens werden an ein Factor-Institut verkauft; das Unternehmen erhält dafür liquide Mittel in Höhe von 80 % - 90 % der Rechnungsbeträge. 10 % - 20 % der vom Factor-Institut angekauften Forderungen werden aus Sicherheitsgründen einbehalten und möglicherweise mit berechtigten Ansprüchen der Debitoren verrechnet.

Für die Übernahme des Ausfallrisikos, der Verwaltung der Forderungen inklusive des Mahnwesens und für die Prüfung der Debitorenrisiken berechnen die Factor-Institute zwischen 1 % und 3 % der Forderungsbeträge. Zusätzlich werden Zinsen in banküblicher Höhe auf die bevorschussten Beträge für die Zeit bis zum Zahlungseingang durch die Debitoren erhoben.

In der Praxis finden wir fast ausschließlich das sogenannte echte Factoring, in dem das Factor-Institut das Ausfallrisiko zu 100 % übernimmt. Das unechte Factoring, bei welchem der Factoring-Kunde das Ausfallrisiko behält, ist in der Praxis bedeutungslos geworden.

Durch das Factoring ergeben sich für das Unternehmen verschiedene Vorteile: Verwaltungsaufwand, Mahnwesen, Bonitätsprüfungen und Inkassovorgänge fallen weg bzw. werden stark reduziert. Die Liquidität nimmt zu, damit werden Beschaffungsvorgänge z. B. durch das Ausnützen von Skonto günstiger und Bankverbindlichkeiten können beglichen werden.

**Situationsaufgabe**
Um an flüssige Mittel zu gelangen sollen die Forderungen an eine Factor-Gesellschaft verkauft werden.

Der Jahresumsatz beträgt 22.000.000 €, davon sind 70 % factorfähig. Der durchschnittliche Zahlungseingang erfolgt nach 45 Tagen. Der Rohstoff- und Fremdwarenbezug erreicht eine Höhe von 8.000.000 €; das Zahlungsziel von 30 Tagen wird in der Regel ausgenutzt, obwohl die Lieferanten 3 % Skonto gewähren.

Es liegen folgende sonstige Informationen vor:

- der Zinssatz der Hausbank beträgt 12,5 %
- der Zinssatz der Factor-Gesellschaft 11,5 %
- die Factor-Gesellschaft zahlt 90 % der Rechnungssummen aus und
- erhebt 1,25 % Factorgebühr.

Nach dem Factoring verkürzt sich der Zahlungseingang auf 30 Tage.

Durch das Factoring erhofft sich das Unternehmen auch folgende Ersparnisse:
- Skonto auf Wareneinkäufe werden ausgenützt
- Zinsersparnis durch Ablösen von Bankverbindlichkeiten
- Personaleinsparungen im Zahlungsverkehr: 76.900 €
- verminderte Kosten für Auskünfte und Kreditüberwachung 5.600 €
- verminderte Gerichtskosten 1.250 €
- verminderte Anwaltskosten 1.250 €
- Verminderung von Forderungsausfällen 10.000 €
- Verminderung der Kosten für Kreditversicherung 10.000 €.

Berechnen Sie folgende Werte:

a) Durchschnittlicher Forderungs- und Verbindlichkeitenbestand und factorfähige Forderungen
b) Mittelzufluss durch das Factoring
c) Mittelverwendung durch Skontoausnützen und Ablösen kurzfristiger Bankverbindlichkeiten
d) Kosten des Factoring inklusive der anfallenden Zinsen
e) Ersparnisse durch das Factoring.

|   | A | B | C | D | E | F | G | H |
|---|---|---|---|---|---|---|---|---|
| 1 |   | **Datenfeld:** |   |   |   |   |   |   |
| 3 |   | Personaleinsparung im Zahlungsverkehr |   | 76.900,00 € | Durchschnittlicher Zahlungseingang nach Tagen |   | 45 |   |
| 4 |   | Verminderte Kosten für Auskünfte, Kreditüberwachung |   | 5.600,00 € | Jahrestage |   | 360 |   |
| 5 |   | Verminderung der Gerichtskosten |   | 1.250,00 € | Skonto der Lieferanten |   | 3% |   |
| 6 |   | Verminderung Anwaltskosten |   | 1.250,00 € | Zinssatz Hausbank |   | 12,5% |   |
| 7 |   | Verminderung der Forderungsausfälle, Selbstbehalte |   | 10.000,00 € | Zinssatz Factoring Gesellschaft |   | 11,5% |   |
| 8 |   | Verminderung der Kosten für Kreditversicherung, Auskünfte |   | 10.000,00 € | Zahlungsziel der Lieferanten in Tagen |   | 30 |   |
| 9 |   | Jahresumsatz |   | 22.000.000,00 € | Auszahlungshöhe der Factoring Gesellschaft |   | 90% |   |
| 10 |   | davon factoringfähig | 70% | 15.400.000,00 € | Factorgebühr der aufgekauften Forderungen |   | 1,25% |   |
| 11 |   | Bezug von fertigen Erzeugnissen (FE) und Rohstoffen |   | 8.000.000,00 € | Verkürzter Zahlungseingang nach Factoring in Tagen |   | 30 |   |
| 13 |   |   |   |   |   |   |   |   |
| 14 | 1 | **Durchschnittlicher Forderungsbestand** |   | 2.750.000,00 € |   |   |   |   |
| 15 |   | davon factorfähig |   | 1.925.000,00 € |   |   |   |   |
| 16 |   | **Durchschnittliche Verbindlichkeiten für FE-Bezug** |   | 666.666,67 € |   |   |   |   |
| 17 | 2 | **Mittelzufluss durch Factoring** |   | 1.732.500,00 € |   |   |   |   |
| 18 | 3 | **Mittelverwendung des Zuflusses durch Factoring** |   |   |   |   |   |   |
| 19 |   | sofortige Aufgabe der Warenverbindlichkeiten mit Skonto |   | 646.666,67 € |   |   |   |   |
| 20 |   | sofortige Aufgabe der kurzfristigen Bankverbindlichkeiten |   | 1.085.833,33 € |   |   |   |   |
| 21 | 4 | **Kosten des Factoring** |   |   |   |   |   |   |
| 22 |   | Factorgebühr für angekaufte Forderungen |   | 192.500,00 € |   |   |   |   |
| 23 |   | Zinsen noch nicht gezahlter Forderungen wg. Zahlungsziel |   | 132.825,00 € |   |   |   |   |
| 24 |   |   |   | 325.325,00 € |   |   |   |   |
| 25 | 5 | **Ersparnisse durch Factoring** |   |   |   |   |   |   |
| 26 |   | Skonto auf Wareneinkäufe |   | 240.000,00 € |   |   |   |   |
| 27 |   | Zinsersparnis durch Ablösen von Bankverbindlichkeiten |   | 135.729,17 € |   |   |   |   |
| 28 |   | Personaleinsparung im Zahlungsverkehr |   | 76.900,00 € |   |   |   |   |
| 29 |   | verminderte Kosten für Auskünfte, Kreditüberwachung |   | 5.600,00 € |   |   |   |   |
| 30 |   | Verminderung der Gerichtskosten |   | 1.250,00 € |   |   |   |   |
| 31 |   | Verminderung Anwaltskosten |   | 1.250,00 € |   |   |   |   |
| 32 |   | Verminderung der Forderungsausfälle, Selbstbehalte |   | 10.000,00 € |   |   |   |   |
| 33 |   | Verminderung der Kosten für Kreditversicherung, Auskünfte |   | 10.000,00 € |   |   |   |   |
| 34 |   | Summe der Einsparungen |   | 480.729,17 € |   |   |   |   |
| 35 |   | Summe der Kosten |   | 325.325,00 € |   |   |   |   |
| 36 |   | Einsparungen netto |   | 155.404,17 € |   |   |   |   |

|   | A | B | C | D | E | F | G | H |
|---|---|---|---|---|---|---|---|---|
| 1 |   | **Datenfeld:** |   |   |   |   |   |   |
| 3 |   | Personaleinsparung im Zahlungsverkehr |   | 76900 | Durchschnittlicher Zahlungseingang nach Tagen |   | 45 |   |
| 4 |   | Verminderte Kosten für Auskünfte, Kreditüberwachung |   | 5600 | Jahrestage |   | 360 |   |
| 5 |   | Verminderung der Gerichtskosten |   | 1250 | Skonto der Lieferanten |   | 0,03 |   |
| 6 |   | Verminderung Anwaltskosten |   | 1250 | Zinssatz Hausbank |   | 0,125 |   |
| 7 |   | Verminderung der Forderungsausfälle, Selbstbehalte |   | 10000 | Zinssatz Factoring Gesellschaft |   | 0,115 |   |
| 8 |   | Verminderung der Kosten für Kreditversicherung, Auskünfte |   | 10000 | Zahlungsziel der Lieferanten in Tagen |   | 30 |   |
| 9 |   | Jahresumsatz |   | 22000000 | Auszahlungshöhe der Factoring Gesellschaft |   | 0,9 |   |
| 10 |   | davon factoringfähig | 0,7 | =D9*C10 | Factorgebühr der aufgekauften Forderungen |   | 0,0125 |   |
| 11 |   | Bezug von fertigen Erzeugnissen (FE) und Rohstoffen |   | 8000000 | Verkürzter Zahlungseingang nach Factoring in Tagen |   | 30 |   |
| 13 |   |   |   |   |   |   |   |   |
| 14 | 1 | **Durchschnittlicher Forderungsbestand** |   | =D9*G3/G4 |   |   |   |   |
| 15 |   | davon factorfähig |   | =D14*C10 |   |   |   |   |
| 16 |   | **Durchschnittliche Verbindlichkeiten für FE-Bezug** |   | =D11*G8/G4 |   |   |   |   |
| 17 | 2 | **Mittelzufluss durch Factoring** |   | =D15*G9 |   |   |   |   |
| 18 | 3 | **Mittelverwendung des Zuflusses durch Factoring** |   |   |   |   |   |   |
| 19 |   | sofortige Aufgabe der Warenverbindlichkeiten mit Skonto |   | =D16*(1-G5) |   |   |   |   |
| 20 |   | sofortige Aufgabe der kurzfristigen Bankverbindlichkeiten |   | =D17-D19 |   |   |   |   |
| 21 | 4 | **Kosten des Factoring** |   |   |   |   |   |   |
| 22 |   | Factorgebühr für angekaufte Forderungen |   | =D10*G10 |   |   |   |   |
| 23 |   | Zinsen noch nicht gezahlter Forderungen wg. Zahlungsziel |   | =(D10*G7*G11*G9)/(G4) |   |   |   |   |
| 24 |   |   |   | =SUMME(D22:D23) |   |   |   |   |
| 25 | 5 | **Ersparnisse durch Factoring** |   |   |   |   |   |   |
| 26 |   | Skonto auf Wareneinkäufe |   | =D11*G5 |   |   |   |   |
| 27 |   | Zinsersparnis durch Ablösen von Bankverbindlichkeiten |   | =(D20*G6) |   |   |   |   |
| 28 |   | Personaleinsparung im Zahlungsverkehr |   | =D3 |   |   |   |   |
| 29 |   | verminderte Kosten für Auskünfte, Kreditüberwachung |   | =D4 |   |   |   |   |
| 30 |   | Verminderung der Gerichtskosten |   | =D5 |   |   |   |   |
| 31 |   | Verminderung Anwaltskosten |   | =D6 |   |   |   |   |
| 32 |   | Verminderung der Forderungsausfälle, Selbstbehalte |   | =D7 |   |   |   |   |
| 33 |   | Verminderung der Kosten für Kreditversicherung, Auskünfte |   | =D8 |   |   |   |   |
| 34 |   | Summe der Einsparungen |   | =SUMME(D26:D33) |   |   |   |   |
| 35 |   | Summe der Kosten |   | =D24 |   |   |   |   |
| 36 |   | Einsparungen netto |   | =D34-D35 |   |   |   |   |

## 5. Einnahmen-Überschuss-Rechnung

Kleinere Unternehmen, manche Freiberufler, aber auch Haus- und Grundstücksverwaltungen, somit generell solche Steuerpflichtigen, die keine „Doppelte Buchführung" machen müssen, kommen mit einer Einnahmen-Überschuss-Rechnung ihrer Aufzeichnungspflicht nach.

EXCEL erlaubt – wie wir wissen – eine schnelle Erfassung, eine unkomplizierte Bearbeitung und eine elegante Verknüpfung von Daten. Hierbei müssen weder fortgeschrittene Kenntnisse der Informatik noch der Buchführung vorhanden sein. Über verknüpfte Dateien kann deshalb relativ einfach eine sehr komplexe Einnahmen-Überschuss-Rechnung erstellt werden.

Wie in der folgenden Abbildung teilweise dargestellt, sollten für sämtliche Ausgaben und Einnahmen (den Eigenverbrauch nicht vergessen!) eine gesonderte Datei geführt werden. Hier werden sowohl die laufenden Buchungen als auch die vorbereitenden Abschlussbuchungen erfasst.

Sowohl bei den Ausgaben als auch bei den Einnahmen sollte generell die Mehrwertsteuer gesondert erfasst werden, damit sofort aus der bezahlten **Vorsteuer** und der empfangenen **Umsatzsteuer** die Umsatzsteuer-Zahllast ermittelt werden kann.

In der Quelldatei werden diejenigen Zellen markiert und dann kopiert, die in die Zieldatei exportiert werden sollen. Die Zieldatei nimmt die relevanten Daten der Quelldatei mit dem Befehl „Verknüpfungen einfügen" des Menüs „Bearbeiten" auf. Sollte sich jetzt eine Zahl in einem der Felder der Quelldatei verändern, so geht automatisch dieser neue Wert in das Zeilen-Spalten-Ergebnis der Zieldatei ein. Damit ist die augenblickliche Anpassung an aktuelle Daten grundsätzlich gewährleistet.

Formal ist die Einnahmen-Überschuss-Rechnung z. B. so aufgebaut:

| **Betriebseinnahmen** | | |
|---|---|---|
| | Umsätze | |
| | Privatnutzung KFZ | |
| | | **Summe der Betriebseinnahmen** |
| **Betriebsausgaben** | | |
| | KFZ-Kosten | |
| | Büromaterial | |
| | GWG | |
| | Miete | |
| | Reparaturen | |
| | Abschreibungen | |
| | | **- Summe der Betriebsausgaben** |
| **Überschuss** | | **= Gewinn oder Verlust** |

### Situationsaufgabe
Es liegen die folgende Betriebseinnahmen und Betriebsausgaben vor:

| Datum | Einnahmen | Netto | Umsatzsteuer 19 % | Brutto |
|---|---|---|---|---|
| 31. Dez | Umsätze | 60.000,00 € | 11.400,00 € | 71.400,00 € |
| 31. Dez | Privatnutzung KFZ | 6.500,00 € | 1.235,00 € | 7.735,00 € |
| 31. Dez | Betriebseinnahmen | 66.500,00 € | 12.635,00 € | 7.735,00 € |

| Datum | Ausgaben | Netto | Umsatzsteuer 19 % | Brutto |
|---|---|---|---|---|
| 31. Dez | KFZ-Kosten | 9.000,00 € | 1.710,00 € | 10.710,00 € |
| 31. Dez | Telefonkosten | 1.123,00 € | 213,37 € | 1.336,37 € |
| 31. Dez | Büromaterial | 234,00 € | 44,46 € | 278,46 € |
| 31. Dez | Porto | 245,00 € | 46,55 € | 291,55 € |
| 31. Dez | Steuerberater | 1.360,00 € | 258,40 € | 1.618,40 € |

| Datum | Ausgaben | Netto | Umsatzsteuer 19 % | Brutto |
|---|---|---|---|---|
| 31. Dez | GWG | 4.500,00 € | 855,00 € | 5.355,00 € |
| 31. Dez | Reparaturen | 376,00 € | 71,44 € | 447,44 € |
| 31. Dez | Reisekosten | 1.470,00 € | 279,30 € | 1.749,30 € |
| 31. Dez | Miete | 12.000,00 € | 2.280,00 € | 14.280,00 € |
| 31. Dez | Strom | 1.300,00 € | 247,00 € | 1.547,00 € |
| 31. Dez | Reinigung | 2.400,00 € | 456,00 € | 2.856,00 € |
| 31. Dez | Bewirtungen | 1.430,00 € | 271,70 € | 1.701,70 € |
| 31. Dez | AfA-KFZ | 5.600,00 € | 1.064,00 € | 6.664,00 € |
| 31. Dez | AfA-BGA | 4.500,00 € | 855,00 € | 5.355,00 € |
| 31. Dez | Betriebsausgaben | 45.538,00 € | 8.652,22 € | 54.190,22 € |

Erstellen Sie eine Einnahmen-Überschuss-Rechnung mithilfe der verknüpften Dateien und ermitteln Sie das Betriebsergebnis.

**Lösung:**

| | A | B | C | D | E |
|---|---|---|---|---|---|
| 1 | | | | | |
| 2 | Einnahmen-Überschuss-Rechnung | | | | |
| 3 | | | | | |
| 4 | Einnahmen-Überschuss-Rechnung | | Netto | Umsatzsteuer | Brutto |
| 5 | | | | 19% | |
| 6 | Einnahmen | Umsätze | 60.000,00 € | 11.400,00 € | 71.400,00 € |
| 7 | | Privatnutzung KFZ | 6.500,00 € | 1.235,00 € | 7.735,00 € |
| 8 | | Betriebseinnahmen | 66.500,00 € | 12.635,00 € | 79.135,00 € |
| 9 | | | | | |
| 10 | Ausgaben | Betriebsausgaben | 45.538,00 € | 8.652,22 € | 54.190,22 € |
| 11 | | | | | |
| 12 | Überschuss | Gewinn | 20.962,00 € | 3.982,78 € | 24.944,78 € |
| 13 | | | | | |
| 14 | | | | | |
| 15 | | | | | |
| 16 | | | | | |
| 17 | | | | | |

| | A | B | C | D | E |
|---|---|---|---|---|---|
| 1 | | | | | |
| 2 | Einnahmen-Überschuss-Rechnung | | | | |
| 3 | | | | | |
| 4 | Einnahmen-Überschuss-Rechnung | | Netto | Umsatzsteuer | Brutto |
| 5 | | | | 0,19 | |
| 6 | Einnahmen | Umsätze | 60000 | =C6*D5 | =SUMME(C6:D6) |
| 7 | | Privatnutzung KFZ | 6500 | =C7*D5 | =SUMME(C7:D7) |
| 8 | | Betriebseinnahmen | =SUMME(C6:C7) | =SUMME(D6:D7) | =SUMME(E6:E7) |
| 9 | | | | | |
| 10 | Ausgaben | Betriebsausgaben | 45538 | =C10*D5 | =SUMME(C10:D10) |
| 11 | | | | | |
| 12 | Überschuss | Gewinn | =C8-C10 | =D8-D10 | =E8-E10 |
| 13 | | | | | |
| 14 | | | | | |
| 15 | | | | | |
| 16 | | | | | |
| 17 | | | | | |

# 6. Betriebsübersicht

## 6.1 Saldenbilanz I

Die Betriebsübersicht (= Hauptabschlussübersicht) ist eine tabellarische Form des Jahresabschlusses, wobei die Bilanz und die Gewinn- und Verlustrechnung außerhalb der Hauptbuchhaltung erstellt werden. Ausgangspunkt der Betriebsübersicht sind die Werte der Konten der Finanzbuchhaltung. Die Betriebsübersicht hat diesen formalen Aufbau:

| Summenbilanz | Saldenbilanz I | Umbuchungen | Saldenbilanz II | Schlussbilanz | GuV-Rechnung |
|---|---|---|---|---|---|

Zunächst der Weg von der Summenbilanz zur Saldenbilanz I:

Für die **Summenbilanz** werden aus den Bestands- sowie aus den Erfolgskonten die Summen sowohl der Soll- als auch der Habenseiten entnommen, die sich bis zum Zeitpunkt der Aufstellung ergeben haben. Die Summenbilanz muss im Endergebnis auf beiden Seiten die gleichen Summen aufweisen. Damit dient sie der Kontrolle der Richtigkeit der Buchungen.

Aus den Zahlen der Summenbilanz wird für jeden einzelnen Posten der Saldo ermittelt und, im Gegensatz zur Eintragung im Konto, auf der Seite mit der *höheren Summe* in die **Saldenbilanz I** eingetragen.

Auch hier müssen die Soll- und Habenseite im Endergebnis die gleichen Summen aufweisen.

| Konto | Summenbilanz | | Saldenbilanz I | |
|---|---|---|---|---|
| | Soll | Haben | Soll | Haben |
| Kontobezeichnung | Summe der Soll-Beträge des Kontos | Summe der Haben-Beträge des Kontos | Salden der Konten der Summenbilanz | Salden der Konten der Summenbilanz |
| | | | | |
| | | | | |
| **Summe der Spalten** | | | | |

Nach diesem ersten Schritt aus der Summenbilanz die Saldenbilanz I zu ermitteln folgen weitere, um schließlich die Schlussbilanz und die Gewinn- und Verlust-Rechnung zu erstellen.

**Situationsaufgabe**
Es liegt die folgende Summenbilanz vor:

| Konto | Summenbilanz | | Saldenbilanz I | |
|---|---|---|---|---|
| | Soll | Haben | Soll | Haben |
| Gebäude | 200.000,00 € | | | |
| Maschinen | 85.000,00 € | 5.000,00 € | Saldo | |
| BGA | 25.000,00 € | | | |
| Waren | 45.000,00 € | | | |
| Forderungen | 85.000,00 € | 75.000,00 € | Saldo | |
| Vorsteuer | 9.000,00 € | | | |
| Bank | 120.000,00 € | 85.000,00 € | Saldo | |
| Kasse | 16.000,00 € | 14.000,00 € | Saldo | |
| Eigenkapital | | 419.500,00 € | | |
| Privat | 60.000,00 € | | | |
| Verbindlichkeiten | 135.000,00 € | 150.000,00 € | | Saldo |
| Umsatzsteuer | | 31.500,00 € | | |
| Umsatzerlöse | | 210.000,00 € | | |
| Aufwendungen-Waren | | | | |

| Konto | Summenbilanz | | Saldenbilanz I | |
|---|---|---|---|---|
| | Soll | Haben | Soll | Haben |
| Personalaufwendungen | 100.000,00 € | | | |
| Abschreibungen | | | | |
| Miete | 110.000,00 € | | | |
| **Summe** | 990.000,00 € | 990.000,00 € | Summe | Summe |

Erstellen Sie die Saldenbilanz I.

**Lösung:**

| | A | B | C | D | E |
|---|---|---|---|---|---|
| 1 | **Betriebsübersicht** | | | | |
| 2 | | | | | |
| 3 | Konto | Summenbilanz | | Saldenbilanz I | |
| 4 | | Soll | Haben | Soll | Haben |
| 5 | Gebäude | 200.000,00 € | | 200.000,00 € | |
| 6 | Maschinen | 85.000,00 € | 5.000,00 € | 80.000,00 € | |
| 7 | BGA | 25.000,00 € | | 25.000,00 € | |
| 8 | Waren | 45.000,00 € | | 45.000,00 € | |
| 9 | Forderungen | 85.000,00 € | 75.000,00 € | 10.000,00 € | |
| 10 | Vorsteuer | 9.000,00 € | | 9.000,00 € | |
| 11 | Bank | 120.000,00 € | 85.000,00 € | 35.000,00 € | |
| 12 | Kasse | 16.000,00 € | 14.000,00 € | 2.000,00 € | |
| 13 | Eigenkapital | | 419.500,00 € | | 419.500,00 € |
| 14 | Privat | 60.000,00 € | | 60.000,00 € | |
| 15 | Verbindlichkeiten | 135.000,00 € | 150.000,00 € | | 15.000,00 € |
| 16 | Umsatzsteuer | | 31.500,00 € | | 31.500,00 € |
| 17 | Umsatzerlöse | | 210.000,00 € | | 210.000,00 € |
| 18 | Aufwendungen-Waren | | | | |
| 19 | Personalaufwendungen | 100.000,00 € | | 100.000,00 € | |
| 20 | Abschreibungen | | | | |
| 21 | Miete | 110.000,00 € | | 110.000,00 € | |
| 22 | **Summe** | 990.000,00 € | 990.000,00 € | 676.000,00 € | 676.000,00 € |

| | A | B | C | D | E |
|---|---|---|---|---|---|
| 1 | **Betriebsübersicht** | | | | |
| 2 | | | | | |
| 3 | Konto | Summenbilanz | | Saldenbilanz I | |
| 4 | | Soll | Haben | Soll | Haben |
| 5 | Gebäude | 200000 | | =B5 | |
| 6 | Maschinen | 85000 | 5000 | =B6-C6 | |
| 7 | BGA | 25000 | | =B7 | |
| 8 | Waren | 45000 | | =B8 | |
| 9 | Forderungen | 85000 | 75000 | =B9-C9 | |
| 10 | Vorsteuer | 9000 | | =B10 | |
| 11 | Bank | 120000 | 85000 | =B11-C11 | |
| 12 | Kasse | 16000 | 14000 | =B12-C12 | |
| 13 | Eigenkapital | | 419500 | | =C13 |
| 14 | Privat | 60000 | | =B14 | |
| 15 | Verbindlichkeiten | 135000 | 150000 | | =C15-B15 |
| 16 | Umsatzsteuer | | 31500 | | =C16 |
| 17 | Umsatzerlöse | | 210000 | | =C17 |
| 18 | Aufwendungen-Waren | | | | |
| 19 | Personalaufwendungen | 100000 | | =B19 | |
| 20 | Abschreibungen | | | | |
| 21 | Miete | 110000 | | =B21 | |
| 22 | **Summe** | =SUMME(B5:B21) | =SUMME(C4:C21) | =SUMME(D4:D21) | =SUMME(E4:E21) |

## 6.2 Saldenbilanz II

Der Weg von der Saldenbilanz I zur Saldenbilanz II erfolgt über die **Umbuchungen**:

Hier werden die vorbereitenden Abschlussbuchungen vorgenommen. Zu ihnen gehören u. a. die Abschreibungen, die auf den entsprechenden Anlagekonten erfasst werden. Das Konto Vorsteuer wird hier über das Konto Umsatzsteuer bzw. über das Umsatzsteuer-Verrechnungskonto abgeschlossen und das Privatkonto über Eigenkapital.

In der **Saldenbilanz II** werden die endgültigen Salden, die sich nach den Umbuchungen ergeben, eingetragen.

| Konto | Saldenbilanz I | | Umbuchungen | | Saldenbilanz II | |
|---|---|---|---|---|---|---|
| | Soll | Haben | Soll | Haben | Soll | Haben |
| Kontobezeichnung | Salden der Konten der Summenbilanz | Salden der Konten der Summenbilanz | Vorbereitende Abschlussbuchungen | Vorbereitende Abschlussbuchungen | Salden der Konten aus Saldenbilanz I und Umbuchungen | Salden der Konten aus Saldenbilanz I und Umbuchungen |
| Summe der Spalten | | | | | | |

Als letzter Schritt muss aus der Saldenbilanz II nun die Schlussbilanz und die Gewinn- und Verlust-Rechnung erstellt werden. Hier wird auch das neue Eigenkapital ermittelt.

**Situationsaufgabe**
Es sind die vorbereitenden Abschlussbuchungen vorzunehmen. Dazu gehören der Abschluss des Kontos Vorsteuer über Umsatzsteuer bzw. USt-Verrechnungskonto und der des Privatkontos über Eigenkapital. Des Weiteren:

| | |
|---|---|
| Abschreibungen auf Gebäude | 4.000,00 € |
| Abschreibungen auf Maschinen | 8.500,00 € |
| Abschreibungen auf BGA | 2.500,00 € |
| Aufwendungen für Waren | 30.000,00 € |

Außerdem liegt die folgende Saldenbilanz I vor:

| Konto | Summenbilanz | | Saldenbilanz I | |
|---|---|---|---|---|
| | Soll | Haben | Soll | Haben |
| Gebäude | 200.000,00 € | | 200.000,00 € | |
| Maschinen | 85.000,00 € | 5.000,00 € | 80.000,00 € | |
| BGA | 25.000,00 € | | 25.000,00 € | |
| Waren | 45.000,00 € | | 45.000,00 € | |
| Forderungen | 85.000,00 € | 75.000,00 € | 10.000,00 € | |
| Vorsteuer | 9.000,00 € | | 9.000,00 € | |
| Bank | 120.000,00 € | 85.000,00 € | 35.000,00 € | |
| Kasse | 16.000,00 € | 14.000,00 € | 2.000,00 € | |
| Eigenkapital | | 419.500,00 € | | 419.500,00 € |
| Privat | 60.000,00 € | | | |
| Verbindlichkeiten | | 150.000,00 € | | 15.000,00 € |
| Umsatzsteuer | | 31.500,00 € | | 31.500,00 € |
| Umsatzerlöse | | 210.000,00 € | | 210.000,00 € |
| Aufwendungen-Waren | | | | |
| Personalaufwendungen | 100.000,00 € | | 100.000,00 € | |
| Abschreibungen | | | | |
| Miete | 110.000,00 € | | 110.000,00 € | |
| **Summe** | 990.000,00 € | 990.000,00 € | 676.000,00 € | 676.000,00 € |

Erstellen Sie die Saldenbilanz II.

| | A | B | C | D | E | F | G |
|---|---|---|---|---|---|---|---|
| 1 | | | | | | | |
| 2 | Konto | Saldenbilanz I | | Umbuchungen | | Saldenbilanz II | |
| 3 | | Soll | Haben | Soll | Haben | Soll | Haben |
| 4 | Gebäude | 200.000,00 € | | | 4.000,00 € | 196.000,00 € | |
| 5 | Maschinen | 80.000,00 € | | | 8.500,00 € | 71.500,00 € | |
| 6 | BGA | 25.000,00 € | | | 2.500,00 € | 22.500,00 € | |
| 7 | Waren | 45.000,00 € | | | 30.000,00 € | 15.000,00 € | |
| 8 | Forderungen | 10.000,00 € | | | | 10.000,00 € | |
| 9 | Vorsteuer | 9.000,00 € | | | 9.000,00 € | | |
| 10 | Bank | 35.000,00 € | | | | 35.000,00 € | |
| 11 | Kasse | 2.000,00 € | | | | 2.000,00 € | |
| 12 | Eigenkapital | | 419.500,00 € | 60.000,00 € | | | 359.500,00 € |
| 13 | Privat | 60.000,00 € | | | 60.000,00 € | | |
| 14 | Verbindlichkeiten | | 15.000,00 € | | | | 15.000,00 € |
| 15 | Umsatzsteuer | | 31.500,00 € | 9.000,00 € | | | 22.500,00 € |
| 16 | Umsatzerlöse | | 210.000,00 € | | | | 210.000,00 € |
| 17 | Aufwendungen-Waren | | | 30.000,00 € | | 30.000,00 € | |
| 18 | Personalaufwendungen | 100.000,00 € | | | | 100.000,00 € | |
| 19 | Abschreibungen | | | 15.000,00 € | | 15.000,00 € | |
| 20 | Miete | 110.000,00 € | | | | 110.000,00 € | |
| 21 | Summe | 676.000,00 € | 676.000,00 € | 114.000,00 € | 114.000,00 € | 607.000,00 € | 607.000,00 € |

| | A | B | C | D | E | F | G |
|---|---|---|---|---|---|---|---|
| 1 | | | | | | | |
| 2 | Konto | Saldenbilanz I | | Umbuchungen | | Saldenbilanz II | |
| 3 | | Soll | Haben | Soll | Haben | Soll | Haben |
| 4 | Gebäude | 200000 | | | 4000 | =B4-E4 | |
| 5 | Maschinen | 80000 | | | 8500 | =B5-E5 | |
| 6 | BGA | 25000 | | | 2500 | =B6-E6 | |
| 7 | Waren | 45000 | | | 30000 | =B7-E7 | |
| 8 | Forderungen | 10000 | | | | =B8-E8 | |
| 9 | Vorsteuer | 9000 | | | =B9 | | |
| 10 | Bank | 35000 | | | | =B10-E10 | |
| 11 | Kasse | 2000 | | | | =B11-E11 | |
| 12 | Eigenkapital | | 419500 | =B13 | | | =C12-D12 |
| 13 | Privat | 60000 | | | =D12 | | |
| 14 | Verbindlichkeiten | | 15000 | | | | =C14 |
| 15 | Umsatzsteuer | | 31500 | =E9 | | | =C15-D15 |
| 16 | Umsatzerlöse | | 210000 | | | | =C16-D16 |
| 17 | Aufwendungen-Waren | | | =E7 | | =D17 | |
| 18 | Personalaufwendungen | 100000 | | | | =B18-E18 | |
| 19 | Abschreibungen | | | =E4+E5+E6 | | =D19 | |
| 20 | Miete | 110000 | | | | =B20-E20 | |
| 21 | Summe | =SUMME(B3:B20) | =SUMME(C3:C20) | =SUMME(D4:D20) | =SUMME(E4:E20) | =SUMME(F3:F20) | =SUMME(G4:G20) |

## 6.3 Schlussbilanz und GuV-Rechnung

Der Weg zur Schlussbilanz und zur GuV-Rechnung erfolgt über die Saldenbilanz II:

Die **Schlussbilanz** nimmt alle Salden der Bestandskonten auf. Sie entspricht dem SBK (= Schlussbilanz-Konto) und wird auch Inventurbilanz genannt.

Hier erscheinen die Salden aller Aufwands- und Ertragskonten aus der Saldenbilanz II. Da hier der Erfolg ermittelt wird, heißt die **Gewinn- und Verlustrechnung** auch Erfolgsbilanz.

| Konto | Saldenbilanz II | | Schlussbilanz | | GuV-Rechnung | |
|---|---|---|---|---|---|---|
| | Soll | Haben | Soll | Haben | Soll | Haben |
| Kontobezeichnung | Salden der Konten aus Saldenbilanz I und Umbuchungen | Salden der Konten aus Saldenbilanz I und Umbuchungen | Aktivkonten der Saldenbilanz II | Passivkonten der Saldenbilanz II | Aufwandskonten der Saldenbilanz II | Erfolgskonten der Saldenbilanz II |
| **Summe der Spalten** | | | | | | |
| | | | Verlust[1] | Gewinn[1] | Verlust[1] | Gewinn[1] |
| | | | Summe | Summe | Summe | Summe |

Die Salden der Inventurbilanz und der GuV-Rechnung müssen übereinstimmen. Der Saldo in der Gewinn- und Verlustrechnung entspricht dem Erfolg, der das Eigenkapital in der Inventurbilanz erhöhen oder verringern kann. Dabei ist zu beachten, dass die Privatentnahmen bzw. Privateinlagen schon das Eigenkapital verändert haben.

### MERKE

Die Betriebsübersicht kann keinesfalls einen Abschluss der Finanzbuchhaltung ersetzen, aber ergänzen und einen schnellen Überblick liefern.

Das neue Eigenkapitel wird wie folgt ermittelt:

```
   Eigenkapital am Anfang des Jahres
-  Privatentnahmen
+  Privateinlagen
-  Verlust
+  Gewinn
=  Summe
```

---

[1] Verlust oder Gewinn bzw. Gewinn oder Verlust

## Situationsaufgabe
Es liegt die folgende Saldenbilanz II vor:

| Konto | Saldenbilanz II | |
|---|---|---|
| | Soll | Haben |
| Gebäude | 196.000,00 € | |
| Maschinen | 71.500,00 € | |
| BGA | 22.500,00 € | |
| Waren | 15.000,00 € | |
| Forderungen | 10.000,00 € | |
| Vorsteuer | | |
| Bank | 35.000,00 € | |
| Kasse | 2.000,00 € | |
| Eigenkapital | | 359.500,00 € |
| Privat | | |
| Verbindlichkeiten | | 15.000,00 € |
| Umsatzsteuer | | 22.500,00 € |
| Umsatzerlöse | | 210.000,00 € |
| Aufwendungen-Waren | 30.000,00 € | |
| Personalaufwendungen | 100.000,00 € | |
| Abschreibungen | 15.000,00 € | |
| Miete | 110.000,00 € | |
| **Summe** | 607.000,00 € | 607.000,00 € |

Erstellen Sie die Schlussbilanz und die GuV-Rechnung.

| | A | B | C | D | E | F | G |
|---|---|---|---|---|---|---|---|
| 1 | **Betriebsübersicht** | | | | | | |
| 2 | | | | | | | |
| 3 | Konto | Saldenbilanz II | | Schlussbilanz | | GuV-Rechnung | |
| 4 | | Soll | Haben | Aktiva | Passiva | Aufwand | Ertrag |
| 5 | Gebäude | 196.000,00 € | | 196.000,00 € | | | |
| 6 | Maschinen | 71.500,00 € | | 71.500,00 € | | | |
| 7 | BGA | 22.500,00 € | | 22.500,00 € | | | |
| 8 | Waren | 15.000,00 € | | 15.000,00 € | | | |
| 9 | Forderungen | 10.000,00 € | | 10.000,00 € | | | |
| 10 | Vorsteuer | | | | | | |
| 11 | Bank | 35.000,00 € | | 35.000,00 € | | | |
| 12 | Kasse | 2.000,00 € | | 2.000,00 € | | | |
| 13 | Eigenkapital | | 359.500,00 € | | 359.500,00 € | | |
| 14 | Privat | | | | | | |
| 15 | Verbindlichkeiten | | 15.000,00 € | | 15.000,00 € | | |
| 16 | Umsatzsteuer | | 22.500,00 € | | 22.500,00 € | | |
| 17 | Umsatzerlöse | | 210.000,00 € | | | | 210.000,00 € |
| 18 | Aufwendungen-Waren | 30.000,00 € | | | | 30.000,00 € | |
| 19 | Personalaufwendungen | 100.000,00 € | | | | 100.000,00 € | |
| 20 | Abschreibungen | 15.000,00 € | | | | 15.000,00 € | |
| 21 | Miete | 110.000,00 € | | | | 110.000,00 € | |
| 22 | Summe | 607.000,00 € | 607.000,00 € | 352.000,00 € | 397.000,00 € | 255.000,00 € | 210.000,00 € |
| 23 | | | Verlust | 45.000,00 € | | | 45.000,00 € |
| 24 | | | | 397.000,00 € | 397.000,00 € | 255.000,00 € | 255.000,00 € |
| 25 | | | | | | | |
| 26 | | | | | | | |
| 27 | | | | | | | |
| 28 | | | | **Ermittlung des neuen Eigenkapitals** | | | |
| 29 | | | | Eigenkapital am Anfang | | | 419.500,00 € |
| 30 | | | | Privatentnahmen | | | -60.000,00 € |
| 31 | | | | Zwischensumme (EK-Privatentnahmen) | | | 359.500,00 € |
| 32 | | | | Verlust | | | -45.000,00 € |
| 33 | | | | Eigenkapital am Ende | | | 314.500,00 € |

F. Buchführung | 7. Auswertung des Jahresabschlusses

| | A | B | C | D | E | F | G |
|---|---|---|---|---|---|---|---|
| 1 | **Betriebsübersicht** | | | | | | |
| 2 | | | | | | | |
| 3 | **Konto** | **Saldenbilanz II** | | **Schlussbilanz** | | **GuV-Rechnung** | |
| 4 | | Soll | Haben | Aktiva | Passiva | Aufwand | Ertrag |
| 5 | Gebäude | 196000 | | =B5 | | | |
| 6 | Maschinen | 71500 | | =B6 | | | |
| 7 | BGA | 22500 | | =B7 | | | |
| 8 | Waren | 15000 | | =B8 | | | |
| 9 | Forderungen | 10000 | | =B9 | | | |
| 10 | Vorsteuer | | | | | | |
| 11 | Bank | 35000 | | =B11 | | | |
| 12 | Kasse | 2000 | | =B12 | | | |
| 13 | Eigenkapital | | 359500 | | =C13 | | |
| 14 | Privat | | | | | | |
| 15 | Verbindlichkeiten | | 15000 | | =C15 | | |
| 16 | Umsatzsteuer | | 22500 | | =C16 | | |
| 17 | Umsatzerlöse | | 210000 | | | | =C17 |
| 18 | Aufwendungen-Waren | 30000 | | | | =B18 | |
| 19 | Personalaufwendungen | 100000 | | | | =B19 | |
| 20 | Abschreibungen | 15000 | | | | =B20 | |
| 21 | Miete | 110000 | | | | =B21 | |
| 22 | Summe | =SUMME(B4:B21) | =SUMME(C5:C21) | =SUMME(D5:D21) | =SUMME(E5:E21) | =SUMME(F18:F21) | =SUMME(G17:G21) |
| 23 | | | Verlust | =D24-D22 | | | =G24-G22 |
| 24 | | | | =E24 | =E22 | =SUMME(F22) | =F24 |
| 25 | | | | | | | |
| 26 | | | | | | | |
| 27 | | | | | | | |
| 28 | | | | **Ermittlung des neuen Eigenkapitals** | | | |
| 29 | | | | Eigenkapital am Anfang | | | 419500 |
| 30 | | | | Privatentnahmen | | | -60000 |
| 31 | | | | Zwischensumme (EK-Privatentnahmen) | | | =SUMME(G29:G30) |
| 32 | | | | Verlust | | | =-G23 |
| 33 | | | | Eigenkapital am Ende | | | =SUMME(G31:G32) |
| 34 | | | | | | | |

# 7. Auswertung des Jahresabschlusses

## 7.1 Rentabilitäts- und Produktivitäts-Kennziffern

Das Erreichen der Unternehmensziele wird häufig mithilfe von Kennzahlen überprüft. Diese Zahlen beziehen sich auf betriebswirtschaftlich wichtige Tatbestände und bilden diese in konzentrierter Form ab.

Der **Gewinn** kann kostenrechnerisch-betrieblich oder gesamtunternehmerisch ermittelt werden. Es können Fremdkapitalzinsen einbezogen und Monate oder Jahre zugrunde gelegt werden.

Bei der **Wirtschaftlichkeit** handelt es sich um eine Kontrollgröße, die die Einhaltung des sogenannten ökonomischen Prinzips (Minimal- und Maximalprinzip) überwacht.

Die **Produktivität** gibt die mengenmäßige Ergiebigkeit der Kombination der Produktionsfaktoren an. Es werden unterschiedliche Faktoreinsatzmengen (z. B. Arbeit, Material, Kapital) dem Mengenergebnis der Faktorkombination gegenübergestellt.

Bei der **Rentabilität** wird der Periodenerfolg zu anderen Größen in Beziehung gesetzt. Der Erfolg, mit oder ohne verrechnete Fremdkapitalzinsen, wird z. B. dem Umsatz, dem Eigenkapital oder dem Gesamtkapital gegenübergestellt.

**Gewinn** (Betriebserfolg) = Leistungen - Kosten

**Gewinn** (Unternehmenserfolg) = Erträge - Aufwendungen

$$\text{Wirtschaftlichkeit (Erträge)} = \frac{\text{Erträge}}{\text{Aufwendungen}}$$

$$\text{Wirtschaftlichkeit (Kosten)} = \frac{\text{Leistungen}}{\text{Kosten}}$$

$$\text{Produktivität (Material)} = \frac{\text{Mengenmäßiges Ergebnis der Faktorkombination}}{\text{Materialeinsatz}}$$

$$\text{Produktivität (Arbeit)} = \frac{\text{Mengenmäßiges Ergebnis der Faktorkombination}}{\text{Arbeitsstunden}}$$

$$\text{Produktivität (Betriebsmittel)} = \frac{\text{Mengenmäßiges Ergebnis der Faktorkombination}}{\text{Maschinenstunden}}$$

$$\text{Rentabilität (Eigenkapital)} = \frac{(\text{Gewinn} - \text{Unternehmerlohn}) \cdot 100}{\text{Eigenkapital}}$$

$$\text{Rentabilität (Gesamtkapital)} = \frac{(\text{Gewinn} - \text{Unternehmerlohn} + \text{Fremdkapitalzinsen}) \cdot 100}{\text{Gesamtkapital}}$$

$$\text{Rentabilität (Umsatz)} = \frac{(\text{Gewinn} - \text{Unternehmerlohn}) \cdot 100}{\text{Umsatz}}$$

**Situationsaufgabe**
Das Unternehmen H. Petersen, Salat - Convenience - Production, hat folgende Werte in ihrer Bilanz:

| | |
|---|---|
| Anlagevermögen | 470.000 € |
| Umlaufvermögen | 140.000 € |
| Eigenkapital | 420.000 € |
| Fremdkapital | 190.000 € |

Für die Gewinn- und Verlustrechnung liegen folgende Daten vor:

Es wurden 11.000 Salatköpfe zum Preis von je 0,98 € in der Produktion eingesetzt. Die Strom- und sonstigen Maschinenkosten betrugen 2,25 € je Stunde. Die Maschinen liefen insgesamt 910 Stunden. Für Abschreibungen, Räume, Versicherungen, Steuern sind 6.990 € an Kosten aufgelaufen. Der Fremdkapitalzinssatz hatte eine Höhe von 9 %. Insgesamt wurden 68.000 Packungen zu je 1,70 € verkauft. Der Eigentümer – Unternehmer H. Petersen – arbeitete in dem betrachteten Zeitraum 1.700 Stunden und kalkulierte mit einem Stundenlohn von 27,50 €.

Erstellen Sie eine Bilanz und eine GuV-Rechnung und ermitteln Sie folgende Kennziffern:
- Produktivität (Arbeit, Material, Maschinen, Kapital)
- Wirtschaftlichkeit
- Rentabilität (Eigen- und Gesamtkapital, Umsatz).

## F. Buchführung | 7. Auswertung des Jahresabschlusses

| | A | B | C | D | E | F | G | H | I | J | K | L | M | N |
|---|---|---|---|---|---|---|---|---|---|---|---|---|---|---|
| 1 | | Datenfeld: | | | | | | | | | | | | |
| 2 | | Salate | | | 11.000 | Stück | | | | Arbeitsstunden | | 1.700 | | |
| 3 | | Salatpreis | | | 0,98 € | je Stück | | | | Kosten je Stunde | | 27,50 € | | |
| 4 | | Stromkosten u.a. | | | 2,25 € | je Stunde | | | | Sonstige Kosten | | 6.990,00 € | | |
| 5 | | Maschinenlaufzeit | | | 910 | Stunden | | | | Verkaufte Packungen | | 68.000 | | |
| 6 | | Fremdkapitalzinsen | | | 9,00% | | | | | Verkaufspreis je Packung | | 1,70 € | | |
| 7 | | Aktiva | | | | **Bilanz** zum 31.12.20.. | | | | | | Passiva | | |
| 8 | | Anlagevermögen | | | | 470.000 | | | | Eigenkapital | | 420.000 | | |
| 9 | | Umlaufvermögen | | | | 140.000 | | | | Fremdkapital | | 190.000 | | |
| 10 | | | | | | 610.000 | | | | | | 610.000 | | |
| 11 | | Aufwendungen | | | | **GuV - Rechnung** zum 31.12.20.. | | | | | | Erträge | | |
| 12 | | Kosten für Salate | | | | 10.780 | | | | Verkaufserlöse für Salate | | 115.600 | | |
| 13 | | Stromkosten | | | | 2.048 | | | | | | | | |
| 14 | | Sonstige Kosten | | | | 6.990 | | | | | | | | |
| 15 | | Fremdkapitalzinsen | | | | 17.100 | | | | | | | | |
| 16 | | Reingewinn | | | | 78.682 | | | | | | | | |
| 17 | | | | | | 115.600 | | | | | | 115.600 | | |
| 18 | | | | | | | | | | | | | | |
| 19 | | Kennziffern | | - Arbeitsproduktivität | | | | | | 40,00 | Packungen | | | |
| 20 | | | | - Materialproduktivität | | | | | | 6,18 | Packungen | | | |
| 21 | | | | - Maschinenstundenproduktivität | | | | | | 74,73 | Packungen | | | |
| 22 | | | | - Kapitalproduktivität | | | | | | 0,14 | Packungen | | | |
| 23 | | | | - Wirtschaftlichkeit | | | | | | 3,13 | | | | |
| 24 | | | | - Eigenkapitalrentabilität | | | | | | 7,60% | | | | |
| 25 | | | | - Gesamtkapitalrentabilität | | | | | | 8,04% | | | | |
| 26 | | | | - Umsatzrentabilität | | | | | | 27,62% | | | | |

| | A | B | C | D | E | F | G | H | I | J | K | L | M |
|---|---|---|---|---|---|---|---|---|---|---|---|---|---|
| 1 | | Datenfeld: | | | | | | | | | | | |
| 2 | | | Salate | | 11000 | Stück | | | | Arbeitsstunden | | 1700 | |
| 3 | | | Salatpreis | | 0,98 | je Stück | | | | Kosten je Stunde | | 27,5 | |
| 4 | | | Stromkosten u.a. | | 2,25 | je Stunde | | | | Sonstige Kosten | | 6990 | |
| 5 | | | Maschinenlaufzeit | | 910 | Stunden | | | | Verkaufte Packungen | | 68000 | |
| 6 | | | Fremdkapitalzinsen | | 0,09 | | | | | Verkaufspreis je Packung | | 1,7 | |
| 7 | | Aktiva | | | | **Bilanz** zum 31.12.20.. | | | | | | Passiva | |
| 8 | | Anlagevermögen | | | 470000 | | | | | Eigenkapital | | =L10-L9 | |
| 9 | | Umlaufvermögen | | | 140000 | | | | | Fremdkapital | | 190000 | |
| 10 | | | | | | =SUMME(F8:F9) | | | | | | =F10 | |
| 11 | | Aufwendungen | | | | **GuV - Rechnung** zum 31.12.20.. | | | | | | Erträge | |
| 12 | | Kosten für Salate | | | =E2*E3 | | | | | Verkaufserlöse für Salate | | =L5*L6 | |
| 13 | | Stromkosten | | | =E5*E4 | | | | | | | | |
| 14 | | Sonstige Kosten | | | =L4 | | | | | | | | |
| 15 | | Fremdkapitalzinsen | | | =L9*E6 | | | | | | | | |
| 16 | | Reingewinn | | | =F17-SUMME(F12:F15) | | | | | | | | |
| 17 | | | | | =L17 | | | | | | | =L12 | |
| 18 | | | | | | | | | | | | | |
| 19 | | Kennziffern | | - Arbeitsproduktivität | | | | | | =L5/L2 | | Packungen | |
| 20 | | | | - Materialp | | | | | | =L5/E2 | | =K19 | |
| 21 | | | | - Maschinenstundenproduktivität | | | | | | =L5/E5 | | =K20 | |
| 22 | | | | - Kapitalproduktivität | | | | | | =L5/F8 | | =K21 | |
| 23 | | | | - Wirtschaftlichkeit | | | | | | =L12/SUMME(F12:F15) | | | |
| 24 | | | | - Eigenkapitalrentabilität | | | | | | =(F16-(L2*L3))/L8 | | | |
| 25 | | | | - Gesamtkapitalrentabilität | | | | | | =(F16-(L2*L3)+F15)/L10 | | | |
| 26 | | | | - Umsatzrentabilität | | | | | | =(F16-(L2*L3))/L12 | | | |

## 7.2 Liquiditäts-Kennziffern

Die Liquiditätskennziffern gehören wohl neben denen der Rentabilität zu den wichtigsten betrieblichen Kennziffern überhaupt. Bei der Liquiditätsermittlung erfolgt eine Abstimmung zwischen dem Zahlungspotenzial, d. h. den zur Verfügung stehenden Mitteln und dem Kreditrahmen, sowie den Zahlungsverpflichtungen des Unternehmens. Es wird unterschieden in:

$$\text{Liquidität 1. Grades} = \frac{\text{Zahlungsmittelbestand} \cdot 100}{\text{Kurzfristiges Fremdkapital}}$$

$$\text{Liquidität 2. Grades} = \frac{\text{Kurzfristiges Umlaufvermögen} \cdot 100}{\text{Kurzfristiges Fremdkapital}}$$

$$\text{Liquidität 3. Grades} = \frac{\text{Gesamtes Umlaufvermögen} \cdot 100}{\text{Kurzfristiges Fremdkapital}}$$

Die Liquidität 2. Grades soll nach einer Faustformel 100 % (1:1) betragen. Als Mindestregel gilt 1:2.

Die Liquidität 3. Grades soll möglichst 200 % (2:1) betragen, wobei die 1:1-Regel als Mindestforderung besteht.

Die drei Liquiditätskennziffern können nur einen ersten Einblick in die finanzwirtschaftliche Lage eines Betriebes geben, weil sie sehr eng mit der Bilanz verknüpft sind. Deshalb können sie nichts über die sonstigen Aus- und Einzahlungen während des Jahres aussagen. Sie sind stichtags- und vergangenheitsorientiert, deshalb erlauben sie keine zukunfts- und zeitraumbezogenen Analysen. Hierfür wäre ein Finanzplan notwendig, der einzelne Forderungen und Verbindlichkeiten nach Fälligkeitsterminen ausweist und der sowohl die laufenden Ausgaben als auch die Kreditzusagen der Banken aufführt.

Der **Cash-Flow** wird von vielen in der Praxis als die wichtigste finanzwirtschaftlich orientierte Kennziffer betrachtet. Er gibt an, wie viel das Unternehmen tatsächlich erwirtschaftet hat und welcher Teil der Umsatzerlöse als Finanzmittel im Unternehmen verblieben sind.

```
  Bilanzmäßig ausgewiesenes Ergebnis
+ Abschreibungen und Wertberichtigungen auf Sachanlagen
+ Abschreibungen und Wertberichtigungen auf Finanzanlagen
+ Veränderung Pensionsrückstellung
+ Veränderung Sonderposten mit Rücklageanteil
+ Veränderung sonstige Rückstellungen
= Cash-Flow
```

Die Umsatz-Cash-Flow-Rate gibt denjenigen Prozentsatz des Umsatzes an, der einem Unternehmen für Investitionen, zur Schuldentilgung und Gewinnausschüttung verblieben ist.

$$\text{Umsatz-Cash-Flow-Rate} = \frac{\text{Cash-Flow} \cdot 100}{\text{Umsatz}}$$

**Situationsaufgabe**
Folgende Bilanz und Gewinn- und Verlust-Rechnung liegen vor:

| AKTIVA | Bilanz zum 31.12.20.. | | PASSIVA |
|---|---|---|---|
| | Euro | | Euro |
| I. Anlagevermögen | 786.005 | I. Eigenkapital | 682.270 |
| II. Umlaufvermögen | | II. Fremdkapital | |
| 1. Fertige Erzeugnisse | 387.560 | 1. Darlehen | 739.370 |
| 2. Roh-, Hilfs-, Betriebsstoffe | 157.270 | 2. Verbindlichkeiten a. L. L. | 181.610 |
| 3. Forderungen a. L. L. | 250.622 | | |
| 4. Bank | 18.540 | | |
| 5. Kasse | 3.253 | | |
| | 1.603.250 | | 1.603.250 |

| Aufwendungen | GuV-Rechnung zum 31.12.20.. | | Erträge |
|---|---|---|---|
| | Euro | | Euro |
| Löhne und Gehälter | 560.700 | Umsatzerlöse | 935.000 |
| Soziale Abgaben | 104.850 | | |
| Aufwendungen für Altersversorgungen | 14.300 | | |
| Abschreibungen | 85.000 | | |
| Zinsaufwand | 25.150 | | |
| Steuern | 50.000 | | |
| Reingewinn | 95.000 | | |
| | 935.000 | | 935.000 |

Ermitteln Sie die

▸ Liquidität 1., 2. und 3. Grades und

▸ die Umsatz-Cash-Flow-Rate.

## Datenfeld:

| | Bilanz | | |
|---|---|---|---|
| **Aktiva** | zum 31.12.20.. | | **Passiva** |
| Anlagevermögen | 786.005 | Eigenkapital | 682.270 |
| Umlaufvermögen | | Fremdkapital | |
|    Fertige Erzeugnisse | 387.560 |    Darlehen | 739.370 |
|    Roh-, Hilfs-, Betriebsstoffe | 157.270 |    Verbindlichkeiten a. L.L. | 181.610 |
|    Forderungen a. L. L. | 250.622 | | |
|    Bank | 18.540 | | |
|    Kasse | 3.253 | | |
| | 1.603.250 | | 1.603.250 |

| | GuV-Rechnung | | |
|---|---|---|---|
| **Aufwendungen** | zum 31.12.20.. | | **Erträge** |
| Löhne und Gehälter | 560.700 | Umsatzerlöse | 935.000 |
| Soziale Abgaben | 104.850 | | |
| Aufwendungen f. Altersversorgung | 14.300 | | |
| Abschreibungen | 85.000 | | |
| Zinsaufwand | 25.150 | | |
| Steuern | 50.000 | | |
| Reingewinn | 95.000 | | |
| | 935.000 | | 935.000 |

**Kennziffern:**

| | |
|---|---|
| Liquidität 1. Grades = | 12% |
| Liquidität 2. Grades = | 150% |
| Liquidität 3. Grades = | 450% |
| Umsatz-Cash-Flow-Rate = | 20,78% |

---

## Datenfeld:

| | Bilanz | | |
|---|---|---|---|
| **Aktiva** | zum 31.12.20.. | | **Passiva** |
| Anlagevermögen | 786005 | Eigenkapital | =L10-SUMME(L5:L6) |
| Umlaufvermögen | | Fremdkapital | |
|    Fertige Erzeugnisse | 387560 |    Darlehen | 739370 |
|    Roh-, Hilfs-, Betriebsstoffe | 157270 |    Verbindlichkeiten a. L.L. | 181610 |
|    Forderungen a. L. L. | 250622 | | |
|    Bank | 18540 | | |
|    Kasse | 3253 | | |
| | =SUMME(F3:F9) | | =F10 |

| | GuV-Rechnung | | |
|---|---|---|---|
| **Aufwendungen** | zum 31.12.20.. | | **Erträge** |
| Löhne und Gehälter | 560700 | Umsatzerlöse | 935000 |
| Soziale Abgaben | 104850 | | |
| Aufwendungen f. Altersversorgung | 14300 | | |
| Abschreibungen | 85000 | | |
| Zinsaufwand | 25150 | | |
| Steuern | 50000 | | |
| Reingewinn | =F19-SUMME(F12:F17) | | |
| | =L19 | | =L12 |

**Kennziffern:**

| | |
|---|---|
| Liquidität 1. Grades = | =(F8+F9)/L6 |
| Liquidität 2. Grades = | =(F7+F8+F9)/L6 |
| Liquidität 3. Grades = | =SUMME(F5:F9)/L6 |
| Umsatz-Cash-Flow-Rate = | =(F18+F15+F14)/L12 |

# 1. Kaufmännisches Rechnen

## 1.1 Dreisatzrechnung

### Aufgabe 1:

Für 3 Aushilfskräfte fallen 925 € Lohnkosten an. Wie viel muss bei gleichem Stundenlohn und gleicher Arbeitszeit aufgewendet werden, wenn 2 Kräfte zusätzlich eingestellt werden?

**Lösung s. Seite 251**

### Aufgabe 2:

7 Gebäudereiniger benötigen 120 Minuten, um ein Bürohaus zu säubern. Wie lange würden 12 Leute benötigen?

**Lösung s. Seite 251**

### Aufgabe 3:

Zur Herstellung eines Werkstückes benötigen 12 Fachkräfte bei täglicher Arbeitszeit von 7,5 Stunden 16 Tage.

Wie viele Stunden müssen täglich gearbeitet werden, wenn 6 Leute zusätzlich eingestellt werden und das Werkstück in 10 Tagen fertig sein muss?

**Lösung s. Seite 251**

### Aufgabe 4:

Zur Abfuhr von Bauschutt benötigen 6 Fahrzeuge 4 Tage, wenn sie am Tag 10 Stunden auf Achse sind. Nun sollen aber die Fuhren in 2 Tagen erledigt sein. Es ist geplant, deshalb 2 weitere Lkw einzusetzen. Wie viele Stunden müssten sie am Tag dann fahren?

**Lösung s. Seite 251**

## 1.2 Währungsrechnen

### Aufgabe 1:

Ein deutscher Importeur bezieht 50 Kartons Wein aus Kalifornien mit je 12 Flaschen à 0,75 l zu einem Preis von 1.800 $. Wie teuer ist 1 Flasche in €, wenn der Kurs für den $ = 1,402 € ist?

**Lösung s. Seite 251**

### Aufgabe 2:

Ein Übersetzungsbüro berechnet für einen Text von 30 Anschlägen und 60 Zeilen pro Seite und einen Umfang von 180 Seiten 2.750 €. Was kostet jeder Anschlag auf der Tastatur?

**Lösung s. Seite 252**

### Aufgabe 3:

Wie viel sind jeweils 2.000 € in der Landeswährung? Es gelten die folgenden Kurse:

| Währung | Kurs € |
| --- | --- |
| Australischer Dollar | 1,3929 |
| Britisches Pfund | 0,7182 |
| Hongkong Dollar | 8,2199 |
| Japanischer Yen | 128,6000 |
| Kanadischer Dollar | 1,3564 |
| Neuseeländischer Dollar | 1,4004 |
| Norwegische Krone | 8,8019 |
| Schwedische Krone | 9,1986 |

## ÜBUNGSTEIL (AUFGABEN UND FÄLLE)

| Währung | Kurs € |
|---|---|
| Schweizer Franken | 1,0662 |
| Singapur Dollar | 1,4724 |
| Südafrikanischer Rand | 13,1030 |
| US-Dollar | 1,0604 |

**Lösung s. Seite 252**

### Aufgabe 4:

Wie viel Euro sind diese Sorten insgesamt wert? Es gelten die folgenden Kurse:

| Währung | Kurs € | Auslandswährung |
|---|---|---|
| Australischer Dollar | 1,3929 | 2.500,00 |
| Britisches Pfund | 0,7182 | 2.600,00 |
| Hongkong Dollar | 8,2199 | 3.000,00 |
| Japanischer Yen | 128,6000 | 4.000,00 |
| Kanadischer Dollar | 1,3564 | 3.400,00 |
| Neuseeländischer Dollar | 1,4004 | 2.400,00 |
| Norwegische Krone | 8,8019 | 2.200,00 |
| Schwedische Krone | 9,1986 | 1.650,00 |
| Schweizer Franken | 1,0662 | 5.000,00 |
| Singapur Dollar | 1,4724 | 5.500,00 |
| Südafrikanischer Rand | 13,1030 | 4.800,00 |
| US-Dollar | 1,0604 | 2.200,00 |

**Lösung s. Seite 252**

### Aufgabe 5:

Ein deutscher Geschäftsmann befährt die Öresund-Brücke zwischen Dänemark und Schweden. Auf der Hinfahrt zahlt er 125 DKK, auf der Rückfahrt 165 SEK. Welche Fahrt war wie viel günstiger? Es gelten die folgenden Kurse:

| Währung | Kurs € |
|---|---|
| Dänische Krone | 7,445 |
| Schwedische Krone | 9,1986 |

**Lösung s. Seite 252**

### Aufgabe 6:

Die Firma JapTrade GmbH hat für eine Sendung Spielekonsolen eine Rechnung in Höhe von 170.750 JPY (Japanische Yen) vom japanischen Exporteur erhalten. Wie viel Euro muss der Importeur, sonstige Kosten nicht beachtet, aufwenden, um die Rechnung seines japanischen Lieferanten zu begleichen? Der Kurs beträgt 128,60 JPY für 1 €.

**Lösung s. Seite 253**

### Aufgabe 7:

Die Stewardess Minh Le Wiedemann, möchte ihre Eltern in Kapstadt jeden Monat mit 450 € unterstützen. Mit welchem Betrag in Südafrikanischen Rand können die Eltern am Monatsende rechnen, wenn der Kurs 1 zu 13,103 beträgt?

**Lösung s. Seite 253**

## Aufgabe 8:
Errechnen Sie den Wechselkurs einer Husumer Sparkasse, die Ihnen für 10.759,06 € 15.540 CHF (Schweizer Franken) gibt.

**Lösung s. Seite 253**

# 1.3 Durchschnittsrechnen

## Aufgabe 1:
Berechnen Sie die durchschnittlichen Einkaufspreise der Artikel.

| Anbieter | Artikel A | Artikel B | Artikel C |
|---|---|---|---|
| A | 12,30 € | 16,50 € | 11,70 € |
| B | 13,60 € | 12,90 € | 12,00 € |
| C | 14,50 € | 13,40 € | 12,20 € |
| D | 16,40 € | 14,00 € | 15,50 € |
| E | 11,00 € | 12,00 € | 14,90 € |
| F | 12,00 € | 13,00 € | 15,40 € |
| G | 11,70 € | 17,00 € | 15,30 € |
| H | 11,80 € | 14,90 € | 15,90 € |
| I | 11,70 € | 15,90 € | 16,10 € |
| J | 16,00 € | 15,80 € | 17,90 € |
| L | 14,50 € | 12,40 € | 18,00 € |
| M | 16,70 € | 12,10 € | 16,50 € |
| Summe | | | |
| Durchschnitt | | | |

**Lösung s. Seite 253**

## Aufgabe 2:
Ermitteln Sie die Durchschnittskosten je Kostenart und insgesamt. Berechnen Sie auch die durchschnittlichen Kosten je Quartal.

| Zeitraum | Lohnkosten | Materialkosten | Verwaltungs- und Vertriebskosten |
|---|---|---|---|
| 1. Quartal | 250.000,00 € | 360.000,00 € | 40.000,00 € |
| 2. Quartal | 320.000,00 € | 380.000,00 € | 45.000,00 € |
| 3. Quartal | 470.000,00 € | 420.000,00 € | 50.000,00 € |
| 4. Quartal | 350.000,00 € | 450.000,00 € | 55.000,00 € |

**Lösung s. Seite 253**

## Aufgabe 3:
Wie hoch sind die durchschnittlichen Löhne und Gehälter im westlichen und im östlichen Betrieb?

Und wie hoch sind die durchschnittlichen Entgelte insgesamt?

| Bruttoentgelt | Anzahl der Mitarbeiter | |
|---|---|---|
| | Betrieb West | Betrieb Ost |
| 3.000,00 € | 0 | 12 |
| 3.100,00 € | 0 | 15 |
| 3.200,00 € | 0 | 16 |

## ÜBUNGSTEIL (AUFGABEN UND FÄLLE)

| Bruttoentgelt | Anzahl der Mitarbeiter | |
|---|---|---|
| | Betrieb West | Betrieb Ost |
| 3.300,00 € | 6 | 17 |
| 3.400,00 € | 7 | 20 |
| 3.500,00 € | 9 | 23 |
| 3.600,00 € | 12 | 24 |
| 3.700,00 € | 15 | 27 |
| 3.800,00 € | 23 | 26 |
| 3.900,00 € | 45 | 25 |
| 4.000,00 € | 53 | 19 |
| 4.100,00 € | 46 | 14 |
| 4.200,00 € | 36 | 12 |
| 4.300,00 € | 31 | 5 |
| 4.400,00 € | 24 | 4 |
| 4.500,00 € | 16 | 3 |
| 4.600,00 € | 11 | 0 |
| 4.700,00 € | 9 | 0 |
| 4.800,00 € | 5 | 0 |
| 4.900,00 € | 4 | 0 |
| 5.000,00 € | 3 | 0 |

**Lösung s. Seite 254**

### Aufgabe 4:

Berechnen Sie die durchschnittlichen Preise bei den jeweiligen Anbietern unter Berücksichtigung folgender Einkaufsmengen:

| | Artikel A | Artikel B | Artikel C |
|---|---|---|---|
| Stück | 5.000 | 6.000 | 4.000 |

| | Preise pro Stück | | |
|---|---|---|---|
| Anbieter | Artikel A | Artikel B | Artikel C |
| A | 15,00 € | 16,50 € | 11,70 € |
| B | 14,00 € | 12,90 € | 12,00 € |
| C | 15,00 € | 13,40 € | 12,20 € |
| D | 16,00 € | 14,00 € | 15,50 € |
| E | 11,00 € | 12,00 € | 14,90 € |
| F | 14,00 € | 13,00 € | 15,40 € |
| G | 11,70 € | 17,00 € | 15,30 € |
| H | 13,00 € | 14,90 € | 15,90 € |
| I | 11,70 € | 15,90 € | 16,10 € |
| J | 16,00 € | 15,80 € | 17,90 € |
| K | 14,50 € | 12,40 € | 18,00 € |
| L | 16,70 € | 12,10 € | 16,50 € |

**Lösung s. Seite 255**

## 1.4 Verteilungsrechnen

### Aufgabe 1:

Die GbR-Gesellschafter wollen den Gewinn von 90.000 € verteilen. Es wird zwischen den Alternativen Verteilung nach Kapitalanteilen und Verteilung im Verhältnis 3:5:7 gestritten.

Wie hoch sind jeweils die Gewinnanteile der Gesellschafter?

| Gesellschafter | Bauer | Böttcher | Weber |
|---|---|---|---|
| Kapitalanteile | 60.000,00 € | 40.000,00 € | 50.000,00 € |
| Anteile im Verhältnis | 3 | 5 | 7 |

**Lösung s. Seite 255**

### Aufgabe 2:

Die Gesellschafter einer GbR-Gesellschaft haben vereinbart, dass der Gewinn von 90.000 € zu gleichen Teilen verteilt werden soll. Vorab soll aber jeder Gesellschafter noch eine Kapitalverzinsung von 5 % erhalten.

Wie hoch ist jeder Anteil?

| Gesellschafter | Kaiser | König | Krämer |
|---|---|---|---|
| Kapitalanteile | 60.000,00 € | 40.000,00 € | 50.000,00 € |

**Lösung s. Seite 256**

### Aufgabe 3:

In einer OHG soll abweichend von den Vorschriften des HGB der Gewinn in Höhe von 500.000 € verteilt werden.

Die Gesellschafter Kostede und Jungclaus erhalten für ihre Geschäftsführung einen Vorweg-Abzug; der Rest soll nach Köpfen aufgeteilt werden. Es liegen die folgenden Daten vor:

| Gesellschafter | Burkhardt | Kostede | Jungclaus |
|---|---|---|---|
| Kapitalanteile | 250.000,00 € | 400.000,00 € | 550.000,00 € |
| Vorweg-Abzug | | 46.000,00 € | 46.000,00 € |
| Kapitalverzinsung 8 % | | | |

**Lösung s. Seite 256**

### Aufgabe 4:

In einer OHG soll der Gewinn von 500.000 € nach HGB verteilt werden. Ihr Kapital wird mit 4 % verzinst, der restliche Gewinn wird nach Köpfen aufgeteilt.

Die Gesellschafter Bremer und Scholz erhalten für ihre Geschäftsführung einen Vorweg-Abzug. Es liegen weiter folgende Daten vor:

| Gesellschafter | Dallmeyer | Bremer | Scholz |
|---|---|---|---|
| Kapitalanteile am 01.01. | 250.000,00 € | 400.000,00 € | 550.000,00 € |
| Kapitaleinlage am 01.07. | 50.000,00 € | | |
| Kapitalentnahme am 01.07. | | | -50.000,00 € |
| Vorweg-Abzug | | 100.000,00 € | 100.000,00 € |

**Lösung s. Seite 256**

## Aufgabe 5:

In einer KG soll der Gewinn in Höhe von 800.000 € wie folgt verteilt werden: Die Gesellschafter Böllert und Timm erhalten für ihre Geschäftsführung einen Vorweg-Abzug.

Es liegen weiterhin diese Daten vor:

| Gesellschafter | Böllert | Timm | Struve | Summe |
|---|---|---|---|---|
| Kapitalanteile | 2.500.000,00 € | 1.800.000,00 € | 500.000,00 € | 4.800.000,00 € |
| Vorweg-Abzug | 100.000,00 € | 100.000,00 € | | |
| Kapitalverzinsung 6 % | | | | |
| Anteile | 3 | 2 | 1 | |
| Gewinnanteile | | | | |
| Gewinn | | | | |

**Lösung s. Seite 256**

## Aufgabe 6:

In einer KG soll der Gewinn in wie folgt verteilt werden:

| Gesellschafter | Kurtz | Lange | Breitner | Summe |
|---|---|---|---|---|
| Kapitalanteile am 01.01. | 200.000,00 € | 400.000,00 € | 400.000,00 € | |
| Kapitaleinlage am 01.04. | 100.000,00 € | | | |
| Kapitalentnahme am 01.09. | | | 100.000,00 € | |
| Vorweg-Abzug | | 100.000,00 € | 100.000,00 € | |
| Kapitalverzinsung 3 % | | | | |
| Korrektur Kapitalverzinsung | | | | |
| Anteile im Verhältnis | 1 | 2 | 2 | |
| Gewinn | | | | 531.500,00 € |

**Lösung s. Seite 256**

## 1.5 Prozentrechnen

### Aufgabe 1:

Wie haben sich die Gewinne in Bezug auf das Basisjahr 1 entwickelt?

| Jahr | Gewinn |
|---|---|
| 1 | 500.000,00 € |
| 2 | 399.765,00 € |
| 3 | 444.489,00 € |
| 4 | 521.890,00 € |
| 5 | 501.000,00 € |
| 6 | 656.000,00 € |
| 7 | 746.000,00 € |
| 8 | 889.000,00 € |

**Lösung s. Seite 257**

## Aufgabe 2:
Ermitteln Sie die Kostenveränderungen absolut und prozentual.

| Versicherung | Prämie | Porsche | Jaguar | Saab | Gesamt |
|---|---|---|---|---|---|
| Kfz-Haftpflicht | alt | 459,60 € | 536,20 € | 701,70 € | |
| | neu | 482,60 € | 563,00 € | 823,50 € | |
| | Änderung | | | | |
| | Änderung in % | | | | |
| Kasko | alt | 830,00 € | 914,90 € | 212,60 € | |
| | neu | 981,50 € | 1.026,50 € | 235,60 € | |
| | Änderung | | | | |
| | Änderung in % | | | | |
| Gesamt | alt | 1.289,60 € | 1.451,10 € | 914,30 € | |
| | neu | 1.464,10 € | 1.589,50 € | 1.059,10 € | |
| | Änderung | | | | |
| | Änderung in % | | | | |

**Lösung s. Seite 257**

## Aufgabe 3:
Ermitteln Sie die Barverkaufspreise.

| | Scanner | | | Drucker | | | Fax | | |
|---|---|---|---|---|---|---|---|---|---|
| Barverkaufspreis | | | | | | | | | |
| - Deckungsspanne | | | 75,00 € | | | 65,00 € | | | 105,00 € |
| = Zwischensumme I | | 98 % | | | 98 % | | | 97 % | |
| + Kundenskonto | | 2 % | | | 2 % | | | 3 % | |
| = Zwischensumme II | 90 % | 100 % | | 85 % | 100 % | | 90 % | 100 % | |
| + Kundenrabatt | 10 % | | | 15 % | | | 10 % | | |
| = Preisuntergrenze | 100 % | | 225,00 € | 100 % | | 345,00 € | 100 % | | 395,00 € |

**Lösung s. Seite 257**

## Aufgabe 4:
Ermitteln Sie die Deckungsspannen für die drei Artikel.

| | Artikel A | | Artikel B | | Artikel C | |
|---|---|---|---|---|---|---|
| Netto-Verkaufspreis | | 3.222,00 € | | 3.666,00 € | | 2.777,00 € |
| - Kundenrabatt | 10 % | | 25 % | | 20 % | |
| = Zielverkaufspreis | | | | | | |
| - Kundenskonto | 2 % | | 2 % | | 3 % | |
| = Barverkaufspreis | | | | | | |
| - Warenkosten | | 1.333,00 € | | 1.555,00 € | | 999,00 € |
| = Warenrohgewinn | | | | | | |
| - Variable Stückkosten | | 444,00 € | | 566,00 € | | 344,00 € |
| = Deckungsspanne | | | | | | |

**Lösung s. Seite 257**

## 1.6 Zinsrechnen

### Aufgabe 1:
Berechnen Sie die Zinstage mithilfe des Funktionsassistenten. Welche Eingabemaske liegt der Berechnung zugrunde?

| Beginn der Laufzeit | 15. Feb |
|---|---|
| Ende der Laufzeit | 1. Mrz |
| Zinstage | |

**Lösung s. Seite 258**

### Aufgabe 2:
Berechnen Sie die Zinstage nach der kaufmännischen Methode.

| Beginn der Laufzeit | 2. Jan | 2. Jan | 15. Feb | 15. Feb |
|---|---|---|---|---|
| Ende der Laufzeit | 1. Mrz | 28. Feb | 15. Nov | 31. Dez |

**Lösung s. Seite 258**

### Aufgabe 3:
Ermitteln Sie die fehlenden Werte.

| | | 360 | Zinstage pro Jahr |
|---|---|---|---|
| **Ermittlung der Zinsen** | | | |
| Kapital | Zinssatz | Tage | Zinsen |
| 2.367,00 € | 8,50 % | 78 | |
| **Ermittlung des Kapitals** | | | |
| Kapital | Zinssatz | Tage | Zinsen |
| | 2,50 % | 240 | 415,00 € |
| **Ermittlung des Zinssatzes** | | | |
| Kapital | Zinssatz | Tage | Zinsen |
| 18.800,00 € | | 45 | 100,00 € |
| **Ermittlung der Zinstage** | | | |
| Kapital | Zinssatz | Tage | Zinsen |
| 120.000,00 € | 4,50 % | | 450,00 € |

**Lösung s. Seite 258**

## Aufgabe 4:

Es liegen drei Angebote für einen Kredit vor. Welches ist das Günstigste?

| Bank | A | B | C |
|---|---|---|---|
| Kapital | 50.000,00 € | 50.000,00 € | 50.000,00 € |
| Zinssatz | 6,55 % | 6,30 % | 8,95 % |
| Zinstage pro Jahr | 360 | 360 | 360 |
| Laufzeit in Tagen | 90 | 90 | 90 |
| Zinsen | | | |
| Bearbeitungsgebühr | 300,00 € | 325,00 € | 0 € |
| Gesamte Kreditkosten | | | |

**Lösung s. Seite 259**

## Aufgabe 5:

Es sollen liquide Mittel von 50.000 € für 60 Tage angelegt werden. Welche Bank verspricht insgesamt die höchsten Zinsen?

Berechnen Sie die Zinsen mithilfe der kaufmännischen Zinsformel. Es gelten folgende gestaffelte Zinssätze:

| Bank | | Konditionen | | | Zinssatz |
|---|---|---|---|---|---|
| A | bis | 10.000,00 € | | | 0,00 % |
| | ab | 10.001,00 € | | | 3,75 % |
| B | bis | 10.000,00 € | | | 2,50 % |
| | ab | 10.001,00 € | bis | 20.000,00 € | 2,75 % |
| | ab | 20.001,00 € | bis | 30.000,00 € | 3,00 % |
| | ab | 30.001,00 € | bis | 40.000,00 € | 3,25 % |
| | ab | 40.001,00 € | | | 3,50 % |
| C | bis | 1.000,00 € | | | 0,00 % |
| | ab | 1.001,00 € | | | 3,10 % |

**Lösung s. Seite 259**

## Aufgabe 6:

Ein Unternehmen hat die folgenden Außenstände. Es werden 6 % Verzugszinsen sowie 0,1 % Mahngebühren berechnet. Wie hoch sind die Zinsen und Mahngebühren?

Ermitteln Sie die Zinsen mithilfe der kaufmännischen Zinsformel.

| Zinssatz | 6 % |
|---|---|
| Forderung | Tage des Verzugs |
| 23.900,00 € | 70 |
| 13.567,00 € | 78 |
| 11.100,00 € | 67 |
| 32.090,00 € | 55 |
| 14.900,00 € | 85 |
| 12.340,00 € | 45 |
| 7.900,00 € | 16 |

**Lösung s. Seite 259**

## Aufgabe 7:

Wie viel Soll- und Haben-Zinsen fallen an und wie hoch wird das Kontokorrentkonto belastet, wenn die folgenden Daten vorliegen (siehe abgebildeten Kontoauszug)?

| Kontonummer 1001107935 | | Währung € | Auszugsdatum 30.11.20.. | Letzter Kontoauszug vom 30.10.20.. | Seite 1 | Alter Kontostand 35.466,00 € | S |
|---|---|---|---|---|---|---|---|
| Buch.-Tag | Wert | Buchungstext / Verwendungszweck | | | Umsatzbetrag | Saldo | |
| 02.11. | 02.11. | Lastschrift mit Einzugsermächtigung Zinsen und Kontoführung Okt. 20.. | | | 134,00 € | 35.600,00 € | S |
| 09.11. | 09.11. | Gutschrift Rg. 5678/20.. Finke - Bekleidungen | | | 36.200,00 € | 600,00 € | H |
| 17.11. | 17.11. | Gutschrift Rg. 98768/20.. Ahrens | | | 22.050,00 € | 22.650,00 € | H |
| 20.11. | 20.11. | Lastschrift Rg. W2458/20.. Wunder | | | 33.567,00 € | 10.917,00 € | S |
| 27.11. | 27.11. | Lastschrift Rg. b78790/20.. Waltermann | | | 18.432,00 € | 29.349,00 € | S |
| 30.11. | 30.11. | Lastschrift Rg. 20../77543 Bernstorf | | | 4.050,00 € | 33.399,00 € | S |
| | | | | Dispolimit | | Neuer Kontostand | |
| Konditionen: | | | | 50.000,00 € | | 33.399,00 € | S |
| Haben-Zinssatz 2 % | | Kontoführung 15,00 € | | | Soll-Zinssatz | 10 % | |

**Lösung s. Seite 260**

## Aufgabe 8:

Wie viel Soll- und Haben-Zinsen fallen an und wie hoch wird das im untenstehenden Kontoauszug ersichtliche Kontokorrentkonto belastet, wenn der Haben-Zinssatz 3 % und der Soll-Zinssatz 6 % betragen?

| Kontonummer 1001107935 | | Währung € | Auszugsdatum 30.11.20.. | Letzter Kontoauszug vom 30.10.20.. | Seite 1 | Alter Kontostand 35.466,00 € | S |
|---|---|---|---|---|---|---|---|
| Buch.-Tag | Wert | Buchungstext / Verwendungszweck | | | Umsatzbetrag | Saldo | |
| 02.11. | 02.11. | Lastschrift mit Einzugsermächtigung Zinsen und Kontoführung Okt. 20.. | | | 134,00 € | 35.600,00 € | S |
| 09.11. | 09.11. | Gutschrift Rg. 5678/20.. Finke - Bekleidungen | | | 36.200,00 € | 600,00 € | H |
| 17.11. | 17.11. | Gutschrift Rg. 98768/20.. Ahrens | | | 22.050,00 € | 22.650,00 € | H |
| 20.11. | 20.11. | Lastschrift Rg. W2458/20.. Wunder | | | 33.567,00 € | 10.917,00 € | S |
| 27.11. | 27.11. | Lastschrift Rg. b78790/20.. Waltermann | | | 18.432,00 € | 29.349,00 € | S |
| 30.11. | 30.11. | Lastschrift Rg. 20../77543 Bernstorf | | | 4.050,00 € | 33.399,00 € | S |
| | | | | Dispolimit | | Neuer Kontostand | |
| Konditionen: | | | | 50.000,00 € | | 33.399,00 € | S |
| Haben-Zinssatz 3 % | | Kontoführung 15,00 € | | | Soll-Zinssatz | 6 % | |

**Lösung s. Seite 260**

## 1.7 Wertpapierrechnen

### Aufgabe 1:

a) Wie hoch ist der Gewinn unter Berücksichtigng der Gebühren, wenn 100 XYZ-Aktien vor Jahren zum Kurs von 41,65 gekauft und jetzt zu 187,44 verkauft wurden?
b) Wie hoch ist der Gewinn, wenn ein Online-Konto geführt wurde?
c) Um wie viel Euro wurde der Gewinn durch die geringeren Online-Gebühren erhöht?

Gebühren: Beim An- und Verkauf 1 % vom Kurswert: Mindestgebühr 20 €. Bei Nutzung des Online-Kontos 0,5 % Gebühren; Mindestgebühr 25 €.

**Lösung s. Seite 260**

### Aufgabe 2:

Es wurden die folgenden Aktien der ABC AG gekauft:

- 200 Stk.   Kurs  180,00 €
- 200 Stk.   Kurs  125,00 €
- 100 Stk.   Kurs   65,50 €

Diese Aktien wurden an zwei Terminen zu folgenden Kursen verkauft:

- 150 Stk.   Kurs   75,00 €
- 350 Stk.   Kurs  162,50 €

Bei jedem An- und Verkauf fielen vom Kurswert 0,5 % Provision, 0,4 ‰ Maklercourtage und 0,45 ‰ Transaktionsentgelt Börse an.

Wie hoch ist der Gewinn bzw. Verlust aus diesem Aktiengeschäft?

**Lösung s. Seite 261**

## 1.8 Handelskalkulation

### Aufgabe 1:

Welches ist das günstigste Angebot?

|   |   | Angebot 1 | | Angebot 2 | | Angebot 3 |
|---|---|---|---|---|---|---|
|   | Listenpreis |   | 49,80 € |   | 64,70 € | 74,90 € |
| - | Rabatt | 10 % |   | 20 % |   | 35 % |
| = | Zieleinkaufspreis |   |   |   |   |   |
| - | Skonto | 2 % |   | 0 % |   | 2 % |
| = | Bareinkaufspreis |   |   |   |   |   |
| + | Verpackung |   | 0,70 € |   | 1,20 € | 1,00 € |
| + | Transportkosten |   | 1,50 € |   | 1,00 € | 3,00 € |
| = | Einstandspreis |   |   |   |   |   |

**Lösung s. Seite 262**

## ÜBUNGSTEIL (AUFGABEN UND FÄLLE)

### Aufgabe 2:
Ermitteln Sie die Listenpreise.

|   |   | Angebot 1 | | Angebot 2 | | Angebot 3 | |
|---|---|---|---|---|---|---|---|
|   | Listenpreis |   |   |   |   |   |   |
| - | Rabatt | 10 % |   | 20 % |   | 35 % |   |
| = | Zieleinkaufspreis |   |   |   |   |   |   |
| - | Skonto | 2 % |   | 3 % |   | 2 % |   |
| = | Bareinkaufspreis |   |   |   |   |   |   |
| + | Verpackung |   | 6,00 € |   | 4,40 € |   | 6,00 € |
| + | Transportkosten |   | 28,00 € |   | 25,00 € |   | 18,00 € |
| = | Einstandspreis |   | 1.500,00 € |   | 1.500,00 € |   | 1.500,00 € |

**Lösung s. Seite 262**

### Aufgabe 3:
Kalkulieren Sie den Bezugspreis für Tischdecken pro Stück unter Berücksichtigung folgender Daten:

Netto-Listenpreis pro Stück 12,50 €, Skonto 2,5 %. Bei Abnahme von bis zu 100 Stück erhalten Sie einen Rabatt von 5 %, ab 101 Stück 10 %. Die Transportkosten belaufen sich auf 0,45 € pro Tischdecke. Für die Versicherung sind 0,9 % zu veranschlagen. Kalkulieren Sie für 100 und 150 Stück.

Arbeiten Sie bei dem Rabattsatz mit einer Wenn-Dann-Beziehung, d. h. der Rabattsatz soll automatisch von der Liefermenge gewählt werden. Die Formel in der Zelle könnte wiefolgt lauten: =WENN(G17<=E13;G13;G14).

Wenn also der Wert in Zelle G17 kleiner gleich 100 Stück ist, dann soll der Wert aus Zelle G13 (5 %) genommen werden, sonst der Wert aus Zelle G14 (10 %).

**Lösung s. Seite 262**

### Aufgabe 4:
Berechnen Sie den Bezugspreis für 10 bzw. 20 Kartons à 12 Dosen Champignons. Je Dose verlangt der Lieferant 0,99 € netto. Er gewährt 3 % Skonto und 5 % Rabatt bei Abnahme bis zu 120 Dosen; darüber 10 %. Für die Verpackung werden 5 € und für den Transport 10 € pro Sendung in Rechnung gestellt. Versicherungskosten fallen in Höhe von 12 € pro Sendung an.

**Lösung s. Seite 263**

### Aufgabe 5:
Wie hoch sind die Brutto-Verkaufspreise?

|   |   | Artikel A | | Artikel B | | Artikel C | |
|---|---|---|---|---|---|---|---|
|   | Einstandspreis |   | 9.595,00 € |   | 8.905,00 € |   | 10.610,00 € |
| + | Handlungskosten | 20 % |   | 20 % |   | 20 % |   |
| = | Selbstkosten |   |   |   |   |   |   |
| + | Gewinn | 30 % |   | 25 % |   | 20 % |   |
| = | Barverkaufspreis |   |   |   |   |   |   |
| + | Kundenskonto | 3 % |   | 3 % |   | 3 % |   |
| = | Zielverkaufspreis |   |   |   |   |   |   |
| + | Kundenrabatt | 25 % |   | 25 % |   | 25 % |   |
| = | Netto-Verkaufspreis |   |   |   |   |   |   |
| + | Umsatzsteuer | 19 % |   | 19 % |   | 19 % |   |
| = | Brutto-Verkaufspreis |   |   |   |   |   |   |

**Lösung s. Seite 263**

## Aufgabe 6:

Drei Artikel haben den gleichen Einstandspreis, gehören aber verschiedenen Warengruppen mit unterschiedlichen Kalkulationssätzen an. Berechnen Sie die Brutto-Verkaufspreise.

|   |                    | Zuschlag | Ware der Gruppe I | Zuschlag | Ware der Gruppe II | Zuschlag | Ware der Gruppe III |
|---|--------------------|----------|-------------------|----------|--------------------|----------|---------------------|
|   | Einstandspreis     |          | 2.998,00 €        |          | 2.998,00 €         |          | 2.998,00 €          |
| + | Handlungskosten    | 48 %     |                   | 92 %     |                    | 55 %     |                     |
| = | Selbstkosten       |          |                   |          |                    |          |                     |
| + | Gewinn             | 12 %     |                   | 4 %      |                    | 13 %     |                     |
| = | Barverkaufspreis   |          |                   |          |                    |          |                     |
| + | Kundenskonto       | 2 %      |                   | 2 %      |                    | 2 %      |                     |
| = | Zielverkaufspreis  |          |                   |          |                    |          |                     |
| + | Kundenrabatt       | 10 %     |                   | 10 %     |                    | 10 %     |                     |
| = | Netto-Verkaufspreis|          |                   |          |                    |          |                     |
| + | Umsatzsteuer       | 19 %     |                   | 19 %     |                    | 19 %     |                     |
| = | Brutto-Verkaufspreis|         |                   |          |                    |          |                     |

**Lösung s. Seite 263**

## Aufgabe 7:

Die Brutto-Verkaufspreise von drei Artikeln sind zu kalkulieren.

|   |                     | Zuschlag | Laptop     | Zuschlag | Desktop    | Zuschlag | Drucker  |
|---|---------------------|----------|------------|----------|------------|----------|----------|
|   | Einstandspreis      |          | 1.750,00 € |          | 1.200,00 € |          | 395,00 € |
| + | Handlungskosten     | 40 %     |            | 60 %     |            | 50 %     |          |
| = | Selbstkosten        |          |            |          |            |          |          |
| + | Gewinn              | 12 %     |            | 14 %     |            | 13 %     |          |
| = | Barverkaufspreis    |          |            |          |            |          |          |
| + | Kundenskonto        | 3 %      |            | 2 %      |            | 3 %      |          |
| = | Zielverkaufspreis   |          |            |          |            |          |          |
| + | Kundenrabatt        | 20 %     |            | 15 %     |            | 10 %     |          |
| = | Netto-Verkaufspreis |          |            |          |            |          |          |
| + | Umsatzsteuer        | 19 %     |            | 19 %     |            | 19 %     |          |
| = | Brutto-Verkaufspreis|          |            |          |            |          |          |

**Lösung s. Seite 264**

## Aufgabe 8:

Kalkulieren Sie die Listeneinkaufspreise für die drei Artikel.

|   |                     | Zuschlag | Artikel A | Zuschlag | Artikel B | Zuschlag | Artikel C |
|---|---------------------|----------|-----------|----------|-----------|----------|-----------|
|   | Brutto-Verkaufspreis|          | 205,07 €  |          | 410,24 €  |          | 512,83 €  |
| - | Umsatzsteuer        | 19 %     |           | 19 %     |           | 19 %     |           |
| = | Netto-Verkaufspreis |          |           |          |           |          |           |
| - | Kundenrabatt        | 10 %     |           | 15 %     |           | 20 %     |           |
| = | Zielverkaufspreis   |          |           |          |           |          |           |
| - | Kundenskonto        | 3 %      |           | 2 %      |           | 2 %      |           |
| = | Barverkaufspreis    |          |           |          |           |          |           |
| - | Gewinn              | 25 %     |           | 20 %     |           | 15 %     |           |
| = | Selbstkosten        |          |           |          |           |          |           |
| - | Handlungskosten     | 70 %     |           | 50 %     |           | 60 %     |           |

## ÜBUNGSTEIL (AUFGABEN UND FÄLLE)

|   |   | Zuschlag | Artikel A | Zuschlag | Artikel B | Zuschlag | Artikel C |
|---|---|---|---|---|---|---|---|
| = | Einstandspreis |  |  |  |  |  |  |
| - | Bezugskosten |  | 4,50 € |  | 14,00 € |  | 15,00 € |
| = | Bareinkaufspreis |  |  |  |  |  |  |
| + | Lieferskonto | 3 % |  | 3 % |  | 3 % |  |
| = | Zieleinkaufspreis |  |  |  |  |  |  |
| + | Lieferrabatt | 10 % |  | 10 % |  | 10 % |  |
| = | Listeneinkaufspreis |  |  |  |  |  |  |

**Lösung s. Seite 264**

### Aufgabe 9:

Es sollen die Listeneinkaufspreise für die drei Artikel kalkuliert werden.

|   |   | Zuschlag | Artikel A | Zuschlag | Artikel B | Zuschlag | Artikel C |
|---|---|---|---|---|---|---|---|
|   | Brutto-Verkaufspreis |  | 101,55 € |  | 101,55 € |  | 101,55 € |
| - | Umsatzsteuer | 19 % |  | 19 % |  | 19 % |  |
| = | Netto-Verkaufspreis |  |  |  |  |  |  |
| - | Kundenrabatt | 10 % |  | 15 % |  | 20 % |  |
| = | Zielverkaufspreis |  |  |  |  |  |  |
| - | Kundenskonto | 3 % |  | 2 % |  | 2 % |  |
| = | Barverkaufspreis |  |  |  |  |  |  |
| - | Gewinn | 25 % |  | 20 % |  | 15 % |  |
| = | Selbstkosten |  |  |  |  |  |  |
| - | Handlungskosten | 70 % |  | 50 % |  | 60 % |  |
| = | Einstandspreis |  |  |  |  |  |  |
| - | Bezugskosten |  | 1,00 € |  | 0,80 € |  | 0,75 € |
| = | Bareinkaufspreis |  |  |  |  |  |  |
| + | Lieferskonto | 3 % |  | 3 % |  | 3 % |  |
| = | Zieleinkaufspreis |  |  |  |  |  |  |
| + | Lieferrabatt | 10 % |  | 10 % |  | 10 % |  |
| = | Listeneinkaufspreis |  |  |  |  |  |  |

**Lösung s. Seite 264**

### Aufgabe 10:

Wie hoch sind die Gewinne und Gewinnsätze der Artikel?

|  |  | Artikel A |  | Artikel B |  | Artikel C |
|---|---|---|---|---|---|---|
| Einstandspreis |  | 1.598,00 € |  | 1.698,00 € |  | 1.398,00 € |
| Handlungskosten | 30 % |  | 30 % |  | 30 % |  |
| Selbstkosten |  |  |  |  |  |  |
| Gewinn |  |  |  |  |  |  |
| Barverkaufspreis |  |  |  |  |  |  |
| Kundenskonto | 3 % |  | 3 % |  | 3 % |  |
| Zielverkaufspreis |  |  |  |  |  |  |
| Kundenrabatt | 25 % |  | 25 % |  | 25 % |  |
| Netto-Verkaufspreis |  |  |  |  |  |  |
| Umsatzsteuer | 19 % |  | 19 % |  | 19 % |  |
| Brutto-Verkaufspreis |  | 3.075,53 € |  | 3.075,53 € |  | 3.075,53 € |

**Lösung s. Seite 265**

## Aufgabe 11:
Wie hoch sind die Gewinne und Gewinnsätze der Artikel?

|  |  | Artikel A |  | Artikel B |  | Artikel C |
|---|---|---|---|---|---|---|
| Einstandspreis |  | 1.598,00 € |  | 1.698,00 € |  | 1.398,00 € |
| Handlungskosten | 25 % |  | 35 % |  | 40 % |  |
| Selbstkosten |  |  |  |  |  |  |
| Gewinn |  |  |  |  |  |  |
| Barverkaufspreis |  |  |  |  |  |  |
| Kundenskonto | 3 % |  | 3 % |  | 3 % |  |
| Zielverkaufspreis |  |  |  |  |  |  |
| Kundenrabatt | 10 % |  | 10 % |  | 10 % |  |
| Netto-Verkaufspreis |  |  |  |  |  |  |
| Umsatzsteuer | 19 |  | 19 % |  | 19 % |  |
| Brutto-Verkaufspreis |  | 3.075,53 € |  | 3.075,53 € |  | 3.075,53 € |

**Lösung s. Seite 265**

## 2. Kostenrechnung in der Industrie
### 2.1. Divisionskalkulation
Aufgabe 1:

Die Bayern-Rad OHG hat im vergangenen Jahr 24.320 Fahrräder zu Selbstkosten je Fahrrad von 192 € produziert. Ermitteln Sie die Gesamtkosten.

**Lösung s. Seite 266**

Aufgabe 2:

Ein Industrieunternehmen der Freizeitbranche stellte 830 Surfbretter her. Die Gesamtkosten beliefen sich auf 1.593.600 €. Ermitteln Sie den Netto-Verkaufspreis für ein Surfbrett, wenn das Unternehmen mit einem Gewinnzuschlag von 25 % rechnet.

**Lösung s. Seite 266**

Aufgabe 3:

Ein Massenartikel wird für 25 € netto verkauft. Der Hersteller kalkulierte einen Gewinnzuschlag von 25 %. Wie hoch waren die Gesamtkosten des Unternehmens, wenn 47.400 Stück produziert und abgesetzt wurden?

**Lösung s. Seite 266**

### 2.2 Äquivalenzziffernkalkulation
Aufgabe 1:

Ein Industrieunternehmen der Elektronikbranche stellt ein Bauteil für PCs her. Kalkulieren Sie den Netto-Verkaufspreis je Stück. Es ist bekannt:

| | |
|---|---:|
| Herstellkosten | 1.300.000,00 € |
| Vertriebskosten | 65.000,00 € |
| Verwaltungskosten | 215.000,00 € |
| Gewinnzuschlag | 20 % |
| Produktionsmenge | 100.000 Stück |
| Absatzmenge | 80.000 Stück |

Von den Verwaltungskosten können 15.000 € dem Vertriebsbereich zugeordnet werden.

**Lösung s. Seite 266**

Aufgabe 2:

Ein HiFi-Produzent fertigte im vergangenen Geschäftsjahr 20.000 Boxen. Der Lagerbestand der Boxen betrug am Anfang des Jahres 4.500 Stück und am Jahresende 6.500 Stück. Die Materialkosten beliefen sich auf 2.500.000 €, die Fertigungskosten auf 1.500.000 €. Von insgesamt 290.000 € Verwaltungskosten fielen im Vertriebsbereich 90.000 € an. Für den Vertrieb wurden Kosten in Höhe von 360.000 € ermittelt. Berechnen Sie die Selbstkosten je Box.

**Lösung s. Seite 267**

Aufgabe 3:

Ermitteln Sie die Stückkosten und Selbstkosten je Sorte.

| Sorte | Produktionsmenge in hl | ÄZ | Selbstkosten |
|---|---|---|---|
| Export | 600.000 | 1,0 | |
| Pils | 120.000 | 0,8 | |
| Alt | 360.000 | 1,1 | |
| | | | 49.140.000,00 € |

**Lösung s. Seite 267**

## Aufgabe 4:

Die Selbstkosten aller Sorten beliefen sich auf 23.600.000 €. Folgende Mengen der drei Sorten wurden hergestellt.

| Sorte | Produktionsmenge in ME | ÄZ | Stückkosten |
|---|---|---|---|
| 1 | 26.000.000 | 1,0 | |
| 2 | 12.000.000 | 0,8 | |
| 3 | 8.000.000 | 1,1 | |
| | | | |

Wie hoch waren die Stückkosten der Sorten und die jeweiligen Selbstkosten?

**Lösung s. Seite 267**

## Aufgabe 5:

Die Selbstkosten beliefen sich insgesamt auf 53.452 €. Ermitteln Sie die Äquivalenzziffern, die Stückkosten der Sorten und die Selbstkosten je Sorte.

| Sorte | Produktionsmenge in ME | ÄZ | Umrechnungszahl |
|---|---|---|---|
| 1 | 24.000 | | 24.000 |
| 2 | 16.000 | | 29.520 |
| 3 | 5.600 | | 4.200 |
| 4 | 3.800 | | 8.740 |
| 5 | 16.500 | | 9.900 |
| | | | |

**Lösung s. Seite 267**

## Aufgabe 6:

Kalkulieren Sie die Netto-Verkaufspreise für die jeweiligen Sorten unter Berücksichtigung von insgesamt 2.531.200,00 € Selbstkosten.

| Sorte | Produktionsmenge in ME | ÄZ | Gewinnzuschlag |
|---|---|---|---|
| A | 76.000 | 1,0 | 20 % |
| B | 67.500 | 1,4 | 15 % |
| C | 45.900 | 1,8 | 12 % |

**Lösung s. Seite 268**

## Aufgabe 7:

In einem Industrieunternehmen, das vier Produkte in Sortenfertigung herstellt, werden von der Kostenrechnungsabteilung Äquivalenzziffern gesucht, die eine annähernd verursachungsgerechte Verteilung der Selbstkosten auf die Erzeugnisse ermöglichen soll. Wie könnten die Äquivalenzziffern lauten?

| Sorte | Produktionszeit in ZE | Produktionsmenge | Verkaufspreis/Stk. |
|---|---|---|---|
| 1 | 30 | 250.000 | 20,00 € |
| 2 | 36 | 200.000 | 24,00 € |
| 3 | 48 | 100.000 | 30,00 € |
| 4 | 15 | 50.000 | 10,00 € |

**Lösung s. Seite 268**

## 2.3 Kuppelkalkulation

### Aufgabe 1:
Es soll eine Kuppelkalkulation mithilfe der Verteilungsrechnung auf der Grundlage von Marktpreisen durchgeführt werden. Außer den Gesamtkosten in Höhe von 46.600 € sind folgende Daten bekannt:

| Produkt | Produktionsmenge | Marktpreis |
|---|---|---|
| 1 | 18.000 | 10,00 € |
| 2 | 4.000 | 8,00 € |
| 3 | 3.000 | 7,00 € |

Wie hoch sind die Stückkosten der Produkte?

**Lösung s. Seite 268**

### Aufgabe 2:
Mithilfe der Verteilungsrechnung auf der Grundlage von Marktpreisen soll eine Kuppelkalkulation durchgeführt werden. Es sind folgende Daten bekannt:

| Produkt | Produktionsmenge | Marktpreis | Umrechnungszahl | Gesamtkosten |
|---|---|---|---|---|
| 1 | 16.000 | 12,00 € | | |
| 2 | 19.000 | 7,00 € | | |
| 3 | 14.000 | 9,00 € | | |
| 4 | 7.000 | 8,50 € | | |
| 5 | 5.000 | 7,00 € | | |
| | | | | 218.200,00 € |

Wie hoch sind die Stückkosten und Gesamtkosten der einzelnen Produkte?

**Lösung s. Seite 268**

### Aufgabe 3:
Die Subtraktionswerte sollen mithilfe der Restwertmethode ermittelt werden. Es ist bekannt:

| Produkt | Menge | Marktpreis | Weiterverarbeitungskosten |
|---|---|---|---|
| 1 | 13.250 | 38,50 € | |
| 2 | 14.680 | 16,00 € | 11,00 € |
| 3 | 1.350 | 24,00 € | 13,00 € |

**Lösung s. Seite 268**

### Aufgabe 4:
Mithilfe der Restwertmethode sollen die Stückkosten des Hauptproduktes 1 ermittelt werden. Es fallen Gesamtkosten bei der Kuppelproduktion in Höhe von 33.500 € an, weiterhin ist bekannt:

| Produkt | Menge | Marktpreis | Weiterverarbeitungskosten |
|---|---|---|---|
| 1 | 5.400 | 8,50 € | |
| 2 | 800 | 7,00 € | 2,00 € |
| 3 | 500 | 6,50 € | 1,50 € |

**Lösung s. Seite 268**

## 2.4 Betriebsabrechnungsbogen

### Aufgabe 1:

Erstellen Sie einen Betriebsabrechnungsbogen.

| Kostenart | Kosten | Schlüssel |
|---|---|---|
| Einzelkosten: | | |
| Fertigungsmaterial | 5.500.000,00 € | |
| Fertigungslöhne | 2.500.000,00 € | |
| Summe Einzelkosten | | |
| Gemeinkosten: | | |
| Hilfslöhne | 714.000,00 € | 01:02:00 |
| Mieten/Pachten | 365.000,00 € | 01:01:01 |
| Unternehmenssteuern | 340.000,00 € | 01:01:01 |
| Versicherungsprämien | 70.000,00 € | 01:02:01 |
| Hilfsstoffe | 350.000,00 € | 00:01:00 |
| Betriebsstoffe | 296.000,00 € | 00:01:00 |
| Abschreibungen | 750.000,00 € | 01:05:02 |
| Kapitalkosten | 410.000,00 € | 01:05:01 |
| Allg. Verwaltungskosten | 275.000,00 € | 01:01:06 |
| Ausgangsfrachten | 40.000,00 € | 00:00:01 |
| Kalkulatorische Kosten | 290.000,00 € | 01:04:02 |

**Lösung s. Seite 269**

### Aufgabe 2:

Erstellen Sie einen BAB und ermitteln Sie die Zuschlagssätze.

| Kostenart | Kosten | Schlüssel |
|---|---|---|
| Einzelkosten: | | |
| Fertigungsmaterial | 7.500.000,00 € | |
| Fertigungslöhne | 3.500.000,00 € | |
| Summe Einzelkosten | | |
| Gemeinkosten: | | |
| Hilfslöhne | 814.000,00 € | 01:02:00 |
| Mieten/Pachten | 450.000,00 € | 01:01:01 |
| Unternehmenssteuern | 320.000,00 € | 01:01:01 |
| Versicherungsprämien | 80.000,00 € | 01:02:01 |
| Hilfsstoffe | 250.000,00 € | 00:01:00 |
| Betriebsstoffe | 196.000,00 € | 00:01:00 |
| Abschreibungen | 800.000,00 € | 01:05:02 |
| Kapitalkosten: | 490.000,00 € | 01:05:01 |
| Allg. Verwaltungskosten | 260.000,00 € | 01:01:06 |
| Ausgangsfrachten | 50.000,00 € | 00:00:01 |
| Kalkulatorische Kosten | 290.000,00 € | 01:04:02 |
| Summe Gemeinkosten | | |

**Lösung s. Seite 269**

## Aufgabe 3:

Erstellen Sie einen BAB und ermitteln Sie die Gemeinkosten-Zuschlagssätze.

| Einzelkosten | Gesamt |
|---|---|
| Fertigungsmaterial | 1.750.000,00 € |
| Fertigungslöhne | 1.670.000,00 € |

| Gemeinkosten | Gesamt | Material | Fertigung | Verwaltung | Vertrieb |
|---|---|---|---|---|---|
| Hilfslöhne | 300.000,00 € | 8 % | 62 % | Rest | 15 % |
| Hilfsstoffe | 75.000,00 € | | 100 % | | |
| Betriebsstoffe | 160.000,00 € | 10 % | 65 % | 10 % | Rest |
| Abschreibungen | 120.000,00 € | 30 % | 40 % | 10 % | Rest |
| Gehälter | 340.000,00 € | | 15 % | Rest | 10 % |
| Zinsen | 96.000,00 € | 5 % | 60 % | 12 % | Rest |
| Steuern | 172.000,00 € | zu gleichen Teilen auf alle Kostenstellen | | | |
| Mieten | 165.000,00 € | 225 qm | 370 qm | 185 qm | 120 qm |
| Reparaturen | 78.000,00 € | Rest | 54 % | 12 % | 23 % |
| Sonstige Kosten | 270.000,00 € | zu gleichen Teilen auf alle Kostenstellen | | | |

**Lösung s. Seite 270**

## 2.5 Innerbetriebliche Leistungsverrechnung

### Aufgabe 1:

Es soll eine innerbetriebliche Leistungsverrechnung nach dem Kostenartenverfahren durchgeführt werden. Die Materialstelle ist mit 45.000 € zu entlasten, die Fertigungsstelle mit 22.000 €.

Beide Positionen werden der Kostenstelle Vertrieb zugeschlagen.

| Kostenstellen | Material | Fertigung | Verwaltung | Vertrieb |
|---|---|---|---|---|
| Einzelkosten | 520.000,00 € | 650.000,00 € | | |
| Gemeinkosten | 323.000,00 € | 322.200,00 € | 107.000,00 € | 67.000,00 € |

**Lösung s. Seite 270**

### Aufgabe 2:

Es soll eine innerbetriebliche Leistungsverrechnung nach dem Kostenartenverfahren durchgeführt werden. Die Materialstelle ist mit 25.000 € zu entlasten, die Fertigungsstelle mit 13.000 €.

Beide Positionen werden hälftig der Kostenstelle Vertrieb und Verwaltung zugeschlagen.

| Kostenstellen | Material | Fertigung | Verwaltung | Vertrieb |
|---|---|---|---|---|
| Einzelkosten | 630.000,00 € | 845.000,00 € | | |
| Gemeinkosten | 423.000,00 € | 572.200,00 € | 99.000,00 € | 55.000,00 € |

**Lösung s. Seite 270**

## Aufgabe 3:

Es soll innerbetrieblich nach dem Kostenstellenausgleichsverfahren verrechnet werden. Die Materialstelle ist mit 46.200 € Einzelkosten und 11.900 € Gemeinkosten zu entlasten. Beide Positionen werden der Kostenstelle Vertrieb zugeschlagen.

Von der Fertigungsstelle sollen 15.200 € Einzelkosten und 22.400 € Gemeinkosten dem Vertrieb zugeordnet werden.

| Kostenstellen | Material | Fertigung | Verwaltung | Vertrieb |
|---|---|---|---|---|
| Einzelkosten | 360.000,00 € | 450.000,00 € | | |
| Gemeinkosten | 261.900,00 € | 342.400,00 € | 187.850,00 € | 67.850,00 € |

**Lösung s. Seite 271**

## Aufgabe 4:

Innerbetrieblich soll nach dem Kostenstellenausgleichsverfahren verrechnet werden. Die Materialstelle ist mit 56.000 € Einzelkosten und 66.000 € Gemeinkosten zu entlasten. Beide Positionen werden hälftig der Kostenstelle Vertrieb und Verwaltung zugeschlagen.

Von der Fertigungsstelle sollen 45.000 € Einzelkosten und 45.000 € Gemeinkosten dem Vertrieb und der Verwaltung je zur Hälfte zugeordnet werden.

| Kostenstellen | Material | Fertigung | Verwaltung | Vertrieb |
|---|---|---|---|---|
| Einzelkosten | 666.000,00 € | 780.000,00 € | | |
| Gemeinkosten | 333.000,00 € | 450.000,00 € | 190.000,00 € | 150.000,00 € |

**Lösung s. Seite 271**

## Aufgabe 5:

Die sekundären Gemeinkosten der Hilfsstelle 1 sind auf die nachfolgenden Stellen gemäß des Schlüssels 1:2:3 umzulegen, die der Hilfsstelle 2 im Verhältnis 1:4. Die gesamten Kosten der Arbeitsvorbereitung sind nach der Umlage voll der Hauptstelle zuzuordnen.

Wie hoch sind die Gemeinkosten nach der innerbetrieblichen Leistungsverrechnung mithilfe des Stufenleitersystems?

| Kostenstellen | Allgemeiner Bereich | | Fertigungsbereich | |
|---|---|---|---|---|
| | Hilfsstelle 1 | Hilfsstelle 2 | Arbeitsvorbereitung | Hauptstelle |
| Gemeinkosten + Umlage Hilfsstelle 1 | 30.000,00 € | 35.000,00 € | 15.200,00 € | 759.000,00 € |
| Summe + Umlage Hilfsstelle 2 | | | | |
| Summe + Umlage Arbeitsvorbereitung | | | | |
| Summe | | | | |

**Lösung s. Seite 271**

## ÜBUNGSTEIL (AUFGABEN UND FÄLLE)

### Aufgabe 6:

Erstellen Sie einen BAB und nehmen Sie dabei die innerbetriebliche Leistungsverrechnung vor.

| Kostenart | Kosten | Allgemeine Kostenstelle | Hilfskostenstellen | | | | Hauptkostenstelle Fertigung | | |
|---|---|---|---|---|---|---|---|---|---|
| | | | 1 | 2 | 3 | 4 | Damen-kleidung | Herren-kleidung | Kinder-kleidung |
| Einzelkosten | | | | | | | | | |
| Damenbekleidung | 500.000,00 € | | | | | | | | |
| Herrenbekleidung | 750.000,00 € | | | | | | | | |
| Kinderbekleidung | 550.000,00 € | | | | | | | | |
| Summe Einzelkosten | 1.800.000,00 € | | | | | | | | |
| Gemeinkosten | | | | | | | | | |
| Personalkosten | 450.000,00 € | 15,00 % | 12,50 % | 5,00 % | 20,00 % | 12,50 % | 10,00 % | 15,00 % | 10,00 % |
| Mieten/Pachten | 180.000,00 € | 12,00 % | 10,00 % | 15,00 % | 10,00 % | 15,00 % | 15,00 % | 10,00 % | 13,00 % |
| Unternehmenssteuern | 100.000,00 € | 12,50 % | 12,50 % | 12,50 % | 12,50 % | 12,50 % | 12,50 % | 12,50 % | 12,50 % |
| Versicherungsprämien | 50.000,00 € | 10,00 % | 10,00 % | 25,00 % | 10,00 % | 8,00 % | 11,00 % | 11,00 % | 15,00 % |
| Provisionen | 40.000,00 € | | | | | 100,00 % | | | |
| Werbekosten | 35.000,00 € | | | | | 55,00 % | 15,00 % | 15,00 % | 15,00 % |
| Reisekosten | 70.000,00 € | 20,00 % | | | | 80,00 % | | | |
| Kapitalkosten | 80.000,00 € | 10,00 % | 10,00 % | 35,00 % | 10,00 % | 15,00 % | 5,00 % | 7,00 % | 8,00 % |
| Allg. Verwaltungskosten | 240.000,00 € | 13,00 % | 10,00 % | 6,00 % | 36,00 % | 5,00 % | 10,00 % | 10,00 % | 10,00 % |
| Ausgangsfrachten | 60.000,00 € | | | | | | 20,00 % | 40,00 % | 40,00 % |
| Kalkulatorische Kosten | 95.000,00 € | 7,50 % | 12,50 % | 10,00 % | 25,00 % | 10,00 % | 10,00 % | 15,00 % | 10,00 % |
| Summe Gemeinkosten | 1.400.000,00 € | | | | | | | | |
| Umlage: Allg. Kostenstelle | | | 10 % | | 30 % | 30 % | 10 % | 10 % | 10 % |
| Zwischensumme | | | | | | | | | |
| Umlage Hilfskostenstelle 1 | | | | | | | 35,00 % | 30,00 % | 35,00 % |
| Umlage Hilfskostenstelle 2 | | | | | | | 20,00 % | 45,00 % | 35,00 % |
| Umlage Hilfskostenstelle 3 | | | | | | | 25,00 % | 40,00 % | 35,00 % |
| Umlage Hilfskostenstelle 4 | | | | | | | 25,00 % | 35,00 % | 40,00 % |

**Lösung s. Seite 272**

## 2.6 Differenzierte Zuschlagskalkulation

### Aufgabe 1:

Ermitteln Sie die Zuschlagssätze.

| Kostenart | Kosten | Kostenstellen | | |
|---|---|---|---|---|
| | | Materialstelle | Fertigungsstelle | Verwaltungs- u. Vertriebsstelle |
| Einzelkosten: | 1.200.000,00 € | | | |
| Fertigungslöhne | | | | |
| Fertigungsmaterial | | | | |
| Summe Einzelkosten | 4.500.000,00 € | | | |
| Summe Gemeinkosten | 805.000,00 € | | 325.000,00 € | 120.000,00 € |
| Herstellkosten | | | | |
| Zuschlagssätze | | | | |

**Lösung s. Seite 272**

## Aufgabe 2:

Ermitteln Sie die Zuschlagssätze.

| Kostenart | Kosten | Kostenstellen | | |
|---|---|---|---|---|
| | | Materialstelle | Fertigungsstelle | Verwaltungs- u. Vertriebsstelle |
| Einzelkosten: | | | | |
| Fertigungsmaterial | 5.700.000,00 € | | | |
| Fertigungslöhne | 2.300.000,00 € | | | |
| Summe Einzelkosten | 8.000.000,00 € | | | |
| Summe Gemeinkosten | 3.705.000,00 € | 1.325.000,00 € | | 820.000,00 € |
| Herstellkosten | | | | |
| Zuschlagssätze | | | | |

**Lösung s. Seite 273**

## Aufgabe 3:

Führen Sie eine Angebotskalkulation durch. Bekannt sind:

| | Zuschlagssätze | Produkt 1 | Produkt 2 | Produkt 3 |
|---|---|---|---|---|
| Selbstkosten | | 150,00 € | 155,00 € | 160,00 € |
| Gewinn | 25 % | | | |
| Barverkaufspreis | | | | |
| Kundenskonto | 2 % | | | |
| Zielverkaufspreis | | | | |
| Kundenrabatt | 5 % | | | |
| Netto-Verkaufspreis | | | | |
| Umsatzsteuer | 19 % | | | |
| Brutto-Verkaufspreis | | | | |

| | | | | |
|---|---|---|---|---|
| Netto-Verkaufspreis | kalkuliert | | | |
| Netto-Verkaufspreis | gefordert | 198,00 € | 215,00 € | 215,00 € |
| Überdeckung bzw. Unterdeckung (-) | | | | |

**Lösung s. Seite 273**

## Aufgabe 4:

Welche Über- bzw. Unterdeckung liegt vor? Bekannt sind:

| | Zuschlagssätze | Produkt 1 | Zuschlagssätze | Produkt 2 |
|---|---|---|---|---|
| Selbstkosten | | 600,00 € | | 650,00 € |
| Gewinn | 25 % | | 20 % | |
| Barverkaufspreis | | | | |
| Kundenskonto | 2 % | | 2 % | |
| Zielverkaufspreis | | | | |
| Kundenrabatt | 5 % | | 5 % | |
| Netto-Verkaufspreis | | | | |
| Umsatzsteuer | 19 % | | 19 % | |
| Brutto-Verkaufspreis | | | | |

|  | Zuschlagssätze | Produkt 1 | Zuschlagssätze | Produkt 2 |
|---|---|---|---|---|
| Brutto-Verkaufspreis | kalkuliert |  |  |  |
| Brutto-Verkaufspreis | gefordert | 998,00 € |  | 998,00 € |
| Überdeckung bzw. Unterdeckung (-) |  |  |  |  |

**Lösung s. Seite 273**

## 2.7 Maschinenstundensatzrechnung

### Aufgabe 1:
Ermitteln Sie die Minutensätze und die Rest-FGK-Zuschläge.

| BAB | Kostenstellen | |
|---|---|---|
| Kostenarten | Fertigung A | Fertigung B |
| Energiekosten | 148.500,00 € | 142.500,00 € |
| Sonstige Betriebsstoffkosten | 21.500,00 € | 28.500,00 € |
| Hilfslöhne | 28.000,00 € | 24.000,00 € |
| Soziale Abgaben | 5.600,00 € | 4.800,00 € |
| Abschreibungen | 134.500,00 € | 134.500,00 € |
| Zinsen | 20.700,00 € | 12.600,00 € |
| Reparaturkosten | 19.500,00 € | 16.500,00 € |
| Wartungskosten | 13.600,00 € | 14.600,00 € |
| Raumkosten | 25.400,00 € | 24.200,00 € |
| Summe Fertigungsgemeinkosten |  |  |
| davon lohnabhängige FGK |  |  |
| davon maschinenabhängige FGK |  |  |

| Fertigungslöhne | 125.000,00 € | 160.000,00 € |
|---|---|---|
| Maschinenlaufstunden | 2.200 | 1.900 |

| Maschinenstundensatz |  |  |
|---|---|---|
| Minutensatz |  |  |
| Rest-FGK-Zuschlag |  |  |

**Lösung s. Seite 274**

### Aufgabe 2:
Wie lauten die Minutensätze und der Rest-FGK-Zuschlag?

| BAB | Kostenstellen | |
|---|---|---|
| Kostenarten | Fertigung A | Fertigung B |
| Energiekosten | 248.500,00 € | 342.500,00 € |
| Sonstige Betriebsstoffkosten | 41.500,00 € | 58.500,00 € |
| Hilfslöhne | 28.000,00 € | 54.000,00 € |
| Soziale Abgaben | 5.600,00 € | 10.800,00 € |
| Abschreibungen | 134.500,00 € | 634.500,00 € |
| Zinsen | 20.700,00 € | 52.600,00 € |
| Reparaturkosten | 19.500,00 € | 56.500,00 € |
| Wartungskosten | 13.600,00 € | 84.600,00 € |
| Raumkosten | 25.400,00 € | 24.200,00 € |
| Summe Fertigungsgemeinkosten |  |  |

## ÜBUNGSTEIL (AUFGABEN UND FÄLLE)

| BAB | Kostenstellen | |
|---|---|---|
| Kostenarten | Fertigung A | Fertigung B |
| davon lohnabhängige FGK | | |
| davon maschinenabhängige FGK | | |

| | | |
|---|---|---|
| Fertigungslöhne | 800.000,00 € | 0 € |
| Maschinenlaufstunden | 1.800 | 1.800 |

| | | |
|---|---|---|
| Maschinenstundensatz | | |
| Minutensatz | | |
| Rest-FGK-Zuschlag | | |

**Lösung s. Seite 274**

### Aufgabe 3:
Berechnen Sie die Zuschlagssätze.

| | Kostenträger | | |
|---|---|---|---|
| | Produkt A | Produkt B | Produkt C |
| Materialeinzelkosten | 24,00 € | 23,50 € | 27,00 € |
| Materialgemeinkosten | 4,00 € | 3,00 € | 6,00 € |
| Materialkosten | 28,00 € | 26,50 € | 33,00 € |
| Fertigungskosten I | 9,50 € | 9,00 € | 6,00 € |
| Fertigungseinzelkosten II | 2,20 € | 4,00 € | 1,80 € |
| Lohnabhängige Fertigungsgemeinkosten II | 0,46 € | 0,83 € | 0,37 € |
| Maschinenabhängige Fertigungsgemeinkosten II | 6,90 € | 5,75 € | 8,05 € |
| Herstellkosten | 47,06 € | 46,08 € | 49,22 € |
| Verwaltungsgemeinkosten | 3,82 € | 3,21 € | 2,97 € |
| Vertriebsgemeinkosten | 2,55 € | 2,14 € | 1,98 € |
| Selbstkosten | 53,43 € | 51,43 € | 54,17 € |
| MGK-Zuschlagssatz | | | |
| Rest-FGK-Zuschlagssatz | | | |
| VwGK-Zuschlagssatz | | | |
| VtGK-Zuschlagssatz | | | |

**Lösung s. Seite 275**

## ÜBUNGSTEIL (AUFGABEN UND FÄLLE)

### Aufgabe 4:

Kalkulieren Sie die Selbstkosten für die drei Produkte.

| Kostenstelle | A | B |
|---|---|---|
| Maschinenstundensatz | 1.240,00 € | 1.250,00 € |
| Minutensatz | 20,67 € | 20,83 € |

| Kalkulationsdaten | Produkt 1 | Produkt 2 | Produkt 3 |
|---|---|---|---|
| Materialeinzelkosten | 14,00 € | 13,00 € | 16,00 € |
| Fertigungseinzelkosten B | 6,40 € | 8,60 € | 5,60 € |
| Durchlaufzeit in A (Minuten) | 11 | 13 | 15 |
| Durchlaufzeit in B (Minuten) | 16 | 12 | 9 |
| Materialgemeinkosten-Zuschlagssatz | 35,00 % | 32,00 % | 20,00 % |
| Lohnabhängiger FGK-Zuschlag | 24,75 % | 16,75 % | 18,00 % |
| Verwaltungsgemeinkosten-Zuschlagssatz | 12,00 % | 14,00 % | 11,00 % |
| Vertriebsgemeinkosten-Zuschlagssatz | 9,00 % | 8,00 % | 7,60 % |

**Lösung s. Seite 275**

### Aufgabe 5:

Führen Sie eine Vorkalkulation durch.

| Kostenstelle | A | B |
|---|---|---|
| Maschinenstundensatz | 880,00 € | 980,00 € |

| Kalkulationsdaten | Produkt X | Produkt Y | Produkt Z |
|---|---|---|---|
| Materialeinzelkosten | 4,00 € | 3,00 € | 6,00 € |
| Fertigungseinzelkosten B | 5,40 € | 9,00 € | 6,60 € |
| Durchlaufzeit in A (Minuten) | 10 | 11 | 12 |
| Durchlaufzeit in B (Minuten) | 8 | 7 | 6 |
| Materialgemeinkosten-Zuschlagssatz | 30,00 % | 30,00 % | 30,00 % |
| Lohnabhängiger FGK-Zuschlag | 22,75 % | 22,75 % | 22,75 % |
| Verwaltungsgemeinkosten-Zuschlagssatz | 15,00 % | 15,00 % | 15,00 % |
| Vertriebsgemeinkosten-Zuschlagssatz | 10,00 % | 10,00 % | 10,00 % |

**Lösung s. Seite 276**

## Aufgabe 6:

Führen Sie eine differenzierte Maschinenstundensatz-Rechnung durch.

| Maschine F | |
|---|---|
| Maschinenlaufstunden im Jahr | 1.600 Stunden |
| Wiederbeschaffungswert | 300.000,00 € |
| Geschätzte Nutzungsdauer | 10 Jahre |
| Zinssatz | 5 % |
| Erwartete Instandhaltungskosten während der gesamten Laufzeit | 140.000,00 € |
| Raumkosten pro qm | 20,00 € |
| Raumbedarf | 150 qm |
| Energieverbrauch | 10 kWh |
| Kosten je kWh | 0,12 € |
| Werkzeugkosten | 9.500,00 € |

**Lösung s. Seite 277**

## Aufgabe 7:

Welche Minutensätze liegen vor?

| Maschine F | |
|---|---|
| Maschinenlaufstunden im Jahr | 1.500 Stunden |
| Wiederbeschaffungswert | 400.000,00 € |
| Geschätzte Nutzungsdauer | 10 Jahre |
| Zinssatz | 6 % |
| Erwartete Instandhaltungskosten während der gesamten Laufzeit | 24.000,00 € |
| Raumkosten pro qm | 40,00 € |
| Raumbedarf | 200 qm |
| Energieverbrauch | 20 kWh |
| Kosten je kWh | 0,12 € |
| Werkzeugkosten | 19.500,00 € |

**Lösung s. Seite 277**

# ÜBUNGSTEIL (AUFGABEN UND FÄLLE)

## 2.8 Kosten

### Aufgabe 1:

Berechnen Sie die variablen Kosten, die Gesamtkosten, die Durchschnittskosten und Grenzkosten für folgende Ausbringungsmengen:

| Stück | Variable Stückkosten | Fixkosten |
|---|---|---|
| 0 | 3,00 € | 5.000,00 € |
| 100 | 3,00 € | 5.000,00 € |
| 200 | 3,00 € | 5.000,00 € |
| 300 | 3,00 € | 5.000,00 € |
| 400 | 3,00 € | 5.000,00 € |
| 500 | 3,00 € | 5.000,00 € |
| 600 | 3,00 € | 5.000,00 € |
| 700 | 3,00 € | 5.000,00 € |
| 800 | 3,00 € | 5.000,00 € |
| 900 | 3,00 € | 5.000,00 € |
| 1.000 | 3,00 € | 5.000,00 € |
| 1.100 | 3,00 € | 5.000,00 € |
| 1.200 | 3,00 € | 5.000,00 € |
| 1.300 | 3,00 € | 5.000,00 € |
| 1.400 | 3,00 € | 5.000,00 € |
| 1.500 | 3,00 € | 5.000,00 € |
| 1.600 | 3,00 € | 5.000,00 € |
| 1.700 | 3,00 € | 5.000,00 € |
| 1.800 | 3,00 € | 5.000,00 € |
| 1.900 | 3,00 € | 5.000,00 € |
| 2.000 | 3,00 € | 5.000,00 € |

**Lösung s. Seite 277**

### Aufgabe 2:

Es liegt diese Kostenfunktion vor: K = 4x + 7.000. Wie hoch sind die jeweiligen Kosten?

| Stück | Variable Stückkosten | Variable Kosten | Fixkosten | Gesamtkosten | Durchschnitts-kosten | Grenzkosten |
|---|---|---|---|---|---|---|
| 0 | | | | | | |
| 100 | | | | | | |
| 200 | | | | | | |
| 300 | | | | | | |
| 400 | | | | | | |
| 500 | | | | | | |
| 600 | | | | | | |
| 700 | | | | | | |
| 800 | | | | | | |
| 900 | | | | | | |
| 1.000 | | | | | | |
| 1.100 | | | | | | |
| 1.200 | | | | | | |
| 1.300 | | | | | | |
| 1.400 | | | | | | |

| Stück | Variable Stückkosten | Variable Kosten | Fixkosten | Gesamtkosten | Durchschnitts-kosten | Grenzkosten |
|---|---|---|---|---|---|---|
| 1.500 | | | | | | |
| 1.600 | | | | | | |
| 1.700 | | | | | | |
| 1.800 | | | | | | |
| 1.900 | | | | | | |
| 2.000 | | | | | | |

**Lösung s. Seite 278**

## Aufgabe 3:

Es liegt die folgende Kostenlage vor. Ermitteln Sie die kritische Produktionsmenge und stellen Sie den Sachverhalt grafisch dar.

| Stück | Verfahren 1 | | | | Verfahren 2 | | | |
|---|---|---|---|---|---|---|---|---|
| | Variable Stückkosten 1 | Variable Kosten 1 | Fixkosten 1 | Gesamt-kosten 1 | Variable Stückkosten 2 | Variable Kosten 2 | Fixkosten 2 | Gesamt-kosten 2 |
| 0 | 0 € | 0 € | 80.000,00 € | | 0 € | 0 € | 120.000,00 € | |
| 100 | 200,00 € | 20.000,00 € | 80.000,00 € | | 100,00 € | 10.000,00 € | 120.000,00 € | |
| 200 | 200,00 € | 40.000,00 € | 80.000,00 € | | 100,00 € | 20.000,00 € | 120.000,00 € | |
| 300 | 200,00 € | 60.000,00 € | 80.000,00 € | | 100,00 € | 30.000,00 € | 120.000,00 € | |
| 400 | 200,00 € | 80.000,00 € | 80.000,00 € | | 100,00 € | 40.000,00 € | 120.000,00 € | |
| 500 | 200,00 € | 100.000,00 € | 80.000,00 € | | 100,00 € | 50.000,00 € | 120.000,00 € | |
| 600 | 200,00 € | 120.000,00 € | 80.000,00 € | | 100,00 € | 60.000,00 € | 120.000,00 € | |
| 700 | 200,00 € | 140.000,00 € | 80.000,00 € | | 100,00 € | 70.000,00 € | 120.000,00 € | |

**Lösung s. Seite 279**

## Aufgabe 4:

Es liegen diese Kostenfunktionen vor:

K1 = 500 x + 30.000
K2 = 250 x + 80.000

Erstellen Sie ein Datenfeld und stellen Sie den Sachverhalt grafisch dar.

| Stück | Verfahren 1 | | | | Verfahren 2 | | | |
|---|---|---|---|---|---|---|---|---|
| | Variable Stückkosten 1 | Variable Kosten 1 | Fixkosten 1 | Gesamt-kosten 1 | Variable Stückkosten 2 | Variable Kosten 2 | Fixkosten 2 | Gesamt-kosten 2 |
| 0 | 0 € | | | | 0 € | | | |
| 100 | 500,00 € | | | | 250,00 € | | | |
| 200 | 500,00 € | | | | 250,00 € | | | |
| 300 | 500,00 € | | | | 250,00 € | | | |
| 400 | 500,00 € | | | | 250,00 € | | | |
| 500 | 500,00 € | | | | 250,00 € | | | |
| 600 | 500,00 € | | | | 250,00 € | | | |
| 700 | 500,00 € | | | | 250,00 € | | | |

**Lösung s. Seite 280**

## 2.9 Deckungsbeitragsrechnung

### Aufgabe 1:

Ermitteln Sie den Break-even-Point und stellen Sie den Sachverhalt grafisch dar.

| Stück | Verkaufspreis | Variable Stückkosten | Deckungsspanne | Deckungsbeitrag | Fixkosten |
|---:|---:|---:|---:|---:|---:|
| 0 | 9,00 € | 2,00 € | | | 140.000,00 € |
| 5.000 | 9,00 € | 2,00 € | | | 140.000,00 € |
| 10.000 | 9,00 € | 2,00 € | | | 140.000,00 € |
| 15.000 | 9,00 € | 2,00 € | | | 140.000,00 € |
| 20.000 | 9,00 € | 2,00 € | | | 140.000,00 € |
| 25.000 | 9,00 € | 2,00 € | | | 140.000,00 € |
| 30.000 | 9,00 € | 2,00 € | | | 140.000,00 € |
| 35.000 | 9,00 € | 2,00 € | | | 140.000,00 € |
| 40.000 | 9,00 € | 2,00 € | | | 140.000,00 € |

**Lösung s. Seite 281**

### Aufgabe 2:

Wo liegt der Break-even-Point?

Verkaufspreis: 15 €
Kostenfunktion: K = 10 x + 100.000

Erstellen Sie ein Datenfeld und stellen Sie den Sachverhalt grafisch dar.

| Stück | Verkaufspreis | Variable Stückkosten | Deckungsspanne | Deckungsbeitrag | Fixkosten |
|---:|---:|---:|---:|---:|---:|
| 0 | 15,00 € | | | | |
| 5.000 | 15,00 € | | | | |
| 10.000 | 15,00 € | | | | |
| 15.000 | 15,00 € | | | | |
| 20.000 | 15,00 € | | | | |
| 25.000 | 15,00 € | | | | |
| 30.000 | 15,00 € | | | | |
| 35.000 | 15,00 € | | | | |
| 40.000 | 15,00 € | | | | |

**Lösung s. Seite 282**

## 2.10 Produktionsprogrammplanung

### Aufgabe 1:

Wie hoch ist der Gewinn?

| Produkt | Verkaufspreis | Absatzmenge | Variable Kosten |
|:---:|---:|---:|---:|
| A | 59,00 € | 10.000 | 440.500,00 € |
| B | 88,00 € | 6.500 | 455.000,00 € |
| C | 124,00 € | 5.000 | 567.000,00 € |
| D | 169,00 € | 4.500 | 546.000,00 € |
| E | 39,00 € | 9.500 | 333.000,00 € |
| F | 199,00 € | 5.000 | 812.000,00 € |
| G | 78,00 € | 11.500 | 345.000,00 € |
| H | 99,00 € | 8.500 | 677.000,00 € |
| Fixkosten | | | 971.000,00 € |

**Lösung s. Seite 283**

## Aufgabe 2:

Wie hoch ist der Gewinn?

| Produkt | Deckungsspanne | Absatzmenge |
|---|---|---|
| A | 50,00 € | 6.000 |
| B | 40,00 € | 7.500 |
| C | 35,00 € | 5.000 |
| D | 26,00 € | 4.500 |
| E | 34,00 € | 3.400 |
| F | 34,00 € | 5.000 |
| G | 17,00 € | 11.500 |
| H | 12,00 € | 8.500 |
| Fixkosten | | 1.185.000,00 € |

**Lösung s. Seite 283**

## Aufgabe 3:

Wo liegt ein Engpass?

| Produkt | Produktionsstufe 1 | | Produktionsstufe 2 | |
|---|---|---|---|---|
| | Produktions-koeffizient (ME/ZE) | Absatz-menge (ME) | Produktions-koeffizient (ME/ZE) | Absatz-menge (ME) |
| A | 18 | 5.500 | 16 | 5.500 |
| B | 12 | 2.500 | 18 | 2.500 |
| C | 13 | 2.800 | 14 | 2.800 |
| D | 16 | 1.900 | 15 | 1.900 |
| E | 15 | 4.900 | 14 | 4.900 |
| F | 20 | 2.600 | 12 | 2.600 |
| G | 21 | 7.200 | 12 | 7.200 |
| H | 12 | 5.500 | 19 | 5.500 |
| | Benötigte Kapazität | | Benötigte Kapazität | |
| | Vorhandene Kapazität | 450.000 | Vorhandene Kapazität | 550.000 |

**Lösung s. Seite 283**

## Aufgabe 4

Wie ist die Reihenfolge im Produktionsprogramm?

| Produkt | Deckungsspanne | Produktionskoeffizient |
|---|---|---|
| A | 188,00 € | 6 |
| B | 177,00 € | 11 |
| C | 167,00 € | 6 |
| D | 149,00 € | 7 |
| E | 128,00 € | 5 |
| F | 133,00 € | 20 |
| G | 150,00 € | 8 |
| H | 160,00 € | 12 |

**Lösung s. Seite 284**

## 2.11 Fixkostendeckungsrechnung

### Aufgabe 1:

Führen Sie eine Fixkostendeckungsrechnung durch. Bekannt sind:

| Produkt | A | B | C | D | E |
|---|---|---|---|---|---|
| Bruttoerlöse der Produktart | 354.000,00 € | 434.000,00 € | 576.000,00 € | 667.000,00 € | 324.000,00 € |
| Variable Vertriebskosten | 33.000,00 € | 43.500,00 € | 125.000,00 € | 46.000,00 € | 19.000,00 € |
| Nettoerlöse der Produktart | | | | | |
| Variable Fertigungskosten | 77.000,00 € | 89.500,00 € | 286.000,00 € | 329.000,00 € | 168.000,00 € |
| Erzeugnisdeckungsbeitrag | | | | | |
| Erzeugnisfixkosten | 13.500,00 € | 25.500,00 € | 112.000,00 € | 91.500,00 € | 40.000,00 € |
| Rest-Deckungsbeitrag I | | | | | |
| Erzeugnisgruppenfixkosten | | 155.500,00 € | 45.000,00 € | 117.100,00 € | 56.500,00 € |
| Rest-Deckungsbeitrag II | | | | | |
| Kostenstellenfixkosten | | | 235.000,00 € | 28.000,00 € | 13.000,00 € |
| Rest-Deckungsbeitrag III | | | | | |
| Bereichsfixkosten | | | | 96.000,00 € | 13.900,00 € |
| Rest-Deckungsbeitrag IV | | | | | |
| Unternehmensfixkosten | | | | | 66.000,00 € |
| Umsatzergebnis | | | | | |

Lösung s. Seite 284

### Aufgabe 2:

Führen Sie eine Fixkostendeckungsrechnung unter der Maßgabe durch, dass Produkte mit negativen Deckungsspannen aus dem Programm genommen werden.

Wie verändert sich dadurch das Umsatzergebnis?

| Produkt | A | B | C | D | E |
|---|---|---|---|---|---|
| Bruttoerlöse der Produktart | 664.000,00 € | 684.000,00 € | 976.000,00 € | 367.000,00 € | 224.000,00 € |
| Variable Vertriebskosten | 33.000,00 € | 43.500,00 € | 125.000,00 € | 46.000,00 € | 19.000,00 € |
| Variable Fertigungskosten | 77.000,00 € | 89.500,00 € | 286.000,00 € | 329.000,00 € | 168.000,00 € |
| Erzeugnisfixkosten | 13.500,00 € | 25.500,00 € | 112.000,00 € | 91.500,00 € | 40.000,00 € |
| Erzeugnisgruppenfixkosten | | 155.500,00 € | 45.000,00 € | 117.100,00 € | 56.500,00 € |
| Kostenstellenfixkosten | | | 235.000,00 € | 28.000,00 € | 13.000,00 € |
| Bereichsfixkosten | | | | 96.000,00 € | 13.900,00 € |
| Unternehmensfixkosten | | | | | 66.000,00 € |

Lösung s. Seite 284

# 3. Kostenrechnung im Handel
## 3.1 Deckungsbeitragsrechnung

### Aufgabe 1:
Ermitteln Sie den Betriebserfolg.

| Deckungsbeitragsrechnung im Handel | Warengruppe I | Warengruppe II | Warengruppe III | Summe |
|---|---|---|---|---|
| Nettoverkaufserlöse | 3.860.000,00 € | 2.222.000,00 € | 6.900.000,00 € | |
| - Einzelkosten (Warenkosten) | 2.630.000,00 € | 1.280.000,00 € | 4.860.000,00 € | |
| = Warenrohgewinn | | | | |
| - Variable Gemeinkosten | 995.000,00 € | 840.000,00 € | 810.000,00 € | |
| = Deckungsbeitrag | | | | |

| Summe der Deckungsbeiträge | |
|---|---|
| - Fixe Kosten | 855.000,00 € |
| = Betriebserfolg | |

**Lösung s. Seite 286**

### Aufgabe 2:
Vervollständigen Sie die Deckungsbeitragsrechnung.

| Deckungsbeitragsrechnung im Handel | Warengruppe I | Warengruppe II | Warengruppe III | Summe |
|---|---|---|---|---|
| Nettoverkaufserlöse | | 5.610.000,00 € | 3.730.000,00 € | |
| - Einzelkosten (Warenkosten) | 2.130.000,00 € | | 1.860.000,00 € | |
| = Warenrohgewinn | 1.220.000,00 € | 2.030.000,00 € | | |
| - Variable Gemeinkosten | | 1.230.000,00 € | 1.930.000,00 € | |
| = Deckungsbeitrag | 140.000,00 € | | -60.000,00 € | |

| Summe der Deckungsbeiträge | 880.000,00 € |
|---|---|
| - Fixe Kosten | |
| = Betriebserfolg | 235.000,00 € |

**Lösung s. Seite 286**

### Aufgabe 3:
Ermitteln Sie die Deckungsspannen für die drei Artikel.

| | Sitzgruppe | | Couchgarnitur | | Ruhesessel | |
|---|---|---|---|---|---|---|
| Netto-Verkaufspreis | | 1.899,00 € | | 2.899,00 € | | 2.199,00 € |
| - Kundenrabatt | 10 % | | 25 % | | 20 % | |
| = Zielverkaufspreis | | | | | | |
| - Kundenskonto | 2 % | | 2 % | | 3 % | |
| = Barverkaufspreis | | | | | | |
| - Warenkosten | | 1.333,00 € | | 1.555,00 € | | 999,00 € |
| = Warenrohgewinn | | | | | | |
| - Variable Stückkosten | | 290,00 € | | 455,40 € | | 655,00 € |
| = Deckungsspanne | | | | | | |

**Lösung s. Seite 286**

## ÜBUNGSTEIL (AUFGABEN UND FÄLLE)

### Aufgabe 4:
Welche Deckungsspannen liegen vor?

|  |  | Artikel A | Artikel B | Artikel C |
|---|---|---|---|---|
| Netto-Verkaufspreis |  | 345,00 € | 295,00 € | 195,00 € |
| - Kundenrabatt | 20 % |  |  |  |
| = Zielverkaufspreis |  |  |  |  |
| - Kundenskonto | 3 % |  |  |  |
| = Barverkaufspreis |  |  |  |  |
| - Warenkosten |  | 145,00 € | 156,00 € | 110,00 € |
| = Warenrohgewinn |  |  |  |  |
| - Variable Stückkosten |  | 35,00 € | 45,00 € | 55,00 € |
| = Deckungsspanne |  |  |  |  |

**Lösung s. Seite 286**

### Aufgabe 5:
Ein Großhändler bietet drei Golfschläger-Sets an. Wo liegen die Preisuntergrenzen?

|  | Golf-Set 1 | | | Golf-Set 2 | | | Golf-Set 3 | | |
|---|---|---|---|---|---|---|---|---|---|
| Netto-Verkaufspreis | 100 % |  | 850,00 € | 100 % |  | 1.111,00 € | 100 % |  | 1.780,00 € |
| - Kundenrabatt | 10 % |  |  | 15 % |  |  | 10 % |  |  |
| = Zielverkaufspreis | 90 % | 100 % |  | 85 % | 100 % |  | 90 % | 100 % |  |
| - Kundenskonto |  | 2 % |  |  | 2 % |  |  | 3 % |  |
| = Barverkaufspreis |  | 98 % |  |  | 98 % |  |  | 97 % |  |
| - Warenkosten |  |  | 345,00 € |  |  | 555,00 € |  |  | 498,00 € |
| = Warenrohgewinn |  |  |  |  |  |  |  |  |  |
| - Variable Stückkosten |  |  | 195,00 € |  |  | 195,00 € |  |  | 235,00 € |
| = Deckungsspanne |  |  |  |  |  |  |  |  |  |

|  |  |  |  |  |  |  |  |  |  |
|---|---|---|---|---|---|---|---|---|---|
| Barverkaufspreis |  |  |  |  |  |  |  |  |  |
| - Deckungsspanne |  |  |  |  |  |  |  |  |  |
| = Zwischensumme I |  | 98 % |  |  | 98 % |  |  | 97 % |  |
| + Kundenskonto |  | 2 % |  |  | 2 % |  |  | 3 % |  |
| = Zwischensumme II | 90 % | 100 % |  | 85 % | 100 % |  | 90 % | 100 % |  |
| + Kundenrabatt | 10 % |  |  | 15 % |  |  | 10 % |  |  |
| = Preisuntergrenze | 100 % |  |  | 100 % |  |  | 100 % |  |  |

**Lösung s. Seite 287**

### Aufgabe 6:
Ermitteln Sie die Barverkaufspreise.

|  | Artikel 1 | | | Artikel 2 | | | Artikel 3 | | |
|---|---|---|---|---|---|---|---|---|---|
| Barverkaufspreis |  |  |  |  |  |  |  |  |  |
| - Deckungsspanne |  |  | 75,00 € |  |  | 65,00 € |  |  | 105,00 € |
| = Zwischensumme |  | 98 % |  |  | 98 % |  |  | 97 % |  |
| + Kundenskonto |  | 2 % |  |  | 2 % |  |  | 3 % |  |
| = Zwischensumme II | 90 % | 100 % |  | 85 % | 100 % |  | 90 % | 100 % |  |
| + Kundenrabatt | 10 % |  |  | 15 % |  |  | 10 % |  |  |
| = Preisuntergrenze | 100 % |  | 250,00 € | 100 % |  | 350,00 € | 100 % |  | 400,00 € |

**Lösung s. Seite 287**

## Aufgabe 7:

Bei zwei Artikeln kann durch eine Preissenkung eine Absatzsteigerung erzielt werden. Wie würde sich diese Maßnahme auf den Deckungsbeitrag auswirken?

|  | Artikel A | | | Artikel B | | | Gesamt Änderung |
|---|---|---|---|---|---|---|---|
|  | Vorher | Änderung | Nachher | Vorher | Änderung | Nachher |  |
| Preis | 798,00 € | -5 % |  | 649,00 € | -5 % |  |  |
| Variable Stückkosten | 483,00 € |  |  | 459,40 € |  |  |  |
| Deckungsspanne |  |  |  |  |  |  |  |
| Absatzmenge in Stk. | 1.556 | 40 % |  | 3.452 | 40 % |  |  |
| Deckungsbeitrag |  |  |  |  |  |  |  |
| Änderung |  |  |  |  |  |  |  |

**Lösung s. Seite 287**

## Aufgabe 8:

Ermitteln Sie die Deckungsbeiträge und ihre Veränderungen.

|  | Artikel 1 | | | Artikel 2 | | | Gesamt Änderung |
|---|---|---|---|---|---|---|---|
|  | Vorher | Änderung | Nachher | Vorher | Änderung | Nachher |  |
| Preis |  | -15 % |  | 99,00 € | -10 % |  |  |
| Variable Stückkosten | 120,00 € |  |  | 82,00 € |  |  |  |
| Deckungsspanne | 240,00 € |  |  | 17,00 € |  |  |  |
| Absatzmenge in Stk. |  | 35 % | 700 |  | 30 % |  |  |
| Deckungsbeitrag |  |  |  | 17.000,00 € |  |  |  |
| Änderung |  |  |  |  |  |  |  |

**Lösung s. Seite 288**

## Aufgabe 9:

Es soll eine Preissenkung in Höhe von 10 % vorgenommen werden.

Wie muss der Absatz prozentual und absolut steigen, damit derselbe Deckungsbeitrag erzielt wird?

|  | Artikel 1 | | | Artikel 2 | | | Gesamt Änderung |
|---|---|---|---|---|---|---|---|
|  | Vorher | Änderung | Nachher | Vorher | Änderung | Nachher |  |
| Preis | 99,80 € | -10 % |  | 21,00 € | -10 % |  |  |
| Variable Stückkosten | 48,30 € |  |  | 11,70 € |  |  |  |
| Deckungsspanne |  |  |  |  |  |  |  |
| Absatzmenge in Stk. | 45.000 |  |  | 37.000 |  |  |  |
| Deckungsbeitrag |  |  |  |  |  |  |  |
| Änderung |  |  |  |  |  |  |  |

**Lösung s. Seite 288**

# ÜBUNGSTEIL (AUFGABEN UND FÄLLE)

## Aufgabe 10:

Der Absatz für zwei Artikel soll durch Preissenkungen um 50 % gesteigert werden.

Wie stark muss diese Senkung ausfallen, wenn die Deckungsbeiträge unverändert bleiben sollen?

|  | Artikel 1 | | | Artikel 2 | | | Gesamt Änderung |
|---|---|---|---|---|---|---|---|
|  | Vorher | Änderung | Nachher | Vorher | Änderung | Nachher |  |
| Preis | 245,00 € |  |  | 278,00 € |  |  |  |
| Variable Stückkosten | 183,00 € |  |  | 198,00 € |  |  |  |
| Deckungsspanne |  |  |  |  |  |  |  |
| Absatzmenge in Stk. | 320 | 50 % |  | 290 | 50 % |  |  |
| Deckungsbeitrag |  |  |  |  |  |  |  |
| Änderung |  |  |  |  |  |  |  |

**Lösung s. Seite 288**

## 3.2 Fixkostendeckungsrechnung

### Aufgabe 1:

Führen Sie eine stufenweise Fixkostendeckungsrechnung durch.

|  |  | Artikelgruppe I | | | Artikelgruppe II | | |
|---|---|---|---|---|---|---|---|
|  |  | Artikel A | Artikel B | Artikel C | Artikel X | Artikel Y | Artikel Z |
|  | Barverkaufspreis | 155,00 € | 168,00 € | 125,00 € | 150,00 € | 152,00 € | 157,00 € |
| - | Einzelkosten | 102,00 € | 113,00 € | 108,00 € | 138,00 € | 125,00 € | 129,00 € |
| = | Warenrohgewinn |  |  |  |  |  |  |
| - | Variable Stückkosten | 8,30 € | 7,80 € | 6,70 € | 6,80 € | 9,50 € | 12,10 € |
| = | Deckungsspanne |  |  |  |  |  |  |
| • | Absatzmenge | 20.500 | 21.800 | 18.600 | 24.450 | 21.360 | 22.380 |
| = | Rest-Deckungsbeitrag I |  |  |  |  |  |  |
| - | Artikelgruppenfixe Kosten | 513.400,00 € | | | 334.700,00 € | | |
| = | Rest-Deckungsbeitrag II |  |  |  |  |  |  |
| - | Unternehmensfixkosten | 352.900,00 € | | | | | |
| = | Betriebsergebnis |  |  |  |  |  |  |

**Lösung s. Seite 288**

### Aufgabe 2:

Ermitteln Sie die fehlenden Fixkosten.

|  |  | Artikelgruppe I | | | Artikelgruppe II | | |
|---|---|---|---|---|---|---|---|
|  |  | Artikel A | Artikel B | Artikel C | Artikel X | Artikel Y | Artikel Z |
|  | Barverkaufspreis | 12,00 € | 18,00 € | 15,90 € | 24,00 € | 22,00 € | 25,00 € |
| - | Einzelkosten | 9,30 € | 16,50 € | 14,90 € | 4,70 € | 17,70 € | 13,95 € |
| = | Warenrohgewinn |  |  |  |  |  |  |
| - | variable Stückkosten | 1,00 € | 0,70 € | 0,50 € | 6,80 € | 3,10 € | 8,70 € |
| = | Deckungsspanne |  |  |  |  |  |  |
| • | Absatzmenge | 160.500 | 121.800 | 186.000 | 150.450 | 104.360 | 99.380 |
| = | Rest-Deckungsbeitrag I |  |  |  |  |  |  |

|  | Artikelgruppe I | | | Artikelgruppe II | | |
|---|---|---|---|---|---|---|
|  | Artikel A | Artikel B | Artikel C | Artikel X | Artikel Y | Artikel Z |
| - Artikelgruppenfixe Kosten |  |  |  |  |  |  |
| = Rest-Deckungsbeitrag II | 131.075,00 € | | | 205.873,00 € | | |
| - Unternehmensfixkosten |  |  |  |  |  |  |
| = Betriebsergebnis | 84.048,00 € | | | | | |

**Lösung s. Seite 289**

## Aufgabe 3:

Ermitteln Sie das Betriebsergebnis unter Berücksichtigung, dass eine Artikelgruppe aus dem Programm genommen wird.

|  | Artikelgruppe I | | | Artikelgruppe II | | |
|---|---|---|---|---|---|---|
|  | Artikel A | Artikel B | Artikel C | Artikel X | Artikel Y | Artikel Z |
| Barverkaufspreis | 13,00 € | 18,00 € | 16,00 € | 23,00 € | 22,00 € | 33,00 € |
| - Einzelkosten | 11,30 € | 15,70 € | 14,90 € | 15,70 € | 17,70 € | 18,95 € |
| = Warenrohgewinn |  |  |  |  |  |  |
| - variable Stückkosten | 1,30 € | 0,70 € | 0,50 € | 6,80 € | 3,10 € | 8,70 € |
| = Deckungsspanne |  |  |  |  |  |  |
| • Absatzmenge | 180.500 | 101.800 | 86.000 | 140.450 | 101.360 | 102.380 |
| = Rest-Deckungsbeitrag I |  |  |  |  |  |  |
| - Artikelgruppenfixe Kosten | 356.005,00 € | | | 234.700,00 € | | |
| = Rest-Deckungsbeitrag II |  |  |  |  |  |  |
| - Unternehmensfixkosten | 252.900,00 € | | | | | |
| = Betriebsergebnis |  |  |  |  |  |  |

**Lösung s. Seite 289**

## Aufgabe 4:

Wie verändert sich das Betriebsergebnis, wenn Artikel mit negativer Deckungsspanne aus dem Angebot genommen werden?

|  | Artikelgruppe I | | | Artikelgruppe II | | |
|---|---|---|---|---|---|---|
|  | Artikel A | Artikel B | Artikel C | Artikel X | Artikel Y | Artikel Z |
| Barverkaufspreis | 45,00 € | 56,00 € | 58,00 € | 199,00 € | 219,00 € | 225,00 € |
| Einzelkosten | 11,30 € | 9,70 € | 12,80 € | 94,30 € | 109,60 € | 121,20 € |
| Warenrohgewinn |  |  |  |  |  |  |
| Variable Stückkosten | 4,30 € | 6,70 € | 5,70 € | 33,40 € | 109,00 € | 115,80 € |
| Deckungsspanne |  |  |  |  |  |  |
| Absatzmenge | 12.500 | 10.800 | 5.600 | 1.450 | 2.560 | 3.370 |
| Rest-Deckungsbeitrag I |  |  |  |  |  |  |
| Artikelgruppenfixe Kosten | 113.400,00 € | | | 34.700,00 € | | |
| Rest-Deckungsbeitrag II |  |  |  |  |  |  |
| Unternehmensfixkosten | 620.000,00 € | | | | | |
| Betriebsergebnis |  |  |  |  |  |  |

**Lösung s. Seite 289**

## 3.3 Sortimentspolitik

### Aufgabe 1:

Ein Großhändler hat die folgende ABC-Analyse durchgeführt.

Stellen Sie das Ergebnis in einem Diagramm dar.

| ABC-Analyse | | |
|---|---|---|
| Artikelgruppe | Anteil am Sortiment | Anteil am Deckungsbeitrag |
| A | 20 % | 70 % |
| A+B | 50 % | 90 % |
| A+B+C | 100 % | 100 % |

**Lösung s. Seite 290**

### Aufgabe 2:

Führen Sie eine ABC-Analyse durch. Die A-Produkte erbringen insgesamt 70 % des Deckungsbeitrages, die B-Produkte 25 % und die C-Produkte 5 %.

| Produkt | Deckungsbeitrag |
|---|---|
| 1 | 6.000,00 € |
| 2 | 29.000,00 € |
| 3 | 45.000,00 € |
| 4 | 250.000,00 € |
| 5 | 125.000,00 € |
| 6 | 14.000,00 € |
| 7 | 1.500,00 € |
| 8 | 1.700,00 € |
| 9 | 1.900,00 € |
| 10 | 22.000,00 € |
| 11 | 5.600,00 € |
| 12 | 2.300,00 € |
| 13 | 25.000,00 € |
| 14 | 26.000,00 € |
| 15 | 2.000,00 € |
| 16 | 30.000,00 € |
| 17 | 140.000,00 € |
| 18 | 12.000,00 € |

**Lösung s. Seite 291**

## Aufgabe 3:
Ermitteln Sie die Reihenfolge der jeweiligen Artikelgruppe im Sortiment.

|  | Artikelgruppe I | Artikelgruppe II | Artikelgruppe III | Artikelgruppe IV | Artikelgruppe V |
|---|---|---|---|---|---|
| Deckungsbeitrag II | 456.000,00 € | 545.987,00 € | 631.008,00 € | 645.673,00 € | 123.453,00 € |
| Umsatz der Artikelgruppe | 789.000,00 € | 865.897,00 € | 709.070,00 € | 891.111,00 € | 477.789,00 € |
| Relativer Deckungsbeitrag II |  |  |  |  |  |
| Rangfolge |  |  |  |  |  |

**Lösung s. Seite 291**

## Aufgabe 4:
Errechnen Sie die Umsätze der Artikelgruppen.

|  | Artikelgruppe I | Artikelgruppe II | Artikelgruppe III | Artikelgruppe IV | Artikelgruppe V |
|---|---|---|---|---|---|
| Deckungsbeitrag II | 234.490,00 € | 356.783,00 € | 299.887,00 € | 244.500,00 € | 234.511,00 € |
| Umsatz der Artikelgruppe |  |  |  |  |  |
| Relativer Deckungsbeitrag II | 33,50 % | 50,97 % | 42,84 % | 34,93 % | 29,31 % |

**Lösung s. Seite 291**

## 4. Betriebliche Statistik
### 4.1 Häufigkeitsverteilung

**Aufgabe 1:**

Ermitteln Sie die kumulierten Häufigkeiten.

| Bruttoentgelte | Absolute Häufigkeit |
|---|---|
| 2.400,00 € | 33 |
| 2.500,00 € | 45 |
| 2.600,00 € | 34 |
| 2.700,00 € | 44 |
| 2.800,00 € | 35 |
| 2.900,00 € | 66 |
| 3.000,00 € | 76 |
| 3.100,00 € | 77 |
| 3.200,00 € | 64 |
| 3.300,00 € | 22 |
| 3.400,00 € | 44 |
| 3.500,00 € | 32 |
| 3.600,00 € | 33 |
| 3.700,00 € | 22 |
| 3.800,00 € | 12 |
| 3.900,00 € | 9 |
| 4.000,00 € | 6 |

**Lösung s. Seite 292**

**Aufgabe 2:**

Ermitteln Sie die relativen und kumulierten Häufigkeiten.

| Bruttoentgelte | Absolute Häufigkeit |
|---|---|
| 2.400,00 € | 33 |
| 2.500,00 € | 44 |
| 2.600,00 € | 45 |
| 2.700,00 € | 54 |
| 2.800,00 € | 67 |
| 2.900,00 € | 79 |
| 3.000,00 € | 88 |
| 3.100,00 € | 77 |
| 3.200,00 € | 65 |
| 3.300,00 € | 65 |
| 3.400,00 € | 54 |
| 3.500,00 € | 43 |
| 3.600,00 € | 33 |
| 3.700,00 € | 67 |
| 3.800,00 € | 44 |
| 3.900,00 € | 12 |
| 4.000,00 € | 9 |
| Summe | 879 |

**Lösung s. Seite 292**

## Aufgabe 3:

Ermitteln Sie die kumulierten Häufigkeiten.

| Bruttoentgelte | Absolute Häufigkeit |
|---|---|
| 2.400,00 € bis 2.699,00 € | 88 |
| 2.700,00 € bis 2.999,00 € | 111 |
| 3.000,00 € bis 3.299,00 € | 112 |
| 3.300,00 € bis 3.599,00 € | 89 |
| 3.600,00 € bis 3.899,00 € | 66 |
| 3.900,00 € bis 4.199,00 € | 55 |
| Summe | 521 |

**Lösung s. Seite 293**

## Aufgabe 4:

Berechnen Sie die relativen und kumulierten Häufigkeiten.

| Bruttoentgelte | Absolute Häufigkeit |
|---|---|
| 2.400,00 € bis 2.699,00 € | 77 |
| 2.700,00 € bis 2.999,00 € | 89 |
| 3.000,00 € bis 3.299,00 € | 76 |
| 3.300,00 € bis 3.599,00 € | 55 |
| 3.600,00 € bis 3.899,00 € | 45 |
| 3.900,00 € bis 4.199,00 € | 23 |
| Summe | 365 |

**Lösung s. Seite 293**

# 4.2 Diagramme

## Aufgabe 1:

Ermitteln Sie die Gewinne und erstellen Sie ein 3D-Säulendiagramm, das die Erlös-, Kosten- und Gewinnentwicklung über 5 Jahre zeigt.

| Jahr | 1 | 2 | 3 | 4 | 5 |
|---|---|---|---|---|---|
| Erlöse | 180.000,00 € | 195.000,00 € | 240.000,00 € | 250.000,00 € | 270.000,00 € |
| Kosten | 130.000,00 € | 135.000,00 € | 170.000,00 € | 175.000,00 € | 185.000,00 € |

**Lösung s. Seite 293**

## Aufgabe 2:

Eine Mitarbeiterbefragung hinsichtlich der Bereitschaft Überstunden zu machen hat das folgende Ergebnis gebracht. Stellen Sie den Sachverhalt mithilfe von vier Säulendiagrammen dar.

| Antworten | Filiale A von 40 Kollegen | Filiale B von 30 Kollegen | Filiale C von 30 Kollegen |
|---|---|---|---|
| Vielleicht | 17 | 10 | 9 |
| Ja | 15 | 13 | 14 |
| Nein | 8 | 7 | 7 |

**Lösung s. Seite 294**

## ÜBUNGSTEIL (AUFGABEN UND FÄLLE)

### Aufgabe 3:

Stellen Sie mithilfe von 3-D-Säulendiagrammen die Ergebnisse der Deckungsbeitragsrechnung im Zeitablauf dar.

| Jahr | 1 | 2 | 3 | 4 | 5 |
|---|---|---|---|---|---|
| Deckungsbeitrag | 170.000,00 € | 190.000,00 € | 195.000,00 € | 200.000,00 € | 240.000,00 € |
| Fixkosten | 250.000,00 € | 190.000,00 € | 180.000,00 € | 175.000,00 € | 210.000,00 € |
| Gewinn | - 80.000,00 € | 0 € | 15.000,00 € | 25.000,00 € | 30.000,00 € |

**Lösung s. Seite 295**

### Aufgabe 4:

Geben Sie in einem Diagramm die Kostenstruktur der Filiale Nürnberg wieder. Erstellen Sie außerdem ein Diagramm mit der prozentualen Verteilung der Zinsen.

| Kosten | Nürnberg | Bochum | Kiel | Mannheim | Gesamt |
|---|---|---|---|---|---|
| Zinsen | 19.000,00 € | 15.000,00 € | 14.000,00 € | 13.000,00 € | 61.000,00 € |
| Personal | 184.000,00 € | 183.000,00 € | 177.000,00 € | 161.000,00 € | 705.000,00 € |
| Mieten | 83.000,00 € | 75.000,00 € | 53.000,00 € | 73.000,00 € | 284.000,00 € |
| Energie | 42.000,00 € | 33.000,00 € | 22.000,00 € | 17.000,00 € | 114.000,00 € |
| Abschreibungen | 190.000,00 € | 154.000,00 € | 171.000,00 € | 163.000,00 € | 678.000,00 € |
| Summe | 518.000,00 € | 460.000,00 € | 437.000,00 € | 427.000,00 € | 1.842.000,00 € |

**Lösung s. Seite 295**

### Aufgabe 5:

Errechnen Sie die prozentualen Anteile der Gemeinkosten und stellen Sie diesen Sachverhalt in einem Kreisdiagramm dar.

| Kosten | Material | Fertigung | Verwaltung | Vertrieb |
|---|---|---|---|---|
| Einzelkosten | | | | |
| Fertigungsmaterial | 648.000,00 € | | | |
| Fertigungslöhne | | 855.000,00 € | | |
| Gemeinkosten | | | | |
| Hilfslöhne | 24.000,00 € | 98.000,00 € | 42.500,00 € | 52.500,00 € |
| Hilfsstoffe | | 95.000,00 € | | |
| Betriebsstoffe | 19.000,00 € | 118.000,00 € | 18.000,00 € | 29.000,00 € |
| Abschreibungen | 66.000,00 € | 40.000,00 € | 10.000,00 € | 20.000,00 € |
| Gehälter | | 33.000,00 € | 155.000,00 € | 22.000,00 € |
| Zinsen | 24.250,00 € | 48.500,00 € | 7.850,00 € | 14.950,00 € |
| Steuern | 31.500,00 € | 31.500,00 € | 31.500,00 € | 31.500,00 € |
| Mieten | 155.000,00 € | 74.000,00 € | 37.000,00 € | 15.000,00 € |
| Reparaturen | 76.000,00 € | 29.700,00 € | 6.600,00 € | 12.500,00 € |
| Sonstige Kosten | 87.500,00 € | 87.500,00 € | 87.500,00 € | 87.500,00 € |

**Lösung s. Seite 296**

## Aufgabe 6:

Stellen Sie in einem Liniendiagramm die Umsatzentwicklung dar.

| | Umsatzentwicklung | | |
|---|---|---|---|
| Jahr | Hardware | Software | Gesamtumsatz |
| 1 | 5.000.000,00 € | 11.000.000,00 € | 16.000.000,00 € |
| 2 | 4.500.000,00 € | 13.000.000,00 € | 17.500.000,00 € |
| 3 | 6.000.000,00 € | 17.000.000,00 € | 23.000.000,00 € |
| 4 | 6.500.000,00 € | 21.000.000,00 € | 27.500.000,00 € |
| 5 | 7.000.000,00 € | 25.500.000,00 € | 32.500.000,00 € |
| 6 | 6.000.000,00 € | 29.000.000,00 € | 35.000.000,00 € |
| 7 | 8.000.000,00 € | 24.500.000,00 € | 32.500.000,00 € |
| 8 | 8.500.000,00 € | 27.000.000,00 € | 35.500.000,00 € |

**Lösung s. Seite 297**

## Aufgabe 7:

Wie sehen die Aktiencharts aus?

| | Kursentwicklung | | |
|---|---|---|---|
| Börsentag | Aktie A | Aktie B | Aktie C |
| 1 | 120,00 € | 145,00 € | 134,00 € |
| 2 | 122,00 € | 144,00 € | 136,00 € |
| 3 | 124,00 € | 140,00 € | 130,00 € |
| 4 | 128,00 € | 134,00 € | 135,00 € |
| 5 | 129,00 € | 136,00 € | 136,00 € |
| 6 | 156,00 € | 154,00 € | 140,00 € |
| 7 | 167,00 € | 152,00 € | 142,00 € |
| 8 | 140,00 € | 150,00 € | 144,00 € |

**Lösung s. Seite 298**

## Aufgabe 8:

Stellen Sie mithilfe eines 3D-Flächendiagramms den Verlauf der fixen und variablen Kosten dar.

| Jahr | 1 | 2 | 3 | 4 | 5 |
|---|---|---|---|---|---|
| Fixkosten | 270.000,00 € | 205.000,00 € | 220.000,00 € | 215.000,00 € | 280.000,00 € |
| Variable Kosten | 180.000,00 € | 135.000,00 € | 170.000,00 € | 175.000,00 € | 210.000,00 € |
| Gesamtkosten | 450.000,00 € | 340.000,00 € | 390.000,00 € | 390.000,00 € | 490.000,00 € |

**Lösung s. Seite 299**

## 4.3 Statistische Maßzahlen

### Aufgabe 1:

Ermitteln Sie die durchschnittlichen Umsätze pro Monat und pro Artikel sowie den Durchschnittsumsatz pro Jahr und den für alle Artikel.

| Monat | Umsatz | | |
|---|---|---|---|
| | Artikel A | Artikel B | Artikel C |
| Januar | 113.200,00 € | 345.700,00 € | 238.765,00 € |
| Februar | 213.400,00 € | 236.784,00 € | 238.666,00 € |
| März | 115.005,00 € | 236.788,00 € | 245.678,00 € |
| April | 116.666,00 € | 255.678,00 € | 245.456,00 € |
| Mai | 117.096,00 € | 235.437,00 € | 268.976,00 € |
| Juni | 116.780,00 € | 267.888,00 € | 277.775,00 € |
| Juli | 91.290,00 € | 113.467,00 € | 158.765,00 € |
| August | 52.453,00 € | 226.759,00 € | 129.986,00 € |
| September | 94.567,00 € | 225.690,00 € | 256.655,00 € |
| Oktober | 114.567,00 € | 174.999,00 € | 233.442,00 € |
| November | 116.596,00 € | 154.557,00 € | 275.675,00 € |
| Dezember | 215.696,00 € | 387.980,00 € | 287.653,00 € |

**Lösung s. Seite 299**

### Aufgabe 2:

Wie hoch ist das Durchschnittsgehalt?

| Gehälter | Anzahl |
|---|---|
| 3.400,00 € | 16 |
| 3.500,00 € | 35 |
| 3.600,00 € | 36 |
| 3.700,00 € | 44 |
| 3.800,00 € | 53 |
| 3.900,00 € | 36 |
| 4.000,00 € | 54 |
| 4.100,00 € | 32 |
| 4.200,00 € | 25 |
| 4.300,00 € | 20 |
| 4.400,00 € | 18 |
| 4.500,00 € | 17 |
| 4.600,00 € | 15 |
| 4.700,00 € | 14 |
| 4.800,00 € | 13 |
| 4.900,00 € | 12 |
| 5.000,00 € | 10 |

**Lösung s. Seite 300**

## Aufgabe 3:

Ein Artikel kann zu folgenden Einkaufspreisen beschafft werden:

884,00 €
884,00 €
884,00 €
884,00 €
885,00 €
885,00 €
885,00 €
886,00 €
886,00 €
886,00 €
889,00 €
886,00 €
884,00 €
888,00 €
889,00 €
884,00 €
885,00 €
886,00 €
885,00 €
881,00 €

Ermitteln Sie den Median.

**Lösung s. Seite 300**

## Aufgabe 4:

Ermitteln Sie die mittlere lineare Abweichung.

| Börsenkurse | | | | | |
|---|---|---|---|---|---|
| 484,50 | 488,50 | 489,30 | 489,40 | 484,50 | 489,00 |
| 484,50 | 484,50 | 489,30 | 489,40 | 484,50 | 489,48 |
| 484,50 | 486,40 | 489,30 | 489,40 | 488,30 | 489,40 |
| 484,50 | 410,00 | 489,30 | 410,00 | 488,40 | 489,40 |
| 484,50 | 410,00 | 485,80 | 348,00 | 410,50 | 483,60 |
| 484,50 | 410,00 | 486,00 | 348,00 | 410,50 | 483,45 |
| 484,50 | 410,00 | 487,80 | 410,50 | 489,40 | 487,50 |
| 484,50 | 410,00 | 483,40 | 410,50 | 489,30 | 486,00 |
| 484,50 | 488,50 | 489,30 | 489,40 | 484,50 | 489,00 |
| 484,50 | 488,50 | 489,30 | 489,40 | 484,50 | 489,48 |
| 484,50 | 486,40 | 489,30 | 489,40 | 488,30 | 489,40 |
| 484,50 | 400,00 | 489,30 | 410,00 | 488,40 | 489,40 |
| 484,50 | 410,00 | 485,80 | 348,00 | 410,50 | 483,60 |
| 484,50 | 410,00 | 486,00 | 348,00 | 410,50 | 483,45 |
| 484,50 | 410,00 | 487,80 | 410,50 | 489,40 | 487,50 |
| 484,50 | 410,00 | 483,40 | 410,50 | 489,30 | 486,00 |

**Lösung s. Seite 301**

## ÜBUNGSTEIL (AUFGABEN UND FÄLLE)

### Aufgabe 5:
Ermitteln Sie den niedrigsten und den höchsten Kurs mithilfe des Funktionsassistenten.

| Börsenkurse | | | | | |
|---|---|---|---|---|---|
| 575,50 | 577,50 | 579,40 | 579,50 | 575,50 | 579,00 |
| 575,50 | 575,50 | 579,40 | 579,50 | 575,50 | 579,57 |
| 575,50 | 576,50 | 579,40 | 579,50 | 577,40 | 579,50 |
| 575,50 | 510,00 | 579,40 | 510,00 | 577,50 | 579,50 |
| 575,50 | 510,00 | 575,70 | 457,00 | 510,50 | 574,60 |
| 575,50 | 510,00 | 576,00 | 457,00 | 510,50 | 574,55 |
| 575,50 | 510,00 | 577,70 | 510,50 | 579,50 | 577,50 |
| 575,50 | 510,00 | 574,50 | 510,50 | 579,40 | 576,00 |
| 575,50 | 577,50 | 579,40 | 579,50 | 575,50 | 579,00 |
| 575,50 | 577,50 | 579,40 | 579,50 | 575,50 | 579,57 |
| 575,50 | 576,50 | 579,40 | 579,50 | 577,40 | 579,50 |
| 575,50 | 500,00 | 579,40 | 510,00 | 577,50 | 579,50 |
| 575,50 | 510,00 | 575,70 | 457,00 | 510,50 | 574,60 |
| 575,50 | 510,00 | 576,00 | 457,00 | 510,50 | 574,55 |
| 575,50 | 510,00 | 577,70 | 510,50 | 579,50 | 577,50 |
| 575,50 | 510,00 | 574,50 | 510,50 | 579,40 | 576,00 |

**Lösung s. Seite 301**

### Aufgabe 6:
Wie lautet die Varianz?

| Stichprobe Abfüllgewichte in Gramm | | | | | | | | | | |
|---|---|---|---|---|---|---|---|---|---|---|
| 91,11 | 91,00 | 89,99 | 88,79 | 91,12 | 91,00 | 89,99 | 91,00 | 91,00 | 91,12 | 89,98 |
| 91,11 | 91,00 | 89,99 | 88,79 | 91,12 | 91,00 | 89,99 | 91,00 | 91,00 | 91,12 | 91,12 |
| 91,11 | 91,00 | 89,99 | 88,79 | 91,12 | 91,00 | 89,99 | 91,00 | 91,12 | 89,98 | 91,12 |
| 91,11 | 91,00 | 89,99 | 88,79 | 91,12 | 91,00 | 89,99 | 91,00 | 91,12 | 89,98 | 91,00 |
| 91,11 | 91,00 | 89,99 | 88,79 | 91,12 | 91,00 | 89,99 | 91,00 | 91,00 | 91,12 | 91,00 |
| 91,11 | 91,00 | 89,99 | 88,79 | 91,12 | 89,98 | 91,00 | 91,00 | 91,00 | 91,12 | 91,00 |
| 91,11 | 91,00 | 89,99 | 91,00 | 91,12 | 89,98 | 91,00 | 91,00 | 91,12 | 89,98 | 91,00 |
| 91,11 | 91,00 | 89,99 | 91,00 | 91,12 | 89,98 | 91,00 | 91,00 | 91,12 | 89,98 | 91,00 |
| 91,11 | 91,00 | 89,99 | 91,00 | 91,12 | 89,98 | 91,00 | 91,12 | 91,11 | 91,00 | 91,00 |
| 91,11 | 91,00 | 89,99 | 91,00 | 91,12 | 89,98 | 91,00 | 91,12 | 89,99 | 91,00 | 91,00 |

**Lösung s. Seite 302**

### Aufgabe 7:
Welche Standardabweichung liegt vor?

| Stichprobe Abfüllgewichte in Gramm | | | | | |
|---|---|---|---|---|---|
| 70,01 | 70,00 | 69,99 | 68,79 | 70,02 | 70,02 |
| 70,01 | 70,00 | 69,99 | 68,79 | 70,02 | 70,02 |
| 70,01 | 70,00 | 69,99 | 68,79 | 70,02 | 70,02 |
| 70,01 | 70,00 | 69,99 | 68,79 | 70,02 | 70,02 |
| 70,01 | 70,00 | 69,99 | 68,79 | 70,02 | 70,02 |
| 70,01 | 70,00 | 69,99 | 68,79 | 70,02 | 70,02 |
| 70,01 | 70,00 | 69,99 | 70,00 | 70,02 | 70,02 |

| Stichprobe Abfüllgewichte in Gramm | | | | | |
|---|---|---|---|---|---|
| 70,01 | 70,00 | 69,99 | 70,00 | 70,02 | 70,02 |
| 70,01 | 70,00 | 69,99 | 70,00 | 70,02 | 70,02 |
| 70,01 | 70,00 | 69,99 | 70,00 | 70,02 | 70,02 |
| 70,00 | 69,99 | 70,00 | 70,00 | 71,12 | 69,98 |
| 70,00 | 69,99 | 70,00 | 70,00 | 71,12 | 70,02 |
| 70,00 | 69,99 | 70,00 | 70,02 | 69,98 | 71,12 |
| 70,00 | 69,99 | 70,00 | 70,02 | 69,98 | 70,00 |
| 70,00 | 69,99 | 70,00 | 70,00 | 71,12 | 70,00 |
| 69,98 | 70,00 | 70,00 | 70,00 | 71,12 | 70,00 |
| 69,98 | 70,00 | 70,00 | 70,02 | 69,98 | 70,00 |
| 69,98 | 70,00 | 70,00 | 70,02 | 69,98 | 70,00 |
| 69,98 | 70,00 | 71,12 | 70,01 | 70,00 | 70,00 |
| 69,98 | 70,00 | 71,12 | 69,99 | 70,00 | 70,00 |

Lösung s. Seite 302

## 4.4 Verhältniszahlen

### Aufgabe 1:

Ermitteln Sie die prozentualen Anteile der einzelnen Kosten an den Gesamtkosten.

| Kostenart | Kosten |
|---|---|
| Personalkosten | 510.000,00 € |
| Mieten/Pachten | 123.400,00 € |
| Unternehmenssteuern | 346.000,00 € |
| Versicherungsprämien | 78.600,00 € |
| Provisionen | 24.500,00 € |
| Werbekosten | 44.400,00 € |
| Reisekosten | 24.100,00 € |
| Kapitalkosten | 99.000,00 € |
| Allg. Verwaltungskosten | 289.000,00 € |
| Ausgangsfrachten | 12.260,00 € |
| Kalkulatorische Kosten | 445.000,00 € |
| Summe | 1.996.260,00 € |

Lösung s. Seite 303

### Aufgabe 2:

Ermitteln Sie das Betriebsergebnis und die Gewinnzuschlagssätze.

| Kostenart | Kosten | Hauptkostenstellen | | |
|---|---|---|---|---|
| | | Warengruppe I | Warengruppe II | Warengruppe III |
| Summe Einzelkosten | 4.500.000,00 € | 1.500.000,00 € | 1.000.000,00 € | 2.000.000,00 € |
| Summe Gemeinkosten | 1.350.000,00 € | 900.000,00 € | 350.000,00 € | 100.000,00 € |
| Selbstkosten je Kostenträger | | 2.400.000,00 € | 1.350.000,00 € | 2.100.000,00 € |

| | | | | |
|---|---|---|---|---|
| Nettoverkaufserlöse je Kostenträger | | 3.000.000,00 € | 1.900.000,00 € | 3.000.000,00 € |
| Betriebsergebnis je Kostenträger | | | | |
| Gewinnzuschlag je Kostenträger | | | | |

Lösung s. Seite 303

## ÜBUNGSTEIL (AUFGABEN UND FÄLLE)

### Aufgabe 3:
Wie hoch sind die Umsätze pro Verkaufsfläche in jeder Filiale?

|  | Filiale 1 | Filiale 2 | Filiale 3 | Filiale 4 | Filiale 5 |
|---|---|---|---|---|---|
| Umsatz | 3.756.780,00 € | 3.914.500,00 € | 4.124.000,00 € | 3.028.000,00 € | 2.567.000,00 € |
| Verkaufsfläche in qm | 175,00 | 155,00 | 165,00 | 115,00 | 105,00 |

**Lösung s. Seite 303**

### Aufgabe 4:
Wie hoch sind die Umsätze je Mitarbeiter in jeder Filiale?

|  | Filiale 1 | Filiale 2 | Filiale 3 | Filiale 4 | Filiale 5 |
|---|---|---|---|---|---|
| Umsatz | 5.212.000,00 € | 5.914.500,00 € | 5.224.000,00 € | 3.928.000,00 € | 3.767.000,00 € |
| Anzahl der Mitarbeiter | 23 | 24 | 18 | 15 | 16 |

**Lösung s. Seite 303**

### Aufgabe 5:
Wie haben sich die Gewinne in Bezug auf das Basisjahr 1 indexiert entwickelt?

Stellen Sie den Sachverhalt auch grafisch dar.

| Gewinnentwicklung ||
|---|---|
| Jahr | Gewinn |
| 1 | 456.890,00 € |
| 2 | 399.765,00 € |
| 3 | 444.489,00 € |
| 4 | 521.890,00 € |
| 5 | 501.000,00 € |
| 6 | 656.000,00 € |
| 7 | 746.000,00 € |
| 8 | 889.000,00 € |

**Lösung s. Seite 304**

### Aufgabe 6:
Ermitteln Sie die Indizes und stellen Sie deren Verlauf grafisch dar.

| Kursentwicklung ||||
|---|---|---|---|
| Börsentag | Aktie X | Aktie Y | Aktie Z |
|  | Kurs | Kurs | Kurs |
| 1 | 160,00 € | 145,00 € | 134,00 € |
| 2 | 166,00 € | 144,00 € | 136,00 € |
| 3 | 164,00 € | 140,00 € | 130,00 € |
| 4 | 168,00 € | 134,00 € | 135,00 € |
| 5 | 170,00 € | 140,00 € | 137,00 € |
| 6 | 175,00 € | 142,00 € | 137,00 € |
| 7 | 169,00 € | 136,00 € | 136,00 € |
| 8 | 156,00 € | 154,00 € | 140,00 € |
| 9 | 167,00 € | 156,00 € | 146,00 € |
| 10 | 140,00 € | 150,00 € | 144,00 € |

**Lösung s. Seite 304**

# 5. Buchführung
## 5.1 Personalwirtschaft

### Aufgabe 1:

Frau Makembi erhält ein Bruttogehalt in Höhe von 1.950 € und die Lohnsteuer nach Lohnsteuerklasse I beträgt 186,58 €. Sie ist unter 23 Jahre alt, ledig, kinderlos und römisch-katholisch. Sie zahlt 9 % Kirchensteuer. Es gelten die folgenden Sätze für die Sozialversicherung:

| Sozialversicherung | Allgemeiner Beitrag | Beitrag Arbeitgeber | Beitrag Arbeitnehmer | Kinderlosen-Zuschlag AN |
|---|---|---|---|---|
| Rentenversicherung | 18,70 % | 9,35 % | 9,35 % | |
| Arbeitslosenversicherung | 3,00 % | 1,50 % | 1,50 % | |
| Krankenversicherung | 14,60 % | 7,30 % | 7,30 % | |
| Zusatzbeitrag GKV | 1,10 % | | 1,10 % | |
| Pflegeversicherung | 2,55 % | 1,275 % | 1,275 % | 0,25 % |

Berechnen Sie das Nettoentgelt von Frau Makembi.

**Lösung s. Seite 306**

### Aufgabe 2:

Die Geschäfte der SOCA GmbH laufen ab Mitte des Jahres schlecht. Aus diesem Grunde sollen die vermögenswirksamen Leistungen für Frau Makembi nur noch zu 50 % vom Unternehmen übernommen werden. Das Bruttogehalt beträgt 2.025 €, die vermögenswirksamen Leistungen nur noch 20 €. Die Lohnsteuer nach Lohnsteuerklasse I beläuft sich auf 208,75 €.

Welches Netto-Entgelt geht auf das Konto von Frau Makembi ein, wenn die Höhe des vermögenswirksamen Sparbetrages 40 € beträgt und die Sätze für die Sozialversicherung unverändert (siehe Aufgabe 1) bleiben?

**Lösung s. Seite 307**

### Aufgabe 3:

Im neuen Jahr ergibt sich für Annabelle Makembi folgende Situation:

Ihr Bruttogehalt beträgt nach wie vor 2.025 €, der Zuschuss zu den vermögenswirksamen Leistungen 20 €, die Höhe des vermögenswirksamen Sparbetrags beträgt 40 €. Nach der Hochzeit mit Augustin Arrowwood sinkt die Lohnsteuer auf 22,66 €. Die Kirchensteuer beträgt 2,03 €, Solidaritätszuschlag fällt nicht an. Für die Hochzeit hat sich Annabelle einen Vorschuss von 300 € zu Beginn des Monats auszahlen lassen. Die Sätze für die Sozialversicherung bleiben unverändert (siehe Aufgabe 1).

Berechnen Sie das auszuzahlende Entgelt.

**Lösung s. Seite 308**

## 5.2 Anlagenwirtschaft

### Aufgabe 1:

Für das folgende Vermögensverzeichnis ist ein Abschreibungsplan – lineare AfA – für 2 Jahre zu erstellen. Es sollen die Abschreibungsbeträge und die Restbuchwerte für beide Jahre aufgeführt werden.

| Anlageverzeichnis | | |
|---|---|---|
| **Anlagevermögen** | **Anschaffungskosten** | **ND in Jahren** |
| Fotokopierer | 1.450,00 € | 5 |
| EDV-Anlage 1 | 9.212,00 € | 4 |
| EDV-Anlage 2 | 5.976,80 € | 10 |
| Maschinen I | 37.000,00 € | 12 |
| Maschinen II | 42.313,00 € | 14 |
| Büroausstattung I | 1.737,39 € | 5 |
| Büroausstattung II | 4.260,18 € | 5 |
| Büroausstattung III | 5.250,31 € | 10 |
| Fahrzeuge | 60.000,00 € | 7 |
| Summe | 167.199,68 € | |

**Lösung s. Seite 309**

### Aufgabe 2:

Erstellen Sie einen Abschreibungsplan für einen Kleinbus nach der linearen Methode. Die Anschaffungskosten betragen 55.000 €, die Nutzungsdauer beträgt 6 Jahre. Restbuchwert 1 €.

**Lösung s. Seite 309**

### Aufgabe 3:

Der neue Messestand hat 28.000 € gekostet und soll mit 20 % jährlich geometrisch-degressiv abgeschrieben werden. Die Nutzungsdauer beträgt 6 Jahre. Nehmen Sie einen Methodenwechsel von der degressiven Methode zur linearen Abschreibungsmethode für die Restlaufzeit vor.

**Lösung s. Seite 309**

### Aufgabe 4:

Für ein neues Auslieferungsfahrzeug sind 55.000 € bezahlt worden. Es soll geometrisch-degressiv mit 17,5 % abgeschrieben werden und 8 Jahre genutzt werden. Der Methodenwechsel soll ebenfalls vorgenommen werden.

**Lösung s. Seite 310**

### Aufgabe 5:

Erstellen Sie mithilfe der Funktion DIA() einen Abschreibungsplan auf Grundlage folgender Daten:

Anschaffungskosten 18.000 €, Nutzungsdauer 9 Jahre, Restbuchwert 0 €.

**Lösung s. Seite 310**

### Aufgabe 6:

Der Reinigungsservice CleanSys KG hat sich eine neues Bodenpflegegerät angeschafft. Die Anschaffungskosten betragen 50.000 €. Die Nutzungsdauer verteilt sich wie folgt: 1. und 2. Jahr je 4.500 Stunden, im 3. Jahr und 4. Jahr je 3.500 Stunden und im letzten Jahr 2.000 Stunden. Damit sind die Nutzungskapazitäten der Maschine erschöpft.

**Lösung s. Seite 310**

## Aufgabe 7:
Erstellen Sie einen Abschreibungsplan aufgrund der folgenden Daten:

| Fuhrpark | Lineare AfA | Degressive AfA | Leistungs-AfA | Leistung in km |
|---|---|---|---|---|
| Anschaffungswert | 60.000,00 € | 60.000,00 € | 60.000,00 € | 170.000 |
| Abschreibungen 1 | 12.000,00 € | 12.000,00 € | | 50.000 |
| Restbuchwert 1 | | | | |
| Abschreibungen 2 | | | | 40.000 |
| Restbuchwert 2 | | | | |
| Abschreibungen 3 | | | | 30.000 |
| Restbuchwert 3 | | | | |
| Abschreibungen 4 | | | | 25.000 |
| Restbuchwert 4 | | | | |
| Abschreibungen 5 | | | | 25.000 |
| Restbuchwert 5 | | | | |

**Lösung s. Seite 311**

## 5.3 Materialwirtschaft

### Aufgabe 1:
Ermitteln Sie den Lagerzinssatz, wenn folgende Werte vorliegen:

| | |
|---|---|
| Lagerumschlagshäufigkeit | 12,29 |
| Lagerzinsen | 85,76 € |
| Kapitalzinssatz | 10 % |

**Lösung s. Seite 311**

### Aufgabe 2:
Wie hoch ist die Lagerumschlagshäufigkeit für folgende Situation?

| | |
|---|---|
| Jahresanfangsbestand | 420 Stück |
| Summe der Monatsinventuren | 6.430 Stück |
| Warenabsatz | 8.880 Stück |

**Lösung s. Seite 311**

### Aufgabe 3:
Wie groß ist der Unterschied zwischen dem niedrigsten und höchsten Wertansatz?

| Bewertung | Menge | Einzelpreis | Gesamtwert |
|---|---|---|---|
| Anschaffungspreis | 780 | 11,30 € | |
| Tageswert | 780 | | 9.438,00 € |
| Wiederbeschaffungswert | 780 | 13,00 € | |
| Spanne | | | |

**Lösung s. Seite 311**

## ÜBUNGSTEIL (AUFGABEN UND FÄLLE)

### Aufgabe 4:
Bewerten Sie das Lager nach durchschnittlichen Anschaffungspreisen, nach Lifo und Fifo.

| Datum | Vorgang | Menge | Einzelpreis |
|---|---|---|---|
| 01. Jan | Bestand | 20.000 | 45,00 € |
| 03. Jan | Zugang | 1.800 | 44,00 € |
| 03. Jan | Bestand | | |
| 09. Jan | Zugang | 5.000 | 43,00 € |
| 09. Jan | Bestand | | |
| 12. Jan | Abgang | 18.000 | |
| 12. Jan | Bestand | | |
| 15. Jan | Zugang | 6.100 | 46,00 € |
| 15. Jan | Bestand | | |
| 30. Jan | Zugang | 5.500 | 48,00 € |
| 30. Jan | Bestand | | |

**Lösung s. Seite 312**

## 5.4 Finanzwirtschaft

### Aufgabe 1:
Berechnen Sie aufgrund der folgenden Daten:

a) Durchschnittliche Verbindlichkeiten für FE-Bezug

b) Durchschnittlicher Forderungsbestand

c) Mittelzufluss durch Factoring

d) Kosten des Factoring

e) Ersparnisse durch Factoring

| | |
|---|---:|
| Personaleinsparung im Zahlungsverkehr | 120.000,00 € |
| Verminderte Kosten für Auskünfte, Kreditüberwachung | 8.000,00 € |
| Verminderung der Gerichtskosten | 5.500,00 € |
| Verminderung der Anwaltskosten | 5.000,00 € |
| Verminderung der Forderungsausfälle, Selbstbehalte | 40.000,00 € |
| Verminderung der Kosten für Kreditversicherung, Auskünfte | 5.000,00 € |
| Jahresumsatz | 22.600.000,00 € |
| davon factoringfähig 70 % | 15.820.000,00 € |
| Bezug von Fertigen Erzeugnissen (FE) und Rohstoffen | 8.500.000,00 € |
| Durchschnittlicher Zahlungseingang nach Tagen | 60 |
| Jahrestage | 360 |
| Skonto der Lieferanten | 2,5 % |
| Zinssatz Hausbank | 10,5 % |
| Zinssatz Factoring Gesellschaft | 13,5 % |
| Zahlungsziel der Lieferanten in Tagen | 30 |
| Auszahlungshöhe der Factoring Gesellschaft | 85,0 % |
| Factorgebühr der aufgekauften Forderungen | 2,5 % |
| Verkürzter Zahlungseingang nach Factoring in Tagen | 30 |

**Lösung s. Seite 312**

## Aufgabe 2:

Die Mov-Catering GmbH hat für eine Factoring-Entscheidung folgende Daten ermittelt:

| | |
|---|---:|
| Umsatz pro Jahr | 11.750.000,00 € |
| Wareneinsatz | 35,00 % |
| Skonto | 3,00 % |
| Bankzinssatz | 12,50 % |
| Gewährtes Zahlungsziel | 30 Tage |
| Personalkosten Debitorenbuchhaltung | 75.450,00 € |
| Gerichts- und Anwaltskosten jährlich | 7.975,00 € |
| Forderungsausfälle pro Jahr durchschnittlich | 17.250,00 € |

Das Angebot des Factoring-Unternehmens enthält folgende Werte bei sofortiger Auszahlung:

| | |
|---|---:|
| Gebühren für angekaufte Forderungen | 1,75 % |
| Ausfallgebühr | 0,90 % |
| Zinssatz | 12,50 % |
| Auszahlungssatz | 80,00 % |

Ermitteln Sie die monatlichen Kosten und die möglichen Einsparungen.

**Lösung s. Seite 313**

## 5.5 Einnahmen-Überschuss-Rechnung

### Aufgabe 1:

Erstellen Sie eine Einnahmen-Überschuss-Rechnung.

| Datum | Einnahmen | Netto | Umsatzsteuer | Brutto |
|---|---|---:|---:|---:|
| 31. Dez | Umsätze | 160.000,00 € | 25.600,00 € | 185.600,00 € |
| 31. Dez | Privatnutzung Kfz | 16.500,00 € | 2.640,00 € | 19.140,00 € |
| 31. Dez | Betriebseinnahmen | | | |

| Datum | Ausgaben | Netto | Vorsteuer | Brutto |
|---|---|---:|---:|---:|
| 31. Dez | Kfz-Kosten | 11.000,00 € | 1.760,00 € | 12.760,00 € |
| 31. Dez | Telefonkosten | 2.123,00 € | 339,68 € | 2.462,68 € |
| 31. Dez | Büromaterial | 1.234,00 € | 197,44 € | 1.431,44 € |
| 31. Dez | Porto | 445,00 € | 71,20 € | 516,20 € |
| 31. Dez | Steuerberater | 2.360,00 € | 377,60 € | 2.737,60 € |
| 31. Dez | GWG | 9.500,00 € | 1.520,00 € | 11.020,00 € |
| 31. Dez | Reparaturen | 5.376,00 € | 860,16 € | 6.236,16 € |
| 31. Dez | Reisekosten | 6.470,00 € | 1.035,20 € | 7.505,20 € |
| 31. Dez | Miete | 22.000,00 € | 3.520,00 € | 25.520,00 € |
| 31. Dez | Strom | 11.300,00 € | 1.808,00 € | 13.108,00 € |
| 31. Dez | Reinigung | 4.400,00 € | 704,00 € | 5.104,00 € |
| 31. Dez | Bewirtungen | 4.430,00 € | 708,80 € | 5.138,80 € |
| 31. Dez | AfA-KFZ | 5.600,00 € | 0 € | 5.600,00 € |
| 31. Dez | AfA-BGA | 14.500,00 € | 0 € | 14.500,00 € |
| 31. Dez | Betriebsausgaben | | | |

**Lösung s. Seite 313**

## ÜBUNGSTEIL (AUFGABEN UND FÄLLE)

### Aufgabe 2:
Ermitteln Sie den Überschuss.

| Einnahmen-Überschuss-Rechnung | | Netto | USt 19 % | Brutto |
|---|---|---|---|---|
| Einnahmen | Umsätze | 360.000,00 € | | |
| | Privatnutzung Kfz | 46.500,00 € | | |
| | Betriebseinnahmen | 406.500,00 € | | |
| | | | | |
| Ausgaben | Betriebsausgaben | 300.738,00 € | | |
| Überschuss | | | | |

**Lösung s. Seite 313**

## 5.6 Betriebsübersicht
### Aufgabe 1:
Erstellen Sie die Saldenbilanz I.

| Konto | Summenbilanz | |
|---|---|---|
| | Soll | Haben |
| Gebäude | 300.000,00 € | |
| Maschinen | 285.000,00 € | |
| BGA | 125.000,00 € | |
| Waren | 45.000,00 € | |
| Forderungen | 125.000,00 € | 75.000,00 € |
| Vorsteuer | 9.000,00 € | |
| Bank | 300.000,00 € | 85.000,00 € |
| Kasse | 16.000,00 € | 14.000,00 € |
| Eigenkapital | | 844.500,00 € |
| Privat | 60.000,00 € | |
| Verbindlichkeiten | 35.000,00 € | 250.000,00 € |
| Umsatzsteuer | | 31.500,00 € |
| Umsatzerlöse | | 210.000,00 € |
| Aufwendungen-Waren | | |
| Personalaufwendungen | 100.000,00 € | |
| Abschreibungen | | |
| Miete | 110.000,00 € | |
| Summe | 1.510.000,00 € | 1.510.000,00 € |

**Lösung s. Seite 314**

## Aufgabe 2:
Ermitteln Sie das Eigenkapital und erstellen Sie die Saldenbilanz I.

| Konto | Summenbilanz | |
|---|---|---|
| | Soll | Haben |
| Gebäude | 600.000,00 € | |
| Maschinen | 1.285.000,00 € | |
| BGA | 125.000,00 € | |
| Waren | 45.000,00 € | |
| Forderungen | 125.000,00 € | 75.000,00 € |
| Vorsteuer | 9.000,00 € | |
| Bank | 300.000,00 € | 85.000,00 € |
| Kasse | 16.000,00 € | 14.000,00 € |
| Eigenkapital | | |
| Privat | 60.000,00 € | |
| Verbindlichkeiten | 35.000,00 € | 250.000,00 € |
| Umsatzsteuer | | 31.500,00 € |
| Umsatzerlöse | | 210.000,00 € |
| Aufwendungen-Waren | | |
| Personalaufwendungen | 100.000,00 € | |
| Abschreibungen | | |
| Miete | 110.000,00 € | |

**Lösung s. Seite 314**

## Aufgabe 3:
Nehmen Sie die Umbuchungen vor.

| Konto | Umbuchungen | |
|---|---|---|
| | Soll | Haben |
| Gebäude | | 16.000,00 € |
| Maschinen | | 38.500,00 € |
| BGA | | 22.500,00 € |
| Waren | | 30.000,00 € |
| Forderungen | | |
| Vorsteuer | | 18.000,00 € |
| Bank | | |
| Kasse | | |
| Eigenkapital | 80.000,00 € | |
| Privat | | 80.000,00 € |
| Verbindlichkeiten | | |
| Umsatzsteuer | | |
| Umsatzerlöse | | |
| Aufwendungen-Waren | 30.000,00 € | |
| Personalaufwendungen | | |
| Abschreibungen | | |
| Miete | | |

**Lösung s. Seite 315**

## ÜBUNGSTEIL (AUFGABEN UND FÄLLE)

### Aufgabe 4:
Erstellen Sie die Saldenbilanz II.

Zusätzliche Angaben:
Umbuchungen:
- Abschreibungen auf Gebäude: 6.000,00 €
- Abschreibungen auf Maschinen: 28.500,00 €
- Abschreibungen auf BGA: 12.500,00 €
- Aufwendungen für Waren: 25.000,00 €

| Konto | Summenbilanz | | Saldenbilanz I | |
|---|---|---|---|---|
| | Soll | Haben | Soll | Haben |
| Gebäude | 300.000,00 € | | 300.000,00 € | |
| Maschinen | 285.000,00 € | | 285.000,00 € | |
| BGA | 125.000,00 € | | 125.000,00 € | |
| Waren | 45.000,00 € | | 45.000,00 € | |
| Forderungen | 125.000,00 € | 75.000,00 € | 50.000,00 € | |
| Vorsteuer | 9.000,00 € | | 9.000,00 € | |
| Bank | 300.000,00 € | 85.000,00 € | 215.000,00 € | |
| Kasse | 16.000,00 € | 14.000,00 € | 2.000,00 € | |
| Eigenkapital | | 844.500,00 € | | 844.500,00 € |
| Privat | 60.000,00 € | | 60.000,00 € | |
| Verbindlichkeiten | 35.000,00 € | 250.000,00 € | | 215.000,00 € |
| Umsatzsteuer | | 31.500,00 € | | 31.500,00 € |
| Umsatzerlöse | | 210.000,00 € | | 210.000,00 € |
| Aufwendungen-Waren | | | | |
| Personalaufwendungen | 100.000,00 € | | 100.000,00 € | |
| Abschreibungen | | | | |
| Miete | 110.000,00 € | | 110.000,00 € | |
| Summe | 1.510.000,00 € | 1.510.000,00 € | 1.301.000,00 € | 1.301.000,00 € |

**Lösung s. Seite 315**

### Aufgabe 5:
Es liegt der folgende Auschnitt aus einer Betriebsübersicht vor. Wie hoch ist der Gewinn oder Verlust?

| Konto | Schlussbilanz | | GuV-Rechnung | |
|---|---|---|---|---|
| | Aktiva | Passiva | Aufwand | Ertrag |
| Gebäude | 266.000,00 € | | | |
| Maschinen | 171.500,00 € | | | |
| BGA | 122.500,00 € | | | |
| Waren | 115.000,00 € | | | |
| Forderungen | 10.000,00 € | | | |
| Vorsteuer | | | | |
| Bank | 35.000,00 € | | | |
| Kasse | 2.000,00 € | | | |
| Eigenkapital | | 629.500,00 € | | |
| Privat | | | | |
| Verbindlichkeiten | | 15.000,00 € | | |
| Umsatzsteuer | | 22.500,00 € | | |
| Umsatzerlöse | | | | 410.000,00 € |
| Aufwendungen Waren | | | 130.000,00 € | |

| Konto | Schlussbilanz | | GuV-Rechnung | |
|---|---|---|---|---|
| | Aktiva | Passiva | Aufwand | Ertrag |
| Personalaufwendungen | | | 100.000,00 € | |
| Abschreibungen | | | 15.000,00 € | |
| Mieten | | | 110.000,00 € | |
| Summe | | | | |

**Lösung s. Seite 316**

## Aufgabe 6:

Es liegt der folgende Ausschnitt aus einer Betriebsübersicht vor. Wie hoch ist der Gewinn oder Verlust?

| Konto | Schlussbilanz | | GuV-Rechnung | |
|---|---|---|---|---|
| | Aktiva | Passiva | Aufwand | Ertrag |
| Gebäude | 907.000,00 € | | | |
| Maschinen | 350.500,00 € | | | |
| BGA | 562.500,00 € | | | |
| Waren | 430.000,00 € | | | |
| Forderungen | 10.000,00 € | | | |
| Vorsteuer | | | | |
| Bank | 35.000,00 € | | | |
| Kasse | 42.000,00 € | | | |
| Eigenkapital | | 2.472.500,00 € | | |
| Privat | | | | |
| Verbindlichkeiten | | 315.000,00 € | | |
| Umsatzsteuer | | 34.500,00 € | | |
| Umsatzerlöse | | | | 810.000,00 € |
| Aufwendungen Waren | | | 430.000,00 € | |
| Personalaufwendungen | | | 300.000,00 € | |
| Abschreibungen | | | 355.000,00 € | |
| Mieten | | | 210.000,00 € | |
| Summe | 2.337.000,00 € | 2.822.000,00 € | | |

**Lösung s. Seite 316**

## 5.7 Auswertung des Jahresabschlusses

### Aufgabe 1:

Für das Unternehmen Karl Sauter, Apfelmosterei, liegen folgende Werte für die Bilanz vor:

| | |
|---|---|
| Anlagevermögen | 300.000 € |
| Umlaufvermögen | 150.000 € |
| Eigenkapital | 360.000 € |
| Fremdkapital | 90.000 € |

In die GuV-Rechnung gehen folgende Werte ein:

Es wurden 1.020 Zentner Mostobst zum Preis von je 12 € in der Produktion eingesetzt. Die Strom- und sonstigen Maschinenkosten betrugen 2,40 € je Stunde. Die Maschinen liefen insgesamt 300 Stunden. Für Abschreibungen, Räume, Versicherungen, Steuern sind 4.380 € an Kosten aufgelaufen. Der Fremdkapitalsatz hatte eine Höhe von 5 %. Insgesamt wurden 48.000 Liter zu je 0,98 € verkauft. Der Eigentümer-Unternehmer Karl Sauter arbeitete in dem betrachteten Zeitraum 540 Stunden und kalkulierte mit einem Stundenlohn von 30 €.

# ÜBUNGSTEIL (AUFGABEN UND FÄLLE)

a) Erstellen Sie eine Bilanz und eine GuV-Rechnung und ermitteln Sie folgende Kennziffern:
   - Produktivität (Arbeit, Material, Maschinen, Kapital)
   - Wirtschaftlichkeit
   - Rentabilität (Eigen- und Gesamtkapital, Umsatz)

b) Stellen Sie die Änderungen fest, wenn Herr Sauter den Zentner Mostobst für 8,50 € erwerben könnte und einen realistischeren Fremdkapitalzinssatz von 9,5 % zahlen müsste. Die anderen Daten bleiben bestehen.

**Lösung s. Seite 317**

## Aufgabe 2:

Ermitteln Sie die Liquiditätskennziffern (Werte in €).

| AKTIVA | Bilanz zum 31.12.20.. | | PASSIVA |
|---|---|---|---|
| | Euro | | Euro |
| **I. Anlagevermögen** | 2.056.005 | **I. Eigenkapital** | 1.238.491 |
| **II. Umlaufvermögen** | | **II. Fremdkapital** | |
| 1. Fertige Erzeugnisse | 567.560 | 1. Darlehen | 1.239.370 |
| 2. Roh-, Hilfs-, Betriebsstoffe | 36.700 | 2. Verbindlichkeiten a. L. L. | 521.004 |
| 3. Forderungen a. L. L. | 250.600 | | |
| 4. Bank | 67.000 | | |
| 5. Kasse | 21.000 | | |
| | 2.998.865 | | 2.998.865 |

**Lösung s. Seite 318**

## Aufgabe 3:

Wie hoch ist die Umsatz-Cash-Flow-Rate (Werte in €)?

| Aufwendungen | GuV-Rechnung zum 31.12.20.. | | Erträge |
|---|---|---|---|
| | Euro | | Euro |
| Löhne und Gehälter | 860.700 | Umsatzerlöse | 2.235.000 |
| Soziale Abgaben | 254.650 | | |
| Aufwendungen für Altersversorgungen | 77.000 | | |
| Abschreibungen | 490.000 | | |
| Zinsaufwand | 245.000 | | |
| Steuern | 167.000 | | |
| Reingewinn | 140.650 | | |
| | 2.235.000 | | 2.235.000 |

**Lösung s. Seite 318**

# 1. Kaufmännisches Rechnen

## 1.1 Dreisatzrechnung

### Lösung zu Aufgabe 1:

| Schritt | | Anzahl | Kosten |
|---|---|---|---|
| 1 | Aushilfskräfte | 3 | 925,00 € |
| 2 | Aushilfskräfte | 1 | 308,33 € |
| 3 | Aushilfskräfte | 5 | 1.541,67 € |

### Lösung zu Aufgabe 2:

| Schritt | | Anzahl | Minuten |
|---|---|---|---|
| 1 | Gebäudereiniger | 7 | 120 |
| 2 | Gebäudereiniger | 1 | 840 |
| 3 | Gebäudereiniger | 12 | 70 |

### Lösung zu Aufgabe 3:

| | Anzahl | Tage | Stunden |
|---|---|---|---|
| Fachkräfte | 12 | 16 | 7,5 |
| Fachkräfte | 1 | 16 | 90 |
| Fachkräfte | 18 | 16 | 5 |
| Fachkräfte | 18 | 1 | 80 |
| Fachkräfte | 18 | 10 | 8 |

### Lösung zu Aufgabe 4:

| | Anzahl | Tage | Stunden |
|---|---|---|---|
| Fahrzeuge | 6 | 4 | 10 |
| Fahrzeuge | 1 | 4 | 60 |
| Fahrzeuge | 8 | 4 | 7,5 |
| Fahrzeuge | 8 | 1 | 30 |
| Fahrzeuge | 8 | 2 | 15 |

## 1.2 Währungsrechnen

### Lösung zu Aufgabe 1:

| Anzahl | Einheit | Anzahl | Einheit |
|---|---|---|---|
| x | € | 0,75 | Liter |
| 0,75 | Liter | 1 | Flasche |
| 12 | Flaschen | 1 | Karton |
| 50 | Kartons | 1.800 | $ |
| 1 | $ | 1,402 | € |

| x = 4,21 € pro Flasche |
|---|

# LÖSUNGEN

## Lösung zu Aufgabe 2:

| Anzahl | Einheit | Anzahl | Einheit |
|---|---|---|---|
| x | € | 1 | Anschlag |
| 60 | Anschläge | 1 | Zeile |
| 30 | Zeilen | 1 | Seite |
| 180 | Seiten | 2.750,00 | € |

x = 0,0085 € pro Anschlag

## Lösung zu Aufgabe 3:

| Währung | Kurs € | € | Auslandswährung |
|---|---|---|---|
| Australischer Dollar | 1,3929 | 2.000,00 | 2.785,80 |
| Britisches Pfund | 0,7182 | 2.000,00 | 1.436,40 |
| Hongkong Dollar | 8,2199 | 2.000,00 | 16.439,80 |
| Japanischer Yen | 128,6000 | 2.000,00 | 257.200,00 |
| Kanadischer Dollar | 1,3564 | 2.000,00 | 2.712,80 |
| Neuseeländischer Dollar | 1,4004 | 2.000,00 | 2.800,80 |
| Norwegische Krone | 8,8019 | 2.000,00 | 17.603,80 |
| Schwedische Krone | 9,1986 | 2.000,00 | 18.397,20 |
| Schweizer Franken | 1,0662 | 2.000,00 | 2.132,40 |
| Singapur Dollar | 1,4724 | 2.000,00 | 2.944,80 |
| Südafrikanischer Rand | 13,1030 | 2.000,00 | 26.206,00 |
| US-Dollar | 1,0604 | 2.000,00 | 2.120,80 |

## Lösung zu Aufgabe 4:

| Währung | Kurs € | Auslandswährung | € |
|---|---|---|---|
| Australischer Dollar | 1,3929 | 2.500,00 | 1.794,82 |
| Britisches Pfund | 0,7182 | 2.600,00 | 3.620,16 |
| Hongkong Dollar | 8,2199 | 3.000,00 | 364,97 |
| Japanischer Yen | 128,6000 | 4.000,00 | 31,10 |
| Kanadischer Dollar | 1,3564 | 3.400,00 | 2.506,64 |
| Neuseeländischer Dollar | 1,4004 | 2.400,00 | 1.713,80 |
| Norwegische Krone | 8,8019 | 2.200,00 | 249,95 |
| Schwedische Krone | 9,1986 | 1.650,00 | 179,38 |
| Schweizer Franken | 1,0662 | 5.000,00 | 4.689,55 |
| Singapur Dollar | 1,4724 | 5.500,00 | 3.735,40 |
| Südafrikanischer Rand | 13,1030 | 4.800,00 | 366,33 |
| US-Dollar | 1,0604 | 2.200,00 | 2.074,69 |
| Summe | | | 21.326,77 |

## Lösung zu Aufgabe 5:

| Währung | Kurs € | Auslandswährung | € |
|---|---|---|---|
| Dänische Krone | 7,445 | 125,00 | 16,79 |
| Schwedische Krone | 9,1986 | 165,00 | 17,94 |

| Die Rückfahrt war teurer in Höhe von | 1,15 € |
|---|---|

## Lösung zu Aufgabe 6:

Der Kurs lautet: 1,00 € entspricht 128,60 JPY

| Inlandswährung | | | Auslandswährung | | | |
|---|---|---|---|---|---|---|
| Kurs JPY | 1,00 € | = | 128,60 JPY | 170.750,00 | = | 1.327,76 € |

## Lösung zu Aufgabe 7:

Der Kurs lautet: 1,00 € entspricht 13,103 Rand

| Inlandswährung | | | Auslandswährung | | | |
|---|---|---|---|---|---|---|
| Kurs Rand | 1,00 € | = | 13,103 Rand | 450,00 € | = | 5.896,35 € |

## Lösung zu Aufgabe 8:

Inlandswährung    Auslandswährung
10.759,06 €    =    15.540,00 CHF
Der Kurs beträgt: **1,444**

# 1.3 Durchschnittsrechnen

## Lösung zu Aufgabe 1:

| Anbieter | Artikel A | Artikel B | Artikel C |
|---|---|---|---|
| A | 12,30 € | 16,50 € | 11,70 € |
| B | 13,60 € | 12,90 € | 12,00 € |
| C | 14,50 € | 13,40 € | 12,20 € |
| D | 16,40 € | 14,00 € | 15,50 € |
| E | 11,00 € | 12,00 € | 14,90 € |
| F | 12,00 € | 13,00 € | 15,40 € |
| G | 11,70 € | 17,00 € | 15,30 € |
| H | 11,80 € | 14,90 € | 15,90 € |
| I | 11,70 € | 15,90 € | 16,10 € |
| J | 16,00 € | 15,80 € | 17,90 € |
| K | 14,50 € | 12,40 € | 18,00 € |
| L | 16,70 € | 12,10 € | 16,50 € |
| Summe | 162,20 € | 169,90 € | 181,40 € |
| **Durchschnitt** | 13,52 € | 14,16 € | 15,12 € |

## Lösung zu Aufgabe 2:

| Zeitraum | Lohnkosten | Materialkosten | Verwaltungs- und Vertriebskosten | Gesamtkosten | Durchschnitts-kosten |
|---|---|---|---|---|---|
| 1. Quartal | 250.000,00 € | 360.000,00 € | 40.000,00 € | 650.000,00 € | 216.666,67 € |
| 2. Quartal | 320.000,00 € | 380.000,00 € | 45.000,00 € | 745.000,00 € | 248.333,33 € |
| 3. Quartal | 470.000,00 € | 420.000,00 € | 50.000,00 € | 940.000,00 € | 313.333,33 € |
| 4. Quartal | 350.000,00 € | 450.000,00 € | 55.000,00 € | 855.000,00 € | 285.000,00 € |
| Jahr | 1.390.000,00 € | 1.610.000,00 € | 190.000,00 € | 3.190.000,00 € | 1.063.333,33 € |
| Kostenart je Quartal | 347.500,00 € | 402.500,00 € | 47.500,00 € | 797.500,00 € | |

## Lösung zu Aufgabe 3:

| Bruttoentgelt | Betrieb West | | Betrieb Ost | | Betriebe Gesamt | |
|---|---|---|---|---|---|---|
| | Anzahl | Summe | Anzahl | Summe | Anzahl | Summe |
| 3.000,00 € | 0 | 0 € | 12 | 36.000,00 € | 12 | 36.000,00 € |
| 3.100,00 € | 0 | 0 € | 15 | 46.500,00 € | 15 | 46.500,00 € |
| 3.200,00 € | 0 | 0 € | 16 | 51.200,00 € | 16 | 51.200,00 € |
| 3.300,00 € | 6 | 19.800,00 € | 17 | 56.100,00 € | 23 | 75.900,00 € |
| 3.400,00 € | 7 | 23.800,00 € | 20 | 68.000,00 € | 27 | 91.800,00 € |
| 3.500,00 € | 9 | 31.500,00 € | 23 | 80.500,00 € | 32 | 112.000,00 € |
| 3.600,00 € | 12 | 43.200,00 € | 24 | 86.400,00 € | 36 | 129.600,00 € |
| 3.700,00 € | 15 | 55.500,00 € | 27 | 99.900,00 € | 42 | 155.400,00 € |
| 3.800,00 € | 23 | 87.400,00 € | 26 | 98.800,00 € | 49 | 186.200,00 € |
| 3.900,00 € | 45 | 175.500,00 € | 25 | 97.500,00 € | 70 | 273.000,00 € |
| 4.000,00 € | 53 | 212.000,00 € | 19 | 76.000,00 € | 72 | 288.000,00 € |
| 4.100,00 € | 46 | 188.600,00 € | 14 | 57.400,00 € | 60 | 246.000,00 € |
| 4.200,00 € | 36 | 151.200,00 € | 12 | 50.400,00 € | 48 | 201.600,00 € |
| 4.300,00 € | 31 | 133.300,00 € | 5 | 21.500,00 € | 36 | 154.800,00 € |
| 4.400,00 € | 24 | 105.600,00 € | 4 | 17.600,00 € | 28 | 123.200,00 € |
| 4.500,00 € | 16 | 72.000,00 € | 3 | 13.500,00 € | 19 | 85.500,00 € |
| 4.600,00 € | 11 | 50.600,00 € | 0 | 0 € | 11 | 50.600,00 € |
| 4.700,00 € | 9 | 42.300,00 € | 0 | 0 € | 9 | 42.300,00 € |
| 4.800,00 € | 5 | 24.000,00 € | 0 | 0 € | 5 | 24.000,00 € |
| 4.900,00 € | 4 | 19.600,00 € | 0 | 0 € | 4 | 19.600,00 € |
| 5.000,00 € | 3 | 15.000,00 € | 0 | 0 € | 3 | 15.000,00 € |
| Summe | 355 | 1.450.900,00 € | 262 | 957.300,00 € | 617 | 2.408.200,00 € |
| Durchschnitt | | 4.087,04 € | | 3.653,82 € | | 3.903,08 € |

| Betrieb | Durchschnittliche Bruttoentgelte |
|---|---|
| West | 4.087,04 € |
| Ost | 3.653,82 € |
| Gesamt | 3.903,08 € |

## Lösung zu Aufgabe 4:

|  | Artikel A | Artikel B | Artikel C | Summe |
|---|---|---|---|---|
| Stück | 5.000 | 6.000 | 4.000 | 15.000 |

| | Preis pro Stück | | |
|---|---|---|---|
| Anbieter | Artikel A | Artikel B | Artikel C |
| A | 15,00 € | 16,50 € | 11,70 € |
| B | 14,00 € | 12,90 € | 12,00 € |
| C | 15,00 € | 13,40 € | 12,20 € |
| D | 16,00 € | 14,00 € | 15,50 € |
| E | 11,00 € | 12,00 € | 14,90 € |
| F | 14,00 € | 13,00 € | 15,40 € |
| G | 11,70 € | 17,00 € | 15,30 € |
| H | 13,00 € | 14,90 € | 15,90 € |
| I | 11,70 € | 15,90 € | 16,10 € |
| J | 16,00 € | 15,80 € | 17,90 € |
| K | 14,50 € | 12,40 € | 18,00 € |
| L | 16,70 € | 12,10 € | 16,50 € |

| | Umsätze | | | | Durchschnittspreis |
|---|---|---|---|---|---|
| Anbieter | Artikel A | Artikel B | Artikel C | Gesamt | |
| A | 75.000,00 € | 99.000,00 € | 46.800,00 € | 220.800,00 € | 14,72 € |
| B | 70.000,00 € | 77.400,00 € | 48.000,00 € | 195.400,00 € | 13,03 € |
| C | 75.000,00 € | 80.400,00 € | 48.800,00 € | 204.200,00 € | 13,61 € |
| D | 80.000,00 € | 84.000,00 € | 62.000,00 € | 226.000,00 € | 15,07 € |
| E | 55.000,00 € | 72.000,00 € | 59.600,00 € | 186.600,00 € | 12,44 € |
| F | 70.000,00 € | 78.000,00 € | 61.600,00 € | 209.600,00 € | 13,97 € |
| G | 58.500,00 € | 102.000,00 € | 61.200,00 € | 221.700,00 € | 14,78 € |
| H | 65.000,00 € | 89.400,00 € | 63.600,00 € | 218.000,00 € | 14,53 € |
| I | 58.500,00 € | 95.400,00 € | 64.400,00 € | 218.300,00 € | 14,55 € |
| J | 80.000,00 € | 94.800,00 € | 71.600,00 € | 246.400,00 € | 16,43 € |
| K | 72.500,00 € | 74.400,00 € | 72.000,00 € | 218.900,00 € | 14,59 € |
| L | 83.500,00 € | 72.600,00 € | 66.000,00 € | 222.100,00 € | 14,81 € |

## 1.4 Verteilungsrechnen

### Lösung zu Aufgabe 1:

Verteilung nach Kapitalanteilen

| Gesellschafter | Bauer | Böttcher | Weber | Summe |
|---|---|---|---|---|
| Kapitalanteile | 60.000,00 € | 40.000,00 € | 50.000,00 € | 150.000,00 € |
| Gewinn | 36.000,00 € | 24.000,00 € | 30.000,00 € | 90.000,00 € |

Verteilung im Verhältnis

| Gesellschafter | Bauer | Böttcher | Weber | Summe |
|---|---|---|---|---|
| Kapitalanteile | 60.000,00 € | 40.000,00 € | 50.000,00 € | 150.000,00 € |
| Anteile im Verhältnis | 3 | 5 | 7 | 15 |
| Gewinn | 18.000,00 € | 30.000,00 € | 42.000,00 € | 90.000,00 € |

# LÖSUNGEN

## Lösung zu Aufgabe 2:

| Gesellschafter | | Kaiser | König | Krämer | Summe |
|---|---|---|---|---|---|
| Kapitalanteile | | 60.000,00 € | 40.000,00 € | 50.000,00 € | 150.000,00 € |
| Kapitalverzinsung | 5 % | 3.000,00 € | 2.000,00 € | 2.500,00 € | 7.500,00 € |
| Gleiche Anteile | | 27.500,00 € | 27.500,00 € | 27.500,00 € | 82.500,00 € |
| Gewinn | | 30.500,00 € | 29.500,00 € | 30.000,00 € | 90.000,00 € |

## Lösung zu Aufgabe 3:

| Gesellschafter | | Burkhardt | Kostede | Jungclaus | Summe |
|---|---|---|---|---|---|
| Kapitalanteile | | 250.000,00 € | 400.000,00 € | 550.000,00 € | 1.200.000,00 € |
| Vorweg-Abzug | 8 % | | 46.000,00 € | 46.000,00 € | 92.000,00 € |
| Kapitalverzinsung | | 20.000,00 € | 32.000,00 € | 44.000,00 € | 96.000,00 € |
| Gleiche Anteile | | 104.000,00 € | 104.000,00 € | 104.000,00 € | 312.000,00 € |
| Gewinn | | 124.000,00 € | 182.000,00 € | 194.000,00 € | 500.000,00 € |

## Lösung zu Aufgabe 4:

| Gesellschafter | | Dallmeyer | Bremer | Scholz | Summe |
|---|---|---|---|---|---|
| Kapitalanteile am 01.01. | | 250.000,00 € | 400.000,00 € | 550.000,00 € | 1.200.000,00 € |
| Kapitaleinlage am 01.07. | | 50.000,00 € | | | |
| Kapitalentnahme am 01.07. | | | | -50.000,00 € | |
| Vorweg-Abzug | | | 100.000,00 € | 100.000,00 € | 200.000,00 € |
| Kapitalverzinsung | 4 % | 10.000,00 € | 16.000,00 € | 22.000,00 € | 48.000,00 € |
| Korrektur Kapitalverzinsung | | 1.000,00 € | | -1.000,00 € | 0 € |
| Gleiche Anteile | | 84.000,00 € | 84.000,00 € | 84.000,00 € | 252.000,00 € |
| Gewinn | | 95.000,00 € | 200.000,00 € | 205.000,00 € | 500.000,00 € |

## Lösung zu Aufgabe 5:

| Gesellschafter | | Böllert | Timm | Struve | Summe |
|---|---|---|---|---|---|
| Kapitalanteile | | 2.500.000,00 € | 1.800.000,00 € | 500.000,00 € | 4.800.000,00 € |
| Vorweg-Abzug | | 100.000,00 € | 100.000,00 € | | 200.000,00 € |
| Kapitalverzinsung | 6 % | 150.000,00 € | 108.000,00 € | 30.000,00 € | 288.000,00 € |
| Anteile | | 3 | 2 | 1 | 6 |
| Gewinnanteile | | 156.000,00 € | 104.000,00 € | 52.000,00 € | 312.000,00 € |
| Gewinn | | 406.000,00 € | 312.000,00 € | 82.000,00 € | 800.000,00 € |

## Lösung zu Aufgabe 6:

| Gesellschafter | | Kurtz | Lange | Breitner | Summe |
|---|---|---|---|---|---|
| Kapitalanteile am 01.01. | | 200.000,00 € | 400.000,00 € | 400.000,00 € | 1.000.000,00 € |
| Kapitaleinlage am 01.04. | | 100.000,00 € | | | |
| Kapitalentnahme am 01.09. | | | | -100.000,00 € | |
| Vorweg-Abzug | | | 100.000,00 € | 100.000,00 € | 200.000,00 € |
| Kapitalverzinsung | 3 % | 6.000,00 € | 12.000,00 € | 12.000,00 € | 30.000,00 € |
| Korrektur Kapitalverzinsung | | 2.250,00 € | | -750,00 € | 1.500,00 € |
| Anteile im Verhältnis | | 1 | 2 | 2 | 5 |
| Anteile | | 60.000,00 € | 120.000,00 € | 120.000,00 € | 300.000,00 € |
| Gewinn | | 68.250,00 € | 132.000,00 € | 131.250,00 € | 531.500,00 € |

# 1.5 Prozentrechnen

## Lösung zu Aufgabe 1:

| Jahr | Gewinn | Gewinnentwicklung |
|---|---|---|
| 1 | 500.000,00 € | 0,00 % |
| 2 | 399.765,00 € | -20,05 % |
| 3 | 444.489,00 € | -11,10 % |
| 4 | 521.890,00 € | 4,38 % |
| 5 | 501.000,00 € | 0,20 % |
| 6 | 656.000,00 € | 31,20 % |
| 7 | 746.000,00 € | 49,20 % |
| 8 | 889.000,00 € | 77,80 % |

## Lösung zu Aufgabe 2:

| Versicherung | Prämie | Porsche | Jaguar | Saab | Gesamt |
|---|---|---|---|---|---|
| Kfz-Haftpflicht | alt | 459,60 € | 536,20 € | 701,70 € | 1.697,50 € |
| | neu | 482,60 € | 563,00 € | 823,50 € | 1.869,10 € |
| | Änderung | 23,00 € | 26,80 € | 121,80 € | 171,60 € |
| | Änderung in % | 5,00 % | 5,00 % | 17,36 % | 10,11 % |
| Kasko | alt | 830,00 € | 914,90 € | 212,60 € | 1.957,50 € |
| | neu | 981,50 € | 1.026,50 € | 235,60 € | 2.243,60 € |
| | Änderung | 151,50 € | 111,60 € | 23,00 € | 286,10 € |
| | Änderung in % | 18,25 % | 12,20 % | 10,82 % | 14,62 % |
| Gesamt | alt | 1.289,60 € | 1.451,10 € | 914,30 € | 3.655,00 € |
| | neu | 1.464,10 € | 1.589,50 € | 1.059,10 € | 4.112,70 € |
| | Änderung | 174,50 € | 138,40 € | 144,80 € | 457,70 € |
| | Änderung in % | 13,53 % | 9,54 % | 15,84 % | 12,52 % |

## Lösung zu Aufgabe 3:

| | Scanner | | | Drucker | | | Fax | | |
|---|---|---|---|---|---|---|---|---|---|
| Barverkaufspreis | | | 273,45 € | | | 352,38 € | | | 449,83 € |
| - Deckungsspanne | | | 75,00 € | | | 65,00 € | | | 105,00 € |
| = Zwischensumme I | | 98 % | 198,45 € | | 98 % | 287,38 € | | 97 % | 344,83 € |
| + Kundenskonto | | 2 % | 4,05 € | | 2 % | 5,87 € | | 3 % | 10,67 € |
| = Zwischensumme II | 90 % | 100 % | 202,50 € | 85 % | 100 % | 293,25 € | 90 % | 100 % | 355,50 € |
| + Kundenrabatt | 10 % | | 22,50 € | 15 % | | 51,75 € | 10 % | | 39,50 € |
| = Preisuntergrenze | 100 % | | 225,00 € | 100 % | | 345,00 € | 100 % | | 395,00 € |

## Lösung zu Aufgabe 4:

| | Artikel A | | | Artikel B | | | Artikel C | | |
|---|---|---|---|---|---|---|---|---|---|
| Netto-Verkaufspreis | 100 % | | 3.222,00 € | 100 % | | 3.666,00 € | 100 % | | 2.777,00 € |
| - Kundenrabatt | 10 % | | 322,20 € | 25 % | | 916,50 € | 20 % | | 555,40 € |
| = Zielverkaufspreis | 90 % | 100 % | 2.899,80 € | 75 % | 100 % | 2.749,50 € | 80 % | 100 % | 2.221,60 € |
| - Kundenskonto | | 2 % | 58,00 € | | 2 % | 54,99 € | | 3 % | 66,65 € |
| = Barverkaufspreis | | 98 % | 2.841,80 € | | 98 % | 2.694,51 € | | 97 % | 2.154,95 € |
| - Warenkosten | | | 1.333,00 € | | | 1.555,00 € | | | 999,00 € |
| = Warenrohgewinn | | | 1.508,80 € | | | 1.139,51 € | | | 1.155,95 € |
| - Variable Stückkosten | | | 444,00 € | | | 566,00 € | | | 344,00 € |
| = Deckungsspanne | | | 1.064,80 € | | | 573,51 € | | | 811,95 € |

## 1.6 Zinsrechnen

### Lösung zu Aufgabe 1:

| | A | B | C |
|---|---|---|---|
| 2 | Berechnung der Zinstage | | |
| 3 | | | |
| 4 | Beginn der Laufzeit des Kredits | 15. Feb | |
| 5 | Ende der Laufzeit des Kredits | 1. Mrz | |
| 6 | Zinstage | =TAGE360(B4;B5) | |

Funktionsargumente

TAGE360
- Ausgangsdatum: B4 = 35475
- Enddatum: B5 = 35489
- Methode: = Wahrheitswert

= 16

Berechnet, ausgehend von einem Jahr, das 360 (12 Monate mit je 30 Tagen)Tage umfasst, die Anzahl der zwischen zwei Tagesdaten liegenden Tage.

**Enddatum** ist das Datum des letzten Tages der Zeitperiode, die Sie berechnen möchten.

Formelergebnis = 16

### Lösung zu Aufgabe 2:

| Beginn der Laufzeit | 2. Jan | 2. Jan | 15. Feb | 15. Feb |
|---|---|---|---|---|
| Ende der Laufzeit | 1. Mrz | 28. Feb | 15. Nov | 31. Dez |
| Zinstage | 59 | 56 | 270 | 315 |

### Lösung zu Aufgabe 3:

| | | 360 | Zinstage pro Jahr |
|---|---|---|---|
| **Ermittlung der Zinsen** | | | |
| Kapital | Zinssatz | Tage | Zinsen |
| 2.367,00 € | 8,50 % | 78 | 43,59 € |
| **Ermittlung des Kapitals** | | | |
| Kapital | Zinssatz | Tage | Zinsen |
| 24.900,00 € | 2,50 % | 240 | 415,00 € |
| **Ermittlung des Zinssatzes** | | | |
| Kapital | Zinssatz | Tage | Zinsen |
| 18.800,00 € | 4,26 % | 45 | 100,00 € |
| **Ermittlung der Zinstage** | | | |
| Kapital | Zinssatz | Tage | Zinsen |
| 120.000,00 € | 4,50 % | 30 | 450,00 € |

## Lösung zu Aufgabe 4:

| Bank | A | B | C |
|---|---|---|---|
| Kapital | 50.000,00 € | 50.000,00 € | 50.000,00 € |
| Zinssatz | 6,55 % | 6,30 % | 8,95 % |
| Zinstage pro Jahr | 360 | 360 | 360 |
| Laufzeit in Tagen | 90 | 90 | 90 |
| Zinsen | 818,75 € | 787,50 € | 1.118,75 € |
| Bearbeitungsgebühr | 300,00 € | 325,00 € | |
| Gesamte Kreditkosten | 1.118,75 € | 1.112,50 € | 1.118,75 € |

## Lösung zu Aufgabe 5:

| Bank | Kapital | Tage | Zinssatz | Zinszahl | Zinsteiler | Zinsen | Gesamte Zinsen |
|---|---|---|---|---|---|---|---|
| A | 10.000,00 € | 60 | 0,00 % | 6.000 | 0 | 0 € | |
| | 40.000,00 € | 60 | 3,75 % | 24.000 | 96 | 250,00 € | 250,00 € |
| B | 10.000,00 € | 60 | 2,50 % | 6.000 | 144 | 41,67 € | |
| | 10.000,00 € | 60 | 2,75 % | 6.000 | 131 | 45,83 € | |
| | 10.000,00 € | 60 | 3,00 % | 6.000 | 120 | 50,00 € | |
| | 10.000,00 € | 60 | 3,25 % | 6.000 | 111 | 54,17 € | |
| | 10.000,00 € | 60 | 3,50 % | 6.000 | 103 | 58,33 € | 250,00 € |
| C | 1.000,00 € | 60 | 0,00 % | 600 | 0 | 0 € | |
| | 49.000,00 € | 60 | 3,10 % | 29.400 | 116 | 253,17 € | 253,17 € |

| Zinstage im Jahr | 360 |
|---|---|

## Lösung zu Aufgabe 6:

| Zinstage im Jahr | 360 |
|---|---|
| Zinssatz | 6 % |
| Zinsteiler | 60 |

| Forderung | Tage | Zinszahl |
|---|---|---|
| 23.900,00 € | 70 | 16.730 |
| 13.567,00 € | 78 | 10.582 |
| 11.100,00 € | 67 | 7.437 |
| 32.090,00 € | 55 | 17.650 |
| 14.900,00 € | 85 | 12.665 |
| 12.340,00 € | 45 | 5.553 |
| 7.900,00 € | 16 | 1.264 |
| Summe | | 71.881 |

| Mahngebühren | 0,10 % |
|---|---|
| 23,90 € | |
| 13,57 € | |
| 11,10 € | |
| 32,09 € | |
| 14,90 € | |
| 12,34 € | |
| 7,90 € | |

| Zinsen | 1.198,02 € |
|---|---|
| Mahngebühren | 115,80 € |
| Summe | 1.313,82 € |

## LÖSUNGEN

**Lösung zu Aufgabe 7:**

| Fälligkeit | Tage | Umsatz | S/H | Saldo | S/H | Soll-Zinszahl | Haben-Zinszahl |
|---|---|---|---|---|---|---|---|
| 30. Okt | | | | 35.466,00 € | S | 709 | |
| 2. Nov | 2 | 134,00 € | S | 35.600,00 € | S | 2.492 | |
| 9. Nov | 7 | 36.200,00 € | H | 600,00 € | H | | 48 |
| 17. Nov | 8 | 22.050,00 € | H | 22.650,00 € | H | | 680 |
| 20. Nov | 3 | 33.567,00 € | S | 10.917,00 € | S | 764 | |
| 27. Nov | 7 | 18.432,00 € | S | 29.349,00 € | S | 880 | |
| 30. Nov | 3 | 4.050,00 € | S | 33.399,00 € | S | | |
| Summe Zinszahlen | | | | | | 4.845 | 728 |
| Zinstage im Jahr | 360 | Soll-Zinssatz | 10 % | Soll-Zinsteiler | S | 36 | |
| | 360 | Haben-Zinssatz | 2 % | Haben-Zinsteiler | H | | 180 |
| Soll-Zinsen | | | | | S | 134,58 € | |
| Haben-Zinsen | | | | | H | | 4,04 € |
| Zu zahlende Zinsen | | | | | S | 130,54 € | |
| Kontoführung | | | | | S | 15,00 € | |
| Konto-Belastung | | | | | S | 145,54 € | |

**Lösung zu Aufgabe 8:**

| Fälligkeit | Tage | Umsatz | S/H | Saldo | S/H | Soll-Zinszahl | Haben-Zinszahl |
|---|---|---|---|---|---|---|---|
| 30. Okt | | | | 35.466,00 € | S | 709 | |
| 2. Nov | 2 | 134,00 € | S | 35.600,00 € | S | 2.492 | |
| 9. Nov | 7 | 36.200,00 € | H | 600,00 € | H | | 48 |
| 17. Nov | 8 | 22.050,00 € | H | 22.650,00 € | H | | 680 |
| 20. Nov | 3 | 33.567,00 € | S | 10.917,00 € | S | 764 | |
| 27. Nov | 7 | 18.432,00 € | S | 29.349,00 € | S | 880 | |
| 30. Nov | 3 | 4.050,00 € | S | 33.399,00 € | S | | |
| Summe Zinszahlen | | | | | | 4.845 | 728 |
| Zinstage im Jahr | 360 | Soll-Zinssatz | 6 % | Soll-Zinsteiler | S | 60 | |
| | 360 | Haben-Zinssatz | 3 % | Haben-Zinsteiler | H | | 120 |
| Soll-Zinsen | | | | | S | 80,75 € | |
| Haben-Zinsen | | | | | H | | 6,07 € |
| Zu zahlende Zinsen | | | | | S | 74,68 € | |
| Kontoführung | | | | | S | 15,00 € | |
| Konto-Belastung | | | | | S | 89,68 € | |

## 1.7 Wertpapierrechnen

**Lösung zu Aufgabe 1:**

a)

| Anzahl | Aktien-Kauf | | Einzelpreis | Gesamtpreis |
|---|---|---|---|---|
| 100 | XYZ AG | | 41,65 € | 4.165,00 € |
| | Gebühren vom Kurswert | 1,00 % | | 41,65 € |
| | Mindestgebühr | | 20,00 € | |
| 100 | Anschaffungskosten | | | 4.206,65 € |

| Anzahl | Aktien-Verkauf | | Einzelpreis | Gesamtpreis | Gewinn |
|---|---|---|---|---|---|
| 100 | XYZ AG | | 187,44 € | 18.744,00 € | |
| | Gebühren vom Kurswert | 1,00 % | | 187,44 € | |
| | Mindestgebühr | | 20,00 € | | |
| 100 | Verkaufserlöse | | | 18.556,56 € | 14.349,91 € |

b)

| Anzahl | Aktien-Online-Kauf | | Einzelpreis | Gesamtpreis |
|---|---|---|---|---|
| 100 | XYZ AG | | 41,65 € | 4.165,00 € |
| | Gebühren vom Kurswert | 0,50 % | 20,83 € | |
| | Mindestgebühr | | | 25,00 € |
| 100 | Anschaffungskosten | | | 4.190,00 € |

| Anzahl | Aktien-Online-Verkauf | | Einzelpreis | Gesamtpreis | |
|---|---|---|---|---|---|
| 100 | XYZ AG | | 187,44 € | 18.744,00 € | |
| | Gebühren vom Kurswert | 0,50 % | | 93,72 € | |
| | Mindestgebühr | | 25,00 € | | **Gewinn** |
| 100 | Verkaufserlöse | | | 18.650,28 € | 14.460,28 € |

c)

| Gebühren-Vergleich (Differenz der Gewinne) | **Differenz** |
|---|---|
| | 110,37 € |

## Lösung zu Aufgabe 2:

| Anzahl | Aktien-Kauf 1 | | Einzelpreis | Gesamtpreis |
|---|---|---|---|---|
| 200 | ABC AG | | 180,00 € | 36.000,00 € |
| | Provision | 0,500 % | | 180,00 € |
| | Maklercourtage | 0,040 % | | 14,40 € |
| | Transaktionsentgelt | 0,045 % | | 16,20 € |
| 200 | Anschaffungskosten 1 | | | 36.210,60 € |

| Anzahl | Aktien-Kauf 2 | | Einzelpreis | Gesamtpreis |
|---|---|---|---|---|
| 200 | ABC AG | | 125,00 € | 25.000,00 € |
| | Provision | 0,500 % | | 125,00 € |
| | Maklercourtage | 0,040 % | | 10,00 € |
| | Transaktionsentgelt | 0,045 % | | 11,25 € |
| 200 | Anschaffungskosten 2 | | | 25.146,25 € |

| Anzahl | Aktien-Kauf 3 | | Einzelpreis | Gesamtpreis |
|---|---|---|---|---|
| 100 | ABC AG | | 65,50 € | 6.550,00 € |
| | Provision | 0,500 % | | 32,75 € |
| | Maklercourtage | 0,040 % | | 2,62 € |
| | Transaktionsentgelt | 0,045 % | | 2,95 € |
| 100 | Anschaffungskosten 3 | | | 6.588.32 € |

| Anzahl | Aktien-Verkauf 1 | | Einzelpreis | Gesamtpreis |
|---|---|---|---|---|
| 150 | ABC AG | | 75,00 € | 11.250,00 € |
| | Provision | 0,500 % | | 56,25 € |
| | Maklercourtage | 0,040 % | | 4,50 € |
| | Transaktionsentgelt | 0,045 % | | 5,06 € |
| 150 | Verkaufserlös 1 | | | 11.184,19 € |

| Anzahl | Aktien-Verkauf 2 | | Einzelpreis | Gesamtpreis |
|---|---|---|---|---|
| 350 | ABC AG | | 162,50 € | 56.875,00 € |
| | Provision | 0,500 % | | 284,38 € |
| | Maklercourtage | 0,040 % | | 22,75 € |
| | Transaktionsentgelt | 0,045 % | | 25,59 € |
| 350 | Verkaufserlös 2 | | | 56.542,28 € |

| | **Verlust** | 218,70 € |
|---|---|---|

## 1.8 Handelskalkulation

### Lösung zu Aufgabe 1:

|   |   |   | Angebot 1 |   | Angebot 2 |   | Angebot 3 |
|---|---|---|---|---|---|---|---|
|   | Listenpreis |   | 49,80 € |   | 64,70 € |   | 74,90 € |
| - | Rabatt | 10 % | 4,98 € | 20 % | 12,94 € | 30 % | 22,47 € |
| = | Zieleinkaufspreis |   | 44,82 € |   | 51,76 € |   | 52,43 € |
| - | Skonto | 2 % | 0,90 € | 0 % | 0 € | 2 % | 1,05 € |
| = | Bareinkaufspreis |   | 43,92 € |   | 51,76 € |   | 51,38 € |
| + | Verpackung |   | 0,70 € |   | 1,20 € |   | 1,00 € |
| + | Transportkosten |   | 1,50 € |   | 1,00 € |   | 3,00 € |
| = | Einstandspreis |   | 46,12 € |   | 53,96 € |   | 55,38 € |

### Lösung zu Aufgabe 2:

|   |   |   | Angebot 1 |   | Angebot 2 |   | Angebot 3 |
|---|---|---|---|---|---|---|---|
|   | Listenpreis |   | 1.662,13 € |   | 2.021,44 € |   | 2.317,11 € |
| - | Rabatt | 10 % | 166,21 € | 25 % | 505,36 € | 35 % | 810,99 € |
| = | Zieleinkaufspreis |   | 1.495,92 € |   | 1.516,08 € |   | 1.506,12 € |
| - | Skonto | 2 % | 29,92 € | 3 % | 45,48 € | 2 % | 30,12 € |
| = | Bareinkaufspreis |   | 1.466,00 € |   | 1.470,60 € |   | 1.476,00 € |
| + | Verpackung |   | 6,00 € |   | 4,40 € |   | 6,00 € |
| + | Transportkosten |   | 28,00 € |   | 25,00 € |   | 18,00 € |
| = | Einstandspreis |   | 1.500,00 € |   | 1.500,00 € |   | 1.500,00 € |

### Lösung zu Aufgabe 3:

| Daten: | Listenpreis pro Stück |   |   |   | 12,50 € |
|---|---|---|---|---|---|
|   | Skonto |   |   |   | 2,5 % |
|   | Rabatt bis | 100 | Stück |   | 5 % |
|   |   | 150 | Stück |   | 10 % |
|   |   | Versicherung |   |   | 0,9 % |
|   |   | Transportkosten |   |   | 0,45 € |
|   |   | Abnahme | Stück |   | 150 |

|   |   | Tischdecken |
|---|---|---|
| **Listenpreis** |   | 1.875,00 € |
| - Rabatt in %* | 10,00 % | 187,50 € |
| **Listeneinkaufspreis** |   | 1.687,50 € |
| - Skonto in % | 2,50 % | 42,19 € |
| **Bareinkaufspreis** |   | 1.645,31 € |
| + Verpackung |   | 0 € |
| + Transportkosten |   | 67,50 € |
| + Versicherungsprämie | 0,90 % | 15,56 € |
| **Bezugspreis** |   | 1.728,37 € |
|   |   |   |
| **Bezugspreis pro Stück** |   | 11,52 € |

\* =WENN(G17<=E13;G13;G14)

## Lösung zu Aufgabe 4:

| Datenfeld: | | | | |
|---|---|---|---|---|
| Menge an Dosen | | 240 | Stück | |
| Preis je Dose | | 0,99 | € | |
| Skonto | | 3,00 % | | |
| Rabatt | 5,00 % | bei Abnahme von bis | 120 | Dosen |
| | 10,00 % | bei Abnahme von über | 120 | Dosen |
| Verpackung | | 5,00 | € | je Sendung |
| Transport | | 10,00 | € | je Sendung |
| Versicherungskosten | | 12,00 | € | je Sendung |

| | | Champignons |
|---|---|---|
| Listenpreis | | 237,60 € |
| - Rabatt in % | 10 % | 23,76 € |
| Zieleinkaufspreis | | 213,84 € |
| - Skonto | 3 % | 6,42 € |
| Bareinkaufspreis | | 207,42 € |
| Verpackung | | 5,00 € |
| Frachtkosten | | 10,00 € |
| Versicherung | | 12,00 € |
| Einstandspreis | | 234,42 € |

## Lösung zu Aufgabe 5:

| | | | Artikel A | | Artikel B | | Artikel C |
|---|---|---|---|---|---|---|---|
| | Einstandspreis | | 9.595,00 € | | 8.905,00 € | | 10.610,00 € |
| + | Handlungskosten | 20 % | 1.919,00 € | 20 % | 1.781,00 € | 20 % | 2.122,00 € |
| = | Selbstkosten | | 11.514,00 € | | 10.686,00 € | | 12.732,00 € |
| + | Gewinn | 30 % | 3.454,20 € | 25 % | 2.671,50 € | 20 % | 2.546,40 € |
| = | Barverkaufspreis | | 14.968,20 € | | 13.357,50 € | | 15.278,40 € |
| + | Kundenskonto | 3 % | 462,93 € | 3 % | 413,12 € | 3 % | 472,53 € |
| = | Zielverkaufspreis | | 15.431,13 € | | 13.770,62 € | | 15.750,93 € |
| + | Kundenrabatt | 25 % | 5.143,71 € | 25 % | 4.590,21 € | 25 % | 5.250,31 € |
| = | Netto-Verkaufspreis | | 20.574,84 € | | 18.360,83 € | | 21.001,24 € |
| + | Umsatzsteuer | 19 % | 3.909,22 € | 19 % | 3.488,56 € | 19 % | 3.990,24 € |
| = | Brutto-Verkaufspreis | | 24.484,06 € | | 21.849,39 € | | 24.991,48 € |

## Lösung zu Aufgabe 6:

| | | Zuschlag | Ware der Gruppe I | Zuschlag | Ware der Gruppe II | Zuschlag | Ware der Gruppe III |
|---|---|---|---|---|---|---|---|
| | Einstandspreis | | 2.998,00 € | | 2.998,00 € | | 2.998,00 € |
| + | Handlungskosten | 48 % | 1.439,04 € | 92 % | 2.758,16 € | 55 % | 1.648,90 € |
| = | Selbstkosten | | 4.437,04 € | | 5.756,16 € | | 4.646,90 € |
| + | Gewinn | 12 % | 532,44 € | 4 % | 230,25 € | 13 % | 604,10 € |
| = | Barverkaufspreis | | 4.969,48 € | | 5.986,41 € | | 5.251,00 € |
| + | Kundenskonto | 2 % | 101,42 € | 2 % | 122,17 € | 2 % | 107,16 € |
| = | Zielverkaufspreis | | 5.070,90 € | | 6.108,58 € | | 5.358,16 € |
| + | Kundenrabatt | 10 % | 563,43 € | 10 % | 678,73 € | 10 % | 595,35 € |
| = | Netto-Verkaufspreis | | 5.634,33 € | | 6.787,31 € | | 5.953,51 € |
| + | Umsatzsteuer | 19 % | 1.070,52 € | 19 % | 1.289,59 € | 19 % | 1.131,17 € |
| = | Brutto-Verkaufspreis | | 6.704,85 € | | 8.076,90 € | | 7.084,68 € |

# LÖSUNGEN

## Lösung zu Aufgabe 7:

|   |   | Zuschlag | Laptop | Zuschlag | Desktop | Zuschlag | Drucker |
|---|---|---|---|---|---|---|---|
|   | Einstandspreis |   | 1.750,00 € |   | 1.200,00 € |   | 395,00 € |
| + | Handlungskosten | 40 % | 700,00 € | 60 % | 720,00 € | 50 % | 197,50 € |
| = | Selbstkosten |   | 2.450,00 € |   | 1.920,00 € |   | 592,50 € |
| + | Gewinn | 12 % | 294,00 € | 14 % | 268,80 € | 13 % | 77,03 € |
| = | Barverkaufspreis |   | 2.744,00 € |   | 2.188,80 € |   | 669,53 € |
| + | Kundenskonto | 3 % | 84,87 € | 2 % | 44,67 € | 3 % | 20,71 € |
| = | Zielverkaufspreis |   | 2.828,87 € |   | 2.233,47 € |   | 690,23 € |
| + | Kundenrabatt | 20 % | 707,22 € | 15 % | 394,14 € | 10 % | 76,69 € |
| = | Netto-Verkaufspreis |   | 3.536,08 € |   | 2.627,61 € |   | 766,92 € |
| + | Umsatzsteuer | 19 % | 671,86 € | 19 % | 499,25 € | 19 % | 145,72 € |
| = | Brutto-Verkaufspreis |   | 4.207,94 € |   | 3.126,86 € |   | 912,64 € |

## Lösung zu Aufgabe 8:

|   |   | Zuschlag | Artikel A | Zuschlag | Artikel B | Zuschlag | Artikel C |
|---|---|---|---|---|---|---|---|
|   | Brutto-Verkaufspreis |   | 205,07 € |   | 410,24 € |   | 512,83 € |
| - | Umsatzsteuer | 19 % | 32,74 € | 19 % | 65,50 € | 19 % | 81,88 € |
| = | Netto-Verkaufspreis |   | 172,33 € |   | 344,74 € |   | 430,95 € |
| - | Kundenrabatt | 10 % | 17,23 € | 15 % | 51,71 € | 20 % | 86,19 € |
| = | Zielverkaufspreis |   | 155,10 € |   | 293,03 € |   | 344,76 € |
| - | Kundenskonto | 3 % | 4,65 € | 2 % | 5,86 € | 2 % | 6,90 € |
| = | Barverkaufspreis |   | 150,45 € |   | 287,17 € |   | 337,86 € |
| - | Gewinn | 25 % | 30,09 € | 20 % | 47,86 € | 15 % | 44,07 € |
| = | Selbstkosten |   | 120,36 € |   | 239,31 € |   | 293,79 € |
| - | Handlungskosten | 70 % | 49,56 € | 50 % | 79,77 € | 60 % | 110,17 € |
| = | Einstandspreis |   | 70,80 € |   | 159,54 € |   | 183,62 € |
| - | Bezugskosten |   | 4,50 € |   | 14,00 € |   | 15,00 € |
| = | Bareinkaufspreis |   | 66,30 € |   | 145,54 € |   | 168,62 € |
| + | Lieferskonto | 3 % | 2,05 € | 3 % | 4,50 € | 3 % | 5,22 € |
| = | Zieleinkaufspreis |   | 68,35 € |   | 150,04 € |   | 173,84 € |
| + | Lieferrabatt | 10 % | 7,59 € | 10 % | 16,67 € | 10 % | 19,32 € |
| = | Listeneinkaufspreis |   | 75,94 € |   | 166,71 € |   | 193,16 € |

## Lösung zu Aufgabe 9:

|   |   | Zuschlag | Artikel A | Zuschlag | Artikel B | Zuschlag | Artikel C |
|---|---|---|---|---|---|---|---|
|   | Brutto-Verkaufspreis |   | 101,55 € |   | 101,55 € |   | 101,55 € |
| - | Umsatzsteuer | 19 % | 16,21 € | 19 % | 16,21 € | 19 % | 16,21 € |
| = | Netto-Verkaufspreis |   | 85,34 € |   | 85,34 € |   | 85,34 € |
| - | Kundenrabatt | 10 % | 8,53 € | 15 % | 12,80 € | 20 % | 17,07 € |
| = | Zielverkaufspreis |   | 76,81 € |   | 72,54 € |   | 68,27 € |
| - | Kundenskonto | 3 % | 2,30 € | 2 % | 1,45 € | 2 % | 1,37 € |
| = | Barverkaufspreis |   | 74,51 € |   | 71,09 € |   | 66,90 € |
| - | Gewinn | 25 % | 14,90 € | 20 % | 11,85 € | 15 % | 8,73 € |

|   |   | Zuschlag | Artikel A | Zuschlag | Artikel B | Zuschlag | Artikel C |
|---|---|---|---|---|---|---|---|
| = | Selbstkosten |  | 59,61 € |  | 59,24 € |  | 58,17 € |
| - | Handlungskosten | 70 % | 24,55 € | 50 % | 19,75 € | 60 % | 21,81 € |
| = | Einstandspreis |  | 35,06 € |  | 39,49 € |  | 36,36 € |
| - | Bezugskosten |  | 1,00 € |  | 0,80 € |  | 0,75 € |
| = | Bareinkaufspreis |  | 34,06 € |  | 38,69 € |  | 35,61 € |
| + | Lieferskonto | 3 % | 1,05 € | 3 % | 1,20 € | 3 % | 1,10 € |
| = | Zieleinkaufspreis |  | 35,11 € |  | 39,89 € |  | 36,71 € |
| + | Lieferrabatt | 10 % | 3,90 € | 10 % | 4,43 € | 10 % | 4,08 € |
| = | Listeneinkaufspreis |  | 39,01 € |  | 44,32 € |  | 40,79 € |

## Lösung zu Aufgabe 10:

|   |   | Zuschlag | Artikel A | Zuschlag | Artikel B | Zuschlag | Artikel C |
|---|---|---|---|---|---|---|---|
|   | Einstandspreis |  | 1.598,00 € |  | 1.698,00 € |  | 1.398,00 € |
| + | Handlungskosten | 30,00 % | 479,40 € | 30,00 % | 509,40 € | 30,00 % | 419,40 € |
| = | Selbstkosten |  | 2.077,40 € |  | 2.207,40 € |  | 1.817,40 € |
| + | Gewinn | - 9,49 % | - 197,19 € | -14,82 % | - 327,19 € | 3,46 % | 62,81 € |
| = | Barverkaufspreis |  | 1.880,21 € |  | 1.880,21 € |  | 1.880,21 € |
| + | Kundenskonto | 3,00 % | 58,15 € | 3,00 % | 58,15 € | 3,00 % | 58,15 € |
| = | Zielverkaufspreis |  | 1.938,36 € |  | 1.938,36 € |  | 1.938,36 € |
| + | Kundenrabatt | 25,00 % | 646,12 € | 25,00 % | 646,12 € | 25,00 % | 646,12 € |
| = | Netto-Verkaufspreis |  | 2.584,48 € |  | 2.584,48 € |  | 2.584,48 € |
| + | Umsatzsteuer | 19,00 % | 491,05 € | 19,00 % | 491,05 € | 19,00 % | 491,05 € |
| = | Brutto-Verkaufspreis |  | 3.075,53 € |  | 3.075,53 € |  | 3.075,53 € |

## Lösung zu Aufgabe 11:

|   |   | Zuschlag | Artikel A | Zuschlag | Artikel B | Zuschlag | Artikel C |
|---|---|---|---|---|---|---|---|
|   | Einstandspreis |  | 1.598,00 € |  | 1.698,00 € |  | 1.398,00 € |
| + | Handlungskosten | 25,00 % | 399,50 € | 35,00 % | 594,30 € | 40,00 % | 559,20 € |
| = | Selbstkosten |  | 1.997,50 € |  | 2.292,30 € |  | 1.957,20 € |
| + | Gewinn | 12,95 % | 258,75 € | - 1,57 % | - 36,05 € | 15,28 % | 299,05 € |
| = | Barverkaufspreis |  | 2.256,25 € |  | 2.256,25 € |  | 2.256,25 € |
| + | Kundenskonto | 3,00 % | 69,78 € | 3,00 % | 69,78 € | 3,00 % | 69,78 € |
| = | Zielverkaufspreis |  | 2.326,03 € |  | 2.326,03 € |  | 2.326,03 € |
| + | Kundenrabatt | 10,00 % | 258,45 € | 10,00 % | 258,45 € | 10,00 % | 258,45 € |
| = | Netto-Verkaufspreis |  | 2.584,48 € |  | 2.584,48 € |  | 2.584,48 € |
| + | Umsatzsteuer | 19,00 % | 491,05 € | 19,00 % | 491,05 € | 19,00 % | 491,05 € |
| = | Brutto-Verkaufspreis |  | 3.075,53 € |  | 3.075,53 € |  | 3.075,53 € |

## 2. Kostenrechnung in der Industrie
### 2.1 Divisionskalkulation
**Lösung zu Aufgabe 1:**

| Stückkosten | Menge | Gesamtkosten |
|---|---|---|
| 192,00 € | 24.320 | 4.669.440,00 € |

**Lösung zu Aufgabe 2:**

| $\dfrac{\text{Gesamtkosten}}{\text{Produktionsmenge}}$ | $\dfrac{1.593.600,00\ €}{830}$ | 1.920,00 € |
|---|---|---|
| Gewinnzuschlag | 25 % | 480,00 € |
| Netto-VKP | | 2.400,00 € |

**Lösung zu Aufgabe 3:**

| Netto-VKP | | 25,00 € |
|---|---|---|
| Gewinn | 25 % | 5,00 € |
| Stückkosten | | 20,00 € |
| Menge | 47.400 | |
| Gesamtkosten | | 948.000,00 € |

### 2.2 Äquivalenzziffernkalkulation
**Lösung zu Aufgabe 1:**

| | | Anteilige Stückkosten |
|---|---|---|
| $\dfrac{\text{Herstellkosten}}{\text{Produktionsmenge}}$ | $\dfrac{1.300.000,00\ €}{100.000}$ | 13,00 € |
| $\dfrac{\text{Verwaltungskosten/Vertrieb}}{\text{Absatzmenge}}$ | $\dfrac{200.000,00\ €}{100.000}$ | 2,00 € |
| $\dfrac{\text{Verwaltungskosten/Nicht-Vertrieb}}{\text{Produktionsmenge}}$ | $\dfrac{15.000,00\ €}{80.000}$ | 0,19 € |
| $\dfrac{\text{Vertriebskosten}}{\text{Absatzmenge}}$ | $\dfrac{65.000,00\ €}{80.000}$ | 0,81 € |
| Selbstkosten/Stück | | 16,00 € |
| Gewinnzuschlag | 20 % | 3,20 € |
| Netto-VKP | | 19,20 € |

## Lösung zu Aufgabe 2:

| Materialkosten | 2.500.000,00 € | |
|---|---|---|
| Fertigungskosten | 1.500.000,00 € | |
| Herstellkosten | 4.000.000,00 € | |
| | | Anteilige Stückkosten |
| $\dfrac{\text{Herstellkosten}}{\text{Produktionsmenge}}$ | $\dfrac{4000.000,00\ €}{20.000}$ | 200,00 € |
| $\dfrac{\text{Verwaltungskosten/Vertrieb}}{\text{Absatzmenge}}$ | $\dfrac{200.000,00\ €}{20.000}$ | 10,00 € |
| $\dfrac{\text{Verwaltungskosten/Nicht-Vertrieb}}{\text{Produktionsmenge}}$ | $\dfrac{90.000,00\ €}{18.000}$ | 5,00 € |
| $\dfrac{\text{Vertriebskosten}}{\text{Absatzmenge}}$ | $\dfrac{360.000,00\ €}{18.000}$ | 20,00 € |
| Selbstkosten/Stück | | 235,00 € |

## Lösung zu Aufgabe 3:

| Sorte | Menge | ÄZ | Umrechnungszahl | Selbstkosten | Stückkosten |
|---|---|---|---|---|---|
| Export | 600.000 | 1,0 | 600.000 | 27.000.000,00 € | 45,00 € |
| Pils | 120.000 | 0,8 | 96.000 | 4.320.000,00 € | 36,00 € |
| Alt | 360.000 | 1,1 | 396.000 | 17.820.000,00 € | 49,50 € |
| | | | 1.092.000 | 49.140.000,00 € | |

## Lösung zu Aufgabe 4:

| Sorte | Menge | ÄZ | Umrechnungszahl | Selbstkosten | Stückkosten |
|---|---|---|---|---|---|
| 1 | 26.000.000 | 1,0 | 26.000.000 | 13.819.819,82 € | 0,53 € |
| 2 | 12.000.000 | 0,8 | 9.600.000 | 5.102.702,70 € | 0,43 € |
| 3 | 8.000.000 | 1,1 | 8.800.000 | 4.677.477,48 € | 0,58 € |
| | | | 44.400.000 | 23.600.000,00 € | |

## Lösung zu Aufgabe 5:

| Sorte | Menge | ÄZ | Umrechnungszahl | Selbstkosten | Stückkosten |
|---|---|---|---|---|---|
| 1 | 24.000 | 1,000 | 24.000 | 16.800,00 € | 0,70 € |
| 2 | 16.000 | 1,845 | 29.520 | 20.664,00 € | 1,29 € |
| 3 | 5.600 | 0,750 | 4.200 | 2.940,00 € | 0,53 € |
| 4 | 3.800 | 2,300 | 8.740 | 6.118,00 € | 1,61 € |
| 5 | 16.500 | 0,600 | 9.900 | 6.930,00 € | 0,42 € |
| | | | 76.360 | 53.452,00 € | |

## LÖSUNGEN

### Lösung zu Aufgabe 6

| Sorte | Menge | ÄZ | Umrechnungszahl | Selbstkosten | Stückkosten | Gewinnzuschlag | Gewinn | Netto-VKP |
|---|---|---|---|---|---|---|---|---|
| A | 76.000 | 1,0 | 76.000 | 760.000,00 € | 10,00 € | 20 % | 2,00 € | 12,00 € |
| B | 67.500 | 1,4 | 94.500 | 945.000,00 € | 14,00 € | 15 % | 2,10 € | 16,10 € |
| C | 45.900 | 1,8 | 82.620 | 826.200,00 € | 18,00 € | 12 % | 2,16 € | 20,16 € |
|   |   |   | 253.120 | 2.531.200,00 € |   |   |   |   |

### Lösung zu Aufgabe 7:

| Sorte | Produktionszeit | ÄZ |
|---|---|---|
| 1 | 30 | 1,0 |
| 2 | 36 | 1,2 |
| 3 | 48 | 1,6 |
| 4 | 15 | 0,5 |

## 2.3 Kuppelkalkulation

### Lösung zu Aufgabe 1:

| Produkt | Menge | Marktpreis | Umrechnungszahl | Gesamtkosten | Stückkosten |
|---|---|---|---|---|---|
| 1 | 18.000 | 10,00 € | 180.000 |   | 2,00 € |
| 2 | 4.000 | 8,00 € | 32.000 |   | 1,60 € |
| 3 | 3.000 | 7,00 € | 21.000 |   | 1,40 € |
|   |   |   | 233.000 | 46.600,00 € |   |

### Lösung zu Aufgabe 2:

| Produkt | Menge | Marktpreis | Umrechnungszahl | Gesamtkosten | Stückkosten |
|---|---|---|---|---|---|
| 1 | 16.000 | 12,00 € | 192.000 | 76.800,00 € | 4,80 € |
| 2 | 19.000 | 7,00 € | 133.000 | 53.200,00 € | 2,80 € |
| 3 | 14.000 | 9,00 € | 126.000 | 50.400,00 € | 3,60 € |
| 4 | 7.000 | 8,50 € | 59.500 | 23.800,00 € | 3,40 € |
| 5 | 5.000 | 7,00 € | 35.000 | 14.000,00 € | 2,80 € |
|   |   |   | 545.500 | 218.200,00 € |   |

### Lösung zu Aufgabe 3:

| Produkt | Menge | Marktpreis | Weiterverarbeitungskosten | Subtraktionswert |
|---|---|---|---|---|
| 1 | 13.250 | 38,50 € |   |   |
| 2 | 14.680 | 16,00 € | 11,00 € | 73.400,00 € |
| 3 | 1.350 | 24,00 € | 13,00 € | 14.850,00 € |
|   |   |   |   | 88.250,00 € |

### Lösung zu Aufgabe 4:

| Produkt | Menge | Marktpreis | Weiterverarbeitungskosten | Subtraktionswert | Stückkosten |
|---|---|---|---|---|---|
| 1 | 5.400 | 8,50 € |   |   | 5,00 € |
| 2 | 800 | 7,00 € | 2,00 € | 4.000,00 € |   |
| 3 | 500 | 6,50 € | 1,50 € | 2.500,00 € |   |
|   |   |   |   | 6.500,00 € |   |

| Gesamtkosten | 33.500,00 € |
|---|---|

## 2.4 Betriebsabrechnungsbogen
### Lösung zu Aufgabe 1:

| Kostenart | Kosten | Schlüssel | Kostenstellen | | |
|---|---|---|---|---|---|
| | | | Materialstelle | Fertigungsstelle | Verwaltungs- u. Vertriebsstelle |
| Einzelkosten | | | | | |
| Fertigungsmaterial | 5.500.000,00 € | | 5.500.000,00 € | | |
| Fertigungslöhne | 2.500.000,00 € | | | 2.500.000,00 € | |
| Summe Einzelkosten | 8.000.000,00 € | | 5.500.000,00 € | 2.500.000,00 € | |
| Gemeinkosten | | | | | |
| Hilfslöhne | 714.000,00 € | 01:02:00 | 238.000,00 € | 476.000,00 € | 0,00 € |
| Mieten/Pachten | 365.000,00 € | 01:01:01 | 121.666,67 € | 121.666,67 € | 121.666,66 € |
| Unternehmenssteuern | 340.000,00 € | 01:01:01 | 113.333,33 € | 113.333,33 € | 113.333,33 € |
| Versicherungsprämien | 70.000,00 € | 01:02:01 | 17.500,00 € | 35.000,00 € | 17.500,00 € |
| Hilfsstoffe | 350.000,00 € | 00:01:00 | 0,00 € | 350.000,00 € | 0,00 € |
| Betriebsstoffe | 296.000,00 € | 00:01:00 | 0,00 € | 296.000,00 € | 0,00 € |
| Abschreibungen | 750.000,00 € | 01:05:02 | 93.750,00 € | 468.750,00 € | 187.500,00 € |
| Kapitalkosten | 410.000,00 € | 01:05:01 | 58.571,43 € | 292.857,14 € | 58.571,43 € |
| Allg. Verwaltungskosten | 275.000,00 € | 01:01:06 | 34.375,00 € | 34.375,00 € | 206.250,00 € |
| Ausgangsfrachten | 40.000,00 € | 00:00:01 | 0,00 € | 0,00 € | 40.000,00 € |
| Kalkulatorische Kosten | 290.000,00 € | 01:04:02 | 41.428,57 € | 165.714,29 € | 82.857,14 € |
| Summe Gemeinkosten | 3.900.000,00 € | | 718.625,00 € | 2.353.696,43 € | 827.678,56 € |

### Lösung zu Aufgabe 2:

| Kostenart | Kosten | Schlüssel | Kostenstellen | | |
|---|---|---|---|---|---|
| | | | Materialstelle | Fertigungsstelle | Verwaltungs- u. Vertriebsstelle |
| Einzelkosten | | | | | |
| Fertigungsmaterial | 7.500.000,00 € | | 7.500.000,00 € | | |
| Fertigungslöhne | 3.500.000,00 € | | | 3.500.000,00 € | |
| Summe Einzelkosten | 11.000.000,00 € | | 7.500.000,00 € | 3.500.000,00 € | |
| Gemeinkosten | | | | | |
| Hilfslöhne | 814.000,00 € | 01:02:00 | 271.333,33 € | 542.666,67 € | 0,00 € |
| Mieten/Pachten | 450.000,00 € | 01:01:01 | 150.000,00 € | 150.000,00 € | 150.000,00 € |
| Unternehmenssteuern | 320.000,00 € | 01:01:01 | 106.666,67 € | 106.666,67 € | 106.666,67 € |
| Versicherungsprämien | 80.000,00 € | 01:02:01 | 20.000,00 € | 40.000,00 € | 20.000,00 € |
| Hilfsstoffe | 250.000,00 € | 00:01:00 | 0,00 € | 250.000,00 € | 0,00 € |
| Betriebsstoffe | 196.000,00 € | 00:01:00 | 0,00 € | 196.000,00 € | 0,00 € |
| Abschreibungen | 800.000,00 € | 01:05:02 | 100.000,00 € | 500.000,00 € | 200.000,00 € |
| Kapitalkosten | 490.000,00 € | 01:05:01 | 70.000,00 € | 350.000,00 € | 70.000,00 € |
| Allg. Verwaltungskosten | 260.000,00 € | 01:01:06 | 32.500,00 € | 32.500,00 € | 195.000,00 € |
| Ausgangsfrachten | 50.000,00 € | 00:00:01 | 0,00 € | 0,00 € | 50.000,00 € |
| Kalkulatorische Kosten | 290.000,00 € | 01:04:02 | 41.428,57 € | 165.714,29 € | 82.857,14 € |
| Summe Gemeinkosten | 4.000.000,00 € | | 791.928,57 € | 2.333.547,62 € | 874.523,81 € |
| Herstellkosten | 14.125.476,19 € | | | | |
| Zuschlagssätze | | | 10,56 % | 66,67 % | 6,19 % |

## Lösung zu Aufgabe 3:

|  | Gesamt | Material | Fertigung | Verwaltung | Vertrieb |
|---|---|---|---|---|---|
| Einzelkosten |  |  |  |  |  |
| Fertigungsmaterial |  | 1.750.000,00 € |  |  |  |
| Fertigungslöhne |  |  | 1.670.000,00 € |  |  |
| Summe Einzelkosten |  | 1.750.000,00 € | 1.670.000,00 € |  |  |
| Gemeinkosten |  |  |  |  |  |
| Hilfslöhne | 300.000,00 € | 24.000,00 € | 186.000,00 € | 45.000,00 € | 45.000,00 € |
| Hilfsstoffe | 75.000,00 € |  | 75.000,00 € |  |  |
| Betriebsstoffe | 160.000,00 € | 16.000,00 € | 104.000,00 € | 16.000,00 € | 24.000,00 € |
| Abschreibungen | 120.000,00 € | 36.000,00 € | 48.000,00 € | 12.000,00 € | 24.000,00 € |
| Gehälter | 340.000,00 € |  | 51.000,00 € | 255.000,00 € | 34.000,00 € |
| Zinsen | 96.000,00 € | 4.800,00 € | 57.600,00 € | 11.520,00 € | 22.080,00 € |
| Steuern | 172.000,00 € | 43.000,00 € | 43.000,00 € | 43.000,00 € | 43.000,00 € |
| Mieten | 180.000,00 € | 45.000,00 € | 74.000,00 € | 37.000,00 € | 24.000,00 € |
| Reparaturen | 78.000,00 € | 8.580,00 € | 42.120,00 € | 9.360,00 € | 17.940,00 € |
| Sonstige Kosten | 270.000,00 € | 67.500,00 € | 67.500,00 € | 67.500,00 € | 67.500,00 € |
| Summe Gemeinkosten | 1.791.000,00 € | 244.880,00 € | 748.220,00 € | 496.380,00 € | 301.520,00 € |
| Herstellkosten | 4.413.100,00 € |  |  |  |  |
| Zuschlagssätze |  | 13,99 % | 44,80 % | 11,25 % | 6,83 % |

## 2.5 Innerbetriebliche Leistungsverrechnung

### Lösung zu Aufgabe 1:

| Kostenstellen | Material | Fertigung | Verwaltung | Vertrieb |
|---|---|---|---|---|
| Einzelkosten | 520.000,00 € | 650.000,00 € |  |  |
| Gemeinkosten | 323.000,00 € | 322.200,00 € | 107.000,00 € | 67.000,00 € |
| - Entlastung Einzelkosten | 45.000,00 € | 22.000,00 € |  |  |
| + Belastung Gemeinkosten |  |  |  | 67.000,00 € |
| Einzelkosten nach IBL | 475.000,00 € | 628.000,00 € |  |  |
| Gemeinkosten nach IBL | 323.000,00 € | 322.200,00 € | 107.000,00 € | 134.000,00 € |

### Lösung zu Aufgabe 2:

| Kostenstellen | Material | Fertigung | Verwaltung | Vertrieb |
|---|---|---|---|---|
| Einzelkosten | 630.000,00 € | 845.000,00 € |  |  |
| Gemeinkosten | 423.000,00 € | 572.200,00 € | 99.000,00 € | 55.000,00 € |
| - Entlastung Einzelkosten | 25.000,00 € | 13.000,00 € |  |  |
| + Belastung Gemeinkosten |  |  | 19.000,00 € | 19.000,00 € |
| Einzelkosten nach IBL | 605.000,00 € | 832.000,00 € |  |  |
| Gemeinkosten nach IBL | 423.000,00 € | 572.200,00 € | 118.000,00 € | 74.000,00 € |

## Lösung zu Aufgabe 3:

| Kostenstellen | Material | Fertigung | Verwaltung | Vertrieb |
|---|---|---|---|---|
| Einzelkosten | 360.000,00 € | 450.000,00 € | | |
| Gemeinkosten | 261.900,00 € | 342.400,00 € | 187.850,00 € | 67.850,00 € |
| - Entlastung Einzelkosten | 46.200,00 € | 15.200,00 € | | |
| - Entlastung Gemeinkosten | 11.900,00 € | 22.400,00 € | | |
| + Belastung Gemeinkosten | | | | 95.700,00 € |
| Einzelkosten nach IBL | 313.800,00 € | 434.800,00 € | | |
| Gemeinkosten nach IBL | 250.000,00 € | 320.000,00 € | 187.850,00 € | 163.550,00 € |

## Lösung zu Aufgabe 4:

| Kostenstellen | Material | Fertigung | Verwaltung | Vertrieb |
|---|---|---|---|---|
| Einzelkosten | 666.000,00 € | 780.000,00 € | | |
| Gemeinkosten | 333.000,00 € | 450.000,00 € | 190.000,00 € | 150.000,00 € |
| - Entlastung Einzelkosten | 56.000,00 € | 45.000,00 € | | |
| - Entlastung Gemeinkosten | 66.000,00 € | 45.000,00 € | | |
| + Belastung Gemeinkosten | | | 106.000,00 € | 106.000,00 € |
| Einzelkosten nach IBL | 610.000,00 € | 735.000,00 € | | |
| Gemeinkosten nach IBL | 267.000,00 € | 405.000,00 € | 296.000,00 € | 256.000,00 € |

## Lösung zu Aufgabe 5:

| Kostenstellen | Allgemeiner Bereich | | Fertigungsbereich | |
|---|---|---|---|---|
| | Hilfsstelle 1 | Hilfsstelle 2 | Arbeitsvorbereitung | Hauptstelle |
| Gemeinkosten | 30.000,00 € | 35.000,00 € | 15.200,00 € | 759.000,00 € |
| + Umlage Hilfsstelle 1 | | 5.000,00 € | 10.000,00 € | 15.000,00 € |
| Summe | | 40.000,00 € | 25.200,00 € | 774.000,00 € |
| + Umlage Hilfsstelle 2 | | | 8.000,00 € | 32.000,00 € |
| Summe | | | 33.200,00 € | 806.000,00 € |
| + Umlage Arbeitsvorbereitung | | | | 33.200,00 € |
| Summe | | | | 839.200,00 € |

## LÖSUNGEN

## Lösung zu Aufgabe 6:

| Kostenart | Kosten | Allgemeine Kostenstelle | Hilfskostenstellen | | | | Hauptkostenstelle Fertigung | | |
|---|---|---|---|---|---|---|---|---|---|
| | | | 1 | 2 | 3 | 4 | Damen-kleidung | Herren-kleidung | Kinder-kleidung |
| Einzelkosten | | | | | | | | | |
| Damenbekleidung | 500.000,00 | | | | | | 500.000,00 | | |
| Herrenbekleidung | 750.000,00 | | | | | | | 750.000,00 | |
| Kinderbekleidung | 550.000,00 | | | | | | | | 550.000,00 |
| Summe Einzelkosten | 1.800.000,00 | | | | | | | | |
| Gemeinkosten | | | | | | | | | |
| Personalkosten | 450.000,00 | 67.500,00 | 56.250,00 | 22.500,00 | 90.000,00 | 56.250,00 | 45.000,00 | 67.500,00 | 45.000,00 |
| Mieten/Pachten | 180.000,00 | 21.600,00 | 18.000,00 | 27.000,00 | 18.000,00 | 27.000,00 | 27.000,00 | 18.000,00 | 23.400,00 |
| Unternehmenssteuern | 100.000,00 | 12.500,00 | 12.500,00 | 12.500,00 | 12.500,00 | 12.500,00 | 12.500,00 | 12.500,00 | 12.500,00 |
| Versicherungsprämien | 50.000,00 | 5.000,00 | 5.000,00 | 12.500,00 | 5.000,00 | 4.000,00 | 5.500,00 | 5.500,00 | 7.500,00 |
| Provisionen | 40.000,00 | | | | | 40.000,00 | | | |
| Werbekosten | 35.000,00 | | | | | 19.250,00 | 5.250,00 | 5.250,00 | 5.250,00 |
| Reisekosten | 70.000,00 | 14.000,00 | | | | 56.000,00 | | | |
| Kapitalkosten | 80.000,00 | 8.000,00 | 8.000,00 | 28.000,00 | 8.000,00 | 12.000,00 | 4.000,00 | 5.600,00 | 6.400,00 |
| Allg. Verwaltungskosten | 240.000,00 | 31.200,00 | 24.000,00 | 14.400,00 | 86.400,00 | 12.000,00 | 24.000,00 | 24.000,00 | 24.000,00 |
| Ausgangsfrachten | 60.000,00 | | | | | | 12.000,00 | 24.000,00 | 24.000,00 |
| Kalkulatorische Kosten | 95.000,00 | 7.125,00 | 11.875,00 | 9.500,00 | 23.750,00 | 9.500,00 | 9.500,00 | 14.250,00 | 9.500,00 |
| Summe Gemeinkosten | 1.400.000,00 | 166.925,00 | 135.625,00 | 126.400,00 | 243.650,00 | 248.500,00 | 144.750,00 | 176.600,00 | 157.550,00 |
| Umlage: Allg. Kostenstelle | | | 16.692,50 | | 50.077,50 | 50.077,50 | 16.692,50 | 16.692,50 | 16.692,50 |
| Zwischensumme | | | 152.317,50 | 126.400,00 | 293.727,50 | 298.577,50 | 161.442,50 | 193.292,50 | 174.242,50 |
| Umlage Hilfskostenstelle 1 | | | | | | | 53.311,13 | 45.695,25 | 53.311,13 |
| Umlage Hilfskostenstelle 2 | | | | | | | 25.280,00 | 56.880,00 | 44.240,00 |
| Umlage Hilfskostenstelle 3 | | | | | | | 73.431,88 | 117.491,00 | 102.804,63 |
| Umlage Hilfskostenstelle 4 | | | | | | | 74.644,38 | 104.502,13 | 119.431,00 |
| Summe der Gemeinkosten nach innerbetrieblicher Leistungsverrechnung | | | | | | | 388.109,89 | 517.860,88 | 494.029,26 |

## 2.6 Differenzierte Zuschlagskalkulation

### Lösung zu Aufgabe 1:

| Kostenart | Kosten | Kostenstellen | | |
|---|---|---|---|---|
| | | Materialstelle | Fertigungstelle | Verwaltungs- und Vertriebsstelle |
| Einzelkosten | | | | |
| Fertigungslöhne | 1.200.000,00 € | | 1.200.000,00 € | |
| Fertigungsmaterial | 3.300.000,00 € | 3.300.000,00 € | | |
| Summe Einzelkosten | 4.500.000,00 € | 3.300.000,00 € | 1.200.000,00 € | |
| Summe Gemeinkosten | 805.000,00 € | 360.000,00 € | 325.000,00 € | 120.000,00 € |
| Herstellkosten | 5.185.000,00 € | | | |
| Zuschlagssätze | | 10,91 % | 27,08 % | 2,31 % |

## Lösung zu Aufgabe 2:

| Kostenart | Kosten | Kostenstellen | | |
| --- | --- | --- | --- | --- |
| | | Materialstelle | Fertigungsstelle | Verwaltungs- und Vertriebsstelle |
| Einzelkosten Fertigungsmaterial | 5.700.000,00 € | 5.700.000,00 € | | |
| Fertigungslöhne | 2.300.000,00 € | | 2.300.000,00 € | |
| Summe Einzelkosten | 8.000.000,00 € | 5.700.000,00 € | 2.300.000,00 € | |
| Summe Material- und Fertigungsgemeinkosten | 2.885.000,00 € | 1.325.000,00 € | 1.560.000,00 € | 820.000,00 € |
| Herstellkosten | 10.885.000,00 € | | | |
| Zuschlagssätze | | 23,25 % | 67,83 % | 7,53 % |

## Lösung zu Aufgabe 3:

| | Zuschlagssätze | Produkt 1 | Produkt 2 | Produkt 3 |
| --- | --- | --- | --- | --- |
| Selbstkosten | | 150,00 € | 155,00 € | 160,00 € |
| Gewinn | 25 % | 37,50 € | 38,75 € | 40,00 € |
| Barverkaufspreis | 98 % | 187,50 € | 193,75 € | 200,00 € |
| Kundenskonto | 2 % | 3,83 € | 3,95 € | 4,08 € |
| Zielverkaufspreis | 95 % | 191,33 € | 197,70 € | 204,08 € |
| Kundenrabatt | 5 % | 10,07 € | 10,41 € | 10,74 € |
| Netto-Verkaufspreis | | 201,40 € | 208,11 € | 214,82 € |
| Umsatzsteuer | 19 % | 38,27 € | 39,54 € | 40,82 € |
| Brutto-Verkaufspreis | | 239,67 € | 247,65 € | 255,64 € |

| | | Produkt 1 | Produkt 2 | Produkt 3 |
| --- | --- | --- | --- | --- |
| Netto-Verkaufspreis | kalkuliert | 201,40 € | 208,11 € | 214,82 € |
| Netto-Verkaufspreis | gefordert | 198,00 € | 215,00 € | 215,00 € |
| Überdeckung bzw. Unterdeckung (-) | | - 3,40 € | 6,89 € | 0,18 € |

## Lösung zu Aufgabe 4:

| | Zuschlagssätze | Produkt 1 | Zuschlagssätze | Produkt 2 |
| --- | --- | --- | --- | --- |
| Selbstkosten | | 600,00 € | | 650,00 € |
| Gewinn | 25 % | 150,00 € | 20 % | 130,00 € |
| Barverkaufspreis | 98 % | 750,00 € | 98 % | 780,00 € |
| Kundenskonto | 2 % | 15,31 € | 2 % | 15,92 € |
| Zielverkaufspreis | 95 % | 765,31 € | 95 % | 795,92 € |
| Kundenrabatt | 5 % | 40,28 € | 5 % | 41,89 € |
| Netto-Verkaufspreis | | 805,59 € | | 837,81 € |
| Umsatzsteuer | 19 % | 153,06 € | 19 % | 159,18 € |
| Brutto-Verkaufspreis | | 958,65 € | | 996,99 € |

| | | Produkt 1 | | Produkt 2 |
| --- | --- | --- | --- | --- |
| Brutto-Verkaufspreis | kalkuliert | 958,65 € | kalkuliert | 996,99 € |
| Brutto-Verkaufspreis | gefordert | 998,00 € | gefordert | 998,00 € |
| Überdeckung bzw. Unterdeckung (-) | | 39,35 € | | 1,01 € |

## 2.7 Maschinenstundensatzrechnung

### Lösung zu Aufgabe 1:

| BAB | Kostenstellen | |
|---|---|---|
| Kostenarten | Fertigung A | Fertigung B |
| Energiekosten | 148.500,00 € | 142.500,00 € |
| Sonstige Betriebsstoffkosten | 21.500,00 € | 28.500,00 € |
| Hilfslöhne | 28.000,00 € | 24.000,00 € |
| Soziale Abgaben | 5.600,00 € | 4.800,00 € |
| Abschreibungen | 134.500,00 € | 134.500,00 € |
| Zinsen | 20.700,00 € | 12.600,00 € |
| Reparaturkosten | 19.500,00 € | 16.500,00 € |
| Wartungskosten | 13.600,00 € | 14.600,00 € |
| Raumkosten | 25.400,00 € | 24.200,00 € |
| Summe Fertigungsgemeinkosten | 417.300,00 € | 402.200,00 € |
| davon lohnabhängige FGK | 33.600,00 € | 28.800,00 € |
| davon maschinenabhängige FGK | 383.700,00 € | 373.400,00 € |

| | | |
|---|---|---|
| Fertigungslöhne | 125.000,00 € | 160.000,00 € |
| Maschinenlaufstunden | 2.200 | 1.900 |

| | | |
|---|---|---|
| Maschinenstundensatz | 174,41 € | 196,53 € |
| Minutensatz | 2,91 € | 3,28 € |
| Rest-FGK-Zuschlag | 26,88 % | 18,00 % |

### Lösung zu Aufgabe 2:

| BAB | Kostenstellen | |
|---|---|---|
| Kostenarten | Fertigung A | Fertigung B |
| Energiekosten | 248.500,00 € | 342.500,00 € |
| Sonstige Betriebsstoffkosten | 41.500,00 € | 58.500,00 € |
| Hilfslöhne | 28.000,00 € | 54.000,00 € |
| Soziale Abgaben | 5.600,00 € | 10.800,00 € |
| Abschreibungen | 134.500,00 € | 634.500,00 € |
| Zinsen | 20.700,00 € | 52.600,00 € |
| Reparaturkosten | 19.500,00 € | 56.500,00 € |
| Wartungskosten | 13.600,00 € | 84.600,00 € |
| Raumkosten | 25.400,00 € | 24.200,00 € |
| Summe Fertigungsgemeinkosten | 537.300,00 € | 1.318.200,00 € |
| davon lohnabhängige FGK | 33.600,00 € | 64.800,00 € |
| davon maschinenabhängige FGK | 503.700,00 € | 1.253.400,00 € |

| | | |
|---|---|---|
| Fertigungslöhne | 800.000,00 € | 0 € |
| Maschinenlaufstunden | 1.800 | 1.800 |

| | | |
|---|---|---|
| Maschinenstundensatz | 279,83 € | 696,33 € |
| Minutensatz | 4,66 € | 11,61 € |
| Rest-FGK-Zuschlag | 4,20 % | |

## Lösung zu Aufgabe 3:

|  | Kostenträger | | |
|---|---|---|---|
|  | Produkt A | Produkt B | Produkt C |
| Materialeinzelkosten | 24,00 € | 23,50 € | 27,00 € |
| Materialgemeinkosten | 4,00 € | 3,00 € | 6,00 € |
| Materialkosten | 28,00 € | 26,50 € | 33,00 € |
| Fertigungskosten I | 9,50 € | 9,00 € | 6,00 € |
| Fertigungseinzelkosten II | 2,20 € | 4,00 € | 1,80 € |
| Lohnabhängige Fertigungsgemeinkosten II | 0,46 € | 0,83 € | 0,37 € |
| Maschinenabhängige Fertigungsgemeinkosten II | 6,90 € | 5,75 € | 8,05 € |
| Herstellkosten | 47,06 € | 46,08 € | 49,22 € |
| Verwaltungsgemeinkosten | 3,82 € | 3,21 € | 2,97 € |
| Vertriebsgemeinkosten | 2,55 € | 2,14 € | 1,98 € |
| Selbstkosten | 53,43 € | 51,43 € | 54,17 € |
| MGK-Zuschlagssatz | 16,67 % | 12,77 % | 22,22 % |
| Rest-FGK-Zuschlagssatz | 20,91 % | 20,75 % | 20,56 % |
| VwGK-Zuschlagssatz | 8,12 % | 6,97 % | 6,03 % |
| VtGK-Zuschlagssatz | 5,42 % | 4,64 % | 4,02 % |

## Lösung zu Aufgabe 4:

| Kostenstelle | A | B |
|---|---|---|
| Maschinenstundensatz | 1.240,00 € | 1.250,00 € |
| Minutensatz | 20,67 € | 20,83 € |

| Kalkulationsdaten | Produkt 1 | Produkt 2 | Produkt 3 |
|---|---|---|---|
| Materialeinzelkosten | 14,00 € | 13,00 € | 16,00 € |
| Fertigungseinzelkosten B | 6,40 € | 8,60 € | 5,60 € |
| Durchlaufzeit in A (Minuten) | 11 | 13 | 15 |
| Durchlaufzeit in B (Minuten) | 16 | 12 | 9 |
| Materialgemeinkosten-Zuschlagssatz | 35,00 % | 32,00 % | 20,00 % |
| Lohnabhängiger FGK-Zuschlag | 24,75 % | 16,75 % | 18,00 % |
| Verwaltungsgemeinkosten-Zuschlagssatz | 12,00 % | 14,00 % | 11,00 % |
| Vertriebsgemeinkosten-Zuschlagssatz | 9,00 % | 8,00 % | 7,60 % |

# LÖSUNGEN

| Vorkalkulation | | Produkt 1 | | Produkt 2 | | Produkt 3 |
|---|---|---|---|---|---|---|
| Materialeinzelkosten | | 14,00 € | | 13,00 € | | 16,00 € |
| Materialgemeinkosten | 35,00 % | 4,90 € | 32,00 % | 4,16 € | 20,00 % | 3,20 € |
| Materialkosten | | 18,90 € | | 17,16 € | | 19,20 € |
| Fertigungskosten A | | 227,33 € | | 268,67 € | | 310,05 € |
| Fertigungseinzelkosten B | | 6,40 € | | 8,60 € | | 5,60 € |
| Lohnabhängige FGK B | 24,75 % | 1,58 € | 16,75 % | 1,44 € | 18,00 % | 1,01 € |
| Maschinenabhängige FGK B | | 333,28 € | | 249,96 € | | 187,47 € |
| Herstellkosten | | 587,53 € | | 545,87 € | | 523,33 € |
| Verwaltungsgemeinkosten | 12,00 % | 70,50 € | 14,00 % | 76,42 € | 11,00 % | 57,57 € |
| Vertriebsgemeinkosten | 9,00 % | 52,88 € | 8,00 % | 43,67 € | 7,60 % | 39,77 € |
| Selbstkosten | | 710,91 € | | 665,96 € | | 620,67 € |

## Lösung zu Aufgabe 5:

| Kostenstelle | A | B |
|---|---|---|
| Maschinenstundensatz | 880,00 € | 980,00 € |
| Minutensatz | 14,67 € | 16,33 € |

| Kalkulationsdaten | Produkt X | Produkt Y | Produkt Z |
|---|---|---|---|
| Materialeinzelkosten | 4,00 € | 3,00 € | 6,00 € |
| Fertigungseinzelkosten B | 5,40 € | 9,00 € | 6,60 € |

| | Produkt X | Produkt Y | Produkt Z |
|---|---|---|---|
| Durchlaufzeit in A (Minuten) | 10 | 11 | 12 |
| Durchlaufzeit in B (Minuten) | 8 | 7 | 6 |

| | Produkt X | Produkt Y | Produkt Z |
|---|---|---|---|
| Materialgemeinkosten-Zuschlagssatz | 30,00 % | 30,00 % | 30,00 % |
| Lohnabhängiger FGK-Zuschlag | 22,75 % | 22,75 % | 22,75 % |
| Verwaltungsgemeinkosten-Zuschlagssatz | 15,00 % | 15,00 % | 15,00 % |
| Vertriebsgemeinkosten-Zuschlagssatz | 10,00 % | 10,00 % | 10,00 % |

| Vorkalkulation | | Produkt 1 | | Produkt 2 | | Produkt 3 |
|---|---|---|---|---|---|---|
| Materialeinzelkosten | | 4,00 € | | 3,00 € | | 6,00 € |
| Materialgemeinkosten | 30,00 % | 1,20 € | 30,00 % | 0,90 € | 30,00 % | 1,80 € |
| Materialkosten | | 5,20 € | | 3,90 € | | 7,80 € |
| Fertigungskosten A | | 146,70 € | | 161,37 € | | 176,04 € |
| Fertigungseinzelkosten B | | 5,40 € | | 9,00 € | | 6,60 € |
| Lohnabhängige FGK B | 22,75 % | 1,23 € | 22,75 % | 2,05 € | 22,75 % | 1,50 € |
| Maschinenabhängige FGK B | | 130,64 € | | 114,31 € | | 97,98 € |
| Herstellkosten | | 289,17 € | | 290,63 € | | 289,92 € |
| Verwaltungsgemeinkosten | 15,00 % | 43,38 € | 15,00 % | 43,59 € | 15,00 % | 43,49 € |
| Vertriebsgemeinkosten | 10,00 % | 28,92 € | 10,00 % | 29,06 € | 10,00 % | 28,99 € |
| Selbstkosten | | 361,47 € | | 363,28 € | | 362,40 € |

## Lösung zu Aufgabe 6:

| Maschinenstundensatz-Rechnung | Berechnung | Maschine F |
|---|---|---|
| Kalkulatorische Abschreibungen | 300.000/(10*1.600) | 18,75 € |
| Kalkulatorische Zinsen | (0,5*300.000*5 %)/1.600 | 4,69 € |
| Instandhaltungskosten | 140.000/(10*1.600) | 8,75 € |
| Raumkosten | (150*20)/1.600 | 1,88 € |
| Energiekosten | 10*0,12 | 1,20 € |
| Werkzeugkosten | 9.500/1.600 | 5,94 € |
| Maschinenstundensatz | | 41,21 € |

## Lösung zu Aufgabe 7:

| Maschinenstundensatz-Rechnung | Berechnung | Maschine F |
|---|---|---|
| Kalkulatorische Abschreibungen | 400.000/(10*1.500) | 26,67 € |
| Kalkulatorische Zinsen | (0,5*400.000*6 %)/1.500 | 8,00 € |
| Instandhaltungskosten | 24.000/(10*1.500) | 1,60 € |
| Raumkosten | (200*4)/1.500 | 5,33 € |
| Energiekosten | 20*0,12 | 2,40 € |
| Werkzeugkosten | 19.500/1.500 | 13,00 € |
| Maschinenstundensatz | | 57,00 € |
| Minutensatz | | 0,95 € |

# 2.8 Kosten

## Lösung zu Aufgabe 1:

| Stück | Variable Stückkosten | Variable Kosten | Fixkosten | Gesamtkosten | Durchschnitts-kosten | Grenzkosten |
|---|---|---|---|---|---|---|
| 0 | 3,00 € | 0 € | 5.000,00 € | 5.000,00 € | | |
| 100 | 3,00 € | 300,00 € | 5.000,00 € | 5.300,00 € | 53,00 € | 3,00 € |
| 200 | 3,00 € | 600,00 € | 5.000,00 € | 5.600,00 € | 28,00 € | 3,00 € |
| 300 | 3,00 € | 900,00 € | 5.000,00 € | 5.900,00 € | 19,67 € | 3,00 € |
| 400 | 3,00 € | 1.200,00 € | 5.000,00 € | 6.200,00 € | 15,50 € | 3,00 € |
| 500 | 3,00 € | 1.500,00 € | 5.000,00 € | 6.500,00 € | 13,00 € | 3,00 € |
| 600 | 3,00 € | 1.800,00 € | 5.000,00 € | 6.800,00 € | 11,33 € | 3,00 € |
| 700 | 3,00 € | 2.100,00 € | 5.000,00 € | 7.100,00 € | 10,14 € | 3,00 € |
| 800 | 3,00 € | 2.400,00 € | 5.000,00 € | 7.400,00 € | 9,25 € | 3,00 € |
| 900 | 3,00 € | 2.700,00 € | 5.000,00 € | 7.700,00 € | 8,56 € | 3,00 € |
| 1.000 | 3,00 € | 3.000,00 € | 5.000,00 € | 8.000,00 € | 8,00 € | 3,00 € |
| 1.100 | 3,00 € | 3.300,00 € | 5.000,00 € | 8.300,00 € | 7,55 € | 3,00 € |
| 1.200 | 3,00 € | 3.600,00 € | 5.000,00 € | 8.600,00 € | 7,17 € | 3,00 € |
| 1.300 | 3,00 € | 3.900,00 € | 5.000,00 € | 8.900,00 € | 6,85 € | 3,00 € |
| 1.400 | 3,00 € | 4.200,00 € | 5.000,00 € | 9.200,00 € | 6,57 € | 3,00 € |
| 1.500 | 3,00 € | 4.500,00 € | 5.000,00 € | 9.500,00 € | 6,33 € | 3,00 € |
| 1.600 | 3,00 € | 4.800,00 € | 5.000,00 € | 9.800,00 € | 6,13 € | 3,00 € |
| 1.700 | 3,00 € | 5.100,00 € | 5.000,00 € | 10.100,00 € | 5,94 € | 3,00 € |
| 1.800 | 3,00 € | 5.400,00 € | 5.000,00 € | 10.400,00 € | 5,78 € | 3,00 € |
| 1.900 | 3,00 € | 5.700,00 € | 5.000,00 € | 10.700,00 € | 5,63 € | 3,00 € |
| 2.000 | 3,00 € | 6.000,00 € | 5.000,00 € | 11.000,00 € | 5,50 € | 3,00 € |

## Lösung zu Aufgabe 2:

| Stück | Variable Stückkosten | Variable Kosten | Fixkosten | Gesamtkosten | Durchschnittskosten | Grenzkosten |
|---|---|---|---|---|---|---|
| 0 | 4,00 € | 0 € | 7.000,00 € | 7.000,00 € | 0 € | 0 € |
| 100 | 4,00 € | 400,00 € | 7.000,00 € | 7.400,00 € | 74,00 € | 4,00 € |
| 200 | 4,00 € | 800,00 € | 7.000,00 € | 7.800,00 € | 39,00 € | 4,00 € |
| 300 | 4,00 € | 1.200,00 € | 7.000,00 € | 8.200,00 € | 27,33 € | 4,00 € |
| 400 | 4,00 € | 1.600,00 € | 7.000,00 € | 8.600,00 € | 21,50 € | 4,00 € |
| 500 | 4,00 € | 2.000,00 € | 7.000,00 € | 9.000,00 € | 18,00 € | 4,00 € |
| 600 | 4,00 € | 2.400,00 € | 7.000,00 € | 9.400,00 € | 15,67 € | 4,00 € |
| 700 | 4,00 € | 2.800,00 € | 7.000,00 € | 9.800,00 € | 14,00 € | 4,00 € |
| 800 | 4,00 € | 3.200,00 € | 7.000,00 € | 10.200,00 € | 12,75 € | 4,00 € |
| 900 | 4,00 € | 3.600,00 € | 7.000,00 € | 10.600,00 € | 11,78 € | 4,00 € |
| 1.000 | 4,00 € | 4.000,00 € | 7.000,00 € | 11.000,00 € | 11,00 € | 4,00 € |
| 1.100 | 4,00 € | 4.400,00 € | 7.000,00 € | 11.400,00 € | 10,36 € | 4,00 € |
| 1.200 | 4,00 € | 4.800,00 € | 7.000,00 € | 11.800,00 € | 9,83 € | 4,00 € |
| 1.300 | 4,00 € | 5.200,00 € | 7.000,00 € | 12.200,00 € | 9,38 € | 4,00 € |
| 1.400 | 4,00 € | 5.600,00 € | 7.000,00 € | 12.600,00 € | 9,00 € | 4,00 € |
| 1.500 | 4,00 € | 6.000,00 € | 7.000,00 € | 13.000,00 € | 8,67 € | 4,00 € |
| 1.600 | 4,00 € | 6.400,00 € | 7.000,00 € | 13.400,00 € | 8,38 € | 4,00 € |
| 1.700 | 4,00 € | 6.800,00 € | 7.000,00 € | 13.800,00 € | 8,12 € | 4,00 € |
| 1.800 | 4,00 € | 7.200,00 € | 7.000,00 € | 14.200,00 € | 7,89 € | 4,00 € |
| 1.900 | 4,00 € | 7.600,00 € | 7.000,00 € | 14.600,00 € | 7,68 € | 4,00 € |
| 2.000 | 4,00 € | 8.000,00 € | 7.000,00 € | 15.000,00 € | 7,50 € | 4,00 € |

## Lösung zu Aufgabe 3:

| Stück | Verfahren 1 | | | | Verfahren 2 | | | |
|---|---|---|---|---|---|---|---|---|
| | Variable Stückkosten 1 | Variable Kosten 1 | Fixkosten 1 | Gesamt-kosten 1 | Variable Stückkosten 2 | Variable Kosten 2 | Fixkosten 2 | Gesamt-kosten 2 |
| 0 | 0 € | 0 € | 80.000,00 € | 80.000,00 € | 0 € | 0 € | 120.000,00 € | 120.000,00 € |
| 100 | 200,00 € | 20.000,00 € | 80.000,00 € | 100.000,00 € | 100,00 € | 10.000,00 € | 120.000,00 € | 130.000,00 € |
| 200 | 200,00 € | 40.000,00 € | 80.000,00 € | 120.000,00 € | 100,00 € | 20.000,00 € | 120.000,00 € | 140.000,00 € |
| 300 | 200,00 € | 60.000,00 € | 80.000,00 € | 140.000,00 € | 100,00 € | 30.000,00 € | 120.000,00 € | 150.000,00 € |
| 400 | 200,00 € | 80.000,00 € | 80.000,00 € | 160.000,00 € | 100,00 € | 40.000,00 € | 120.000,00 € | 160.000,00 € |
| 500 | 200,00 € | 100.000,00 € | 80.000,00 € | 180.000,00 € | 100,00 € | 50.000,00 € | 120.000,00 € | 170.000,00 € |
| 600 | 200,00 € | 120.000,00 € | 80.000,00 € | 200.000,00 € | 100,00 € | 60.000,00 € | 120.000,00 € | 180.000,00 € |
| 700 | 200,00 € | 140.000,00 € | 80.000,00 € | 220.000,00 € | 100,00 € | 70.000,00 € | 120.000,00 € | 190.000,00 € |

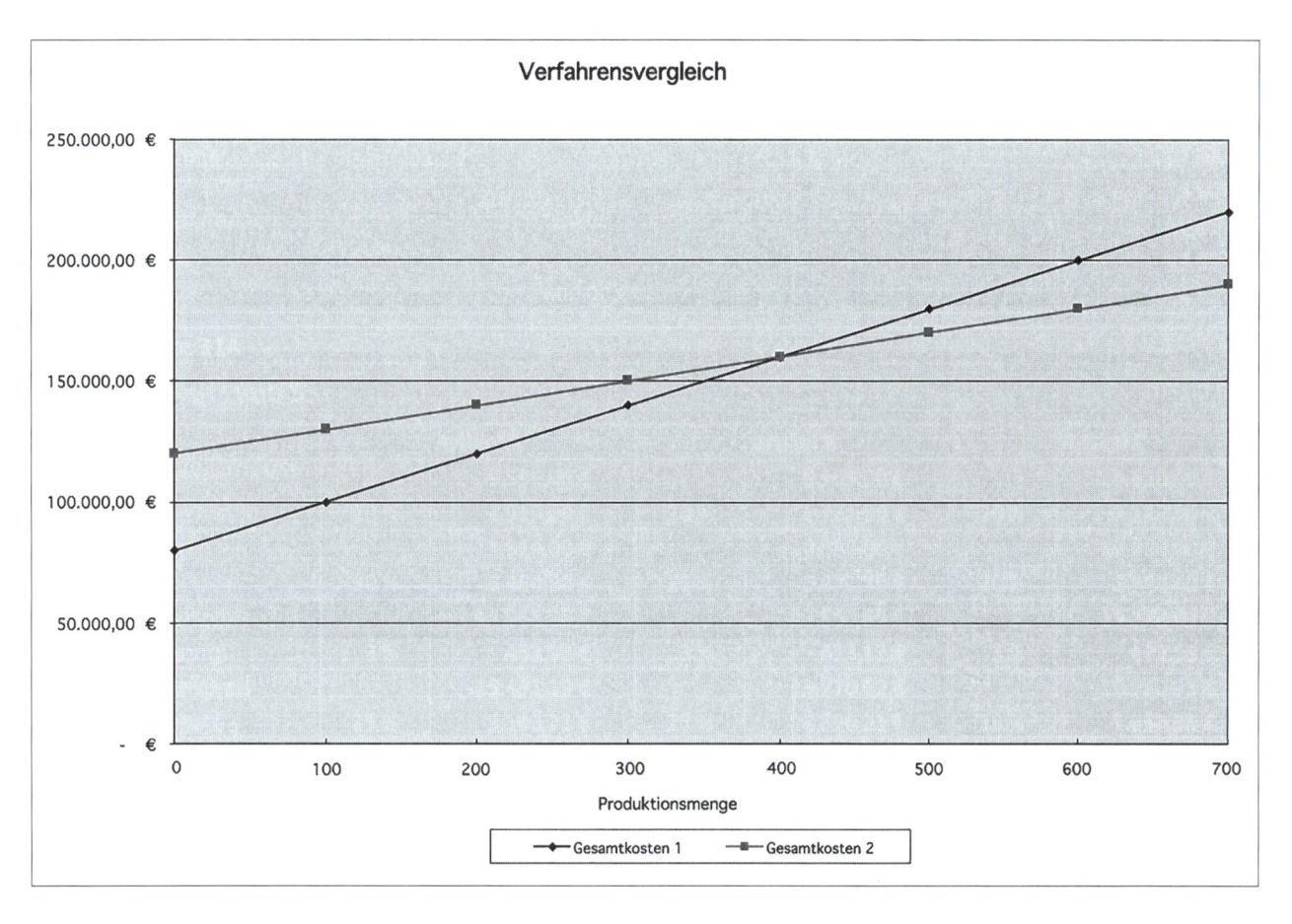

## LÖSUNGEN

### Lösung zu Aufgabe 4:

| Stück | Verfahren 1 | | | | Verfahren 2 | | | |
|---|---|---|---|---|---|---|---|---|
| | Variable Stückkosten 1 | Variable Kosten 1 | Fixkosten 1 | Gesamtkosten 1 | Variable Stückkosten 2 | Variable Kosten 2 | Fixkosten 2 | Gesamtkosten 2 |
| 0 | 0 € | 0 € | 30.000,00 € | 30.000,00 € | 0 € | 0 € | 80.000,00 € | 80.000,00 € |
| 100 | 500,00 € | 50.000,00 € | 30.000,00 € | 80.000,00 € | 250,00 € | 25.000,00 € | 80.000,00 € | 105.000,00 € |
| 200 | 500,00 € | 100.000,00 € | 30.000,00 € | 130.000,00 € | 250,00 € | 50.000,00 € | 80.000,00 € | 130.000,00 € |
| 300 | 500,00 € | 150.000,00 € | 30.000,00 € | 180.000,00 € | 250,00 € | 75.000,00 € | 80.000,00 € | 155.000,00 € |
| 400 | 500,00 € | 200.000,00 € | 30.000,00 € | 230.000,00 € | 250,00 € | 100.000,00 € | 80.000,00 € | 180.000,00 € |
| 500 | 500,00 € | 250.000,00 € | 30.000,00 € | 280.000,00 € | 250,00 € | 125.000,00 € | 80.000,00 € | 205.000,00 € |
| 600 | 500,00 € | 300.000,00 € | 30.000,00 € | 330.000,00 € | 250,00 € | 150.000,00 € | 80.000,00 € | 230.000,00 € |
| 700 | 500,00 € | 350.000,00 € | 30.000,00 € | 380.000,00 € | 250,00 € | 175.000,00 € | 80.000,00 € | 255.000,00 € |

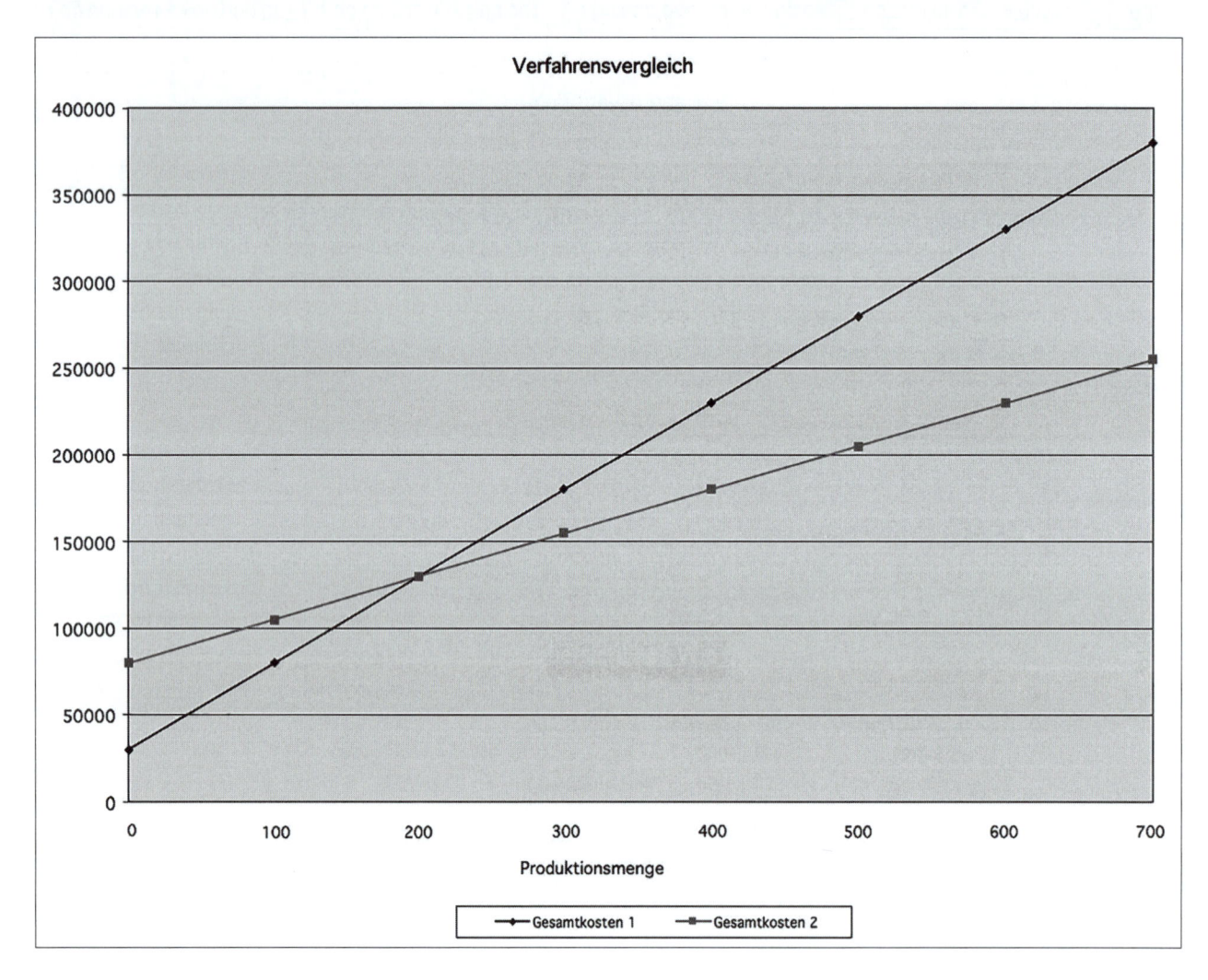

## 2.9 Deckungsbeitragsrechnung
### Lösung zu Aufgabe 1:

| Stück | Verkaufspreis | Variable Stückkosten | Deckungs-spanne | Deckungs-beitrag | Fixkosten | Gewinn |
|---|---|---|---|---|---|---|
| 0 | 9,00 € | 2,00 € | 7,00 € | 0 € | 140.000,00 € | -140.000,00 € |
| 5.000 | 9,00 € | 2,00 € | 7,00 € | 35.000,00 € | 140.000,00 € | -105.000,00 € |
| 10.000 | 9,00 € | 2,00 € | 7,00 € | 70.000,00 € | 140.000,00 € | - 70.000,00 € |
| 15.000 | 9,00 € | 2,00 € | 7,00 € | 105.000,00 € | 140.000,00 € | - 35.000,00 € |
| 20.000 | 9,00 € | 2,00 € | 7,00 € | 140.000,00 € | 140.000,00 € | 0 € |
| 25.000 | 9,00 € | 2,00 € | 7,00 € | 175.000,00 € | 140.000,00 € | 35.000,00 € |
| 30.000 | 9,00 € | 2,00 € | 7,00 € | 210.000,00 € | 140.000,00 € | 70.000,00 € |
| 35.000 | 9,00 € | 2,00 € | 7,00 € | 245.000,00 € | 140.000,00 € | 105.000,00 € |
| 40.000 | 9,00 € | 2,00 € | 7,00 € | 280.000,00 € | 140.000,00 € | 140.000,00 € |

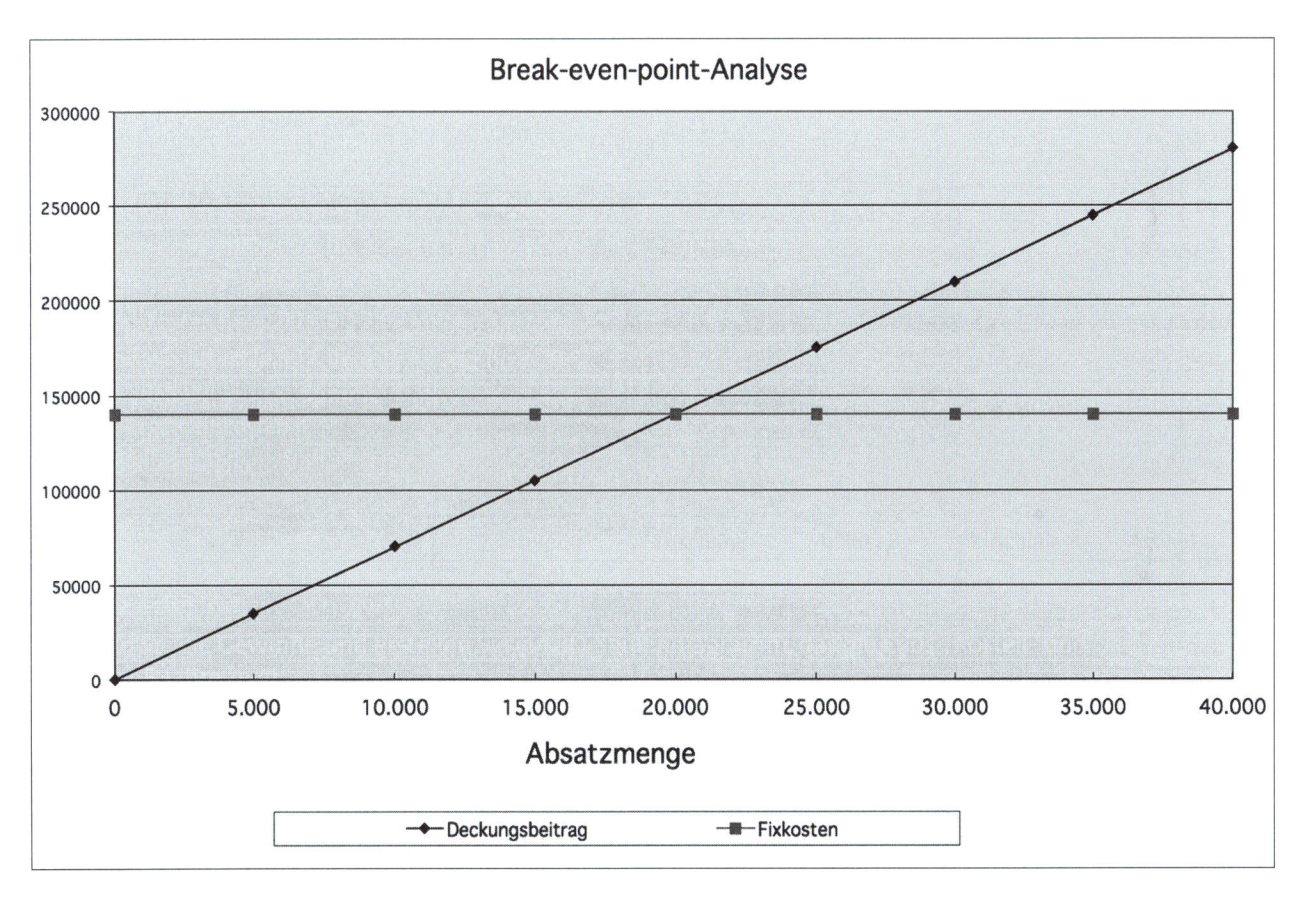

# LÖSUNGEN

## Lösung zu Aufgabe 2:

| Stück | Verkaufspreis | Variable Stückkosten | Deckungs-spanne | Deckungs-beitrag | Fixkosten | Gewinn |
|---|---|---|---|---|---|---|
| 0 | 15,00 € | 10,00 € | 5,00 € | 0 € | 100.000,00 € | -100.000,00 € |
| 5.000 | 15,00 € | 10,00 € | 5,00 € | 25.000,00 € | 100.000,00 € | - 75.000,00 € |
| 10.000 | 15,00 € | 10,00 € | 5,00 € | 50.000,00 € | 100.000,00 € | - 50.000,00 € |
| 15.000 | 15,00 € | 10,00 € | 5,00 € | 75.000,00 € | 100.000,00 € | - 25.000,00 € |
| 20.000 | 15,00 € | 10,00 € | 5,00 € | 100.000,00 € | 100.000,00 € | 0 € |
| 25.000 | 15,00 € | 10,00 € | 5,00 € | 125.000,00 € | 100.000,00 € | 25.000,00 € |
| 30.000 | 15,00 € | 10,00 € | 5,00 € | 150.000,00 € | 100.000,00 € | 50.000,00 € |
| 35.000 | 15,00 € | 10,00 € | 5,00 € | 175.000,00 € | 100.000,00 € | 75.000,00 € |
| 40.000 | 15,00 € | 10,00 € | 5,00 € | 200.000,00 € | 100.000,00 € | 100.000,00 € |

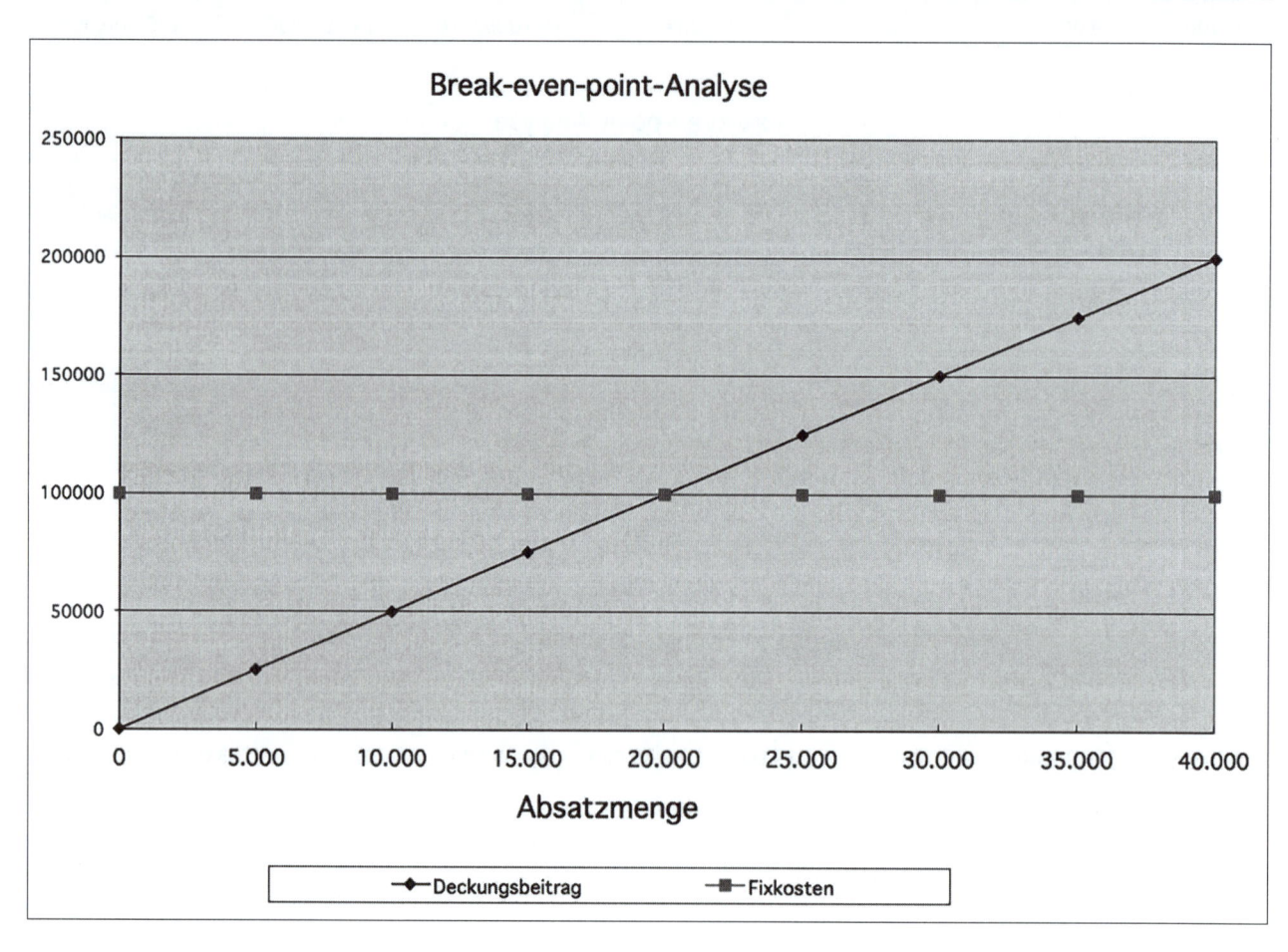

**Break-even-point-Analyse**

(Diagramm: Deckungsbeitrag als steigende Gerade von 0 bis 200.000 € über Absatzmenge 0 bis 40.000; Fixkosten konstant bei 100.000 €; Schnittpunkt bei 20.000 Stück.)

## 2.10 Produktionsprogrammplanung

### Lösung zu Aufgabe 1:

| Produkt | Verkaufspreis | Absatzmenge | Umsatz | Variable Kosten | Deckungsbeitrag |
|---|---|---|---|---|---|
| A | 59,00 € | 10.000 | 590.000,00 € | 440.500,00 € | 149.500,00 € |
| B | 88,00 € | 6.500 | 572.000,00 € | 455.000,00 € | 117.000,00 € |
| C | 124,00 € | 5.000 | 620.000,00 € | 567.000,00 € | 53.000,00 € |
| D | 169,00 € | 4.500 | 760.500,00 € | 546.000,00 € | 214.500,00 € |
| E | 39,00 € | 9.500 | 370.500,00 € | 333.000,00 € | 37.500,00 € |
| F | 199,00 € | 5.000 | 995.000,00 € | 812.000,00 € | 183.000,00 € |
| G | 78,00 € | 11.500 | 897.000,00 € | 345.000,00 € | 552.000,00 € |
| H | 99,00 € | 8.500 | 841.500,00 € | 677.000,00 € | 164.500,00 € |
| Summe | | | 5.646.500,00 € | 4.175.500,00 € | 1.471.000,00 € |
| Fixkosten | | | | | 971.000,00 € |
| Gewinn | | | | | 500.000,00 € |

### Lösung zu Aufgabe 2:

| Produkt | Deckungsspanne | Absatzmenge | Deckungsbeitrag |
|---|---|---|---|
| A | 50,00 € | 6.000 | 300.000,00 € |
| B | 40,00 € | 7.500 | 300.000,00 € |
| C | 35,00 € | 5.000 | 175.000,00 € |
| D | 26,00 € | 4.500 | 117.000,00 € |
| E | 34,00 € | 3.400 | 115.600,00 € |
| F | 34,00 € | 5.000 | 170.000,00 € |
| G | 17,00 € | 11.500 | 195.500,00 € |
| H | 12,00 € | 8.500 | 102.000,00 € |
| Gesamtdeckungsbeitrag | | | 1.475.100,00 € |
| Fixkosten | | | 1.185.000,00 € |
| Gewinn | | | 290.100,00 € |

### Lösung zu Aufgabe 3:

| Produkt | Produktionsstufe 1 | | | Produktionsstufe 2 | | |
|---|---|---|---|---|---|---|
| | Produktionskoeffizient (ME/ZE) | Absatzmenge (ME) | Benötigte Kapazität (ZE) | Produktionskoeffizient (ME/ZE) | Absatzmenge (ME) | Benötigte Kapazität (ZE) |
| A | 18 | 5.500 | 99.000 | 16 | 5.500 | 88.000 |
| B | 12 | 2.500 | 30.000 | 18 | 2.500 | 45.000 |
| C | 13 | 2.800 | 36.400 | 14 | 2.800 | 39.200 |
| D | 16 | 1.900 | 30.400 | 15 | 1.900 | 28.500 |
| E | 15 | 4.900 | 73.500 | 14 | 4.900 | 68.600 |
| F | 20 | 2.600 | 52.000 | 12 | 2.600 | 31.200 |
| G | 21 | 7.200 | 151.200 | 12 | 7.200 | 86.400 |
| H | 12 | 5.500 | 66.000 | 19 | 5.500 | 104.500 |
| | Benötigte Kapazität | | 538.500 | Benötigte Kapazität | | 491.400 |
| | Vorhandene Kapazität | | 450.000 | Vorhandene Kapazität | | 550.000 |
| | Engpass | | - 88.500 | Freie Kapazität | | 58.600 |

## Lösung zu Aufgabe 4:

| Produkt | Deckungsspanne | Produktionskoeffizient | Relative Deckungsspanne | Reihenfolge |
|---|---|---|---|---|
| A | 188,00 € | 6 | 31,33 € | 1 |
| B | 177,00 € | 11 | 16,09 € | 6 |
| C | 167,00 € | 6 | 27,83 € | 2 |
| D | 149,00 € | 7 | 21,29 € | 4 |
| E | 128,00 € | 5 | 25,60 € | 3 |
| F | 133,00 € | 20 | 6,65 € | 8 |
| G | 150,00 € | 8 | 18,75 € | 5 |
| H | 160,00 € | 12 | 13,33 € | 7 |

## 2.11 Fixkostendeckungsrechnung

### Lösung zu Aufgabe 1:

| Produkt | A | B | C | D | E |
|---|---|---|---|---|---|
| Bruttoerlöse der Produktart | 354.000,00 € | 434.000,00 € | 576.000,00 € | 667.000,00 € | 324.000,00 € |
| Variable Vertriebskosten | 33.000,00 € | 43.500,00 € | 125.000,00 € | 46.000,00 € | 19.000,00 € |
| Nettoerlöse der Produktart | 321.000,00 € | 390.500,00 € | 451.000,00 € | 621.000,00 € | 305.000,00 € |
| Variable Fertigungskosten | 77.000,00 € | 89.500,00 € | 286.000,00 € | 329.000,00 € | 168.000,00 € |
| Erzeugnisdeckungsbeitrag | 244.000,00 € | 301.000,00 € | 165.000,00 € | 292.000,00 € | 137.000,00 € |
| Erzeugnisfixkosten | 13.500,00 € | 25.500,00 € | 112.000,00 € | 91.500,00 € | 40.000,00 € |
| Rest-Deckungsbeitrag I | 230.500,00 € | 275.500,00 € | 53.000,00 € | 200.500,00 € | 97.000,00 € |
| Erzeugnisgruppenfixkosten | | 155.500,00 € | 45.000,00 € | 117.100,00 € | 56.500,00 € |
| Rest-Deckungsbeitrag II | | 350.500,00 € | 8.000,00 € | 83.400,00 € | 40.500,00 € |
| Kostenstellenfixkosten | | | 235.000,00 € | 28.000,00 € | 13.000,00 € |
| Rest-Deckungsbeitrag III | | | 123.500,00 € | 55.400,00 € | 27.500,00 € |
| Bereichsfixkosten | | | | 96.000,00 € | 13.900,00 € |
| Rest-Deckungsbeitrag IV | | | | 82.900,00 € | 13.600,00 € |
| Unternehmensfixkosten | | | | | 66.000,00 € |
| Umsatzergebnis | | | | | 30.500,00 € |

### Lösung zu Aufgabe 2:

| Produkt | A | B | C | D | E |
|---|---|---|---|---|---|
| Bruttoerlöse der Produktart | 664.000,00 € | 684.000,00 € | 976.000,00 € | 367.000,00 € | 224.000,00 € |
| Variable Vertriebskosten | 33.000,00 € | 43.500,00 € | 125.000,00 € | 46.000,00 € | 19.000,00 € |
| Nettoerlöse der Produktart | 631.000,00 € | 640.500,00 € | 851.000,00 € | 321.000,00 € | 205.000,00 € |
| Variable Fertigungskosten | 77.000,00 € | 89.500,00 € | 286.000,00 € | 329.000,00 € | 168.000,00 € |
| Erzeugnisdeckungsbeitrag | 554.000,00 € | 551.000,00 € | 565.000,00 € | -8.000,00 € | 37.000,00 € |
| Erzeugnisfixkosten | 13.500,00 € | 25.500,00 € | 112.000,00 € | 91.500,00 € | 40.000,00 € |
| Rest-Deckungsbeitrag I | 540.500,00 € | 525.500,00 € | 453.000,00 € | -99.500,00 € | -3.000,00 € |
| Erzeugnisgruppenfixkosten | | 155.500,00 € | 45.000,00 € | 117.100,00 € | 56.500,00 € |
| Rest-Deckungsbeitrag II | | 910.500,00 € | 408.000,00 € | -216.600,00 € | 59.500,00 € |
| Kostenstellenfixkosten | | | 235.000,00 € | 28.000,00 € | 13.000,00 € |
| Rest-Deckungsbeitrag III | | | 1.083.500,00 € | -244.600,00 € | 72.500,00 € |
| Bereichsfixkosten | | | | 96.000,00 € | 13.900,00 € |
| Rest-Deckungsbeitrag IV | | | | 742.900,00 € | -86.400,00 € |
| Unternehmensfixkosten | | | | | 66.000,00 € |
| Umsatzergebnis | | | | | 590.500,00 € |

Die Produkte D und E werden aufgrund des negativen Deckungsbeitrags aus dem Programm genommen.

| Produkt | A | B | C | D | E |
|---|---|---|---|---|---|
| Bruttoerlöse der Produktart | 664.000,00 € | 684.000,00 € | 976.000,00 € | | |
| Variable Vertriebskosten | 33.000,00 € | 43.500,00 € | 125.000,00 € | | |
| Nettoerlöse der Produktart | 631.000,00 € | 640.500,00 € | 851.000,00 € | | |
| Variable Fertigungskosten | 77.000,00 € | 89.500,00 € | 286.000,00 € | | |
| Erzeugnisdeckungsbeitrag | 554.000,00 € | 551.000,00 € | 565.000,00 € | | |
| Erzeugnisfixkosten | 13.500,00 € | 25.500,00 € | 112.000,00 € | | |
| Rest-Deckungsbeitrag I | 540.500,00 € | 525.500,00 € | 453.000,00 € | | |
| Erzeugnisgruppenfixkosten | | 155.500,00 € | 45.000,00 € | | |
| Rest-Deckungsbeitrag II | | 910.500,00 € | 408.000,00 € | | |
| Kostenstellenfixkosten | | | 235.000,00 € | | |
| Rest-Deckungsbeitrag III | | | 1.083.500,00 € | | |
| Bereichsfixkosten | | | | 96.000,00 € | |
| Rest-Deckungsbeitrag IV | | | | 987.500,00 € | |
| Unternehmensfixkosten | | | | | 66.000,00 € |
| Umsatzergebnis | | | | | 921.500,00 € |

| Differenz | | | | | 331.000,00 € |

# 3. Kostenrechnung im Handel
## 3.1 Deckungsbeitragsrechnung
### Lösung zu Aufgabe 1:

| Deckungsbeitragsrechnung im Handel | Warengruppe I | Warengruppe II | Warengruppe III | Summe |
|---|---|---|---|---|
| Nettoverkaufserlöse | 3.860.000,00 € | 2.222.000,00 € | 6.900.000,00 € | |
| - Einzelkosten (Warenkosten) | 2.630.000,00 € | 1.280.000,00 € | 4.860.000,00 € | |
| = Warenrohgewinn | 1.230.000,00 € | 942.000,00 € | 2.040.000,00 € | |
| - Variable Gemeinkosten | 995.000,00 € | 840.000,00 € | 810.000,00 € | |
| = Deckungsbeitrag | 235.000,00 € | 102.000,00 € | 1.230.000,00 € | |

| | |
|---|---|
| Summe der Deckungsbeiträge | 1.567.000,00 € |
| - Fixe Kosten | 855.000,00 € |
| = Betriebserfolg | 712.000,00 € |

### Lösung zu Aufgabe 2:

| Deckungsbeitragsrechnung im Handel | Warengruppe I | Warengruppe II | Warengruppe III | Summe |
|---|---|---|---|---|
| Nettoverkaufserlöse | 3.350.000,00 € | 5.610.000,00 € | 3.730.000,00 € | |
| - Einzelkosten (Warenkosten) | 2.130.000,00 € | 3.580.000,00 € | 1.860.000,00 € | |
| = Warenrohgewinn | 1.220.000,00 € | 2.030.000,00 € | 1.870.000,00 € | |
| - Variable Gemeinkosten | 1.080.000,00 € | 1.230.000,00 € | 1.930.000,00 € | |
| = Deckungsbeitrag | 140.000,00 € | 800.000,00 € | -60.000,00 € | |

| | |
|---|---|
| Summe der Deckungsbeiträge | 880.000,00 € |
| - Fixe Kosten | 645.000,00 € |
| = Betriebserfolg | 235.000,00 |

### Lösung zu Aufgabe 3:

| | | Sitzgruppe | | | Couchgarnitur | | | Ruhesessel |
|---|---|---|---|---|---|---|---|---|
| Netto-Verkaufspreis | 100 % | | 1.899,00 € | 100 % | | 2.899,00 € | 100 % | 2.199,00 € |
| - Kundenrabatt | 10 % | | 189,90 € | 25 % | | 724,75 € | 20 % | 439,80 € |
| = Zielverkaufspreis | 90 % | 100 % | 1.709,10 € | 85 % | 100 % | 2.174,25 € | 90 % | 100 % | 1.759,20 € |
| - Kundenskonto | | 2 % | 34,18 € | | 2 % | 43,49 € | | 3 % | 52,78 € |
| = Barverkaufspreis | | 98 % | 1.674,92 € | | 98 % | 2.130,76 € | | 97 % | 1.706,42 € |
| - Warenkosten | | | 1.333,00 € | | | 1.555,00 € | | | 999,00 € |
| = Warenrohgewinn | | | 341,92 € | | | 575,76 € | | | 707,42 € |
| - Variable Stückkosten | | | 290,00 € | | | 455,40 € | | | 655,00 € |
| = Deckungsspanne | | | 51,92 € | | | 120,36 € | | | 52,42 € |

### Lösung zu Aufgabe 4:

| | | Artikel A | Artikel B | Artikel C |
|---|---|---|---|---|
| Netto-Verkaufspreis | | 345,00 € | 295,00 € | 195,00 € |
| - Kundenrabatt | 20 % | 69,00 € | 59,00 € | 39,00 € |
| = Zielverkaufspreis | | 276,00 € | 236,00 € | 156,00 € |
| - Kundenskonto | 3 % | 8,28 € | 7,08 € | 4,68 € |
| = Barverkaufspreis | | 267,72 € | 228,92 € | 151,32 € |
| - Warenkosten | | 145,00 € | 156,00 € | 110,00 € |
| = Warenrohgewinn | | 122,72 € | 72,92 € | 41,32 € |
| - Variable Stückkosten | | 35,00 € | 45,00 € | 55,00 € |
| = Deckungsspanne | | 87,72 € | 27,92 € | - 13,68 € |

## Lösung zu Aufgabe 5:

|  |  |  | Golf-Set 1 |  |  | Golf-Set 2 |  |  | Golf-Set 3 |
|---|---|---|---|---|---|---|---|---|---|
| Netto-Verkaufspreis | 100 % |  | 850,00 € | 100 % |  | 1.111,00 € | 100 % |  | 1.780,00 € |
| - Kundenrabatt | 10 % |  | 85,00 € | 15 % |  | 166,65 € | 10 % |  | 178,00 € |
| = Zielverkaufspreis | 90 % | 100 % | 765,00 € | 85 % | 100 % | 944,35 € | 90 % | 100 % | 1.602,00 € |
| - Kundenskonto |  | 2 % | 15,30 € |  | 2 % | 18,89 € |  | 3 % | 48,06 € |
| = Barverkaufspreis |  | 98 % | 749,70 € |  | 98 % | 925,46 € |  | 97 % | 1.553,94 € |
| - Warenkosten |  |  | 345,00 € |  |  | 555,00 € |  |  | 498,00 € |
| = Warenrohgewinn |  |  | 404,70 € |  |  | 370,46 € |  |  | 1.055,94 € |
| - Variable Stückkosten |  |  | 195,00 € |  |  | 195,00 € |  |  | 235,00 € |
| = Deckungsspanne |  |  | 209,70 € |  |  | 175,46 € |  |  | 820,94 € |

|  |  |  |  |  |  |  |  |  |  |
|---|---|---|---|---|---|---|---|---|---|
| Barverkaufspreis |  |  | 749,70 € |  |  | 925,46 € |  |  | 1.553,94 € |
| - Deckungsspanne |  |  | 209,70 € |  |  | 175,46 € |  |  | 820,94 € |
| = Zwischensumme I |  | 98 % | 540,00 € |  | 98 % | 750,00 € |  | 97 % | 733,00 € |
| + Kundenskonto |  | 2 % | 11,02 € |  | 2 % | 15,31 € |  | 3 % | 22,67 € |
| = Zwischensumme II | 90 % | 100 % | 551,02 € | 85 % | 100 % | 765,31 € | 90 % | 100 % | 755,67 € |
| + Kundenrabatt | 10 % |  | 61,22 € | 15 % |  | 135,05 € | 10 % |  | 83,96 € |
| = Preisuntergrenze | 100 % |  | 612,24 € | 100 % |  | 900,36 € | 100 % |  | 839,63 € |

## Lösung zu Aufgabe 6:

|  |  |  | Artikel 1 |  |  | Artikel 2 |  |  | Artikel 3 |
|---|---|---|---|---|---|---|---|---|---|
| Barverkaufspreis |  |  | 295,50 € |  |  | 356,55 € |  |  | 454,20 € |
| - Deckungsspanne |  |  | 75,00 € |  |  | 65,00 € |  |  | 105,00 € |
| = Zwischensumme I |  | 98 % | 220,50 € |  | 98 % | 291,55 € |  | 97 % | 349,20 € |
| + Kundenskonto |  | 2 % | 4,50 € |  | 2 % | 5,95 € |  | 3 % | 10,80 € |
| = Zwischensumme II | 90 % | 100 % | 225,00 € | 85 % | 100 % | 297,50 € | 90 % | 100 % | 360,00 € |
| + Kundenrabatt | 10 % |  | 25,00 € | 15 % |  | 52,50 € | 10 % |  | 40,00 € |
| = Preisuntergrenze | 100 % |  | 250,00 € | 100 % |  | 350,00 € | 100 % |  | 400,00 € |

## Lösung zu Aufgabe 7:

|  | Artikel A |  |  | Artikel B |  |  | Gesamte Änderung |
|---|---|---|---|---|---|---|---|
|  | Vorher | Änderung | Nachher | Vorher | Änderung | Nachher |  |
| Preis | 798,00 € | -5 % | -39,90 € | 758,10 € | 649,00 € | -5 % | -32,45 € | 616,55 € |
| Variable Stückkosten | 483,00 € |  |  | 483,00 € | 459,40 € |  | 459,40 € |  |
| Deckungsspanne | 315,00 € |  |  | 275,10 € | 189,60 € |  | 157,15 € |  |
| Absatzmenge in Stk. | 1.556 | 40 % | 622 | 2.178 | 3.452 | 40 % | 1.381 | 4.833 |
| Deckungsbeitrag | 490.140,00 € |  |  | 599.167,80 € | 654.499,20 € |  | 759.505,95 € |  |
| Änderung |  |  | 109.027,80 € |  |  | 105.006,75 € | 214.034,55 € |

## Lösung zu Aufgabe 8:

|  | Artikel 1 | | | Artikel 2 | | | Gesamte Änderung |
|---|---|---|---|---|---|---|---|
|  | Vorher | Änderung | Nachher | Vorher | Änderung | Nachher |  |
| Preis | 360,00 € | -15 % | -54,00 € | 306,00 € | 99,00 € | -10 % | -9,90 € | 89,10 € |  |
| Variable Stückkosten | 120,00 € |  |  | 120,00 € | 82,00 € |  |  | 82,00 € |  |
| Deckungsspanne | 240,00 € |  |  | 186,00 € | 17,00 € |  |  | 7,10 € |  |
| Absatzmenge in Stk. | 2.000 | 35 % | 700 | 2.700 | 1.000 | 30 % | 300 | 1.300 |  |
| Deckungsbeitrag | 480.000,00 € |  |  | 502.200,00 € | 17.000,00 € |  |  | 9.230,00 € |  |
| Änderung |  |  | 22.200,00 € |  |  | -7.770,00 € | 14.430,00 € |

## Lösung zu Aufgabe 9:

|  | Artikel 1 | | | Artikel 2 | | | Gesamte Änderung |
|---|---|---|---|---|---|---|---|
|  | Vorher | Änderung | Nachher | Vorher | Änderung | Nachher |  |
| Preis | 99,80 € | -10 % | -9,98 € | 89,82 € | 21,00 € | -10 % | -2,10 € | 18,90 € |  |
| Variable Stückkosten | 48,30 € |  |  | 48,30 € | 11,70 € |  |  | 11,70 € |  |
| Deckungsspanne | 51,50 € |  |  | 41,52 € | 9,30 € |  |  | 7,20 € |  |
| Absatzmenge in Stk. | 45.000 | 24,0 % | 10.816 | 55.816 | 37.000 | 29,2 % | 10.792 | 47.792 |  |
| Deckungsbeitrag | 2.317.500,00 € |  |  | 2.317.500,00 € | 344.100,00 € |  |  | 344.100,00 € |  |
| Änderung |  |  | 0 € |  |  | 0 € | 0 € |

## Lösung zu Aufgabe 10:

|  | Artikel 1 | | | Artikel 2 | | | Gesamte Änderung |
|---|---|---|---|---|---|---|---|
|  | Vorher | Änderung | Nachher | Vorher | Änderung | Nachher |  |
| Preis | 245,00 € | -8 % | -20,67 € | 224,33 € | 278,00 € | -10 % | -26,67 € | 251,33 € |  |
| Variable Stückkosten | 183,00 € |  |  | 183,00 € | 198,00 € |  |  | 198,00 € |  |
| Deckungsspanne | 62,00 € |  |  | 41,33 € | 80,00 € |  |  | 53,33 € |  |
| Absatzmenge in Stk. | 320 | 50 % | 160 | 480 | 290 | 50 % | 145 | 435 |  |
| Deckungsbeitrag | 19.840,00 € |  |  | 19.840,00 € | 23.200,00 € |  |  | 23.200,00 € |  |
| Änderung |  |  | 0 € |  |  | 0 € | 0 € |

## 3.2 Fixkostendeckungsrechnung

### Lösung zu Aufgabe 1:

|  | Artikelgruppe I | | | Artikelgruppe II | | |
|---|---|---|---|---|---|---|
|  | Artikel A | Artikel B | Artikel C | Artikel X | Artikel Y | Artikel Z |
| Barverkaufspreis | 155,00 € | 168,00 € | 125,00 € | 150,00 € | 152,00 € | 157,00 € |
| - Einzelkosten | 102,00 € | 113,00 € | 108,00 € | 138,00 € | 125,00 € | 129,00 € |
| = Warenrohgewinn | 53,00 € | 55,00 € | 17,00 € | 12,00 € | 27,00 € | 28,00 € |
| - Variable Stückkosten | 8,30 € | 7,80 € | 6,70 € | 6,80 € | 9,50 € | 12,10 € |
| = Deckungsspanne | 44,70 € | 47,20 € | 10,30 € | 5,20 € | 17,50 € | 15,90 € |
| • Absatzmenge | 20.500 | 21.800 | 18.600 | 24.450 | 21.360 | 22.380 |
| = Rest-Deckungsbeitrag I | 916.350,00 € | 1.028.960,00 € | 191.580,00 € | 127.140,00 € | 373.800,00 € | 355.842,00 € |
| - Artikelgruppenfixe Kosten | 513.400,00 € | | | 334.700,00 € | | |
| = Rest-Deckungsbeitrag II | 1.623.490,00 € | | | 522.082,00 € | | |
| - Unternehmensfixkosten | 352.900,00 € | | | | | |
| = Betriebsergebnis | 1.792.672,00 € | | | | | |

## Lösung zu Aufgabe 2:

|  | Artikelgruppe I | | | Artikelgruppe II | | |
|---|---|---|---|---|---|---|
|  | **Artikel A** | **Artikel B** | **Artikel C** | **Artikel X** | **Artikel Y** | **Artikel Z** |
| Barverkaufspreis | 12,00 € | 18,00 € | 15,90 € | 24,00 € | 22,00 € | 25,00 € |
| - Einzelkosten | 9,30 € | 16,50 € | 14,90 € | 14,70 € | 17,70 € | 13,95 € |
| = Warenrohgewinn | 2,70 € | 1,50 € | 1,00 € | 9,30 € | 4,30 € | 11,05 € |
| - Variable Stückkosten | 1,00 € | 0,70 € | 0,50 € | 6,80 € | 3,10 € | 8,70 € |
| = Deckungsspanne | 1,70 € | 0,80 € | 0,50 € | 2,50 € | 1,20 € | 2,35 € |
| • Absatzmenge | 160.500 | 121.800 | 186.000 | 150.450 | 104.360 | 99.380 |
| = Rest-Deckungsbeitrag I | 272.850,00 € | 97.440,00 € | 93.000,00 € | 376.125,00 € | 125.232,00 € | 233.543,00 € |
| - Artikelgruppenfixe Kosten | 356.005,00 € | | | 234.700,00 € | | |
| = Rest-Deckungsbeitrag II | 107.285,00 € | | | 500.200,00 € | | |
| - Unternehmensfixkosten | 252.900,00 € | | | | | |
| = Betriebsergebnis | 354.585,00 € | | | | | |

## Lösung zu Aufgabe 3:

|  | Artikelgruppe I | | | Artikelgruppe II | | |
|---|---|---|---|---|---|---|
|  | **Artikel A** | **Artikel B** | **Artikel C** | **Artikel X** | **Artikel Y** | **Artikel Z** |
| Barverkaufspreis | 13,00 € | 18,00 € | 16,00 € | 23,00 € | 22,00 € | 33,00 € |
| - Einzelkosten | 11,30 € | 15,70 € | 14,90 € | 15,70 € | 17,70 € | 18,95 € |
| = Warenrohgewinn | 1,70 € | 2,30 € | 1,10 € | 7,30 € | 4,30 € | 14,05 € |
| - Variable Stückkosten | 1,30 € | 0,70 € | 0,50 € | 6,80 € | 3,10 € | 8,70 € |
| = Deckungsspanne | 0,40 € | 1,60 € | 0,60 € | 0,50 € | 1,20 € | 5,35 € |
| • Absatzmenge | 180.500 | 101.800 | 86.000 | 140.450 | 101.360 | 102.380 |
| = Rest-Deckungsbeitrag I | 72.200,00 € | 162.880,00 € | 51.600,00 € | 70.225,00 € | 121.632,00 € | 547.733,00 € |
| - Artikelgruppenfixe Kosten | 356.005,00 € | | | 234.700,00 € | | |
| = Rest-Deckungsbeitrag II | -69.325,00 € | | | 504.890,00 € | | |
| - Unternehmensfixkosten | 252.900,00 € | | | | | |
| = Betriebsergebnis | 182.665,00 € | | | | | |
| Betriebsergebnis ohne Artikelgruppe I | 251.990,00 € | | | | | |

## Lösung zu Aufgabe 4:

|  | Artikelgruppe I | | | Artikelgruppe II | | |
|---|---|---|---|---|---|---|
|  | **Artikel A** | **Artikel B** | **Artikel C** | **Artikel X** | **Artikel Y** | **Artikel Z** |
| Barverkaufspreis | 45,00 € | 56,00 € | 58,00 € | 199,00 € | 219,00 € | 225,00 € |
| - Einzelkosten | 11,30 € | 9,70 € | 12,80 € | 94,30 € | 109,60 € | 121,20 € |
| = Warenrohgewinn | 33,70 € | 46,30 € | 45,20 € | 104,70 € | 109,40 € | 103,80 € |
| - Variable Stückkosten | 4,30 € | 6,70 € | 5,70 € | 33,40 € | 109,00 € | 115,80 € |
| = Deckungsspanne | 29,40 € | 39,60 € | 39,50 € | 71,30 € | 0,40 € | -12,00 € |
| • Absatzmenge | 12.500 | 10.800 | 5.600 | 1.450 | 2.560 | 3.370 |
| = Rest-Deckungsbeitrag I | 367.500,00 € | 427.680,00 € | 221.200,00 € | 103.385,00 € | 1.024,00 € | -40.440,00 € |
| - Artikelgruppenfixe Kosten | 113.400,00 € | | | 34.700,00 € | | |
| = Rest-Deckungsbeitrag II | 902.980,00 € | | | 29.269,00 € | | |
| - Unternehmensfixkosten | 620.000,00 € | | | | | |
| = Betriebsergebnis | 312.249,00 € | | | | | |

|  | Artikelgruppe I | | | Artikelgruppe II | | |
|---|---|---|---|---|---|---|
|  | Artikel A | Artikel B | Artikel C | Artikel X | Artikel Y | Artikel Z |
| Barverkaufspreis | 45,00 € | 56,00 € | 58,00 € | 199,00 € | 219,00 € |  |
| - Einzelkosten | 11,30 € | 9,70 € | 12,80 € | 94,30 € | 109,60 € |  |
| = Warenrohgewinn | 33,70 € | 46,30 € | 45,20 € | 104,70 € | 109,40 € |  |
| - Variable Stückkosten | 4,30 € | 6,70 € | 5,70 € | 33,40 € | 109,00 € |  |
| = Deckungsspanne | 29,40 € | 39,60 € | 39,50 € | 71,30 € | 0,40 € |  |
| • Absatzmenge | 12.500 | 10.800 | 5.600 | 1.450 | 2.560 |  |
| = Rest-Deckungsbeitrag I | 367.500,00 € | 427.680,00 € | 221.200,00 € | 103.385,00 € | 1.024,00 € |  |
| - Artikelgruppenfixe Kosten | 113.400,00 € | | | 34.700,00 € | | |
| = Rest-Deckungsbeitrag II | 902.980,00 € | | | 69.709,00 € | | |
| - Unternehmensfixkosten | 620.000,00 € | | | | | |
| = Betriebsergebnis | 352.689,00 € | | | | | |
| Differenz | 40.440,00 € | | | | | |

## 3.3 Sortimentspolitik
### Lösung zu Aufgabe 1:

| ABC-Analyse | | |
|---|---|---|
| Artikelgruppe | Anteil am Sortiment | Anteil am Deckungsbeitrag |
| A | 20 % | 70 % |
| A+B | 50 % | 90 % |
| A+B+C | 100 % | 100 % |

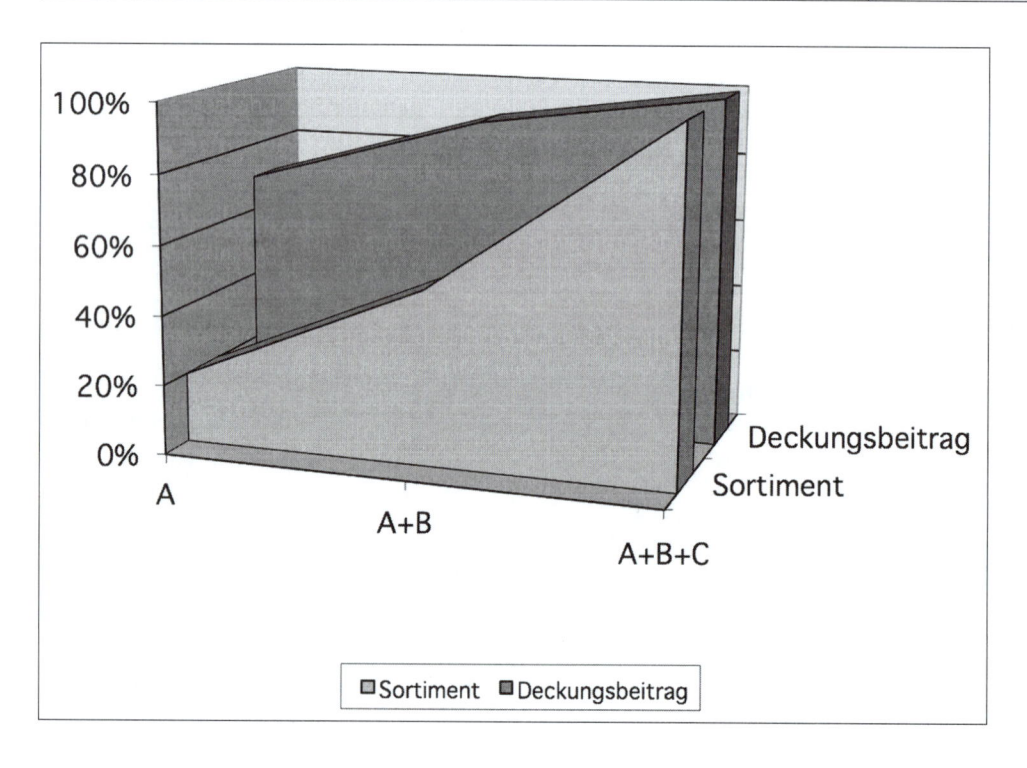

## Lösung zu Aufgabe 2:

| Produkt | Kumulierter prozentualer Anteil der Produkte am Sortiment | Deckungsbeitrag | Kumulierter Deckungsbeitrag | Kumulierter prozentualer Anteil am Gesamtdeckungsbeitrag | Stellung im Sortiment |
|---|---|---|---|---|---|
| 4 | 6 % | 250.000,00 € | 250.000,00 € | 34 % | |
| 17 | 11 % | 140.000,00 € | 390.000,00 € | 53 % | A |
| 5 | 17 % | 125.000,00 € | 515.000,00 € | 70 % | |
| 3 | 22 % | 45.000,00 € | 560.000,00 € | 76 % | |
| 16 | 28 % | 30.000,00 € | 590.000,00 € | 80 % | |
| 2 | 33 % | 29.000,00 € | 619.000,00 € | 84 % | B |
| 14 | 39 % | 26.000,00 € | 645.000,00 € | 87 % | |
| 13 | 44 % | 25.000,00 € | 670.000,00 € | 91 % | |
| 10 | 50 % | 22.000,00 € | 692.000,00 € | 94 % | |
| 6 | 56 % | 14.000,00 € | 706.000,00 € | 96 % | |
| 18 | 61 % | 12.000,00 € | 718.000,00 € | 97 % | |
| 1 | 67 % | 6.000,00 € | 724.000,00 € | 98 % | |
| 11 | 72 % | 5.600,00 € | 729.600,00 € | 99 % | |
| 12 | 78 % | 2.300,00 € | 731.900,00 € | 99 % | C |
| 15 | 83 % | 2.000,00 € | 733.900,00 € | 99 % | |
| 9 | 89 % | 1.900,00 € | 735.800,00 € | 100 % | |
| 8 | 94 % | 1.700,00 € | 737.500,00 € | 100 % | |
| 7 | 100 % | 1.500,00 € | 739.000,00 € | 100 % | |
| Gesamt | | 739.000,00 € | | | |

## Lösung zu Aufgabe 3:

| | Artikelgruppe I | Artikelgruppe II | Artikelgruppe III | Artikelgruppe IV | Artikelgruppe V |
|---|---|---|---|---|---|
| Deckungsbeitrag II | 456.000,00 € | 545.987,00 € | 631.008,00 € | 645.673,00 € | 123.453,00 € |
| Umsatz der Artikelgruppe | 789.000,00 € | 865.897,00 € | 709.070,00 € | 891.111,00 € | 477.789,00 € |
| Relativer Deckungsbeitrag II | 57,79 % | 63,05 % | 88,99 % | 72,46 % | 25,84 % |
| Rangfolge | 4 | 3 | 1 | 2 | 5 |

## Lösung zu Aufgabe 4:

| | Artikelgruppe I | Artikelgruppe II | Artikelgruppe III | Artikelgruppe IV | Artikelgruppe V |
|---|---|---|---|---|---|
| Deckungsbeitrag II | 234.490,00 € | 356.783,00 € | 299.887,00 € | 244.500,00 € | 234.511,00 € |
| Umsatz der Artikelgruppe | 700.000,00 € | 700.000,00 € | 700.000,00 € | 700.000,00 € | 800.000,00 € |
| Relativer Deckungsbeitrag II | 33,50 % | 50,97 % | 42,84 % | 34,93 % | 29,31 % |

# 4. Betriebliche Statistik
## 4.1 Häufigkeitsverteilung
### Lösung zu Aufgabe 1:

| Bruttoentgelte | Absolute Häufigkeit | Kumulierte absolute Häufigkeit |
|---|---|---|
| 2.400,00 € | 33 | 33 |
| 2.500,00 € | 45 | 78 |
| 2.600,00 € | 34 | 112 |
| 2.700,00 € | 44 | 156 |
| 2.800,00 € | 35 | 191 |
| 2.900,00 € | 66 | 257 |
| 3.000,00 € | 76 | 333 |
| 3.100,00 € | 77 | 410 |
| 3.200,00 € | 64 | 474 |
| 3.300,00 € | 22 | 496 |
| 3.400,00 € | 44 | 540 |
| 3.500,00 € | 32 | 572 |
| 3.600,00 € | 33 | 605 |
| 3.700,00 € | 22 | 627 |
| 3.800,00 € | 12 | 639 |
| 3.900,00 € | 9 | 648 |
| 4.000,00 € | 6 | 654 |
| Summe | 654 | |

### Lösung zu Aufgabe 2:

| Bruttoentgelte | Absolute Häufigkeit | Kumulierte absolute Häufigkeit | Relative Häufigkeit | Kumulierte relative Häufigkeit |
|---|---|---|---|---|
| 2.400,00 € | 33 | 33 | 0,038 | 0,038 |
| 2.500,00 € | 44 | 77 | 0,050 | 0,088 |
| 2.600,00 € | 45 | 122 | 0,051 | 0,139 |
| 2.700,00 € | 54 | 176 | 0,061 | 0,200 |
| 2.800,00 € | 67 | 243 | 0,076 | 0,276 |
| 2.900,00 € | 79 | 322 | 0,090 | 0,366 |
| 3.000,00 € | 88 | 410 | 0,100 | 0,466 |
| 3.100,00 € | 77 | 487 | 0,088 | 0,554 |
| 3.200,00 € | 65 | 552 | 0,074 | 0,628 |
| 3.300,00 € | 65 | 617 | 0,074 | 0,702 |
| 3.400,00 € | 54 | 671 | 0,061 | 0,763 |
| 3.500,00 € | 43 | 714 | 0,049 | 0,812 |
| 3.600,00 € | 33 | 747 | 0,038 | 0,850 |
| 3.700,00 € | 67 | 814 | 0,076 | 0,926 |
| 3.800,00 € | 44 | 858 | 0,050 | 0,976 |
| 3.900,00 € | 12 | 870 | 0,014 | 0,990 |
| 4.000,00 € | 9 | 879 | 0,010 | 1,000 |
| Summe | 879 | | 1,000 | |

## Lösung zu Aufgabe 3:

| Bruttoentgelte | Absolute Häufigkeit | Kumulierte absolute Häufigkeit |
|---|---|---|
| 2.400,00 € bis 2.699,00 € | 88 | 88 |
| 2.700,00 € bis 2.999,00 € | 111 | 199 |
| 3.000,00 € bis 3.299,00 € | 112 | 311 |
| 3.300,00 € bis 3.599,00 € | 89 | 400 |
| 3.600,00 € bis 3.899,00 € | 66 | 466 |
| 3.900,00 € bis 4.199,00 € | 55 | 521 |
| Summe | 521 | |

## Lösung zu Aufgabe 4:

| Bruttoentgelte | Absolute Häufigkeit | Kumulierte absolute Häufigkeit | Relative Häufigkeit | Kumulierte relative Häufigkeit |
|---|---|---|---|---|
| 2.400,00 € bis 2.699,00 € | 77 | 77 | 0,211 | 0,211 |
| 2.700,00 € bis 2.999,00 € | 89 | 166 | 0,244 | 0,455 |
| 3.000,00 € bis 3.299,00 € | 76 | 242 | 0,208 | 0,663 |
| 3.300,00 € bis 3.599,00 € | 55 | 297 | 0,151 | 0,814 |
| 3.600,00 € bis 3.899,00 € | 45 | 342 | 0,123 | 0,937 |
| 3.900,00 € bis 4.199,00 € | 23 | 365 | 0,063 | 1,000 |
| Summe | 365 | | 1,000 | |

## 4.2 Diagramme
### Lösung zu Aufgabe 1:

| Jahr | 1 | 2 | 3 | 4 | 5 |
|---|---|---|---|---|---|
| Erlöse | 180.000,00 € | 195.000,00 € | 240.000,00 € | 250.000,00 € | 270.000,00 € |
| Kosten | 130.000,00 € | 135.000,00 € | 170.000,00 € | 175.000,00 € | 185.000,00 € |
| Gewinn | 50.000,00 € | 60.000,00 € | 70.000,00 € | 75.000,00 € | 85.000,00 € |

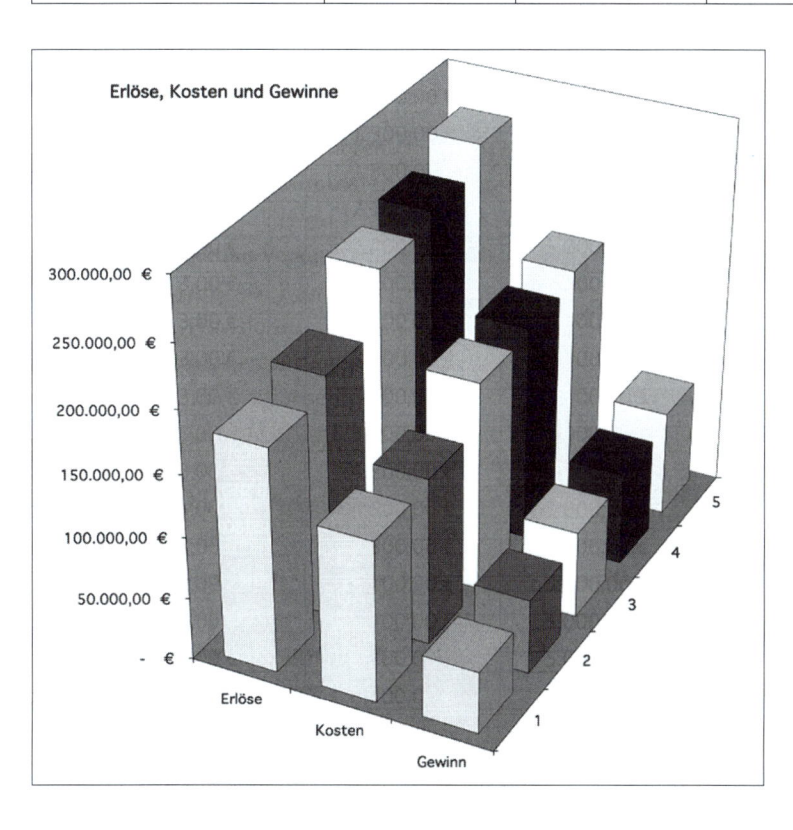

## LÖSUNGEN

## Lösung zu Aufgabe 2:

| Antworten | Filiale A | | Filiale B | | Filiale C | | Gesamt | |
|---|---|---|---|---|---|---|---|---|
| Vielleicht | 17 | 42,50 % | 10 | 33,33 % | 8 | 26,67 % | 35 | 35,00 % |
| Ja | 15 | 37,50 % | 13 | 43,33 % | 14 | 46,67 % | 42 | 42,00 % |
| Nein | 8 | 20,00 % | 7 | 23,33 % | 8 | 26,67 % | 23 | 23,00 % |
| Gesamt | 40 | 100,00 % | 30 | 100,00 % | 30 | 100,00 % | 100 | 100,00 % |

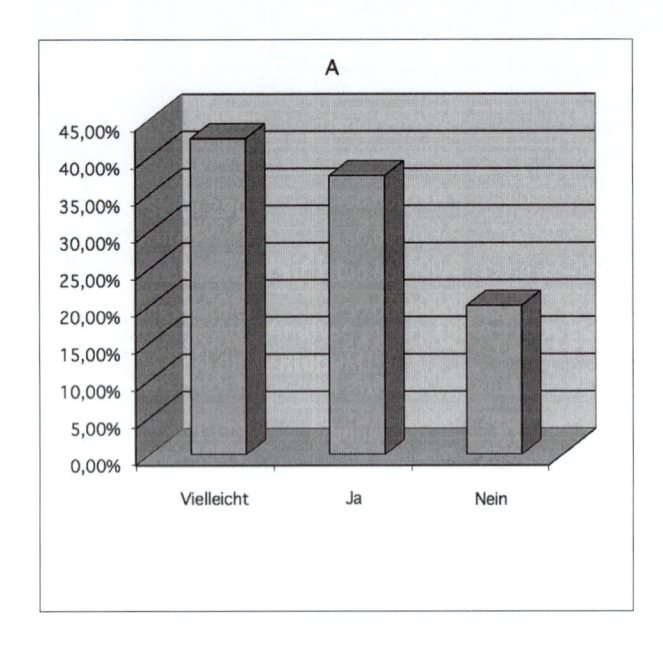

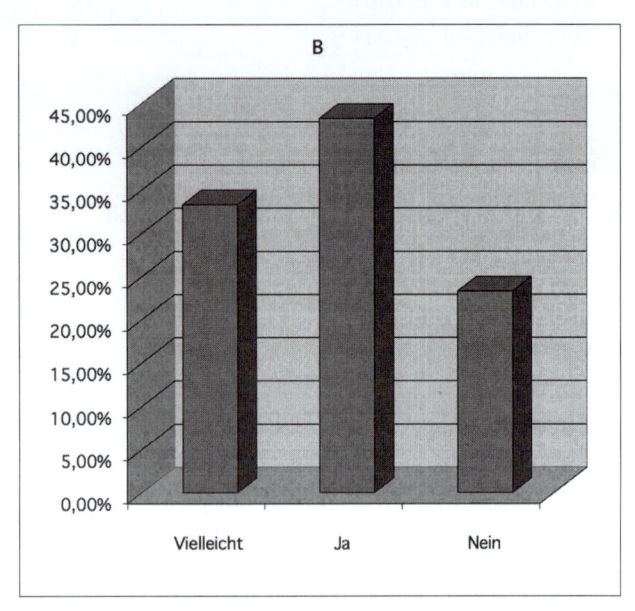

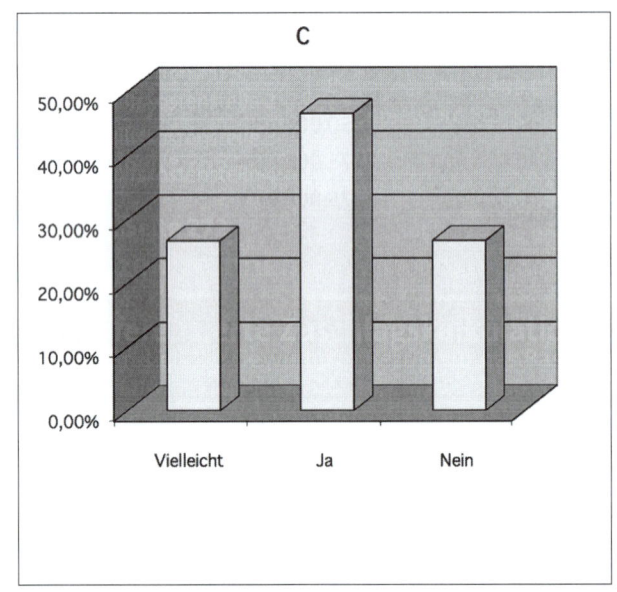

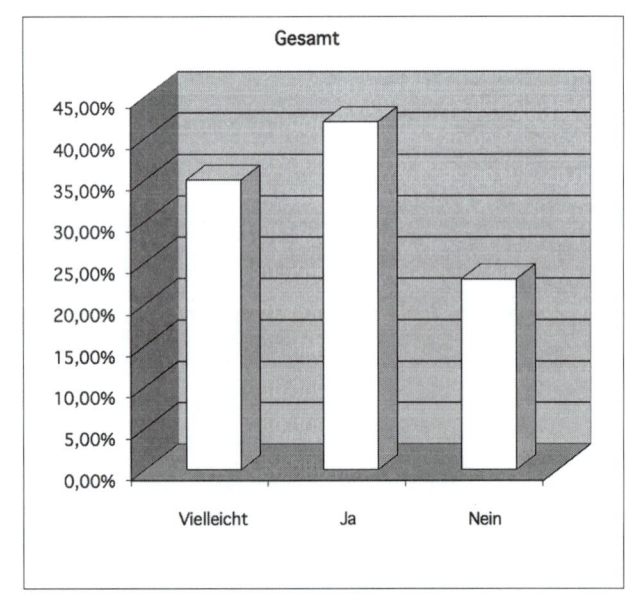

## Lösung zu Aufgabe 3:

| Jahr | 1 | 2 | 3 | 4 | 5 |
|---|---|---|---|---|---|
| Deckungsbeitrag | 170.000,00 € | 190.000,00 € | 195.000,00 € | 200.000,00 € | 240.000,00 € |
| Fixkosten | 250.000,00 € | 190.000,00 € | 180.000,00 € | 175.000,00 € | 210.000,00 € |
| Gewinn | - 80.000,00 € | 0 € | 15.000,00 € | 25.000,00 € | 30.000,00 € |

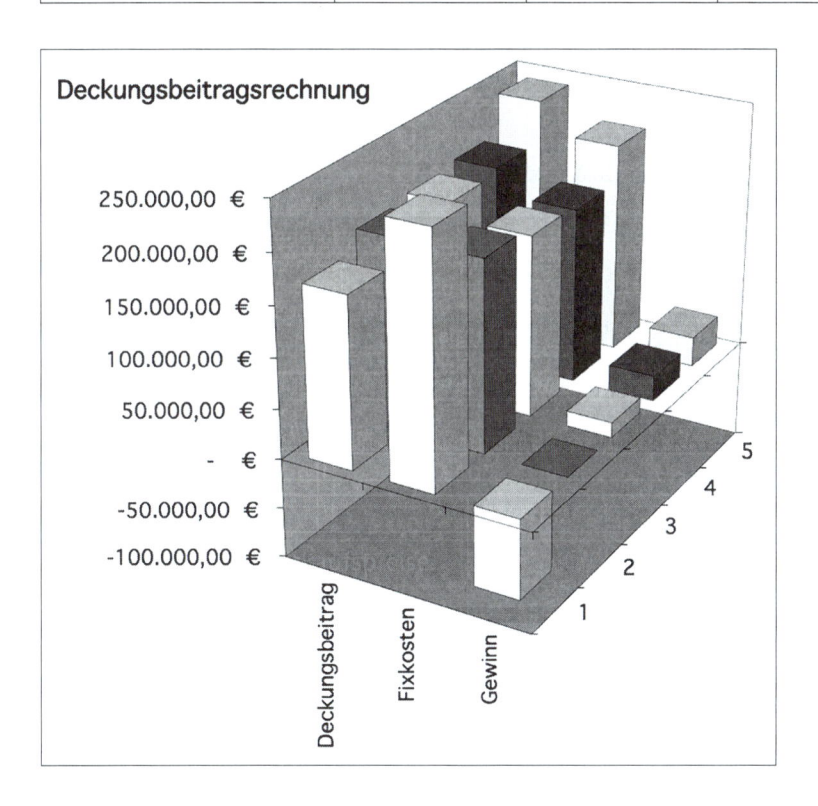

## Lösung zu Aufgabe 4:

| Kosten | Nürnberg | Bochum | Kiel | Mannheim | Gesamt |
|---|---|---|---|---|---|
| Zinsen | 19.000,00 € | 15.000,00 € | 14.000,00 € | 13.000,00 € | 61.000,00 € |
| Personal | 184.000,00 € | 183.000,00 € | 177.000,00 € | 161.000,00 € | 705.000,00 € |
| Mieten | 83.000,00 € | 75.000,00 € | 53.000,00 € | 73.000,00 € | 284.000,00 € |
| Energie | 42.000,00 € | 33.000,00 € | 22.000,00 € | 17.000,00 € | 114.000,00 € |
| Abschreibungen | 190.000,00 € | 154.000,00 € | 171.000,00 € | 163.000,00 € | 678.000,00 € |
| Summe | 518.000,00 € | 460.000,00 € | 437.000,00 € | 427.000,00 € | 1.842.000,00 € |

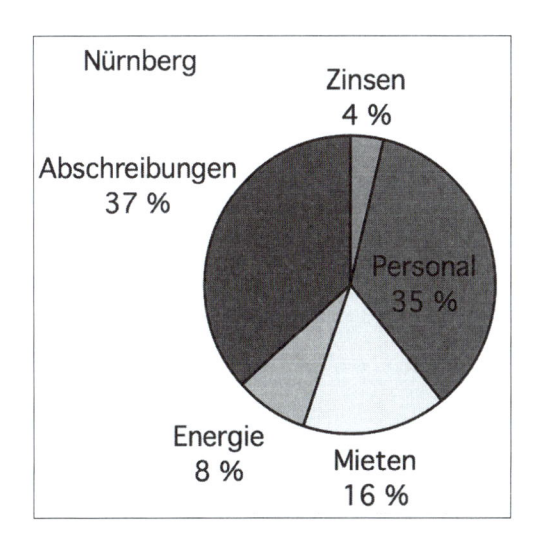

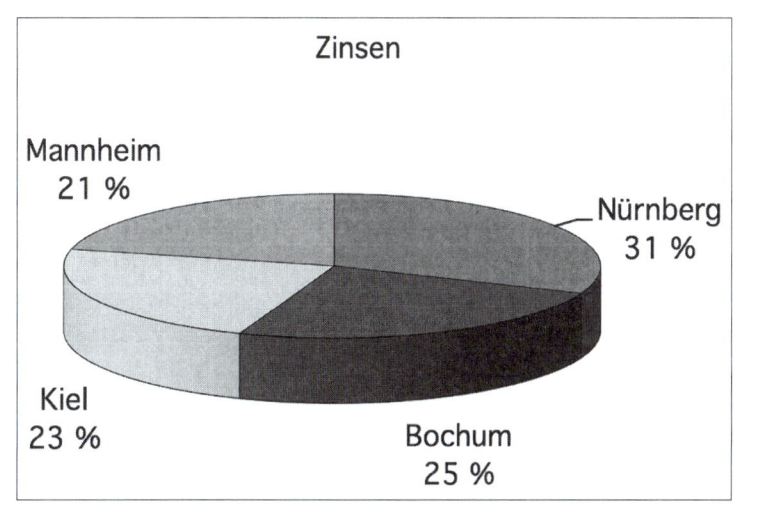

## Lösung zu Aufgabe 5:

| Kosten | Material | Fertigung | Verwaltung | Vertrieb | Gesamt | Anteil |
|---|---|---|---|---|---|---|
| Einzelkosten | | | | | | |
| Fertigungsmaterial | 648.000,00 € | | | | | |
| Fertigungslöhne | | 855.000,00 € | | | | |
| Gemeinkosten | | | | | | |
| Hilfslöhne | 24.000,00 € | 98.000,00 € | 42.500,00 € | 52.500,00 € | 217.000,00 € | 12 % |
| Hilfsstoffe | | 95.000,00 € | | | 95.000,00 € | 5 % |
| Betriebsstoffe | 19.000,00 € | 118.000,00 € | 18.000,00 € | 29.000,00 € | 184.000,00 € | 10 % |
| Abschreibungen | 66.000,00 € | 40.000,00 € | 10.000,00 € | 20.000,00 € | 136.000,00 € | 7 % |
| Gehälter | | 33.000,00 € | 155.000,00 € | 22.000,00 € | 210.000,00 € | 12 % |
| Zinsen | 24.250,00 € | 48.500,00 € | 7.850,00 € | 14.950,00 € | 95.550,00 € | 5 % |
| Steuern | 31.500,00 € | 31.500,00 € | 31.500,00 € | 31.500,00 € | 126.000,00 € | 7 % |
| Mieten | 155.000,00 € | 74.000,00 € | 37.000,00 € | 15.000,00 € | 281.000,00 € | 15 % |
| Reparaturen | 76.000,00 € | 29.700,00 € | 6.600,00 € | 12.500,00 € | 124.800,00 € | 7 % |
| Sonstige Kosten | 87.500,00 € | 87.500,00 € | 87.500,00 € | 87.500,00 € | 350.000,00 € | 19 % |
| Summe Gemeinkosten | 483.250,00 € | 655.200,00 € | 395.950,00 € | 284.950,00 € | 1.819.350,00 € | 100 % |

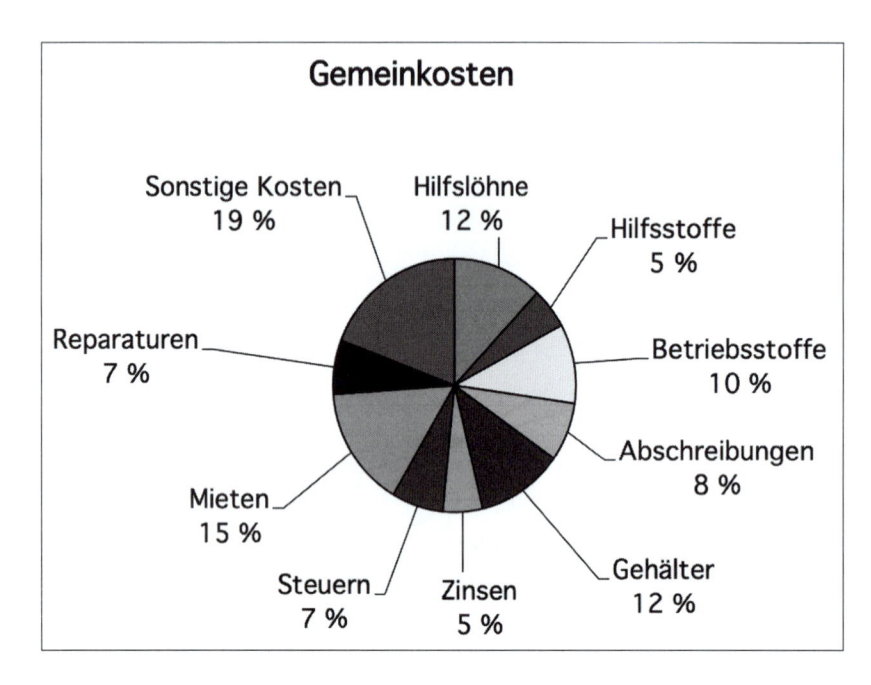

### Gemeinkosten

- Sonstige Kosten 19 %
- Hilfslöhne 12 %
- Hilfsstoffe 5 %
- Betriebsstoffe 10 %
- Abschreibungen 8 %
- Gehälter 12 %
- Zinsen 5 %
- Steuern 7 %
- Mieten 15 %
- Reparaturen 7 %

## Lösung zu Aufgabe 6:

| | Umsatzentwicklung | | |
|---|---|---|---|
| Jahr | Hardware | Software | Gesamtumsatz |
| 1 | 5.000.000,00 € | 11.000.000,00 € | 16.000.000,00 € |
| 2 | 4.500.000,00 € | 13.000.000,00 € | 17.500.000,00 € |
| 3 | 6.000.000,00 € | 17.000.000,00 € | 23.000.000,00 € |
| 4 | 6.500.000,00 € | 21.000.000,00 € | 27.500.000,00 € |
| 5 | 7.000.000,00 € | 25.500.000,00 € | 32.500.000,00 € |
| 6 | 6.000.000,00 € | 29.000.000,00 € | 35.000.000,00 € |
| 7 | 8.000.000,00 € | 24.500.000,00 € | 32.500.000,00 € |
| 8 | 8.500.000,00 € | 27.000.000,00 € | 35.500.000,00 € |

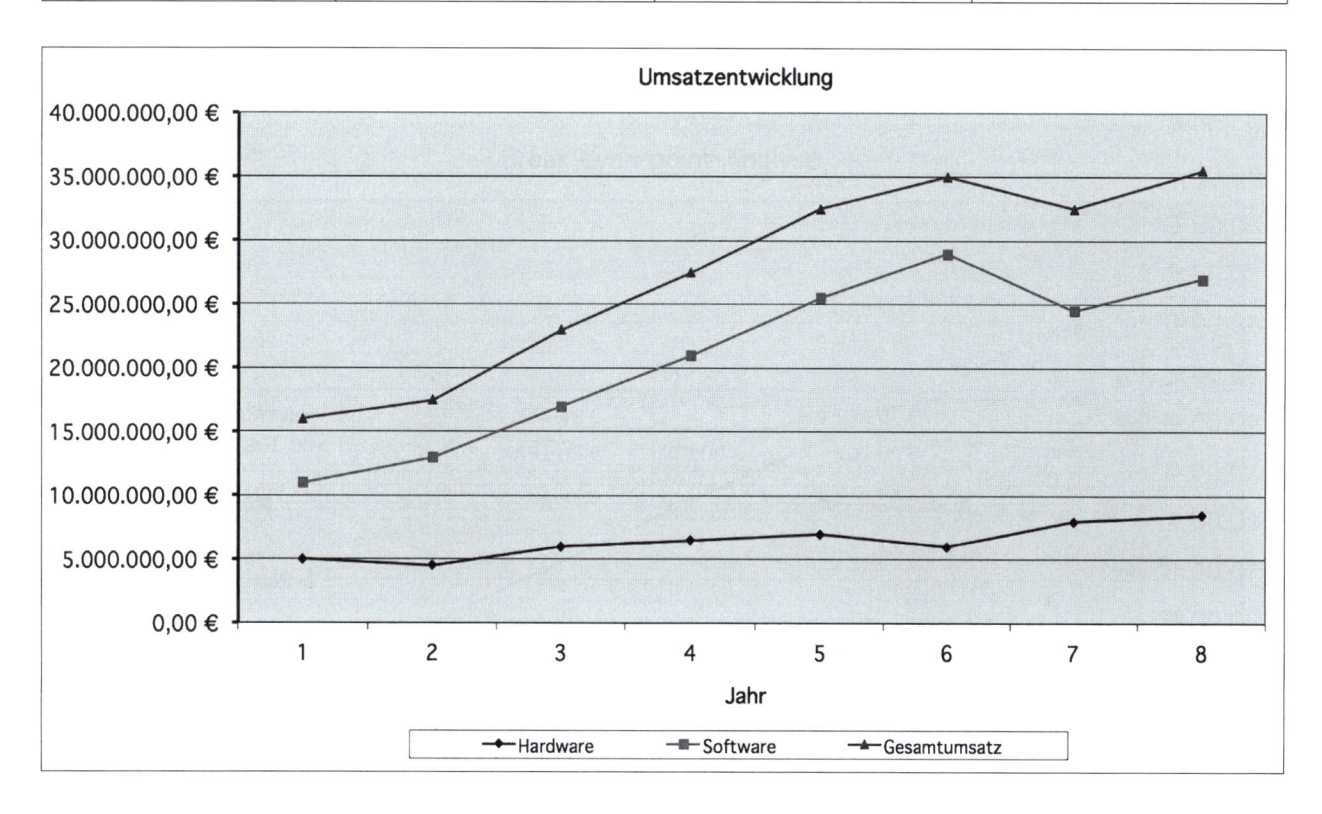

## Lösung zu Aufgabe 7:

| Kursentwicklung | | | |
|---|---|---|---|
| Börsentag | Aktie A | Aktie B | Aktie C |
| 1 | 120,00 € | 145,00 € | 134,00 € |
| 2 | 122,00 € | 144,00 € | 136,00 € |
| 3 | 124,00 € | 140,00 € | 130,00 € |
| 4 | 128,00 € | 134,00 € | 135,00 € |
| 5 | 129,00 € | 136,00 € | 136,00 € |
| 6 | 156,00 € | 154,00 € | 140,00 € |
| 7 | 167,00 € | 152,00 € | 142,00 € |
| 8 | 140,00 € | 150,00 € | 144,00 € |

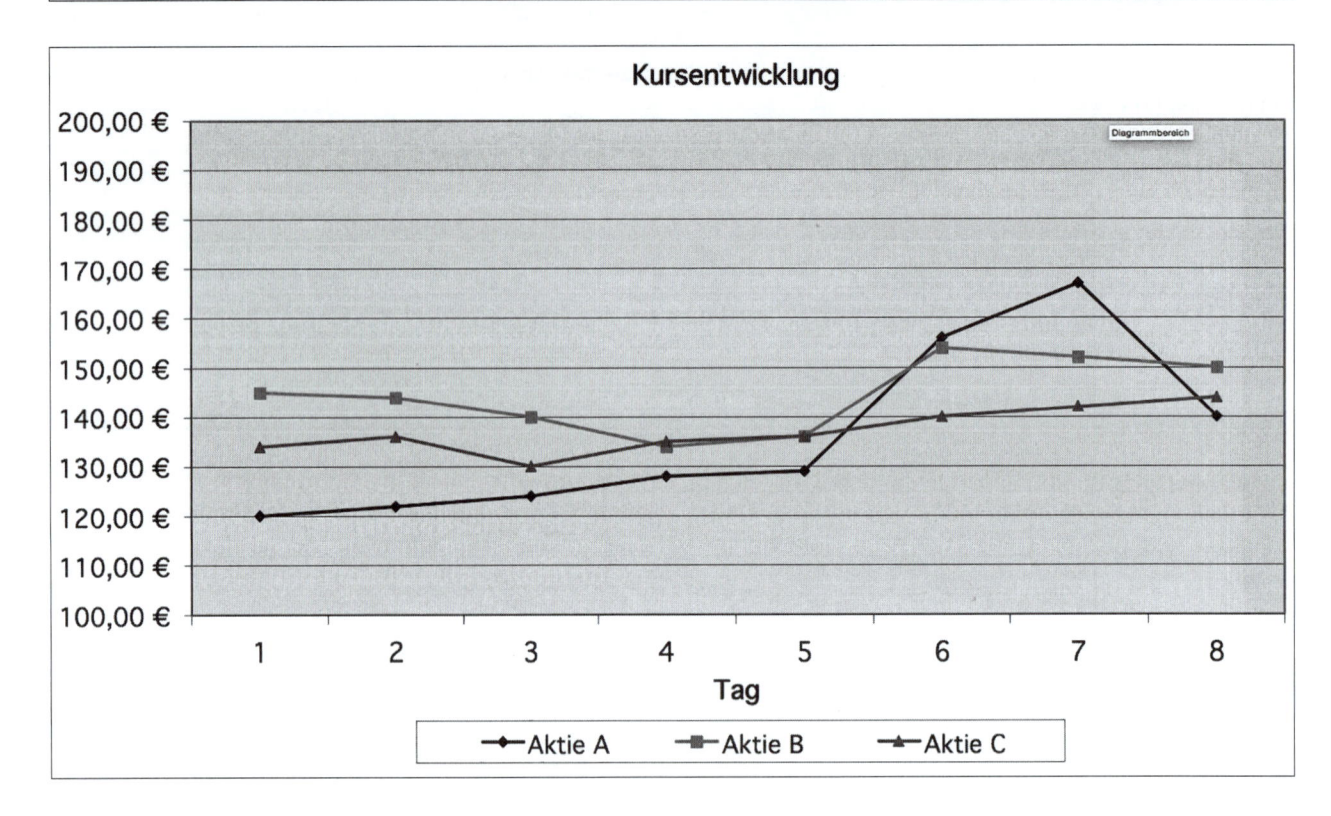

## Lösung zu Aufgabe 8:

| Jahr | 1 | 2 | 3 | 4 | 5 |
|---|---|---|---|---|---|
| Fixkosten | 270.000,00 € | 205.000,00 € | 220.000,00 € | 215.000,00 € | 280.000,00 € |
| Variable Kosten | 180.000,00 € | 135.000,00 € | 170.000,00 € | 175.000,00 € | 210.000,00 € |
| Gesamtkosten | 450.000,00 € | 340.000,00 € | 390.000,00 € | 390.000,00 € | 490.000,00 € |

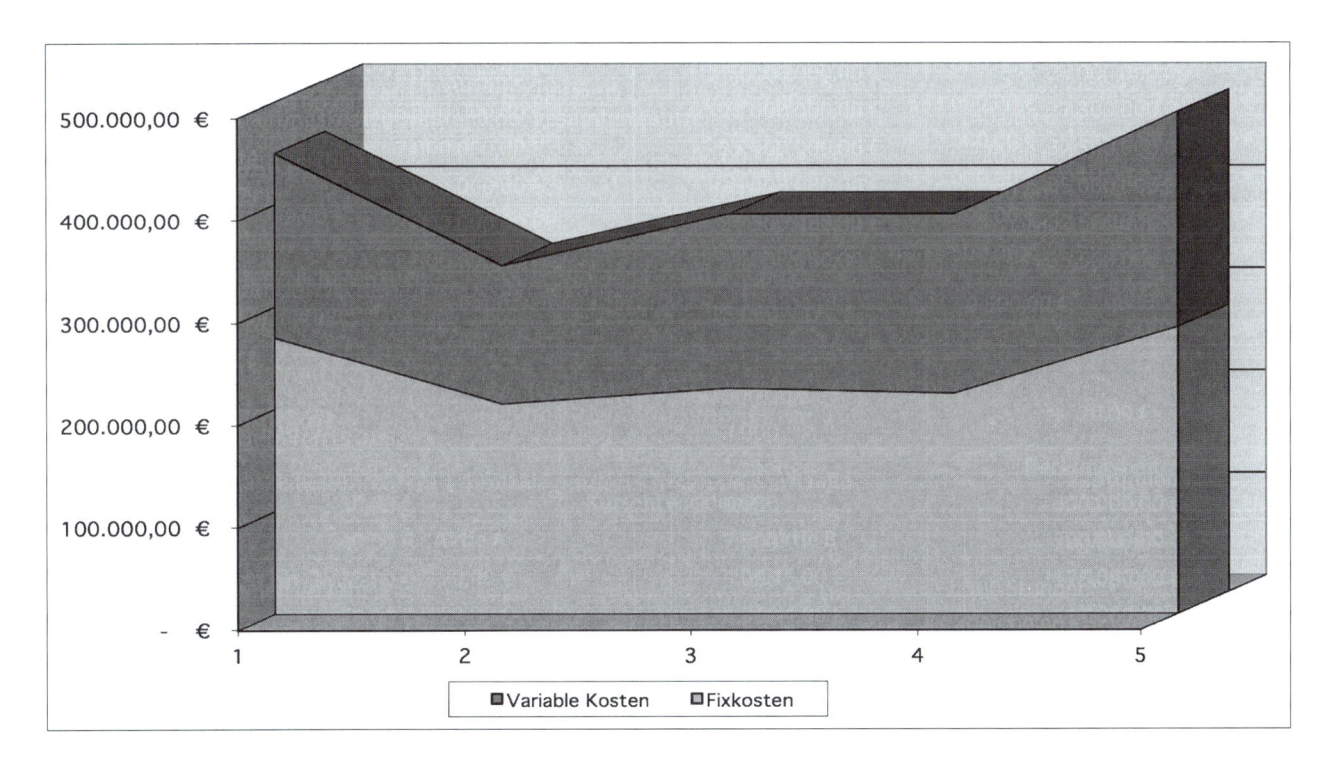

## 4.3 Statistische Maßzahlen

### Lösung zu Aufgabe 1:

| | A | B | C | D | E |
|---|---|---|---|---|---|
| 3 | | | Umsatz | | |
| 4 | Monat | Artikel A | Artikel B | Artikel C | Monatsdurchschnitt |
| 5 | Januar | 113.200,00 € | 345.700,00 € | 238.765,00 € | 232.555,00 € |
| 6 | Februar | 213.400,00 € | 236.784,00 € | 238.666,00 € | 229.616,67 € |
| 7 | März | 115.005,00 € | 236.788,00 € | 245.678,00 € | 199.157,00 € |
| 8 | April | 116.666,00 € | 255.678,00 € | 245.456,00 € | 205.933,33 € |
| 9 | Mai | 117.096,00 € | 235.437,00 € | 268.976,00 € | 207.169,67 € |
| 10 | Juni | 116.780,00 € | 267.888,00 € | 277.775,00 € | 220.814,33 € |
| 11 | Juli | 91.290,00 € | 113.467,00 € | 158.765,00 € | 121.174,00 € |
| 12 | August | 52.453,00 € | 226.759,00 € | 129.986,00 € | 136.399,33 € |
| 13 | September | 94.567,00 € | 225.690,00 € | 256.655,00 € | 192.304,00 € |
| 14 | Oktober | 114.567,00 € | 174.999,00 € | 233.442,00 € | 174.336,00 € |
| 15 | November | 116.596,00 € | 154.557,00 € | 275.675,00 € | 182.276,00 € |
| 16 | Dezember | 215.696,00 € | 387.980,00 € | 287.653,00 € | 297.109,67 € |
| 17 | Summe Jahr | 1.477.316,00 € | 2.861.727,00 € | 2.857.492,00 € | 2.398.845,00 € |
| 18 | Durchschnitt pro Artikel | 123.109,67 € | 238.477,25 € | 238.124,33 € | |
| 19 | Durchschnitt aller Artikel | | | | =MITTELWERT(E5:E16) |

Formelergebnis = 199.903,75 €

# LÖSUNGEN

## Lösung zu Aufgabe 2:

| Gehälter | Anzahl | Gehaltskosten |
|---|---|---|
| 3.400,00 € | 16 | 54.400,00 € |
| 3.500,00 € | 35 | 122.500,00 € |
| 3.600,00 € | 36 | 129.600,00 € |
| 3.700,00 € | 44 | 162.800,00 € |
| 3.800,00 € | 53 | 201.400,00 € |
| 3.900,00 € | 36 | 140.400,00 € |
| 4.000,00 € | 54 | 216.000,00 € |
| 4.100,00 € | 32 | 131.200,00 € |
| 4.200,00 € | 25 | 105.000,00 € |
| 4.300,00 € | 20 | 86.000,00 € |
| 4.400,00 € | 18 | 79.200,00 € |
| 4.500,00 € | 17 | 76.500,00 € |
| 4.600,00 € | 15 | 69.000,00 € |
| 4.700,00 € | 14 | 65.800,00 € |
| 4.800,00 € | 13 | 62.400,00 € |
| 4.900,00 € | 12 | 58.800,00 € |
| 5.000,00 € | 10 | 50.000,00 € |
| **Summe** | 450 | 1.811.000,00 € |
| **Durchschnitt** | | 4.024,44 € |

## Lösung zu Aufgabe 3:

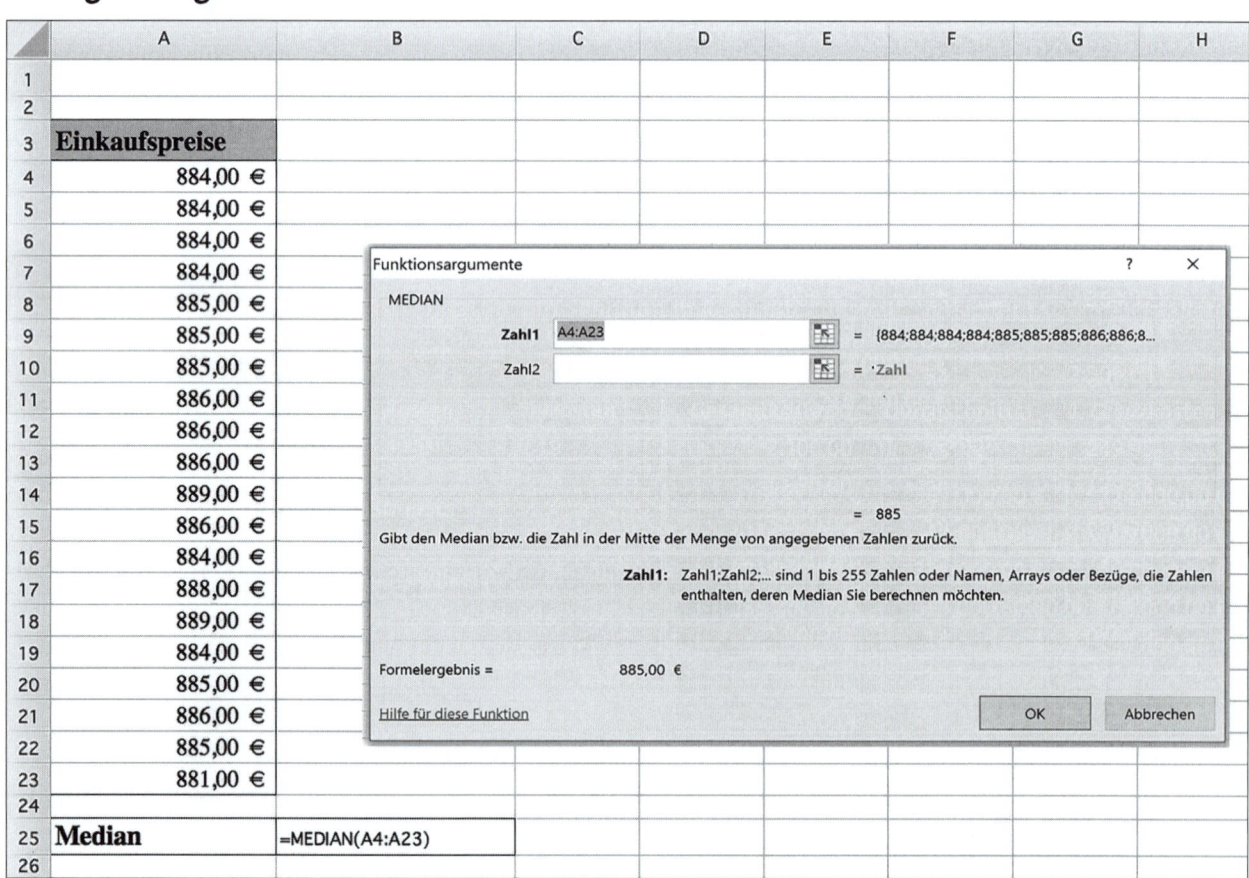

| | A | B | C | D | E | F | G | H |
|---|---|---|---|---|---|---|---|---|
| 1 | | | | | | | | |
| 2 | | | | | | | | |
| 3 | **Einkaufspreise** | | | | | | | |
| 4 | 884,00 € | | | | | | | |
| 5 | 884,00 € | | | | | | | |
| 6 | 884,00 € | | | | | | | |
| 7 | 884,00 € | | | | | | | |
| 8 | 885,00 € | | | | | | | |
| 9 | 885,00 € | | | | | | | |
| 10 | 885,00 € | | | | | | | |
| 11 | 886,00 € | | | | | | | |
| 12 | 886,00 € | | | | | | | |
| 13 | 886,00 € | | | | | | | |
| 14 | 889,00 € | | | | | | | |
| 15 | 886,00 € | | | | | | | |
| 16 | 884,00 € | | | | | | | |
| 17 | 888,00 € | | | | | | | |
| 18 | 889,00 € | | | | | | | |
| 19 | 884,00 € | | | | | | | |
| 20 | 885,00 € | | | | | | | |
| 21 | 886,00 € | | | | | | | |
| 22 | 885,00 € | | | | | | | |
| 23 | 881,00 € | | | | | | | |
| 24 | | | | | | | | |
| 25 | **Median** | =MEDIAN(A4:A23) | | | | | | |
| 26 | | | | | | | | |

Funktionsargumente

MEDIAN

Zahl1: A4:A23 = {884;884;884;884;885;885;885;886;886;8...
Zahl2: = 'Zahl

= 885

Gibt den Median bzw. die Zahl in der Mitte der Menge von angegebenen Zahlen zurück.

Zahl1: Zahl1;Zahl2;... sind 1 bis 255 Zahlen oder Namen, Arrays oder Bezüge, die Zahlen enthalten, deren Median Sie berechnen möchten.

Formelergebnis = 885,00 €

Hilfe für diese Funktion

# LÖSUNGEN

## Lösung zu Aufgabe 4:

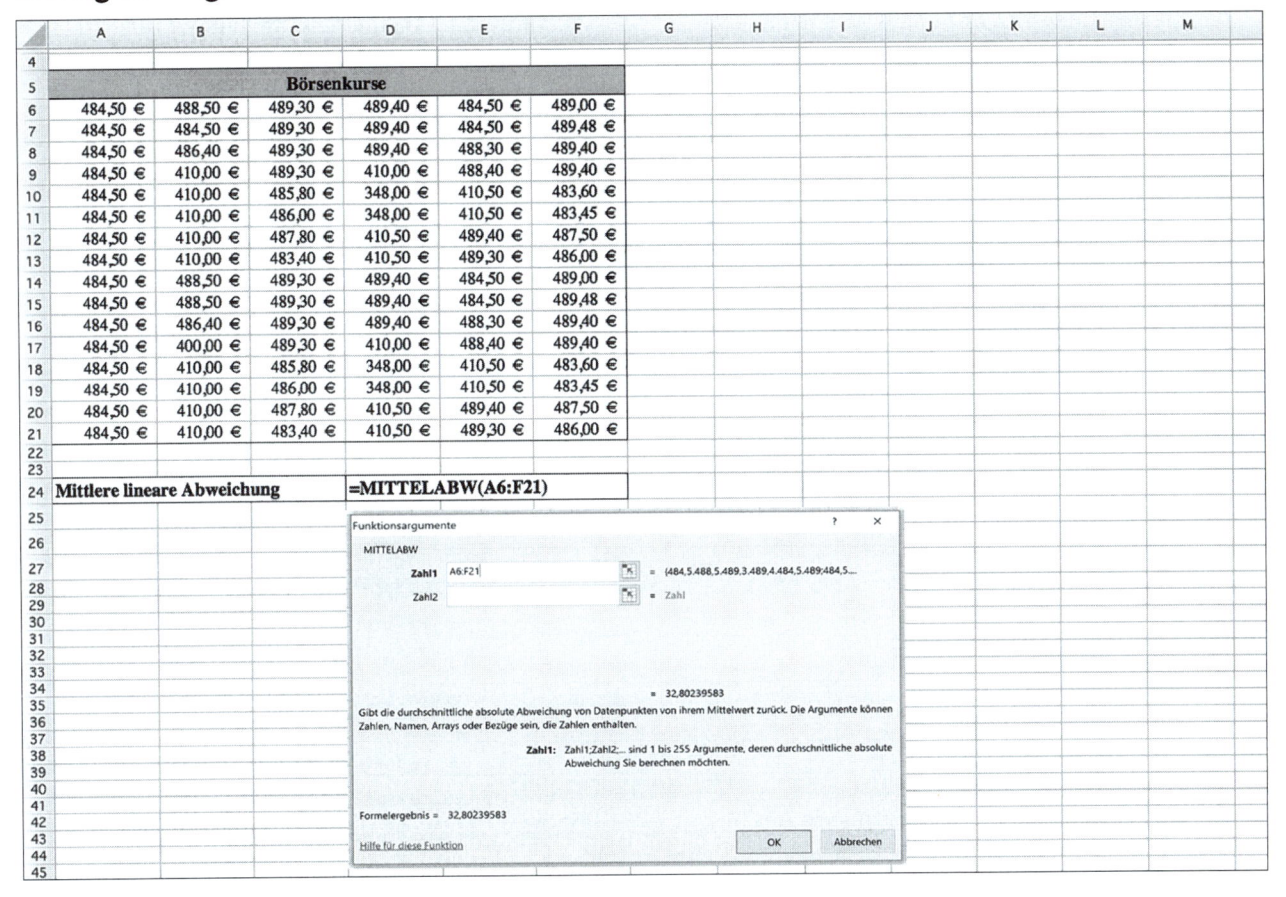

| | A | B | C | D | E | F |
|---|---|---|---|---|---|---|
| 5 | | | | Börsenkurse | | |
| 6 | 484,50 € | 488,50 € | 489,30 € | 489,40 € | 484,50 € | 489,00 € |
| 7 | 484,50 € | 484,50 € | 489,30 € | 489,40 € | 484,50 € | 489,48 € |
| 8 | 484,50 € | 486,40 € | 489,30 € | 489,40 € | 488,30 € | 489,40 € |
| 9 | 484,50 € | 410,00 € | 489,30 € | 410,00 € | 488,40 € | 489,40 € |
| 10 | 484,50 € | 410,00 € | 485,80 € | 348,00 € | 410,50 € | 483,60 € |
| 11 | 484,50 € | 410,00 € | 486,00 € | 348,00 € | 410,50 € | 483,45 € |
| 12 | 484,50 € | 410,00 € | 487,80 € | 410,50 € | 489,40 € | 487,50 € |
| 13 | 484,50 € | 410,00 € | 483,40 € | 410,50 € | 489,30 € | 486,00 € |
| 14 | 484,50 € | 488,50 € | 489,30 € | 489,40 € | 484,50 € | 489,00 € |
| 15 | 484,50 € | 488,50 € | 489,30 € | 489,40 € | 484,50 € | 489,48 € |
| 16 | 484,50 € | 486,40 € | 489,30 € | 489,40 € | 488,30 € | 489,40 € |
| 17 | 484,50 € | 400,00 € | 489,30 € | 410,00 € | 488,40 € | 489,40 € |
| 18 | 484,50 € | 410,00 € | 485,80 € | 348,00 € | 410,50 € | 483,60 € |
| 19 | 484,50 € | 410,00 € | 486,00 € | 348,00 € | 410,50 € | 483,45 € |
| 20 | 484,50 € | 410,00 € | 487,80 € | 410,50 € | 489,40 € | 487,50 € |
| 21 | 484,50 € | 410,00 € | 483,40 € | 410,50 € | 489,30 € | 486,00 € |
| 24 | **Mittlere lineare Abweichung** | | | =MITTELABW(A6:F21) | | |

Funktionsargumente – MITTELABW
Zahl1: A6:F21
Formelergebnis = 32,80239583

Gibt die durchschnittliche absolute Abweichung von Datenpunkten von ihrem Mittelwert zurück. Die Argumente können Zahlen, Namen, Arrays oder Bezüge sein, die Zahlen enthalten.

Zahl1: Zahl1;Zahl2;... sind 1 bis 255 Argumente, deren durchschnittliche absolute Abweichung Sie berechnen möchten.

## Lösung zu Aufgabe 5:

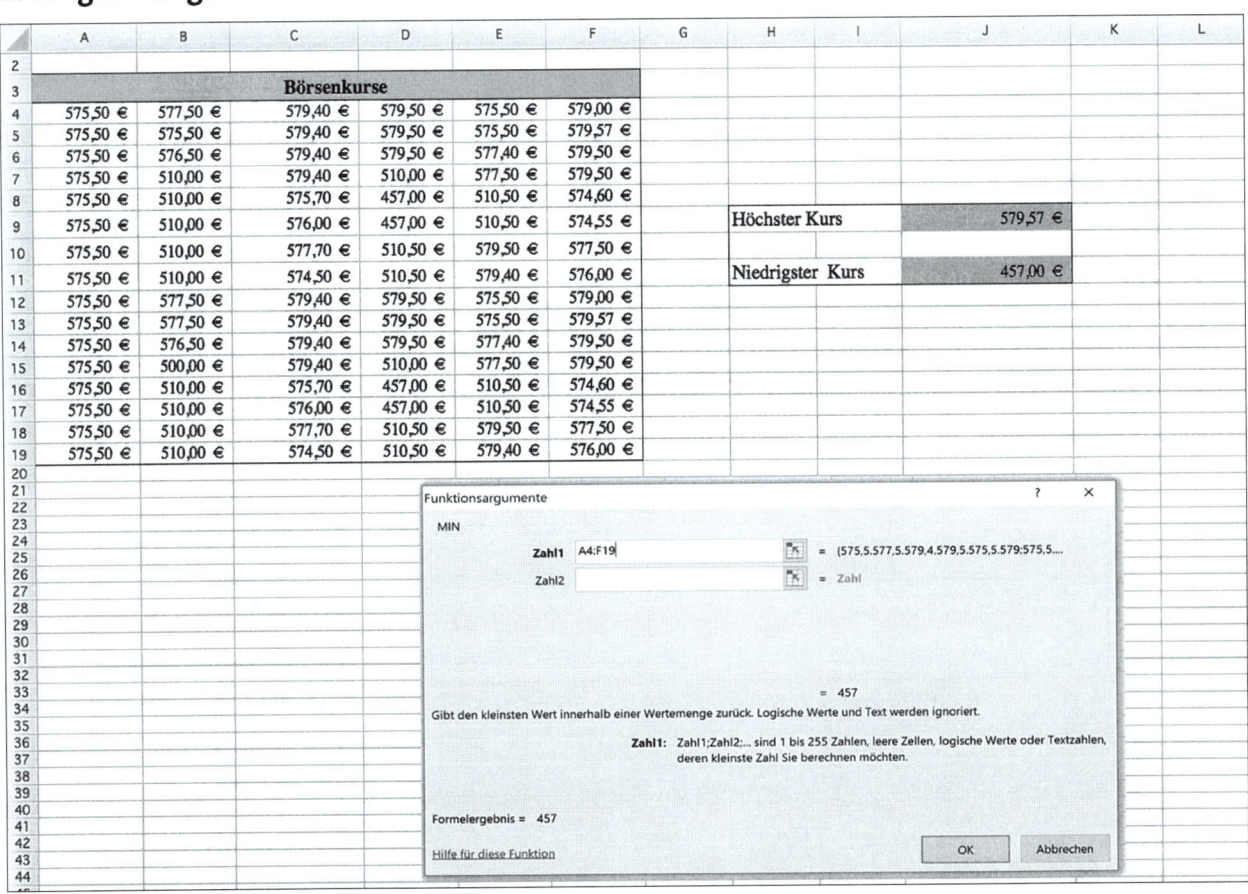

| | A | B | C | D | E | F | H | I | J |
|---|---|---|---|---|---|---|---|---|---|
| 3 | | | | Börsenkurse | | | | | |
| 4 | 575,50 € | 577,50 € | 579,40 € | 579,50 € | 575,50 € | 579,00 € | | | |
| 5 | 575,50 € | 575,50 € | 579,40 € | 579,50 € | 575,50 € | 579,57 € | | | |
| 6 | 575,50 € | 576,50 € | 579,40 € | 579,50 € | 577,40 € | 579,50 € | | | |
| 7 | 575,50 € | 510,00 € | 579,40 € | 510,00 € | 577,50 € | 579,50 € | | | |
| 8 | 575,50 € | 510,00 € | 575,70 € | 457,00 € | 510,50 € | 574,60 € | | | |
| 9 | 575,50 € | 510,00 € | 576,00 € | 457,00 € | 510,50 € | 574,55 € | Höchster Kurs | | 579,57 € |
| 10 | 575,50 € | 510,00 € | 577,70 € | 510,50 € | 579,50 € | 577,50 € | | | |
| 11 | 575,50 € | 510,00 € | 574,50 € | 510,50 € | 579,40 € | 576,00 € | Niedrigster Kurs | | 457,00 € |
| 12 | 575,50 € | 577,50 € | 579,40 € | 579,50 € | 575,50 € | 579,00 € | | | |
| 13 | 575,50 € | 577,50 € | 579,40 € | 579,50 € | 575,50 € | 579,57 € | | | |
| 14 | 575,50 € | 576,50 € | 579,40 € | 579,50 € | 577,40 € | 579,50 € | | | |
| 15 | 575,50 € | 500,00 € | 579,40 € | 510,00 € | 577,50 € | 579,50 € | | | |
| 16 | 575,50 € | 510,00 € | 575,70 € | 457,00 € | 510,50 € | 574,60 € | | | |
| 17 | 575,50 € | 510,00 € | 576,00 € | 457,00 € | 510,50 € | 574,55 € | | | |
| 18 | 575,50 € | 510,00 € | 577,70 € | 510,50 € | 579,50 € | 577,50 € | | | |
| 19 | 575,50 € | 510,00 € | 574,50 € | 510,50 € | 579,40 € | 576,00 € | | | |

Funktionsargumente – MIN
Zahl1: A4:F19
Formelergebnis = 457

Gibt den kleinsten Wert innerhalb einer Wertemenge zurück. Logische Werte und Text werden ignoriert.

Zahl1: Zahl1;Zahl2;... sind 1 bis 255 Zahlen, leere Zellen, logische Werte oder Textzahlen, deren kleinste Zahl Sie berechnen möchten.

# LÖSUNGEN

## Lösung zu Aufgabe 6:

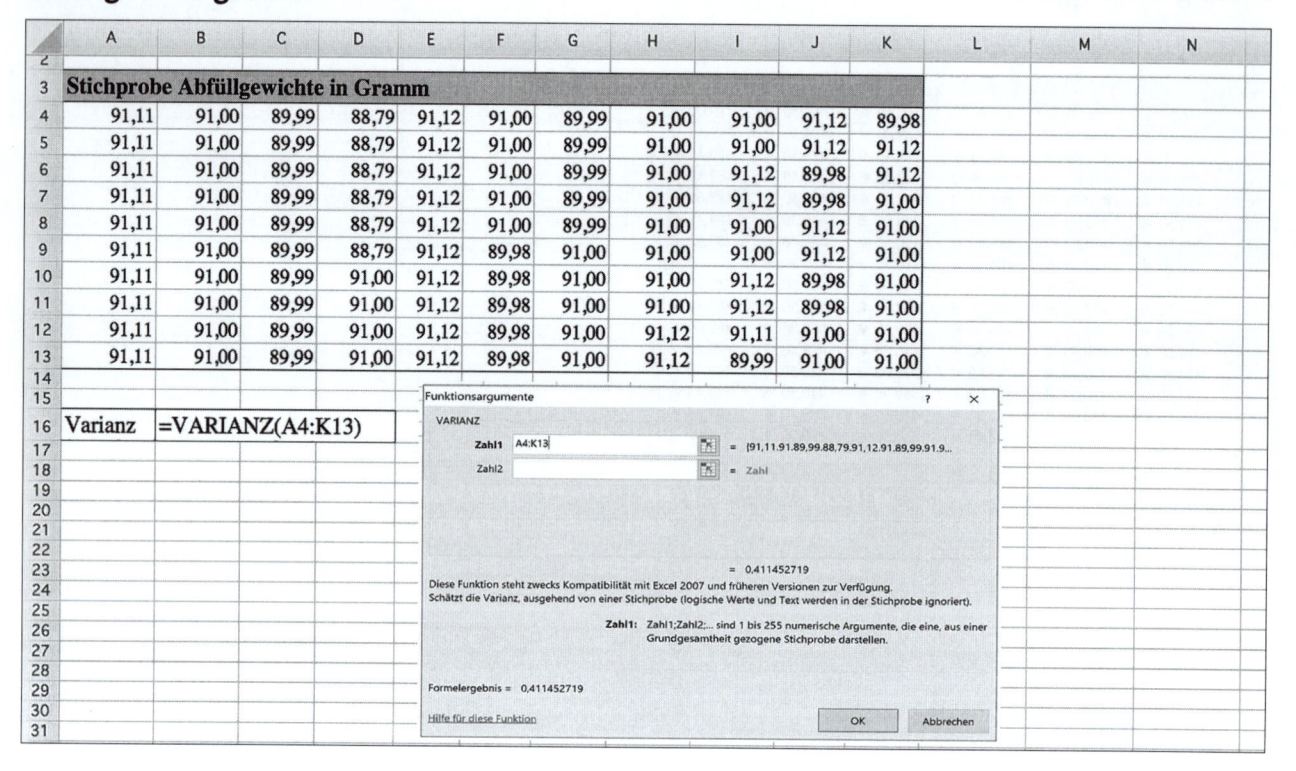

| | A | B | C | D | E | F | G | H | I | J | K |
|---|---|---|---|---|---|---|---|---|---|---|---|
| 3 | **Stichprobe Abfüllgewichte in Gramm** | | | | | | | | | | |
| 4 | 91,11 | 91,00 | 89,99 | 88,79 | 91,12 | 91,00 | 89,99 | 91,00 | 91,00 | 91,12 | 89,98 |
| 5 | 91,11 | 91,00 | 89,99 | 88,79 | 91,12 | 91,00 | 89,99 | 91,00 | 91,00 | 91,12 | 91,12 |
| 6 | 91,11 | 91,00 | 89,99 | 88,79 | 91,12 | 91,00 | 89,99 | 91,00 | 91,12 | 89,98 | 91,12 |
| 7 | 91,11 | 91,00 | 89,99 | 88,79 | 91,12 | 91,00 | 89,99 | 91,00 | 91,12 | 89,98 | 91,00 |
| 8 | 91,11 | 91,00 | 89,99 | 88,79 | 91,12 | 91,00 | 89,99 | 91,00 | 91,00 | 91,12 | 91,00 |
| 9 | 91,11 | 91,00 | 89,99 | 88,79 | 91,12 | 89,98 | 91,00 | 91,00 | 91,00 | 91,12 | 91,00 |
| 10 | 91,11 | 91,00 | 89,99 | 91,00 | 91,12 | 89,98 | 91,00 | 91,00 | 91,12 | 89,98 | 91,00 |
| 11 | 91,11 | 91,00 | 89,99 | 91,00 | 91,12 | 89,98 | 91,00 | 91,00 | 91,12 | 89,98 | 91,00 |
| 12 | 91,11 | 91,00 | 89,99 | 91,00 | 91,12 | 89,98 | 91,00 | 91,12 | 91,11 | 91,00 | 91,00 |
| 13 | 91,11 | 91,00 | 89,99 | 91,00 | 91,12 | 89,98 | 91,00 | 91,12 | 89,99 | 91,00 | 91,00 |

| | A | B |
|---|---|---|
| 16 | Varianz | =VARIANZ(A4:K13) |

Funktionsargumente – VARIANZ
Zahl1: A4:K13 = {91,11.91.89,99.88,79.91,12.91.89,99.91.9...
Zahl2: = Zahl

= 0,411452719

Diese Funktion steht zwecks Kompatibilität mit Excel 2007 und früheren Versionen zur Verfügung.
Schätzt die Varianz, ausgehend von einer Stichprobe (logische Werte und Text werden in der Stichprobe ignoriert).

Zahl1: Zahl1;Zahl2;... sind 1 bis 255 numerische Argumente, die eine, aus einer Grundgesamtheit gezogene Stichprobe darstellen.

Formelergebnis = 0,411452719

## Lösung zu Aufgabe 7:

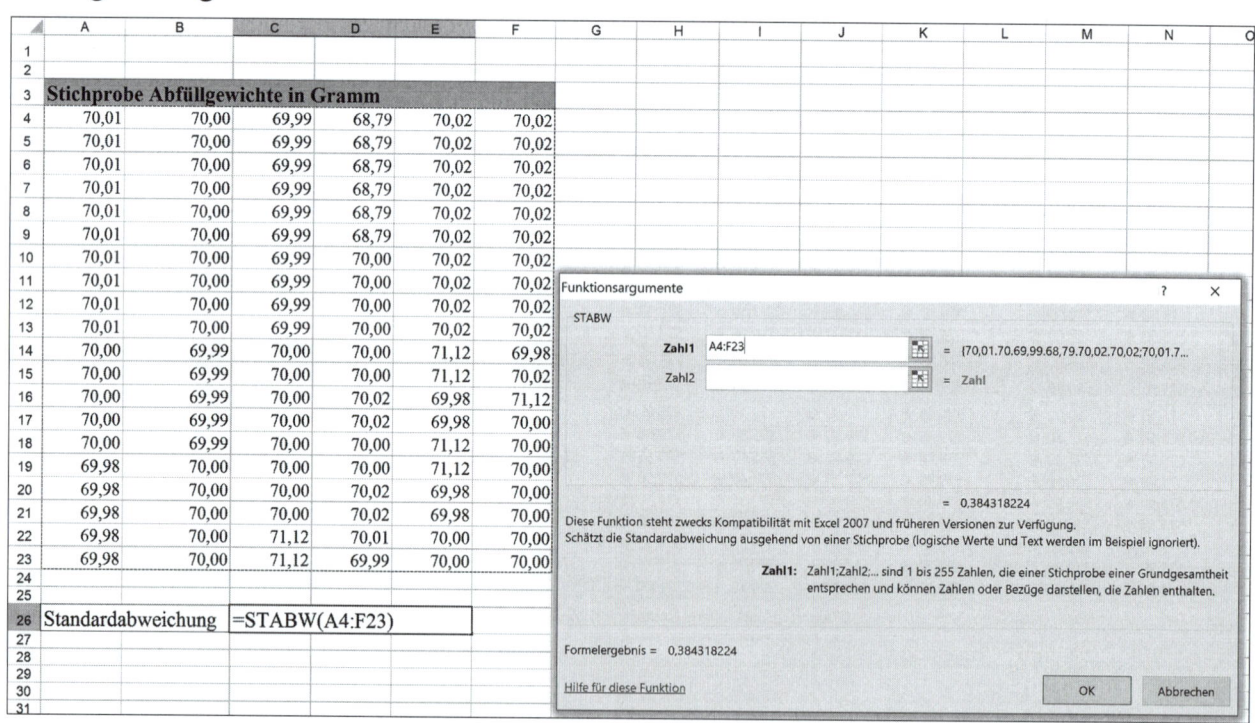

| | A | B | C | D | E | F |
|---|---|---|---|---|---|---|
| 3 | **Stichprobe Abfüllgewichte in Gramm** | | | | | |
| 4 | 70,01 | 70,00 | 69,99 | 68,79 | 70,02 | 70,02 |
| 5 | 70,01 | 70,00 | 69,99 | 68,79 | 70,02 | 70,02 |
| 6 | 70,01 | 70,00 | 69,99 | 68,79 | 70,02 | 70,02 |
| 7 | 70,01 | 70,00 | 69,99 | 68,79 | 70,02 | 70,02 |
| 8 | 70,01 | 70,00 | 69,99 | 68,79 | 70,02 | 70,02 |
| 9 | 70,01 | 70,00 | 69,99 | 68,79 | 70,02 | 70,02 |
| 10 | 70,01 | 70,00 | 69,99 | 70,00 | 70,02 | 70,02 |
| 11 | 70,01 | 70,00 | 69,99 | 70,00 | 70,02 | 70,02 |
| 12 | 70,01 | 70,00 | 69,99 | 70,00 | 70,02 | 70,02 |
| 13 | 70,01 | 70,00 | 69,99 | 70,00 | 70,02 | 70,02 |
| 14 | 70,00 | 69,99 | 70,00 | 70,00 | 71,12 | 69,98 |
| 15 | 70,00 | 69,99 | 70,00 | 70,00 | 71,12 | 70,02 |
| 16 | 70,00 | 69,99 | 70,00 | 70,02 | 69,98 | 71,12 |
| 17 | 70,00 | 69,99 | 70,00 | 70,02 | 69,98 | 70,00 |
| 18 | 70,00 | 69,99 | 70,00 | 70,00 | 71,12 | 70,00 |
| 19 | 69,98 | 70,00 | 70,00 | 70,00 | 71,12 | 70,00 |
| 20 | 69,98 | 70,00 | 70,00 | 70,02 | 69,98 | 70,00 |
| 21 | 69,98 | 70,00 | 70,00 | 70,02 | 69,98 | 70,00 |
| 22 | 69,98 | 70,00 | 71,12 | 70,01 | 70,00 | 70,00 |
| 23 | 69,98 | 70,00 | 71,12 | 69,99 | 70,00 | 70,00 |

| | A | B |
|---|---|---|
| 26 | Standardabweichung | =STABW(A4:F23) |

Funktionsargumente – STABW
Zahl1: A4:F23 = {70,01.70.69,99.68,79.70,02.70,02;70,01.7...
Zahl2: = Zahl

= 0,384318224

Diese Funktion steht zwecks Kompatibilität mit Excel 2007 und früheren Versionen zur Verfügung.
Schätzt die Standardabweichung ausgehend von einer Stichprobe (logische Werte und Text werden im Beispiel ignoriert).

Zahl1: Zahl1;Zahl2;... sind 1 bis 255 Zahlen, die einer Stichprobe einer Grundgesamtheit entsprechen und können Zahlen oder Bezüge darstellen, die Zahlen enthalten.

Formelergebnis = 0,384318224

## 4.4 Verhältniszahlen

### Lösung zu Aufgabe 1:

| Kostenart | Kosten | Anteil |
|---|---|---|
| Personalkosten | 510.000,00 € | 25,55 % |
| Mieten/Pachten | 123.400,00 € | 6,18 % |
| Unternehmenssteuern | 346.000,00 € | 17,33 % |
| Versicherungsprämien | 78.600,00 € | 3,94 % |
| Provisionen | 24.500,00 € | 1,23 % |
| Werbekosten | 44.400,00 € | 2,22 % |
| Reisekosten | 24.100,00 € | 1,21 % |
| Kapitalkosten | 99.000,00 € | 4,96 % |
| Allg. Verwaltungskosten | 289.000,00 € | 14,48 % |
| Ausgangsfrachten | 12.260,00 € | 0,61 % |
| Kalkulatorische Kosten | 445.000,00 € | 22,29 % |
| Summe | 1.996.260,00 € | 100,00 % |

### Lösung zu Aufgabe 2:

| Kostenart | Hauptkostenstellen | | |
|---|---|---|---|
| | Warengruppe I | Warengruppe II | Warengruppe III |
| Selbstkosten je Kostenträger | 2.400.000,00 € | 1.350.000,00 € | 2.100.000,00 € |
| Nettoverkaufserlöse je Kostenträger | 3.000.000,00 € | 1.900.000,00 € | 3.000.000,00 € |
| Betriebsergebnis je Kostenträger | 600.000,00 € | 550.000,00 € | 900.000,00 € |
| Gewinnzuschlag je Kostenträger | 25,00 % | 40,74 % | 42,86 % |

### Lösung zu Aufgabe 3:

| | Filiale 1 | Filiale 2 | Filiale 3 | Filiale 4 | Filiale 5 |
|---|---|---|---|---|---|
| Umsatz | 3.756.780,00 € | 3.914.500,00 € | 4.124.000,00 € | 3.028.000,00 € | 2.567.000,00 € |
| Verkaufsfläche in qm | 175,00 | 155,00 | 165,00 | 115,00 | 105,00 |
| Umsatz/qm | 21.467,31 € | 25.254,84 € | 24.993,94 € | 26.330,43 € | 24.447,62 € |

### Lösung zu Aufgabe 4:

| | Filiale 1 | Filiale 2 | Filiale 3 | Filiale 4 | Filiale 5 |
|---|---|---|---|---|---|
| Umsatz | 5.212.000,00 € | 5.914.500,00 € | 5.224.000,00 € | 3.928.000,00 € | 3.767.000,00 € |
| Anzahl der Mitarbeiter | 23 | 24 | 18 | 15 | 16 |
| Umsatz je Mitarbeiter | 226.608,70 € | 246.437,50 € | 290.222,22 € | 261.866,67 € | 235.437,50 € |

## Lösung zu Aufgabe 5:

| Gewinnentwicklung | | |
|---|---|---|
| Jahr | Gewinn | Gewinnindex |
| 1 | 456.890,00 € | 100 |
| 2 | 399.765,00 € | 87 |
| 3 | 444.489,00 € | 97 |
| 4 | 521.890,00 € | 114 |
| 5 | 501.000,00 € | 110 |
| 6 | 656.000,00 € | 144 |
| 7 | 746.000,00 € | 163 |
| 8 | 889.000,00 € | 195 |

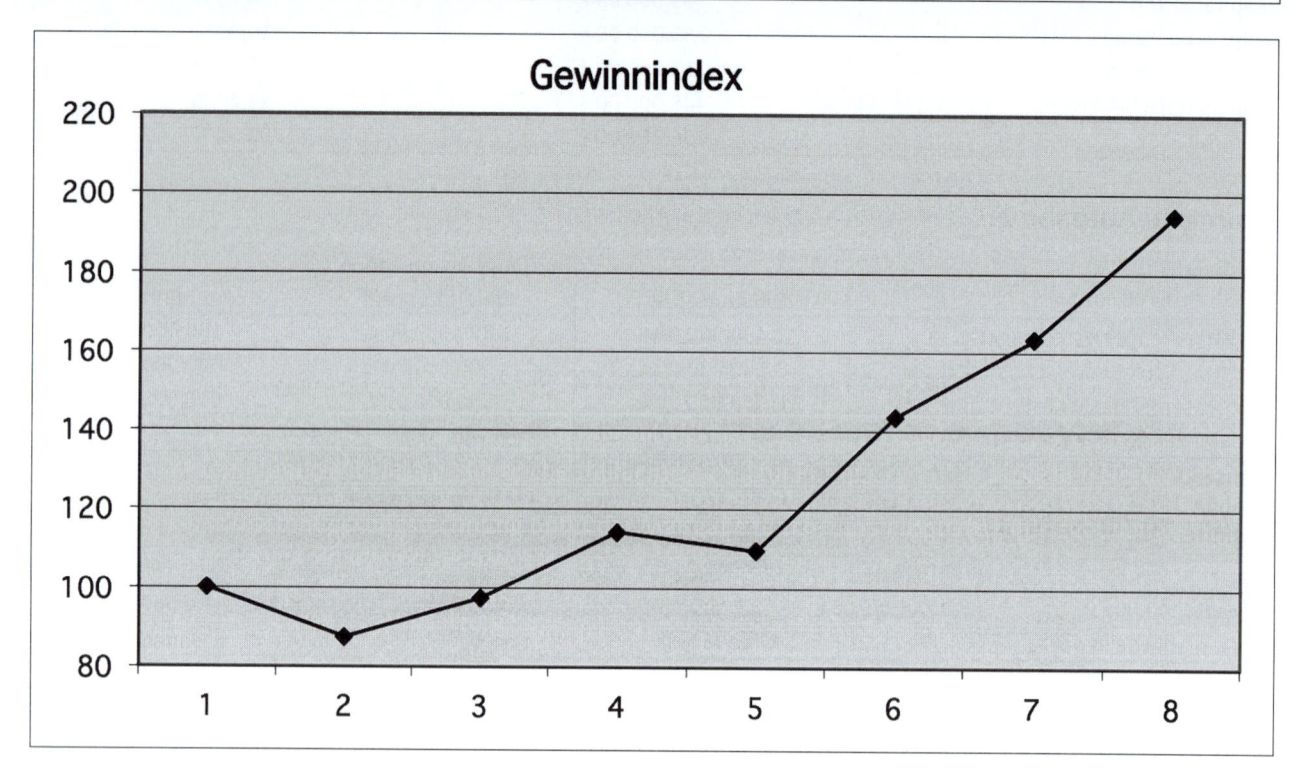

**Gewinnindex**

## Lösung zu Aufgabe 6:

| Kursentwicklung | | | | | | |
|---|---|---|---|---|---|---|
| Börsentag | Aktie X | | Aktie Y | | Aktie Z | |
| | Kurs | Index X | Kurs | Index Y | Kurs | Index Z |
| 1 | 160,00 € | 100,00 | 145,00 € | 100,00 | 134,00 € | 100,00 |
| 2 | 166,00 € | 103,75 | 144,00 € | 99,31 | 136,00 € | 101,49 |
| 3 | 164,00 € | 102,50 | 140,00 € | 96,55 | 130,00 € | 97,01 |
| 4 | 168,00 € | 105,00 | 134,00 € | 92,41 | 135,00 € | 100,75 |
| 5 | 170,00 € | 106,25 | 140,00 € | 96,55 | 137,00 € | 102,24 |
| 6 | 175,00 € | 109,38 | 142,00 € | 97,93 | 137,00 € | 102,24 |
| 7 | 169,00 € | 105,63 | 136,00 € | 93,79 | 136,00 € | 101,49 |
| 8 | 156,00 € | 97,50 | 154,00 € | 106,21 | 140,00 € | 104,48 |
| 9 | 167,00 € | 104,38 | 156,00 € | 107,59 | 146,00 € | 108,96 |
| 10 | 140,00 € | 87,50 | 150,00 € | 103,45 | 144,00 € | 107,46 |

## Aktienindex

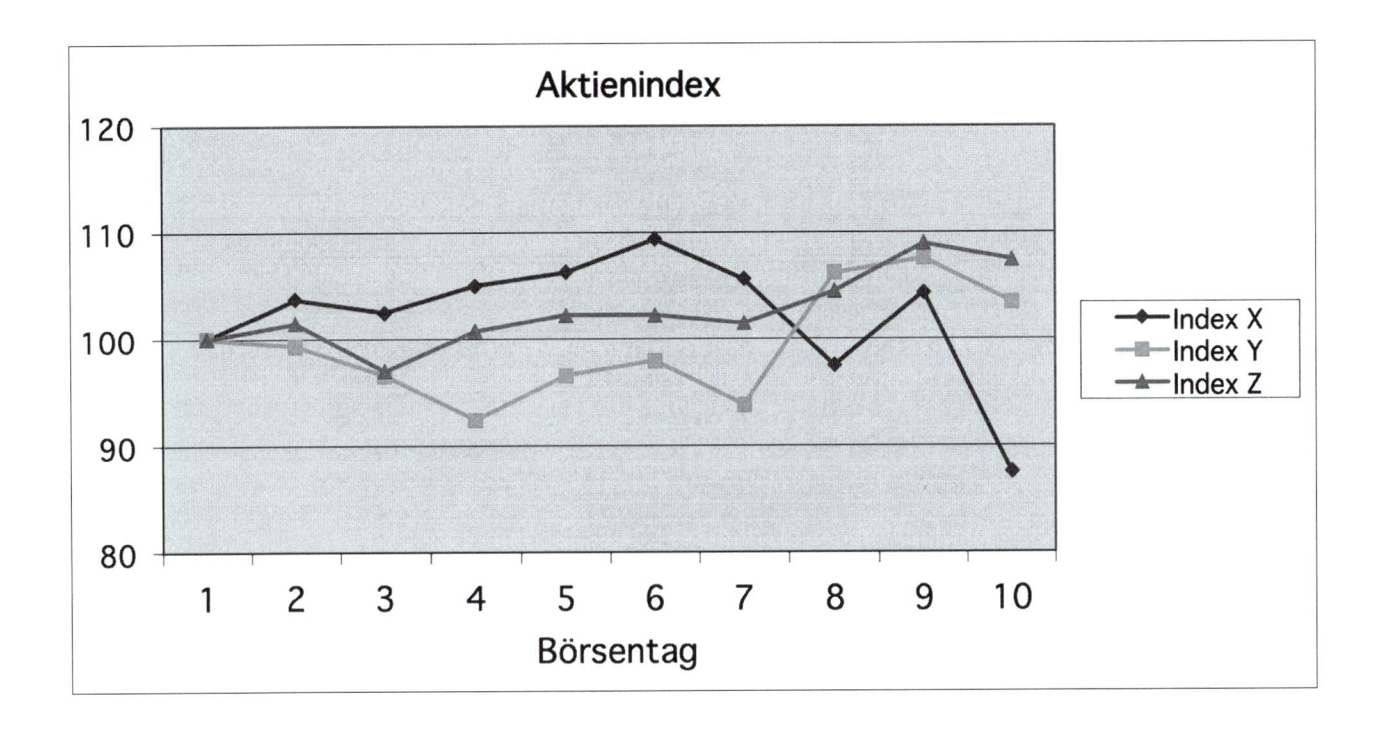

# 5. Buchführung
## 5.1 Personalwirtschaft
**Lösung zu Aufgabe 1:**

| Gehaltsberechnung | | Monat: | Mai 20.. |
|---|---|---|---|
| Name: | Makembi | Vorname: | Annabelle |
| Familienstand: | ledig | Gebdatum: | 01.05.1996 |
| KV-Satz: | 14,6 % | Religion: | röm.-kath. |
| Lohnsteuerklasse: | I | | |
| Bankverbindung: | HASPA | IBAN: DE17 2005 0550 1251 1234 00 | |

| Bruttoentgelt | | | | 1.950,00 € |
|---|---|---|---|---|
| Lohnsteuer | | | 186,58 € | |
| Kirchensteuer | 9,00 % | | 16,79 € | |
| Solidaritätszuschlag | 5,50 % | | 10,26 € | |
| **Summe Steuern** | | | 213,63 € | |
| | | AN-Anteil | | |
| Rentenversicherung | 18,70 % | 9,350 % | 182,33 € | |
| Krankenversicherung | 14,60 % | 7,300 % | 142,35 € | |
| Zusatzbeitrag GV (durchschnittlich) | 1,10 % | 1,100 % | 21,45 € | |
| Arbeitslosenversicherung | 3,00 % | 1,500 % | 29,25 € | |
| Pflegeversicherung | 2,55 % | 1,275 % | 24,86 € | |
| | 39,95 % | 20,525 % | | |
| **Summe Sozialversicherungen AN** | | | 400,24 € | |
| **Summe der Abzüge** | | | 613,87 € | |
| **Nettoentgelt** | | | | 1.336,13 € |
| **Ausgezahlter Betrag** | | | | 1.336,13 € |

| Gesamte Personalaufwendungen | | | |
|---|---|---|---|
| Bruttoentgelt | | 1.950,00 € | |
| AG-Anteil-Sozialversicherungen | 19,425 % | 378,79 € | |
| Sonstige soziale Aufwendungen | | –,– € | |
| Gesamte Personalaufwendungen | | | 2.328,79 € |

| Zu überweisender Betrag an das Finanzamt (FA): | 213,63 € |
|---|---|
| Zu überweisender Betrag an die Krankenkasse (KV): | 779,03 € |

## Lösung zu Aufgabe 2:

| Gehaltsberechnung | | Monat: | **Mai 20..** |
|---|---|---|---|
| Name: | Makembi | Vorname: | Annabelle |
| Familienstand: | ledig | Gebdatum: | 01.05.1996 |
| KV-Satz: | 14,6 % | Religion: | röm.-kath. |
| Lohnsteuerklasse: | I | | |
| Bankverbindung: | HASPA | IBAN: DE17 2005 0550 1251 1234 00 | |

| | | | | |
|---|---|---|---|---|
| **Bruttoentgelt** | | | | 2.025,00 € |
| Vermögenswirksame Leistungen | | | | 20,00 € |
| **Steuer- und sozialversicherungspflichtiges Entgelt** | | | | 2.045,00 € |
| Lohnsteuer | | | 208,75 € | |
| Kirchensteuer | | 9,00 % | 18,79 € | |
| Solidaritätszuschlag | | 5,50 % | 11,48 € | |
| **Summe Steuern** | | | 239,02 € | |
| | | AN-Anteil | | |
| Rentenversicherung | 18,70 % | 9,350 % | 191,21 € | |
| Krankenversicherung | 14,60 % | 7,300 % | 149,29 € | |
| Zusatzbeitrag GV (durchschnittlich) | 1,10 % | 1,100 % | 22,50 € | |
| Arbeitslosenversicherung | 3,00 % | 1,500 % | 30,68 € | |
| Pflegeversicherung | 2,55 % | 1,275 % | 26,07 € | |
| | 39,95 % | 20,525 % | | |
| **Summe Sozialversicherungen AN** | | | 419,75 € | |
| **Summe der Abzüge** | | | 658,77 € | |
| **Nettoentgelt** | | | | 1.386,23 € |
| Vermögenswirksame Leistungen | | | | 40,00 € |
| Vorschüsse | | | | –,— € |
| **Ausgezahlter Betrag** | | | | 1.346,23 € |

| | | | |
|---|---|---|---|
| **Gesamte Personalaufwendungen** | | | |
| Bruttoentgelt | | 2.045,00 € | |
| AG-Anteil-Sozialversicherungen | 19,425 % | 397,24 € | |
| Sonstige soziale Aufwendungen | | 20,00 € | |
| Gesamte Personalaufwendungen | | | 2.462,24 € |
| Zu überweisender Betrag an das Finanzamt (FA): | | 239,02 € | |
| Zu überweisender Betrag an die Krankenkasse (KV): | | 816,99 € | |

## Lösung zu Aufgabe 3:

| Gehaltsberechnung | | Monat: | Jan. 20.. |
|---|---|---|---|
| Name: | Makembi | Vorname: | Annabelle |
| Familienstand: | verheiratet | Gebdatum: | 01.05.1996 |
| KV-Satz: | 14,6 % | Religion: | röm.-kath. |
| Lohnsteuerklasse: | III | | |
| Bankverbindung: | HASPA | IBAN: DE17 2005 0550 1251 1234 00 | |

| | | | | |
|---|---|---|---|---|
| **Bruttoentgelt** | | | | 2.025,00 € |
| Vermögenswirksame Leistungen | | | | 20,00 € |
| **Steuer- und sozialversicherungspflichtiges Entgelt** | | | | 2.045,00 € |
| Lohnsteuer | | | 22,66 € | |
| Kirchensteuer | | 9,00 % | 2,03 € | |
| Solidaritätszuschlag | | 5,50 % | –,– € | |
| **Summe Steuern** | | | 24,69 € | |
| | | AN-Anteil | | |
| Rentenversicherung | 18,70 % | 9,350 % | 191,21 € | |
| Krankenversicherung | 14,60 % | 7,300 % | 149,29 € | |
| Zusatzbeitrag GV (durchschnittlich) | 1,10 % | 1,100 % | 22,50 € | |
| Arbeitslosenversicherung | 3,00 % | 1,500 % | 30,68 € | |
| Pflegeversicherung | 2,55 % | 1,275 % | 26,07 € | |
| | 39,95 % | 20,525 % | | |
| **Summe Sozialversicherungen AN** | | | 419,75 € | |
| **Summe der Abzüge** | | | 444,44 € | |
| **Nettoentgelt** | | | | 1.600,56 € |
| Vermögenswirksame Leistungen | | | | 40,00 € |
| Vorschüsse | | | | 300,00 € |
| **Ausgezahlter Betrag** | | | | 1.260,56 € |

| | | | |
|---|---|---|---|
| **Gesamte Personalaufwendungen** | | | |
| Bruttoentgelt | | 2.045,00 € | |
| AG-Anteil-Sozialversicherungen | 19,425 % | 397,24 € | |
| Sonstige soziale Aufwendungen | | 20,00 € | |
| Gesamte Personalaufwendungen | | | 2.462,24 € |
| Zu überweisender Betrag an das Finanzamt (FA): | | 24,69 € | |
| Zu überweisender Betrag an die Krankenkasse (KV): | | 816,99 € | |

# 5.2 Anlagewirtschaft

## Lösung zu Aufgabe 1:

| Anlageverzeichnis | | |
|---|---|---|
| **Anlagevermögen** | **Anschaffungskosten** | **ND in Jahren** |
| Fotokopierer | 1.450,00 € | 5 |
| EDV-Anlage 1 | 9.212,00 € | 4 |
| EDV-Anlage 2 | 5.976,80 € | 10 |
| Maschinen I | 37.000,00 € | 12 |
| Maschinen II | 42.313,00 € | 14 |
| Büroausstattung I | 1.737,39 € | 5 |
| Büroausstattung II | 4.260,18 € | 5 |
| Büroausstattung III | 5.250,31 € | 10 |
| Fahrzeuge | 60.000,00 € | 7 |
| Summe | 167.199,68 € | |

| AfA 1 | Restbuchwert 1 | AfA 2 | Restbuchwert 2 |
|---|---|---|---|
| 290,00 € | 1.160,00 € | 290,00 € | 870,00 € |
| 2.303,00 € | 6.909,00 € | 2.303,00 € | 4.606,00 € |
| 597,68 € | 5.379,12 € | 597,68 € | 4.781,44 € |
| 3.083,33 € | 33.916,67 € | 3.083,33 € | 30.833,34 € |
| 3.022,36 € | 39.290,64 € | 3.022,36 € | 36.268,28 € |
| 347,48 € | 1.389,91 € | 347,48 € | 1.042,43 € |
| 852,04 € | 3.408,14 € | 852,04 € | 2.556,10 € |
| 525,03 € | 4.725,28 € | 525,03 € | 4.200,25 € |
| 8.571,43 € | 51.428,57 € | 8.571,43 € | 42.857,14 € |
| 19.592,34 € | 147.607,33 € | 19.592,35 € | 128.014,98 € |

## Lösung zu Aufgabe 2:

Lineare Methode

| ND in Jahren | Anschaffungskosten bzw. Restbuchwert | AfA-Satz | AfA-Betrag | Restbuchwert |
|---|---|---|---|---|
| 1 | 55.000,00 € | 16,67 % | 9.168,50 € | 45.831,50 € |
| 2 | 45.831,50 € | 16,67 % | 9.168,50 € | 36.663,00 € |
| 3 | 36.663,00 € | 16,67 % | 9.168,50 € | 27.494,50 € |
| 4 | 27.494,50 € | 16,67 % | 9.168,50 € | 18.326,00 € |
| 5 | 18.326,00 € | 16,67 % | 9.168,50 € | 9.157,50 € |
| 6 | 9.157,50 € | 16,67 % | 9.167,50 € | 1,00 € |

## Lösung zu Aufgabe 3:

Degressive Methode

| ND in Jahren | Anschaffungskosten bzw. Restbuchwert | AfA-Satz | AfA-Betrag | Restbuchwert | Methodenwechsel |
|---|---|---|---|---|---|
| 1 | 28.000,00 € | 20,00 % | 5.600,00 € | 22.400,00 € | |
| 2 | 22.400,00 € | 20,00 % | 4.480,00 € | 17.920,00 € | 4.480,00 € |
| 3 | 17.920,00 € | 20,00 % | 3.584,00 € | 14.336,00 € | 4.480,00 € |
| 4 | 14.336,00 € | 20,00 % | 2.867,20 € | 11.468,80 € | 4.480,00 € |
| 5 | 11.468,80 € | 20,00 % | 2.293,76 € | 9.175,04 € | 4.480,00 € |
| 6 | 9.175,04 € | 20,00 % | 1.835,01 € | 7.340,03 € | 4.480,00 € |

## LÖSUNGEN

### Lösung zu Aufgabe 4:
Geometrisch-degressive Methode

| ND in Jahren | Anschaffungskosten bzw. Restbuchwert | AfA-Satz | AfA-Betrag | Restbuchwert | Methodenwechsel |
|---|---|---|---|---|---|
| 1 | 55.000,00 € | 17,50 % | 9.625,00 € | 45.375,00 € | |
| 2 | 45.375,00 € | 17,50 % | 7.940,63 € | 37.434,38 € | 6.482,14 € |
| 3 | 37.434,38 € | 17,50 % | 6.551,02 € | 30.883,36 € | 6.239,06 € |
| 4 | 30.883,36 € | 17,50 % | 5.404,59 € | 25.478,77 € | 6.176,67 € |
| 5 | 25.478,77 € | 17,50 % | 4.458,79 € | 21.019,99 € | 6.176,67 € |
| 6 | 21.019,99 € | 17,50 % | 3.678,50 € | 17.341,49 € | 6.176,67 € |
| 7 | 17.341,49 € | 17,50 % | 3.034,76 € | 14.306,73 € | 6.176,67 € |
| 8 | 14.306,73 € | 17,50 % | 2.503,68 € | 11.803,05 € | 6.176,67 € |

### Lösung zu Aufgabe 5:
Digitale Methode

| ND in Jahren | Anschaffungskosten bzw. Restbuchwert | AfA-Betrag | Restbuchwert |
|---|---|---|---|
| 1 | 18.000,00 € | 3.600,00 € | 14.400,00 € |
| 2 | 14.400,00 € | 3.200,00 € | 11.200,00 € |
| 3 | 11.200,00 € | 2.800,00 € | 8.400,00 € |
| 4 | 8.400,00 € | 2.400,00 € | 6.000,00 € |
| 5 | 6.000,00 € | 2.000,00 € | 4.000,00 € |
| 6 | 4.000,00 € | 1.600,00 € | 2.400,00 € |
| 7 | 2.400,00 € | 1.200,00 € | 1.200,00 € |
| 8 | 1.200,00 € | 800,00 € | 400,00 € |
| 9 | 400,00 € | 400,00 € | 0 € |

### Lösung zu Aufgabe 6:

| Leistungsabgabe | Stunden pro Jahr |
|---|---|
| 1. - 2. Jahr | 4.500 |
| 3. - 4. Jahr | 3.500 |
| 5. Jahr | 2.000 |
| Gesamtleistungsabgabe in Stunden | 18.000 |

Abschreibungen nach Leistungseinheiten

| ND in Jahren | Anschaffungskosten bzw. Restbuchwert | Leistungsabgabe | AfA-Satz | AfA-Betrag | Restbuchwert |
|---|---|---|---|---|---|
| 1 | 50.000,00 € | 4.500 | 25,00 % | 12.500,00 € | 37.500,00 € |
| 2 | 37.500,00 € | 4.500 | 25,00 % | 12.500,00 € | 25.000,00 € |
| 3 | 25.000,00 € | 3.500 | 19,44 % | 9.722,22 € | 15.277,78 € |
| 4 | 15.277,78 € | 3.500 | 19,44 % | 9.722,22 € | 5.555,56 € |
| 5 | 5.555,56 € | 2.000 | 11,11 % | 5.555,56 € | 0 € |

## Lösung zu Aufgabe 7:

| Leistungsabgabe | km pro Jahr |
|---|---|
| 1. Jahr | 50.000 |
| 2. Jahr | 40.000 |
| 3. Jahr | 30.000 |
| 4. Jahr | 25.000 |
| 5. Jahr | 25.000 |
| Gesamtleistungsabgabe in km | 170.000 |

AfA-Satz degressiv: 20 %
AfA-Satz linear: 20 %

Abschreibungen nach Leistungseinheiten

| Fuhrpark | Lineare AfA | Degressive AfA | Leistungs-AfA |
|---|---|---|---|
| Anschaffungswert | 60.000,00 € | 60.000,00 € | 60.000,00 € |
| Abschreibungen 1 | 12.000,00 € | 12.000,00 € | 17.647,06 € |
| Restbuchwert 1 | 48.000,00 € | 48.000,00 € | 42.352,94 € |
| Abschreibungen 2 | 12.000,00 € | 9.600,00 € | 14.117,65 € |
| Restbuchwert 2 | 36.000,00 € | 38.400,00 € | 28.235,29 € |
| Abschreibungen 3 | 12.000,00 € | 7.680,00 € | 10.588,24 € |
| Restbuchwert 3 | 24.000,00 € | 30.720,00 € | 17.647,06 € |
| Abschreibungen 4 | 12.000,00 € | 6.144,00 € | 8.823,53 € |
| Restbuchwert 4 | 12.000,00 € | 24.576,00 € | 8.823,53 € |
| Abschreibungen 5 | 12.000,00 € | 4.915,20 € | 8.823,53 € |
| Restbuchwert 5 | 0 € | 19.660,80 € | 0 € |

## 5.3 Materialwirtschaft

### Lösung zu Aufgabe 1:

**Kennziffern:**
Durchschnittliche Lagerdauer in Tagen  29,29
Lagerzinssatz  0,81 %

### Lösung zu Aufgabe 2:

**Kennziffern:**
Durchschnittlicher Lagerbestand  526,92 Stück
Lagerumschlagshäufigkeit  16,85

### Lösung zu Aufgabe 3:

| Bewertung | Menge | Einzelpreis | Gesamtwert |
|---|---|---|---|
| Anschaffungspreis | 780 | 11,30 € | 8.814,00 € |
| Tageswert | 780 | 12,10 € | 9.438,00 € |
| Wiederbeschaffungswert | 780 | 13,00 € | 10.140,00 € |
| Spanne | | | 1.326,00 € |

## Lösung zu Aufgabe 4:

| Datum | Bewertung | Bestand | Preis | Wert Lagerendbestand |
|---|---|---|---|---|
| 30. Jan | Durchschnittspreise | 20.400 | 45,28 € | 923.737,50 € |
| | | | | |
| 30. Jan | Bestand | 20.400 | 45,00 € | 900.000,00 € |
| 01. Jan | Bestand | 20.000 | | |
| 01. Jan | Zwischensumme I | 400 | 44,00 € | 215.000,00 € |
| 03. Jan | Zugang | 400 | | |
| 30. Jan | **Lifo** | 0 | | 1.115.000,00 € |
| | | | | |
| 30. Jan | Bestand Zugang | 20.400 | 48,00 € | 264.000,00 € |
| 30. Jan | | 5.500 | | |
| 30. Jan | Zwischensumme I | 14.900 | 46,00 € | 280.600,00 € |
| 15. Jan | Zugang | 6.100 | | |
| 15. Jan | Zwischensumme II | 8.800 | 43,00 € | 215.000,00 € |
| 09. Jan | Zugang | 5.000 | | |
| 09. Jan | Zwischensumme III | 3.800 | 44,00 € | 79.200,00 € |
| 03. Jan | Zugang | 1.800 | | |
| 03. Jan | Zwischensumme IV | 2.000 | 45,00 € | 90.000,00 € |
| 01. Jan | Bestand | 2.000 | | |
| 30. Jan | **Fifo** | 0 | | 838.800,00 € |

## 5.4 Finanzwirtschaft

### Lösung zu Aufgabe 1:

| | |
|---|---:|
| **Durchschnittlicher Forderungsbestand** | 3.766.666,67 € |
| davon factorfähig | 2.636.666,67 € |
| **Durchschnittliche Verbindlichkeiten für FE-Bezug** | 708.333,33 € |
| **Mittelzufluss durch Factoring** | 2.241.166,67 € |
| **Mittelverwendung des Zuflusses durch Factoring** | |
| sofortige Ablösung der Warenverbindlichkeiten mit Skonto | 690.625,00 € |
| sofortige Ablösung der kurzfristigen Bankverbindlichkeiten | 1.550.541,67 € |
| **Kosten des Factoring** | |
| Factorgebühr für angekaufte Forderungen | 395.500,00 € |
| Zinsen noch nicht gezahlter Forderungen wg. Zahlungsziel | 151.278,75 € |
| | 546.778,75 € |
| | |
| **Ersparnisse durch Factoring** | |
| Skonto auf Wareneinkäufe | 212.500,00 € |
| Zinsersparnis durch Ablösen von Bankverbindlichkeiten | 162.806,88 € |
| Personaleinsparung im Zahlungsverkehr | 120.000,00 € |
| verminderte Kosten für Auskünfte, Kreditüberwachung | 8.000,00 € |
| Verminderung der Gerichtskosten | 5.500,00 € |
| Verminderung Anwaltskosten | 5.000,00 € |
| Verminderung der Forderungsausfälle, Selbstbehalte | 40.000,00 € |
| Verminderung der Kosten für Kreditversicherung, Auskünfte | 5.000,00 € |
| = Summe der Einsparungen | 558.806,88 € |
| − Summe der Kosten | 546.778,75 € |
| = Einsparungen netto | 12.028,13 € |

## Lösung zu Aufgabe 2:

**Kosten des Factoring (monatlich)**

| | |
|---|---:|
| Gebühr des Factors | 17.135,42 € |
| Ausfallgebühr | 8.812,50 € |
| Zinsen | 8.159,72 € |
| | 34.107,64 € |

**Kostenverringerung durch Factoring (monatlich)**

| | |
|---|---:|
| Skontoertrag | 10.281,25 € |
| Zinsersparnis | 8.159,72 € |
| Personalkosten | 6.287,50 € |
| Gerichts- und Anwaltskosten | 664,58 € |
| Vermeidung von Forderungsausfällen | 1.437,50 € |
| | 26.830,55 € |

**Einsparungen**

| | |
|---|---:|
| Kosten des Factoring (monatlich) | 34.107,64 € |
| Kostenverringerung durch Factoring (monatlich) | 26.830,55 € |
| | -7.277,09 € |

Wenn nur die Zahlen zu bewerten sind, muss gegen Factoring entschieden werden.

## 5.5 Einnahmen-Überschuss-Rechnung

### Lösung zu Aufgabe 1:

| Einnahmen-Überschuss-Rechnung | | Netto | USt | Brutto |
|---|---|---:|---:|---:|
| | | | | |
| Einnahmen | Umsätze | 160.000,00 € | 25.600,00 € | 185.600,00 € |
| | Privatnutzung KFZ | 16.500,00 € | 2.640,00 € | 19.140,00 € |
| | Betriebseinnahmen | 176.500,00 € | 28.240,00 € | 204.740,00 € |
| | | | | |
| Ausgaben | Betriebsausgaben | 100.738,00 € | 16.118,08 € | 116.856,08 € |
| | | | | |
| Überschuss | Gewinn | | | 87.883,92 € |

### Lösung zu Aufgabe 2:

| Einnahmen-Überschuss-Rechnung | | Netto | USt 19 % | Brutto |
|---|---|---:|---:|---:|
| | | | | |
| Einnahmen | Umsätze | 360.000,00 € | 68.400,00 € | 428.400,00 € |
| | Privatnutzung KFZ | 46.500,00 € | 8.835,00 € | 55.335,00 € |
| | Betriebseinnahmen | 406.500,00 € | 77.235,00 € | 483.735,00 € |
| | | | | |
| Ausgaben | Betriebsausgaben | 300.738,00 € | 57.140,22 € | 357.878,22 € |
| | | | | |
| Überschuss | Gewinn | | | 125.856,78 € |

## 5.6 Betriebsübersicht
### Lösung zu Aufgabe 1:

| Konto | Summenbilanz | | Saldenbilanz I | |
|---|---|---|---|---|
| | Soll | Haben | Soll | Haben |
| Gebäude | 300.000,00 € | | 300.000,00 € | |
| Maschinen | 285.000,00 € | | 285.000,00 € | |
| BGA | 125.000,00 € | | 125.000,00 € | |
| Waren | 45.000,00 € | | 45.000,00 € | |
| Forderungen | 125.000,00 € | 75.000,00 € | 50.000,00 € | |
| Vorsteuer | 9.000,00 € | | 9.000,00 € | |
| Bank | 300.000,00 € | 85.000,00 € | 215.000,00 € | |
| Kasse | 16.000,00 € | 14.000,00 € | 2.000,00 € | |
| Eigenkapital | | 844.500,00 € | | 844.500,00 € |
| Privat | 60.000,00 € | | 60.000,00 € | |
| Verbindlichkeiten | 35.000,00 € | 250.000,00 € | | 215.000,00 € |
| Umsatzsteuer | | 31.500,00 € | | 31.500,00 € |
| Umsatzerlöse | | 210.000,00 € | | 210.000,00 € |
| Aufwendungen-Waren | | | | |
| Personalaufwendungen | 100.000,00 € | | 100.000,00 € | |
| Abschreibungen | | | | |
| Miete | 110.000,00 € | | 110.000,00 € | |
| Summe | 1.510.000,00 € | 1.510.000,00 € | 1.301.000,00 € | 1.301.000,00 € |

### Lösung zu Aufgabe 2:

| Konto | Summenbilanz | | Saldenbilanz I | |
|---|---|---|---|---|
| | Soll | Haben | Soll | Haben |
| Gebäude | 600.000,00 € | | 600.000,00 € | |
| Maschinen | 1.285.000,00 € | | 1.285.000,00 € | |
| BGA | 125.000,00 € | | 125.000,00 € | |
| Waren | 45.000,00 € | | 45.000,00 € | |
| Forderungen | 125.000,00 € | 75.000,00 € | 50.000,00 € | |
| Vorsteuer | 9.000,00 € | | 9.000,00 € | |
| Bank | 300.000,00 € | 85.000,00 € | 215.000,00 € | |
| Kasse | 16.000,00 € | 14.000,00 € | 2.000,00 € | |
| Eigenkapital | | 2.144.500,00 € | | 2.144.500,00 € |
| Privat | 60.000,00 € | | 60.000,00 € | |
| Verbindlichkeiten | 35.000,00 € | 250.000,00 € | | 215.000,00 € |
| Umsatzsteuer | | 31.500,00 € | | 31.500,00 € |
| Umsatzerlöse | | 210.000,00 € | | 210.000,00 € |
| Aufwendungen-Waren | | | | |
| Personalaufwendungen | 100.000,00 € | | 100.000,00 € | |
| Abschreibungen | | | | |
| Miete | 110.000,00 € | | 110.000,00 € | |
| Summe | 2.810.000,00 € | 2.810.000,00 € | 2.601.000,00 € | 2.601.000,00 € |

## Lösung zu Aufgabe 3:

| Konto | Umbuchungen | |
|---|---|---|
| | Soll | Haben |
| Gebäude | | 16.000,00 € |
| Maschinen | | 38.500,00 € |
| BGA | | 22.500,00 € |
| Waren | | 30.000,00 € |
| Forderungen | | |
| Vorsteuer | | 18.000,00 € |
| Bank | | |
| Kasse | 80.000,00 € | |
| Eigenkapital | | |
| Privat | | 80.000,00 € |
| Verbindlichkeiten | | |
| Umsatzsteuer | 18.000,00 € | |
| Umsatzerlöse | | |
| Aufwendungen-Waren | 30.000,00 € | |
| Personalaufwendungen | | |
| Abschreibungen | 77.000,00 € | |
| Miete | | |
| Summe | 205.000,00 € | 205.000,00 € |

## Lösung zu Aufgabe 4:

| Konto | Summenbilanz | | Saldenbilanz I | | Umbuchungen | | Saldenbilanz II | |
|---|---|---|---|---|---|---|---|---|
| | Soll in € | Haben in € | Soll in € | Haben in € | Soll in € | Haben in € | Soll in € | Haben in € |
| Gebäude | 300.000 | | 300.000 | | | 6.000 | 294.000 | |
| Maschinen | 285.000 | | 285.000 | | | 28.500 | 256.500 | |
| BGA | 125.000 | | 125.000 | | | 12.500 | 112.500 | |
| Waren | 45.000 | | 45.000 | | | 25.000 | 20.000 | |
| Forderungen | 125.000 | 75.000 | 50.000 | | | | 50.000 | |
| Vorsteuer | 9.000 | | 9.000 | | | 9.000 | | |
| Bank | 300.000 | 85.000 | 215.000 | | | | 215.000 | |
| Kasse | 16.000 | 14.000 | 2.000 | | | | 2.000 | |
| Eigenkapital | | 844.500 | | 844.500 | 60.000 | 60.000 | | 784.500 |
| Privat | 60.000 | | 60.000 | | | | | |
| Verbindlichkeiten | 35.000 | 250.000 | | 215.000 | 9.000 | | | 215.000 |
| Umsatzsteuer | | 31.500 | | 31.500 | | | | 22.500 |
| Umsatzerlöse | | 210.000 | | 210.000 | | | | 210.000 |
| Aufwendungen-Waren | | | | | 25.000 | | 25.000 | |
| Personalaufwendungen | 100.000 | | 100.000 | | | | 100.000 | |
| Abschreibungen | | | | | 47.000 | | 47.000 | |
| Miete | 110.000 | | 110.000 | | | | 110.000 | |
| Summe | 1.510.000 | 1.510.000 | 1.301.000 | 1.301.000 | 141.000 | 141.000 | 1.232.000 | 1.232.000 |

## Lösung zu Aufgabe 5:

| Konto | Schlussbilanz | | GuV-Rechnung | |
|---|---|---|---|---|
| | Aktiva | Passiva | Aufwand | Ertrag |
| Gebäude | 266.000,00 € | | | |
| Maschinen | 171.500,00 € | | | |
| BGA | 122.500,00 € | | | |
| Waren | 115.000,00 € | | | |
| Forderungen | 10.000,00 € | | | |
| Vorsteuer | | | | |
| Bank | 35.000,00 € | | | |
| Kasse | 2.000,00 € | | | |
| Eigenkapital | | 629.500,00 € | | |
| Privat | | | | |
| Verbindlichkeiten | | 15.000,00 € | | |
| Umsatzsteuer | | 22.500,00 € | | |
| Umsatzerlöse | | | | 410.000,00 € |
| Aufwendungen Waren | | | 130.000,00 € | |
| Personalaufwendungen | | | 100.000,00 € | |
| Abschreibungen | | | 15.000,00 € | |
| Mieten | | | 110.000,00 € | |
| Summe | 722.000,00 € | 667.000,00 € | 355.000,00 € | 410.000,00 € |
| Gewinn | | 55.000,00 € | 55.000,00 € | |
| Summe | 722.000,00 € | 722.000,00 € | 410.000,00 € | 410.000,00 € |

## Lösung zu Aufgabe 6:

| Konto | Schlussbilanz | | GuV-Rechnung | |
|---|---|---|---|---|
| | Aktiva | Passiva | Aufwand | Ertrag |
| Gebäude | 907.000,00 € | | | |
| Maschinen | 350.500,00 € | | | |
| BGA | 562.500,00 € | | | |
| Waren | 430.000,00 € | | | |
| Forderungen | 10.000,00 € | | | |
| Vorsteuer | | | | |
| Bank | 35.000,00 € | | | |
| Kasse | 42.000,00 € | | | |
| Eigenkapital | | 2.472.500,00 € | | |
| Privat | | | | |
| Verbindlichkeiten | | 315.000,00 € | | |
| Umsatzsteuer | | 34.500,00 € | | |
| Umsatzerlöse | | | | 810.000,00 € |
| Aufwendungen Waren | | | 430.000,00 € | |
| Personalaufwendungen | | | 300.000,00 € | |
| Abschreibungen | | | 355.000,00 € | |
| Mieten | | | 210.000,00 € | |
| Summe | 2.337.000,00 € | 2.822.000,00 € | 1.295.000,00 € | 810.000,00 € |
| Verlust | 485.000,00 € | | | 485.000,00 € |
| Summe | 2.822.000,00 € | 2.822.000,00 € | 1.295.000,00 € | 1.295.000,00 € |

## 5.7 Auswertung des Jahresabschlusses

**Lösung zu Aufgabe 1:**

a)

| AKTIVA | Bilanz der Apfelmosterei Karl Sauter zum 31.12.20.. | | PASSIVA |
|---|---|---|---|
| | Euro | | Euro |
| I. Anlagevermögen | 300.000 | I. Eigenkapital | 360.000 |
| II. Umlaufvermögen | 150.000 | II. Fremdkapital | 90.000 |
| | 450.000 | | 450.000 |

| Aufwendungen | GuV-Rechnung zum 31.12.20.. | | Erträge |
|---|---|---|---|
| | Euro | | Euro |
| Kosten für Mostobst | 12.240 | Verkaufserlöse für Süßmost | 47.040 |
| Stromkosten | 720 | | |
| Sonstige Kosten | 4.380 | | |
| Fremdkapitalzinsen | 4.500 | | |
| Reingewinn | 25.200 | | |
| | 47.040 | | 47.040 |

**Kennziffern:**

- Arbeitsproduktivität          88,89 Liter
- Materialproduktivität         47,06 Liter
- Maschinenstundenproduktivität 160,00 Liter
- Kapitalproduktivität          0,16 Liter
- Wirtschaftlichkeit            2,15
- Eigenkapitalrentabilität      2,50 %
- Gesamtkapitalrentabilität     3,00 %
- Umsatzrentabilität            19,13 %

b)

| AKTIVA | Bilanz der Apfelmosterei Karl Sauter zum 31.12.20.. | | PASSIVA |
|---|---|---|---|
| | Euro | | Euro |
| I. Anlagevermögen | 300.000 | I. Eigenkapital | 360.000 |
| II. Umlaufvermögen | 150.000 | II. Fremdkapital | 90.000 |
| | 450.000 | | 450.000 |

| Aufwendungen | GuV-Rechnung zum 31.12.20.. | | Erträge |
|---|---|---|---|
| | Euro | | Euro |
| Kosten für Mostobst | 8.670 | Verkaufserlöse für Süßmost | 47.040 |
| Stromkosten | 720 | | |
| Sonstige Kosten | 4.380 | | |
| Fremdkapitalzinsen | 4.500 | | |
| Reingewinn | 24.720 | | |
| | 47.040 | | 47.040 |

# LÖSUNGEN

**Kennziffern:**

- Arbeitsproduktivität — 88,89 Liter
- Materialproduktivität — 47,06 Liter
- Maschinenstundenproduktivität — 160,00 Liter
- Kapitalproduktivität — 0,16 Liter
- Wirtschaftlichkeit — 2,11
- Eigenkapitalrentabilität — 2,37 %
- Gesamtkapitalrentabilität — 3,79 %
- Umsatzrentabilität — 18,11 %

## Lösung zu Aufgabe 2:

| AKTIVA | Bilanz zum 31.12.20.. | | PASSIVA |
|---|---|---|---|
| | Euro | | Euro |
| **I. Anlagevermögen** | 2.056.005 | **I. Eigenkapital** | 1.238.491 |
| **II. Umlaufvermögen** | | **II. Fremdkapital** | |
| 1. Fertige Erzeugnisse | 567.560 | 1. Darlehen | 1.239.370 |
| 2. Roh-, Hilfs-, Betriebsstoffe | 36.700 | 2. Verbindlichkeiten a. L. L. | 521.004 |
| 3. Forderungen a. L. L. | 250.600 | | |
| 4. Bank | 67.000 | | |
| 5. Kasse | 21.000 | | |
| | 2.998.865 | | 2.998.865 |

**Liquidität 1. Grades =** 17 %

**Liquidität 2. Grades =** 65 %

**Liquidität 3. Grades =** 181 %

## Lösung zu Aufgabe 3:

| Aufwendungen | GuV-Rechnung zum 31.12.20.. | | Erträge |
|---|---|---|---|
| | Euro | | Euro |
| Löhne und Gehälter | 860.700 | Umsatzerlöse | 2.235.000 |
| Soziale Abgaben | 254.650 | | |
| Aufwendungen für Altersversorgungen | 77.000 | | |
| Abschreibungen | 490.000 | | |
| Zinsaufwand | 245.000 | | |
| Steuern | 167.000 | | |
| Reingewinn | 140.650 | | |
| | 2.235.000 | | 2.235.000 |

**Umsatz-Cash-Flow-Rate =** 31,66 %

# STICHWORTVERZEICHNIS

## A

| | |
|---|---|
| ABC-Analyse | 132 |
| Abschreibung | |
| -, Absetzung für Abnutzung (AfA) | 165 |
| AfA-Satz | 170 |
| Angebotsvergleich | 68 |
| Anlagenwirtschaft | |
| -, Abschreibung nach Leistungseinheit | 170 |
| -, degressive Abschreibung | 168 |
| -, lineare Abschreibung | 165 |
| Äquivalenzziffer | 87 |
| Äquivalenzziffernkalkulation | |
| -, einstufige | 81 |
| -, mehrstufige | 83 |
| -, Stückkosten der Hauptsorte | 81 |
| -, Stückkosten der Nebensorte | 81 |
| -, Umrechnungszahl | 81 |
| Arbeitsblatt | 15 |
| Arbeitsmappe | 15 |
| Arithmetisches Mittel | |
| -, einfaches | 148 |
| -, gewogenes | 148 |
| Automatisierte Eingabe | 28 |

## B

| | |
|---|---|
| Bareinkaufspreis | 68, 73 |
| Barverkaufspreis | 70, 73, 75 |
| Befehl | 16 |
| Betriebliche Statistik | |
| -, absolute Häufigkeit | 137 |
| -, Ausprägung | 137 |
| -, Häufigkeitsverteilung | 137 |
| -, klassierte Daten | 140 |
| -, Merkmal | 137 |
| -, Merkmalsträger | 137 |
| -, relative Häufigkeit | 137 |
| -, Tabelle | 137 |
| Betriebsabrechnungsbogen | 88 |
| Betriebsausgabe | 178 |
| Betriebseinnahme | 178 |
| Betriebsübersicht | |
| -, Gewinn- und Verlustrechnung | 184 |
| -, GuV-Rechnung | 184 |
| -, Saldenbilanz I | 180 |
| -, Saldenbilanz II | 182 |
| -, Schlussbilanz | 184 |
| -, Umbuchung | 182 |
| Beziehungszahl | 156 f. |
| Bezug | |
| -, absoluter | 32 |
| -, einfacher | 30 |
| -, relativer | 31 |
| Bezugskosten | 68 |
| Bezugspreis | 68, 70, 73 |
| Brutto-Verkaufspreis | 70 |
| Buchführung | |
| -, Lohn- und Gehaltsberechnung | 161 |
| -, Personalkosten | 161 |
| -, Personalwirtschaft | 161 |
| -, soziale Leistung | 161 |

## C

| | |
|---|---|
| Cash-Flow | 189 |

## D

| | |
|---|---|
| Dateneingabe | 27 |
| Deckungsbeitrag | 114 |
| -, kumulierter | 132 |
| Deckungsbeitragsrechnung | |
| -, Betriebserfolg | 121 |
| -, Deckungsbeitrag | 111, 126 |
| -, Deckungsspanne | 111, 122, 126 |
| -, Einzelkosten | 121 |
| -, Erlös | 111 |
| -, fixe Kosten | 121 |
| -, Gewinn | 111 |
| -, Kostenträgerstückrechnung | 122 |
| -, Kostenträgerzeitrechnung | 121 |
| -, kurzfristige Erfolgsrechnung | 126 |
| -, Preisuntergrenze | 124 |
| -, variable Gemeinkosten | 121 |
| -, Warenkosten | 123 |
| -, Warenrohgewinn | 121, 123 |
| Degressive AfA | 166 |
| Diagramm | 34 |
| -, absolute Häufigkeit | 142 |
| -, Balkendiagramm | 142 |
| -, Histogramm | 142 |
| -, Kreisdiagramm | 142, 144 |
| -, kumulierte Häufigkeit | 142 |
| -, Liniendiagramm | 146 |
| -, relative Häufigkeit | 142 |
| -, Säulendiagramm | 142 |
| -, Stabdiagramm | 142 |
| -, Summenkurve | 142, 146 |
| -, Tortendiagramm | 142, 144 |
| Differenzierte Zuschlagskalkulation | |
| -, Barverkaufspreis | 98 |
| -, Brutto-Verkaufspreis | 98 |
| -, Fertigungsgemeinkostenzuschlagssatz | 96 |
| -, Fertigungskosten | 96 |
| -, Herstellkosten | 96 |
| -, kalkulierter Angebotspreis | 98 |
| -, Materialgemeinkostenzuschlagssatz | 96 |
| -, Materialkosten | 96 |
| -, Netto-Verkaufspreis | 98 |
| -, Selbstkosten | 96, 98 |
| -, Vertriebsgemeinkostenzuschlagssatz | 96 |
| -, Verwaltungsgemeinkostenzuschlagssatz | 96 |
| -, Zielverkaufspreis | 98 |
| Divisionskalkulation | |
| -, einstufige | 77 |
| -, mehrstufige | 79 |
| -, summarische einstufige | 77 |
| Dreisatzrechnung | |
| -, Dreisatz mit geradem Verhältnis | 37, 40 |

# STICHWORTVERZEICHNIS

| | |
|---|---|
| -, Dreisatz mit ungeradem Verhältnis | 37 |
| -, Kettensatz | 40 |
| -, Zusammengesetzter Dreisatz | 39 |
| Durchschnittsrechnen | |
| -, einfacher Durchschnitt | 44 |
| -, gewogener Durchschnitt | 46 |

## E

| | |
|---|---|
| Einnahmen-Überschuss-Rechnung | |
| -, Betriebsausgabe | 178 |
| -, Betriebseinnahme | 178 |
| Einstandspreis | 68, 70, 73 |
| Einzelkosten | 88 |
| Ersetzen | 33 |
| EXCEL-Tabelle | 17 |

## F

| | |
|---|---|
| Factoring | 176 |
| Finanzwirtschaft | 176 |
| Fixkostendeckungsrechnung | |
| -, artikelgruppenfixe Kosten | 128 |
| -, Bereichsfixkosten | 119 |
| -, Bruttoerlös | 118 |
| -, Erzeugnisdeckungsbeitrag | 118 |
| -, Erzeugnisfixkosten | 119 |
| -, Erzeugnisgruppenfixkosten | 119 |
| -, Kostenstellenfixkosten | 119 |
| -, Restdeckungsbeitrag | 130 |
| -, Sortimentsgestaltung | 128 |
| -, sortimentsgruppenfixe Kosten | 128 |
| -, unternehmensfixe Kosten | 128 |
| -, Unternehmensfixkosten | 119 |
| -, variable Fertigungskosten | 118 |
| -, variable Vertriebskosten | 118 |
| Format | 26 |
| Formel | 16, 19 |
| Funktion | 23 |
| Funktionsassistent | 24 |

## G

| | |
|---|---|
| GbR-Gesellschaft | 48 |
| Gehaltsabrechnung | |
| -, Arbeitslosenversicherung | 163 |
| -, Bruttoentgelt | 163 |
| -, Kirchensteuer | 163 |
| -, Krankenversicherung | 163 |
| -, Lohnsteuer | 163 |
| -, Nettoentgelt | 163 |
| -, Pflegeversicherung | 163 |
| -, Rentenversicherung | 163 |
| -, Solidaritätszuschlag | 163 |
| -, Steuer- und sozialversicherungspflichtiges Entgelt | 163 |
| -, Vermögenswirksame Leistung | 163 |
| -, Vorschuss | 163 |
| Gemeinkosten | 89 |
| Geometrisch-degressive Methode | 168 |
| Gewinnanteil | 48 |
| Gewinnzuschlag | 75 |
| Gliederungszahl | 156 |
| Gruppe | 16 |

## H

| | |
|---|---|
| Haben-Zinsteiler | 64 |
| Handelskalkulation | 68 |
| -, Differenzkalkulation | 75 |
| -, Rückwärtskalkulation | 73 |
| -, Vorwärtskalkulation | 70 |
| Handlungskosten | 70, 73 |
| Herstellkosten | 79 |

## I

| | |
|---|---|
| Indexzahl | 156, 159 |
| Innerbetriebliche Leistungsverrechnung | |
| -, Kostenartenverfahren | 91 |
| -, Kostenstellenausgleichsverfahren | 91 |
| -, Kostenstellenumlageverfahren | 91, 94 |
| -, Mathematisches Verfahren | 91 |
| -, Stufenleitersystem | 94 |
| -, Verrechnungspreisverfahren | 91 |

## J

| | |
|---|---|
| Jahresabschluss | |
| -, Auswertung | 186 |
| -, Cash-Flow | 189 |
| -, Gewinn | 186 |
| -, Liquiditäts-Kennziffer | 189 |
| -, Produktivität | 186 |
| -, Rentabilität | 186 |
| -, Rentabilitäts- und Produktivitäts-Kennziffer | 186 |
| -, Umsatz-Cash-Flow-Rate | 189 |
| -, Wirtschaftlichkeit | 186 |

## K

| | |
|---|---|
| Kapazitätsbeschränkung | 114 |
| -, Deckungsspanne | 116 |
| -, Produktionsmenge | 116 |
| -, Restkapazität | 116 |
| Kapitalverzinsung | 48 |
| Kaufmännisches Rechnen | 37 |
| Kennzahlen | 186 |
| -, Produktivität | 187 |
| -, Rentabilität | 187 |
| -, Wirtschaftlichkeit | 187 |
| Kontokorrentrechnung | |
| -, Haben-Zinsen | 64 |
| -, Haben-Zinszahl | 64 |
| -, Kontoführungsgebühr | 64 |
| -, Kreditprovision | 64 |
| -, Soll-Zinsteiler | 64 |
| -, Soll-Zinszahl | 64 |
| -, Überziehungsprovision | 64 |

# STICHWORTVERZEICHNIS

| | |
|---|---|
| Kosten | |
| -, beschäftigungsbezogene | 106 |
| -, Gesamtkosten | 106 |
| -, Grenzkosten | 107 |
| -, lineare Kostenfunktion | 109 |
| -, variable | 106 |
| -, variable Stückkosten | 107 |
| -, Verfahrensvergleich | 109 |
| Kostenart | 89 |
| Kostenartenverfahren | 91 |
| Kostenstelle | 89 |
| Kosten- und Leistungsrechnung im Handel | 121 |
| Kosten- und Leistungsrechnung in der Industrie | 77 |
| Kuppelkalkulation | |
| -, Äquivalenzziffer | 87 |
| -, Restwertrechnung | 85 |
| -, Subtraktionswert | 85 |
| -, Verteilungsrechnung | 87 |
| Kuppelproduktion | 87 |

## L

| | |
|---|---|
| Leistungs-AfA | 166 |
| -, bewegliche abnutzbare Wirtschaftsgüter des AV | 170 |
| -, Gesamtleistung | 170 |
| -, Jahresleistung | 170 |
| Lineare Abschreibung | 168 |
| Lineare Abweichung | 152 |
| Lineare AfA | 166 |
| Listeneinkaufspreis | 68, 73 |
| Listenverkaufspreis | 70, 73 |

## M

| | |
|---|---|
| Maschinenstundensatzrechnung | |
| -, differenzierte | 104 |
| -, Energiekosten | 104 |
| -, Fertigungskosten | 102 |
| -, Herstellkosten | 102 |
| -, Instandhaltungskosten | 104 |
| -, Kalkulation mit Maschinenstundensatz | 102 |
| -, kalkulatorische Abschreibung | 104 |
| -, kalkulatorischer Zins | 104 |
| -, Maschinenstundensatz | 100 |
| -, Materialkosten | 102 |
| -, Minutensatz | 100 |
| -, Raumkosten | 104 |
| -, Rest-Fertigungsgemeinkostenzuschlagssatz | 100 |
| -, Selbstkosten | 102 |
| -, summarische Maschinenstundensatzrechnung | 99 |
| Materialkosten | 77 |
| Materialwirtschaft | |
| -, Bewertung des Vorratsvermögens | 174 |
| -, durchschnittliche Lagerdauer | 172 |
| -, durchschnittlicher Anschaffungspreis | 174 |
| -, durchschnittlicher Lagerbestand | 172 |
| -, Durchschnittspreis | 174 |
| -, Einzelbewertung | 174 |
| -, Fifo-Methode | 174 |
| -, Kapitalzinssatz | 172 |
| -, Lagerdauer | 172 |
| -, Lagerkennziffer | 172 |
| -, Lagerumschlagshäufigkeit | 172 |
| -, Lagerzinssatz | 172 |
| -, Lifo-Methode | 174 |
| -, Materialkosten | 174 |
| -, Sammelbewertung | 174 |
| Median | 150 |
| Messzahl | 156 |
| Modus | 150 |
| Multifunktionsleiste | 16 |

## O

| | |
|---|---|
| Operator | |
| -, arithmetischer | 20 |
| -, Bezug | 22 |
| -, Vergleich | 21 |

## P

| | |
|---|---|
| Personalkosten | 77 |
| Produktionsprogrammplanung | 114 |
| Prozentrechnen | 41 |
| -, Grundwert | 54 |
| -, Prozentsatz | 54 |
| -, Prozentwert | 54 |
| -, vermehrter Grundwert | 56 |
| -, verminderter Grundwert | 56 |

## R

| | |
|---|---|
| Rabatt | 68, 70, 73 |
| Registerkarte | 16 |
| Restwertmethode | 85 |

## S

| | |
|---|---|
| Selbstkosten | 70, 73, 75, 77, 79, 96 |
| Skonto | 68, 70, 73 |
| Soll-Zins | 64 |
| Sortimentspolitik | |
| -, ABC-Analyse | 132 |
| -, optimales Sortiment | 134 |
| -, relativer Deckungsbeitrag | 134 |
| Spannweite | 152 |
| Split-off-point | 85 |
| Standardabweichung | 154 |
| Stückkosten | |
| -, Fertigungsstückkosten | 83 |
| Suchen | 33 |

## T

| | |
|---|---|
| Text | 19 |
| Trendberechnung | 159 |

## U

| | |
|---|---|
| Überschuss | 178 |

# STICHWORTVERZEICHNIS

## V

| | |
|---|---|
| Variable Kosten | 118 |
| Varianz | 154 |
| Variationsbreite | 152 |
| Verhältniszahl | 156 |
| Vermögenswirksame Leistung | 163 |
| Verteilungsrechnen | |
| -, Gewinnverteilung GbR-Gesellschaft | 48 |
| -, Gewinnverteilung KG | 52 |
| -, Gewinnverteilung OHG | 50 |
| Vertriebskosten | 79 |
| Verwaltungskosten | 79 |
| Vorwegabzug | 48 |

## W

| | |
|---|---|
| Währungsrechnen | 41 |
| -, Auslandswährung | 42 |
| -, Inlandswährung | 42 |
| Webseite | 36 |
| Weiterverarbeitungskosten | 85 |
| Wert | 19 |
| Wertpapierrechnen | |
| -, Kurswert | 66 |
| -, Mindestgebühr | 66 |

## Z

| | |
|---|---|
| Zieleinkaufspreis | 68, 73 |
| Zielverkaufspreis | 70 |
| Zinsrechnen | |
| -, Kapital | 60 |
| -, Tageszins | 60 |
| -, Zinssatz | 60 |
| -, Zinstag | 58, 60 |
| Zinsrechnung | |
| -, summarische | 62 |
| -, Tageszins | 62 |
| -, Zinsteiler | 62 |
| -, Zinszahl | 62 |